2022
年度用

高校入試公開模試問題集

サピックスオープン

― 解答用紙 ―

SAPIX サピックス 中学部

SAPIX 高校受験コース

中学3年生　第1回サピックスオープン

2020年5月17日実施

英語解答用紙

1

Part A	No.1		No.2		No.3		No.4		No.5	
Part B	(あ)		(い)		(う)					
	(え)		(お)							

2

(1)		(2)		(3)	
(4)		(5)			

3

(1)			(2)		
(3)			(4)		
(5)					

4

(1)	①		②		(2)	①		②	
(3)	①		②		(4)	①		②	
(5)	①		②						

5

問1	A		B		C		D		E	
問2	(1)		(2)		(3)		(4)			
問3		問4		問5						

6

問1	①		②		③		問2		問3	
問4	(a)		(b)		問5					
問6	④	4番目		7番目						
	⑤	4番目		7番目						
問7	1		2		3		4			

1
2
3
4
5
6

生　徒　I　D	フリガナ	得点
	氏　名	

(注)この解答用紙を141%に拡大すると実物大になります

SAPIX高校受験コース
中学3年生　第1回サピックスオープン

2020年5月17日実施

数学解答用紙

《1/2枚目》

1

(1)		(2)	$x=$　　　　, $y=$
(3)		(4)	
(5)	分		

1

2

(1)	通り	(2)	$n=$
(3)	°		
		(4)	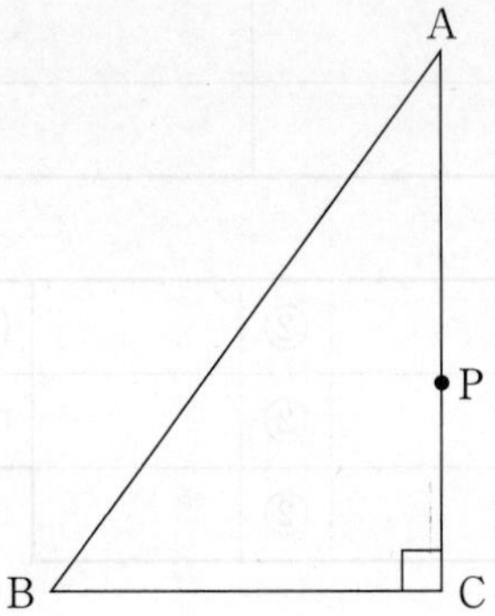

2

3

(1)	ABの式：　　　　　　, △ABC＝		
(2)	D(　　　　,　　　　)	(3)①	P(　　　　,　　　　)
(3)②			

3

4

(1)	ア	イ		ウ	
(2)		(3)	：　　：		

4

生　徒　I　D	フリガナ	得点
	氏　名	

(注)この解答用紙を141%に拡大すると実物大になります

SAPIX 高校受験コース

中学３年生　第１回サピックスオープン

2020 年 5 月 17 日実施

数 学 解 答 用 紙

《 2/2 枚目 》

5

(1)	JM：MK＝　　：　　，KN：NL＝　　：
(2)	
(3)	〈解法欄〉 (答)

5

生　徒　Ｉ　Ｄ	フリガナ
	氏　名

(注)この解答用紙を 141％に拡大すると実物大になります

SAPIX高校受験コース

中学3年生　第1回サピックスオープン

2020年5月17日実施

理科解答用紙

1

(1)		(2)		(3)	
(4)					
(5)		(6)			

2

(1)		(2)		(3)	A
(4)					
(5)		(6)			

3

(1)		(2)	
(4)	g		
(5)	名称	理由	

(3)

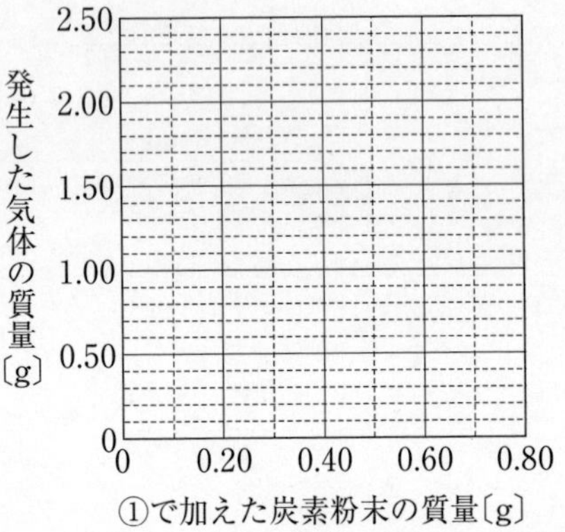

4

(1)		(2)		(3)		(4)		(5)	
(6)								(7)	

5

(1)

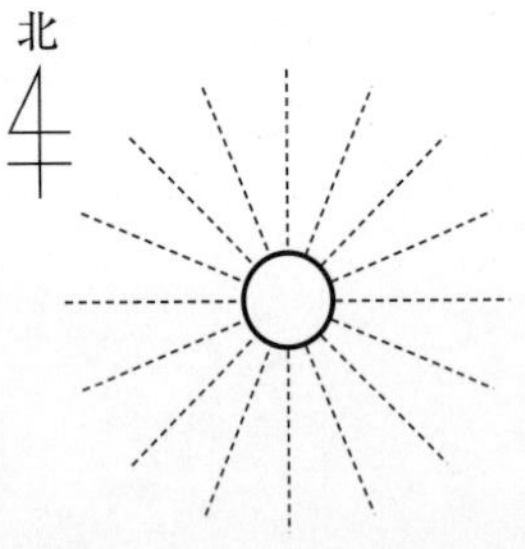

(2)		(3)		(4)	兆トン		
(5)	①	%					
	②	W		XY		③	

6

(1)		(2)		(3)	A	B	C	
(4)	①		②		(5)			

生徒ID	フリガナ	得点
	氏名	

(注)この解答用紙を141%に拡大すると実物大になります

1	2	3	4	5	6

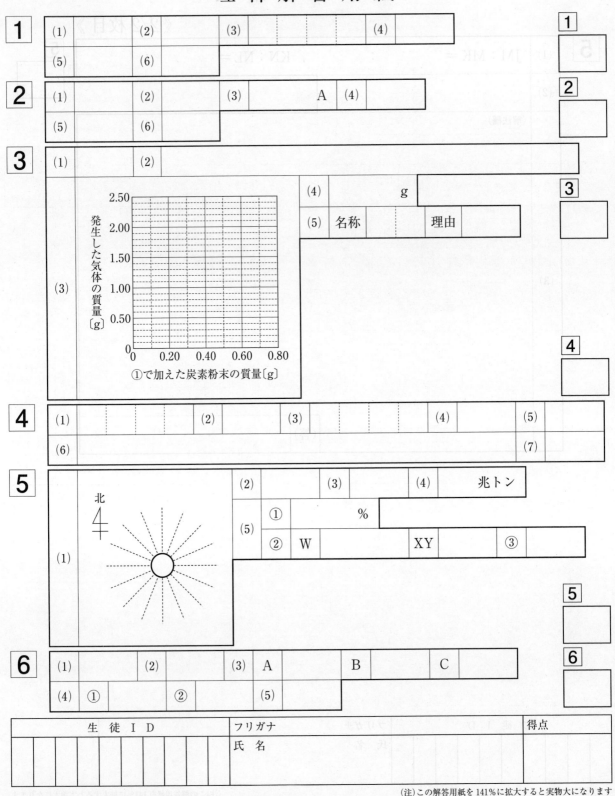

SAPIX 高校受験コース

中学3年生　第1回サピックスオープン

2020年5月17日実施

社 会 解 答 用 紙

1

問1		問2		問3		問4		問5		問6		問7	
問8													
問9		問10		問11									

1

2

問1	時間	問2	a-	b-	c-	d-	問3	A-	B-	C-	D-
問4		問5		問6	(1) 山脈	(2)		問7			
問8	a		b		問9						
問10		問11		問12		問13					

2

3

問1		問2	(1)		(2)		問3	(1)	(2)
問4		問5	→ → →						

3

4

問1		問2		問3				
問4	A		B		問5	→ →		

4

5

問1		問2		問3				
問4		問5	→ → →	問6				
問7	A		B		問8			
問9	政策	問10		問11	(1)		(2)	

5

生　徒　I　D	フリガナ	得点
	氏　名	

（注）この解答用紙を141%に拡大すると実物大になります

SAPIX高校受験コース 中学3年生 第1回サピックスオープン

国語 解答用紙

二〇二〇年五月十七日実施

1

①　②　③　④（にする）

⑤　⑥　⑦　⑧

⑨　⑩

2

問1　A　B

問2

問3

問4

問5

問6（ということ。）

問7

問8

3

問1　A　B　C　D　E

問2　a　b　c

問3

問4

問5

問6

問7（こと。）

4

問1　A　B

問2

問3

問4

問5

問6

1	
2	
3	
4	
得点	

生徒ID	
フリガナ	
氏名	

（注）この解答用紙を141％に拡大すると実物大になります

SAPIX 高校受験コース
中学３年生　第２回サピックスオープン

2020 年 7 月 5 日実施

英 語 解 答 用 紙

1

Part A	(1)		(2)		(3)	
Part B	(1)		(2)			
	(3)		(4)			

2

(1)			(2)		
(3)			(4)		
(5)					

3

(1)		(2)		(3)		(4)		(5)	

4

(1)	記号		訂正		(2)	記号		訂正	
(3)	記号		訂正		(4)	記号		訂正	
(5)	記号		訂正						

5

問１	(A)		(B)		(C)		(D)			
問２	(1)	5番目		7番目		(6)	5番目		7番目	
問３										
問４	最初の２語									
	最後の２語									
問５										
問６	①		②		③					
問７										

6

問１	①		②		③		④					
問２	(1)		(2)		問３							
問４	→	→	→									
問５	(1)		(2)		(3)		(4)		(5)		(6)	
問６	ア		イ		ウ		エ					

生　徒　I　D	フリガナ 氏　名	得点

（注）この解答用紙を141％に拡大すると実物大になります

1
2
3
4
5
6

SAPIX 高校受験コース

中学３年生　第２回サピックスオープン

2020 年 7 月 5 日実施

数 学 解 答 用 紙

《1/2 枚目》

1

(1)		(2)	
(3)	$x=$	(4)	
(5)	度		

1

2

(1)	°	(2) ①	%
(2) ②	$x=$		

2

3

(1)		(2)	:
(3) ①	E(　　　,　　　)		

(3) ②

〈解法欄〉

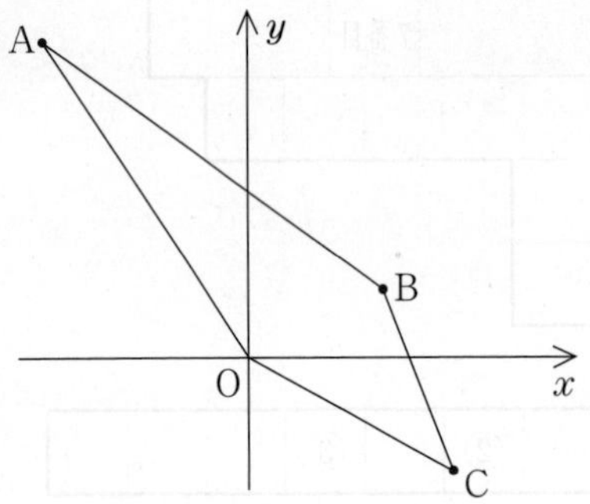

(答)

3

生　徒　I　D	フリガナ	得点
	氏　名	

(注) この解答用紙を 141% に拡大すると実物大になります

SAPIX 高校受験コース

中学３年生　第２回サピックスオープン

2020 年 7 月 5 日実施

数 学 解 答 用 紙

《 2/2 枚目 》

4

(1)	<15> ＝ 『15』＝		
(2)	$<x>$ ＝	(3)	x ＝

5

(1)	°		
(2) ア		(2) イ	
(2) ウ		(2) エ	
(3)			

6

(1)	:	(2)	

生 徒 I D	フリガナ
	氏 名

(注)この解答用紙を 141％に拡大すると実物大になります

SAPIX高校受験コース

中学3年生 第2回サピックスオープン

2020年7月5日実施

理科解答用紙

1

(1)		(2)		(3)		(4)	
(5)		(6)					

2

(1)		(2)	g	(3)		(4)	
(5)	%	(6)					

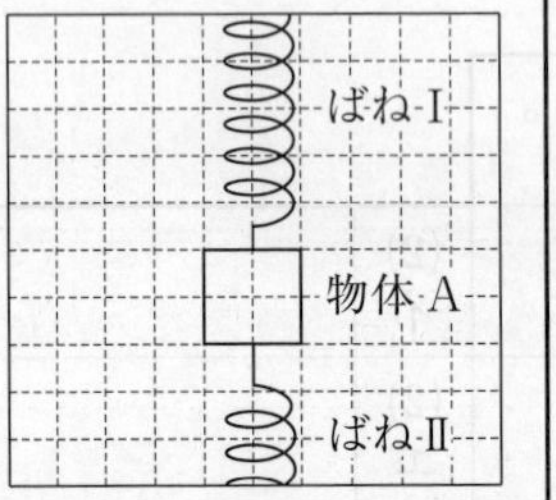

3

(1)		(2)	X		Y		
(3)		(4)		(5)		(6)	

4

(1)		(2)		(3)			
(4)	i		ii		iii		
	iv		v		vi		
(5)							

5

(1)		(2)		(3)	km/s	(4)	
(5)	秒	(6)	i		ii	km	

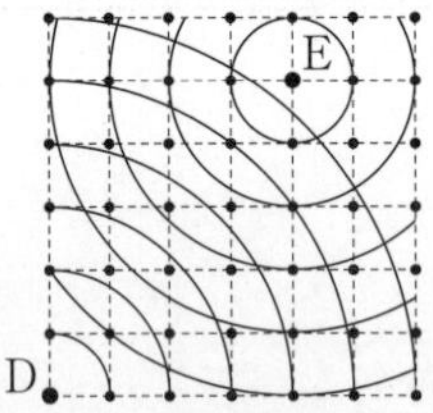

6

(1)	A	(2)	A	(3)	W	(4)	
(5)	記号		電流	A			
(6)	Ⅰ		Ⅱ		Ⅲ		電圧 V

1	2	3	4	5	6

生徒ID	フリガナ	得点
	氏名	

(注)この解答用紙を141%に拡大すると実物大になります

SAPIX 高校受験コース

中学3年生　第2回サピックスオープン

2020年7月5日実施

社 会 解 答 用 紙

1

問1		問2		問3	A-　B-　C-　D-	問4	
問5	7月　日　時	問6	(1)				
問6	(2)						
問7	(1)		(2)		問8	(1)	(2)

2

問1		問2		問3	(1)	A-　B-　C-　D-		
問3	(2)	A-　B-　C-　D-	(3)		問4	(1)	(2)	
問5		問6	(1)		(2)			
問6	(3)							

3

問1		問2		問3		問4	→　→　→		
問5	(1)		(2)		問6		問7	(1)	
問7	(2)		問8		問9				

4

問1		問2		問3	A		B	問4	
問5		問6							
問7		問8		問9		問10			

5

問1		問2		問3		問4	(1)		(2)
問5									

1	2	3	4	5

生　徒　I　D	フリガナ	得点
	氏　名	

（注）この解答用紙を141％に拡大すると実物大になります

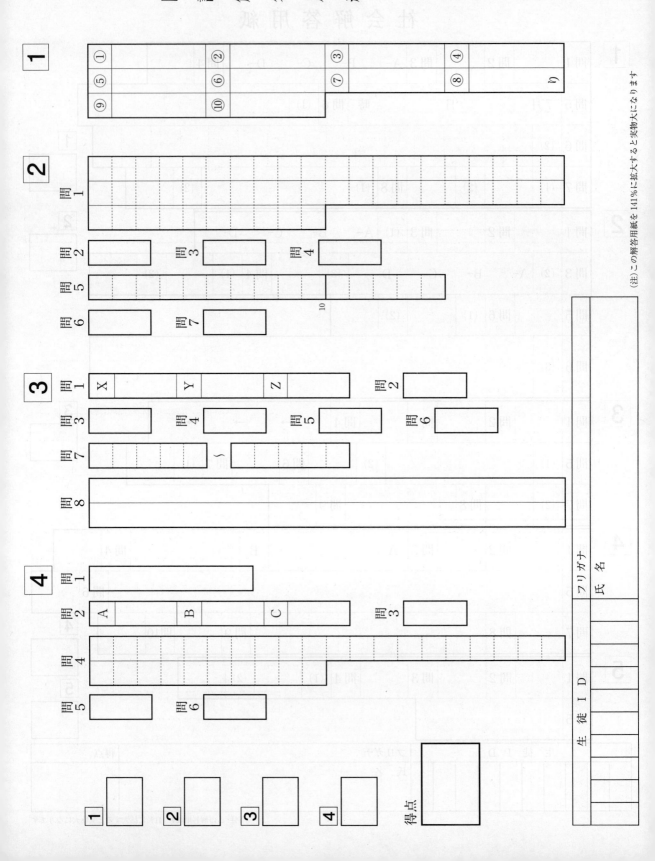

SAPIX高校受験コース
中学3年生　第2回サピックスオープン
国語　解答用紙

二〇二〇年七月五日実施

1

①　②　③　④　⑤　⑥　⑦　⑧ り　⑨　⑩

2

問1

問2　問3　問4

問5　10

問6　問7

3

問1　X　Y　Z

問2

問3　問4　問5　問6

問7　～

問8

4

問1

問2　A　B　C

問3

問4

問5　問6

1　2　3　4

得点

生徒ID

フリガナ

氏名

(注)この解答用紙を141%に拡大すると実物大になります

SAPIX 高校受験コース

中学３年生　第３回サピックスオープン

2020年9月13日実施

英語解答用紙

1

Part A	No.1		No.2		No.3		No.4		No.5	
Part B	No.1		No.2		Part C					

2

(1)		(2)		(3)		(4)		(5)	

3

(1)	①		②		(2)	①		②	
(3)	①		②		(4)	①		②	
(5)	①		②						

4

(1)			(2)		
(3)			(4)		
(5)					

5

問1	(1)		(2)		(3)		(4)		(5)	
問2										
問3										
問4			問5							
問6										
問7										

6

問1	A		B		C		D			
	E									
問2	1		2		3		4		5	
問3		問4	→	→	→					
問5	A									
	B	3番目		6番目		9番目				
問6	(1)		(2)		(3)		(4)		(5)	

1	2	3	4	5	6

生　徒　I　D	フリガナ	得点
	氏　名	

(注)この解答用紙を141％に拡大すると実物大になります

SAPIX高校受験コース

中学3年生　第3回サピックスオープン

2020年9月13日実施

数学解答用紙

《1/2枚目》

1

(1)		(2)	
(3)		(4)	$x=$
(5)	およそ　　　　個		

2

(1)	°	(2)	
(3)			

3

(1)	A(　　　,　　　)	(2)	
(3)①			
(3)②	〈解法欄〉 (答)		

生徒ID	フリガナ 氏名	得点

(注)この解答用紙を141%に拡大すると実物大になります

SAPIX 高校受験コース
中学３年生　第３回サピックスオープン

2020 年 9 月 13 日実施

数 学 解 答 用 紙

《 2/2 枚目 》

4

(1)		(2)	
(3)			

4

5

(1)		(2)	
(3) ①	:		
(3) ②	〈解法欄〉 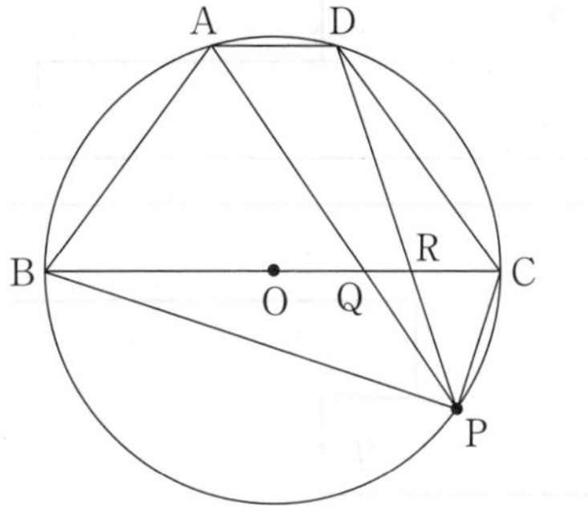		
		(答)	

5

生　徒　I　D	フリガナ
	氏　名

(注) この解答用紙を 141％に拡大すると実物大になります

SAPIX 高校受験コース

中学３年生　第３回サピックスオープン

2020 年 9 月 13 日実施

理 科 解 答 用 紙

1

(1)		(2)		(3)	i		ii		iii	
(4)		(5)	①		②				
(6)									

2

(1)	電流計　A	電圧計　V	(2)		(3)	個	
(4)	$x=$	(5)	%	(6)			

3

(1)	①		②			③		
(2)			(3)			(4)		
(5)	あ		い		う		え	:

4

(1)	記号		理由	
(2)	記号		名称	
(3)	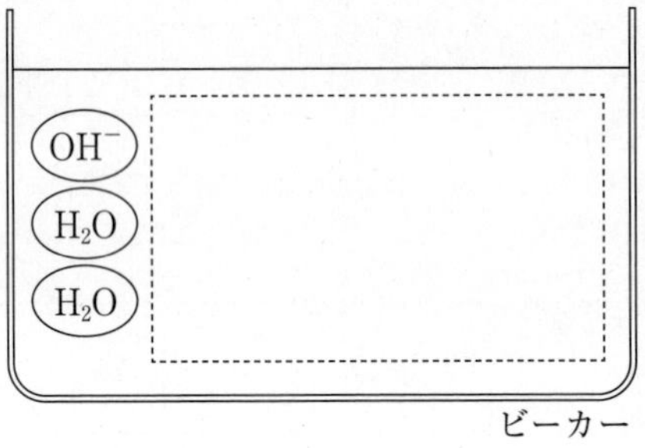	(4)	g	
(5)				

5

(1)		(2)	惑星		特徴		(3)	位置		変化
(4)	①		②		③					

6

(1)	cm	(2)	a		b		c	
(3)	N	(4)	a		b		c		d

1	2	3	4	5	6

生　徒　I　D	フリガナ / 氏　名	得点

(注)この解答用紙を 141％に拡大すると実物大になります

SAPIX 高校受験コース

中学３年生　第３回サピックスオープン

2020年９月13日実施

社 会 解 答 用 紙

1

問１		問２		問３		問４		問５	
問６	半島	問７	A- B- C- D-	問８					

2

問１	山地	問２		問３		問４		問５	
問６		問７							
問８									

3

問１	・	問２		問３		問４		問５	
問６		問７		問８					

4

問１		問２		問３		問４	・	問５	
問６	→ → →	問７		問８		問９			

5

問１	(1)		(2)		問２		問３	(1)		(2)	
問４		問５							
問６	(1)		(2)						

6

問１		問２		問３	→ → →	問４			
問５		問６	(1) 価格	(2)		問７			

生　徒　I　D	フリガナ 氏　名	得点

(注)この解答用紙を141％に拡大すると実物大になります

1	2	3	4	5	6

SAPIX高校受験コース
中学3年生　第3回サピックスオープン
国語解答用紙

二〇二〇年九月十三日実施

1

①　②　③　④　⑤　⑥　⑦　⑧　⑨　⑩

2

問1　a　b

問2

問3

問4

問5

問6

問7

問8

3

問1

問2

問3

問4

問5

問6

問7

問8

4

問1

問2

問3

問4

問5

1	2	3	4	得点

生徒ID	フリガナ
	氏名

(注)この解答用紙を141%に拡大すると実物大になります

SAPIX 高校受験コース
中学３年生　第４回サピックスオープン

2020 年 11 月 3 日実施

英語解答用紙

1

Part A	(1)		(2)		(3)		(4)			
Part B	(1)		(2)		(3)		(4)		(5)	

2

(1)	(A)		(B)	
(2)	(A)		(B)	
(3)	(A)		(B)	
(4)	(A)		(B)	
(5)	(A)		(B)	

3

(1)			(2)		
(3)			(4)		
(5)					

4

(1)	記号		正しい形		(2)	記号	正しい形	
(3)	記号		正しい形		(4)	記号	正しい形	
(5)	記号		正しい形					

5

問1	(1)		(7)		(8)					
問2	2		3		4		5		6	
	9		11		問3	A		B		
問4	(10)	h	(12)	s	(14)	r				
問5										
問6										

6

問1	1		2		3		4	
	5		問2		問3	3番目	7番目	
問4	あ		い		う			
	え		お		問5			
問6	1		2		3		問7	

生　徒　I　D	フリガナ 氏　名	得点

1 | 2 | 3 | 4 | 5 | 6

（注）この解答用紙を 141％に拡大すると実物大になります

SAPIX 高校受験コース

中学3年生　第4回サピックスオープン

2020年11月3日実施

数学解答用紙

《1/2枚目》

1

(1)		(2)	$x=$　　　　, $y=$
(3)		(4)	
(5)	$n=$		

2

(1)①	個	(1)②	個
(2)	$x=$		

3

(1)	
(2)	〈解法欄〉 (答)　：
(3)	$x=$

生徒ID	フリガナ 氏名	得点

(注)この解答用紙を141%に拡大すると実物大になります

SAPIX高校受験コース
中学3年生　第4回サピックスオープン

2020年11月3日実施

数学解答用紙

《2/2枚目》

4

(1)	。	(2)①	：
(2)②			

5

(1)	AD＝	(2)	：
(3)			

6

(1)	
(2)	〈解法欄〉 (答)　DP＝
(3)	

生　徒　I　D	フリガナ
	氏　名

(注)この解答用紙を141%に拡大すると実物大になります

SAPIX高校受験コース

中学3年生　第4回サピックスオープン

2020年11月3日実施

理 科 解 答 用 紙

1

(1)		(2)		(3)		(4)	
(5)		(6)	A		B		

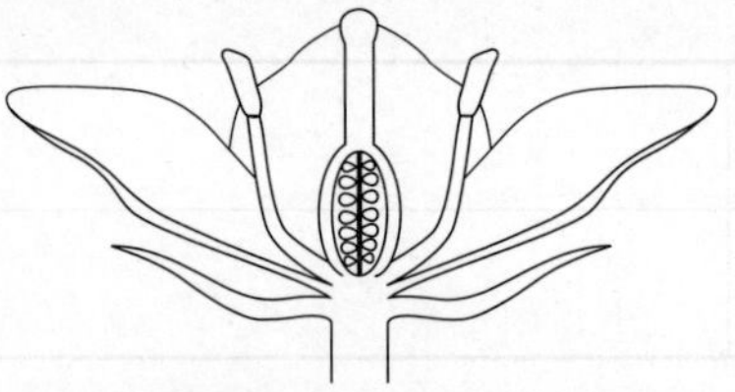

2

(1)	度	(2)	倍	(3)	g	(4)	
(5)	g	(6)					

3

(1)	気体	(2)		(3)		(4)	
(5)		(6)					

4

(1)		(2)		(3)	①	km	②	
(4)	①		②		③		(5)	

5

(1)		(2)		(3)			
(4)	個	(5)		(6)			

6

(1)		(2)	③		④		(3)	J	
(4)	(i)		(ii)						
(5)	(i)	ⓐ		ⓑ		ⓒ			
	(ii)	二つの台車は糸でつながれていて　　　　ことと，							

生　徒　I　D	フリガナ	得点
	氏　名	

（注）この解答用紙を141%に拡大すると実物大になります

SAPIX 高校受験コース

中学３年生　第４回サピックスオープン

2020 年 11 月 3 日実施

社 会 解 答 用 紙

1

問１		問２	(1)	A－　B－　C－　D－	(2)	W－　X－　Y－　Z－		
問３	風向き　名称	問４	(1)					
問４	(2)	E－　F－　G－　H－	問５		問６	(1)	(2)	

2

問１		問２		問３		問４		問５	
問６	市	問７							
問８									

3

問１		問２		問３					
問４		問５	氏	問６		問７	(1)		
問７	(2)		問８	(1)		(2)			

4

問１		問２		問３		問４		問５	(1)	
問５	(2)		問６		問７		問８			

5

問１		問２	(1)		(2)	議席	問３		
問４	第　条	問５		問６		問７			
問８	(1)	a－　b－　c－　d－	(2)		問９				
問10	(1)		(2)		(3)				

1	2	3	4	5

生徒ＩＤ	フリガナ	得点
	氏名	

（注）この解答用紙を 141%に拡大すると実物大になります

SAPIX高校受験コース
中学3年生　第4回サピックスオープン
国語　解答用紙

二〇二〇年十一月三日実施

1

①　②　③　④　⑤　⑥く　⑦　⑧　⑨　⑩

2

問1　問2　問3　問4

問5　Ⅰ　Ⅱ

問6

問7

3

問1　A　B　C

問2

問3　問4　問5　問6

問7　問8

問9

4

問1　問2　問3　②　③

問4　問5

1　2　3　4

得点

生徒ID

フリガナ

氏名

(注)この解答用紙を141%に拡大すると実物大になります

2022
年度用

高校入試公開模試問題集

サピックスオープン

問題編

SAPIX サピックス 中学部

はじめに

本書は、進学塾SAPIX中学部が主催する高校入試公開模試「サピックスオープン」を４回分収録した問題集です。サピックスオープンは、開成や灘、早慶大附属、国立大附属、日比谷や西などの都県立トップ高を目指す生徒たちが多数受けている、難関高校入試を意識した模試です。

近年の高校受験は入試形態が多様化しています。特に難関高校では、柔軟な思考力を試すような問題が増えてきており、知識量に頼った解き方では対応できなくなる傾向にあります。忙しい中学生にとって合格のために必要なのは、最新の出題傾向を踏まえた質の良い問題に、いかに効率よく取り組むかでしょう。

サピックスオープンは、難関高校を志望する受験生を実際に指導している講師陣が作成しています。毎年変化していく入試動向を知り尽くし、そして中学生の学力を最前線に立って熟知している講師たちが厳選した問題は、難関高校入試に対応できる実戦力を鍛えるのに最適です。本書には、各模試の問題別正答率や偏差値換算表などの詳細な成績資料も収録してあるので、現在の実力を客観的に確認し、志望校判定に役立てることもできます。

入試当日に、これまで学習したものと全く同じ問題が出題されることはまれです。しかし、この問題集を使って適切に学習すれば、難関高校入試で求められる学力の獲得が可能です。本書を手にしたすべての受験生が合格を勝ち取れるように願っています。

SAPIX中学部

本書の構成と利用法

本書は、**「問題編」「解答用紙」「解答・解説・成績データ編」**から構成されていて、問題編以外は本書から取り外せるようになっています。

◆収録した模試内容◆

実施日	出題範囲	試験時間	配点
第1回　2020年5月17日	※下表	各教科 50分	各教科 100点満点
第2回　2020年7月5日			
第3回　2020年9月13日	なし		
第4回　2020年11月3日			

◆利用上のポイント◆

①取り外した解答用紙を141%に拡大すると、本来の大きさB4になります。

②一つの教科を中断せずに一気に解答してください。英語の試験にはリスニングがあります。**CDが付属されています**ので、開始10分後から始めてください。

③終了後はすぐに答え合わせをしましょう。ただ○×をつけるのではなく、解説と照らし合わせながら、試験と同じくらい時間をかけて理解に努めてください。問題を解いたときの集中力を維持しつつ復習することで、非常に効果的な学習ができます。

④**巻末についている成績データ**により、様々な視点から現在の実力を把握することができます。まずは**採点した得点を偏差値換算表に照らし合わせ、自分の位置を確認**してください。また**問題別正答率表から、自分の得点傾向を知る**ことができます。

⑤**志望校別偏差値表では、高校ごとの合格判定の目安**（実施時の「合格可能圏」「努力圏」）**を確認**することができます。志望校選びの参考に役立ててください。

⑥しばらく時間を空けてから解き直すことも重要です。忘れてしまったり理解できていなかったりする部分は、繰り返し解くことで定着させておきましょう。

	第1回	第2回
英語	中1・中2範囲の総復習／不定詞／動名詞／比較／受動態／接続詞／長文読解総合	中1・中2範囲の総復習／不定詞／動名詞／比較／受動態／現在完了／接続詞／長文読解総合
数学	中1・中2の範囲／式の展開・因数分解／確率／平面図形／一次関数／空間図形	中1・中2の範囲／式の展開・因数分解／平方根／二次方程式／確率／平面図形／一次関数／空間図形
国語	漢字／説明的文章／小説または随筆／文法／古文	漢字／説明的文章／小説または随筆／文法／古文
理科	光・音・力／化学変化／生物の分類／気象／小問集合	電流／物質の特徴／生物のつくりとはたらき／地質・地震／小問集合
社会	地理(地理総合)／歴史(歴史総合)	地理(地理総合)／歴史(歴史総合)／公民(私たちの生活と現代社会・人権思想・日本国憲法)

※中3生の第3回以降は、受験を間近に控えた受験生に対し、より実戦的な模試を提供するため出題範囲の設定はしていません

目　次

■ 第１回　問題

（2020 年 5 月 17 日実施）

■ 第２回　問題

（2020 年 7 月 5 日実施）

■ 第３回　問題

（2020 年 9 月 13 日実施）

■ 第４回　問題

（2020 年 11 月 3 日実施）

2020 第1回
サピックスオープン

英 語

中学3年

2020年5月17日実施

【受験上の注意事項】

1 試験時間は、50分です。
2 答えは全て解答用紙の定められた解答欄の中に書きなさい。
小さすぎる文字・薄すぎる文字は採点できません。
3 解答用紙には、生徒ID・氏名を必ず書きなさい。
4 問題用紙の白いところは、メモなどに使いなさい。
5 質問がある時や気分が悪くなった時は、黙って手をあげなさい。
6 終わったら解答用紙だけを提出しなさい。

SAPIX サピックス 中学部

1 このリスニング問題は Part A、B の２つの部分に分かれています。それぞれの指示に従い、答えなさい。放送はすべて２回ずつ流れます。

Part A　放送される No. 1 ～ No. 5 までの英文を聞き、それぞれの英文に対する応答として最も適切なものを１つ選び、記号で答えなさい。

No. 1　ア　Because I like soccer.
　　　イ　Sounds good.
　　　ウ　No, thank you. I'm full.
　　　エ　It's kind of you.

No. 2　ア　It's Tuesday.
　　　イ　No problem.
　　　ウ　It's October 14th.
　　　エ　I'm glad to hear that.

No. 3　ア　O.K. Here you are.
　　　イ　No, thank you.
　　　ウ　I'll be careful from now on.
　　　エ　I'm glad to hear that.

No. 4　ア　About five hundred words, I think.
　　　イ　Not at all.
　　　ウ　You'll be able to learn them soon.
　　　エ　I always use a dictionary to learn a new word.

No. 5　ア　I won't.
　　　イ　I will.
　　　ウ　Yes, I do.
　　　エ　Do you ?

Part B 男女が英語で対話をした後、男性が下にあるようなメモを作成して、対話の内容をまとめました。対話をよく聞き、(あ)～(お)の空所を補充してメモを完成させなさい。なお、それぞれの空所には、英単語を１語、もしくは算用数字を補いなさい。

Cooking Memo

flour ………………………… (あ) cup
(い)………………… 1 teaspoon
water ………………………… (う) tablespoons
(え)………………… 1/2 cup
egg ………………………… 2

・Bake the mixture at 350°F for (お) minutes

2 次の２つの英文の(　　)内に共通して入る１語を答えなさい。

(1) Turn (　　　　) at that corner, and you'll find the station.
He (　　　　) for New York last week.

(2) Please (　　　　) your step. The floor is not flat.
My father gave me a nice (　　　　) on my birthday.

(3) What (　　　　) of music are you interested in ?
How (　　　　) you are to help him to do his homework !

(4) Do you know the (　　　　) to the station ?
This is the best (　　　　) to solve the problem.

(5) I felt (　　　　) because I broke up with my boyfriend.
This tie matches your (　　　　) shirt.

3

日本文の意味を表す英文になるように、それぞれの(　　)内に入る最も適切な語を1語ずつ答えなさい。

⑴　その手紙は、母親からケンに送られた。

The letter was (　　　　　) (　　　　　) Ken by his mother.

⑵　マイクはそのクラスの他のどの生徒よりも速く走ることができる。

Mike can run faster than (　　　　　) other (　　　　　) in the class.

⑶　その本がとても面白かったので、彼はその本を読むのをやめられなかった。

The book was (　　　　　) interesting that he couldn't stop (　　　　　) it.

⑷　彼は車の運転ができる年齢です。

He is (　　　　　) (　　　　　) to drive a car.

⑸　起きなさい、さもなければ電車に乗り遅れますよ。

Get up, (　　　　　) you will (　　　　　) the train.

4

与えられた日本文とほぼ同じ意味の英文になるように、[　　]内の語を並べかえた場合、空所①、②に入る単語をそれぞれ記号で答えなさい。ただし、文頭に用いる語も小文字にしてあります。

⑴　私はその仕事を終えるのに5日間かかった。

(　①　) (　　　) (　　　) (　②　) (　　　) (　　　) (　　　) (　　　) (　　　).

[ア　me　　イ　days　　ウ　took　　エ　the　　オ　to　　カ　it
キ　work　　ク　five　　ケ　finish]

(2) トムはさよならを言わずに部屋から出て行った。

Tom (　　　)(　　　)(　①　)(　②　)(　　　)(　　　).

［ア saying　イ room　ウ the　エ without　オ left　カ good-bye］

(3) ケンは私より3倍多くの本を持っている。

Ken (　　　)(　①　)(　　　)(　　　)(　　　)(　②　)(　　　)(　　　).

［ア I　イ times　ウ as　エ three　オ books　カ has　キ many　ク as］

(4) この部屋にある椅子のほとんど全てはイタリア製です。

(　　　)(　①　)(　　　)(　　　)(　　　)(　　　)(　②　)(　　　)(　　　) in Italy.

［ア all　イ made　ウ the　エ this　オ in　カ were　キ almost　ク of　ケ room　コ chairs］

(5) もし明日雨が降ったら、ピクニックには行きません。

(　　　)(　①　)(　　　)(　　　)(　　　)(　　　)(　②　)(　　　)(　　　) tomorrow.

［ア if　イ on　ウ rains　エ picnic　オ will　カ a　キ I　ク it　ケ go　コ not］

5 次の英文は漁師(fisherman)とビジネスマン(businessman)の対話文です。対話文を読み、後の問いに答えなさい。*がついている語(句)には(注)があります。

Businessman : Good morning. What beautiful tuna ! [A]

Fisherman : Oh, about two hours.

Businessman : Only two hours ! Amazing ! [B]

Fisherman : I didn't (1) to fish for longer. With this I have enough fish for my family.

Businessman : [C] Aren't you bored ?

Fisherman : I'm never bored. I get up late, play with my children, watch football, and *take a siesta with my wife. Sometimes in the evenings, I walk to the village to see my friends, play the guitar, and sing some songs.

Businessman : Really ? That's all you do ? Look, I am a very successful businessman. I went to Harvard University and I studied business. I can help you. Fish for four hours every day and (2) *the extra fish you catch ...

Fisherman : But ...

Businessman : ... Then, you can buy a bigger boat, catch more, and *earn more money.

Fisherman : But ...

Businessman : ... Then buy a second boat, a third, and so on, until you have a big *fleet of fishing boats.

Fisherman : But...

Businessman : ... and you can *export the fish, and (3) this village, and move to Mexico City, or LA or New York, and open a fishing business.

Fisherman : [D]

Businessman : Er- *let me think -er probably about 15 to 20 years.

Fisherman : 15 to 20 years ! And then what, *Señor ?

Businessman ： Why, that's the exciting part！ You can sell your business and become very rich, a millionaire.

Fisherman ： A millionaire？ Really？ [E]

Businessman ： Well, let me think. Erm- I know, you can stop work, and -er, move to a lovely, old fishing village where you can sleep late, play with your［ Ⅰ ］, watch［ Ⅱ ］, take a siesta with your wife, and walk to the village in the evenings where you can play the guitar, and sing with your friends all you want.

Fisherman ： Mmmm - well ...

Fisherman's children ： Papa, Papa, did you catch many fish？

Fisherman ： I（ 4 ）enough for us today and tomorrow, and also some for this gentleman. Please, Señor, have some of my beautiful fish. Goodbye Señor. Come on children, let's go home.

（注） take a siesta : 昼寝をする　the extra fish you catch：余分に捕れる魚　earn：稼ぐ
fleet：船団　export：輸出する　let me think : 考えさせてください　Señor：あなた

問１ 空所 [A] ～ [E] に入れるのに最も適切な文を、次のア～オの中から１つずつ選び、それぞれ記号で答えなさい。

ア But what do you do with the rest of your day？
イ OK, OK, but how long will all this take？
ウ How long did it take to catch them？
エ Why didn't you fish for longer and catch more？
オ But what do I do with all the money？

問２ 文中の（ 1 ）～（ 4 ）に入れるのに最も適切な語を、次の語群の中から選び、必要に応じて適切な形に変えて、それぞれ１語で答えなさい。ただし、形を変える必要のないものもある。また、同じ語を２度以上選んではいけない。

［ stay, want, buy, leave, catch, sell, eat ］

問３　下線部に関して、漁師が大金持ちになるためにするべきこととして、適切でないものを次のア〜エの中から１つ選び、記号で答えなさい。

ア　To fish for more hours than he does now.

イ　To get a lot of money and buy many fishing boats.

ウ　To catch more fish and export them.

エ　To open his fishing business in the village.

問４　空所［　Ⅰ　］と［　Ⅱ　］に入る最も ふさわしい組み合わせを次のア〜エの中から１つ選び、記号で答えなさい。

	［　Ⅰ　］	［　Ⅱ　］
ア	children	baseball
イ	cousins	baseball
ウ	grandchildren	football
エ	businessman	football

問５　次のア〜オの中から本文の内容に合うものを２つ選び、記号で答えなさい。

ア　漁師は、十分な量の魚を獲得したため、２時間で漁から帰ってきた。

イ　漁師は、日々の生活を退屈だと感じている。

ウ　漁師は、メキシコシティやニューヨークでの生活にあこがれている。

エ　ビジネスマンによると、漁師が大金持ちになるには、10年以上かかる。

オ　ビジネスマンは、最終的に漁師を説得することに成功した。

6 次の英文を読み、後の問いに答えなさい。*がついている語(句)には(注)があります。

Most people understand that we must care for our planet. We must now ①<u>learn</u> how to do it better. Earth is our home and we must protect it for the future. What will you do to care for our planet?

Some people think that *modern city life is bad for Earth. We use too much energy and we make too much *waste. They think that we should live in small villages, grow our own ②<u>food</u> on the land, and not travel far. <u>This life</u> would not damage our planet.

Other people think that we cannot [A]. They think that new *technology can help us to find new, clean ways to travel and make energy.

You can see some of this new technology in new types of house *design. These new houses don't use any energy from *fossil fuels, but they are still comfortable in very hot or cold weather. They have solar panels in the roof, and they are made (a) wood from forests where trees are always *replaced.

Do you think we should live more simply or use new technology? Or should we do ③<u>both</u>?

When we go shopping, we must think carefully (b) *what we buy. *Some food that we buy comes from near our homes. Other food comes on planes and ships from far away, and we use fossil fuels to *transport it. Some people say we should eat more *food that is grown near to our homes. Do we need【 あ 】fruit in winter? How much of the food that you buy was grown near where you live?

We must not be *greedy. For example, ④<u>[one, with, wants, fish, no, no, oceans]</u> in them. We can take some fish, but we must not take too many. We must be careful not to use too many of Earth's *natural resources too quickly.

In our everyday life we can all help the planet in small ways. We can reuse and recycle as much as possible to *reduce waste and pollution. We can turn off lights to save electricity, and ⑤<u>[cars, not, can, use, to, we, try, our]</u> too much, to reduce *carbon dioxide. We can give money to charities that care for the planet. If millions of people do small things, this will make a difference.

Scientists think that we don't have much time to reduce global warming. So we have to change the way we live now. The people of *Tuvalu and Bangladesh are worried about their future. *So are the people near the Sahara and Gobi Deserts. They need everyone to help. We must all help to care for our planet.

(注) modern：現代の　waste：ゴミ　technology：技術　design：設計
fossil fuel：化石燃料　replace：取り替える　what we buy：我々が買うもの
some food that we buy：私たちが買う食べ物　transport：輸送する
food that is grown near to our homes：自宅の近くで育てられた食べ物
greedy：強欲な　natural resources：天然資源　reduce：少なくする
carbon dioxide：二酸化炭素　Tuvalu：ツバル(太平洋中南部の島国)
so are the people ～：～の人々もそうである

問1　下線部①～③の単語について、以下の下線部と同じ発音を含むものをア～エから1つずつ選び、記号で答えなさい。

① l<u>ear</u>n　ア st<u>ar</u>t　イ h<u>ear</u>t　ウ w<u>or</u>k　エ l<u>ar</u>ge
② f<u>oo</u>d　ア c<u>oo</u>k　イ c<u>oo</u>l　ウ w<u>oo</u>l　エ f<u>oo</u>t
③ b<u>o</u>th　ア <u>o</u>nly　イ abr<u>oa</u>d　ウ n<u>o</u>t　エ d<u>o</u>ne

問2　文中の二重傍線部 This life が指す内容としてふさわしくないものを次のア～エから1つ選び、記号で答えなさい。

ア　自給自足の生活をすること。
イ　遠くへ移動しないこと。
ウ　新しい技術を使って、エネルギーを作り出す生活をすること。
エ　小さな村に暮らすこと。

問3　本文の流れに合うように、空所 [A] に入る適切な文を次のア～エから1つ選び、記号で答えなさい。

ア　use too much energy because we use natural resources too quickly
イ　continue modern city life in the future
ウ　go back to a simpler way of living
エ　say that it is important to use new technology

問4 空所（ a ）、（ b ）に入る適切な前置詞１語をそれぞれ答えなさい。

問5 文中の【 あ 】に入る最も適切な１語を、次のア～エから選び記号で答えなさい。

ア winter イ foreign ウ home-made エ summer

問6 文中の下線部④、⑤の［ ］内の語を、意味の通るように並べ替え、４番目と７番目に来る語をそれぞれ答えなさい。

問7 次の１～４の内容が本文に照らし合わせて正しければＴを、誤りであればＦを書きなさい。なお、<u>全てをＴまたはＦと答えた場合は無得点とする</u>。

1 All people agree that modern city life is bad for Earth.

2 The new houses don't use any energy.

3 It is important for us to do small things to care for our planet.

4 According to scientists, we still have enough time to reduce global warming.

Memo

2020 第1回
サピックスオープン

数 学

中学3年

2020年5月17日実施

【受験上の注意事項】

1 試験時間は、50分です。
2 答えは全て解答用紙の定められた解答欄の中に書きなさい。
小さすぎる文字・薄すぎる文字は採点できません。
3 解答用紙には、生徒ID・氏名を必ず書きなさい。
4 問題用紙の白いところは、メモなどに使いなさい。
5 質問がある時や気分が悪くなった時は、黙って手をあげなさい。
6 終わったら解答用紙だけを提出しなさい。

【解答の際の注意事項】

1 解答は最も整理された形で表せ。
① 分数は特にことわりがない限り，完全に約分された形にせよ。
比についても同様で，完全に整理された形にせよ。
② 解答に根号が含まれる場合は，根号の中の数字はできるだけ小さくして，整理せよ。
2 円周率は，特にことわりがない限りπを用いよ。
3 解答が複数考えられる場合は，全て答えよ。

SAPIX サピックス 中学部

1 次の各問いに答えよ。

(1) $\dfrac{2x-7}{3}-\dfrac{x-9}{5}$ を計算せよ。

(2) 連立方程式 $\begin{cases} 2x+y=3 \\ \dfrac{1}{6}x-\dfrac{2}{3}y=1 \end{cases}$ を解け。

(3) $(x-8)(x+2)-(x-3)^2$ を計算せよ。

(4) $a^2+6ab+9b^2-25$ を因数分解せよ。

(5) 下の図はある中学校の生徒 30 人について，片道の通学にかかる時間の分布をヒストグラムにしたものである。この 30 人の通学時間の平均値を求めよ。

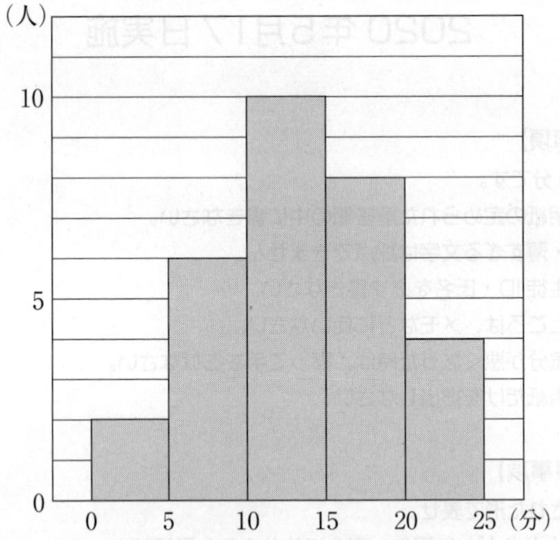

2 次の各問いに答えよ。

⑴ 赤，青，緑のボールペンが１本ずつ，さらに黒のボールペンが２本ある。
これらのボールペンをＡ君，Ｂ君，Ｃ君，Ｄ君，Ｅ君の５人に１本ずつ配るとき，配り方は何通りあるか求めよ。

⑵ $\sqrt{126n}$ が35の倍数になるとき，n に当てはまる最小の自然数を求めよ。

⑶ 右の図のように，正五角形ABCDEに正方形FGHIがCD∥GHになるように内接している。
∠GIEの大きさを求めよ。

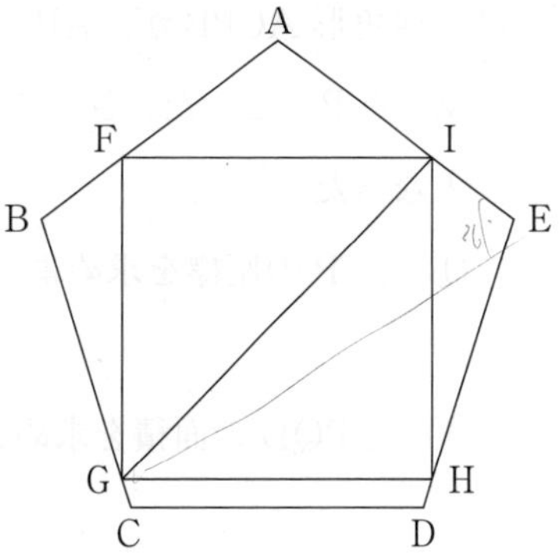

⑷ 右の図のように∠C＝90°である直角三角形ABCの辺AC上に点Pをとった。
辺AB上に∠ABC＝∠APQとなるような点Qを定規とコンパスを用いて作図せよ。
ただし、作図に用いた線は消さずに残しておくこと。

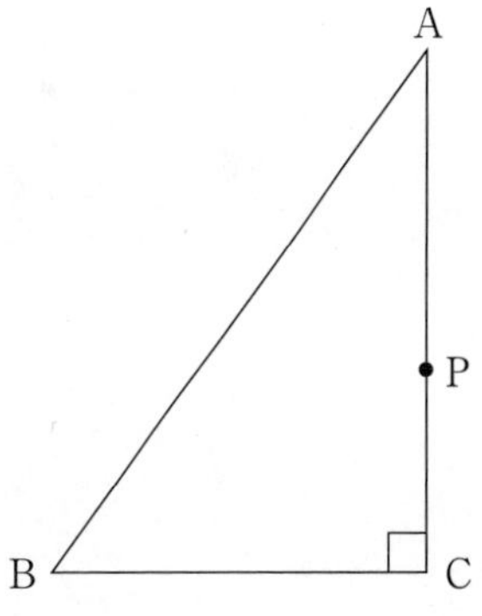

3 座標平面上にA$(-6,\ 7)$，B$(12,\ 16)$，C$(0,\ -2)$がある。

線分ACをC側に延長した線上に点Dをとったところ，△ABD＝144となった。

次の各問いに答えよ。

(1) 直線ABの式と，△ABCの面積をそれぞれ求めよ。

(2) 点Dの座標を求めよ。

(3) 四角形ACPBが，AB∥CPである台形となるように，x座標，y座標がともに正である点Pをとった。さらに，直線BDと直線CPの交点をQとすると，△CDQ＝△PBQとなった。

① 点Pの座標を求めよ。

② △PQDの面積を求めよ。

4 AB＝5，BC＝4，CA＝3 で，∠ACB＝90° である△ABC がある。

この△ABC を点 C を中心に時計回りに a° 回転移動させたところ，点 A，B がそれぞれ点 A′，B′ へ移動し，辺 AB と B′C の交点を P とするとき，PB＝PC となった。

次の各問いに答えよ。

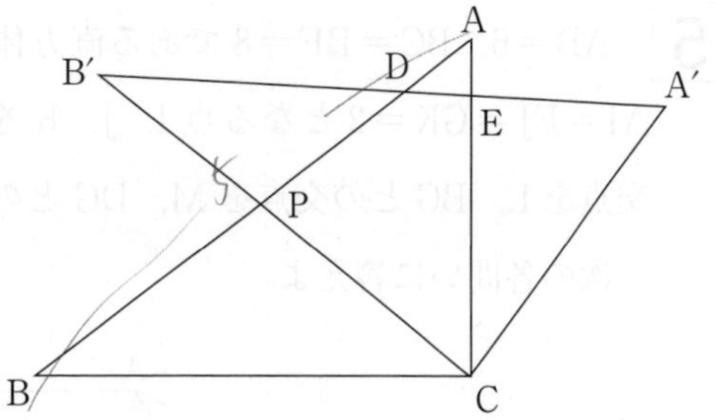

(1) 次の ア ，イ にあてはまる適切な a を用いた一次式と，ウ にあてはまる数値をそれぞれ答えよ。

> △ABC を時計回りに回転しているから，∠B′CB＝ ア ° となり，
> ∠ACP＝ イ °
> また，PB＝PC より，∠PBC＝∠PCB となるので，∠BAC＝ イ °
> よって，△PCA は二等辺三角形であるから，PC＝ ウ

(2) PD の長さを求めよ。

(3) △B′PD：△ADE：△A′CE を求めよ。

5 AB＝6, BC＝BF＝8 である直方体 ABCD－EFGH の辺上に図のように AI＝FJ＝GK＝2 となる点 I, J, K をとる。また，I, J, K を通る平面と DH との交点を L, BG との交点を M, DG との交点を N とする。

次の各問いに答えよ。

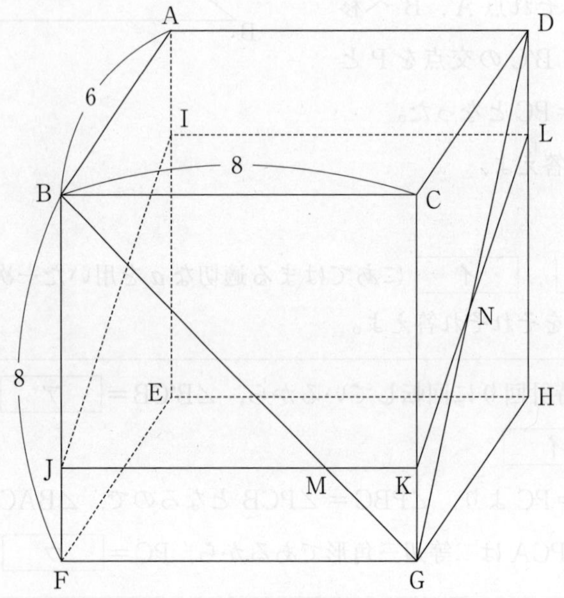

(1) JM：MK, KN：NL をそれぞれ求めよ。

(2) 立体 AIJK の体積を求めよ。

(3) 立体 AIMN の体積を求めよ。

【この問題は答えに至るまでの途中経過を解法欄に記入すること。】

2020 第1回
サピックスオープン

理　科

中学3年

2020年5月17日実施

【受験上の注意事項】

1 試験時間は、50分です。
2 答えは全て解答用紙の定められた解答欄の中に書きなさい。
小さすぎる文字・薄すぎる文字は採点できません。
3 解答用紙には、生徒ID・氏名を必ず書きなさい。
4 問題用紙の白いところは、メモなどに使いなさい。
5 質問がある時や気分が悪くなった時は、黙って手をあげなさい。
6 終わったら解答用紙だけを提出しなさい。

SAPIX サピックス 中学部

1 次の問いに答えなさい。

(1) 混合物に分類される物質を，次のア～エの中から一つ選び，記号で答えなさい。

ア．塩化ナトリウム　　イ．鉄　　ウ．塩酸　　エ．蒸留水

(2) 地震の震度が表すものと震度の階級の数の組み合わせとして適切なものを，次のア～エの中から一つ選び，記号で答えなさい。

	震度が表すもの	震度の階級の数
ア	観測地点でのゆれの強さ	7 段階
イ	観測地点でのゆれの強さ	10 段階
ウ	地震の規模	7 段階
エ	地震の規模	10 段階

(3) **図1**のように，コイルに棒磁石を近づけると，コイルに電流が流れて検流計の針が振れる。このように，コイルを貫く磁界が変化したときにコイルに電流が流れる現象の名称を，漢字 4 字で答えなさい。

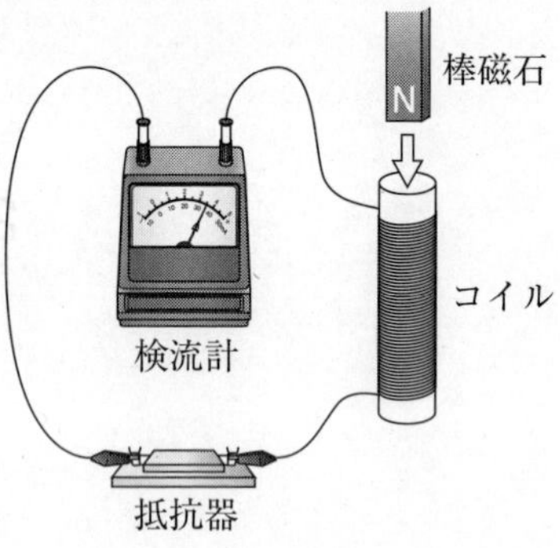

図1

(4) **図2**は，ヒトの心臓を体の正面から見たとき，その構造を模式的に表したものである。血管 X の名称と血管 X を流れる血液の種類の組み合わせとして適切なものを，次のア～エの中から一つ選び，記号で答えなさい。

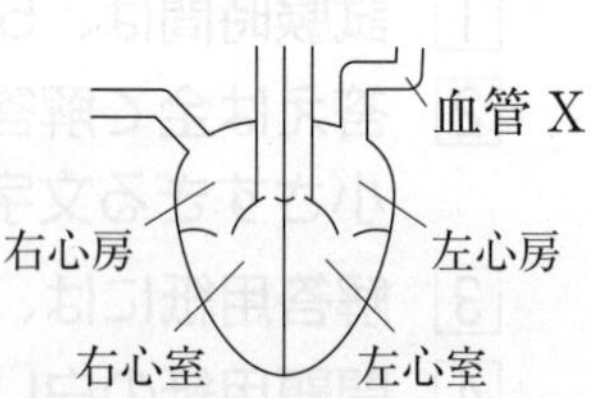

図2

	血管 X の名称	血管 X を流れる血液の種類
ア	肺動脈	動脈血
イ	肺動脈	静脈血
ウ	肺静脈	動脈血
エ	肺静脈	静脈血

(5) 生物の死がいが堆積してできた岩石のうち，うすい塩酸をかけたときに気体が発生する岩石の名称と，その岩石を形成する生物の死がいの例の組み合わせとして適切なものを，次のア～エの中から一つ選び，記号で答えなさい。

	岩石の名称	岩石を形成する生物の死がいの例
ア	石灰岩	放散虫
イ	石灰岩	サンゴ
ウ	チャート	放散虫
エ	チャート	サンゴ

(6) **図3**はツバキの葉の断面図である。ツバキや**図3**について述べた文として誤っているものを，次のア～エの中から一つ選び，記号で答えなさい。また，**図3**のYとZは，それぞれ葉の道管と師管のいずれかを表している。

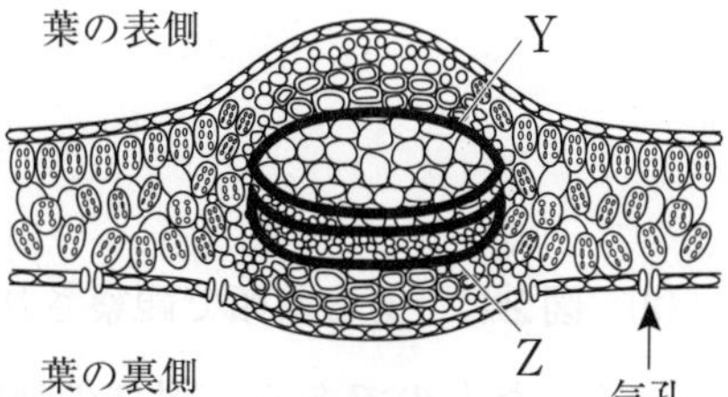

図3

ア．**図3**にかかれているすべての細胞に葉緑体が含まれている。

イ．ツバキの葉の裏側にある気孔の数は，表側にある気孔の数よりも多い。

ウ．**図3**の気孔からは，余分な水分が放出される。

エ．ツバキの葉で光合成によってつくられたデンプンは，水に溶けやすい物質に変えられた後，**図3**のZの管を通って植物の各部に運ばれる。

2 次の問いに答えなさい。

(1) **図1**は，内部に空洞がない物体の体積と質量をまとめたものである。物体Aと同じ物質でできている物体を，**図1**のア～エの中から一つ選び，記号で答えなさい。

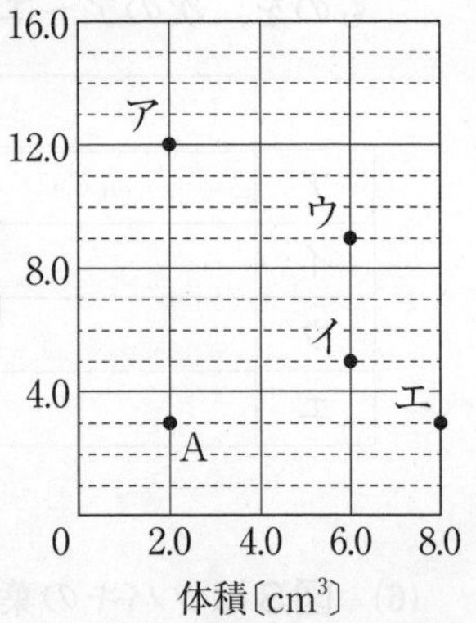

図1

(2) **図2**は，ある露頭で観察された地層をスケッチしたものである。**図2**の地層が形成されるまでに起こったできごとを，起こった時期が古い方から新しい方へ順番に並べたものを，次のア～カの中から一つ選び，記号で答えなさい。ただし，**図2**の地域では，地層の上下の逆転は起こっていないものとする。

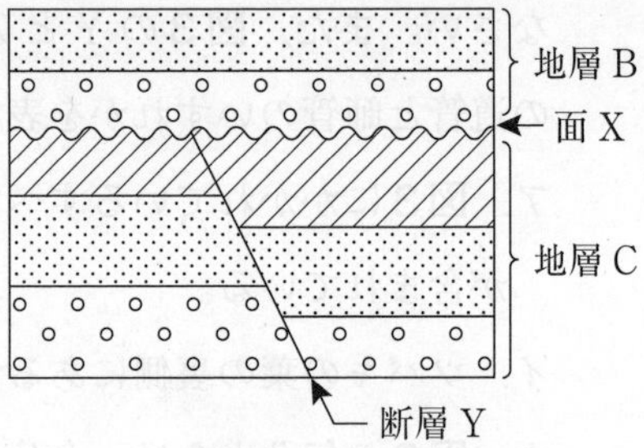

図2

ア．地層Cの堆積 → 面Xの形成 → 地層Bの堆積 → 断層Yの形成
イ．地層Cの堆積 → 断層Yの形成 → 地層Bの堆積 → 面Xの形成
ウ．地層Cの堆積 → 面Xの形成 → 断層Yの形成 → 地層Bの堆積
エ．地層Cの堆積 → 断層Yの形成 → 面Xの形成 → 地層Bの堆積
オ．地層Cの堆積 → 地層Bの堆積 → 面Xの形成 → 断層Yの形成
カ．地層Cの堆積 → 地層Bの堆積 → 断層Yの形成 → 面Xの形成

(3) 電源装置，抵抗の大きさが3Ωの電熱線a，抵抗の大きさが1Ωの電熱線b，電流計を用いて，**図3**の回路をつくった。**図3**の回路で，電源電圧を6Vとして電源装置のスイッチを入れたとき，電流計が示す値は何Aか。

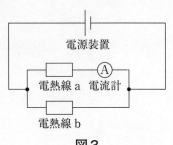

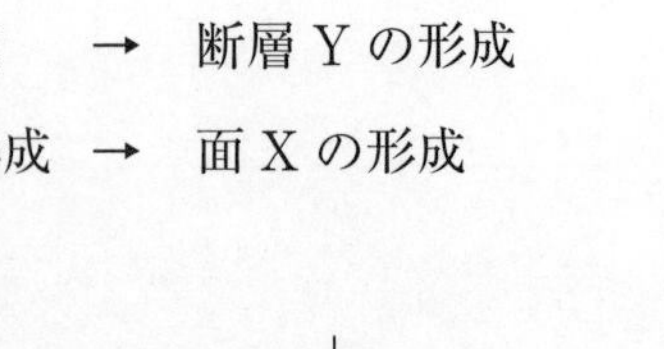

図3

(4) 右の表は，エタノール，窒素，酸素の1気圧のもとでの融点と沸点をまとめたものである。表に示した物質について正しく述べた文を，次のア～エの中から一つ選び，記号で答えなさい。ただし，いずれも1気圧のもとで考えるものとする。

物質	融点〔℃〕	沸点〔℃〕
エタノール	－115	78
窒素	－210	－196
酸素	－218	－183

ア．－200℃のとき，液体の状態の物質は1種類だけである。

イ．－100℃のとき，固体の状態の物質はない。

ウ．エタノール，窒素，酸素がすべて液体となる温度がある。

エ．酸素の沸点は窒素の沸点よりも低い。

(5) 沸騰させてから室温まで冷ました水にBTB液を加え，息を吹き込んで緑色にしたものを試験管に満たした。その後，**図4**のように，オオカナダモを試験管に入れ，試験管を光が当たる場所に数時間放置しておいたところ，BTB液の色が変化した。息を吹き込む前と光が当たる場所に数時間放置した後のBTB液の色の組み合わせとして適切なものを，次のア～エの中から一つ選び，記号で答えなさい。

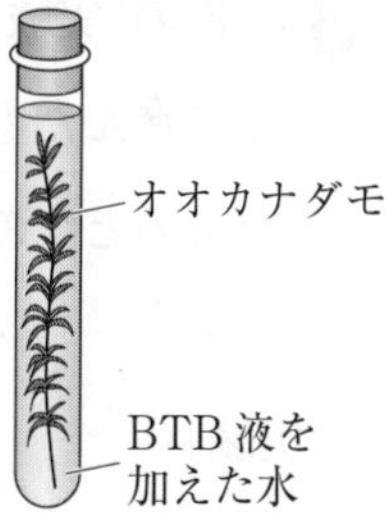

図4

	息を吹き込む前	光が当たる場所に数時間放置した後
ア	青色	青色
イ	青色	黄色
ウ	黄色	青色
エ	黄色	黄色

(6) スタート地点Sから100 m離れたゴール地点GまでDさんが走るとき，Dさんの100 m走のタイムを以下のようにして測定した。**図5**のように，ピストルを持ったEさんは地点Sのすぐ近くに，ストップウォッチを持ったFさんはEさんから136 m離れた地点にいる。Dさんは，Eさんのピストルの合図でスタートして，地点Gまで走った。F

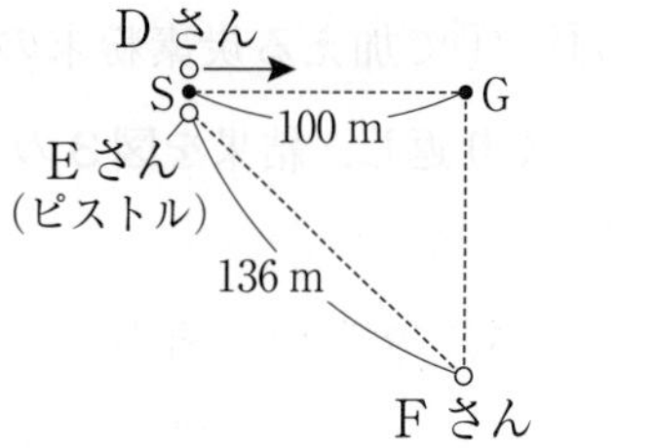

図5

さんは，Eさんのピストルの音が届いたときにストップウォッチをスタートさせ，Dさんがゴールしたのを見たときにストップウォッチを止めた。Fさんが測定したDさんの100 m走のタイムは13.0秒だったが，このタイムは，Fさんにピストルの音が届くまでの時間を考慮すると正確ではない。Dさんの100 m走の正確なタイムとして最も適切なものを，次のア～エの中から一つ選び，記号で答えなさい。ただし，音が空気中を伝わる速さは340 m/sとし，風の影響はないものとする。また，Fさんが目や耳からの刺激を受けてからストップウォッチを操作するまでにかかる時間は，結果に影響しないものとする。

ア．10.5秒　　イ．12.6秒　　ウ．13.4秒　　エ．15.5秒

3 次の〔実験〕，〔資料〕について，後の問いに答えなさい。ただし，実験では反応は十分に進んだものとし，試験管内では，酸化銅と炭素の粉末の反応以外は起こらなかったものとする。

〔実験〕

① **図1**のように，酸化銅の粉末8.00 gと炭素粉末0.20 gを乳鉢に入れて乳棒でよくかき混ぜた後，試験管に入れた。

図1

② **図2**のように，試験管に入れた①の酸化銅と炭素の混合粉末を十分に加熱したところ，ゴム管で試験管につないだガラス管から気体が出てきて，石灰水が白くにごった。

③ ガラス管を石灰水から取り出した後で加熱をやめ，すぐにクリップでゴム管を閉じた。十分に冷ました後，試験管の中に残っていた物質を取り出して質量を測定した。試験管の中に残っていた物質は，黒色の物質と赤色の物質が混ざったものだった。

④ ①で加える炭素粉末の質量を，0.40 g，0.60 g，0.80 gに変えて，①～③の実験をくり返し，結果を**図3**のグラフにまとめた。

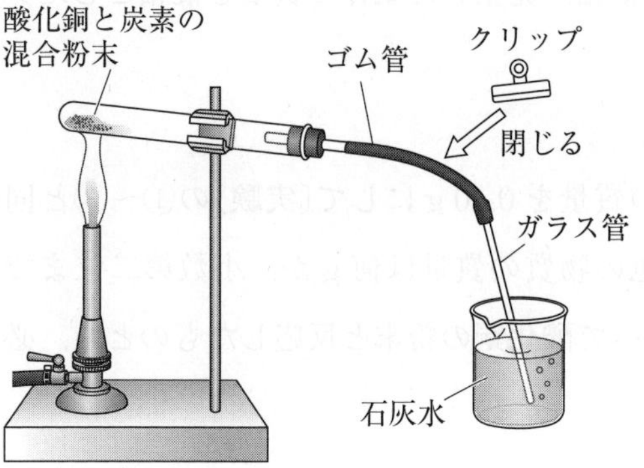

図2

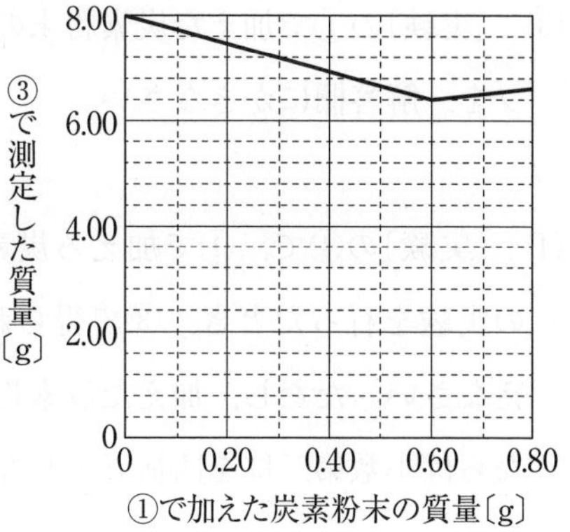

図3

〔資料〕

酸化鉄から酸素を取り除くには，酸化銅から酸素を取り除く場合と比べて大がかりな装置や高い温度が必要になる。**図4**は，現在の製鉄で用いられている高炉を模式的に表したものである。**図4**の上部から，鉄鉱石とコークスを交互に重なるように入れていき，2000℃以上に加熱する。装置の下部からは，炭素を含んだ液体状の鉄(銑鉄)が取り出される。

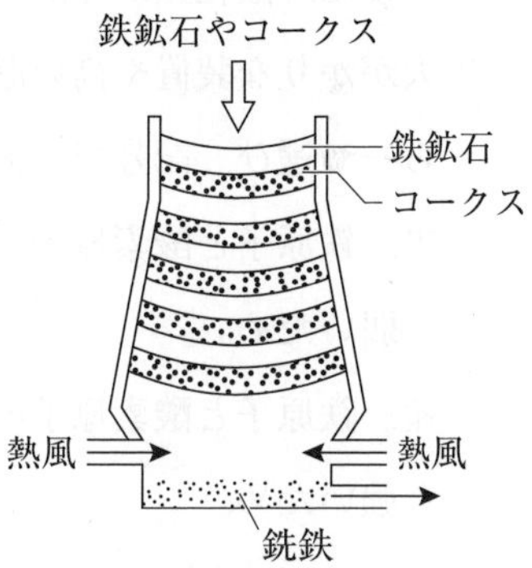

図4

(1) 原子の性質について述べた文として誤っているものを，次のア～エの中から一つ選び，記号で答えなさい。

ア．自然界では，すべての原子は原子が２個以上結びついた分子の状態で存在する。

イ．化学変化において，原子の種類が変わることはない。

ウ．化学変化において，原子の数が増えたり減ったりすることはない。

エ．原子は，種類ごとに質量が決まっている。

(2) 〔実験〕で，試験管に入れた酸化銅と炭素の間で起こった化学変化を，化学反応式で書きなさい。

(3)〔実験〕の①で加えた炭素粉末の質量を横軸，発生した気体の質量を縦軸としたグラフを，解答欄にかきなさい。

(4)〔実験〕の④で，①で加える炭素粉末の質量を0.40 gにして〔実験〕の①～③と同様の実験を行ったとき，③で得られる赤色の物質の質量は何 gか。小数第二位まで答えなさい。ただし，加えた炭素粉末はすべて酸化銅の粉末と反応したものとし，必要ならば小数第三位を四捨五入しなさい。

(5)〔資料〕のように，酸化した物質から酸素を取り除く反応の名称を一般に何というか。漢字2字で答えなさい。

また，酸化鉄から酸素を取り除くために，酸化銅から酸素を取り除く場合と比べて大がかりな装置や高い温度が必要になる理由として適切なものを，次のア～エの中から一つ選び，記号で答えなさい。

ア．鉄原子と酸素原子の間の結びつきが，炭素原子と酸素原子の間の結びつきよりも弱いため。

イ．鉄原子と酸素原子の間の結びつきが，炭素原子と酸素原子の間の結びつきよりも強いため。

ウ．鉄原子と酸素原子の間の結びつきが，銅原子と酸素原子の間の結びつきよりも弱いため。

エ．鉄原子と酸素原子の間の結びつきが，銅原子と酸素原子の間の結びつきよりも強いため。

4 生物の分類に関する次の〔文章１〕,〔文章２〕について，後の問いに答えなさい。

〔文章１〕

身近な生物の食べ物を考えてみよう。日本で一番大きなトンボであるオニヤンマは，ガやハエ，ハチを空中で捕まえて食べます。水辺に生息する外来種であるアメリカザリガニもまた肉食で，カエルや昆虫を食べます。ただし，子どもの頃は①動物プランクトンだけでなくコケも食べるので，草食の一面もあります。ミスジマイマイ，いわゆるカタツムリは草食の生物で，植物の葉や落ち葉を食べます。また，自分の殻を作るために，卵の殻や石灰岩，コンクリートを食べ，カルシウムを摂取しています。天敵から狙われにくくするために，人が住んでいる場所の近くに生息しているスズメは，イネ科の植物の種子や昆虫などを食べる雑食です。また，イネ科の植物であるタケばかりを食べて生きている生物といえば，ジャイアントパンダです。もともと肉食動物のジャイアントパンダは植物のタケをうまく消化できないため，１日におよそ20 kgという大量のタケを食べることで栄養分を確保しています。

〔文章２〕

花のつくりやつけ方について考えてみよう。一つの花にめしべとおしべがある花を両性花といいます。また，一つの花に，花の中心からめしべ，おしべ，花弁，がくの四つがすべて存在している花は完全花，一つでも欠けている花は不完全花といいます。②イネやタケは両性花ではありますが，花弁とがくがないため不完全花になります。一方で，おしべがない雌花やめしべがない雄花を単性花といいます。単性花をつける植物にはさらに，雌花と雄花を同一の個体につける雌雄同株の植物と，雌花だけをつける個体(雌株)と雄花だけをつける個体(雄株)に分かれている雌雄異株の植物があります。雌雄同株の植物の例には，スギやカボチャ，ヘチマが挙げられます。また，雌雄異株の植物の例にはイチョウやソテツ，ホウレンソウが挙げられます。

(1) トンボやザリガニのように，節のあるあしをもち，体が外骨格でおおわれている動物のなかまを何というか。漢字４字で答えなさい。

(2)　カタツムリと同じように，内臓などをおおう外とう膜をもつ生物として適切なものを，次のア～エの中から一つ選び，記号で答えなさい。

ア．ミミズ　　　　イ．ウニ　　　　ウ．イカ　　　　エ．イソギンチャク

(3)　鳥類のスズメやホ乳類のパンダに共通して見られる体温の特徴に，周囲の気温が変化しても体温を一定に保つことができる点がある。このような特徴をもつ動物を何というか。漢字4字で答えなさい。

(4)　〔文章1〕の下線部①について，動物プランクトンのミジンコを**図1**のような顕微鏡で観察したところ，**図2**のように見えた。ミジンコを顕微鏡の視野の中央で観察するためには，プレパラートをどの方向に動かせばよいか。適切な方向を，**図3**のア～エの中から一つ選び，記号で答えなさい。

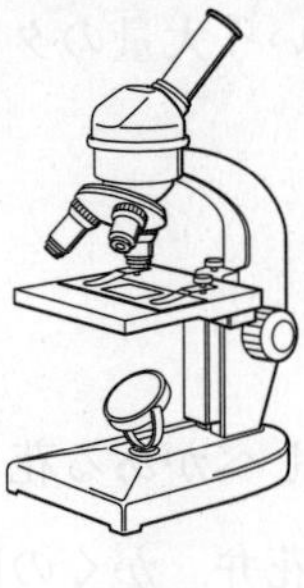

図1

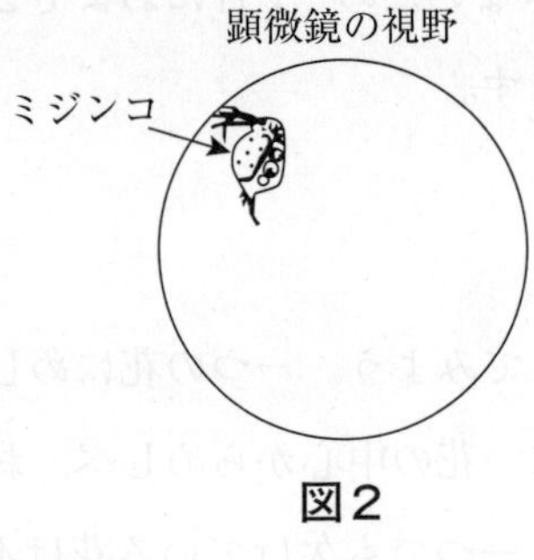

図2

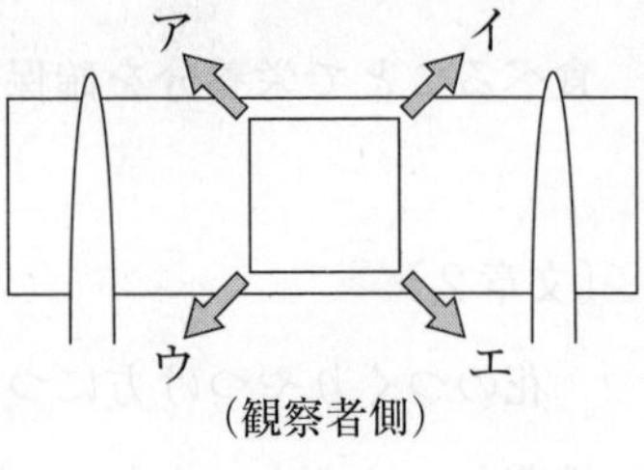

図3

(5)　コケ植物のゼニゴケとジャイアントパンダの主食であるタケの特徴について正しく述べた文を，次のア～エの中から一つ選び，記号で答えなさい。

ア．どちらも道管を通して水や水に溶けた養分を運び，師管を通して葉でつくった栄養分を運んでいる。

イ．ゼニゴケの胚珠は子房におおわれていないが，タケの胚珠は子房でおおわれており，子房は果実に成長する。

ウ．ゼニゴケは雌株と雄株に分かれており，タケは一つの花の中にめしべとおしべがある。

エ．ゼニゴケの葉脈は網状脈で，根は根毛からなる。タケの葉脈は平行脈で，根はひげ根である。

(6) 〔文章２〕の下線部②について，イネやタケに花弁がない理由を，花粉を運ぶ方法に言及して簡潔に答えなさい。

(7) 裸子植物のマツの花のつくりやつけ方として適切なものを，次のア～カの中から一つ選び，記号で答えなさい。

ア．完全花・両性花　　イ．不完全花・両性花　　ウ．完全花・雌雄同株
エ．不完全花・雌雄同株　　オ．完全花・雌雄異株　　カ．不完全花・雌雄異株

5 気象観測と〔文章〕について，次の問いに答えなさい。

(1) ある地点の気象観測のデータによると，雨や雪は降っておらず，雲量8，風力2，南西の風が吹いていたことがわかった。このときの天気図記号を，下の例を参考に，解答欄にかきなさい。

例

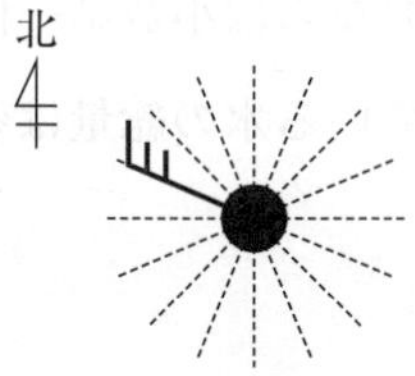

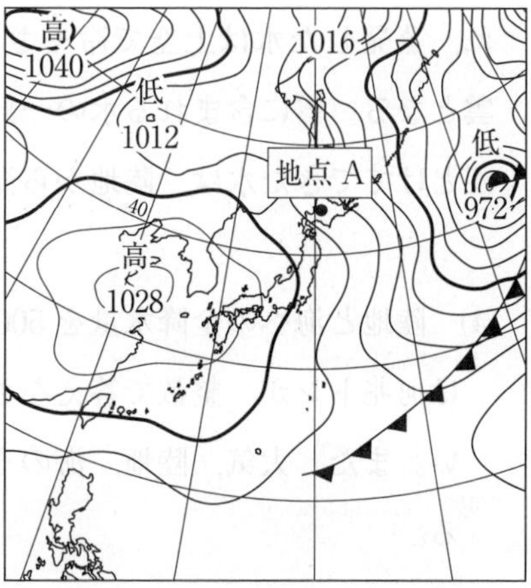

図１

(2) **図１**に●で示した北海道の地点Aの標高0mにおける気圧として適切なものを，次のア～オの中から一つ選び，記号で答えなさい。

ア．1012 hPa　　イ．1014 hPa　　ウ．1016 hPa　　エ．1018 hPa　　オ．1020 hPa

(3) **図１**と天気に関する説明として適切なものを，次のア～エの中から一つ選び，記号で答えなさい。

ア．高気圧は１気圧(1013 hPa)よりも気圧が高いところで，中心部に生じる下降気流のため雲はできにくい。

イ．**図１**の寒冷前線がある部分の付近では，暖気が寒気の下にもぐり込みながら進んでいる。

ウ．**図１**は冬によく見られる気圧配置で，日本列島付近には南西の季節風が吹く。

エ．北半球において，低気圧の地上付近では反時計回りに風が吹き込み，中心部には上昇気流が生じている。

〔文章〕

図２は地球上の水の循環を，陸地と海への全降水量を100として模式的に表したものである。陸地の水は人間の生活に利用される水のほかに氷河や地下水として存在している。大気中の水は陸地や海からの蒸発によって供給され，蒸発した水は上空で冷やされて，雲となる。雲に含まれる水の一部は雨や雪として陸地や海へ戻る。また，地下水や氷河がとけてできた水は，陸地から海へ流水として流れ込むものもある。

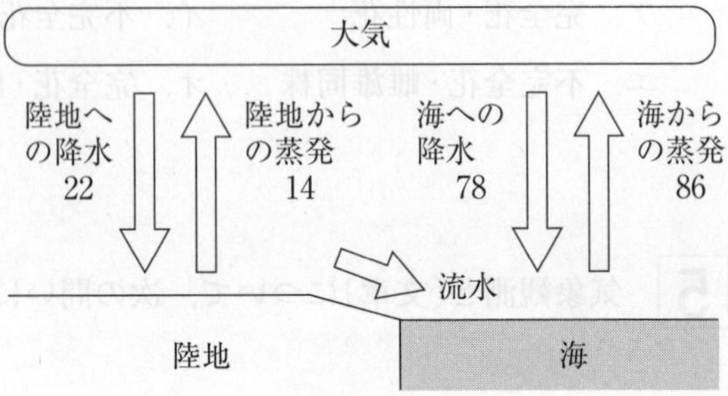

図２

(4) 陸地と海への全降水量を500兆トンとすると，陸地から海へ流水として流れ込む量は何兆トンか。整数で答えなさい。ただし，必要ならば小数第一位を四捨五入しなさい。また，大気，陸地，海のそれぞれに存在している水の総量は変わらないものとする。

(5) 雲ができ始める高さに関する次の考察について，後の①～③に答えなさい。ただし，飽和していない空気のかたまりは100 m上昇するごとに1.0℃温度が下がるものとし，空気のかたまりが膨張しても，空気のかたまりに含まれている水蒸気の質量は膨張する前と変わらないものとする。

雲ができ始める高さを求めるために，30℃で1 m^3 中に12.1 gの水蒸気を含む空気のかたまりが，標高0 mの地表から上昇することによって冷やされたときの露点について考える。次ページの表から読み取ると，この空気のかたまりの地表での露点は14℃であり，1600 m上昇することで16℃温度が下がり，空気のかたまりの温度は14℃になると考えられる。しかし，実際は空気のかたまりは上昇したときに膨張していくため，空気のかたまりの体積が変化する。1600 m上昇したとき，標高0 mの地表と比べて体積が1.1倍になるとすると，空気のかたまり1 m^3中に含まれる水蒸気の質量は（ W ）gとなる。したがって，1600 m上昇した時点での露点は14℃ではなく（ X ）℃と（ Y ）℃の間であり，（ Z ）なる。同じ温度で同じ水蒸気量の空気のかたまりでも，地表で冷やされた場合と上昇することで冷やされた場合では露点が異なることがわかる。

気温〔℃〕	11	12	13	14	15	16	17	18	19	20
飽和水蒸気量〔g/m^3〕	10.0	10.7	11.3	12.1	12.8	13.6	14.5	15.4	16.3	17.3
気温〔℃〕	21	22	23	24	25	26	27	28	29	30
飽和水蒸気量〔g/m^3〕	18.3	19.4	20.6	21.8	23.0	24.4	25.7	27.2	28.7	30.3

① 下線部の空気のかたまりの湿度は何％か。整数で答えなさい。ただし，必要ならば小数第一位を四捨五入しなさい。

② （ W ）にあてはまる数値を答えなさい。また，（ X ），（ Y ）にあてはまる数値の組み合わせとして適切なものを，次のア～エの中から一つ選び，記号で答えなさい。

	ア	イ	ウ	エ
（ X ）	11	12	14	15
（ Y ）	12	13	15	16

③ （ Z ）にあてはまる内容として適切なものを，次のア～エの中から一つ選び，記号で答えなさい。

ア．露点が14℃より低くなり，雲ができ始める高さは1600 mより高く

イ．露点が14℃より低くなり，雲ができ始める高さは1600 mより低く

ウ．露点が14℃より高くなり，雲ができ始める高さは1600 mより高く

エ．露点が14℃より高くなり，雲ができ始める高さは1600 mより低く

6 光の進み方について調べるために行った次の〔実験１〕,〔実験２〕について，後の問いに答えなさい。ただし，青色の光と赤色の光の場合で，境界面における光の屈折の仕方は変わらないものとする。

〔実験１〕

図１のように，点Ｏを中心とした円がかかれた記録用紙の上に半円形レンズをのせたものと，青色のレーザー光を出す光源装置Ｘを２台用意した。

① 図２のように，点Ｏに向かって光源装置Ｘから青色のレーザー光を当てたところ，反射して進む光の道すじと，空気とガラスの境界で屈折して進む光の道すじが見えた。

② 図３のように，２台の光源装置Ｘから青色のレーザー光を当てたところ，空気とガラスの境界で屈折して進む光の道すじが見えた。

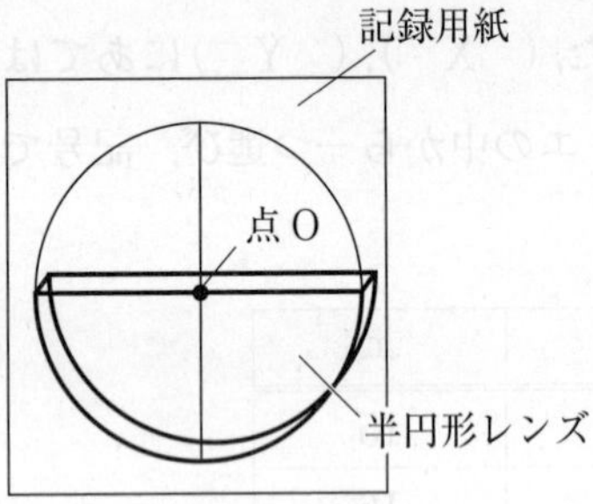

図１

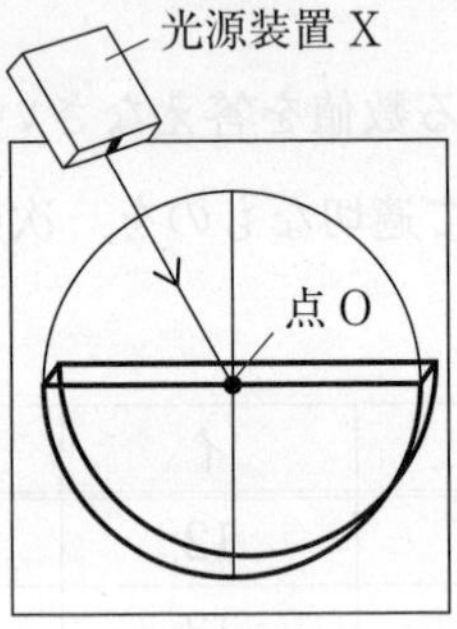

図２

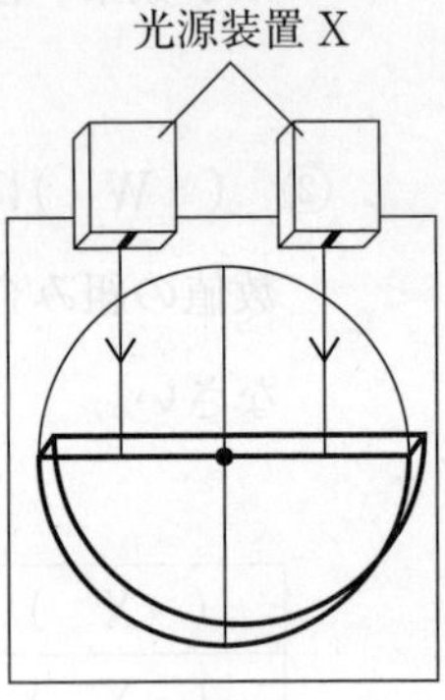

図３

(1) 図４は，〔実験１〕の①で反射して進む光の道すじを表したものである（半円形レンズを太線で表している）。〔実験１〕の①で空気とガラスの境界で屈折して進む光の道すじを正しく表したものを，次のア～エの中から一つ選び，記号で答えなさい。

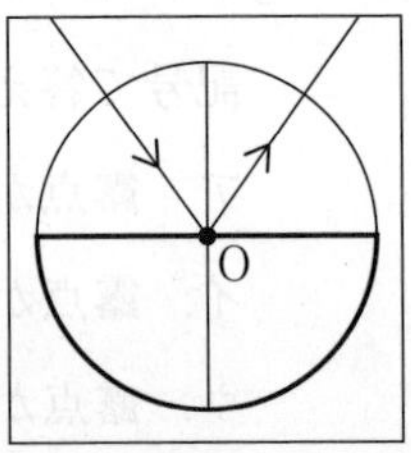

図４

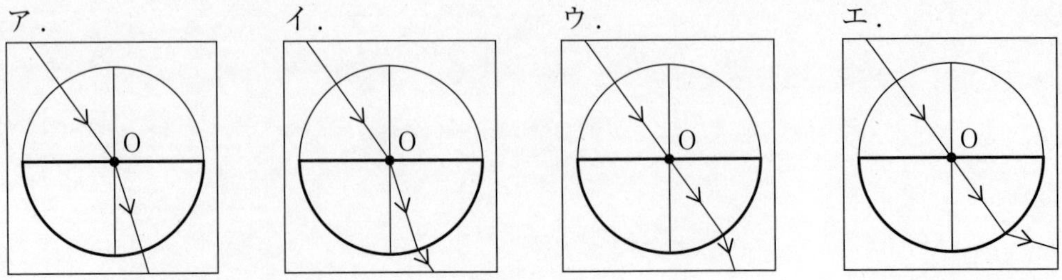

(2) **図5**は，〔実験１〕の②の光の道すじを表したものである。この結果から，**図6**のように，点Ｏのそばに鉛筆を立て，半円形レンズの点Ｏがある面に対して90度の方向(**図6**の矢印の方向)から見た場合，鉛筆はどのように見えるか。

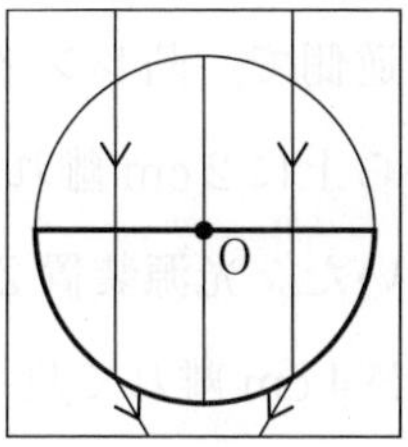

図5

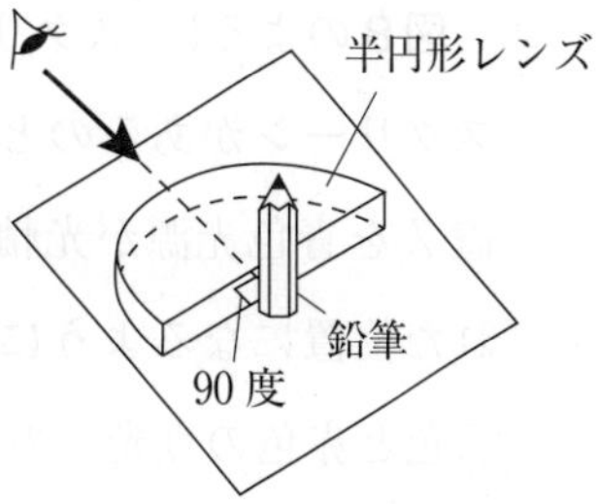

図6

鉛筆の見え方として適切なものを，次のア～ウの中から一つ選び，記号で答えなさい。

ア．

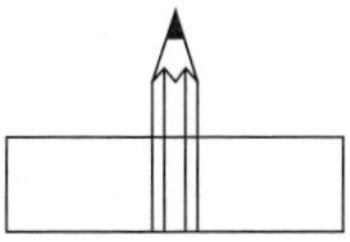

イ．

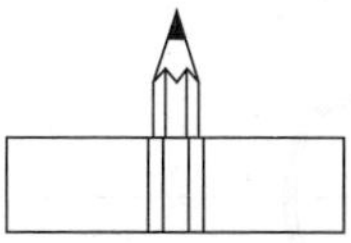

ウ．

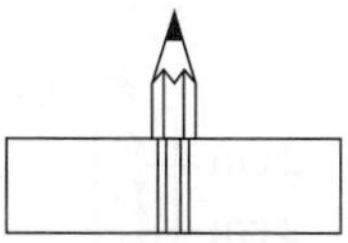

〔実験２〕

青色のレーザー光を出す光源装置Ｘ，赤色のレーザー光を出す光源装置Ｙ，青色と赤色の小さな光源が4 cm離れてついている光源装置Ｚ，焦点距離が10 cmの凸レンズ，スクリーンを用意した。

① **図7**のように，スクリーンを凸レンズからの距離が20 cmのところに置いた。また，スクリーンがあるのとは逆側で，凸レンズからの距離が20 cmのところで，光軸から上に2 cm離れた位置に光源装置Ｘ，光軸から下に2 cm離れた位置に光源装置Ｙをそれぞれ置き，青色と赤色の光を光軸と平行な向きに出して凸レンズに当てたところ，スクリーンには青色と赤色のレーザー光が4 cm離れて当たった。

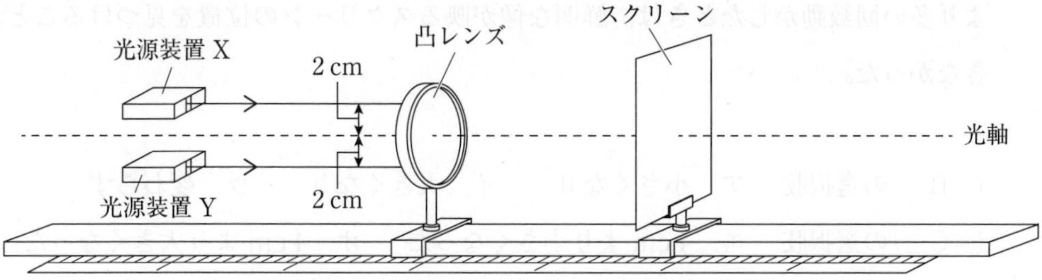

図7

② **図8**のように，スクリーンを凸レンズからの距離が20 cmのところに置いた。また，スクリーンがあるのとは逆側で，凸レンズからの距離が20 cmのところに，光源装置Zを青色光源が光軸から上に2 cm離れた位置，赤色光源が光軸から下に2 cm離れた位置になるように置いた。光源装置Zの電源を入れたところ，スクリーンには青色と赤色の点光源の像が4 cm離れて映った。この光源装置Zを凸レンズに近づけるように右に3 cmずつ5回動かし，それぞれ小さな光源の鮮明な像が映る位置があればそこにスクリーンを移動させ，そのときの凸レンズとスクリーンの間の距離および，青色と赤色の小さな光源の像の間の距離を測定した。

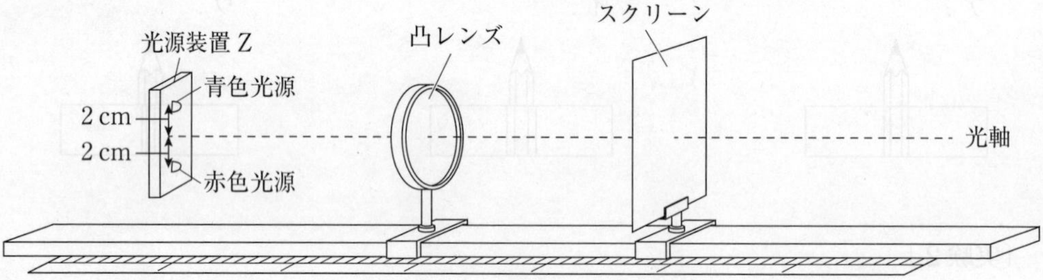

図8

(3) 次の文章は，〔実験2〕の②の結果について述べたものである。（ A ）には整数の「1」～「5」のいずれかを答えなさい。また，（ B ）には後のア～ウの中から，（ C ）には後のエ～カの中から，それぞれ一つずつ選び，記号で答えなさい。

光源装置Zを右に（ A ）回動かしたときまでは，測定した凸レンズとスクリーンの距離は（ B ），青色と赤色の小さな光源の像の間の距離は（ C ）。一方，（ A ）より多い回数動かしたときは，鮮明な像が映るスクリーンの位置を見つけることができなかった。

（ B ）の選択肢　ア．小さくなり　イ．大きくなり　ウ．変わらず

（ C ）の選択肢　エ．4 cmより小さくなった　オ．4 cmより大きくなった
カ．4 cmだった

(4) 〔実験2〕の①，②で光源装置X，Y，Zと凸レンズの距離を20 cmにして，凸レンズの上半分に光を全く通さない黒い布をかぶせた。このとき，スクリーンに当たるレー

ザー光と小さな光源の像は，もとの光や像と比べてどうなったか。〔実験２〕の①の場合を次のア～キの中から，〔実験２〕の②の場合を次のク～スの中から，それぞれ一つずつ選び，記号で答えなさい。

〔実験２〕の①の選択肢

ア．青色のレーザー光だけ見えたが，明るさが暗くなった。

イ．赤色のレーザー光だけ見えたが，明るさが暗くなった。

ウ．青色のレーザー光も赤色のレーザー光も見えたが，明るさが暗くなった。

エ．青色のレーザー光だけ見えなくなった。

オ．赤色のレーザー光だけ見えなくなった。

カ．青色のレーザー光も赤色のレーザー光も見えなくなった。

キ．青色のレーザー光も赤色のレーザー光も明るさは変化しなかった。

〔実験２〕の②の選択肢

ク．青色の像だけ見えたが，明るさが暗くなった。

ケ．赤色の像だけ見えたが，明るさが暗くなった。

コ．青色の像も赤色の像も見えたが，明るさが暗くなった。

サ．青色の像だけ見えなくなった。

シ．赤色の像だけ見えなくなった。

ス．青色の像も赤色の像も見えなくなった。

(5) 〔実験１〕，〔実験２〕のような光の屈折の性質が原因となって起こる現象について正しく述べた文を，次のア～エの中から一つ選び，記号で答えなさい。

ア．夜，電車に乗っているときに外の景色を見ようとしたら，窓に自分の姿が映っていた。一方，昼間には，自分の姿を見ることができなかった。

イ．昼頃，太陽が真南に昇ったとき，太陽の光でできる自分の影の長さは，夏に比べると冬の方が長かった。

ウ．晴れた日に湖の水面がきらきらと光って見えた。

エ．水を張ったプールの水底が浅く見えていたが，実際に足を入れて見ると，思いのほか深かった。

Memo

2020 第1回
サピックスオープン

社 会

中学3年

2020年5月17日実施

【受験上の注意事項】

1 試験時間は、50分です。
2 答えは全て解答用紙の定められた解答欄の中に書きなさい。
小さすぎる文字・薄すぎる文字は採点できません。
3 解答用紙には、生徒ID・氏名を必ず書きなさい。
4 問題用紙の白いところは、メモなどに使いなさい。
5 質問がある時や気分が悪くなった時は、黙って手をあげなさい。
6 終わったら解答用紙だけを提出しなさい。

SAPIX サピックス 中学部

1 次の地図Ⅰ・Ⅱを見て、以下の各問いに答えなさい。

【A】地図Ⅰに関して

問1 以下の文が説明する海域として適切なものを地図中のア～エの中から1つ選び、記号で答えなさい。

> この海域にはダーウィンが『種の起源』の着想を得たことでも知られるガラパゴス諸島が位置している。ガラパゴス諸島は赤道が通過する海域に位置しながら、北流する寒流の影響で比較的過ごしやすい気候となっている。現在も独自の進化を遂げた動物が数多く生息しているが、数年に一度起こるエルニーニョ現象は、その生態系に大きな影響を与える。

地図Ⅰ

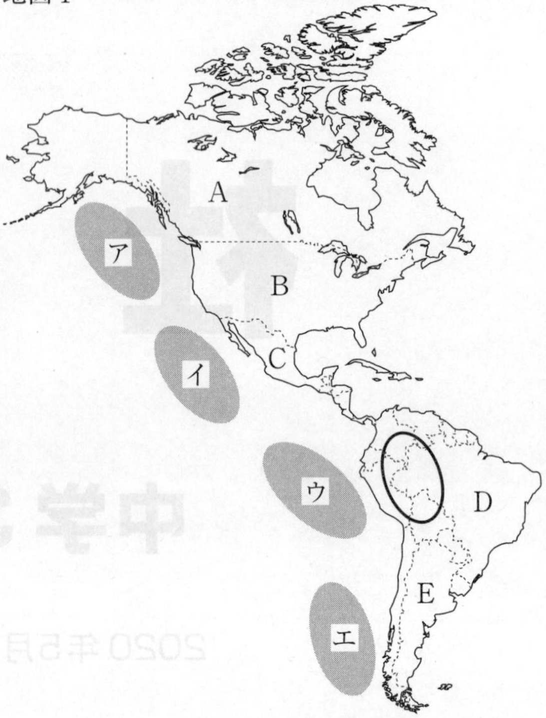

問2 地図中の太線で囲まれた地域の気候を説明した次の文の中で、適切なものを1つ選び、記号で答えなさい。

ア．東部には熱帯が、西部には冷帯や乾燥帯が広がる。

イ．東部には熱帯が、西部には温帯や寒帯が広がる。

ウ．東部には乾燥帯が、西部には熱帯が広がる。

エ．東部には乾燥帯が、西部には温帯や寒帯が広がる。

問3 以下の表は、地図中のA～D国の発電の割合を示したものである。A国に当てはまるものを選び、記号で答えなさい。

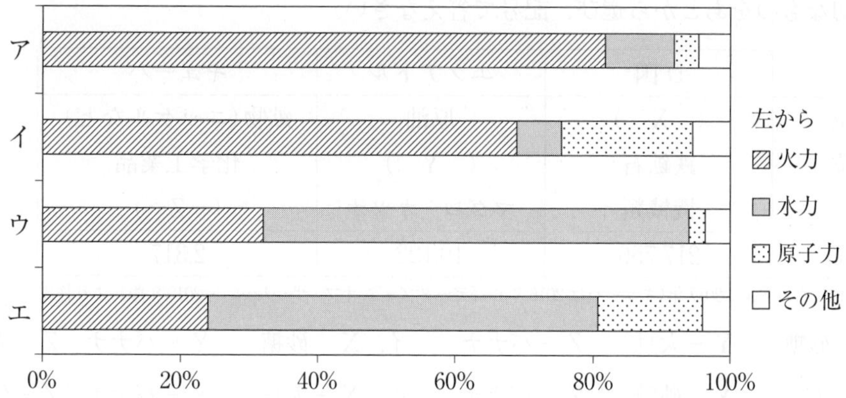

2015年『データブック オブ・ザ・ワールド2019年版』より作成

問4 地図中のB国に関して説明した①～③の文の正誤を判断し、その組み合わせとして適切なものをあとから1つ選び、記号で答えなさい。

① 世界屈指の工業国であり、19世紀に産業革命を迎えると北部を中心に工業が発達した。1970年代以降は賃金や土地代が安い南部に工業地帯が移る流れが顕著になった。

② 気候や土壌に合わせて機械を用いて大規模かつ効率的に農作物を生産している。穀物メジャーと呼ばれる商社が小麦・大豆・とうもろこしなどの流通を管理している。

③ 移民国家であるこの国は「人種のサラダボウル」と言われ、地域によって人種の構成比率が異なる。ニューヨークなど北東部の州はヒスパニックの構成比率が最も高い。

	ア	イ	ウ	エ	オ	カ	キ	ク
①	正	正	正	正	誤	誤	誤	誤
②	正	正	誤	誤	正	正	誤	誤
③	正	誤	正	誤	正	誤	正	誤

問５　以下の資料は地図中のＤ国およびエクアドル、キューバの輸出品上位の品目と輸出総額を示したものである。(　Ｘ　)～(　Ｚ　)に当てはまる輸出品の組み合わせとして適切なものをあとから選び、記号で答えなさい。

	Ｄ国	エクアドル	キューバ
1位	(　Ｘ　)	原油	鉱物(ニッケルなど)
2位	鉄鉱石	(　Ｙ　)	化学工業品
3位	機械類	マグロ・カツオ	(　Ｚ　)
総額	217,756	19,122	2,317

総額の単位：百万ドル　2017年(キューバは2016年)『データブック オブ・ザ・ワールド 2019年版』より作成

ア．Ｘ－砂糖　Ｙ－大豆　Ｚ－バナナ　イ．Ｘ－砂糖　Ｙ－バナナ　Ｚ－大豆

ウ．Ｘ－大豆　Ｙ－砂糖　Ｚ－バナナ　エ．Ｘ－大豆　Ｙ－バナナ　Ｚ－砂糖

オ．Ｘ－バナナ　Ｙ－砂糖　Ｚ－大豆　カ．Ｘ－バナナ　Ｙ－大豆　Ｚ－砂糖

問６　以下の文は地図中のＥ国に関して説明したものである。文中(　Ａ　)(　Ｂ　)に当てはまる語句の組み合わせとして適切なものをあとから選び、記号で答えなさい。

> Ｅ国から大西洋に注ぐラプラタ川の流域には(　Ａ　)と呼ばれる草原が広がっており、河口付近には首都であるブエノスアイレスが位置している。「ラプラタ」や「ブエノスアイレス」は(　Ｂ　)に由来している。

ア．Ａ－セルバ　Ｂ－フランス語　イ．Ａ－セルバ　Ｂ－スペイン語

ウ．Ａ－パンパ　Ｂ－フランス語　エ．Ａ－パンパ　Ｂ－スペイン語

【B】地図Ⅱに関して

地図Ⅱ

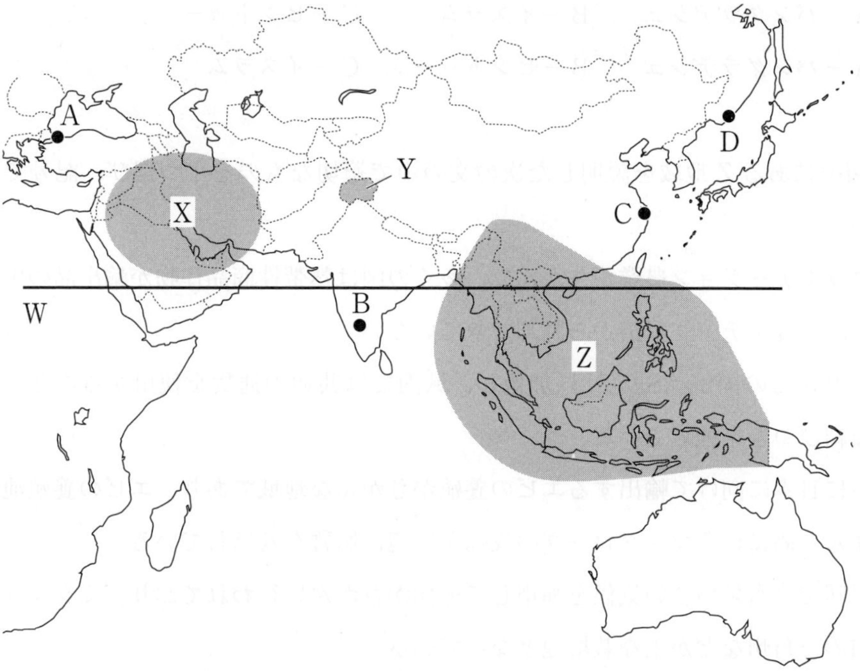

問7 地図中Wが通過する地形として適切でないものを次の中から1つ選び、記号で答えなさい。

ア. アラビア半島　　イ. インドシナ半島　　ウ. デカン高原　　エ. チベット高原

問8 これまで地図中Xの地域で戦争が発生した場合、日本経済が打撃を受けることが多くあった。この理由をXの範囲にある湾名を明らかにして、簡潔に説明しなさい。

問9 以下の文は地図中Yの地域に関して説明したものである。文中(　A　)~(　C　)に当てはまる語句の組み合わせとして適切なものを次ページから選び、記号で答えなさい。

> Yで示した地方は中国、インド、(　A　)の3つの国の国境が重なり合う地域である。この地域にはもともと(　B　)教の住人が多かったが、第二次世界大戦後に(　C　)教徒である藩王がインドに帰属することを決定したことで、インドと(　A　)の国境紛争に発展した。

ア．Ａ－パキスタン　　B－イスラム　　C－ヒンドゥー
イ．Ａ－パキスタン　　B－ヒンドゥー　C－イスラム
ウ．Ａ－バングラデシュ　B－イスラム　　C－ヒンドゥー
エ．Ａ－バングラデシュ　B－ヒンドゥー　C－イスラム

問10　地図中にあるZ地域を説明した次の文の中で適切なものを1つ選び、記号で答えなさい。

ア．プランテーション農業がさかんで、多くの国は熱帯性商品作物が輸出品の中心となるモノカルチャー経済から脱却できていない。

イ．ほとんどの国がASEANに加盟し、域内では共通の通貨を使用するなど、経済的な結びつきを強めている。

ウ．主に日本に向けて輸出するエビの養殖がさかんな地域であり、エビの養殖池を造成するために行うマングローブの伐採が環境に影響を及ぼしている。

エ．温暖で降水量の多い気候を利用して稲作がさかんに行われており、ミシシッピ川河口の三角州などが主な栽培地となっている。

問11　地図中のA～Dの都市に関する説明として適切でないものを次の中から1つ選び、記号で答えなさい。

ア．Aの都市にあるアヤソフィア博物館はキリスト教の聖堂をイスラム教のモスクに改修した歴史を持ち、2つの宗教が交差するこの都市を象徴する建築物となっている。

イ．Bの都市は1990年以降外国からの投資が進み、高層ビルが並ぶ大都市へと発展した。電子機器、精密機器を含むIT産業の中心地としても知られる。

ウ．Cの都市は大河川の河口に位置しており、同国最大の商業都市である。清朝時代の王宮の門である天安門では中華人民共和国の建国宣言が行われている。

エ．Dの都市は19世紀にロシア帝国が獲得し、重要な不凍港として機能した。この後にロシア帝国がアジア進出を目指し建設したシベリア鉄道の終着駅となった。

2 次の地図を見て、以下の各問いに答えなさい。

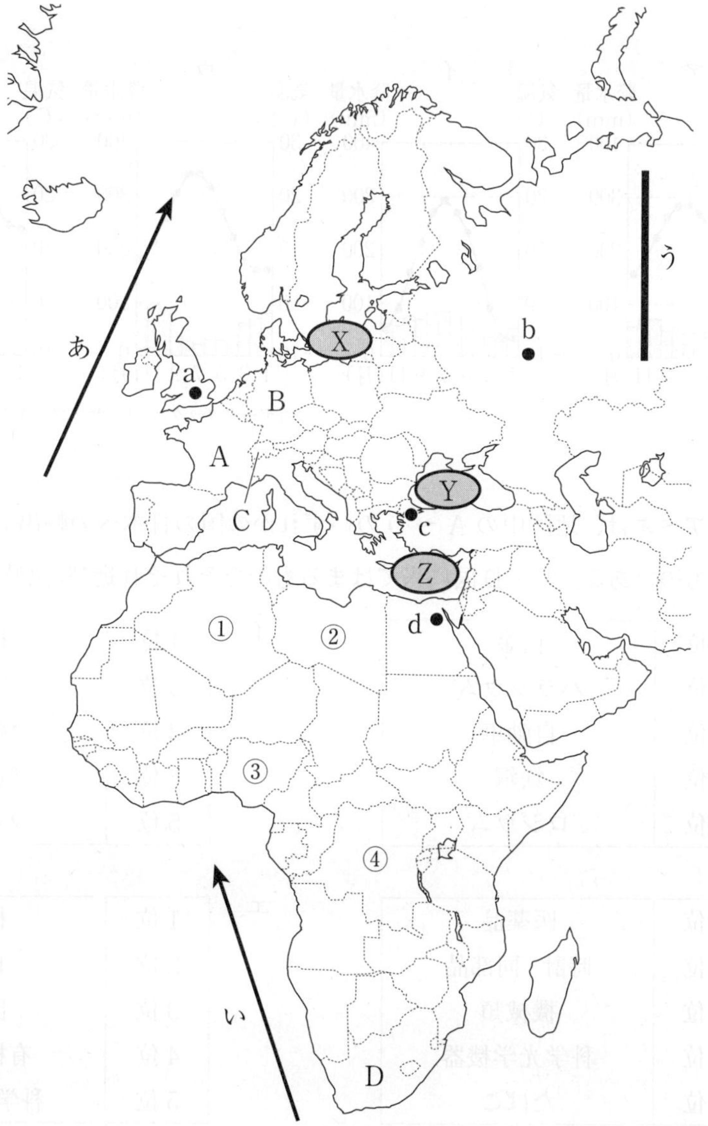

問1 M君は1月10日午前9時に成田国際空港を出発し、12時間後に地図中B国のミュンヘンの空港に到着した。また、N君は現地時間で1月10日午前5時にニューヨークの空港を出発し、8時間かけてミュンヘンの空港に到着した。この2人がミュンヘンに到着した時刻の時間差は何時間か。解答欄に合わせて算用数字で答えなさい。なお、ミュンヘンの標準時子午線は東経15度、ニューヨークの標準時子午線は西経75度である。

問2　以下の雨温図ア～エは、地図中のａ～ｄのいずれかの都市の月平均気温と月降水量を表したものである。ａ～ｄの都市に当てはまるものをそれぞれ選び、記号で答えなさい。

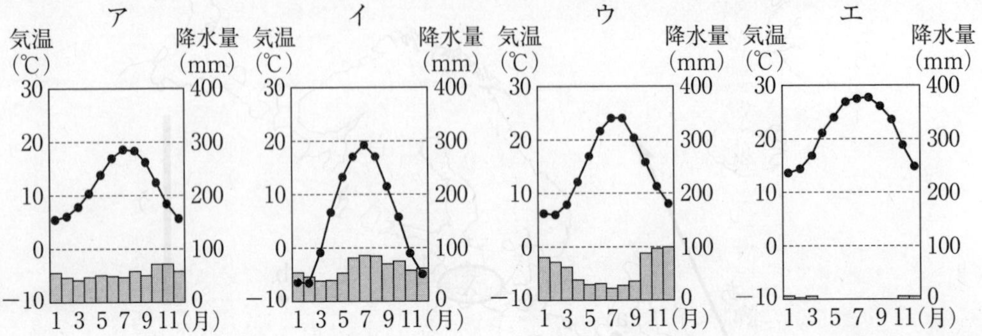

『データブック オブ・ザ・ワールド 2019年版』より作成

問3　以下のア～エは、地図中のＡ～Ｄのいずれかの国の日本への輸出品の上位５品目を示したものである。Ａ～Ｄ国に当てはまるものをそれぞれ選び、記号で答えなさい。

ア.

1位	白金
2位	パラジウム
3位	自動車
4位	鉄鋼
5位	ロジウム

イ.

1位	機械類
2位	医薬品
3位	ブドウ酒
4位	航空機類
5位	バッグ類

ウ.

1位	医薬品
2位	時計・同部品
3位	機械類
4位	科学光学機器
5位	たばこ

エ.

1位	機械類
2位	自動車
3位	医薬品
4位	有機化合物
5位	科学光学機器

2018年『日本国勢図会 2019/20』より作成

問4　ドナウ川が注ぐ海域を地図中のＸ～Ｚから選び、記号で答えなさい。

問5　地図中の海流「あ」「い」に関して説明した次の文の中で適切なものを１つ選び、記号で答えなさい。

ア.「あ」と「い」はともに寒流である。　イ.「あ」と「い」はともに暖流である。

ウ.「あ」は暖流で「い」は寒流である。　エ.「あ」は寒流で「い」は暖流である。

問6　地図中の「う」の山脈に関して

(1)　この山脈の名称を解答欄に合わせてカタカナで答えなさい。

(2)　この山脈に関して説明した次の文の中で適切なものを１つ選び、記号で答えなさい。

ア．この山脈は新期造山帯に属し、西ヨーロッパと東ヨーロッパの境界を為す。

イ．この山脈は古期造山帯に属し、西ヨーロッパと東ヨーロッパの境界を為す。

ウ．この山脈は新期造山帯に属し、ヨーロッパとシベリアの境界を為す。

エ．この山脈は古期造山帯に属し、ヨーロッパとシベリアの境界を為す。

問7　右はある農作物の写真である。この農作物の生産上位国の組み合わせとして適切なものを次の中から１つ選び、記号で答えなさい。

ア．インド・中国・アメリカ・パキスタン

イ．中国・インド・ケニア・スリランカ

ウ．スペイン・ギリシャ・イタリア・トルコ

エ．コートジボワール・ガーナ・インドネシア・カメルーン

問8　以下のＡとＢの会話の中にある(　ａ　)(　ｂ　)に当てはまる語句をそれぞれ漢字４字とカタカナで答えなさい。

Ａ　サッカーやラグビーの出場国を見ているとイングランドと書かれているけれど、イングランドとイギリスは違う国なの？

Ｂ　イギリスは「グレートブリテン及び北アイルランド(　ａ　)」の別称として使われていて、イングランドは北アイルランド、ウェールズ、(　ｂ　)とともにその構成国となっているんだ。

問9　次ページの文中の(　　　)に当てはまる国として適切なものをあとから１つ選び、記号で答えなさい。

多数の国が隣接するヨーロッパでは、人や物資の移動を円滑にするために入国審査を受けなくても国境を通過できるシェンゲン協定が締結されている。この協定には、スイスや(　　　)といったＥＵ未加盟国も参加している。

ア. ノルウェー　　イ. ポーランド　　ウ. オーストリア　　エ. ポルトガル

問10　アフリカの言語に関して説明した以下の文中(a)〜(c)のいずれにも当てはまらないものをあとから１つ選び、記号で答えなさい。

サハラ砂漠以北に位置する国では、(a)を公用語としている国が多く、それ以南の国では旧宗主国の言語を公用語としている国が多い。サハラ砂漠南部の西アフリカ一帯では主に(b)が広く使われているが、その中にあってガーナやナイジェリアなどでは(c)が公用語となっている。

ア. 英語　　イ. フランス語　　ウ. スペイン語　　エ. アラビア語

問11　次のア〜エはそれぞれある国の特徴を説明したものである。アフリカ大陸に位置する国として適切でないものを１つ選び、記号で答えなさい。

ア. アメリカで解放された奴隷によって建国された。船舶の置籍に対する税金が安いため、他国の船主が多くの商船を登録している便宜置籍船国となっている。

イ. ナイル川の治水のためにアスワンハイダムが建設されたが、ダムの建設によって下流域では塩害や伝染病の蔓延(まんえん)など新たな問題も起こっている。

ウ. 内陸国であり、カッファ州はコーヒー豆の原産地として知られる。周辺国と比較して、キリスト教を信仰する人々の割合が高い。

エ. 植民地化を進めたイギリスとフランスの緩衝地帯として独立を維持した。17世紀前半には、貿易を目的とした日本人が多く居住した地域もある。

問12　環境問題とその原因に関して説明した次の文の中で適切でないものを１つ選び、記号で答えなさい。

ア. 砂漠化－熱帯林の伐採や焼畑などを要因とする。

イ. 酸性雨－工場の煤煙や自動車の排気ガスを要因とする。

ウ．オゾン層の破壊－エアコンや冷蔵庫など冷却を目的とした家電の普及を要因とする。

エ．地球温暖化－石炭や石油などの化石燃料の消費を要因とする。

問13 以下の表は、ある統計に関して、その上位10カ国を示したものである。表の(　　　　)に当てはまる国を地図中の①～④より選び、番号で答えなさい。

1	中国	6	ブラジル
2	インド	7	(　　　　)
3	アメリカ	8	バングラデシュ
4	インドネシア	9	ロシア
5	パキスタン	10	メキシコ

2019年『世界国勢図会 2019/20』より作成

3 以下の各問いに答えなさい。

問1 以下は縄文時代に関して説明した文である。①～④の段落から適切でない内容を含むものを１つ選び、番号で答えなさい。

① 今から約１万年前、海水面の上昇によって日本列島が形成されたが、こうした自然の変化に対応して縄文時代が成立した。

② 縄文時代には現在より温暖だった時期があり、現在の沿岸部以外からも貝塚跡などが発見されるのはこのためである。縄文時代は旧石器時代に分類されるが、土器などの使用はすでに始まっていた。

③ 温暖な気候によって広葉樹がよく育ち、人々は木の実を採集することで食物を確保した。青森県の三内丸山遺跡では、栗の木などを計画的に栽培した痕跡も発見されている。

④ 縄文時代には、土偶を作る、抜歯を行う、入れ墨を掘るといった信仰的・儀礼的行為がすでに行われていた。また、丸太を加工した舟で比較的広域にわたって交流が行われていた。

問2 古墳時代に関して

(1) この時代に関して説明した次の文中の下線部ア〜エの中から適切でないものを1つ選び、記号で答えなさい。

> この時代にはすでに大陸との交流が活発に行われていた。大和政権の大王が中国のア．南朝に使いを送った記録もあり、その中の「武」は埼玉県のイ．稲荷山古墳で発見された鉄剣にあるワカタケルと同一人物と言われる。また、朝鮮半島のウ．百済の広開土王の碑文には朝鮮の勢力争いに大和政権が参加した記録もある。大陸から日本に渡った人々も多く、こうした人々によってエ．須恵器（すえき）がもたらされるなど、文化交流の広がりも見られた。

(2) 最大級の大山古墳を含み、2019年に世界文化遺産に登録されたことで有名になった百舌鳥（もず）・古市（ふるいち）古墳群の位置を右の地図中①〜④から選び、番号で答えなさい。

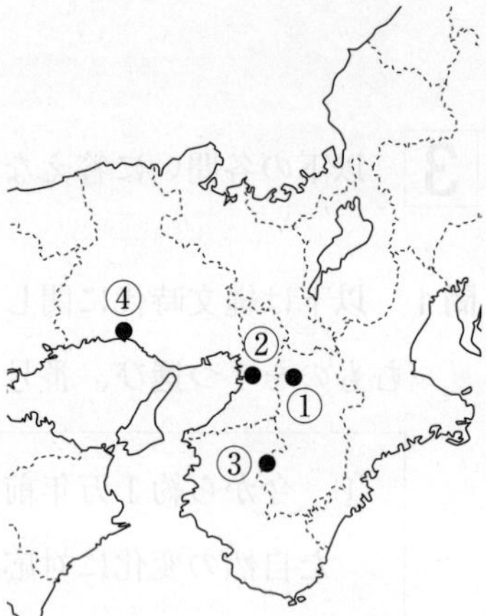

問3 飛鳥時代に関して

(1) 遣隋使の派遣について記された次の資料Ⅰ・Ⅱに関するあとの文の中で適切でないものを1つ選び、記号で答えなさい。

Ⅰ

> 倭の国王の国書には「太陽が昇る東方の国の天子が、太陽が沈む西方の国の天子へ手紙を送ります。かわりはないか」と書いてあった。煬帝はこれを見て不愉快になり、部下に「野蛮な国からの手紙が無礼である」と言った。その翌年、煬帝は裴世清（はいせいせい）を使者として倭国へ遣わした。

『隋書倭国伝』

Ⅱ

隋の使者裴世清が帰国した。そこで、また小野妹子を隋へ遣わした。そのとき、天皇は煬帝へのあいさつの書の中で「東の天皇がつつしんで西の皇帝に申し上げる。」と記した。

『日本書紀』

ア．資料Ⅰの「天子」は聖徳太子が補佐した持統天皇と煬帝を示しているとされる。

イ．資料Ⅰから日本が中国との外交関係を変化させようとしていることがみてとれる。

ウ．資料Ⅰは中国側の立場から、資料Ⅱは日本側の立場から書かれている。

エ．2つの資料から小野妹子は2回は隋に渡っていることがわかる。

(2) 飛鳥時代の出来事を説明した次の文の中で適切でないものを1つ選び、記号で答えなさい。

ア．天智天皇の死後、その後継を巡って壬申の乱が起こった。

イ．日本最古の和歌集とされる万葉集が編纂された。

ウ．大陸からの侵攻に備えて北九州に朝鮮式の山城や水城が築かれた。

エ．富本銭や和同開珎などの貨幣が国内で鋳造された。

問4 奈良時代に関して

戒律を伝えるために唐から来日し、唐招提寺を開いた僧を漢字で答えなさい。

問5 平安時代に関して

平安時代の仏教に関連する次の出来事ア～エを年代の古い順に並べ替えて記号で答えなさい。

ア．藤原頼通によって平等院鳳凰堂が建立される。

イ．唐から帰国した空海・最澄によって密教がもたらされる。

ウ．白河上皇が出家して法皇となる。

エ．平清盛の命によって東大寺が焼き討ちにあう。

4 次の年表を見て、以下の各問いに答えなさい。

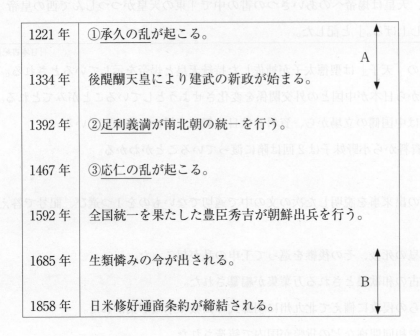

1221年	①承久の乱が起こる。	↑
		A
1334年	後醍醐天皇により建武の新政が始まる。	↓
1392年	②足利義満が南北朝の統一を行う。	
1467年	③応仁の乱が起こる。	
1592年	全国統一を果たした豊臣秀吉が朝鮮出兵を行う。	
1685年	生類憐みの令が出される。	↑
		B
1858年	日米修好通商条約が締結される。	↓

問1 下線部①に関して

以下の文は、この戦いの後に設置された役職に関して説明したものである。空欄に当てはまる語句を漢字で答えなさい。

> 後鳥羽上皇に勝利した鎌倉幕府は、西国で貴族や武士から没収した土地を御恩として御家人に分け与え新たな地頭に任命した。これにより鎌倉幕府の権力は全国に拡大したため、西国の地頭や天皇の監視を目的に(　　　)を設置した。

問2 Aの期間に関して

この期間の出来事を説明した次の文の中から適切なものを1つ選び、記号で答えなさい。

ア. 3代執権の北条泰時が御成敗式目を制定した背景には、御家人による土地を巡る訴訟が増加したことがあった。

イ. 8代執権の北条時宗は元の皇帝であるフビライの服属要求を退けたため、高麗や元の連合軍が2度に渡り相模湾に上陸した。

ウ. 牛や馬を耕作に利用するなど農業技術が向上し、全国で二毛作が行われるようになったことで農作物の生産量が飛躍的に伸びた。

エ．宋銭などが流通し、貨幣経済が浸透すると酒屋・土倉などが高利貸しを行うようになった。

問3 下線部②に関して

足利義満に関して説明した次の文の中で適切でないものを1つ選び、記号で答えなさい。

ア．京都室町に「花の御所」とよばれる邸宅を建て、そこで政治を行った。

イ．明の臣下となることを認め、倭寇の取り締まりを条件に明との貿易を進めた。

ウ．山名氏清など、有力な守護大名を倒して幕府の政権を安定させた。

エ．狩野永徳を保護して障壁画の大成に助力するなど、文化の発展に貢献した。

問4 下線部③に関して

以下の資料は応仁の乱が勃発するまでの経緯を書いたものである。（　A　）に当てはまる人物名と（　B　）に当てはまる役職をそれぞれ漢字で答えなさい。

応仁元年に、世の中は大いに乱れて、長期にわたって全国すべて戦乱状態となった。その原因は、足利尊氏将軍から七代目の将軍（　A　）公が、政治を有能な（　B　）に任せず、奥方や香樹院、春日局などの道理も分からず（後略）

問5 Bの期間に関して

以下の資料Ⅰ～Ⅲはこの期間に行われた政治改革に関するものである。年代の古い順に並べ替え、記号で答えなさい。

Ⅰ	これまで先例のないことだが、1万石以上の大名から米を幕府に差出すように命令しようと考えた。（中略）石高1万石につき米百石の割合で差出すように。
Ⅱ	今後は株仲間の証としての株札だけでなく、問屋仲間や問屋組合などの称号を用いてはならない。
Ⅲ	1万石につき50石の割合で、戌年から寅年の間の5年間は、領国において囲穀をするようおっしゃった。

5 次の文章を読み、以下の各問いに答えなさい。

明治新政府は内政では中央集権型の近代国家建設を目指して、①一連の政治改革を進めた。一方外交では、②周辺国との関係を整理するとともに、江戸時代末期に締結された不平等条約を解消するために③欧化政策を進め、欧米に倣って④憲法を制定するなど、日本の近代化を欧米に認めさせようとした。結局、不平等条約が改正に向かったのは⑤日清戦争と日露戦争の頃、明治末期のことであった。

大正時代、「大正デモクラシー」とよばれる⑥民主主義や自由主義を求める風潮が高まった。同時に⑦ 1914 年に起きたサラエボ事件を契機として勃発した第一次世界大戦は、日本に少なからず影響を与えた。大戦景気によって物価が高騰する中、シベリア出兵を背景に⑧米騒動が起こったこともその１つであった。

昭和時代の前半は不況と戦争の時代であった。⑨世界恐慌が起こり、植民地を多く持つイギリス・フランスがブロック経済を行うと、植民地をあまりもたないドイツ、イタリア、日本は植民地拡大を目指し、軍備を拡張していった。日本も軍部の方針によって満州、続いて⑩東南アジアへと侵攻を進め、日中戦争、太平洋戦争を戦うこととなった。

第二次世界大戦後は、国際間の平和と安全を維持することを目的に、⑪国際連盟を発展させて国際連合が創設された。

問１ 下線部①に関して

明治新政府の政治改革に関して説明した次の文の中で適切なものを１つ選び、記号で答えなさい。

ア．五箇条の御誓文は明治天皇が神に誓うという形式で、一揆の禁止やキリスト教の禁止といった国民が守るべき心得が示された。

イ．版籍奉還が行われると、これまでの知藩事に代えて中央から府知事や県令が派遣され、中央集権体制が確立された。

ウ．「国民皆兵」という政府の方針のもと兵役の義務を新たに負った農民が、負担の増加をきらって一揆を起こすこともあった。

エ．地租改正が行われ、土地の耕作者が地価の 3% を現金で納める仕組みが導入されたが、小作農の税負担は江戸時代と変わらず重いままであった。

問2 下線部②に関して

明治時代初期の日本と周辺諸国との関係に関して説明した次の文の中で適切でないものを１つ選び、記号で答えなさい。

ア．ロシアとの間に樺太・千島交換条約が結ばれ、樺太をロシア領、千島列島を日本領とすることで合意した。

イ．清との間に締結された南京条約は、互いに領事裁判権を認め、関税率を協定で定めるなど、双方にとって公平なものであった。

ウ．日本は江華島付近で自国の軍艦が砲撃を受けたことを口実として、日朝修好条規を締結すると朝鮮を開国させることに成功した。

エ．日本は清への服属を表明していた琉球王国を廃して琉球藩を置くと、その後に警察や軍隊を出動させ、沖縄県を設置した。

問3 下線部③に関して

以下の資料は日本の欧化政策を風刺したことでも知られるフランス人画家のビゴーを説明したものである。これを参考にビゴーが取り締まりを恐れず、明治政府を批判する風刺漫画を発行できた理由を簡潔に説明しなさい。

○ 1860 年にパリで生まれたビゴーは日本の美術を研究するために 1882 年に来日した。画家として活躍する一方、一時は陸軍士官学校に勤務してフランス語を教え、1899 年に帰国した。 ○ 1884 年以降、風刺漫画雑誌『トバエ』などを発行し、警察官が民権論を主張する新聞記者を取り締まる様子や、鹿鳴館での舞踏会の様子を「名磨行（なまいき）」と風刺するなど明治政府を批判した。

問4 下線部④に関して

次ページの資料は大日本帝国憲法発布の翌日に、黒田清隆内閣総理大臣が各地方長官に対して演説した内容である。史料の内容に関する説明として適切でないものをあとから１つ選び、記号で答えなさい。

> 欽定の憲法は、臣民の敢て一辞を容ることを得ざるは勿論、各般の行政は之に準拠して針路を定め、天皇陛下統治の大権に従属すべきは更に※贅言を要せざるなり。然るに政治上の意見は人々其所説を異にし、其説の合同する者相投して一の団結をなし、政党なる者の社会に存立するは情勢の免れざる所なりと雖、政府は常に一定の政策を取り、超然政党の外に立ち、至正至中の道に居らざる可らず。※各員宜く意を此に留め、常に不偏不党の心を以て人民に臨み、其間に固執する所なく、以て広く衆思を集めて国家※郅隆の治を助けんことを勉むべきなり。

※贅言…余計なことば　※各員…各地方長官　※郅隆…きわめて盛んなこと　『牧野伸顕文書』より

ア．いろいろの行政は憲法に基づいて方針を定め、天皇陛下の国家統治の大権に属するものであることはくどくど言う必要はない。

イ．意見が合致する者たちが集まって一つの団結をし、政党というものが社会にできるのは社会情勢からみてやむを得ないところである。

ウ．政府はいつも一定の政策を堅持して、社会の中で支持を集めている政党とも協調し、もっとも中立の立場にいなければならない。

エ．各地方長官はいつでも一党一派にかたよらない公平な心をもって人民にのぞみ、広く民衆の心を集めて国家を大いに盛んにする政治を助けるように努力すべきである。

問5　下線部⑤に関して

日清戦争・日露戦争に関連する以下の出来事ア～エを年代の古い順に並べ替え、記号で答えなさい。

ア．清では義和団が「扶清滅洋」を掲げ、外国勢力を追放する運動を起こした。

イ．ロシア・ドイツ・フランスが日本に遼東半島を清に返還するよう求めた。

ウ．朝鮮では東学党に率いられた農民らが甲午農民戦争を起こした。

エ．講和条約の内容に不満をもった人々が日比谷焼き打ち事件を起こした。

問6 下線部⑥に関して

このような動きを説明した次の文の中で適切でないものを1つ選び、記号で答えなさい。

ア．立憲政友会を基礎とする西園寺公望内閣が倒れ、長州藩閥の桂太郎内閣が成立すると「閥族打破・憲政擁護」を掲げ、第一次護憲運動が起こった。

イ．衆議院議員から内閣総理大臣に任命された原敬は平民宰相と称され、立憲政友会のメンバーが閣僚の多くを占める本格的政党内閣を成立させた。

ウ．フランスのルソーが記した『社会契約論』を翻訳した吉野作造は、民本主義を掲げた『民約訳解』を出版して大正デモクラシーを後押しした。

エ．第二次護憲運動により組閣された加藤高明内閣は普通選挙法を成立させ、これにより所有する財産に関係なく25歳以上の男性に投票権が与えられた。

問7 下線部⑦に関して

以下の史料は1914年8月3日、大隈重信首相邸で開かれた閣議での加藤高明外務大臣の発言である。史料中の（　A　）（　B　）に当てはまる国名をそれぞれカタカナで答えなさい。

> 「斯(か)かる次第(しだい)で日本は今日同盟条約の義務に依(よ)って参戦せねばならぬ立場には居ない。条文の規定が日本の参戦を命令するような事態は、今日の所では未だ発生しては居ない。たゞ一は（　A　）からの依頼に基く同盟の情誼(じょうぎ)と、一は帝国が此(この)機会に（　B　）の根拠地を東洋から一掃して、国際上に一段と地位を高めるの利益と、この二点から参戦を断行するのが※機宜(きぎ)の良策(りょうさく)と信ずる。左(さ)り乍(なが)ら此際(このさい)参戦せず、単に好意(こうい)の中立を守って、内に国力の充実を図る事も一策と言ふ事が出来る。…」

※機宜(きぎ)の良策(りょうさく)…場合に適した良い方策　『加藤高明』より

問8　下線部⑧に関して

以下の資料は米騒動を報じた新聞記事である。資料の内容に関する説明として適切でないものをあとから1つ選び、記号で答えなさい。

> 富山県中新川郡西水橋町町民の大部分は出稼業者なるが、本年度は出稼先なる樺太は不漁にて、帰路の※路銀にも差支ふる有様にて、生活頗る窮迫し、加ふるに昨今の米価暴騰にて、困窮其極に達し居れるが、三日午後七時、漁師町一帯の女房連二百名は海岸に集合して三隊に分れ、一は※浜方有志、一は町有志、一は浜地の米屋及び米所有者を襲ひ、所有米は他に売らざること及び此際義侠的に米の廉売を嘆願し、之を聞かざれば家を焼払ひ、一家を※鏖殺すべしと脅迫し、事態頗る穏やかならず。

※路銀…旅費　※浜方有志…海岸地方の有力者　※鏖殺…みなごろし　『東京朝日新聞』より

ア．町民の大部分は出稼ぎを仕事にしているが、この年は出稼ぎ先の樺太は不漁で、そのために帰郷の旅費にも差し支える有様であった。

イ．主婦たちは三隊に分かれ、一隊は海岸地方の有力者、一隊は町の有力者、一隊は海岸の米屋と米所有者を襲った。

ウ．主婦たちは持っている米を他に売らないことと、この際、弱い者を助ける気持ちで米の安売りをすることを嘆願した。

エ．要望を聞き入れてもらえなかった主婦たちが家を焼き払い、家族をみなごろしにする事態となった。

問9　下線部⑨に関して

アメリカでは世界恐慌からの脱却を目指し、TVA(テネシー川流域開発公社)を設立させるなど政府が積極的に経済に関わり、経済を回復させようとする政策が進められた。「新規まき直し」を意味するこの政策の名称を解答欄に合わせてカタカナで答えなさい。

問10 下線部⑩に関して

日本が侵攻したフィリピン・インドシナ半島・マレー半島を領有していた国の組み合わせとして適切なものを次の中から１つ選び、記号で答えなさい。

ア．フィリピンーイギリス　インドシナ半島ーフランス　マレー半島ーアメリカ
イ．フィリピンーイギリス　インドシナ半島ーアメリカ　マレー半島ーフランス
ウ．フィリピンーアメリカ　インドシナ半島ーフランス　マレー半島ーイギリス
エ．フィリピンーアメリカ　インドシナ半島ーイギリス　マレー半島ーフランス
オ．フィリピンーフランス　インドシナ半島ーアメリカ　マレー半島ーイギリス
カ．フィリピンーフランス　インドシナ半島ーイギリス　マレー半島ーアメリカ

問11 下線部⑪に関して

(1) 以下の資料は国際連盟で理事国を経験した国の加盟期間を示したものである。A国～C国の組み合わせとして適切なものをあとのア～カの中から全て選び、記号で答えなさい。(記号は記号順に答えること。　○ア・イ　　×イ・ア)

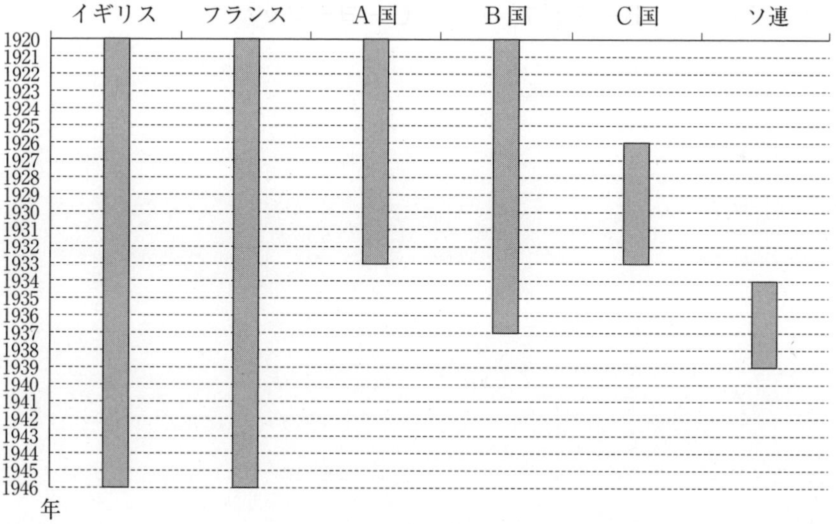

ア．A国ー日本　B国ーイタリア　　イ．A国ーアメリカ　B国ードイツ
ウ．A国ー日本　C国ードイツ　　エ．A国ーアメリカ　C国ー日本
オ．B国ー日本　C国ーイタリア　　カ．B国ーイタリア　C国ードイツ

(2) 以下の資料は国際連合の加盟国数の推移を地域別にまとめたものである。A～Cに当てはまる地域の組み合わせとして適切なものをあとのア～カから1つ選び、記号で答えなさい。

	A	B	C	旧ソ連地域	南北アメリカ	オセアニア	計
1945年	9	4	11	3	22	2	51
1956年	22	8	23	3	22	2	80
1980年	36	51	26	3	32	6	154
1993年	38	53	34	15	35	9	184
2011年	38	54	37	15	35	14	193

国際連合広報センターの資料より作成

ア．A－ヨーロッパ　B－アジア　C－アフリカ
イ．A－ヨーロッパ　B－アフリカ　C－アジア
ウ．A－アジア　B－ヨーロッパ　C－アフリカ
エ．A－アジア　B－アフリカ　C－ヨーロッパ
オ．A－アフリカ　B－ヨーロッパ　C－アジア
カ．A－アフリカ　B－アジア　C－ヨーロッパ

Ｂ「飛び去りぬ」
ア　飛び去らない　　イ　飛び去った
ウ　飛び去る　　エ　飛び去ろう
オ　飛び去るだろう

問2　点線部「乞ひければ」を全てひらがなの現代仮名遣いに直して答えよ。

問3　二重傍線部Ⅰ～Ⅳの主語の組み合わせとして最も適切なものを次の中から選び、記号で答えよ。

	Ⅰ	Ⅱ	Ⅲ	Ⅳ
ア	修行僧	鳥	仏	修行僧
イ	修行僧	仏	仏	鳥
ウ	鳥	仏	修行僧	仏
エ	鳥	仏	修行僧	鳥
オ	鳥	鳥	修行僧	修行僧

問4　傍線部①「このこと」とはどういうことか。説明として最も適切なものを次の中から選び、記号で答えよ。
ア　林に多くの鳥が集まってしまい恐ろしいということ。
イ　喧しい（やかま）中で悟れる方法を教えてほしいということ。
ウ　鳥に心を開いてもらえないことが腹立たしいということ。
エ　修行に専念できないことがもどかしいということ。
オ　悟りを開く実力がないので助言がほしいということ。

問5　傍線部②「かかること」とは、「このようなこと」という意味だが、その説明として適切なものを次の中から全て選び、記号で答えよ。
ア　喧しい中で生活しなければならないこと。
イ　日々、羽をねだられ続けること。
ウ　空を思いのままに飛べること。
エ　林の中から食べものがなくなること。
オ　生きていけなくなる恐れがあること。

問6　本文の内容に合致するものを次の中から一つ選び、記号で答えよ。
ア　仏は鳥よりも修行僧のためを思って修行僧に助言を与えた。
イ　鳥は修行僧の求めを決して受け入れようとしなかった。
ウ　修行僧は鳥に嫌われることが悟りにつながると考えた。
エ　修行僧は仏の意図を理解して一日に何度も鳥のところへ赴いた。
オ　修行僧は他の生き物との共存の難しさを仏の助言から学んだ。

問7　「麦藁帽子」と対照的な役割を果たしている描写を次のように説明するとき、空欄部に入る言葉を本文中の語を使って十字前後で答えよ。

「お前」が［　　　　　　　　］こと。

4　次の文章を読んで、後の問いに答えよ。

昔、林の中にして定（ぢやう）［*1］を修（しゆ）するものありけり。心を静めて修せ（A）んとするに、林に鳥集まりて、かまびすしかりけれ（Ⅰ）ば、仏に①このことを歎（なげ）き申すに、「その鳥に、羽一羽（はねいちは）づつ乞（こ）［*2］へ」とのたまふ（Ⅱ）。さて帰りて乞ひければ、一羽づつ食ひ抜きて、取らせけり。また次の日乞ひける（Ⅲ）とき、鳥どもの云（い）はく、「我等（われら）は羽をもちてこそ、空を翔（かけ）りて、食（じき）をも求め、命をも助くるに、日々に乞はれんには、みな翼欠けてむず。この林に住め（Ⅳ）ばこそ、②かかることもあれ」とて、飛び去りぬ（B）。

（『沙石集』）

（注）＊1　定を修する……心を一点に集中させ修行すること。
＊2　乞へ……「乞ふ」で「ねだる」こと。

問1　波線部A・Bの意味を次の中からそれぞれ選び、記号で答えよ。

A「修せん」

ア　修行をしない　　イ　修行をするだろう
ウ　修行をしよう　　エ　修行をした
オ　修行をしなかった

問3　傍線部①「私はなんだか胸さわぎがしだした」とあるが、それはなぜか。説明として最も適切なものを次の中から選び、記号で答えよ。

ア　青年の血色が悪く痩せこけている様子を見て、「お前」が青年の世話にかかりきりになってしまうのではないかと焦ったから。

イ　青年と「お前」が肩と肩をくっつけているのを見て、「お前」からの褒美を青年に奪われてしまう気がして心配になったから。

ウ　青年のもの怖じしたような目つきを見て、悪者どもを追い返す方法が乱暴すぎたのではないかという一種の不安を抱いたから。

エ　青年と「お前」が並んでいる姿を見て、「お前」と青年がこれから親密な仲になっていくのではないかという予感がしたから。

オ　青年の「私」に対する好意的な視線を見て、また「お前」の遊び相手がいなくなってしまうのを想像して気の毒に思ったから。

問4　傍線部②「私はその手紙を読みながら、膨れっ面をした」とあるが、それはなぜか。説明として最も適切なものを次の中から選び、記号で答えよ。

ア　手紙の中では青年の一方的な勘違いが臆面もなく描かれていて、思わず笑ってしまったから。

イ　手紙の中では青年と「お前」の恋がロマンチックに描かれていて、嫉妬の気持ちを抱いたから。

ウ　手紙の中では「お前」が青年に想いを寄せる様子が描かれていて、嘘に違いないと思ったから。

エ　手紙の中では青年の「お前」に対する恋心が延々と描かれていて、なぜか疎外感を抱いたから。

オ　手紙の中では青年と「お前」の様子が物語のように描かれていて、小説が読みたくなったから。

問5　傍線部③「私は好んでお前を諦めた」とあるが、それはなぜか。六十字以内で説明せよ。（字数に句読点・記号等を含む。以下同様。）

問6　空欄部※に入る表現として最も適切なものを次の中から選び、記号で答えよ。

ア　急すぎる　　イ　遅すぎる　　ウ　鈍すぎる
エ　勝手すぎる　　オ　不自然すぎる

の手紙は確かに効果的だった。

その手紙が私に最後の打撃を与えた。私は苦しがった。が、その苦しみが私をたまらなく魅（み）したほど、その時分はまだ私も子供だった。③<u>私は好んでお前を諦めた。</u>

私はその時分から、空腹者のようにがつがつと、詩や小説を読み出した。私はあらゆるスポオツから遠ざかった。私は見ちがえるようにメランコリックな少年になった。私の母がようやくそれを心配しだした。彼女は私の心の中をそれとなく捜（さぐ）る。そしてそこに一人の少女の影響を見つける。が、ああ、母の来るのはいつもあんまり［ ※ ］！

私はある日、突然、私のはいることになっている医科を止（や）めて、文科にはいりたいことを母に訴えた。母はそれを聞きながら、ただ、呆気（あっけ）にとられていた。

それがその秋の最後の日かと思われるような、ある日のことだった。私はある友人と学校の裏の細い坂道を上って行った、そのとき、私は坂の上から、秋の日を浴びながら二人づれの女学生が下りてくるのを認めた。私たちは空気のようにすれちがった。その一人はどうもお前らしかった。すれちがいざま、私はふとその少女の無造作に編んだ髪に目をやった。それが秋の日にかすかに匂った。私はそのかすかな日の匂いに、いつかの麦藁帽子の匂いを思い出した。私はひどく息をはずませた。

「どうしたんだい？」

「何、ちょっと知っている人のような気がしたものだから……しかし、やはり、ちがっていた」

（堀辰雄「麦藁帽子」・千野帽子編『夏休み』所収・KADOKAWA）

（注）＊1 メランコリック……憂鬱（ゆううつ）な様子。

＊2 ポオルとヴィルジニイ……フランスの小説家ベルナルダン・ド・サン＝ピエールの作品『ポールとヴィルジニー』の登場人物。

問1 二重傍線部A〜Eの語の品詞名として最も適切なものを次の中からそれぞれ選び、記号で答えよ。

ア 動詞　イ 形容詞　ウ 形容動詞　エ 名詞
オ 副詞　カ 連体詞　キ 接続詞　ク 感動詞
ケ 助動詞　コ 助詞

問2 空欄部a〜cに入る言葉として最も適切なものを次の語群の中からそれぞれ選び、漢字に直して答えよ。

［語群］しんし　とくい　かいかつ　てきたいしん
らんぼう　こうい　びょうじゃく

私はまるで一人で彼らを追い返しでもしたかのように、[a]だった。私はお前からの褒美を欲しがるように、お前の方を振り向いた。すると、一人の血色の悪い、瘦せこけた青年が、お前と並んで、肩と肩とをくっつけるようにして、立っているのを私は認めた。彼はもの怖じたような目つきで、私たちの方を見ていた。

①私はなんだか胸さわぎがしだした。

私はその青年に紹介された。私はわざと冷淡を装うて、ちょっと頭を下げたきりだった。

彼はその村の呉服屋の息子だった。彼は病気のために中学校を途中で止して、こんな田舎に引籠って、講義録などをたよりに独学していた。そうして彼よりずっと年下の私に、私の学校の様子などを、何かと聞きたがった。

その青年がお前の兄たちよりも私に[b]を寄せているらしいことは、私はすぐ見てとったが、私の方では、どうも彼があんまり好きになれなかった。もし彼が私の競争者として現われたのでなかったならば、私は彼には見向きもしなかっただろう。が、彼がお前の気に入っているらしいことに、誰よりも早く気がついたのも、この私であった。

その青年の出現が、薬品のように私を若返らせた。このころすこし悲しそうにばかりしていた私は、再び元のような[c]そうな少年になって、お前の兄たちと泳いだり、キャッチボオルをしだした。実はそうすることが、自分の苦痛を忘れさせるためであるのを、自分でもよく理解しながら。今年九つになったお前の小さな弟も、このころは私たちの仲間入りをしだした。そして彼までが私たちに見習って、お前をボイコットした。それが一本の大きな松の木の下に、お前を置いてきぼりにさせた。その青年といつも二人っきりに！

私は、その大きな松の木かげに、お前たちを、*2ポオルとヴィルジニイのように残したまんま、ある日、ひとり先きに、その村を立ち去った。

私は出発の二、三日前は、一人で特別にはしゃぎ廻った。私が居なくなったあとは、お前たちの田舎暮らしはどんなに寂しいものになるかを、出来るだけお前たちに知らせたいと云う愚かな考えから。……そうしてそのために私はへとへとに疲れて、こっそりと泣きながら、出発した。

秋になってから、その青年が突然、私に長い手紙をよこした。②私はその手紙を読みながら、膨れっ面をした。その手紙の終わりの方には、お前が出発するとき、俥の上から、彼の方を見つめながら、今にも泣き出しそうな顔をしたことが、まるで田園小説のエピロオグのように書かれてあったから。しかし、私はその小説の感傷的な主人公たちをこっそり羨しがった。だが、何んだって彼は私になんかお前への恋を打明けたんだろう？　それともそれは私への挑戦状のつもりだったのかしら？　そうとすれば、そ

3 次の文章を読んで、後の問いに答えよ。

そのうちに、夏が一周りしてやってきた。

私はお前たちに招待されたので、再びT村を訪れた。私は、去年からそっくりそのままの、綺麗(きれい)な、小ぢんまりした村を、それからその村のどの隅々にも一ぱいに充満している、私たちの去年の夏遊びの思い出を、再び見いだした。しかし私自身は、と云(い)えば、去年とはいくらか変わって、ことにお前の家族たちの私に対する態度には、かなり神経質になっていた。

それにしてもこの一年足らずのうちに、お前はまあなんとすっかり変わってしまったのだ！ 顔だちも、見ちがえるほどメランコリック*1になってしまっている。そして[A]もう去年のように親しげに私に口をきいてはくれないのだ。昔のお前をあんなにもあどけなく見せていた、赤いさくらんぼのついた麦藁帽子(むぎわらぼうし)もかぶらずに、若い女のように、髪を葡萄(ぶどう)の房のような恰好(かっこう)に編んでいた。鼠色(ねずみいろ)の海水着をきて海岸に出てくることは[B]あっても、去年のように私たちに仲間はずれにされながらも、私たちに[C]うるさくつきまとうようなこともなく、[D]小さな弟のほんの遊び相手をしているくらいのものだった。私はなんだかお前に裏切られたような気がしてなら[E]なかった。

日曜日ごとに、お前はお前の姉と連れ立って、村の小さな教会へ行くようになった。そう云えば、お前はどうもお前の姉に急に似て来だしたように見える。お前の姉は私と同い年だった。いつも髪の毛を洗ったあとのような、いやな臭いをさせていた。しかしいかにも気立てのやさしい、つつましそうな様子をしていた。そして一日中、イギリス語を勉強していた。

そういう姉の影響が、お前が年ごろになるにつれて、突然、それまでの兄たちの影響と入れ代わったのであろうか？ それにしてもお前が、何かにつけて、私を避けようとするように見えるのはなぜなのだ？ それが私には分からない。ひょっとしたら、あの姉がひそかに私のことを思ってでもいて、そしてそれをお前が知っていて、お前が自ら犠牲になろうとしているのではないのかしら？ そんなことまで考えて、私はふと、お前の姉と二、三度やりとりした手紙のことを、顔を赧(あか)らめながら、思い出す……

お前たちが教会にいると、よく村の若者どもが通りすがりに口ぎたなく罵(ののし)って行くといっては、お前たちが厭(いや)がっていた。

ある日曜日、お前たちが讃美歌(さんびか)の練習をしている間、私はお前の兄たちと、その教会の隅っこに隠れながら、バットをめいめい手にして、その村の悪者どもを待ち伏せていた。彼らは何も知らずに、いつものように、白い歯をむき出しながら、お前たちをからかいに来た。お前の兄たちがだしぬけに窓をあけて、恐ろしい権幕で、彼らを呶鳴(どな)りつけた。私もその真似をした。……不意打ちをくらった、彼らは、あわてふためきながら、一目散に逃げて行った。

問5　傍線部③「それ」の指示内容をまとめた次の文の空欄部にあてはまる言葉を、本文中から四十字で探し、はじめと終わりの五字を抜き出して答えよ。（字数に句読点・記号等を含む。以下同様。）

今の本の言葉は［　　　］ので、よりよくすること。

問6　現代社会においては人間と情報の関係が変化している。この変化を「（中　略）」以降の内容を参考にして次のように説明するとき、空欄部に入る言葉を五十字前後で答えよ。

今までの人間は、自分の外部にある本から情報を与えられていたが、現代の人間は、［　　　］ということ。

問7　本文からは次の一文が抜けている。戻すべき箇所の直後の五字を抜き出して答えよ。

もちろん古いメディアの役割は今すぐゼロにはならない。

問8　本文の内容に合致するものを次の中から二つ選び、記号で答えよ。

ア　書籍が紙からデジタルに変わることは、技術革新による本質的な変化とはいえない。

イ　懐古的なよさを伝えるために、一部のマスコミ業界人は『おぢいさんのランプ』を語ってしまう。

ウ　活字離れは出版業界が作り上げた嘘で、現実には書籍の売り上げは今でもそれほど変わっていない。

エ　人間の生理に合わせた文字情報の切り分け方を、出版業界や教育業界が考えなければならない。

オ　現代の人々はソーシャルネットワークによって、数日で一冊の本を読むくらいの文字情報に触れている。

関係がほぼ逆転していることになります。

（宇野常寛『日本文化の論点』筑摩書房）

（注）＊1 淘汰……状況に対応できないものを排除すること。
＊2 独りごちる……独り言を言うこと。
＊3 エピローグ……小説や演劇などの終わりの部分。
＊4 所与……前提として与えられていること。
＊5 パッケージング……商品に合わせた包装をすること。

問1 空欄部A・Bに入る言葉として最も適切なものを次の中からそれぞれ選び、記号で答えよ。

ア つまり　イ だが　ウ もちろん
エ さらに　オ ところで

問2 空欄部※に入る「数ある人やものの中で最もすぐれているもの」という意味の言葉を次の中から選び、記号で答えよ。

ア 白眉（はくび）　イ 迎合（げいごう）　ウ 千里眼（せんりがん）
エ 杜撰（ずさん）　オ 破天荒（はてんこう）

問3 傍線部①「『正しい』話たち」とはどのような話か。説明として最も適切なものを次の中から選び、記号で答えよ。

ア 時代の変化に影響されないメディアのよさを伝えているようで、実はメディアの本質を伝えるための話。
イ 時代の変化に影響されないメディアのよさを伝えているようで、旧メディアの圧倒的な重要性を説くための話。
ウ 時代の変化に影響されないメディアのよさを伝えているようで、現実の問題を直視しないための話。
エ 時代の変化に影響されないメディアのよさを伝えているようで、過去の技術の弱点を暗示するための話。
オ 時代の変化に影響されないメディアのよさを伝えているようで、変化することの愚かしさを伝えるための話。

問4 傍線部②「こうした知性」とはどのような力か。説明として最も適切なものを次の中から選び、記号で答えよ。

ア 自分のことより他人の喜びに共感する力。
イ 変化する時代の流れを察知する力。
ウ 知られていない技術の本質を見抜く力。
エ あらたな流行の中で伝統を継承する力。
オ 自分のこだわりを捨て新しいものに挑む力。

いるのは、出版社の制作コストや書店での陳列ルールの慣習です。こうしたものを基準に本の大きさやページ数、ひいては文章量やその区切り方が決まっている。これが意味するところは何かというと、前述の日本語の形式は特に人間が生理的に理解しやすい形式でもなければ、リズムでもなければ、分量でもない、ということだと思います。少なくとも、そのために最適化されてきたものではない。

たとえばツイッターでフォロアー数が一〇〇人くらいの人は、ほぼタイムラインの投稿を全部読んでいることが多いはずです。仮にひとり一日二回つぶやいたとした場合、一日にこれを全部読むと最大二万八〇〇〇字になる。こうして考えてみると活字離れなんて嘘（うそ）で、日本人は三日か四日で一冊分くらいの活字を読んでいることになる。もちろん、同じ書き言葉でもソーシャルメディアの言葉と本の言葉はまったく違う。けれど、今の日本語の本で支配的な散文の形式やその切り分け方が、人間に文字情報を通じて何かを伝えるときにどれくらい適しているか考え直さないといけない時期に来ているのは間違いない、と僕は思います。なぜならば、技術的に③それが可能になっているからです。それは出版文化だけではなく、僕たちの書き言葉によるコミュニケーションや教育すら変えうるものでしょう。

単純に考えて、ここ一〇年余りの情報化の進行は人間と「言葉」との関係を大きく書き換えています。デジタル化で「紙の本」というものの存在意義が大きく揺らいでいるのはもちろんのことですが、僕はもっと本質的な変化が現代には起こっていると考えています。

（中　略）

たとえば知識取得の手段をゲームとして捉（とら）えると、これまでは自分の外に本をいくつ積み上げるかというゲームだったのが、今ではネットワーク内の膨大な情報から何を切り出していくべきか、というゲームに変わってしまった。そのときに「お前ら、ちゃんと本を読め」というのはあまりに無意味です。そうではなく、かつて本が担（にな）っていた機能を更新させる方法を考えないといけない。

極端な話、生まれたときからネットワークにつながっている人間が多数派となり、彼らが吐き出した言葉がネット上に自動的に集積されていく環境が所与（しょよ）*4のものとなったとしたら、集積された情報にアクセスするための検索ツールさえあればよい、という状態も十二分（じゅうにぶん）に想定しうる。今まで書き言葉とは基本的に自分の外側にある特別なもので、それを本というパッケージング*5されたものを通して摂取してきた。そのため、それを積み上げることが教養を得ることであり、成長だと考えられてきたわけです。しかし今の僕たちはすでに、言葉や教養、知識体系などさまざまな情報ネットワークに接続されているため、個々の情報をどこで区切るかのほうが問題になっている。つまり、これまでの人間と情報の古いものはいざというときに役に立たない――自分が間違っていたことに気づいた彼は、泣きながら在庫のランプを自らの手で割って、廃業を決意することになります。

そして、僕の考えるこの童話の［※］はそのエピローグ[*3]です。時は下り昭和一〇年代、ランプ屋を辞めて街で本屋を営むようになった主人公はその孫に自分の体験を語ります。このエピローグから浮かび上がってくるのは新美の「知」への信頼です。主人公がランプ屋を廃業した後、本屋になったのは、おそらくどんなに時代が移ろって、ランプが電球になり電球が蛍光灯になったとしても、言葉を通して知を共有する文化は変わることがないという確信があったからだと思います。

新美のこの確信を僕は支持したい。しかし新美が強く信じていた文化のかたち、つまり人間と知（を伝達する情報）との関係は、彼が想像したであろうものよりも圧倒的に速く、そして決定的に変化しています。しかし少なくとも「このまま」ではいられない。そして「俺たち旧メディアだからこそできることがあるんだよ」といった「いい話」たちの何割かは確実に、この現実から目を背けるためにささやかれている。だとすれば、そんな①「正しい」話たちは別の次元では害悪としてしか機能しないでしょう。

エピローグで［B］彼は告白します。実は電気が村に通った後も、ランプの需要そのものは決定的にはなくならず、続けようと思えばランプ屋は継続できたのだ、と。しかし、それでも彼は廃業した。なぜか。それはランプが彼にとって文明開化の象徴だったからです。だからこそ彼はランプが時代を象徴する力を失うと同時に廃業したのです。そして僕は思います。時代を切り開き、本当の意味で文化を守り育てるのは②こうした知性に他ならない、と。

前述の通り、この『おぢいさんのランプ』は電子書籍をめぐる議論でよく引き合いに出される童話です。しかし僕はこの童話で描かれているような、技術革新がもたらす社会の変革は今、日本の文字文化についてはより本質的なレベルで進行していると考えています。それは紙の本がなくなって電子書籍にとって代わられる、という表面的なレベルの変化ではない。

たとえば今流通している日本語の、いわゆる「四六判（約一三〇×一八八ミリサイズ）」の本はどういうものかというと、一冊一〇～一五万字を、だいたい約一万字の章に分けて読ませているものです。一文の文字数は大体一〇〇～二〇〇字くらいでできていますが、実のところこの形式と規模はほとんどなんの合理性もなく決まっているものです。この日本語の散文の形式はおそらく、明治期の知識人が外国語の翻訳作業を通して現在の日本語をかたちづくっていったころにその原型が生まれ、その後の出版事情の変化の中でマイナーチェンジを繰り返してきたものだと思われます。そして、現在のこの日本語の本と散文の形式を定めて

1 次の傍線部のカタカナを漢字に、漢字をひらがなに直して答えよ。ただし、楷書（かいしょ）で丁寧に書くこと。

① サイシンの注意を払って行動する。
② これまでで最もザイニン期間が長い大臣。
③ 君と私は意見をコトにする。
④ 勝つためには君の力がフカケツだ。
⑤ 彼女が言ったことはイチゴンイック漏（も）らさず覚えている。
⑥ 山の中腹から町を見下ろす。
⑦ あの人の所作はとても美しい。
⑧ 相手の思惑がわからず不安になる。
⑨ 昨年のやり方をそのまま踏襲する。
⑩ 精一杯努力したつもりだが徒労に終わった。

2 次の文章を読んで、後の問いに答えよ。

　今さら強調することでもありませんが、現在僕たちを取り巻くメディア環境は大きく変化しつつあります。もちろん、あたらしい技術は必ずあたらしい問題を引き起こす。*1淘汰（とうた）されゆくものだけが持つよさもあるでしょう。しかし僕は実のところ「電子書籍の波がやってきた後も残るであろう紙の本のよさ」とか「インターネット時代にも残るマスメディアの役割」といった旧マスコミ業界人が大好きな「いい話」に、心のどこかで冷淡になってしまうところがあります。

　［A］彼らの「いい話」は正しい。だがその正しさは、何かもっと本質的なことを隠蔽（いんぺい）するために必要以上に強調されているように思えます。

　実はこの種の問題を語るときによく引用される童話があります。それは新美南吉（にいみなんきち）の童話『おぢいさんのランプ』です。これは日露戦争のころ農村にランプを普及させて成功した男の物語です。ある日、村に電気を引くことが決まり、主人公の営むランプ屋は存亡の危機に立たされます。行政を逆恨（さかうら）みした主人公はなんと区長の家への放火を試みるのですが、そのとき火打ち石でなかなか着火することができず、焦って*2独りごちるのです。マッチを持ってくればよかった、火打ち石のような古いものはいざというときに役に立たない、と。そしてここで主人公はハッとします。

2020 第1回
サピックスオープン

国　語

中学３年

2020年5月17日実施

【受験上の注意事項】

1 試験時間は、50分です。
2 答えは全て解答用紙の定められた解答欄の中に書きなさい。
小さすぎる文字・薄すぎる文字は採点できません。
3 解答用紙には、生徒ID・氏名を必ず書きなさい。
4 問題用紙の白いところは、メモなどに使いなさい。
5 質問がある時や気分が悪くなった時は、黙って手をあげなさい。
6 終わったら解答用紙だけを提出しなさい。

SAPIX サピックス 中学部

2020 第2回
サピックスオープン

英 語

中学3年

2020年7月5日実施

【受験上の注意事項】

1 試験時間は、50分です。
2 答えは全て解答用紙の定められた解答欄の中に書きなさい。
小さすぎる文字・薄すぎる文字は採点できません。
3 解答用紙には、生徒ID・氏名を必ず書きなさい。
4 問題用紙の白いところは、メモなどに使いなさい。
5 質問がある時や気分が悪くなった時は、黙って手をあげなさい。
6 終わったら解答用紙だけを提出しなさい。

SAPIX サピックス 中学部

1 このリスニング問題はPart A、Bの2つの部分に分かれています。それぞれの指示に従い、答えなさい。放送はすべて2回ずつ流れます。

Part A　英語による男女の対話を聞き、英語の質問に対して、ア～エの中から最も適切なものを1つずつ選び、記号で答えなさい。

(1) Who is calling the man ?

ア　Emi.

イ　Ami.

ウ　Amy.

エ　Emily.

(2) What will they order ?

ア　A seafood pasta and two glasses of wine.

イ　A seafood pasta, a vegetable pizza and two glasses of wine.

ウ　A vegetable pizza and two glasses of wine.

エ　A seafood pasta, two vegetable pizzas and two glasses of water.

(3) How many pages does the homework have ?

ア　2 pages.

イ　4 pages.

ウ　6 pages.

エ　8 pages.

Part B　英語による男女の対話を聞き、質問に対して答えなさい。(1)と(2)はそれぞれの問いに対して、ア～エの中から最も適切なものを１つずつ選び、記号で答えなさい。(3)と(4)は英語の質問に対して空欄に当てはまる最も適切な英語をそれぞれ１語ずつ答えなさい。算用数字は用いないこと。*のついた語には注があります。

(1)　How much does the express bus cost ?

ア　$ 2.50.

イ　$ 4.

ウ　$ 5.

エ　$ 10.

(2)　Why does the woman *recommend the express bus ?（注）　recommend：勧める

ア　Because it is cheap.

イ　Because it is convenient.

ウ　Because it is slow.

エ　Because it comes often.

(3)　Which bus will the man take ?

He will take the number (　　　　) bus.

(4)　When will the next express bus come ?

It will come (　　　　) (　　　　).

2 各組のＡとＢをほぼ同じ意味を表す英文にするとき、（　　）内に入る最も適切な語をそれぞれ１語ずつ答えなさい。

(1) A ： Ken made us a delicious dinner.

B ： A delicious dinner (　　　　　) made (　　　　　) us by Ken.

(2) A ： Knowing is one thing, and teaching is another.

B ： Knowing is (　　　　　) (　　　　　) teaching.

(3) A ： The bag was so heavy that the old lady couldn't carry it.

B ： The bag was (　　　　　) heavy (　　　　　) the old lady to carry.

(4) A ： It started to rain yesterday. It is still raining today.

B ： It has been (　　　　　) (　　　　　) yesterday.

(5) A ： I'm sure that not only his father but his mother is a doctor.

B ： Both of his (　　　　　) (　　　　　) be doctors.

3 正しい英文になるように、（　　）内に入る最も適切な語をア～エから１つ選び、記号で答えなさい。

(1) My watch is not so (　　　　　) as yours.

ア good　　イ well　　ウ better　　エ best

(2) I want something to write (　　　　　). I have a pen, but I forgot my notebook.

ア for　　イ with　　ウ on　　エ to

(3) "(　　　　　) is the capital of Spain ?" — "It's Madrid."

ア Where　　イ What　　ウ How　　エ Who

(4) To be kind to (　　　) is important.
ア another　　イ one　　ウ other　　エ others

(5) It's cold outside. Don't leave the door (　　　).
ア open　　イ opens　　ウ close　　エ closes

4

各文の下線部ア～ウの中から文法的・語法的に間違っているものをそれぞれ1つずつ選び、選んだ箇所全体を正しい形に直しなさい。*のついた語には注があります。

例：Bob should ア studies math イ hard to ウ pass the test.
解答例：記号…ア　訂正…study

(1) It ア passes ten years イ since his ウ death.

(2) Mary said, "I ア am looking forward イ to ウ see my grandmother this weekend."

(3) ア Though I want to send this report by e-mail, my computer has stopped イ working. I need to send it ウ until noon tomorrow.

(4) The new term started ア in April and everyone イ was ウ filling with joy.

(5) The population of China is ア much イ more than ウ that of Japan. China is the most *populous country in the world.

(注) populous：人口の多い

5 次の文章はSpider(クモ)とTurtle(カメ)の寓話である。次の文章を読んで以下の問いに答えなさい。なお、*のついた語句には注があります。

One evening Spider *was about to have dinner. He had some very nice, hot yams (sweet potatoes) to eat. He heard a knock on the door. *It was Turtle, who was returning from a long trip. He was very tired and very hungry.

"(A)" he asked Spider. "They smell so good."

Spider did not want to give Turtle any yams. He wanted to eat them all himself. But (1)[ア didn't イ bad things ウ to エ he オ people カ him キ want ク about ケ say]. So he said, "Come in, my friend. Come sit down and have some yams."

But when Turtle put out a hand to take some food, Spider said, "Wait! Look at your hands. They're very dirty! In this country, people wash their hands before they eat. Please go wash yours."

It was true. Turtle's hands were dirty from his long trip. He went down to the river to wash them. While he was out, Spider began eating. When Turtle came back, half the yams were gone. He sat down. He was again about to take some yams, when Spider said, "(B)"

Turtle looked at his hands. He used them for walking, of course. And they had gotten dirty on the way back from the river. He went out to the river again. (2)This time he walked back on the grass. But when he sat down at Spider's table again, there were no more yams. Spider had eaten them all.

Turtle looked at Spider *for a moment. Then he said, "(C) You must come to my house for dinner some day." Then he left the house and slowly went on his way.

A few days later, Spider was hungry. He had no more yams. He remembered (3)Turtle's words. "Why not?" he thought. (4)"I'll have a free meal." So the next day, Spider went to visit Turtle. He found him near his home in the river.

"Well, hello," said Turtle. "Would you like to have dinner with me?"

"Oh, yes, yes," said Spider. He was very hungry.

"Just a moment then," said Turtle. He dived down into the river. In a few minutes, he returned. "Please come," he said to Spider. "(　　D　　)" Turtle went back down to his home and began to eat.

Spider jumped into the river, but he didn't go down into the water. He stayed on top. He was too light. He tried and tried to swim down, but he always popped back up again. Then he had (5)<u>an idea</u>. He put some rocks in the pockets of his jacket. This time he swam down and stayed down.

Spider sat at the table with Turtle. There were all kinds of good things to eat. Just as Spider was about to take some food, Turtle said to him, "In my country, (6)[<u>ア people イ eat ウ on エ don't オ with カ jackets キ their</u>]. Could you please take off your jacket?" Turtle's jacket was on the back of his chair.

"Of course," said Spider. But *the moment he took off his jacket, [　①　] He put his head underwater and looked down. There was Turtle slowly eating all the food on the table.

（注） be about to ～：～しようとしている　　it was Turtle, who ～：それはカメで、彼は～
for a moment：少しの間　　the moment ～：～するとすぐに

問１　空所(　　A　　)～(　　D　　)を補うのに、最も適切なものを以下のア～オより１つずつ選び、記号で答えなさい。ただし、同じ記号を２度以上選ばないこと。

ア　Thank you for inviting me to dinner.
イ　Could I please have some of your yams?
ウ　They look very delicious.
エ　Stop! Your hands are dirty again.
オ　Dinner is ready.

問２　下線部(1)、(6)について、[　　]内の語(句)を意味が通るように並べかえ、５番目と７番目に来る語(句)をそれぞれ記号で答えなさい。

問３　下線部(2)の理由を15字以内の日本語で答えなさい。

問４　下線部(3)が表す内容を１文で抜き出し、最初と最後の２語をそれぞれ答えなさい。

問５　下線部(4)の和訳として最も適切なものを以下のア～エから１つ選び、記号で答えなさい。

ア　自由に何でも食べよう。　　イ　誰からも束縛されずに食事をしよう。

ウ　ただで食事をしよう。　　エ　暇なときに食事をしよう。

問６　下線部(5)の内容を以下のように説明したとき、次の①～③の(　　)内に当てはまる日本語をそれぞれ指定された字数で答えなさい。

川の中で体が①(10字以内)、上着のポケットに②(１字)を③(３字以内)として入れること。

問７　空所 ① を補うのに最も適切なものを以下のア～エから１つ選び、記号で答えなさい。

ア　he ran away from the river at once.　　イ　he ate as much as possible.

ウ　he swam down into the water.　　エ　he popped up out of the water.

6 次の文章を読んで以下の問いに答えなさい。なお、*のついた語(句)には注があります。

Sound and light are types of *energy that travel in the air. We use sound energy to hear, to listen to music, and to communicate by telephone. We use light energy from the sun to see during the day, and light from lamps to see when it's dark.

Sound happens when something *vibrates. When we hit a drum, it vibrates and this *makes the air around the drum vibrate, too. The vibrations of sound travel through the air in all *directions. These movements are [①] sound waves. Sound waves are (ア)invisible — we can't see them. We hear the sound of the drum when the sound waves [②] our ears.

Sounds lose energy and get (A) when they move. *That's why we can only *hear people speaking if they are near us. To [③] sounds from one place to another, sound waves are *converted into radio waves. Radio waves are a type of *energy that can travel a long distance through the air. Like sound waves, radio waves are invisible.

(あ)

When something is luminous, it gives off light. Lamps, candles, fires, televisions, and the sun are luminous. Light energy travels from luminous things in straight lines. Light can move through transparent things like air, water, and windows. It can't move through (イ)opaque things like walls, trees, or people.

Shadows happen when something opaque stops light moving through it. Shadows happen on the other side of an opaque thing, *where light can't [②]. For example, when we [④] outside on a sunny day, we block the sunlight and we make a shadow. Some transparent materials can make a thin shadow because they stop some light.

A laser is a type of *light that we get from machines. It's a very thin beam of *light that has a lot of light energy and heat energy. Lasers have (B) energy than sunlight! We use lasers in many machines, like CD players and DVD players. Lasers have so much energy that some factories use them to cut through metal, and doctors use lasers to operate on some parts of the body, like eyes.

(注) energy that travel in the air：空気中を進むエネルギー　vibrate：振動する

make the air around the drum vibrate：太鼓の周りの空気を振動させる　direction：方向

that's why：そういうわけで　hear people speaking：人が話しているのが聞こえる

convert：転換する　energy that can travel a long distance：長距離にわたって進むことができるエネルギー　where ～：そこでは～　light that we get from machines：機械が作る光

light that has ～：～を持つ光

問１　空所①～④に当てはまる最も適切な動詞を以下の語群から１つずつ選び、必要に応じて適切な形にして補いなさい。２箇所ある②にはそれぞれ同じ語が入る。ただし、同じ動詞を２度以上使ってはいけません。

【 stand, call, reach, send 】

問２　下線部(ア)と下線部(イ)に関して以下の問いに答えなさい。

(1)　(ア)invisible の意味を以下のア～エから１つ選び、記号で答えなさい。

ア　聞こえない　イ　見えない　ウ　感じない　エ　取れない

(2)　(イ)opaque と反対の意味を表す語を本文中から１語で抜き出して答えなさい。

問３　空所（　A　）と空所（　B　）に補うべき語として、最も適切な組み合わせを以下のア～エから１つ選び、記号で答えなさい。

	（ A ）	（ B ）
ア	bigger	less
イ	smaller	much
ウ	stronger	little
エ	weaker	more

問４　空所(あ)には次ページのア～エの文が入る。本文の流れに合うように文を正しく並べかえ、記号で答えなさい。

ア　The *cell tower sends them to *a base station that sends them on to a cell tower near *the person you are calling.

イ　Their *cell phone converts the radio waves back into sound waves so that they can hear you !

ウ　When you use a cell phone, the phone converts sound waves into radio waves.

エ　It sends the radio waves to a cell tower near you.

（注）　cell tower :（携帯電話）基地局　　a base station that sends them on：それらを送る基地局
　　the person you are calling : あなたが電話をかけている相手　　cell phone : 携帯電話

問５　次の文章は本文の一部を要約したものである。空所（　1　）～（　6　）に入る最も適切な語を以下のア～サの中から選び、その記号を答えなさい。2箇所ある（　2　）には同じ記号が入る。ただし、同じ記号を２度以上用いてはならない。

Sound has (　1　) in common with light. Sound and light are energy and (　2　) in the air. When we talk with each other by cell phone, the sound waves are (　3　) into radio waves. Unlike sound waves, they can (　2　) a long distance, so we can (　4　) by cell phone even when we are far away from each other. We also use light in our daily lives, such as lamps, candles and lasers. A laser is a kind of light, and it has (　5　) energy, so it helps doctors treat patients. Doctors can use lasers when they operate on (　6　).

ア　CDs	イ　changed	ウ　eyes	エ　invisible
オ　travel	カ　something	キ　talk	ク　a lot of
ケ　convert	コ　many	サ　nothing	

問６　次のア～エについて、本文の内容に一致するものにはT、本文の内容に合わないものにはFと答えなさい。全て同じ記号で答えた場合は無得点とする。

ア　音波は空気中をあらゆる方向に進む。

イ　音波は遠く離れたところにも到達することができる。

ウ　レーザーは光の一種であり、熱エネルギーを持たない。

エ　光エネルギーは、空気など光を通すものの中をまっすぐに進む。

Memo

2020 第2回
サピックスオープン

数　学

中学3年

2020年7月5日実施

【受験上の注意事項】

1 試験時間は、50分です。
2 答えは全て解答用紙の定められた解答欄の中に書きなさい。
　小さすぎる文字・薄すぎる文字は採点できません。
3 解答用紙には、生徒ID・氏名を必ず書きなさい。
4 問題用紙の白いところは、メモなどに使いなさい。
5 質問がある時や気分が悪くなった時は、黙って手をあげなさい。
6 終わったら解答用紙だけを提出しなさい。

【解答の際の注意事項】

1 解答は最も整理された形で表せ。
　① 分数は特にことわりがない限り，完全に約分された形にせよ。
　　比についても同様で，完全に整理された形にせよ。
　② 解答に根号が含まれる場合は，根号の中の数字はできるだけ小さくして，整理せよ。
2 円周率は，特にことわりがない限りπを用いよ。
3 解答が複数考えられる場合は，全て答えよ。

SAPIX 中学部

1 次の各問いに答えよ。

(1) $(-3xy)^3 \div 6x^2y \times (-2xy^2)$ を計算せよ。

(2) $(\sqrt{2}+1)^2 - \dfrac{3\sqrt{2}-2}{\sqrt{2}}$ を計算せよ。

(3) 二次方程式 $(x-3)(2x+3)=3x-9$ を解け。

(4) 大小2つのさいころを振り，出た目をそれぞれ a，b とする。$\sqrt{2(a+b)}$ が整数となる確率を求めよ。

(5) 下の表はある都市の月曜日から土曜日までの最高気温をまとめたもので，月曜日の値は不明だが，6日間の最高気温の平均は24度であった。

このとき，この6日間の最高気温の中央値を求めよ。

	月	火	水	木	金	土
最高気温(度)		24	26	25	22	25

2　次の各問いに答えよ。

(1)　右の図のように，Oを中心とするおうぎ形OABにおいて，弧AB上に点P，線分OB上に点Qを，PB＝PQ＝OQとなるようにとるとき，∠BPQの大きさを求めよ。

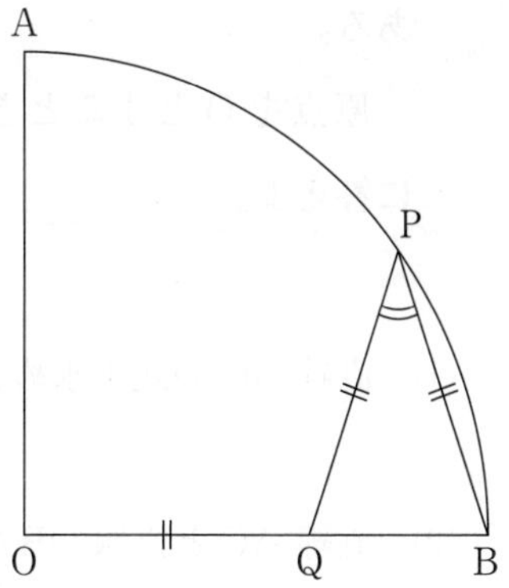

(2)　濃度x%の食塩水250 gを，容器Aに150 g，容器Bに100 gずつ分けて入れた。
　その後，容器Aからは水を50 g蒸発させ，容器Bには水を50 g入れたところ，容器Aの食塩水の濃度が，容器Bの食塩水の濃度より10%高くなった。
　このとき，次の各問いに答えよ。

①　水を蒸発させた後の容器Aの濃度をxを使って表せ。

②　xの値を求めよ。

3　座標平面上に, 3 点 A, B, C があり,

A(−6, 9), B(4, 2), C(6, −3) である。

原点を O とするとき, 次の各問いに答えよ。

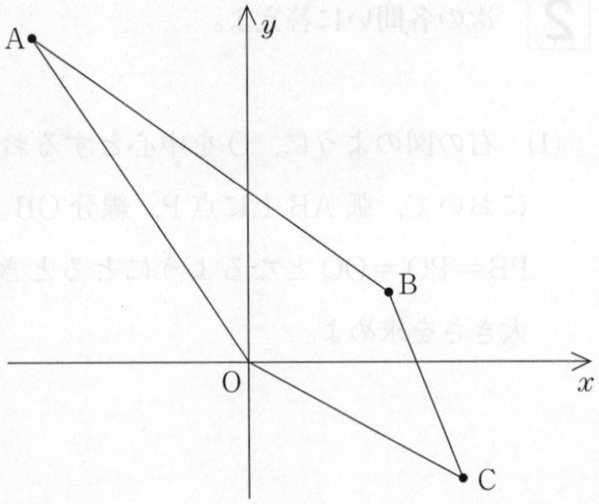

(1)　直線 AC の式を求めよ。

(2)　直線 AC と直線 OB の交点を D とするとき, AD : DC を求めよ。

(3)　直線 OB 上に, (四角形 OABC) = △OCE となる点 E をとるとき,

①　E の座標を求めよ。ただし, E の x 座標は B の x 座標よりも大きいものとする。

②　原点を通り, 四角形 OCEA の面積を二等分する直線の式を求めよ。

【この問題は, 答えに至るまでの途中過程を解法欄に記入すること。】

4　2 以上の自然数 x について, <x> を「x の約数のうち, 小さい方から 2 番目の数」とする。また, 『x』を「x の約数のうち, 小さい方から 3 番目の数」とする。

ただし, x の約数の個数が 3 個未満のときは, 『x』は存在しないものとする。

例えば, $x=6$ のとき, <6> = 2, 『6』= 3 となり, $x=5$ のとき, <5> = 5 であるが, 『5』は存在しない。

このとき, 次の各問いに答えよ。

(1)　<15>, 『15』の値をそれぞれ求めよ。

(2)　『x』= 4 のとき, <x> の値を求めよ。

(3)　『x』= 9 となる自然数 x のうち, 小さい方から 4 番目の数を求めよ。

5 右の図において，△ABC は AB＝AC，∠BAC＝90°の直角二等辺三角形である。

∠ACB の二等分線と辺 AB の交点を D，点 A から線分 CD に引いた垂線と，線分 CD，辺 BC との交点をそれぞれ E，F とする。

このとき，次の各問いに答えよ。

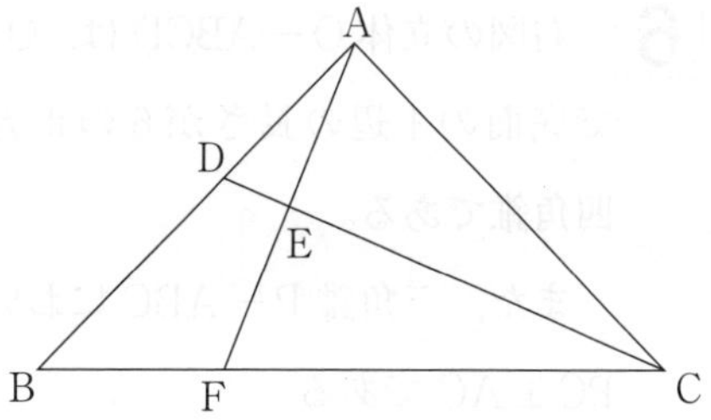

(1) ∠BAF の大きさを求めよ。

右の図のように，点 A から辺 BC に引いた垂線と，線分 CD の交点を G とする。

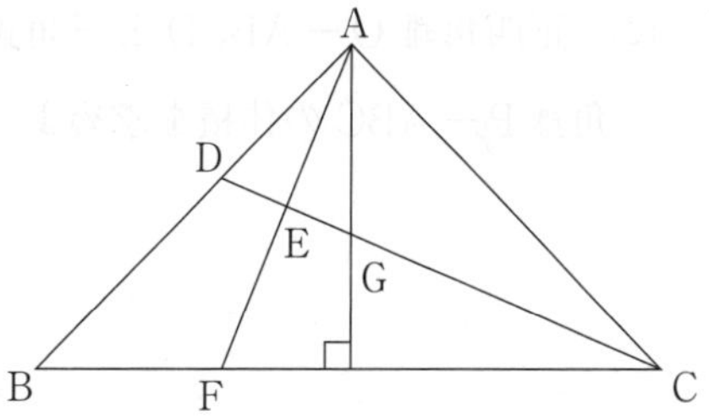

(2) AD＝AG であることを以下のように証明した。

空欄に適する記号，語句，数値をそれぞれ答えよ。

（証明）

△ADE と△AGE において，辺 [（ア）] は共通 …①

仮定より，∠AED＝∠AEG＝90° …②

∠GAE＝∠GAD－∠DAE＝ [（イ）] (°)

よって，∠ [（ウ）] ＝∠GAE …③

①，②，③より， [（エ）] がそれぞれ等しいので，

△ADE≡△AGE

よって，対応する辺の長さは等しいので，AD＝AG

（証明終わり）

(3) AF＝$1+\sqrt{2}$，DG＝1 であるとき，△ABC の面積を求めよ。

6 右図の立体O－ABCDは，OA＝OB＝OC＝ODで底面の1辺の長さが6の正方形，高さが6の正四角錐である。

また，三角錐P－ABCにおいて，PC⊥BC，PC⊥ACである。

このとき，次の各問いに答えよ。

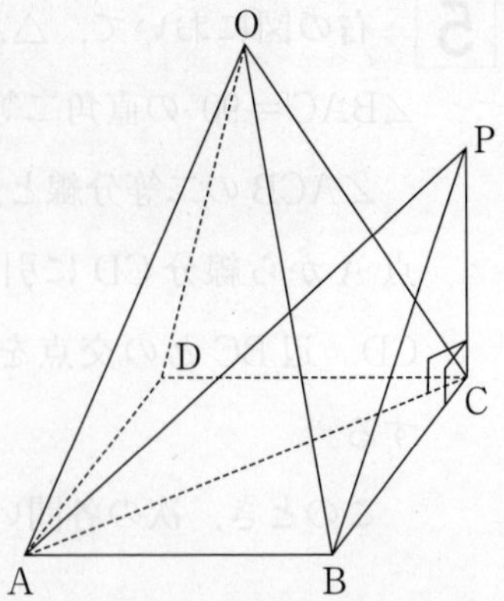

(1) 三角錐P－ABCの体積が36で，OCとAPの交点をQとするとき，OQ：QCを求めよ。

(2) 正四角錐O－ABCDと三角錐P－ABCの重なる部分の体積が18になるとき，三角錐P－ABCの体積を求めよ。

2020 第2回
サピックスオープン

理　科

中学３年

2020年7月5日実施

【受験上の注意事項】

1 試験時間は、50分です。
2 答えは全て解答用紙の定められた解答欄の中に書きなさい。
小さすぎる文字・薄すぎる文字は採点できません。
3 解答用紙には、生徒ID・氏名を必ず書きなさい。
4 問題用紙の白いところは、メモなどに使いなさい。
5 質問がある時や気分が悪くなった時は、黙って手をあげなさい。
6 終わったら解答用紙だけを提出しなさい。

SAPIX 中学部

1 次の問いに答えなさい。

(1) 水素，酸素，アンモニア，塩素のそれぞれの気体を最も多く捕集できる集め方の組み合わせとして適切なものを，次のア～エの中から一つ選び，記号で答えなさい。

	水上置換法	上方置換法	下方置換法
ア	塩素	水素，アンモニア	酸素
イ	水素	アンモニア，塩素	酸素
ウ	水素，酸素	アンモニア	塩素
エ	酸素	水素	アンモニア，塩素

(2) 小腸の柔毛で吸収された後，ブドウ糖，アミノ酸，脂肪について，毛細血管で運ばれる栄養分とリンパ管で運ばれる栄養分の組み合わせとして適切なものを，次のア～エの中から一つ選び，記号で答えなさい。

	毛細血管	リンパ管
ア	脂肪	ブドウ糖，アミノ酸
イ	アミノ酸	ブドウ糖，脂肪
ウ	ブドウ糖	アミノ酸，脂肪
エ	ブドウ糖，アミノ酸	脂肪

(3) れき岩，砂岩，泥岩を構成する粒が丸みをおびる原因と，シジミの化石が含まれる地層が形成された当時の環境の組み合わせとして適切なものを，次のア～エの中から一つ選び，記号で答えなさい。

	粒が丸みをおびる原因	地層が形成された当時の環境
ア	河川の侵食作用	湖や河口付近
イ	河川の運搬作用	湖や河口付近
ウ	河川の侵食作用	深い海
エ	河川の運搬作用	深い海

(4) **図1**は温暖前線と寒冷前線をともなった温帯低気圧である。ある地域を二つの前線が通過していくとき，温暖前線の通過前後の変化と寒冷前線の通過前後の変化の説明として適切なものを，次のア～エの中から一つ選び，記号で答えなさい。

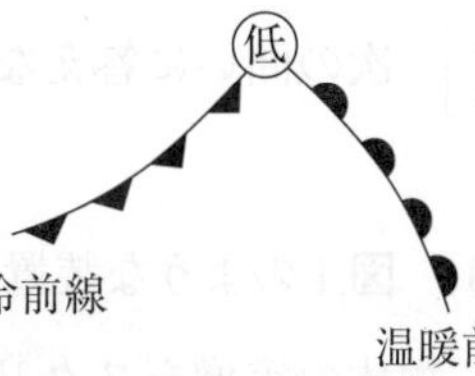

図1

ア．温暖前線の通過前にはおだやかな雨が降り，通過後には気温が上がる。寒冷前線の通過前には南寄りの風が吹いていて，通過後には激しい雨が降る。

イ．温暖前線の通過前には気温が上がり，通過後にはおだやかな雨が降る。寒冷前線の通過前には南寄りの風が吹いていて，通過後には激しい雨が降る。

ウ．温暖前線の通過前にはおだやかな雨が降り，通過後には気温が上がる。寒冷前線の通過前には激しい雨が降り，通過後には南寄りの風が吹く。

エ．温暖前線の通過前には気温が上がり，通過後にはおだやかな雨が降る。寒冷前線の通過前には激しい雨が降り，通過後には南寄りの風が吹く。

(5) 次の文章中の下線部①～④の中には，誤った内容も含まれている。下線部①～④の中から正しい内容を選んだ組み合わせとして適切なものを，後のア～クの中から一つ選び，記号で答えなさい。

関東地方に生息するトウキョウサンショウウオは，毎年1月から4月の間に池や水辺の泥に①<u>からのある卵</u>を産む。卵は2週間ほどでふ化し，4，5年かけて成体となる。成体は②<u>肺や皮ふで呼吸</u>し，体の表面は③<u>うろこでおおわれている</u>。サンショウウオと同じなかまに分類される生物の例には，④<u>カエルやイモリ</u>が挙げられる。

ア．①，②，③　イ．①，②　ウ．②，③　エ．③
オ．①，②，④　カ．①，③　キ．②，④　ク．④

(6) **図2**のようなモノコードの弦をはじいたときに出る音の高さを高くするには，おもりの数を増やす，弦を強く張る，ことじを動かすなどしてはじく部分の弦の長さを短くする以外では，どのような方法があるか。簡潔に答えなさい。

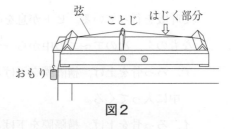

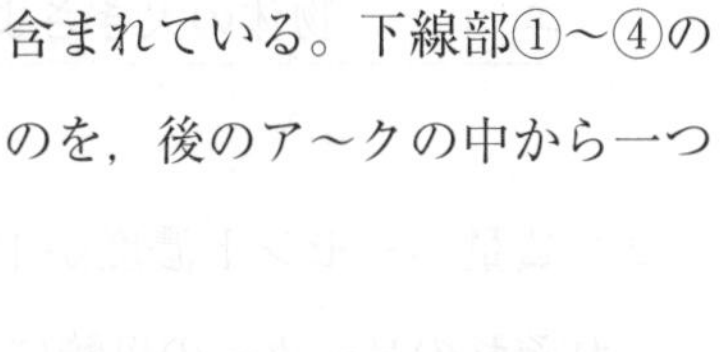

図2

2 次の問いに答えなさい。

(1) 図1のような装置を用いて，物体の実像をスクリーンにうつし出す実験を行った。凸レンズの焦点距離が12.0 cm，物体と凸レンズとの間の距離が36.0 cmのとき，スクリーンにうつし出された実像の大きさの説明と，実像がはっきりとうつし出されるときの凸レンズとスクリーンの距離の説明の組み合わせとして適切なものを，次のア～エの中から一つ選び，記号で答えなさい。

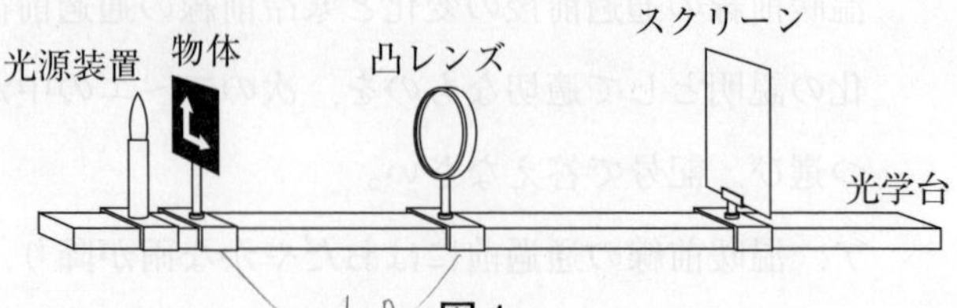

図1

	実像の大きさ	凸レンズとスクリーンの距離
ア	物体の大きさよりも大きい。	24.0 cm よりも短い。
イ	物体の大きさよりも大きい。	24.0 cm よりも長い。
ウ	物体の大きさよりも小さい。	24.0 cm よりも短い。
エ	物体の大きさよりも小さい。	24.0 cm よりも長い。

(2) 質量パーセント濃度が10.0％の塩酸20.0 cm^3を入れたビーカーを5個用意し，それぞれのビーカーの塩酸に異なる質量のマグネシウムの粉末を加えて完全に反応させたところ，発生した水素の体積の合計は下の表のようになった。マグネシウムの粉末を1.00 g加えたビーカーでは，塩酸と反応せずに残っているマグネシウムの粉末は何gか。

マグネシウムの粉末〔g〕	0.20	0.40	0.60	0.80	1.00
発生した水素の体積の合計〔cm^3〕	200	400	600	660	660

(3) ヒトの肺には筋肉がないため，ろっ骨と横隔膜をそれぞれ上下に動かすことによって呼吸を行っている。ヒトが息を吸うときのろっ骨と横隔膜の動きの説明として適切なものを，次のア～エの中から一つ選び，記号で答えなさい。

ア．ろっ骨を上げ，横隔膜を下げることで，肺のまわりの気圧が上がり，空気が肺の中に入ってくる。

イ．ろっ骨を上げ，横隔膜を下げることで，肺のまわりの気圧が下がり，空気が肺の中に入ってくる。

ウ．ろっ骨を下げ，横隔膜を上げることで，肺のまわりの気圧が上がり，空気が肺の中に入ってくる。

エ．ろっ骨を下げ，横隔膜を上げることで，肺のまわりの気圧が下がり，空気が肺の中に入ってくる。

(4) **図2**のような等高線で表される地域の地点Aにおいてボーリング調査を行い，結果を柱状図にまとめたところ**図3**のようになった。なお，**図3**に見られる石灰岩の中からは，サンゴの化石が多数見つかった。地点Aの地下で標高40～60 mにある部分の地層が形成される間，地点Aで起こったできごとの説明として適切なものを，次のア～エの中から一つ選び，記号で答えなさい。ただし，この地域では地層は傾いておらず水平に堆積しており，地層の上下の逆転や断層もないことがわかっている。

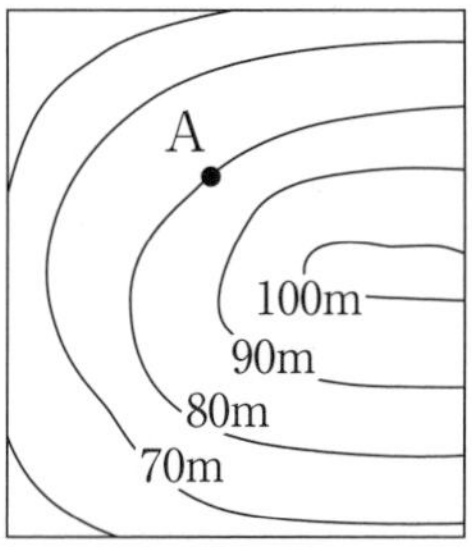

図2

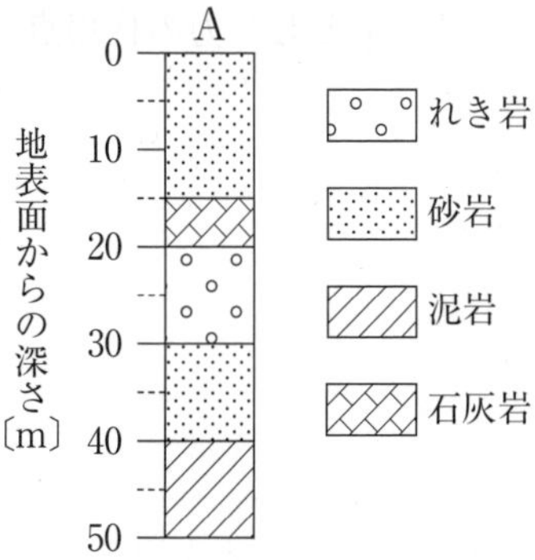

図3

ア．海の深さは次第に浅くなった。

イ．海の深さは次第に深くなった。

ウ．海の深さは次第に浅くなった後，再び深くなった。

エ．海の深さは次第に深くなっていき，サンゴが生息した。

(5) 80℃の水50 gを入れたビーカーに60 gの硝酸カリウムを加えてかき混ぜたところ，硝酸カリウムはすべて溶けた。しばらく放置して，この水溶液の温度が40℃になったとき，ビーカーの底には硝酸カリウムの結晶が見られた。40℃になったときの硝酸カリウム水溶液の質量パーセント濃度は何％か。整数で答えなさい。ただし，硝酸カリウムは40℃の水100 gに64 gまで溶けるものとし，必要があれば小数第一位を四捨五入しなさい。また，蒸発などによる水の減少はないものとする。

(6) **図4**のように，ばねⅠ，Ⅱと物体A，Bをつないで静止させたとき，ばねⅠが物体Aを引く力を解答欄の図に作図しなさい。ただし，物体Aの重さは3.0 N，物体Bの重さは2.0 Nであり，ばねⅠ，Ⅱの重さは無視できるものとする。また，解答欄の図の方眼の1目盛りを1.0 Nとし，力の作用点を●で表すこと。

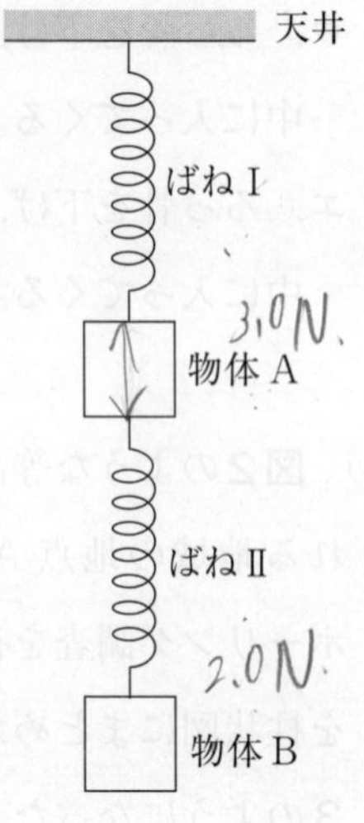

図4

3 次の〔文章〕を読み，後の各問いに答えなさい。ただし，〔文章〕の（　　）には同じ語句が入るものとする。

〔文章〕

葉緑体をもつ植物は光合成をして，自ら栄養分をつくり出すことができるのに対して，葉緑体をもたない動物は，植物や他の動物を食べて栄養分を取り入れている。植物がつくり出す栄養分は動物にとっても必要なデンプン，タンパク質，脂肪などであり，植物の体にたくわえられている。植物が光合成をするためには，光以外に水と二酸化炭素が必要である。被子植物の場合，水は根の根毛から，二酸化炭素は主に葉の（　　）から吸収される。（　　）は，光合成によって生じた酸素や，根から吸収した余分な水を水蒸気として植物の体の外へ放出する出口でもある。

光合成によってつくり出された栄養分は細胞で酸素を用いて分解され，生きるためのエネルギーが取り出される。このはたらきは動物と植物の細胞で共通して行われ，細胞呼吸とも呼ばれる。ヒトにおいて，細胞に酸素を運ぶ役割をしているのが血液中の赤血球である。また，二酸化炭素や消化されて細かくなった栄養分は，血液の液体成分である血しょうに溶け込んで運ばれる。

(1) 〔文章〕中の(　　　)にあてはまる語句を漢字2字で答えなさい。

(2) ある植物X，Yの特徴をまとめると，下の表のようになった。植物X，Yの特徴にあてはまる植物を，後の選択肢のア～エの中からそれぞれ一つずつ選び，記号で答えなさい。

植物X	植物Y
・胞子でふえる。 ・維管束がない。 ・仮根がある。	・種子でふえる。 ・胚珠が子房に包まれている。 ・花びらが一枚一枚，離れている。

植物Xの選択肢

ア．スギナ　　イ．シイタケ　　ウ．イヌワラビ　　エ．スギゴケ

植物Yの選択肢

ア．イチョウ　　イ．ソテツ　　ウ．アブラナ　　エ．ツツジ

(3) 植物を原料としてつくられる燃料であるバイオエタノールは，燃焼させても化石燃料とは異なり，大気中の二酸化炭素の濃度が増えないと言われている。その理由を，バイオエタノールの原料の植物を植物P，バイオエタノールを燃焼させたときに発生する二酸化炭素を二酸化炭素Zとし，「植物P」「二酸化炭素Z」の語句を用いて簡潔に説明しなさい。

(4) 右図は，日本付近のある地点で，地球の大気中の二酸化炭素の濃度の変化を，ある日からの3年間についてグラフにまとめたものである。1年の中で二酸化炭素の濃度が最も低くなるのは日本のどの季節とどの季節の間と考えられるか。次のア～ウの中から一つ選び，記号で答えなさい。

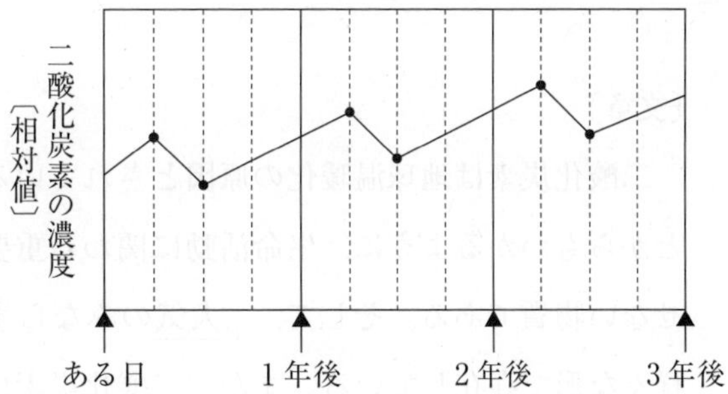

ア．春と夏　　イ．夏と秋　　ウ．冬と春

(5) ヒトの体内を流れる血液について，動脈血の説明と血液の固形成分の一つである白血球のはたらきの説明の組み合わせとして適切なものを，次のア～エの中から一つ選び，記号で答えなさい。

	動脈血の説明	白血球のはたらきの説明
ア	心臓から出ていく血液	出血した血液を固める。
イ	心臓から出ていく血液	細菌などを包み込み，分解する。
ウ	二酸化炭素に比べて酸素が多い血液	出血した血液を固める。
エ	二酸化炭素に比べて酸素が多い血液	細菌などを包み込み，分解する。

(6) ヒトの体のつくりやはたらきについて正しく述べた文を，次のア～エの中から一つ選び，記号で答えなさい。

ア．骨と筋肉をつなぐ部分を関節，骨と骨をつなぐ部分を腱という。

イ．食べ物は，ヒトのからだの中を，食道，胃，すい臓，小腸の順に通過していく。

ウ．暗い場所から明るい場所に移動したとき，ひとみの大きさが変わるのは，反射という無意識の反応である。

エ．音の刺激は耳の鼓膜で受け取られた後，うずまき管で電気信号に変わり，電気信号は感覚神経，せきずい，脳の順に伝わっていく。

4 次の二酸化炭素に関する〔文章〕を読み，後の問いに答えなさい。

〔文章〕

二酸化炭素は地球温暖化の原因とされているが，本来は植物の光合成に必要であることからもわかるように，生命活動に関わる重要な物質で，地球上の生態系にとって欠かせない物質である。そして，①大気のみならず，地中に固定されたものや，海水中にも様々な形で存在している。また，二酸化炭素には，水などと同様に，固体，液体，気体の状態が存在する。②これらの間の変化は状態変化と呼ばれ，物質そのものは変わらずに状態だけが変化する。

気体の二酸化炭素は，水に溶かすこともできる。ただし，水に溶けやすいわけではないため，水に息を吹き込むだけでは十分に溶かすことができない。そこで，［③］の条件下で二酸化炭素を水に溶かすことで，二酸化炭素が十分に溶け込んだ炭酸水をつくることができる。

(1)　二酸化炭素と同じく化合物に分類される物質として適切なものを，次のア～オの中から二つ選び，記号で答えなさい。

ア．アンモニア　　イ．塩酸　　ウ．炭酸ナトリウム

エ．空気　　　　　オ．水素

(2)　二酸化炭素を実験室で発生させる方法として誤っているものを，次のア～エの中から一つ選び，記号で答えなさい。

ア．酸化銀を加熱する。

イ．チョーク(炭酸カルシウム)にうすい塩酸をかける。

ウ．炭酸水素ナトリウムを加熱する。

エ．酸化銅と炭素の混合粉末を加熱する。

(3)　下線部①について，表は，空気中の気体の体積の割合を示したものであり，ア～エには，酸素，二酸化炭素，窒素，アルゴンのいずれかの気体が入る。二酸化炭素として適切なものを，下の表のア～エの中から一つ選び，記号で答えなさい。

気体	ア	イ	ウ	エ	その他
体積の割合〔%〕	78	21	0.93	0.04	0.03

(4)　右図は，下線部②について図示したもので，次の文章は，ろうや水における図のAの状態変化について述べたものである。文章中のⅰ～ⅵに入る言葉として適切なものを，それぞれ〔　　〕内のア，イから一つずつ選び，記号で答えなさい。

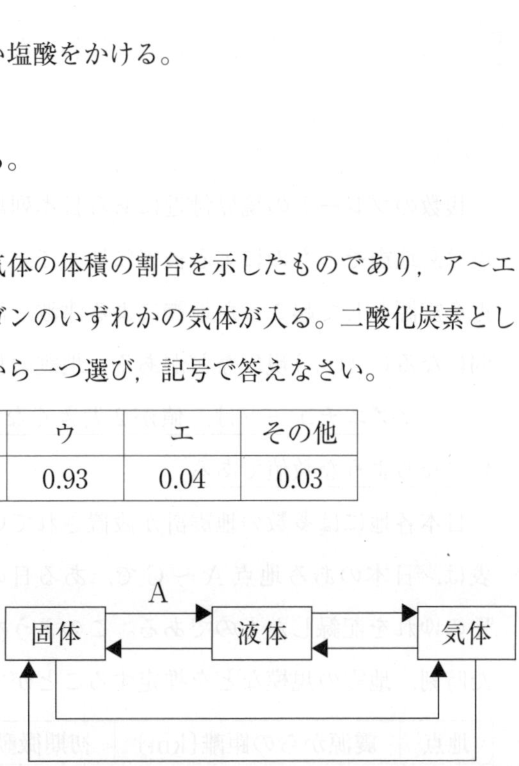

ろうをAのように変化させると，質量は変化せず，体積はⅰ〔ア．大きく　イ．小さく〕なるため，密度はⅱ〔ア．大きく　イ．小さく〕なる。そのため，ろうの液体にろうの固体を入れると，ろうの固体はⅲ〔ア．浮く　イ．沈む〕。その一方で，水をAのように変化させると，質量は変化せず，体積はⅳ〔ア．大きく　イ．小さく〕なるため，密度はⅴ〔ア．大きく　イ．小さく〕なる。そのため，水の固体(氷)を水の液体に入れると，水の固体(氷)はⅵ〔ア．浮く　イ．沈む〕。多くの物質はろうと同じよ

うに体積や密度が変化するが，水の変化が特殊なのは水素結合が大きく関わっているためである。

(5) 〔文章〕中の ③ に入る言葉として適切なものを，次のア～エの中から一つ選び，記号で答えなさい。

ア．高温・低圧　イ．高温・高圧　ウ．低温・低圧　エ．低温・高圧

5 次の〔文章〕を読み，後の問いに答えなさい。

〔文章〕

複数のプレートの境界付近にある日本列島では，地震が起こりやすくなっている。地震は，地震そのものによる被害に加えて，さまざまな災害を引き起こす。火災や海底付近を震源として起こった地震による津波，海岸付近の埋め立て地などで地盤が急激に軟弱になる（ ① ）現象などがある。地震の規模を表す単位として，マグニチュードがある。②マグニチュードは，値が2大きくなると地震がもつエネルギーがちょうど1000倍になるような数値である。

日本各地には多数の地震計が設置されていて，地震のゆれを日々観測している。下の表は，日本のある地点A～Cで，ある日の午前10時28分48秒に発生したある地震Xのゆれを記録したものである。このような記録から，震源や震央の位置，地震が起こった時刻，地震の規模などを推定することができる。

地点	震源からの距離〔km〕	初期微動が始まった時刻	主要動が始まった時刻
A	56	10時28分56秒	10時29分2秒
B	（ ③ ）	10時29分8秒	10時29分23秒
C	196	10時29分16秒	10時29分37秒

地震の規模が大きいと推定された場合には，テレビや防災無線，携帯電話などを通じて，緊急地震速報が伝えられることがある。**図1**は，緊急地震速報が各地に伝えられるまでの流れをまとめたものである。

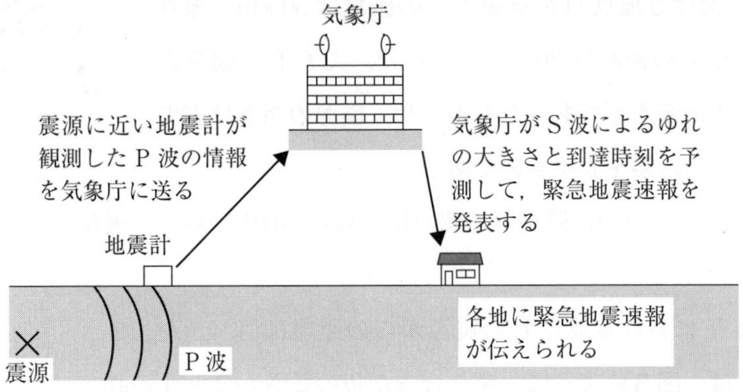

図1

(1) 〔文章〕中の（　①　）にあてはまる語を漢字3字で答えなさい。

(2) 下線部②について，マグニチュードの値が1大きくなった場合，地震がもつエネルギーの大きさは約何倍になるか。適切な数値を，次のア～オの中から一つ選び，記号で答えなさい。

ア．約10倍　　イ．約32倍　　ウ．約100倍　　エ．約250倍　　オ．約500倍

(3) 地震Ｘにおいて，Ｐ波の伝わる速さは何 km/s か。

(4) 表の（　③　）にあてはまる数値を答えなさい。ただし，地点Ａ～Ｃがある地域では，地震Ｘの地震波が伝わる速さは一定であるものとして考えなさい。

(5) 地震Ｘで，震源からの距離が 28 km の地点にある地震計でＰ波を観測した10秒後に，地点Ｃで緊急地震速報が伝えられたものとする。地点Ｃで，緊急地震速報が伝えられてからＳ波が到達するまでの時間は何秒か。

(6) **図2**は，地点D，Eがある地域を真上から見た図で，地点D，Eをそれぞれ中心とする同心円がかかれている。**図2**の地域で，震源の深さが15 kmの地震Yが起こった。地震Yにおける地点Dの震央からの距離は50 km，地点Eの震央からの距離は20 kmであった。ただし，**図2**の地域は地表面が水平であったものとし，震源の深さは震央と震源の間の距離を表すものである。

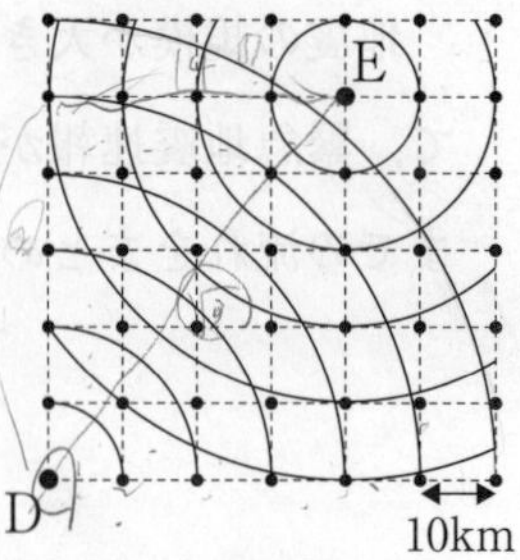

図2

i　地震Yの震央の位置を解答欄の格子点(・)の中から一つ選び，○で囲みなさい。

ii　地震Yにおける地点Eの震源からの距離は何kmか。必要ならば，**図3**のように，隣り合った辺の長さが3と4の直角三角形において，斜辺の長さが5になることを用いなさい。

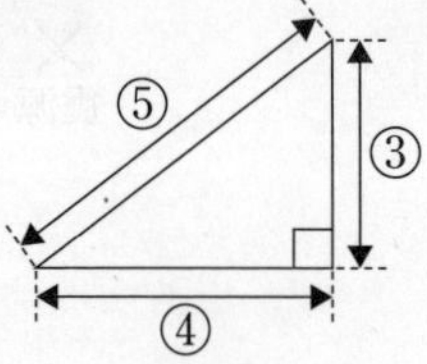

図3

6　電流に関する次の〔実験1〕，〔実験2〕について，後の問いに答えなさい。

〔実験1〕

①　抵抗の大きさが10 Ωの抵抗P～S，電源装置と電流計を用いて，**図1**，**図2**のような回路をつくった。

②　**図1**の回路において，電源装置の電圧を60 Vに設定し，回路に電流を流した。

③　**図2**の回路において，電源装置の電圧を60 Vに設定し，回路に電流を流した。

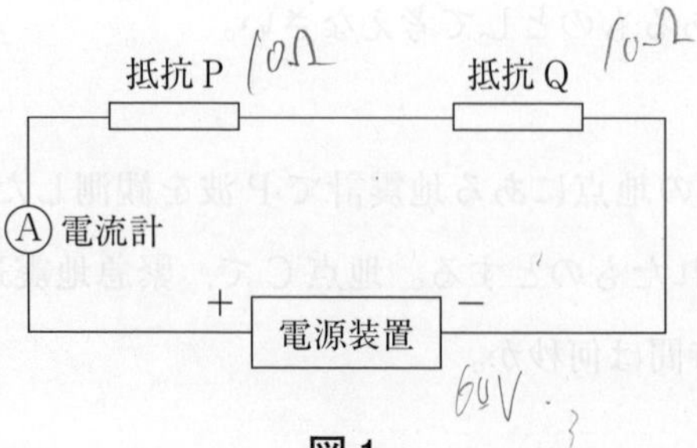

図1

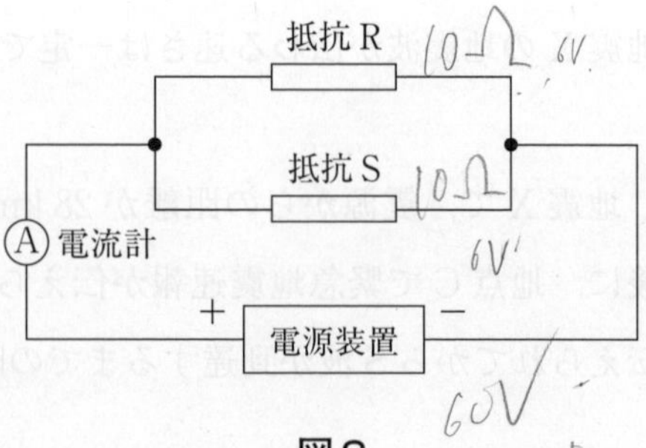

図2

〔実験２〕

① スイッチⅠ～Ⅲと抵抗の大きさが10 Ωの抵抗P～T，電源装置と電流計，電圧計を用いて，**図３**のような回路をつくった。電流計の－端子は５A端子，電圧計の－端子は300 V端子を使用した。

② 電源装置の電圧を120 Vに設定し，電流計と電圧計の針が振り切れないようにスイッチを入れ，回路に電流を流した。

③ 次に，電流計の－端子を500 mA端子に，電圧計の－端子を３V端子につなぎかえ，電源装置の電圧を7.5 Vに設定した。スイッチⅢは切った状態で，スイッチⅠとⅡを入れて電流を流したところ，電流計と電圧計の針はどちらも振り切れることはなかった。

④ ③のときに，電流計と電圧計の針がどちらも振り切れないスイッチの入れ方をさらに考えたところ，③のスイッチの入れ方とは別に，もう一つだけ電流計と電圧計の針がどちらも振り切れないスイッチの入れ方があることがわかった。

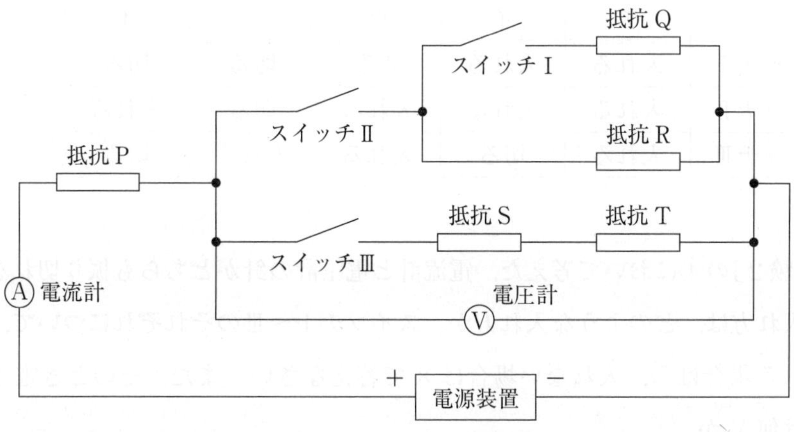

図３

⑴ 〔実験１〕の②において，電流計が示した値は何Aか。

⑵ 〔実験１〕の③において，電流計が示した値は何Aか。

⑶ 〔実験１〕の③において，回路全体の消費電力は何Wか。

(4) 電流や電圧，電力や回路の性質に関する説明として適切なものを，次のア～エの中から一つ選び，記号で答えなさい。

ア．ある抵抗にかかる電圧が２倍になると，その抵抗での電力は２倍となる。

イ．電流計の－端子は，電源装置の＋極とつながるように回路をつくる。

ウ．電源装置の電圧の値は一定のままで，抵抗を並列につないで数を増やしていくと，回路全体に流れる電流は大きくなっていく。

エ．抵抗の値が異なる二つの抵抗をつないだ直列回路に電圧をかけると，抵抗の値が小さい方により大きな電圧がかかる。

(5) 〔実験２〕の②において，電流計と電圧計の針がともに振り切れることなく回路全体に電流を流すには，どのようにスイッチを入れるとよいか。適切な組み合わせを，次のア～オの中から一つ選び，記号で答えなさい。また，そのとき電流計が示した値は何Ａか。

	ア	イ	ウ	エ	オ
スイッチⅠ	入れる	入れる	切る	切る	切る
スイッチⅡ	入れる	入れる	入れる	切る	入れる
スイッチⅢ	入れる	切る	入れる	入れる	切る

(6) 〔実験２〕の④において考えた，電流計と電圧計の針がどちらも振り切れないスイッチの入れ方は，どのような入れ方か。スイッチⅠ～Ⅲのそれぞれについて，スイッチを入れる場合は○，入れない場合は×で答えなさい。また，そのとき電圧計が示した値は何Ｖか。

2020 第2回
サピックスオープン

社　会

中学３年

2020年7月5日実施

【受験上の注意事項】

1 試験時間は、50分です。
2 答えは全て解答用紙の定められた解答欄の中に書きなさい。
小さすぎる文字・薄すぎる文字は採点できません。
3 解答用紙には、生徒ID・氏名を必ず書きなさい。
4 問題用紙の白いところは、メモなどに使いなさい。
5 質問がある時や気分が悪くなった時は、黙って手をあげなさい。
6 終わったら解答用紙だけを提出しなさい。

SAPIX サピックス 中学部

1 次の地図に関する各問いに答えなさい。

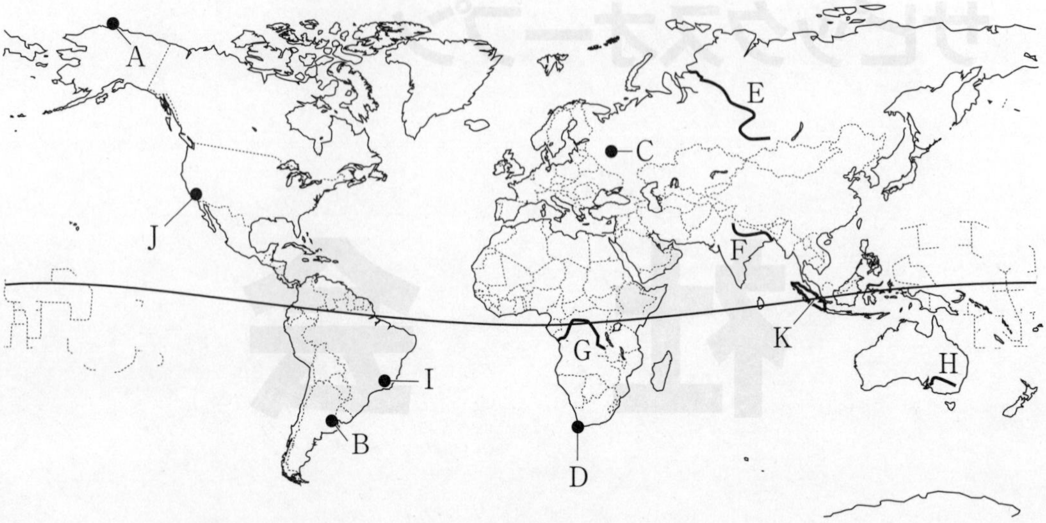

問1 次の文中の空欄（ 1 ）（ 2 ）に当てはまる語句の組み合わせとして適切なものをあとから1つ選び、記号で答えなさい。

> 海洋の割合は地球表面の約（ 1 ）であり、地球上に存在する水の97.4％は海水である。陸にある水のうち約4分の3を（ 2 ）が占めているが、地球温暖化により縮小が加速している。

ア．1－7割　2－湖水・河川水　　イ．1－3割　2－湖水・河川水
ウ．1－7割　2－地下水　　エ．1－3割　2－地下水
オ．1－7割　2－氷河　　カ．1－3割　2－氷河

問2 次ページのグラフは、世界の面積、人口、国民総所得(GNI)の分布(2017年)を表したものである。このグラフから読み取れる内容として適切なものをあとから1つ選び、記号で答えなさい。

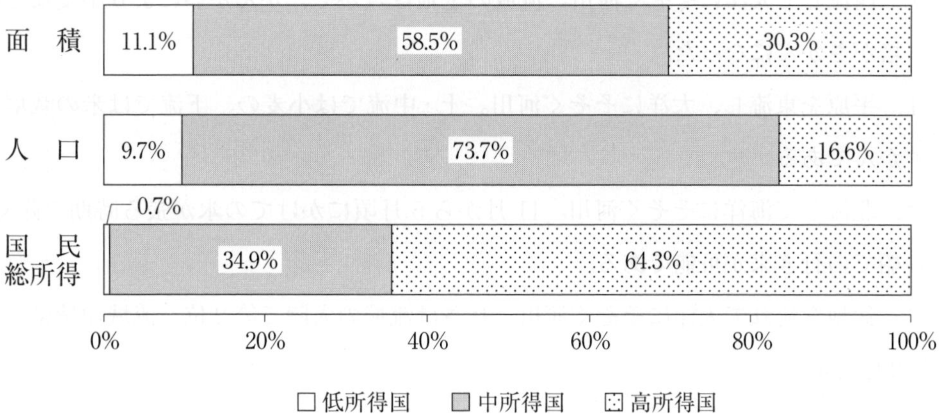

世界銀行の分類による 『世界国勢図会 2019/20』より作成

ア．面積は、低所得国と高所得国を足すと全体の半分以上の割合となる。

イ．中所得国の人口は、50 億人を超える。

ウ．高所得国と低所得国の国民総所得の割合を足すと、全体の 9 割を超える。

エ．面積、人口、国民総所得のすべてで、中所得国の割合が最も高い。

問３ 次のグラフのア～エは、地図中のＡ～Ｄのいずれかの都市の気候の様子を表したものである。Ａ～Ｄの気候の様子を表しているものをそれぞれ１つずつ選び、記号で答えなさい。

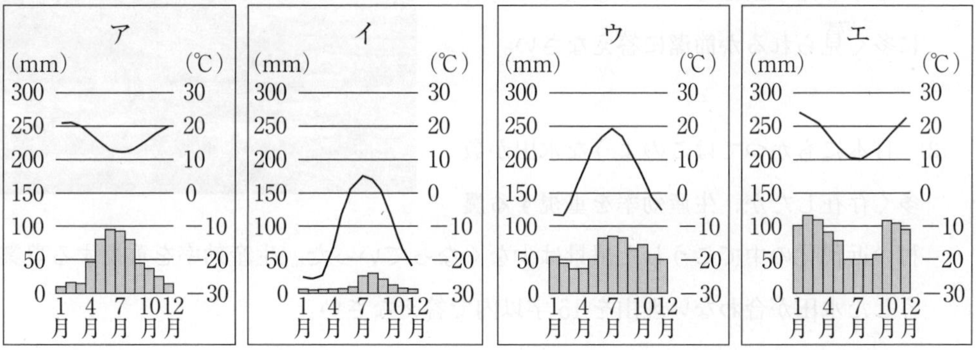

気象庁サイトより作成

問４ 次ページのア～エは、地図中のＥ～Ｈで示した河川のいずれかについて説明したものである。Ｆに当てはまるものとして適切なものを１つ選び、記号で答えなさい。

ア．西流して大洋にそそぐ河川。流域の土地は豊かで、かんがいにより小麦などの栽培がさかんになった。

イ．平原を東流し、大洋にそそぐ河川。上・中流では小麦の、下流では米の栽培がさかんである。

ウ．北流して海洋にそそぐ河川。11月から5月頃にかけての氷が張る時期を除くと、船での行き来が可能である。

エ．盆地を流れて大洋にそそぐ河川。長さは流域の大陸で第2位、流域面積は世界第2位である。

問5　地図中の都市Ｉが現地時間の7月5日午前2時であるときの地図中の都市Ｊの現地時間を次の解答例にしたがって答えなさい。なお都市Ｉの標準時は西経45度を基準としており、都市Ｊの標準時は西経120度を基準としている。またサマータイムは考慮しないこととする。

例：2月10日　午前9時

問6　右の写真は、地図中のＫの地域などで見られる水田の風景である。

⑴　こうした水田はどのような地形の場所に多く見られるか簡潔に答えなさい。

⑵　日本にもかつてはこのような水田が数多く存在したが、生産効率を重視する農村の近代化の中でこうした風景は少なくなっていった。生産効率を重視する農業にこうした水田が合わない理由を15字以内で答えなさい。

問7　地図中のアジア地域に関して

⑴　次ページの表は地図中のインド、韓国、サウジアラビア、シンガポールのいずれかの輸出額上位4品目とその割合および輸出総額（エのみ2016年、他は2017年）を表したものである。インドに当てはまるものを選び、記号で答えなさい。

	ア	イ	ウ	エ
第1位	機械類 46.2	機械類 40.7	石油製品 12.1	原油 65.6
第2位	石油製品 12.7	自動車 10.7	機械類 9.0	石油製品 11.4
第3位	精密機械 4.4	船舶 7.1	ダイヤモンド 8.4	プラスチック 6.8
第4位	有機化合物 3.9	石油製品 6.3	衣類 6.2	有機化合物 3.7
輸出総額	3733億ドル	5736億ドル	2944億ドル	2076億ドル

単位：%、『世界国勢図会 2019/20』より作成

(2) 以下の表は、右の地図で示した中国のA～Cの各省・自治区の農業の様子を示したものである。Ⅰ～Ⅲに当てはまる省・自治区の組み合わせとして適切なものをあとのア～カの中から選び、記号で答えなさい。

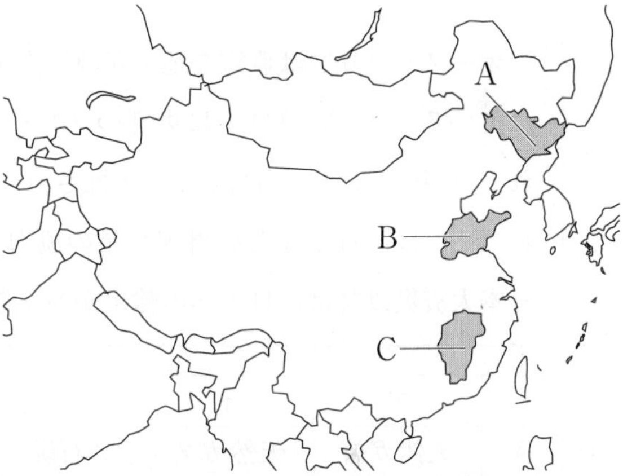

中国の省別の農業生産高(2017年、単位万t、○数字は中国の省自治区中の順位)

	米	小麦	とうもろこし
Ⅰ	90	② 2495	③ 2662
Ⅱ	684	0	② 3513
Ⅲ	③ 2126	3.1	15

『データブック オブ・ザ・ワールド 2019年版』より作成

ア. Ⅰ－A　Ⅱ－B　Ⅲ－C
イ. Ⅰ－A　Ⅱ－C　Ⅲ－B
ウ. Ⅰ－B　Ⅱ－A　Ⅲ－C
エ. Ⅰ－B　Ⅱ－C　Ⅲ－A
オ. Ⅰ－C　Ⅱ－A　Ⅲ－B
カ. Ⅰ－C　Ⅱ－B　Ⅲ－A

問８　地図中のオセアニア地域に関して

⑴　次の文中の空欄に当てはまる語句をカタカナで答えなさい。

> 2019年、日本でラグビーのワールドカップが開催され国内各地は盛り上がりましたが、その中でニュージーランド代表が試合前に先住民である(　　　)の踊り(ハカ)を舞うことが話題になりました。

⑵　次の文はオーストラリアの鉱工業について説明したものである。文中の(　A　)～(　C　)に当てはまる語句の組み合わせとして適切なものをあとから１つ選び、記号で答えなさい。

> オーストラリアは豊富な地下資源に恵まれており、多くが日本へも毎年輸出されている。(　A　)は主に東部のグレートディバイディング山脈周辺で産出され、(　B　)は主に北西部で採掘されている。また、現在生産が伸びている(　C　)は、日本などの外国企業の協力によって開発が進められ、2011年の東日本大震災以降は、日本への輸出が多くなされている。

	ア	イ	ウ	エ	オ	カ
A	天然ガス	天然ガス	石炭	石炭	鉄鉱石	鉄鉱石
B	石炭	鉄鉱石	天然ガス	鉄鉱石	天然ガス	石炭
C	鉄鉱石	石炭	鉄鉱石	天然ガス	石炭	天然ガス

2 日本地理に関する各問いに答えなさい。

地図Ⅰ

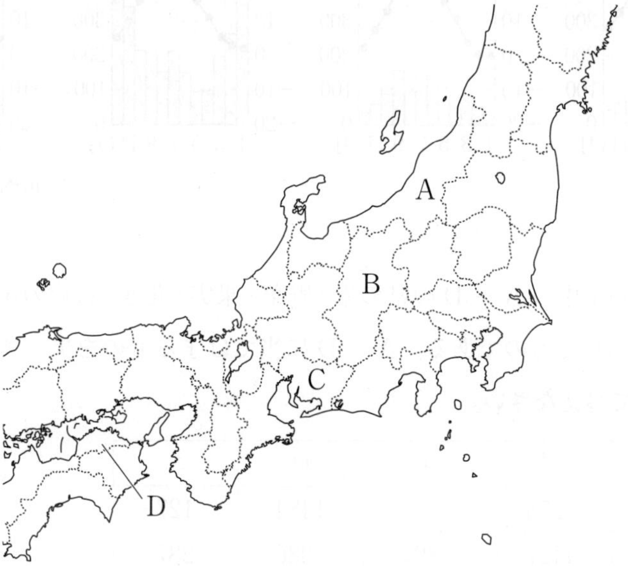

問1　太平洋側を流れる暖流の説明として適切なものを１つ選び、記号で答えなさい。

ア．黒潮とよばれる日本海流　　　イ．黒潮と呼ばれる千島海流

ウ．親潮とよばれる日本海流　　　エ．親潮とよばれる千島海流

問2　日本アルプスの中で、地図Ⅰ中のＡ･Ｂ両県にまたがる山脈を１つ選び、記号で答えなさい。

ア．赤石山脈　　イ．越後山脈　　ウ．木曽山脈　　エ．飛騨山脈

問3　地図Ⅰ中のＡ～Ｄの県に関して

⑴　次ページのア～エは、地図Ⅰ中のＡ～Ｄの県に位置するいずれかの都市の月平均気温･月降水量を表したものである。Ａ～Ｄに当てはまるものをそれぞれ選び、記号で答えなさい。

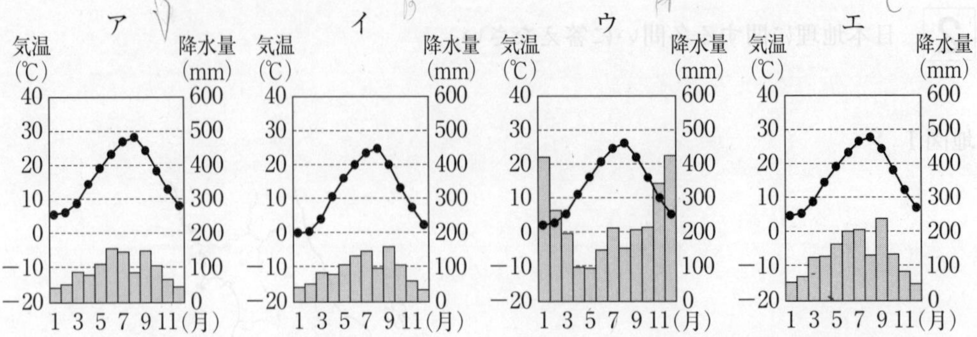

『日本国勢図会 2019/20』より作成

(2) 次の表は地図Ⅰ中のＡ～Ｄの県の米・野菜・果実・花き・畜産の産出額と、農業産出額の合計を表したものである。Ａ～Ｄに当てはまるものをア～エの中からそれぞれ選び、記号で答えなさい。

	ア	イ	ウ	エ
米	276	454	1484	127
野菜	1127	897	386	287
果実	207	557	80	66
花き	572	150	80	30
畜産	875	305	499	362
農業産出額	3154	2465	2583	898

2016 年、単位：億円 『データでみる県勢 2019』より作成

(3) 次のア～エのグラフはＡ～Ｄの県庁所在地が位置する都市の人口を年代別・男女別に表したものである。Ｃの県庁所在地を表したものを１つ選び、記号で答えなさい。

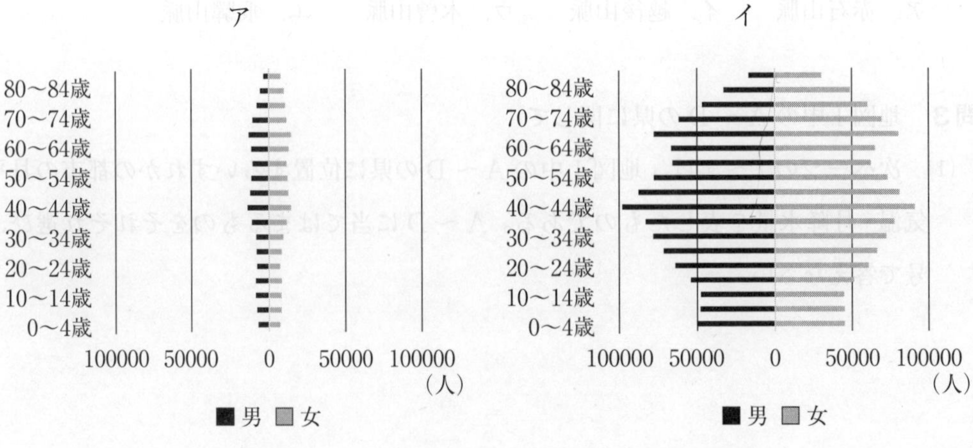

ウ

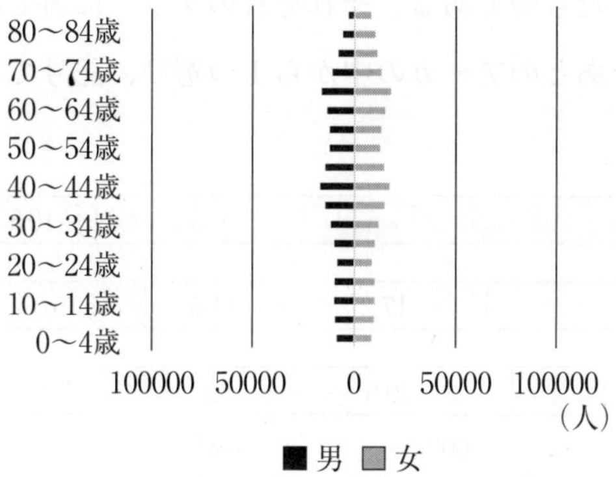

エ

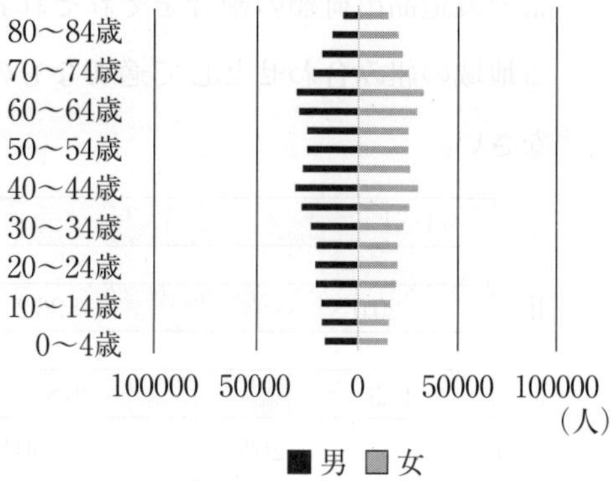

問4　地図Ⅱ中のＡ～Ｄに関して

⑴　政令指定都市が存在していない府県をＡ～Ｄの中から１つ選び、記号で答えなさい。

⑵　次の表は地図Ⅱ中のＡ～Ｄの府県の昼間人口・夜間人口・昼夜間人口比率を表したものである。Ａに当てはまるものをあとの表中のア～エから１つ選び、記号で答えなさい。

地図Ⅱ

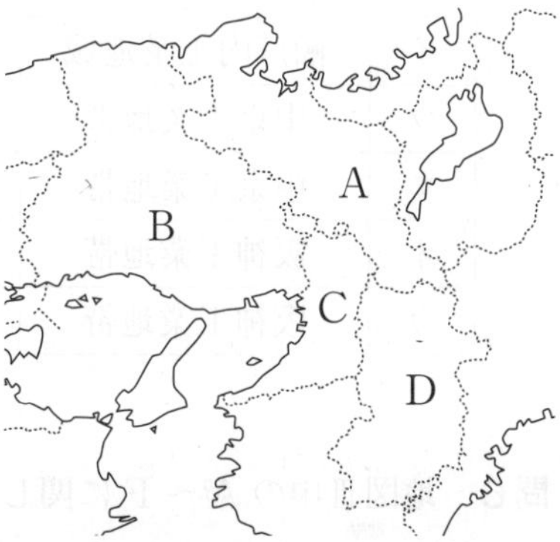

	昼間人口(千人)	夜間人口(千人)	昼夜間人口比率
ア	2656	2610	101.8
イ	9224	8839	104.4
ウ	5294	5535	95.7
エ	1228	1364	90.0

2015年10月1日現在、『日本国勢図会 2019/20』より作成

問5　次のグラフは地図Ⅱ中に見られる阪神工業地帯・瀬戸内工業地域および中京工業地帯の製造品出荷額の割合をそれぞれ表したものである。それぞれのグラフに当てはまる地域の組み合わせとして適切なものをあとのア～カの中から１つ選び、記号で答えなさい。

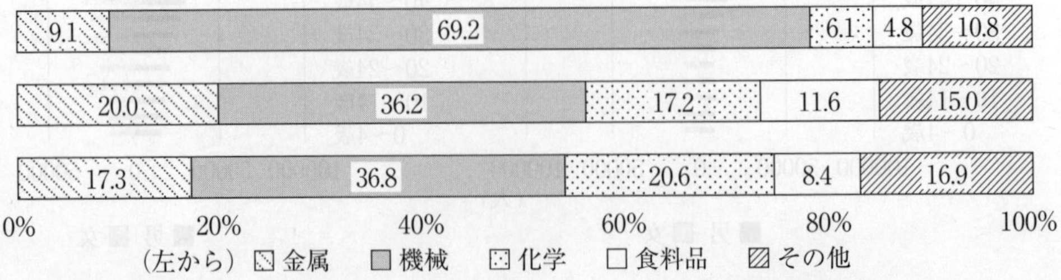

2016年、『日本国勢図会 2019/20』より作成

	Ⅰ	Ⅱ	Ⅲ
ア	瀬戸内工業地域	中京工業地帯	阪神工業地帯
イ	瀬戸内工業地域	阪神工業地帯	中京工業地帯
ウ	中京工業地帯	瀬戸内工業地域	阪神工業地帯
エ	中京工業地帯	阪神工業地帯	瀬戸内工業地域
オ	阪神工業地帯	瀬戸内工業地域	中京工業地帯
カ	阪神工業地帯	中京工業地帯	瀬戸内工業地域

問6　地図Ⅲ中のＡ～Ｆに関して

地図Ⅲ

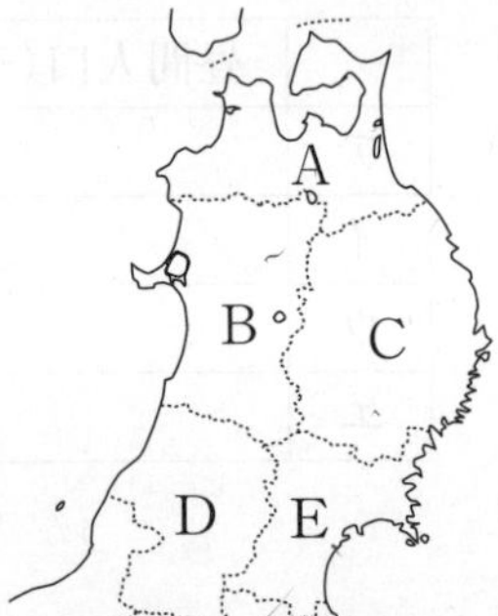

(1)　Ａ～Ｆに関して説明した次の文の中で適切でないものを１つ選び、記号で答えなさい。

ア．Ａ･Ｂの県境には世界遺産にも登録されており、ブナの原生林で有名な白神山地が広がっている。

イ．Ａ～Ｆのすべての県に新幹線の駅があり、Ａ県の駅は日本最北の新幹線の駅となっている。

ウ．Ｃ･Ｅの県の東部には入り江の多いリアス海岸が広がり、波のおだやかな湾で漁業がさかんである。

エ．ＥにはＡ～Ｆの中で唯一、政令指定都市が位置しており、企業の支店、大型商業施設が集まっている。

⑵　次の表はもも・りんご・おうとう(さくらんぼ)・ぶどうの主産地とその割合を表したものである。表中のａ～ｃにはＡ・Ｄ・Ｆのいずれかが当てはまる。ａ～ｃの組み合わせとして適切なものを、あとのア～カから１つ選び、記号で答えなさい。

	1位	2位	3位
もも	山梨 (31.4%)	a (22.9%)	長野 (11.6%)
りんご	b (56.6%)	長野 (20.3%)	c (6.4%)
おうとう (さくらんぼ)	c (75.9%)	北海道 (8.0%)	−
ぶどう	山梨 (24.5%)	長野 (14.7%)	c (9.5%)

2017年、『日本国勢図会 2019/20』より作成

	ア	イ	ウ	エ	オ	カ
A	a	a	b	b	c	c
D	b	c	a	c	a	b
F	c	b	c	a	b	a

⑶　Ａ～Ｆのいくつかの県では、行政が「コンパクトシティ」の構想を打ち出しているところもある。この理由を「面積」「過疎化」「分散」「行政サービス」の４語を用いて簡潔に説明しなさい。なお、指定された語句には下線を引くこと。

3　次のＡ～Ｃの文を読み、各問いに答えなさい。

Ａ　日本に大陸から稲作が伝来したのは縄文時代末期とされている。弥生時代には水稲耕作が東方へ広まっており、(　あ　)の登呂遺跡では用水路の跡が発見されている。

７世紀には改新の詔が発布され、公地公民の原則が打ち出されたが、人口の増加や農民の逃亡などにより開墾地が不足すると、①以降は土地の開墾を促すためにさまざまな法令が制定された。８世紀半ばに開墾を奨励するために土地の私有を認めたことで荘園が発生した。荘園の増加は国司による徴税を難しくし、朝廷の財政に打撃を与えたため、②10世紀以降には、荘園整理令が出されるようになっていった。

問1　(あ)に当てはまる県を次の中から1つ選び、記号で答えなさい。

ア．群馬県　　イ．青森県　　ウ．静岡県　　エ．佐賀県

問2　下線部①に関して

次の文はこうした法令の一部を現代語訳したものである。空欄に当てはまる元号と、この法令を発布した天皇の組み合わせとして適切なものをあとのア～カから選び、記号で答えなさい。

(　　　)十五年　五月

今後は開墾した田を自由に私財とすることを許し、三世一身という期限もつけず、すべて永久にとりあげないようにせよ。

	ア	イ	ウ	エ	オ	カ
元号	大化	大化	大宝	大宝	天平	天平
天皇	天智天皇	天武天皇	聖武天皇	天智天皇	天武天皇	聖武天皇

問3　下線部②に関して

10世紀以降の出来事として適切でないものを次の中から1つ選び、記号で答えなさい。

ア．ローマ教皇が聖地エルサレムの奪回を呼びかけ、第1回十字軍が派遣された。

イ．イタリアの商人マルコ＝ポーロが大都に赴いてフビライに仕えた。

ウ．メッカの商人であったムハンマドが、イスラム教を開いた。

エ．ルネサンスがヨーロッパ各地に広まった。

B　③鎌倉時代には、牛馬耕や肥料の使用など農業技術の進歩によって、生産力の向上が見られた。また、貨幣の流通によって作物を市場で売買する貨幣経済が浸透した。

④室町時代には、「惣」と呼ばれる自治的村落が現れた。「惣」では寄合が開かれ、有力農民を中心に自分たちで意思決定を行い、領主に対し強訴や⑤土一揆を行うことで要求を通そうとする動きも見られるようになった。

問4　下線部③に関して

次ページのア～エは鎌倉時代に使用された元号である。この元号を古い順に並べ替え、記号で答えなさい。

ア．文永　　イ．承久　　ウ．貞永　　エ．弘安

問5　下線部④に関して

次の資料はこの時代に日本が中国に送った国書である。これに関してあとの問いに答えなさい。

> 日本准三后(じゅさんごう)某、書を大明(みん)皇帝陛下にたてまつる。日本国開闢(かいびゃく)以来、聘問(へいもん)を上(じょう)邦(ほう)に通(注1)ぜざることなし。某(それがし)、幸いにも国鈞(こくちょう)(注2)をとり、海内(かいだい)に恐れなし。特に往古(おうこ)の規法に従ひて、肥富(こいつみ)をして祖阿(そあ)(注3)に相副(あいそ)へしめ、好(よしみ)を通じて方物を献ず。金千両、馬十匹、薄様千帖、(　　)百本、屏風(びょうぶ)三双、鎧(よろい)一領、…(中略)…同文台一箇。海島に漂寄(ひょうき)の者の幾許人(いくばくにん)を捜尋(そうじん)し、これを還(かえ)す。某誠惶誠恐(せいきょうせいこう)、頓首(とんしゅ)々々謹言(きんげん)。
>
> (注1)聘問を上邦に通(ず)…進物をたずさえて中国を訪問すること
> (注2)国鈞…国政
> (注3)肥富、祖阿…いずれも人名

『善隣国宝記』

(1)　下線部「日本准三后某」が示すとされる人物を漢字で答えなさい。

(2)　空欄に当てはまる語句として適切なものを次の中から1つ選び、記号で答えなさい。

ア．銅銭　　イ．生糸　　ウ．扇(おうぎ)　　エ．陶磁器

問6　下線部⑤に関して

以下の文が説明する場所を右の地図中より選び、記号で答えなさい。

> この地には「正長元年ヨリサキ者カンヘ(神戸)四カンカウ(郷)ニヲイメ(負目)アルヘカラス」と彫られた岩があり、正長の土一揆によって大和国の神戸四郷にあった負債が破棄されたことを宣言している。

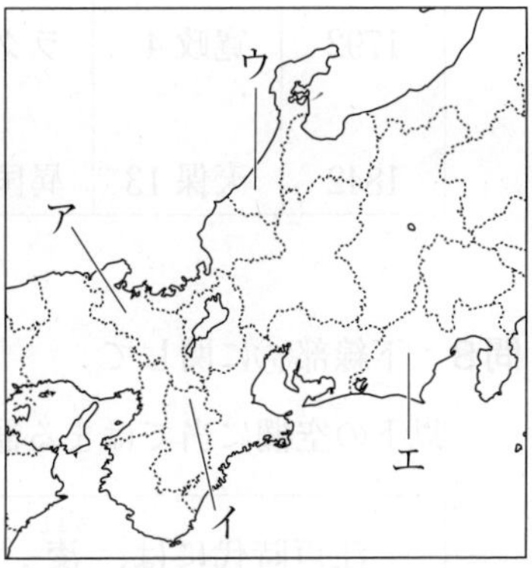

C　江戸時代は、農民が納める年貢が⑥幕府の財政の基盤であったため、幕府は農民に土地の売買や⑦商品作物の栽培を禁じ、農民を貨幣経済から遠ざけようとした。しかし、江戸時代の半ばになると、貨幣経済が農村に流入し、経済的に豊かになった農民の中には、さまざまな娯楽(ごらく)や⑧文化を楽しむ者も現れるようになった。

問7　下線部⑥に関して

⑴　以下の年表中Xの時期に幕政改革に着手した江戸幕府の老中を次の中から1つ選び、記号で答えなさい。

ア. 新井白石　　イ. 松平定信　　ウ. 水野忠邦　　エ. 井伊直弼

⑵　以下の年表中Yの政策に影響を与えた出来事として適切なものを次の中から1つ選び、記号で答えなさい。

ア. アメリカの南北戦争で北部が勝利したこと。

イ. アヘン戦争で清が大敗したこと。

ウ. 東インド艦隊を率いたペリーが下田・函館を開港させたこと。

エ. 島原・天草地方でキリスト教徒による一揆が起こったこと。

西暦	年号	主な外交政策
1641	寛永18	オランダ商館を平戸から出島に移す。
1720	享保5	漢訳洋書の輸入制限を緩和する。
1792	寛政4	ラクスマンに長崎への入港許可証を渡す。………X
1842	天保13	異国船打払令を緩和する。…………………………Y

問8　下線部⑦に関して

以下の空欄に当てはまる語句を漢字1字で答えなさい。

江戸時代には、漆(うるし)、茶、桑などのほかに(　　　)の原料となるこうぞ・みつまたが商品作物として栽培された。

問9　下線部⑧に関して

19世紀初頭に出版された、東海道の旅を題材とした滑稽本である『東海道中膝栗毛』の作者を次の中から選び、記号で答えなさい。

ア．井原西鶴　　イ．滝沢馬琴　　ウ．近松門左衛門　　エ．十返舎一九

4　次の文を読み、各問いに答えなさい。

（Ⅰ）　いつの時代も、差別や貧困などに苦しむ人々はいる。その中には、自分の境遇にただ堪えるのではなく、社会を変革してその解消を目指す人々もいる。近現代も例外ではない。

（Ⅱ）　幕末には、①開国に伴う物価高騰など経済の混乱の中で、社会の変革が期待された。こうした中で薩摩藩の下級武士の家に生まれた②大久保利通は、困窮の中で同じような境遇の下級武士たちと交わり政治に開眼し、江戸幕府を倒す変革を主導することになる。幕府が朝廷に政権を返上し、各藩が土地と人民を政府に返還した（　A　）の後も、徴税権はそれまで通り各藩が握り、新政府は限られた直轄地からの年貢徴収を厳しく行ったので、新政府に対する一揆が各地で続発した。そこで新政府は（　B　）を断行し、全国は政府の直接統治のもとに置かれることになった。黒船来航から（　B　）に至る激動の時代は「明治維新」と呼ばれる。

（Ⅲ）　大正時代になると、民衆の政治参加への意識はさらに高まった。吉野作造による「民本主義」や美濃部達吉による「③天皇機関説」など、新たな政治思想が生まれたほか、本格的な政党内閣の組閣や普通選挙法の制定などが実現していった。一方で、④1919年には、労働争議件数は労働組合結成数と並んで、それまでの最高に達するなど、労働運動や社会運動が高揚した時期でもあった。

（Ⅳ）　昭和時代に入ると経済状況が悪化し、⑤領土拡大を望む声が高まっていった。⑥満州事変以降は軍部の台頭が顕著となり、犬養毅首相の暗殺によって、いわゆる⑦「憲政の常道」も幕を閉じ、言論の統制が加速した。

（Ⅴ）　第二次世界大戦後は、⑧連合国の占領下で制定された日本国憲法により、国民主権が実現したほか、表現の自由や集会・結社の自由が基本的人権として保障された。

問1　下線部①に関して

物価の高騰は貿易が始まったことで輸出が増え、国内の品が不足したことが一因となっている。この時期の主な輸出品として適切なものを次の中から1つ選び、記号で答えなさい。

ア．硫黄　　　イ．刀剣　　　ウ．米　　　エ．生糸

問2　下線部②に関して

大久保利通について説明した次の文の中で、適切なものを1つ選び、記号で答えなさい。

ア．不平士族の中心となって西南戦争を起こした。

イ．政府の内紛(ないふん)によって罷免(ひめん)され、後に立憲改進党を結党した。

ウ．内務卿(ないむきょう)になり殖産興業に関する政策を推し進めた。

エ．民撰議院設立の建白書を政府に提出し、自由民権運動の中心となった。

問3　（　A　）（　B　）に当てはまる語句をそれぞれ漢字4字で答えなさい。

問4　下線部③に関して

以下の文中（　①　）～（　③　）に当てはまる語句の組み合わせとして適切なものをあとのア～カの中から1つ選び、記号で答えなさい。

> 「天皇機関説」とは、天皇主権を認めながらも、天皇の権限は（　①　）によって規定されたものであり、その権限は（　②　）による補佐や（　③　）が立法権を協賛することで初めて行使できるというものである。

ア．①議会－②憲法－③内閣　　　イ．①議会－②内閣－③憲法

ウ．①憲法－②議会－③内閣　　　エ．①憲法－②内閣－③議会

オ．①内閣－②議会－③憲法　　　カ．①内閣－②憲法－③議会

問5　下線部④に関して

このような状況を生み出した背景の1つとしてこの時期に工業従事者が急激に増加したことがあるが、この理由を簡潔に答えなさい。

問6　下線部⑤に関して

右の写真は同じ石碑を表と裏から見たものである。双頭の鷲の模様の入った左側の石碑には「1906」の文字が刻まれている。この石碑は同じものが4基作られ、緯線に沿って並べられた。この石碑が設置された場所を次のア～エの中から選び、記号で答えなさい。

ア．遼東半島　　イ．小笠原　　ウ．樺太　　エ．台湾

問7　下線部⑥に関して

この事件に関連する以下の出来事Ⅰ～Ⅲに関して、年代の古い順に配列したものを、あとのア～カの中から選び、記号で答えなさい。

Ⅰ．奉天郊外で関東軍が鉄道を爆破する事件が起こった。

Ⅱ．日本は国際連盟を脱退した。

Ⅲ．溥儀を執政とする満州国の建国が宣言された。

ア．Ⅰ－Ⅱ－Ⅲ　　イ．Ⅰ－Ⅲ－Ⅱ　　ウ．Ⅱ－Ⅰ－Ⅲ

エ．Ⅱ－Ⅲ－Ⅰ　　オ．Ⅲ－Ⅰ－Ⅱ　　カ．Ⅲ－Ⅱ－Ⅰ

問8　下線部⑦に関して

「憲政の常道」は憲政会・立憲政友会・革新倶楽部の護憲三派によって、1924年に組閣された加藤高明内閣から始まった。この内閣の政策を冒頭の（Ⅰ）～（Ⅴ）の問題文の中から8字で抜き出して答えなさい。ただし、下線部や空欄部は解答に該当しないものとする。

問９　下線部⑧に関して

以下の資料は、この時期に行われたある政策に関するものである。あとの文ａ～ｄの正誤を判断し、適切なものの組み合わせをア～エの中から選び、記号で答えなさい。

> 三、よって日本政府は一九四六年三月十五日までに次の諸計画を内容とせる農地改革案を本司令部に提出すべし
>
> A、不在地主(注1)より耕作者に対する土地所有権の移転
>
> B、耕作せざる所有者より農地を適正価格を以(もっ)て買取る制度
>
> C、［　　　］者収入に相応(そうおう)せる年賦償還(ねんぷしょうかん)(注2)による［　　　］人の農地買取制
>
> (注1)不在地主：農地のあるところに住んでいない地主
> (注2)年賦償還：毎年一定額ずつ分割して支払う方式

「農地改革顛末概要」より作成

ａ．空欄に共通して入る語句は「自作」である。

ｂ．空欄に共通して入る語句は「小作」である。

ｃ．この改革により、地主の貸付地は国が強制的に有償で買い上げた。

ｄ．この改革により、地主の貸付地は国が強制的に無償で取り上げた。

ア．ａ・ｃ　　イ．ａ・ｄ　　ウ．ｂ・ｃ　　エ．ｂ・ｄ

問10　冒頭の本文は(Ⅰ)～(Ⅴ)の５つの段落から構成されている。以下の一文は(Ⅱ)～(Ⅴ)段落のいずれかの最後に入れるべきものである。該当する段落をⅡ～Ⅴの中から選び、記号で答えなさい。

> この少し後、古河市兵衛(ふるかわいちべえ)が足尾銅山を買収し、急速な再開発を行ったが、流出した鉱毒の被害が大きな社会問題となり、田中正造らによる運動につながった。

5 次の文を読み、各問いに答えなさい。

現代の日本社会は、①過疎化や②少子高齢化、③自然環境の保全など、さまざまな問題を抱えている。これらの問題を解決する手段の一つが政治である。しかし、政治権力は、問題解決のための強力な道具であると同時に、その誤用は、人々から人権を奪うことにつながる。西欧では④人権思想が発達し、権力の暴走を防ぐ立憲主義の原則を生み出した。これにより、政治権力に歯止めをかけ、人間の自由や権利をよりよく実現できるようになった。日本国憲法でも憲法は国の(　A　)と位置づけられ、憲法に違反する法律や命令、国の行為は効力を持たないとされている。

問1　下線部①に関して

次の図は、日本において20歳以上の国民を対象に、「地域が活性化するために特に期待する政策」についてたずねた調査結果の一部を、回答者が居住する都市規模別に示したものである。図から読み取れることとして適切でないものを次ページのア～エの中から1つ選び、記号で答えなさい。

地域が活性化するために特に期待する政策(都市規模別)

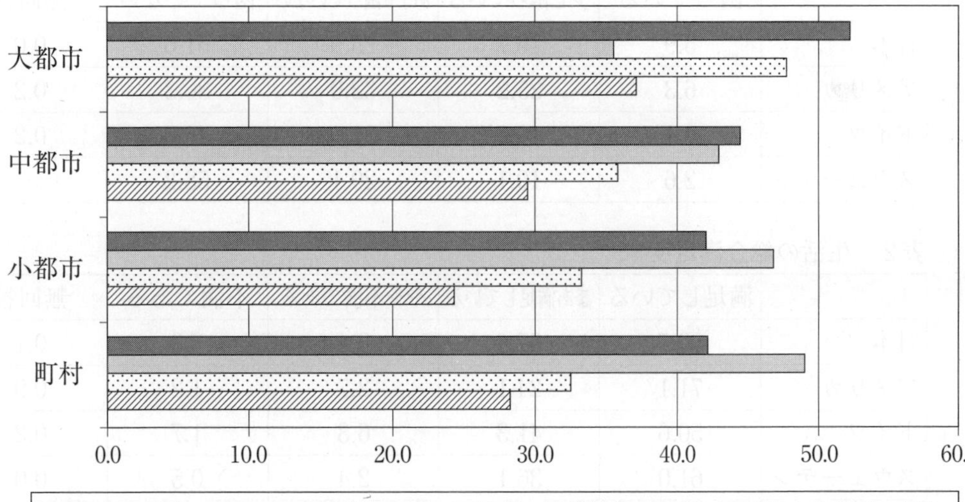

■福祉、医療の充実　■新産業の創出　⊡防犯、防災対策の充実　▨特色ある教育の充実

単位：%、平成26年、内閣府「人口，経済社会等の日本の将来像に関する世論調査」より作成

ア.「福祉、医療の充実」と回答した人の割合は、「大都市」「中都市」「小都市」「町村」それぞれにおいて40%を上回っているが、「大都市」の方が「町村」よりも高くなっている。

イ.「中都市」「小都市」「町村」のいずれにおいても、「防犯、防災対策の充実」と回答した人の割合が、「新産業の創出」と回答した人の割合よりも低くなっている。

ウ.「大都市」「中都市」「小都市」「町村」において、「防犯、防災対策の充実」と回答した人の割合は、「大都市」が最も高く、「特色ある教育の充実」と回答した人の割合は、「小都市」が最も低くなっている。

エ.「中都市」と「町村」では、「新産業の創出」と回答した人の割合が、「福祉・医療の充実」と回答した人の割合よりも高くなっている。

問2 下線部②に関して

次の表1と表2は、日本を含む4か国における高齢者の生活と意識に関する調査結果を示したものである。これらの表から読み取れることとして適切でないものを次ページのア～エの中から1つ選び、記号で答えなさい。

表1　経済的に日々の暮らしに困ることがあるか

	困っている	少し困っている	あまり困っていない	困っていない	無回答
日本	5.9	16.7	25.9	51.6	0.0
アメリカ	6.3	25.2	32.0	36.3	0.2
ドイツ	4.1	18.8	31.0	46.0	0.2
スウェーデン	2.6	10.1	29.1	58.2	-

表2　生活の総合満足度

	満足している	まあ満足している	やや不満である	不満である	無回答
日本	30.7	57.6	8.4	3.3	0.1
アメリカ	71.1	24.1	2.7	1.2	0.9
ドイツ	50.6	41.3	6.3	1.7	0.2
スウェーデン	61.0	36.1	2.4	0.5	0.0

(注1)対象は60歳以上の男女(施設入所者は除く)である
(注2)四捨五入のため、各項目の合計の数値が100パーセントにならない国もある

単位：%、平成27年、内閣府「高齢者の生活と意識に関する国際比較調査」より作成

ア．スウェーデンでは、経済的に日々の暮らしに困ることがあるかについて「あまり困っていない」「困っていない」を合計した値が、4か国の中で最も高く、生活の総合満足度について「満足している」「まあ満足している」を合計した値も、4か国の中で最も高い。

イ．アメリカは、経済的に日々の暮らしに困ることがあるかについて「困っている」「少し困っている」を合計した値が、4か国の中で最も高く、日本は、生活の総合満足度について「やや不満である」「不満である」を合計した値が、4か国の中で最も高い。

ウ．生活の総合満足度について「満足している」という回答の割合は、経済的に日々の暮らしに困ることがあるかについて「困っていない」という回答の割合よりも、4か国すべてで高くなっている。

エ．経済的に日々の暮らしに困ることがあるかについて「困っている」という回答の割合は、生活の総合満足度について「不満である」という回答よりも、4か国すべてで高くなっている。

問3 下線部③に関して

世界的に保護されるべき財である世界遺産には、自然遺産・文化遺産・複合遺産の三つの登録区分があるが、普遍的価値を有すると認められた自然の地域は、自然遺産として登録される。以下のⅠ～Ⅲが示す日本の世界遺産のうち、その登録区分が自然遺産であるものの組み合わせとして適切なものを、あとのア～クから選び、記号で答えなさい。

Ⅰ．富士山　　Ⅱ．知床　　Ⅲ．屋久島

ア．ⅠとⅡとⅢ　　イ．ⅠとⅡ　　ウ．ⅠとⅢ　　エ．ⅡとⅢ
オ．Ⅰ　　カ．Ⅱ　　キ．Ⅲ　　ク．いずれも自然遺産ではない

問４　下線部④に関して

(1) 人権思想に関する以下のⅠ～Ⅲの説明と、それぞれに関係の深い人物Ａ～Ｃとの組み合わせとして適切なものを、あとのア～カの中から選び、記号で答えなさい。

Ⅰ．『市民政府二論』で抵抗権を唱えた。

Ⅱ．『法の精神』で三権分立を唱えた。

Ⅲ．『社会契約論』で人民主権を唱えた。

A. モンテスキュー　B. ルソー　C. ロック

ア．Ⅰ－A　Ⅱ－B　Ⅲ－C　　イ．Ⅰ－A　Ⅱ－C　Ⅲ－B

ウ．Ⅰ－B　Ⅱ－A　Ⅲ－C　　エ．Ⅰ－B　Ⅱ－C　Ⅲ－A

オ．Ⅰ－C　Ⅱ－A　Ⅲ－B　　カ．Ⅰ－C　Ⅱ－B　Ⅲ－A

(2) 人権思想に関する以下の記述Ⅰ～Ⅲと、それらに対応する名称Ａ～Ｄの組み合わせとして適切なものを、あとのア～クの中から選び、記号で答えなさい。

Ⅰ．労働者の基本的人権の保護、社会福祉政策の導入などを定めた。

Ⅱ．人間の自由と平等、国民主権、言論の自由、私有財産の不可侵などを唱えた。

Ⅲ．国王の権力を制限する形で議会の権利を確認した。

A. イギリスの権利章典(1689年)　B. マグナ＝カルタ(1215年)

C. フランス人権宣言(1789年)　D. ワイマール憲法(1919年)

ア．Ⅰ－A　Ⅱ－B　Ⅲ－C　　イ．Ⅰ－A　Ⅱ－C　Ⅲ－D

ウ．Ⅰ－B　Ⅱ－A　Ⅲ－C　　エ．Ⅰ－B　Ⅱ－D　Ⅲ－A

オ．Ⅰ－C　Ⅱ－B　Ⅲ－D　　カ．Ⅰ－C　Ⅱ－D　Ⅲ－B

キ．Ⅰ－D　Ⅱ－A　Ⅲ－B　　ク．Ⅰ－D　Ⅱ－C　Ⅲ－A

問５　冒頭の問題文の(　A　)に当てはまる語句を漢字４字で答えなさい。

ウ　俊成は千載集を選ぶときに道因の歌を多く入れたが、道因はその数に満足しなかった。

エ　筆者（鴨長明）は道因の和歌の道に対する真剣な姿勢を、立派だと感じている。

オ　筆者（鴨長明）は千載集の公平性を欠く編集方針に、少し疑問を抱いている。

A「ありがたき」

ア　神仏への信心が深い　　イ　徳が高く尊い
ウ　並外れて強健な　　エ　めったにないほど殊勝な
オ　奇妙なほど強情な

B「まめやかに」

ア　滑稽(こっけい)に　　イ　控えめに　　ウ　わざとらしく
エ　気を遣って　　オ　本気で

C「なほざりの」

ア　迷惑な　　イ　いいかげんな　　ウ　常識的な
エ　好ましい　　オ　頼もしい

問3　傍線部①「かばかりの大事にこそ遭はざりつれ」とあるが、ここから読み取れることとして最も適切なものを次の中から選び、記号で答えよ。

ア　清輔の判定に敢然(かんぜん)と抗議した道因の勇気を、亭主が高く評価していること。
イ　道因と清輔の言い争いを、亭主がたいしたことではないと考えていること。
ウ　道因の尋常でない歌への執着による騒動に、亭主が困惑しきっていること。
エ　歌への思い入れから他人に迷惑をかける道因に、清輔があきれていること。
オ　自分の妥当な判定に対して苦情を言った道因に、清輔が憤慨していること。

問4　傍線部②「他事なく聞きける気色」とは、誰の、どのような様子か、三十字以内で説明せよ。（字数に句読点・記号等を含む。）

問5　傍線部③「見給ひたりければ」の口語訳として最も適切なものを次の中から選び、記号で答えよ。

ア　ご覧になったので　　イ　ご覧になったら
ウ　見てくださっても　　エ　拝見したところ
オ　拝見するなら

問6　本文の説明として最も適切なものを次の中から選び、記号で答えよ。

ア　道因は高齢になっても、よい歌を詠んで教えてくださるよう、神にお願いしていた。
イ　道因は耳が遠くなってしまってからは、好きだった歌会に全く参加しなくなった。

4

次の文章は、平安末期の歌人である道因法師について評したものである。これを読んで、後の問いに答えよ。

この道に心ざし深かりしことは、道因入道並びたる者なきなり。七、八十になるまで「秀歌詠ませ給へ」と祈らむため、徒歩より*1住吉へ月まうでしたる、いと A ありがたきことなり。ある*2歌合に、*3清輔判者にて、道因が歌を負かしたりければ、わざと判者のもとにまうでて、B まめやかに涙を流しつつ、泣き恨みければ、*4亭主いはむ方なく、「①かばかりの大事にこそ遭はざりつれ」とぞ語られける。

九十ばかりになりて、耳などもおぼろなりけるにや、会のときはことさらに*5講師の座に分け寄りて、脇元に*6つぶと添ひゐて、*7みづはさせる姿に耳をかたぶけつつ、②他事なく聞きける気色など、C なほざりのこととは見えざりき。

*8千載集撰ばれ侍りしことは、かの入道失せて後のことなり。されど亡きあとにも、さしも道に心ざし深かりし者なりとて、*9優して十八首を入れられたりけるに、夢中に来たりて、涙を落としつつよろこびをいふと③見給ひたりければ、誠にあはれがりて、今二首を加へて、二十首になされたりけるとぞ。*10しかるべかりけることにこそ。

（『無名抄』）

（注）
*1　住吉……現在の大阪府大阪市にある神社。和歌の神や航海の神として信仰される。
*2　歌合……歌人が左右二組に分かれて順に歌を詠み、一番ずつ歌の優劣により勝負を決める会。判者とよばれる審判役が判定を行い、判定理由を述べる。
*3　清輔……藤原清輔。当時、和歌の第一人者であった。
*4　亭主……ここでは、歌合の主催者の意。
*5　講師……歌会で和歌を読みあげる人。
*6　つぶと……ぴったりと。
*7　みづはさせる姿に……ひどく年老いた姿で。
*8　千載集……藤原俊成によって編集された勅撰和歌集。勅撰とは天皇の命令で選ばれたという意味で、勅撰集に入るのは歌人にとって大変な名誉だった。
*9　優して……（撰者の俊成が道因を）優遇して。
*10　しかるべかりけること……もっともなこと。

問1　波線部「まうでて」を、現代仮名遣いに直して答えよ。

問2　二重傍線部A～Cの意味として最も適切なものを次ページの中からそれぞれ選び、記号で答えよ。

共通していて、互いの気持ちがよくわかり、プライベートでも話が弾むから。

問5 傍線部③「『それは困ったなあ』という表情を作った」とあるが、この時の「たけし」の心情の説明として最も適切なものを次の中から選び、記号で答えよ。

ア 「ヒロシ」がアルバイト先でいじめられていることを可哀想に思う一方で、自分のことは自分で解決するしかないと突き放している。

イ 「ヒロシ」が仕事中に不条理ないじめを受けているという話を聞いて可哀想に思い、時機を見て助けたい気持ちを暗に伝えている。

ウ 「ヒロシ」が同僚からのいじめを苦にしていても自分にはどうしようもないと思いつつ、同情の意を示すように取り繕って（つくろ）いる。

エ 「ヒロシ」が職場で冷たい態度を取られてストレスを抱えていることを知り、人間関係の難しさを改めて認識し、深く共感している。

オ 「ヒロシ」が会社で先輩からいじめられていることを聞いて困惑したが、そのことを悟られてはいけないとうまくごまかしている。

問6 傍線部④「ヒロシはできた後輩なので」とあるが、この表現に込められた作者の意図として最も適切なものを次の中から選び、記号で答えよ。

ア 憤慨　イ 皮肉　ウ 驚愕　エ 尊敬　オ 謙遜

問7 傍線部⑤「一流の人」とあるが、これを作者はどのような人だと考えているか。本文中から三十五字以上四十字以内で探し、その始めと終わりの五字を抜き出して答えよ。（字数に句読点・記号等を含む。）

問8 傍線部⑥「店員の笑みは消えた」とあるが、この時の「店員」の心情をわかりやすく説明せよ。

問1　空欄部X～Zに当てはまる語として最も適切なものを次の中からそれぞれ選び、記号で答えよ。

ア　月　イ　光　ウ　天　エ　空　オ　日　カ　風

問2　二重傍線部A～Eの中から品詞の異なる語を一つ選び、記号で答えよ。

問3　傍線部①「自分は、そこいらのニートとは違うんだ。自分はただのニートではないんだ！」とあるが、このように「たけし」が思うのはなぜか。説明として最も適切なものを次の中から選び、記号で答えよ。

ア　仕事にやり甲斐を感じたことのない量産型ニートとは対照的に、仕事へのやり甲斐を見出している自分を過大評価しているから。

イ　多くのニートは自宅にこもるばかりで勤労意欲がほとんど見られない中で、自分は次の仕事を探すアクションを起こしているから。

ウ　今まで仕事をしたことがない世間のニートとは違い、自分は海苔工場で働いていたという確固たる実績があると自負しているから。

エ　普通のニートが部屋に閉じこもりバーチャルな世界に没頭しているのに対し、自分には積極的に外へ出ようとする意欲があるから。

オ　親に収入を依存して生活費を自分で稼ぐ気がない一般のニートとは異なり、自分には近い将来、働きたいという意志があるから。

問4　傍線部②「そんなたけしを慕う人間もこの宇宙にはたった1人だけ存在する」とあるが、「ヒロシ」が「たけし」を慕っているのはなぜか。説明として最も適切なものを次の中から選び、記号で答えよ。

ア　工場を解雇された境遇が重なる上に、人生の方向性にも共通点が多くあり、何かと辛いことを相談しやすい頼りになる先輩だから。

イ　かつて工場に勤めていた頃から価値観を共有する深い仲にあり、現在も定期的に打ち明けた悩みを解決してくれるヒーローだから。

ウ　二人とも工場での失敗という負の歴史があり、同じような背徳感を抱える者として、人間関係による傷口を舐め合うのに最適だから。

エ　同じ工場で働いていたという過去を持ち、性格や趣味なども似ているため、家族や同僚に言えないことを気軽に話せる相手だから。

オ　工場を辞めたあとずっとニート生活を送っている経緯が

のジョッキの氷水をチュチューと飲んでごまかす。

なお、名言集やビジネス書によく登場する、名のある経営者や自由人の「やりたいことだけをやれ！」という珠玉（しゅぎょく）の発言は、本当のところはやりたいことだけをやることが許される100万人に1人の天賦（てんぷ）の才能を持つ人間のみに適用される言葉である。一般人が実際に若いうちからやりたいことだけをやっていたら、すぐに仕事も友人も財産もなくなり末（すえ）はホームレスになるのが関の山であるが、しかし「やりたいことは我慢して地味にコツコツ働きなさい」とビジネス書に書いてもそんな本は誰も買わないので、経営者のみなさんは本音を隠しているのである。「やりたいことをやれ！」と言ってはいるが、やりたいニート生活を存分に送っているたけしをもし経営者の方々が見たら、きっとみなさん激怒するであろう。

問（中　略）

「そうですよねえ。俺も、できればたけし先輩みたいにじっくり仕事を探したいです。でも、うちは親が厳しいんですよ。生活費を入れなくなったら絶対出て行けって言われますから」

「そうか、ヒロシのところは大変なんだ」

「先輩がうらやましいですよ。ご家族はA別になにも言わないんですよね？」

「まあうちは、親が理解してくれてるからね。特に父親とはBもう何回も話して、俺が仕事選びには妥協しないってことをわかってもらってるから。C早く仕事を探せとか、一度も言われたことないからね。俺が言うのもなんだけど、できた親だと思うよ」

「いいなあ。うちは絶対ムリですよ……」

「一度Dしっかり話してみたらいいと思うけどなあ。ヒロシの親御さんだって、本気で気持ちを伝えればわかってくれると思うよ。たしかにうちの親は特別物わかりがいいけど、ヒロシのとこだって真剣に相談すれば聞いてもらえるんじゃない？」

「そうですかねえ。うーん」

そのように「ニートと家族の問題」について2人が熱く議論を交わしていると、年配の店員が「失礼します〜」とやって来た。たけしは「あれっ？　呼んでないですよ？」という顔で見上げたが、店員が愛想笑いを浮かべて「お飲み物のおかわりはいかがでしょうか？」と尋ねたのを受け、「な〜んだそんなことか！　じゃあEまたお冷やをお願いします」とエコ発言で答えたところで⑥店員の笑みは消えた。

（さくら剛『俺は絶対探偵に向いてない』幻冬舎）

（注）＊お通し……注文した料理が出てくる前に提供される食べ物。

「来月のお中元シーズンが終わったら辞めたいと思うんですけど、でも今のバイトも18件目でやっと受かったとこだし、次が見つかるかどうか考えたら恐(こわ)くて」

ヒロシは軽く頭を下げ「ポテト失礼します」と額(ひたい)で語り、フライドポテトを1本つまみ上げた。

2人のテーブルは閑散としている。かれこれ入店して1時間半になるが、2人とも飲み物は1杯目、*お通しも断っているため卓上の料理はフライドポテトひと皿のみ。しかし、これもたけしの月3000円という小遣い、ヒロシの870円という時給を考えたら避けられないエコ活動なのである。

「たけし先輩は、工場辞めてからバイトとかしてないんですよね？」

「うん、俺は働ければなんでもいいってわけじゃないからね。ちゃんと自分に合った仕事を選びたいんだよ。だって、やりたくない仕事をやってる時って、貴重な人生の時間を無駄にしてるって気がしない？」

④ヒロシはできた後輩なので、「ニート生活の方が2000倍時間の無駄なんだよっ!!」とは決して言わなかった。

「それは俺も思いますけどね。俺も、このままで終わるつもりはないぞっていつも思ってますけどね。でも、倉庫のバイトを辞めたとして、いざ仕事がない状況を想像するとどうしても不安っていうか。たけし先輩は働いてなくて、不安とか全然ないんですか？」

飲み物のおかわりを尋(たず)ねてきた店員に「それじゃあお冷やを2つ」と命じてから、先輩は余裕の笑みを浮かべた。

「不安がないってわけじゃないけど、でも、大人になったら全員働かなきゃいけないっていうのも俺はおかしな考え方だと思うんだよね。だって原始時代なんて誰も仕事してなかったんだよ？」

「おお～たしかに！」

「それに、やっぱり妥協はしたくないんだよ。俺たち死ぬまでにあと何回仕事を選ぶチャンスがあるのかって考えたら、適当にバイトなんてするわけにはいかないよ」

日本は言論の自由が認められている国なので、こんな傲慢(ごうまん)な発言をしても特に収容所に送られ強制労働をさせられることもなく、たけしはさらに調子に乗った。

「俺最近、有名人の名言集をよく読むんだけどさ、経営者とか成功者とかさ、⑤一流の人はみんな『やりたいことをやれ！』って言ってるからね。やりたくないことなんて、なにひとつやらなくていいって。そりゃそうだよね。やりたくないことをやってられるほど、人生って長くないもん」

「わかります。それすごくわかります！　いやマジでたけし先輩の言う通りですよ！」

誰かに同意されるということが年に数回しかないたけしなので、後輩に「すごくわかります」と言われたのはなかなかの快感であった。思わず照れ笑いでニヤけてしまったが、届いたばかりとくだらないプライドを持っている分扱いが難しい、より厄介なニートである。

ただし、②そんなたけしを慕う人間もこの宇宙にはたった1人だけ存在する。それが後輩のヒロシだ。

「俺、正直言って、今の仕事辞めたいんですよ。肉体的にもハードだし、人間関係も良くないんですよ」

「人間関係ねえ。やっぱり人間関係が一番難しいよね。俺が工場辞めたのも人間関係だったからね」

6月上旬、高田馬場の水産系極安居酒屋で、たけしは工場時代の後輩であるヒロシと酒を飲んでいた。

基本的には日々家から1歩も出ずに暮らしているたけしであるが、自分はそんじょそこらのニートとは違うんだというプライドを持っているため、月に一度はこうしてヒロシとメシを食うこともある。ちなみに軍資金は、無職になってから毎月3000円ずつ支給されている父親からの小遣いだ。

後輩のヒロシは2歳年下である。千葉の海辺にある海苔工場の生産ラインの中で、たけしは味付け海苔に味を付ける仕事を、ヒロシは味付け海苔の小袋を機械のアームに装着する仕事を主に担当していた。バイトの女子高生を「今度一緒に袖ケ浦のダチョウ王国に行きませんか？」とデートに誘ったら猛烈に避けられるようになり、気まずくなって退職したのがたけし。海苔をおかずにするため無断で持ち帰って解雇されたのがヒロシである。

たけしとヒロシはおどおどした性格や「シャツの裾はズボンに挿入すべき」というファッションの方向性、インターネット中毒なところなど共通点が多く、次第にプライベートでも会って傷口を舐め合う、いや、悩みを相談し合う仲になったのだ。

現在ヒロシはアルバイトとして、宅配便会社の倉庫で段ボール箱をひたすらベルトコンベアに乗せ続ける業務に就いている。

「たけし先輩だから言うんですけどー、ぶっちゃけ、俺いじめられてるっぽいんですよ。フォークリフトの人が俺のとこばっかに重い荷物を運んで来るし、それでコンベアに流すのが遅れると俺だけチーフからめちゃくちゃに怒鳴られるし」

「うわー、それ結構しんどいよね。職場のいじめは辛いと思うわ。部外者の俺がなんとかしてやれることでもないし……」

手入れのされていない乱れ長髪のたけしは、すだちサワーに口をつけながら③「それは困ったなあ」という表情を作った。

ちなみに彼は今「部外者の俺がなんとかしてやれることでもないし」と言ったが、実際はたとえたけしがヒロシと同じ職場だったとしても、これはなんともしてやれないことだ。なぜならたけしには、男気も、行動力もない。男気も行動力もリーダーシップも仕事も保有資産もすべてが0の一介のニートがなんとかできることなど、この世にはなにもないのである。せいぜい彼にできるのは、ゲームの世で悪の魔王を倒して街に平和を取り戻すことくらいだ。

3 次の文章を読んで、後の問いに答えよ。

ニートは悪だ！ とか、ニートはクズだ！ とか、言われるようになって久しい。

ニートへの X 当たりが強い時代である。

たしかに、大抵のニートの素行は凶悪だ。

親と同居しながら Y がな一日部屋にこもり、昼夜を問わずネットやゲームやDVDというバーチャルな世界に没頭。いい歳して生活費は年老いた親に工面させ、心がもやもやすればTwitterや掲示板で見知らぬ誰かを罵倒してウサを晴らす。

もちろん仕事を探す気はさらさらないし、むしろ開き直って「働いたら負けだ！」などと主張しやがる。そう、それこそがニート……、すなわち人間のクズである!!

というのが、世間での Z 並みなニートへの印象である。

が、しかし。

伊藤たけしは思っていた。

①<u>自分は、そこいらのニートとは違うんだ。自分はただのニートではないんだ！</u> と。

たけしが派遣社員として勤めていた海苔工場を退職してから、かれこれ1年近くが経つ。

この1年の間働いたことは一切なく、ほぼ毎日部屋にこもってネットにゲームに精を出し、生活費も両親に頼る日々である。

たしかに、そこまでは世間一般の量産型ニートと同じである。

それは認めよう。

しかしたけしは、「働いたら負けだ」などとは決して思っていなかった。

自分はこの状態をあと5年も10年も続けるつもりはない。少なくとも今後2、3年以内には、次の仕事を探すためのなんらかのアクションを起こせたらいいなと思っている。いや、むしろやり甲斐がある仕事さえ見つかれば、やり甲斐があって残業少なめ月給多め(手取り25万円以上希望)、おまけに18歳から32歳くらいまでの女性社員が多くなおかつ勤務時間中もネットサーフィンし放題な仕事がもし見つかれば、その時には2、3年などとケチなことを言わず僅か1年以内にも働き始める可能性はあるぞと、力強く思っている。

そこまでの勤労意欲がある自分には、ニートなどという呼び名はまったく不適切なものである。こうして働く気がある時点で、俺はすでにニートなんかじゃないんだよ。俺をそんじょそこらの甘ったれたニートと一緒にするんじゃないよ！

……そんな風に、ニートのたけしは常日頃から思っていた。

伊藤たけし、東京都在住25歳、無職。

職業訓練も受けておらず学校に行っているわけでもない、紛うことなきニート。なおかつ「自分は他のニートとは違うんだよ！」

問4　空欄部Yに入る語句として最も適切なものを次の中から選び、記号で答えよ。

ア　手続きにより事後的に

イ　無意識の選択により

ウ　事前に規範として

エ　最初から物理的に

オ　明示的な法により

問5　傍線部③「統治の対象である我々を平等無差別に扱う義務がある」とあるが、これに対して企業にはどのような特徴があるか。それを説明した次の文の空欄部にあてはまる表現を、ここより前の本文中から十字以上十五字以内で抜き出して答えよ。

企業は、［　　　　　　］ことが許される。

問6　傍線部④「規制主体としての国家と中間団体を比較する」とあるが、この問題に関する筆者の考えとして適切でないものを次の中から一つ選び、記号で答えよ。

ア　国家は三権の相互監視・抑制によるチェック・アンド・バランスが確保されているため、大きな力を持っているとは言えない。

イ　国家権力には憲法という枠があり、実際の行政手続にも法による規制がかかるため、自由に実力を行使できるわけではない。

ウ　企業は株主に対する説明責任は負うが、一般の人への情報提供は限定的であり、国家ほどの透明性や答責性は求められていない。

エ　企業にはすべての客を同じように扱うという義務はなく、経営効率という観点からサービスに差をつけることがあり得る。

オ　国家の存在を根本的に疑ったノージックでさえ、統治の最低限の機能は、国民を平等に扱う義務を負う主体に委ねるべきだと認めた。

問7　二重傍線部A～Eの「自由」について、その意味内容が他と異なるものを一つ選び、記号で答えよ。

る際に問われる問題なのだ。

（大屋雄裕『自由か、さもなくば幸福か？——二一世紀の〈あり得べき社会〉を問う——』筑摩書房）

（注）＊1　出自……事物や人の出所。

＊2　コード……コンピュータで、データや命令などを符号で表したもの。

＊3　喝破……誤りを正し、真実をはっきり示すこと。

問1　傍線部①「他者の行動を統制する手段として注目されるのが、『アーキテクチャ』である」とあるが、「アーキテクチャ」とはどのような統制手段か。「他者」という語を必ず用いて、五十字以内で説明せよ。（字数に句読点・記号等を含む。以下同様。）

問2　空欄部Xに入る言葉として最も適切なものを次の中から選び、記号で答えよ。

ア　さらに　　イ　むしろ　　ウ　すなわち

エ　ゆえに　　オ　ただし

問3　傍線部②「このような制限」とあるが、どういうことか。説明として最も適切なものを次の中から選び、記号で答えよ。

ア　企業がリバースエンジニアリングにより自社の技術を向上させようとしても、国家の特許制度が妨げとなって研究が十分に行えなくなっていること。

イ　技術の発明者の独占的な権利を保障する特許システムにおいて、リバースエンジニアリングが対象外とされ、その抑制が法的になされていないこと。

ウ　特許制度において、将来の国益を確保したいという国家の欲望により、発明者の知的財産が軽んじられ、国家による研究が優先されていること。

エ　知的財産の発展を促進するという特許制度の目的に反し、リバースエンジニアリングによる特許技術の侵害が黙認され、法規制が十分に機能していないこと。

オ　知的財産の創造の一つであるリバースエンジニアリングによる研究成果が、特許システムの対象外とされ、その法的な権利保障をされていないこと。

の敵であり警戒すべき存在だということになるのだろうか。

おそらくそうではない。第一に、国家は確かに全体からすれば非常に大きな実力を独占しているが、チェック・アンド・バランスが確保されている。立法・司法・行政の三権が互いを監視し、抑制しあうことで国家全体が暴走する危険を防いでいるのだが、これに対してたとえば企業では経営陣の意思が統一され、全体として行動できることが重視されるだろう。

第二に、国家のなし得る行為に対しては憲法という枠がはめられているし、実際の手続についても、たとえば行政手続法のように多くの規制が加えられ、国民に対する透明性や答責性（アカウンタビリティ）の確保が求められている。これに対して企業が責任を負っているのは主にその株主に対してであり、たとえその行動の影響を強く受けるとしても、一般の消費者や顧客に対する情報提供は限定的なものにとどまるし、手続面での規制も乏しい。

第三に、たとえば憲法十四条一項が「すべて国民は、法の下に平等であつて、人種、信条、性別、社会的身分又は門地により、政治的、経済的又は社会的関係において、差別されない」と定めているように、国家にはその成員をすべて平等に・無差別に扱うことが求められる。これに対して企業が「お得意さま」を優遇するのはごく一般的な慣習だろう。もちろん経営効率という観点からは、利用頻度の高くない・あまり金を持っていない顧客よりも「お得意さま」へのサービスに力を注いだほうが有益に違いないのだ。

国家の正統性・必要性を根本的に疑い、「政治哲学の根本問題はそもそも国家がなければならないのかどうかにあり、この問題は国家がどのように組織されるべきかという問題に先行する」と*3喝破した哲学者ロバート・ノージック（Robert Nozick, 1938-2002）は、正当化可能な最小限のものとして「最小国家」を認めるに至った（『アナーキー・国家・ユートピア――国家の正当性とその限界』木鐸社、一九九二、四頁〔訳を改めた〕）。なぜ国家が必要なのか、治安維持や裁判といった機能を、なぜ企業に委ねてはいけないのか。最低限の国家機能（最小国家）さえ置かず、すべてを市場を通じた供給に委ねるというモデル（超最小国家）ではいけないのか。「なぜ無政府状態にしておかないのか（Why not have anarchy?）」（同）という問題関心を根幹に据えたノージックでさえ拒否した「超最小国家」と「最小国家」の差異は、③統治の対象である我々を平等無差別に扱う義務があるかどうかという点であった。

つまり全体的に言えば、その暴走を警戒して国家にはさまざまな制約が加えられているのに対し、中間団体にはそのような制約が乏しく、だからこそサービスの提供は効率的であるかもしれない。だが、そうであるとして、我々の生活や人権が、我々を平等に扱わなくてもよい主体に自由に制約されることを、我々は望むのかどうか。それが④規制主体としての国家と中間団体を比較すするようなことがあってはならない、現に保有されている権利を制限してでも将来の国益を確保したいという国家の欲望に裏付けられた規定なのである。

だがもちろん、現に権利を保有している側にとって、②このような制限が歓迎すべきものでないことは明らかだ。その結果として、市販のコンピュータ・ソフトウェアをインストールする際に同意を求められるライセンス契約の多くには、このリバースエンジニアリングを禁止する条項がある。「クリックラップ契約」と呼ばれるような最近の形態では、それらの条項に同意しない限り（実際に読んだかどうかはともかくとして）インストールの手続きを進めることができず、実際にそのソフトウェアを利用することができないように、ソフトウェア自体が作られている。コミックの周りのシュリンクラップ（薄いフィルム）を破らない限り中身にアクセスできないのと同様に、リバースエンジニアリングを禁止する契約に従わないという可能性は、［　Y　］失われている。

我々が行為の選択肢を認識し、その中から何らかの理由で特定の決断をするその前に一定の可能性がすでに消去されているとしたら、そこで残っている選択肢の中から我々が自由に選ぶことが許されているとしても、そのD自由にどれだけの意味があるのだろうか。あるいは、そこですでに自由が制限されているということを我々は意識し、それに対して何らかの――肯定的であれ否定的であれ――反応をすることができるのだろうか。できないとすればそのとき我々は、従っている・従わされているという意識すら抜きに、それらコードの書き手の権力に服従させられているということにはならないだろうか。

ここでは、国家が法によって認めた権利が、私企業が我々に締結（ていけつ）することを迫る契約によって失われていることになるだろう。中間団体による規制が、国家のそれと食い違い、それ以上に我々をコントロールしようとしているのだ。

一九世紀半ばにE自由を脅かしていたのが規範で、二〇世紀頭にはそれが国家の力で、二〇世紀半ばのかなりの部分で自由を脅かしたのが市場だったなら、わたしの議論というのは、二〇世紀末から二一世紀にかけて別の規制手段――コード――こそが懸念となることを理解すべきだということだ。（レッシグ前掲、一五四―五頁）

そして、このアーキテクチャに直面した我々が問わなくてはならないのは、古典的に「法」を通じて動作する国家権力はこれと比較してはるかに危険な存在なのかということだ。インターネットを支配する巨大企業や、グローバルなビジネスを展開する多国籍企業がアーキテクチャを利用して我々の行動をコントロールしているとして、それとの比較においてなお国家こそが我々の最大ネットの合法・違法・プライバシー』山形・柏木訳、翔泳社、二〇〇一、五四頁)を操作するものが、新たな支配者となることを警戒していた。

たとえば、著作物が不正にコピーされることを防止したいとしよう。国家は「法」を用いて、[X]特定のルールを明示し、それに違反したものに対して事後的に制裁を加えることによって、それを実現してきた。これに対し、たとえばコピーされたあとのデータに自動的にその[*1]出自が埋め込まれてしまう電子透かしであるとか、ダウンロード後に一定の時間が経過すると再生できなくなってしまう動画ファイル、あるいはそもそも一部分のコピーを拒否するようなデータ形式によって、同様の結果を実現することも想定できるだろう。行為者のA自由を前提として、一定の制裁によって特定の行動を避けさせるという法や規範の動作と異なり、物理的に行為の空間を整えることで選択肢自体をコントロールすること、それがアーキテクチャという統制手段である。そこでは、我々に一定の行為を行なわせたり禁止したりする権力の動作が自動化されていることになる。

レッシグが警戒したのは、インターネットやコンピュータを通じて我々の行為の仕方を規制するプログラムと、それを構成する[*2]コードを書いている人々あるいは企業が、それらによってネットワーク内の我々の行動を完全に支配する危険性であった。技術的制約が、コードの書き手によって創造され、著作物を売る側に利用されていくとき、我々には最初から問題行動(と彼らが考えるもの)を行なう可能性が与えられないようになっていく。「法」が、制裁の予告によって我々のB自由を奪っていくのに対して、「アーキテクチャ」のもとでは行為のC自由が最初から与えられていないのである。

国家による法規制と、アーキテクチャを利用した中間団体の規制が衝突する場面の一つとして、たとえばリバースエンジニアリングをめぐる状況を見ることができる。

リバースエンジニアリングとは、完成している製品の動作を検証することによって、その内部構造や利用されている技術・ノウハウを解明する研究手法であり、自社の技術革新、互換品の作成、欠陥の補修などのため用いられる。技術向上のためにはそのような研究が不可欠と考えられているため、特定の技術に対して発明者の独占的な権利を認める特許システムにおいても、リバースエンジニアリングはその対象外として認められている。

たとえば我が国の特許法六九条一項は、「特許権の効力は、試験又は研究のためにする特許発明の実施には、及ばない」と規定し、特許権によってリバースエンジニアリングを抑制することはできないと明示している。それは、発明者に経済的利益を与えることによって知的財産の発展を促進するという特許制度の目的に照らしたとき、保障される独占権が将来の知的財産の創造を阻害

1

次の傍線部のカタカナを漢字に、漢字をひらがなに直して答えよ。ただし、楷書（かいしょ）で丁寧に書くこと。

① コウシともに充実した日々を送る。

② 争いのないヘイオンな生活を切望する。

③ ひとまず現状のハアクから始めよう。

④ 自分は決して悪くないとコウベンする。

⑤ 日本に生まれた幸せをキョウジュしている。

⑥ 去る日曜日、結納の儀を済ませてきた。

⑦ もうじき将来の伴侶が見つかるだろう。

⑧ 目障りなハエを部屋の外へ追いやった。

⑨ 私の考えは杞憂に過ぎなかった。

⑩ 戒律により殺生は禁じられている。

2

次の文章を読んで、後の問いに答えよ。

企業や政党、教会のように、個人の生活に影響を与える団体のことを、一般的に中間団体と呼ぶ。個人と国家の中間にある存在という含意（がんい）だが、それが本当に中間的存在なのかということについては、やや慎重に見なくてはならない。つまり、特にフランス革命において敵視され、解体（典型的には修道院財産の没収）や国営化（聖職者の公務員化）、さらには否定（「最高存在の祭典」によってキリスト教を離れた理性崇拝を市民宗教として確立しようとしたように）の対象となったのはローマ・カトリック教会だが、それは彼らが国家の内部にあって個人に向きあう中間団体であるのと同時に、文字通り世界的な、ローマ教皇の権威のもとに国家を超える存在としても作動していたからだと言うことができるだろう。逆に、このような超国家的存在を否定し、すべての団体を国家と個人の中間的領域へと押し込めることによって、国民国家体制・主権国家体制が現実化することにもなる。

そして我々は、国家以外の主体たちもまた我々に対する支配力を持ち、影響力を行使しつつあることに注意する必要があるだろう。ここで①他者の行動を統制する手段として注目されるのが、「アーキテクチャ」である。アメリカの憲法学者ローレンス・レッシグ（Lawrence Lessig, 1961-）は、アーキテクチャという「社会生活の「物理的につくられた環境」」（『ＣＯＤＥ――インター

2020 第2回
サピックスオープン

国 語

中学3年

2020年7月5日実施

【受験上の注意事項】

1 試験時間は、50分です。
2 答えは全て解答用紙の定められた解答欄の中に書きなさい。
小さすぎる文字・薄すぎる文字は採点できません。
3 解答用紙には、生徒ID・氏名を必ず書きなさい。
4 問題用紙の白いところは、メモなどに使いなさい。
5 質問がある時や気分が悪くなった時は、黙って手をあげなさい。
6 終わったら解答用紙だけを提出しなさい。

SAPIX サピックス 中学部

2020 第3回
サピックスオープン

英　語

中学3年

2020年9月13日実施

【受験上の注意事項】

1 試験時間は、50分です。
2 答えは全て解答用紙の定められた解答欄の中に書きなさい。
小さすぎる文字・薄すぎる文字は採点できません。
3 解答用紙には、生徒ID・氏名を必ず書きなさい。
4 問題用紙の白いところは、メモなどに使いなさい。
5 質問がある時や気分が悪くなった時は、黙って手をあげなさい。
6 終わったら解答用紙だけを提出しなさい。

SAPIX 中学部
サピックス

1 このリスニング問題は Part A、B、C の３つの部分に分かれています。それぞれの指示に従い、答えなさい。放送は、すべて２回ずつ流れます。

Part A　ある男女の対話文を聞き、女性の最後の発言に続く男性の発言として最も適切な答えをア～エの中からそれぞれ１つずつ選び、記号で答えなさい。

No.1　ア　Yes, of course. You can try some sugar.
　　　イ　Yes, of course. The fitting rooms are over there.
　　　ウ　Sorry, you cannot try on both.
　　　エ　Sorry, we cannot. We accept cash only.

No.2　ア　You look well today.
　　　イ　You had a good sleep.
　　　ウ　That sounds nice.
　　　エ　That's too bad.

No.3　ア　It's 7 pounds.
　　　イ　It leaves at six thirty.
　　　ウ　It usually takes two hours.
　　　エ　You can buy it at the ticket counter.

No.4　ア　Did you find your pen ?
　　　イ　Here we are. Please use your pen.
　　　ウ　Here it is. Use mine.
　　　エ　Your pen looks easy to write with.

No.5　ア　You can see a lot of trains there.
　　　イ　Everybody can take a train for free there.
　　　ウ　Turn right at the corner over there. You can see it on your left.
　　　エ　You can go there on foot. It takes 20 minutes or so.

Part B　放送を聞き、質問に答えなさい。

No.1　放送によると、今日のダラス地域の天気の推移を示すものとして正しいものはどれですか。以下のア〜エより１つ選び、記号で答えなさい。

ア
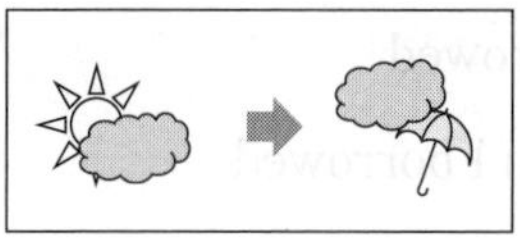

イ
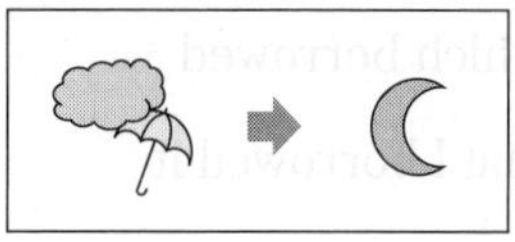

ウ
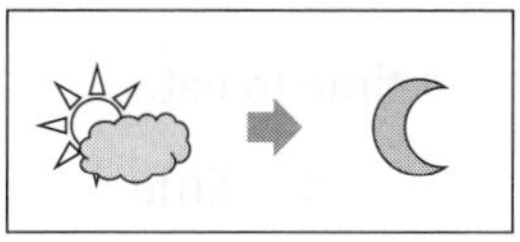

エ

No.2　放送内では、何曜日に洗濯をするべきだと助言が与えられていますか。その曜日名を、英語１語で答えなさい。

Part C　中学生のカヨコが、"hail" について説明するスピーチを行います。スピーチを聞き、その内容と一致するものを、以下のア〜オより２つ選び、記号で答えなさい。

ア　In Japan, hail falls mainly in winter.

イ　Hail is formed near the *surface of the ground.

ウ　An *updraft can carry small water drops higher.

エ　When a water drop is cooled, it always becomes a hailstone.

オ　Hailstones travel in the sky until they get heavy enough to fall down on to the ground.

（注）　surface：表面　　updraft：上昇気流

2 正しい英文となるように、(　　)内に入る最も適切な語(句)をア～エからそれぞれ1つずつ選び、記号で答えなさい。

(1) The book (　　　　) from the library was interesting.

ア which borrowed　　イ I borrowed

ウ that I borrowed it　　エ whom I borrowed

(2) I was very busy yesterday, so I had (　　　　) time to eat.

ア nothing　　イ a little　　ウ few　　エ little

(3) I lost my eraser yesterday. Would you lend me (　　　　)?

ア it　　イ eraser　　ウ one　　エ that ones

(4) I had to speak loudly to make myself (　　　　) in the *crowd.（注） crowd：群衆

ア hear　　イ hearing　　ウ to hear　　エ heard

(5) My father didn't (　　　　) me to go out after 11 p.m.

ア allow　　イ let　　ウ make　　エ take

3 与えられた日本文とほぼ同じ意味の英文になるように、［　］内の語(句)を並べかえて英文を完成し、空所①、②に入るものをそれぞれ記号で答えなさい。ただし、文頭に用いる語も小文字にしてあります。

(1) 帰宅途中、外国人に話しかけられた。

(　　)(　　)(　　)(　　)(　①　)(　　)(　　)(　　)(　②　) home.

［ア on　イ spoken　ウ way　エ I　オ a foreigner　カ my　キ was　ク by　ケ to］

(2) 不必要なことは言わない方がいいよ。

(　　)(　　)(　　)(　①　)(　　)(　　)(　②　)(　　).

［ア is　イ had　ウ not　エ you　オ what　カ unnecessary　キ say　ク better］

(3) 私はジムが腕を組んで座っているところを見た。

I (　　)(　　)(　①　)(　　)(　　)(　②　)(　　).

［ア sitting　イ arms　ウ with　エ Jim　オ folded　カ saw　キ his］

(4) 私は芝生の上で眠っている女の子が誰だかわからない。

I (　　)(　　)(　①　)(　　)(　②　)(　　)(　　) is.

［ア the girl　イ sleeping　ウ the grass　エ who　オ know　カ don't　キ on］

(5) スマートフォンのおかげで、私たちは必要な全ての情報を得ることができる。

(　　)(　　)(　①　)(　　)(　　)(　②　)(　　)(　　)(　　).

［ア get　イ the information　ウ we　エ need　オ enable　カ to　キ all　ク us　ケ smartphones］

第3回 英語

4 日本文の意味に合う英文になるように、(　)内に適切な語を1語ずつ補いなさい。

(1) そのお店ではたくさんの種類の花が売られている。

(　　　　)(　　　　) many kinds of flowers at the shop.

(2) 窓を開けていただけませんか。

Do you (　　　　)(　　　　) the window ?

(3) ボブは昨年、大学を卒業したと言われている。

Bob is said (　　　　)(　　　　) graduated from college last year.

(4) そんなミスをするなんて君は不注意だね。

It is (　　　　)(　　　　) you to make such a mistake.

(5) スミスさんは私が今まで出会った中で最も優れたバイオリン奏者の1人だ。

Ms. Smith is one of the best (　　　　) that I've (　　　　) met.

5 次の英文を読み、後の問いに答えなさい。*がついている語(句)には(注)があります。

What does the word "poverty" mean to you? Many people in *the U.S. think that poverty is a problem that impacts *just a small portion of the world's population in *a handful of countries in Africa and Southeast Asia. They think that most of the world lives as we do, not having to worry (1) *malnutrition and *starvation. This image of poverty is far from correct. In fact, over half of the people in the world live (2) less than two dollars of *income per day. That's almost three billion people! Half of the world's children live in poverty as well. In 2003, over 10 million children died from *causes related to poverty (3) the age of five.

What exactly is poverty? Poverty is not having enough resources to *obtain sufficient amounts of life's necessities, such as food, water, health care and education. ①Without education, most people have very little *hope of pulling themselves out of poverty. Providing education is the most important way to help a community or nation rise (4) poverty. Many people think that the best way to help the poor of the world is by providing them with shipments of food. Believe it or not, this actually makes things worse! Why? There is an ancient Chinese proverb that states, "②Give a man a fish and he will eat for a day; teach him (A) and he will eat for a lifetime." Supplying food to the poor without teaching them how to grow their own food will help them only for as long as the food lasts. But, if we can teach poor nations how to farm better, how to create stronger economies and help them build schools to educate children, these *benefits will last a lifetime. This is called ③sustainable development.

What causes poverty? Poverty is caused by many factors. Some of these *include a dry climate with very little rain, low levels of education, and political and economic *instability. The biggest cause of poverty, however, is the ever-widening gap (5) the rich and the poor. Did you know that the three richest people in the world have more money than all of the people in the poorest 48 countries? That's almost one quarter of all the countries in the world! In many countries, especially in Latin America, there are a handful of *extremely rich people who hold almost all of the country's wealth while most of the rest of the country lives in poverty. These countries have almost no middle class.

This type of *inequality exists not only in poor countries but in the U.S. as well. In fact, the richest 10% of Americans receive almost one third of the nation's income. As this type of imbalance increases, the number of middle-class citizens decreases, while the number of those living in poverty rises.

Poverty will not be an easy problem to solve. The first step is ending the *myth among Americans ④that most people in the world live similar lives to ours and that only a minority of the world's population is poor. ⑤This is anything but true. Did you know that almost half of the people in the world have never even used a telephone ? The next step is to have even more *cooperation from *benevolent people and nations worldwide to make long-term improvements to poor communities. This might include building *irrigation systems so they can grow food, providing inexpensive medicine to prevent deaths from easily *curable diseases, and training adults to become teachers in schools for children. Can you think of other ideas that might help *wipe out poverty in the world ?

（注） the U.S.：アメリカ（the US とも表記する） just a small portion：ほんの一部
a handful of ～：一握りの～ malnutrition：栄養失調 starvation：飢餓
income：収入 cause related to ～：～に関連のある原因 obtain：得る
hope：見込み benefit：恩恵 include：含む instability：不安定
extremely：大変 inequality：不平等 myth：神話、幻想 cooperation：協力
benevolent：善意をもつ irrigation system：灌漑設備 curable：治療可能な
wipe out：一掃する

問１ 空所（ 1 ）～（ 5 ）に入る最も適切な語を次のア～オから選んで、それぞれ記号で答えなさい。ただし、同じ語を２度以上選んではならない。

ア on イ between ウ above エ about オ before

問２ 下線部①を和訳しなさい。

問３ 下線部②が古代中国のことわざになるように、空所（ A ）に適切な英語３語を補いなさい。

問４　下線部③を実現させるために、先進国、及び発展途上国が実施すべき策として、本文で述べられているものを次のア～カから２つ選び、記号で答えなさい。

ア　食料支援　　イ　軍事力の補強　　ウ　教育環境の充実

エ　所得の再分配　　オ　農業技術の向上　　カ　経済援助の拡大

問５　下線部④の that と同じ用法で用いられている that を含む英文を、次のア～エから１つ選び、記号で答えなさい。

ア　It is impossible that she went skiing in Mt. Zao with them.

イ　I think the woman that man is talking to knows the secret.

ウ　It is not only English but French that my mother can speak.

エ　The news that she could not join the party made me disappointed.

問６　下線部⑤の英文を下のように書きかえた場合、次の空所に入るひと続きの表現を本文中から３語で抜き出しなさい。

This is anything but true. ＝ This is (　　　) (　　　) (　　　).

問７　本文の内容と一致するものを次のア～カから２つ選び、記号で答えなさい。

ア　There are almost three million people in the world who live in poverty.

イ　A dry climate, low levels of education, and the lack of natural resources cause poverty.

ウ　In one country, the number of rich people increases, while that of the poor decreases, and the country will become richer.

エ　About half of the people in the world have never used a telephone.

オ　There is no economic inequality in rich countries like the US.

カ　The writer doesn't think that one of the best ways to help poor people is giving them food.

6 次の英文を読み、後の問いに答えなさい。*がついている語(句)には(注)があります。

People around the world are [A] with Japanese people's politeness. When foreign tourists return home, they tell their friends and family : "Japanese people are so kind and polite." If you [B] for directions, someone won't just tell you; they'll walk you to your *destination. If they cannot help you with directions, they will *apologize seriously, maybe with a bow.

Also, Japanese people are always giving *compliments. For example :

"You speak Japanese so well !"

"You look like David Beckham !"

Westerners really and truly do believe that Japanese people are polite. Most believe that Japanese people are more polite than people in their own country ! You won't get compliments on your language ability in a Western country. Somebody might give you directions. Or they might say "sorridunno" (that's "I'm sorry I don't know" said very fast !) and turn away.

Most foreign people are happy to live in such a polite country — a country more polite than they could ever have imagined possible. Japan even encourages them to try harder to be more polite. What a good thing !

"If only every place in the world could be this polite," foreign visitors to Japan think.

(1).

This happens to every single Western person at least once. It is a great shock. Getting hit in the face by a door is not such a shock. It is a surprise, but one that is quickly over. But getting hit in the face by a door in "the most polite country in the world" is a shock. It is a very big shock that causes Western people (あ).

In Western countries, it is the custom to hold the door open for someone coming behind you. "It's a habit. You do it without even [C] about it," explains Dave, an American in Tokyo. "I don't really think of myself as a polite person. But I always hold the door open. It's just natural."

Dave explains this natural process : "

(い)

"

"It's kind of like a relay race," says Dave. "The door gets handed to each person coming."

The only exception is a woman with a *baby stroller. If the person behind you is a woman (or man!) with a baby stroller, it is the custom to hold the door open wide and [D] that person pass through. This is so that the person pushing the stroller doesn't have to *bother with the door.

"I guess we do this because we feel sympathy for the woman. It must be very hard to hold the door and push a baby stroller at the same time! And what if the door hit the stroller? (2)," says Dave.

Dave wonders: "Why don't Japanese people hold the door open for each other? They do so many other things that are more polite than this! Why not do this one simple little thing? Like I said, I don't think I am a very polite person. But at least I do this. It's easy!"

"I guess politeness means different things in different cultures," continues Dave. "For example, in Japan, it is okay to pick your nose in public, but not blow your nose. In America it is the opposite; you can blow your nose in public, but you can't pick. But when you think about it, they're both equally *gross."

(3), Dave wonders. "Maybe people in Tokyo are too used to automatic doors? Or because traditional sliding doors don't hit people in the face like Western doors? So they never developed a habit of holding open the door for people? I don't know!"

Dave had been in Japan for about a week when the first door *slammed in his face. He had expected the person in front of him to hold the door, but that person didn't. Dave was right behind the person. So he *literally walked right into the door!

"I felt really stupid," says Dave. "I must have looked like an idiot. But still, I thought this must have been an exception. (う)<u>It took a few more doors for me to learn my lesson.</u>"

Still, it is hard for Dave [E] his habit. He still holds the door open for people.

"Really, I'm not trying to be nice. It's just a habit. But some people seem really surprised by it. Then they bow and say thank you! I feel *guilty, like I don't really *deserve their thanks!"

Sometimes, however, this habit causes confusion. As Dave explains : the point isn't to hold the door all the way – just to hold the door until the next person can put their hand out to catch it. But since people in Japan don't have this custom, sometimes they don't reach for the door !

"I've found myself holding the door open for several people *in a row. They just keep coming. I don't want the door to hit anyone. So I just keep standing there holding the door. Once, I must have held the door open for about twenty women. (4)!"

Dave wonders if he should give up holding the door, or if he should continue.

"I'd like to take the best from both cultures. Take the things that are good about American culture and the things that are good about Japanese culture and put them together : that would be best. I think it is nice to hold the door open for people; it's friendly. (5). It makes me feel more like a foreigner."

(注) destination 目的地 apologize：謝罪する compliment：賛辞、褒め言葉
baby stroller：ベビーカー bother：苦労する gross：不快な slam：バタンと閉まる
literally：文字通りに guilty：罪悪感がある deserve～：～に値する
in a row：一列になった

問1 空所[A]～[E]に入る最も適切な語を下からそれぞれ1つずつ選び、必要に応じて適切な形に直して答えなさい。ただし、同じ語を2度以上選んではならない。なお、2語になる場合もある。

【 ask, let, think, break, impress 】

問2 空所(1)～(5)に入る最も適切な英文を次のア～オから1つずつ選び、記号で答えなさい。ただし、同じ記号を2度以上選んではならない。

ア They must have thought it was my job

イ Then a door hits them in the face

ウ Or maybe it isn't a question of politeness at all

エ That would be terrible

オ But on the other hand, doing so makes me stand out

問３　空所（　　あ　　）に入る最も適切な語句を次のア～エから１つ選び、記号で答えなさい。

ア　great sympathy　　イ　deep understanding
ウ　a lot of inconvenience　　エ　deep confusion

問４　本文の内容に合うように、空所（　　い　　）に補うべき次のア～エの英文を正しく並べかえ、記号で答えなさい。

ア　If there is someone following, keep your hand on the door until the other person reaches it.
イ　Then the following person puts out his or her hand to catch the door.
ウ　This continues from person to person.
エ　When you pass through the door, look quickly behind you to see if anyone is following.

問５　下線部(う)について、次のA、Bに答えなさい。

A　下線部(う)の英文をわかりやすい日本語に直しなさい。

B　下線部(う)の英文とほぼ同じ内容を表す英文になるように、次の[　　]内の語(句)を並べかえなさい。解答用紙には、3、6、9番目の語(句)の記号を記入すること。

[ア　not　イ　my lesson　ウ　the door　エ　could　オ　walked
カ　I　キ　I　ク　learn　ケ　into　コ　until] several times.

第3回　英語

問6 以下の(1)~(5)の英文について、本文の内容に一致するものにはT、一致しないものにはFを解答用紙に記入しなさい。ただし、すべてTまたはFと答えてはならない。

(1) When you ask Japanese people for directions, they try to help you even if they can't.

(2) Picking your nose in public is thought to be worse in America than in Japan.

(3) In Western countries, some people may say "sorridunno" when they give you directions.

(4) Dave holds the door open for people not because he wants to be kind but because it is just a habit.

(5) The proverb saying "When in Rome, do as the Romans do," shows Dave's life-style in Japan.

2020 第3回
サピックスオープン

数　学

中学3年

2020年9月13日実施

【受験上の注意事項】

1. 試験時間は、50分です。
2. 答えは全て解答用紙の定められた解答欄の中に書きなさい。
   小さすぎる文字・薄すぎる文字は採点できません。
3. 解答用紙には、生徒ID・氏名を必ず書きなさい。
4. 問題用紙の白いところは、メモなどに使いなさい。
5. 質問がある時や気分が悪くなった時は、黙って手をあげなさい。
6. 終わったら解答用紙だけを提出しなさい。

【解答の際の注意事項】

1. 解答は最も整理された形で表せ。
   ① 分数は特にことわりがない限り，完全に約分された形にせよ。
   比についても同様で，完全に整理された形にせよ。
   ② 解答に根号が含まれる場合は，根号の中の数字はできるだけ小さくして，整理せよ。
2. 円周率は，特にことわりがない限りπを用いよ。
3. 解答が複数考えられる場合は，全て答えよ。

SAPIX 中学部

1　次の各問いに答えよ。

(1)　$6a^3b^3 \div (-2a^2b)^2$ を計算せよ。

(2)　$x^2+2xy+y^2-9$ を因数分解せよ。

(3)　$(\sqrt{27}-\sqrt{12}+2)(2\sqrt{3}-4)$ を計算せよ。

(4)　二次方程式 $x(x+2)=\frac{1}{2}-x$ を解け。

(5)　たくさんの白玉が入った袋がある。この袋に50個の赤玉を入れてよく混ぜ，無作為に50個の玉を取り出したところ，その中に赤玉は10個混ざっていた。

このとき，最初に袋の中にあった白玉はおよそ何個だと考えられるか求めよ。

2 次の各問いに答えよ。

(1) 右の四角形ABCDは，AD∥BCの台形である。

辺BC上に点Eを，AE∥DCとなるようにとり，AEを折り目としてこの台形を折り返したところ，点Bは辺CD上の点Fと重なり，DA＝DFとなった。

∠DAF＝35°のとき，∠FECの大きさを求めよ。

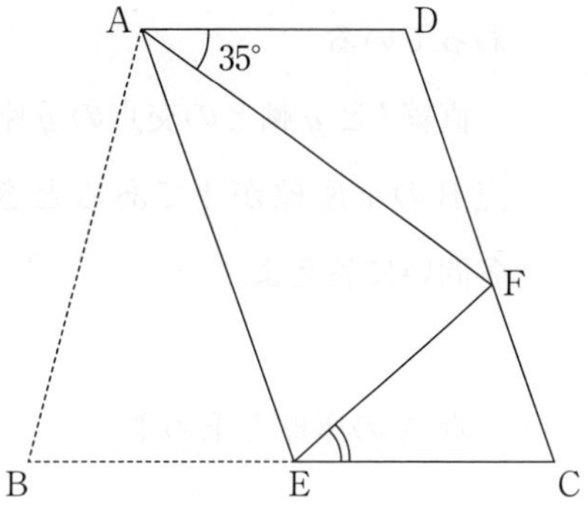

(2) 点Aを中心とする半径が4，中心角が30°のおうぎ形ABCにおいて，線分ACの中点をMとする。

このとき，斜線部分の面積を求めよ。

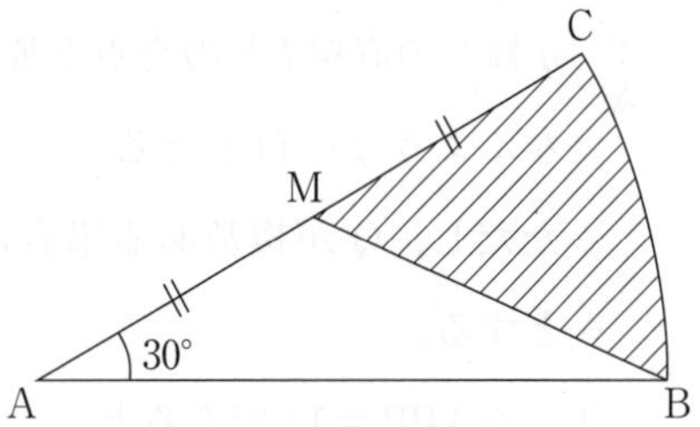

(3) 右の図のような，すべての辺の長さが8の正四角錐O－ABCDがある。

辺OC，辺CD，辺BCの中点をそれぞれP，Q，Rとするとき，四面体APQRの体積を求めよ。

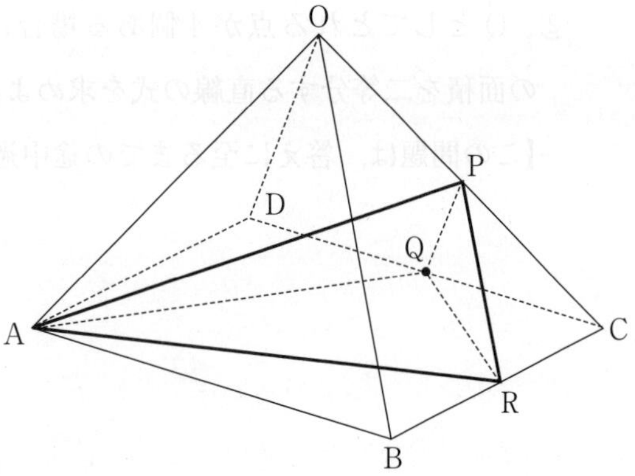

3 右の図のように，放物線 $y=\dfrac{1}{2}x^2$ と傾きが正の直線 l が 2 点 A，B で交わっている。

直線 l と y 軸との交点の y 座標が 6，点 B の x 座標が 4 であるとき，次の各問いに答えよ。

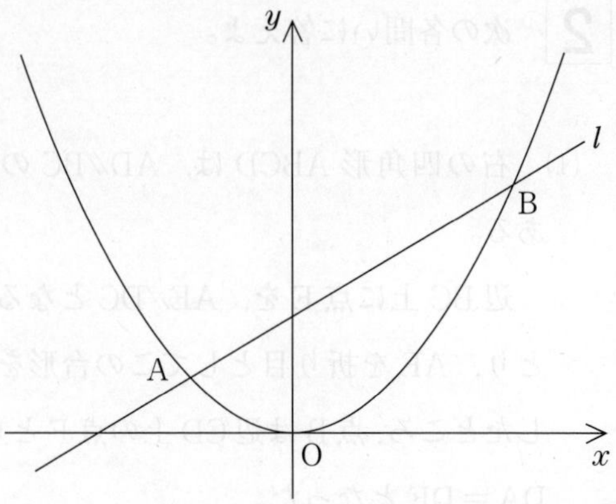

(1) 点 A の座標を求めよ。

(2) △ABO の面積を求めよ。

(3) y 軸上の直線 l との交点と原点 O の間に点 P をとり，放物線上に△ABP＝△ABQ となるような点 Q をとる。

ただし，Q が複数ある場合には，それらを x 座標の小さい順にそれぞれ Q_1，Q_2，…とする。

① △ABP＝14 であるとき，点 Q の x 座標をすべて求めよ。

② Q としてとれる点が 4 個ある場合において，原点 O を通り，四角形 $Q_1Q_2Q_3Q_4$ の面積を二等分する直線の式を求めよ。
【この問題は，答えに至るまでの途中過程を解法欄に記入すること。】

4 大小2つのサイコロを振り，出た目をそれぞれ a，b とする。
$X = 2^a \times 3^b$ とするとき，次の各問いに答えよ。

(1) Xが12の倍数となる確率を求めよ。

(2) Xが72の倍数かつ108の倍数となる確率を求めよ。

(3) Xが72の倍数または108の倍数となる確率を求めよ。

5 右の図において，四角形ABCDはAD//BC，AB＝DC＝6の等脚台形で，BCを直径とする半径5の円Oに内接している。

このとき，次の各問いに答えよ。

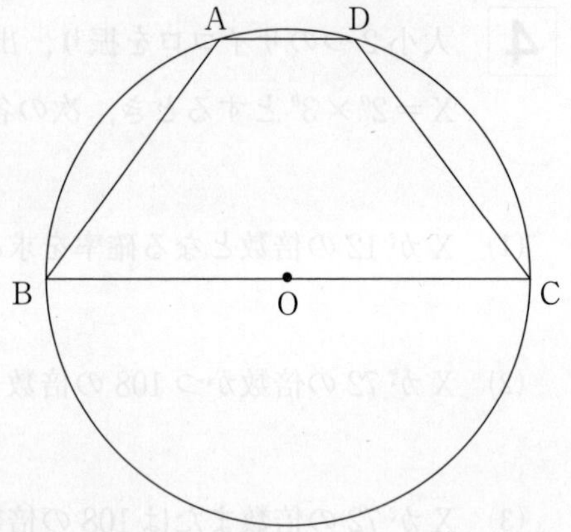

(1) ACの長さを求めよ。

(2) ADの長さを求めよ。

(3) 円周上にPをとり，BCとAP，DPの交点をそれぞれQ，Rとする。

① 右図のように，QがOと一致するとき，△ABP：△CRPを求めよ。

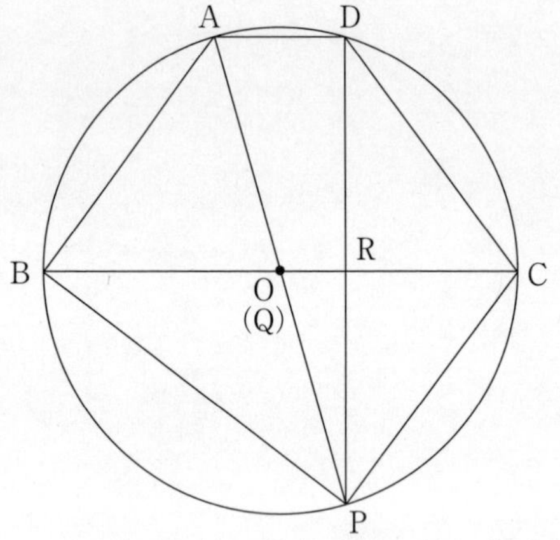

② 右図のように，AP＝BPのとき，QRの長さを求めよ。

【この問題は，答えに至るまでの途中過程を解法欄に記入すること。】

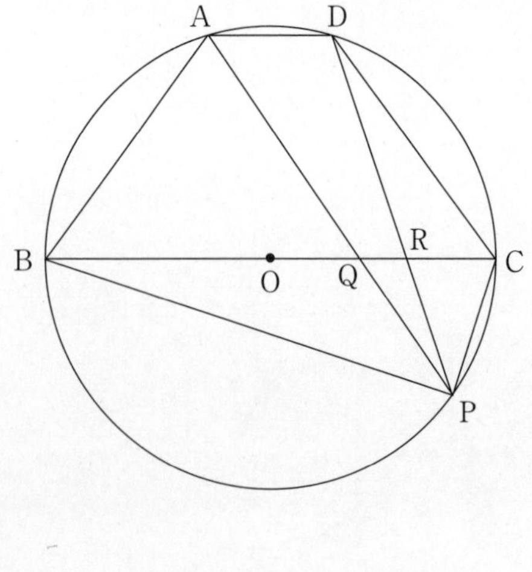

2020 第3回
サピックスオープン

理　科

中学３年

2020年9月13日実施

【受験上の注意事項】

1. 試験時間は、50分です。
2. 答えは全て解答用紙の定められた解答欄の中に書きなさい。小さすぎる文字・薄すぎる文字は採点できません。
3. 解答用紙には、生徒ID・氏名を必ず書きなさい。
4. 問題用紙の白いところは、メモなどに使いなさい。
5. 質問がある時や気分が悪くなった時は、黙って手をあげなさい。
6. 終わったら解答用紙だけを提出しなさい。

SAPIX サピックス 中学部

1　次の問いに答えなさい。

⑴　運動エネルギーを電気エネルギーに変える装置の例として適切なものを，次のア～エの中から一つ選び，記号で答えなさい。

ア．手回し発電機　　イ．発光ダイオード　　ウ．電熱線　　エ．モーター

⑵　**図1**のように，試験管に鉄と硫黄の混合粉末を入れて混合粉末の上部をガスバーナーで加熱した。混合粉末の加熱している部分が赤く光り始めたところで加熱をやめたところ，赤く光った部分が混合粉末全体に広がって鉄と硫黄が過不足なく完全に反応した。室温まで温度が下がった後で，試験管の内部に残った物質を取り出したところ，黒色の粉末であった。取り出した黒色の粉末について正しく述べた文を，次のア～エの中から一つ選び，記号で答えなさい。

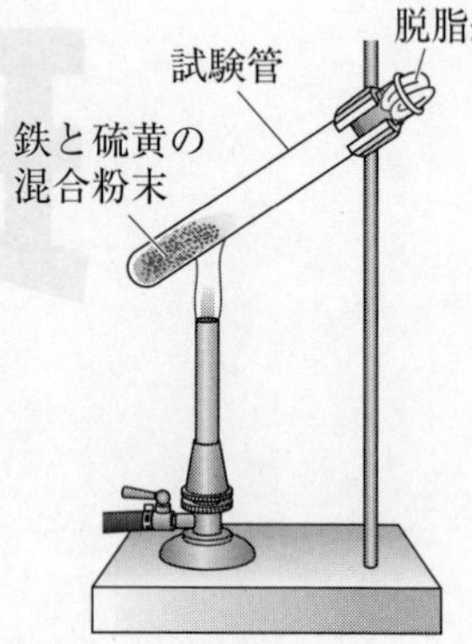

図1

ア．磁石に引き寄せられる。

イ．水に溶けて強い酸性を示す。

ウ．電気をよく通す。

エ．うすい塩酸をかけると腐卵臭の気体が発生する。

⑶　**図2**のような顕微鏡の操作手順について説明した次のⅰ～ⅲについて，正しいものには○を，間違っているものには×を答えなさい。

ⅰ　反射鏡を調節して視野を明るくする操作は，ステージの上にプレパラートをのせた後で行う。

ⅱ　接眼レンズをのぞきながらステージと対物レンズを近づけた後，ステージと対物レンズを遠ざけながらピントを合わせる。

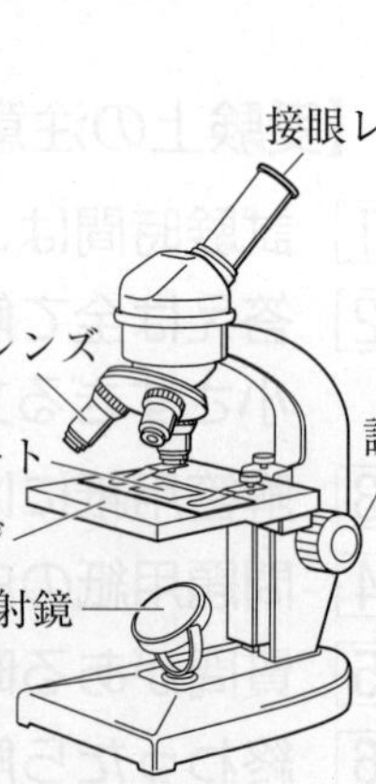

図2

ⅲ　顕微鏡の倍率を高くすると，視野は狭くなり，視野の明るさは暗くなる。

(4)　火山から噴出された火山灰などが堆積してできた岩石の名称とその岩石の特徴の組み合わせとして適切なものを，次のア〜エの中から一つ選び，記号で答えなさい。

	岩石の名称	岩石の特徴
ア	凝灰岩	うすい塩酸をかけると泡が発生する。
イ	凝灰岩	マグマが冷え固まってできた鉱物の粒が含まれる。
ウ	石灰岩	うすい塩酸をかけると泡が発生する。
エ	石灰岩	マグマが冷え固まってできた鉱物の粒が含まれる。

(5)　小腸を通過する前後の血液について述べた次の文章の（　①　），（　②　）にあてはまる語をそれぞれ答えなさい。

細胞においてエネルギーを取り出すはたらきである（　①　）により，小腸を通過した後の血液では通過する前の血液と比べて酸素の割合が減り，二酸化炭素の割合が増えている。また,小腸の毛細血管では栄養分の（　②　）やアミノ酸が吸収されるため,小腸を通過した後の血液では通過する前の血液と比べて（　②　）の割合が増えている。（　②　）は小腸から肝臓に送られ，その一部がグリコーゲンにつくり変えられてたくわえられる。

(6)　**図3**は，ある日の正午に日本付近で見られた温帯低気圧とその移動する向きを表したものである。次の文章の説明にあてはまる地点を，**図3**のＡ〜Ｄの中から一つ選び，記号で答えなさい。

図3の日の正午の時点で乱層雲による弱い雨が降っていた。午後3時頃には雨が止んで晴れ間が見え，南寄りの風が吹いて気温が上昇した。

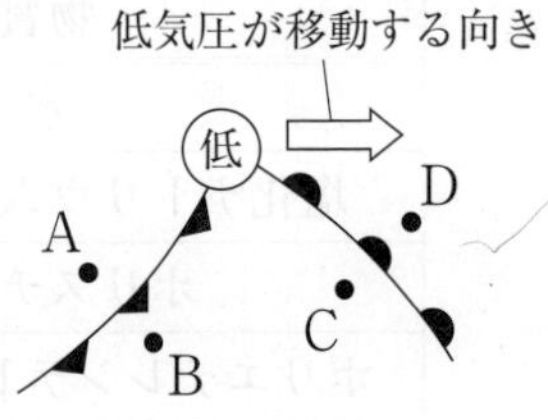

図3

2 次の問いに答えなさい。

(1) 図1のように，電源装置，スイッチ，10 Ωの抵抗器X，20 Ωの抵抗器Y，電流計，電圧計を接続した。電源装置の電圧を12 Vに設定してスイッチを入れたとき，電流計と電圧計が示す値を，それぞれ解答欄の単位に合わせて答えなさい。

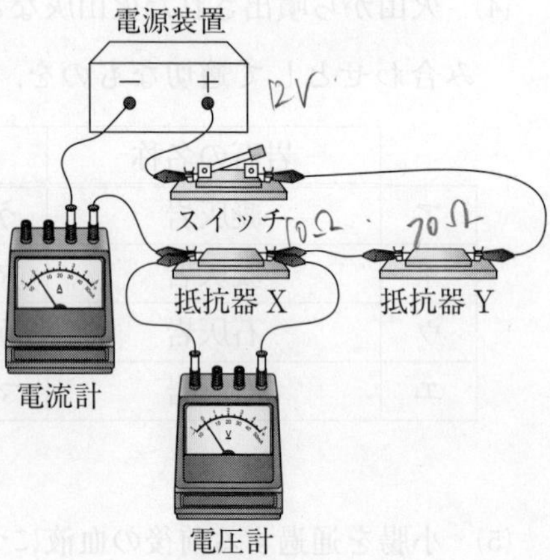

図1

(2) **表1**は，水，塩化ナトリウム飽和水溶液，ポリスチレン，ポリエチレンテレフタラートの密度をまとめたものである。ビーカーに入れた液体Xに，物質Yの板と物質Zの板を入れたところ，**図2**のように，物質Yの板は浮き，物質Zの板は沈んだ。液体X，物質Y，物質Zの組み合わせとして適切なものを，後のア～エの中から一つ選び，記号で答えなさい。

表1

物質	密度〔g/cm^3〕
水	1.00
塩化ナトリウム飽和水溶液	1.13
ポリスチレン	1.06
ポリエチレンテレフタラート	1.38

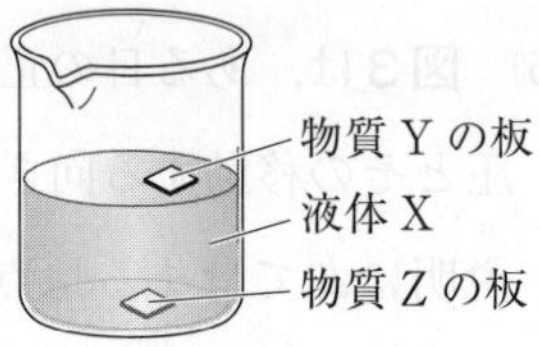

図2

	液体X	物質Y	物質Z
ア	水	ポリスチレン	ポリエチレンテレフタラート
イ	水	ポリエチレンテレフタラート	ポリスチレン
ウ	塩化ナトリウム飽和水溶液	ポリスチレン	ポリエチレンテレフタラート
エ	塩化ナトリウム飽和水溶液	ポリエチレンテレフタラート	ポリスチレン

(3) **図3**のように，酸化銀の粉末を試験管に入れて十分に加熱したところ，試験管内に銀白色の固体が残った。酸化銀の粉末を加熱して起こった化学反応において，60 個の銀原子が発生する反応では，酸素分子は何個発生するか。

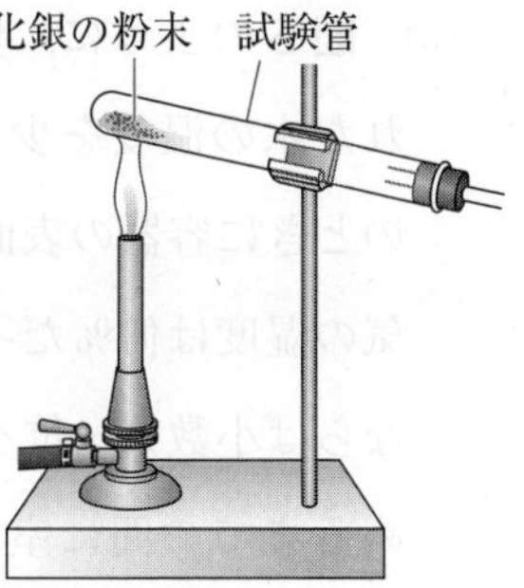

図3

(4) 葉の枚数や大きさが同じアジサイの枝 A ～ D を用意し，**表2**のような処理をしてから**図4**のようにメスシリンダーに入れた水に差し，水面には水の蒸発を防ぐために油を浮かべた。数時間後，水の減少量を調べて**表2**にまとめた。**表2**の x の値を，**表2**の他の値から計算して答えなさい。

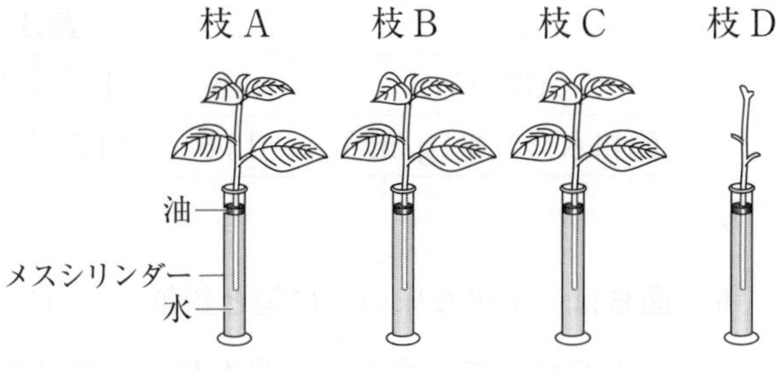

図4

表2

枝	行った処理	水の減少量〔cm^3〕
A	何も行わなかった。	8.8
B	すべての葉の表側にワセリンをぬった。	6.9
C	すべての葉の裏側にワセリンをぬった。	2.5
D	葉をすべて切り取って，切り口にワセリンをぬった。	x

(5) **図5**のように，気温が22℃の室内で，金属製の容器に入れた水の温度を少しずつ下げていったところ，水温が16℃のときに容器の表面に水滴がつき始めた。実験前の室内の空気の湿度は何％だったか。整数で答えなさい。ただし，必要ならば小数第一位を四捨五入しなさい。なお，水滴がつき始めるまでの間に室内の空気に含まれる水蒸気量は変化しなかったものとし，気温ごとの飽和水蒸気量は**表3**の値を用いなさい。

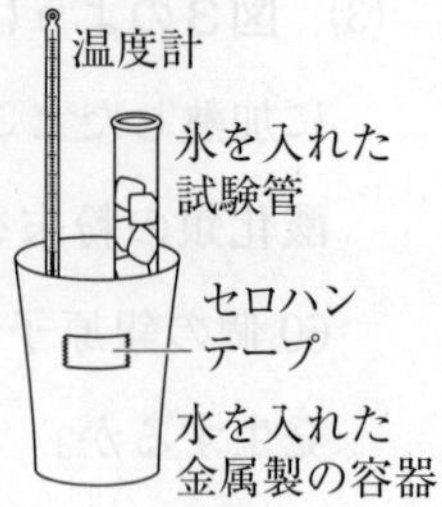

図5

表3

気温〔℃〕	16	17	18	19	20	21	22
飽和水蒸気量〔g/m^3〕	13.6	14.5	15.4	16.3	17.3	18.3	19.4

(6) **図6**は，水平な床の上に鏡と鉛筆Ａ～Ｆを床の面に垂直に立て，真上から見た様子を模式的に表したものである。点Ｐから鏡を見たとき，鏡にうつって見える鉛筆を，**図6**のＡ～Ｆの中からすべて選び，記号で答えなさい。

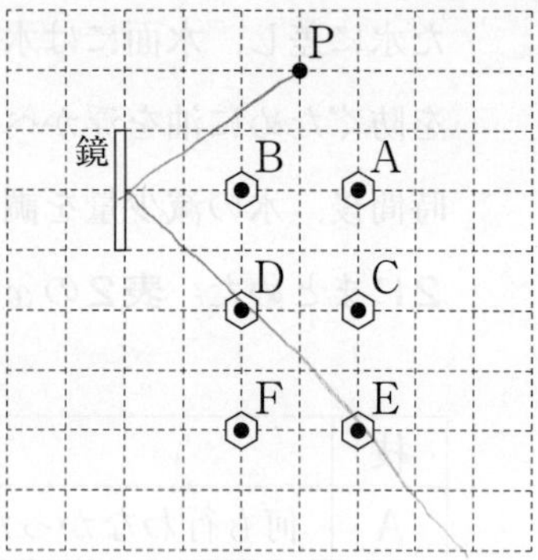

図6

3 次の〔文章〕，〔実験１〕，〔実験２〕について，後の問いに答えなさい。ただし，エンドウの種子を丸型にする遺伝子をＲ，種子をしわ型にする遺伝子をｒで表すものとする。

〔文章〕

生物の生殖方法は，大きく二つに分けられる。一つは有性生殖と呼ばれ，ヒトをはじめ，多くの多細胞生物が行う。もう一つは無性生殖と呼ばれ，①一部の微生物が行う分裂や，サツマイモやイチゴなど一部の植物が親の体の一部から新しい個体をつくる栄養生殖などがある。有性生殖では，精子や卵などの(　②　)細胞が受精することで受精卵ができる。受精卵は，細胞分裂をくり返して親と同じような姿に成長していく。受精卵が親と同じような姿まで成長していく過程を，（　③　）という。

〔実験１〕

エンドウの種子の形には，丸型としわ型という二つの形質がある。何代にもわたって丸型の種子をつくる純系のエンドウと，何代にもわたってしわ型の種子をつくる純系のエンドウをかけあわせたところ，得られた④種子の形はすべて丸型であった。

〔実験２〕

〔実験１〕の下線部④の種子を多数まいて育てたエンドウを自家受粉させ，多数の種子をつくった。得られた種子には丸型のものとしわ型のものがあり，しわ型の種子は全部で273個あった。

⑴　〔文章〕の下線部①について，分裂を行う微生物の例として間違っているものを，次のア～エの中から一つ選び，記号で答えなさい。また，〔文章〕の（　②　），（　③　）にはあてはまる語を，それぞれ答えなさい。

ア．ミジンコ　　　イ．ミカヅキモ　　　ウ．ゾウリムシ　　　エ．アメーバ

⑵　〔文章〕について，右図はある動物の精子と卵から受精卵ができ，その受精卵が１回だけ細胞分裂をして，細胞Xと細胞Yに分かれた様子を表したものである。精子に含まれる染色体と同じ数の染色体が含まれる細胞を，次のア～エの中からすべて選び，記号で答えなさい。

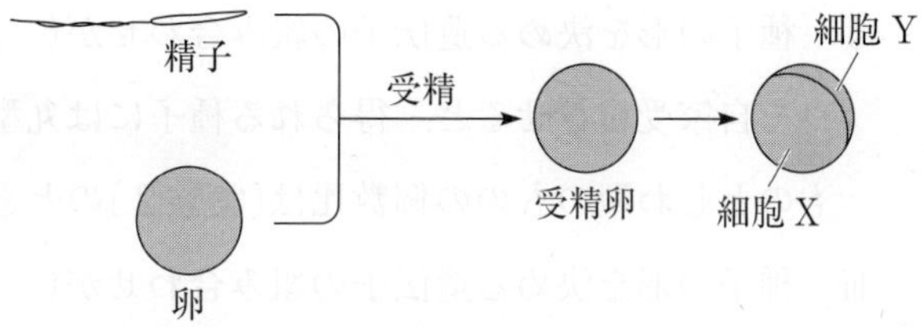

ア．卵　　　　　イ．受精卵　　　　ウ．細胞X　　　　エ．細胞Y

⑶　〔実験１〕の下線部④の種子がもつ種子の形を決める遺伝子の組み合わせを，R，rを用いて答えなさい。

第3回　理科

(4)〔実験２〕で得られた丸型の種子の個数として最も近いものを，次のア～エの中から一つ選び，記号で答えなさい。

ア．92 個　　イ．268 個　　ウ．550 個　　エ．821 個

(5)〔実験２〕で得られた種子を用いて次の〔実験３〕を行い，得られる種子の形ごとの個数比について，下の〔考察〕のように推定した。〔考察〕の（　あ　）～（　う　）にあてはまるものを後の選択肢からそれぞれ一つずつ選び，記号で答えなさい。ただし，同じ記号を２回以上用いてもかまわない。また，〔考察〕の（　え　）にあてはまる比を，最も簡単な整数比で答えなさい。

〔実験３〕

〔実験２〕で得られた丸型の種子だけを多数まいて育てたエンドウを自家受粉させ，多数の種子をつくった。

〔考察〕

Ⅰ　〔実験２〕で得られた丸型の種子には，種子の形を決める遺伝子の組み合わせが（　あ　）のものと（　い　）のものがある。

Ⅱ　種子の形を決める遺伝子の組み合わせが（　あ　）の種子を多数まいて育てたエンドウを自家受粉させると，得られる種子には丸型のものとしわ型のものがあり，丸型のものとしわ型のものの個数比は〔実験２〕のときと同じになる。

Ⅲ　種子の形を決める遺伝子の組み合わせが（　い　）の種子を多数まいて育てたエンドウを自家受粉させると，得られる種子の形はすべて丸型になる。

Ⅳ　〔実験２〕で得られた丸型の種子のうち，遺伝子の組み合わせが（　あ　）のものの個数は（　い　）のものの個数の約（　う　）倍である。

Ⅴ　Ⅰ～Ⅳより，〔実験３〕で得られる種子のうち，丸型のものとしわ型のものの個数比はおおよそ（　え　）であるとわかる。

（　あ　），（　い　）の選択肢　　ア．RR　　イ．Rr　　ウ．rr

（　う　）の選択肢　　ア．$\frac{1}{3}$　　イ．$\frac{1}{2}$　　ウ．1　　エ．2　　オ．3

4 次の〔実験１〕～〔実験３〕について，後の問いに答えなさい。

〔実験１〕

① **図１**のように，硝酸カリウム水溶液をしみ込ませたろ紙の上に青色と赤色のリトマス紙Ａ～Ｄを並べ，ろ紙の両端に金属製のクリップを取り付けた。

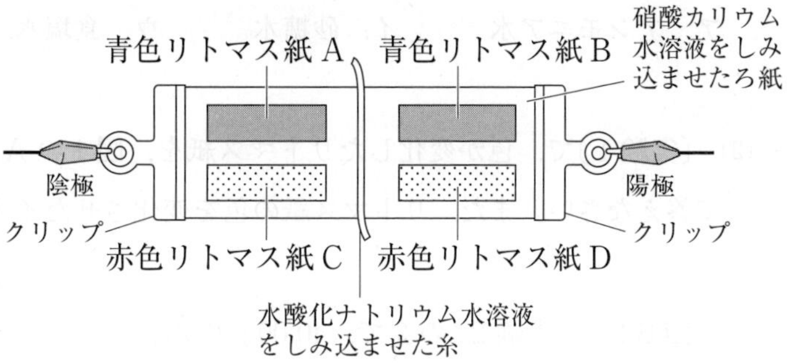

図１

陽極，陰極側のクリップは，それぞれ電源装置の＋極，－極に接続されている。

② ろ紙の中央に水酸化ナトリウム水溶液をしみ込ませた糸を置いた後，電源装置のスイッチを入れて電流を流したところ，色が変化したリトマス紙があった。

〔実験２〕

① 水酸化ナトリウム水溶液（水溶液ａ）とうすい塩酸（水溶液ｂ）を用意した。

② 40.00 gの水溶液ａをビーカーに入れてフェノールフタレイン液を数滴加えた。**図２**のように，40.00 gの水溶液ａに水溶液ｂを少量加えるたびにしばらく待ってからビーカー内の水溶液の色を調べる手順をくり返していったところ，水溶液ｂをちょうど60.00 g加えたところで色が変化した。

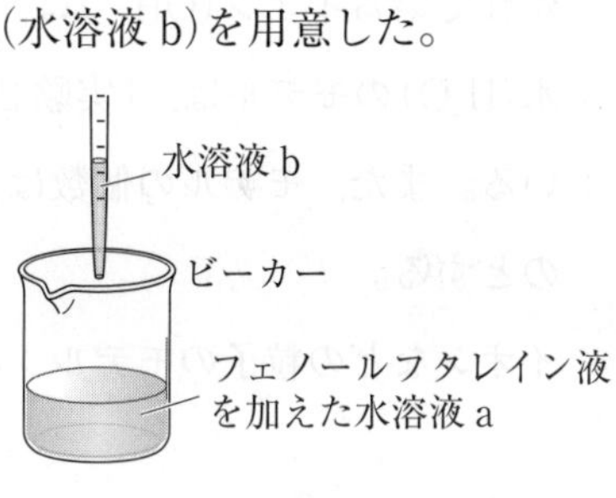

図２

③ 4.00 gの水溶液ａと6.00 gの水溶液ｂを混ぜた水溶液を蒸発皿に入れ，ガスバーナーで加熱して水分を完全に蒸発させた。蒸発皿に残った固体をすべて集めて質量を測定したところ，0.29 gだった。

〔実験３〕

① うすい硫酸（水溶液ｃ）と水酸化バリウム水溶液（水溶液ｄ）を用意した。

② 水溶液ｃをビーカーに入れて，水溶液ｄを少しずつ加えていったところ，混合溶液が白くにごった。

(1) 〔実験１〕で，ろ紙にしみ込ませる水溶液として，硝酸カリウム水溶液の代わりに使用できる水溶液として最も適切なものを，次のア～エの中から一つ選び，記号で答えなさい。また，その記号を選んだ理由を簡潔に答えなさい。

ア．アンモニア水　　　イ．砂糖水　　　ウ．食塩水　　　エ．うすい硫酸

(2) 〔実験１〕で，色が変化したリトマス紙を，**図１**のＡ～Ｄの中から一つ選び，記号で答えなさい。また，リトマス紙の色を変化させたイオンの名称を答えなさい。

(3) **図３**は，〔実験２〕の②で，40.00 g の水溶液 a に水溶液 b を 40.00 g 加えたとき，水溶液中のイオンや分子の種類と数の一部を，モデルで表したものである。**図３**の点線で囲まれた部分にあてはまるイオンなどの粒子のモデルを，次の中から必要なものを選んで解答欄に作図しなさい。ただし，**図３**にすでにかかれているイオン(OH^-)は，**図３**にかかれているもの以外には存在しないものとし，水(H_2O)のモデルは，〔実験２〕の②で起こった反応によって生じたものだけを表している。また，モデルの個数は，実際に存在するイオンなどの粒子の個数に比例するものとする。

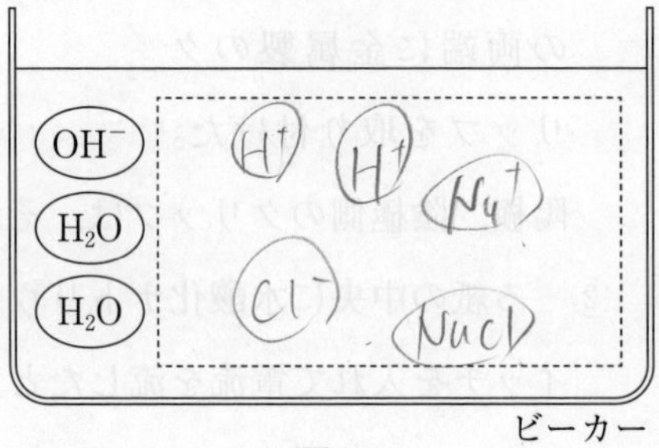

図３

イオンなどの粒子のモデル：H^+　Na^+　Cl^-　NaCl

(4) 〔実験２〕で用いた水溶液 a と水溶液 b について，6.00 g の水溶液 a と 12.00 g の水溶液 b を混ぜた水溶液を加熱して水分を完全に蒸発させた後，残る固体の質量は何 g か。小数第二位まで答えなさい。ただし，必要ならば小数第三位を四捨五入しなさい。

(5) 〔実験３〕の②で，水溶液 c に水溶液 d を加えたときに起こった化学変化を，化学反応式で答えなさい。

5 **図1**は，地球，太陽，黄道上における四つの星座，金星の位置関係を地球の北極側から見た様子を，模式的に表したものである。また，下の表は，いくつかの惑星に関する数値をまとめたもので，数値は地球を1としたときの相対的な値である。後の問いに答えなさい。ただし，時刻はすべて24時間制で表すこととする。

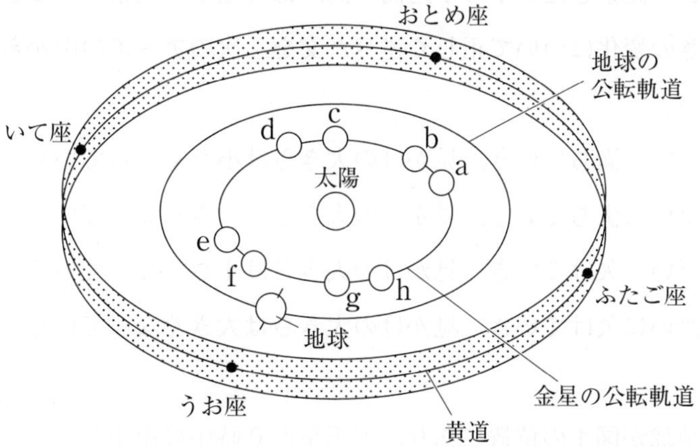

図1

惑星	金星	A	B	C	天王星
公転軌道の半径	0.72	1.52	5.20	9.58	19.2
公転周期	0.62	1.88	11.9	29.5	84.0
質量	0.82	0.11	317.8	95.2	14.5
赤道半径	0.95	0.53	11.2	9.4	4.0

(1) 地球から太陽を見ると，1年をかけて太陽は星座の間を移動していくように見える。太陽が通過する順番に星座を並べたものを，次のア，イから一つ選び，記号で答えなさい。

ア．おとめ座→ふたご座→うお座→いて座　イ．おとめ座→いて座→うお座→ふたご座

(2) 木星を表している惑星を，表のA～Cの中から一つ選び，記号で答えなさい。また，木星の特徴について述べた文として間違っているものを，次のア～エの中から一つ選び，記号で答えなさい。

ア．太陽系で最大の惑星である。　イ．表面が気体でできている。
ウ．密度が地球よりも小さい。　エ．環がない。

(3)　地球が**図1**の位置にあるとき，日本のある地点において，**図2**のような金星が観察された。金星の位置を，**図1**のａ～ｈの中から一つ選び，記号で答えなさい。ただし，**図2**は天体望遠鏡で観察した金星を肉眼で観察したときと同じ向きに直したものである。

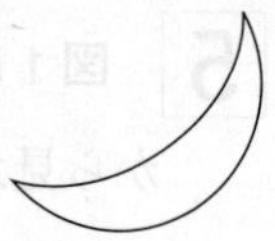

図2

また，**図2**を観察した日から１週間の間，毎日金星を観察したとき，金星の形と見かけの大きさの変化について正しく述べた文を，次のア～エの中から一つ選び，記号で答えなさい。

ア．形はしだいに満ちていき，見かけの大きさは小さくなっていく。

イ．形はしだいに満ちていき，見かけの大きさは大きくなっていく。

ウ．形はしだいに欠けていき，見かけの大きさは小さくなっていく。

エ．形はしだいに欠けていき，見かけの大きさは大きくなっていく。

(4)　ある日，地球が**図1**の位置にあり，天王星が０時頃に南中し，うお座とほぼ重なって見えた。また，この日の日本付近では，昼と夜の長さがほぼ等しかった。このとき，次の①～③に答えなさい。

①　**図1**の位置関係になるのは何月頃か。次のア～エの中から一つ選び，記号で答えなさい。

ア．３月頃　　イ．６月頃　　ウ．９月頃　　エ．12月頃

②　うお座を１か月後に観察すると何時頃南中するか。次のア～エの中から一つ選び，記号で答えなさい。

ア．20時頃　　イ．22時頃　　ウ．２時頃　　エ．４時頃

③　地球は毎年同じ日に**図1**の位置にあるものとする。地球が**図1**の位置にある日の18時頃に天王星が南中するのはおよそ何年後か。次のア～クの中から一つ選び，記号で答えなさい。ただし，地球と天王星は，同じ公転面をもち，太陽を中心とした同心円上を一定の速さで公転しているものとして考えなさい。

ア．14年後　　イ．21年後　　ウ．28年後　　エ．42年後

オ．56年後　　カ．63年後　　キ．70年後　　ク．84年後

6 質量 50 g の同じ磁石 A，B，自然長が 20.0 cm で 1.0 N のおもりをつるすと 4.0 cm のびるばね C，動滑車，斜面を用いて行った次の〔実験〕について，後の問いに答えなさい。ただし，糸，ばね，動滑車の質量，糸と動滑車との間の摩擦，磁石と斜面との間の摩擦は考えないものとする。また，質量 100 g の物体にはたらく重力の大きさを 1.0 N とする。なお，図において，磁石などを支える手は省略してある。

〔実験〕

① **図1**のように，一方の端を天井に固定したばね C の他方の端に，磁石 A を S 極が上になるようにして静かにつるしたところ，ばね C がある長さになったところで静止した。

② **図2**のように，**図1**の磁石 A の下側(N 極)に手で持った磁石 B を S 極が上になるようにして真下から近づけて静止させたところ，ばね C ののびは 3.6 cm だった。

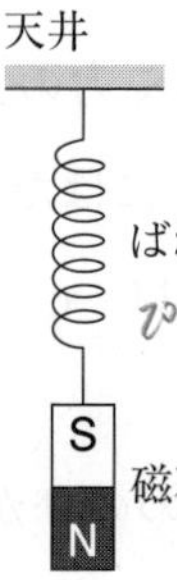

図1

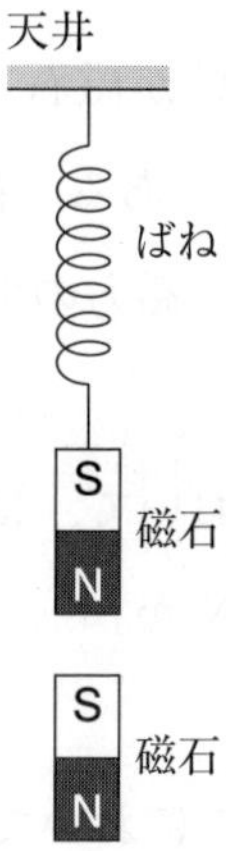

図2

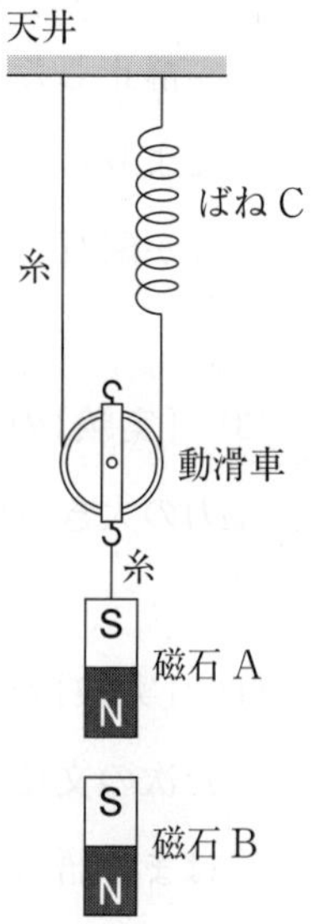

図3

③ **図3**のように，ばね C とつないだ糸を動滑車に通し，糸とばね C の他方の端をそれぞれ天井に固定した。動滑車には糸で磁石 A を S 極が上になるようにしてつるした。磁石 A の下側(N 極)に手で持った磁石 B を S 極が上になるようにして真下から近づけて静止させたところ，ばね C ののびは 2.8 cm だった。

④ 底辺の長さが 80.0 cm，高さが 60.0 cm，斜辺の長さが 100.0 cm の直角三角形の側面をもつ三角台の斜面を用意した。**図4**のように，斜面の上端にばね C の一方の端を固定し，ばね C の他方の端に磁石 A を S 極が斜面に沿って上側になるようつなぎ，磁石 A の斜面に沿って下側(N 極)に磁石 B をつけて手を離し，静止させた。このとき，ばね C ののびは x〔cm〕であった。

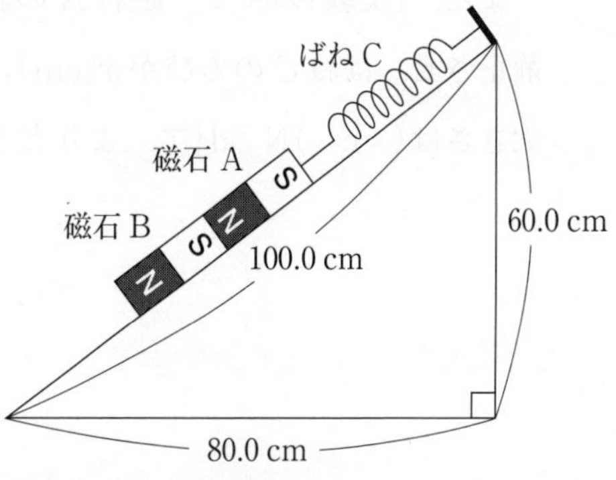

図4

⑤　④の後，磁石Bを斜面に沿って下側に手で少しずつ引いていったところ，ばねCがのびていき，のびが8.4 cmになった直後に磁石Aと磁石Bが離れた。

⑴　〔実験〕の①において，磁石Aをつるして静止させたばねCの長さは何cmか。

⑵　〔実験〕の②において，磁石Bが磁石Aを引く磁力の大きさの求め方を説明した次の文章中の（　a　）～（　c　）にあてはまる数値を答えなさい。

静止したばねCが磁石Aを引く力の大きさは，ばねCののびが3.6 cmであることより（　a　）Nである。磁石Aにはたらく重力の大きさは（　b　）Nなので，磁石Bが磁石Aを引く磁力の大きさは（　c　）Nとわかる。

⑶　〔実験〕の③において，ばねCののびが2.8 cmのとき，磁石Bが磁石Aを引く磁力の大きさは何Nか。

⑷　〔実験〕の④，⑤において，磁石Bが磁石Aを引く磁力の大きさの求め方を説明した次の文章中の（　a　）～（　c　）にあてはまる数値を答えなさい。また，dにはあてはまる語句を，｛　　｝内のア～ウの中から一つ選び，記号で答えなさい。

〔実験〕の⑤で，磁石Aと磁石Bが離れる直前にばねCが磁石Aを引く力の大きさは，ばねCののびが8.4 cmであることより（　a　）Nである。磁石Aにはたらく重力の斜面に平行な方向の分力の大きさが（　b　）Nであることを考慮すると，磁石Aと磁石Bが離れる直前に，磁石Bが磁石Aを引いていた磁力の大きさは（　c　）Nである。

また，〔実験〕の④で，磁石Aの斜面に沿って下側につけた磁石Bから手を離して静止させ，ばねCののびがx〔cm〕になっているとき，磁石Bが磁石Aを引く磁力の大きさは（　c　）N　d｛ア．より大きい　イ．より小さい　ウ．と等しい｝。

2020 第3回

サピックスオープン

社 会

中学3年

2020年9月13日実施

【受験上の注意事項】

1 試験時間は、50分です。
2 答えは全て解答用紙の定められた解答欄の中に書きなさい。
小さすぎる文字・薄すぎる文字は採点できません。
3 解答用紙には、生徒ID・氏名を必ず書きなさい。
4 問題用紙の白いところは、メモなどに使いなさい。
5 質問がある時や気分が悪くなった時は、黙って手をあげなさい。
6 終わったら解答用紙だけを提出しなさい。

SAPIX サピックス 中学部

1　次の地図を見て、以下の各問いに答えなさい。

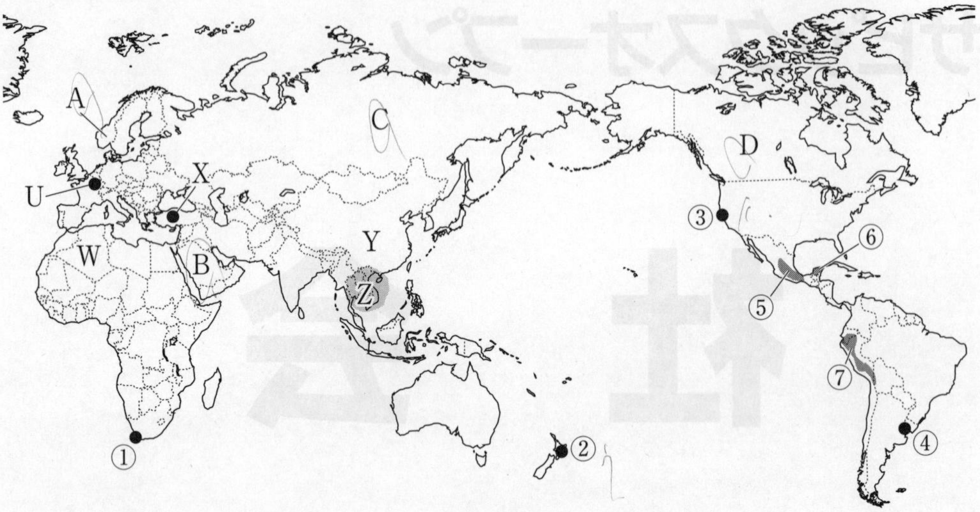

問１　以下の雨温図は地図中の①～④のいずれかの都市のものである。②の都市のものを選び、記号で答えなさい。

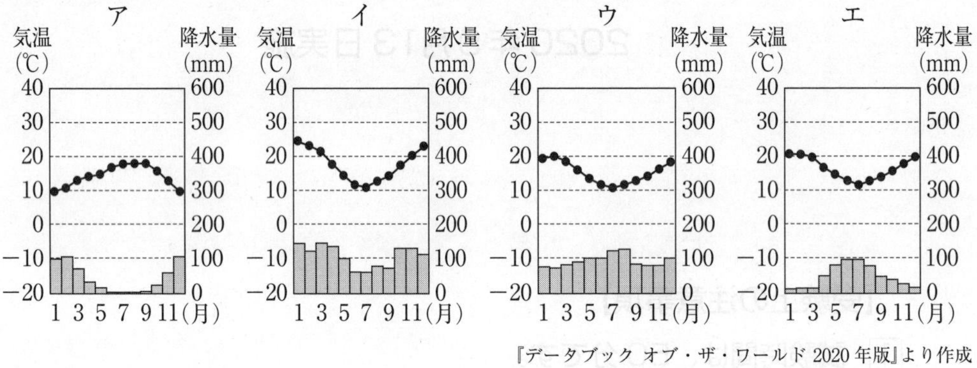

『データブック オブ・ザ・ワールド 2020 年版』より作成

問２　次の文は地図中の都市Ｕに本部を置くある国際機構に関して説明したものである。この国際機構の名称をアルファベット４字で答えなさい。

> この組織は、冷戦期にヨーロッパや北アメリカの資本主義国などを中心として結成された軍事同盟である。この組織は冷戦終結後も引き続き維持され、新たな加盟国を増やしている。

問3　地図中のＷ国を説明した次の文の中で適切なものを１つ選び、記号で答えなさい。

ア．イギリスの植民地だったことから公用語の１つが英語となっている。

イ．世界的なカカオの生産地となっており、モノカルチャー経済化が進んでいる。

ウ．北部にはアルプス＝ヒマラヤ造山帯の一部であるアトラス山脈が位置する。

エ．首都であるカイロはアフリカ最大級の人口を誇る都市である。

問4　地図中の都市Ｘのおおよその緯度・経度を次の中から１つ選び、記号で答えなさい。

ア．北緯30度・東経32度　　イ．北緯30度・東経62度

ウ．北緯40度・東経32度　　エ．北緯40度・東経62度

問5　地図中のＹ国を説明した次の文の下線部ａ～ｄの中で適切でないものを１つ選び、記号で答えなさい。

> この国は、世界最大の人口を抱えており、a. 14億人を超える人々が暮らしている。主な民族はb. 漢民族であるが、国内にはその他50を超える少数民族が居住しており、北西部にはc. イスラム教を信仰しているウイグル族が、南西部にはd. ヒンドゥー教を信仰しているチベット族が自治区を形成している。

問6　地図中のＺ地域に広がる半島の名称を解答欄に合わせてカタカナで答えなさい。

問7　以下の統計は、地図中Ａ～Ｄのいずれかの国の輸出品の上位品目と総額を示したものである。Ａ～Ｄに当てはまるものをそれぞれ選び、記号で答えなさい。

	ア	イ	ウ	エ
1位	原油	原油	原油	原油
2位	天然ガス	自動車	石油製品	石油製品
3位	魚介類	機械類	鉄鋼	プラスチック
4位	機械類	金(非貨幣用)	石炭	化学薬品
5位	石油製品	石油製品	機械類	機械類
総額	121,923	449,977	449,585	221,661

総額の単位：百万ドル　ア・イ・ウは2018年、エは品目が2016年・貿易額が2017年
『データブック オブ・ザ・ワールド 2020年版』より作成

問8　地図中の⑤～⑦はいずれも古代文明があった位置を示している。⑤～⑦の組み合わせとして適切なものを次の中から選び、記号で答えなさい。

ア．⑤－インカ文明　⑥－マヤ文明　⑦－アステカ文明
イ．⑤－インカ文明　⑥－アステカ文明　⑦－マヤ文明
ウ．⑤－マヤ文明　⑥－インカ文明　⑦－アステカ文明
エ．⑤－マヤ文明　⑥－アステカ文明　⑦－インカ文明
オ．⑤－アステカ文明　⑥－インカ文明　⑦－マヤ文明
カ．⑤－アステカ文明　⑥－マヤ文明　⑦－インカ文明

2　次の地図Ⅰ・Ⅱを見て、以下の各問いに答えなさい。

地図Ⅰ

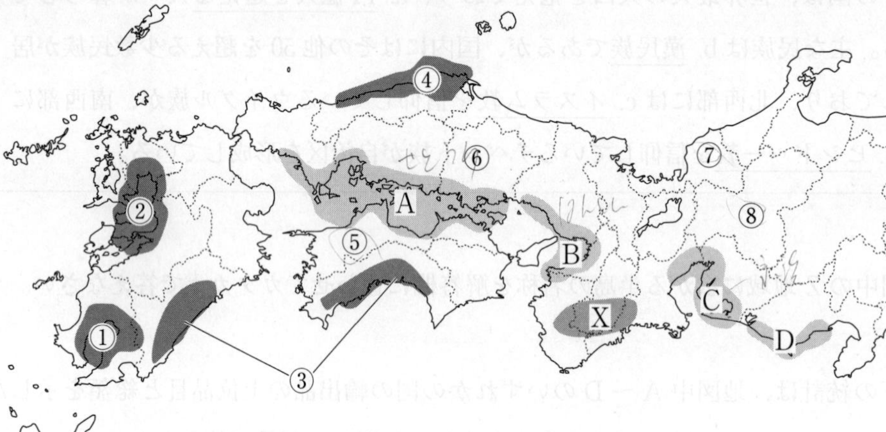

問1　地図Ⅰ中のXの山地の名称を解答欄に合わせて漢字2字で答えなさい。

問2　次ページの表は、地図Ⅰ中のA～Dの工業地帯・地域における製造品出荷額等の割合に関して示したものである。Dの工業地帯・地域に当てはまるものを選び、記号で答えなさい。

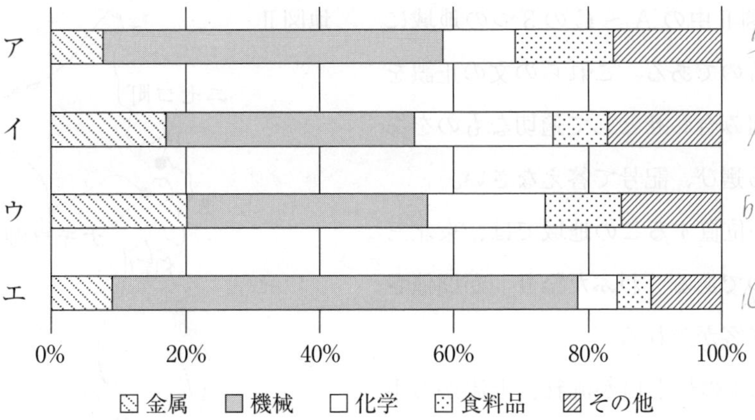

『日本国勢図会 2019/20』より作成

問3 地図Ⅰ中の①～④の地域に関して説明した次の文の中で適切なものを１つ選び、記号で答えなさい。

ア．①に形成されるシラス台地では稲作がさかんであり、この地域は九州一の穀倉地帯になっている。

イ．②の有明海で農地拡大を目的として行われた干拓事業は、干潟を消失させたことなどにより漁業に深刻な被害を及ぼした。

ウ．③の平野では親潮の影響で気候が温暖であるため、これを利用したきゅうりやなすなどの促成栽培がさかんである。

エ．④の地域は過疎化の進行が深刻であるため、世界遺産登録地である出雲大社や石見銀山などの観光資源を活用した町おこしが進んでいる。

問4 下の表はある果実の生産量の上位５県を示したものである。(　　　)に入る県名を地図Ⅰ中の⑤～⑧の中から選び、番号で答えなさい。

	生産量(t)	生産割合(%)
山梨	43200	24.5
長野	25900	14.7
山形	16700	9.5
(　　　)	16700	9.5
福岡	8260	4.7

2017 年、『日本国勢図会 2019/20』より作成

問5　次の文は地図Ⅱ中のＡ～Ｃの３つの地域について述べたものである。これらの文の正誤を判断し、その組み合わせとして適切なものをあとの表の中から選び、記号で答えなさい。

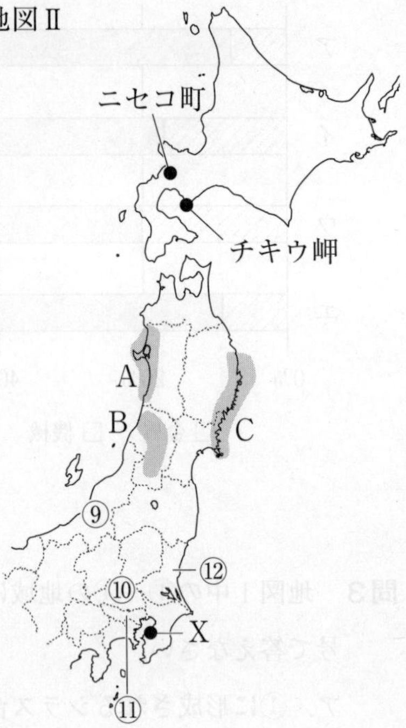

A. 男鹿半島が位置するこの地域では、東北三大祭りの一つである「ねぶた祭り」が開催され多くの観光客が訪れる。

B. 日本三大急流の最上川が流れ、上流から中流域にかけて、おうとうの産地があることで知られている。

C. カキなどの養殖で知られるリアス海岸があり、八戸、大船渡、気仙沼といった主要な漁港が位置している。

	ア	イ	ウ	エ	オ	カ	キ	ク
A	正	正	正	正	誤	誤	誤	誤
B	正	正	誤	誤	正	正	誤	誤
C	正	誤	正	誤	正	誤	正	誤

問6　地図Ⅱ中の都市Ｘに関して説明した次の文の空欄に当てはまる語句をカタカナで答えなさい。

> この都市と神奈川県川崎市を結ぶ東京湾アクアラインが開通している。交通の利便性を高め、経済を活性化するために社会資本の整備が行われているが、結ばれた２つの都市の規模が大きく異なると、規模が大きい方の都市に経済活動が集約される(　　　　　)現象が発生することがある。

問7　次ページの表ア～エは地図Ⅱ中の⑨～⑫都県のいずれかの米、トマトの生産量、都県内総生産を示したものである。⑫の都県を表したものを選び、記号で答えなさい。

	米(t)	トマト(t)	都県内総生産(億円)
ア	627,600	11,700	88,456
イ	358,400	48,000	129,921
ウ	555	-	1,043,392
エ	155,400	15,700	223,323

米は2018年、トマトは2017年、都県内総生産は2015年度 『日本国勢図会 2019/20』より作成

問8 北海道には地図Ⅱにあるようにカタカナの地名が多くみられる。その理由について簡潔に説明しなさい。

3 次の文を読み、あとの各問いに答えなさい。

宗教は政治と深く関わりを持って発展してきた。日本固有の宗教は神道であるが、①外国からもたらされた仏教とキリスト教は日本の政治に大きな影響を与えた。

仏教は紀元前5～4世紀にインドでシャカが創始し、日本へは538年に朝鮮半島の百済から伝来した。以降、仏教は大陸から伝播(でんぱ)した先進的な文化として朝廷や豪族を中心に受容され、日本に根付いていった。②奈良時代には聖武天皇が仏教の力を使い国内政治を安定させようとするなど、仏教の政治に対する影響力が強まった。平安時代の国風文化期には、(　③　)。鎌倉時代には浄土信仰は法然や親鸞により、浄土宗、浄土真宗へと発展した。この時代は、新たな文化の担い手である武士や庶民にも理解しやすい④新たな仏教が次々と生み出された。⑤室町時代には、加賀国で浄土真宗(一向宗)の門徒が一揆を起こし、おおよそ100年間にわたって自治を行った。

キリスト教は、1549年にイエズス会のフランシスコ＝ザビエルが(　⑥　)に上陸したことで日本に伝わった。当初、織田信長は仏教勢力に対抗するためにキリスト教を保護したが、豊臣秀吉はキリスト教への警戒感を持ち、バテレン追放令を発して宣教師の国外追放を命じた。しかし、南蛮貿易は認めていたため、禁教政策は不徹底であった。

⑦江戸時代になると禁教令が出され、キリスト教の信仰が禁止された。⑧スペイン船やポルトガル船の来航を禁じるとともに、寺請制度を設けて宗門改めを実施するなど、キリスト教に対して厳しい監視を行った。

問1　下線部①に関して

以下の文は明治時代にある遺跡を発見した外国人の手記である。この外国人の国籍とこの遺跡と同時代に見られる出土品として適切なものをそれぞれ1つずつ選び、解答例に合わせて記号と番号で答えなさい。（解答例：ア・①）

> 横浜に上陸して数日後、初めて東京へ行ったとき、線路の切割に貝殻の堆積(たいせき)があるのを通行中の汽車の窓から見て、私は即座にこれを本当の貝墟(かいきょ)であると知った。私はメイン州海岸で、貝塚をたくさん研究したから、ここにあるものの性質をすぐ認めた。

ア．フランス　　イ．イギリス　　ウ．アメリカ　　エ．ドイツ　　オ．イタリア

①
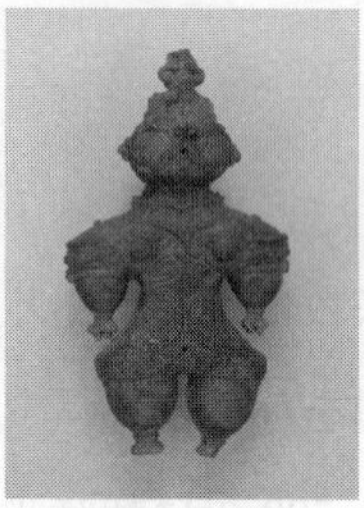

②

③

出典：ColBase（https://colbase.nich.go.jp/）

問2　下線部②に関して

奈良時代の出来事に関して説明した次の文の中で適切なものを1つ選び、記号で答えなさい。

ア．藤原京から遷都(せんと)が行われ、新たな都である平城京が造営された。平城京には唐の都である長安にならい、碁盤の目状に区画される条坊制が採用された。

イ．人口の増加や重税に耐えかねた農民が逃亡するなどして不足した開墾地を増やすべく、班田収授法が新たに発せられた。

ウ．初の和歌集である『万葉集』が編纂(へんさん)された。『万葉集』には、貴族だけではなく蝦夷に派遣された防人がよんだとされる和歌なども収録されている。

エ．聖武天皇は、国分寺建立や大仏造立に着手するとともに、富本銭や和同開珎などの貨幣を鋳造(ちゅうぞう)してその流通を奨励した。

問3　文中の(　③　)に当てはまる説明として適切なものを次の中から1つ選び、記号で答えなさい。

ア．唐から日本にわたった鑑真が修行者の規則である戒律をもたらし、唐招提寺を建立して僧の指導にあたった

イ．摂関政治により全盛を極めた藤原道長が興福寺を建立し、仏法の守護神である阿修羅像の彫刻などを作らせた

ウ．仏教と神道との対立が深まり、寺院や仏像を焼き、僧を弾圧する廃仏毀釈(はいぶつきしゃく)の動きが各地で見られるようになった

エ．末法思想による不安が蔓延(まんえん)するなか、阿弥陀仏にすがって極楽往生を願う浄土教が流行し、各地に阿弥陀堂が建立された

問4　下線部④に関して

鎌倉時代に日蓮宗を開いた日蓮は、『立正安国論』を幕府に出し、ある出来事を予言したとされる。彼の予言は後に現実のものとなったが、このある出来事を以下の絵を参考に漢字2字で答えなさい。

問5　下線部⑤に関して

次ページの史料はこの頃の政治に関して書かれたものである。(　A　)(　C　)に当てはまる語句とBに該当する人物の組み合わせとして適切なものをあとから1つ選び、記号で答えなさい。

去程に、京都には君伯耆より還幸なりしかば御迎えに参られける卿相雲客かうさう花をなせり。今度忠功をいたしける正成・長年以下供奉の武士其数をしらず。1)宝祚は二条内裏なり。（　A　）・平治・治承より以来、武家の沙汰として政務を恣にせしかども、2)元弘三年の今は天下一統に成しこそめづらしけれ。君の御聖断は3)延喜・天暦のむかしに立帰て武家安寧に民屋謳歌し、いつしか諸国に国司・守護をさだめ、卿相雲客各其階位に登りし体、実に目出かりし善政なり。…古の興廃を改て、今の例は昔の新儀也。B.朕が新儀は未来の先例たるべしとて、新なる勅裁漸々きこえけり。…

爰に京都の聖断を聞奉るに記録所・決断所をゝかるといへども、近臣臨時に内奏を経て非義を申行間、4)綸言朝に変じ暮に改りし程に、諸人の浮沈掌を返すが如し。或は先代滅亡の時に遁来る輩、又高時の一族に被官の外は、寛宥の儀をもて死罪の科を宥めらる。又、天下一同の法をもて安堵の綸旨を下さるといへども、所帯をめさるゝ輩、恨をふくむ時分、公家に口ずさみあり。（　C　）なしといふ詞を好みつかひける。…武家して又公家に恨みをふくみ奉る輩は頼朝卿のごとく天下を専らにせん事をいそがしく思へり。故に公家と武家水火の陣にて元弘三年も暮にけれ。

注：1)天皇の地位　2)1333年　3)醍醐・村上天皇の年号　4)天皇の言葉

	ア	イ	ウ	エ
A	永仁	永仁	永仁	永仁
B	後鳥羽天皇	後醍醐天皇	後鳥羽天皇	後醍醐天皇
C	尊氏	義満	義満	尊氏

	オ	カ	キ	ク
A	保元	保元	保元	保元
B	後鳥羽天皇	後醍醐天皇	後鳥羽天皇	後醍醐天皇
C	尊氏	義満	義満	尊氏

問6　冒頭の文中にある（　⑥　）に入る語句を漢字で答えなさい。

問7　下線部⑦に関して

これに関連する以下の資料から読み取れる内容として適切なものを１つ選び、記号で答えなさい。

> 長崎の奉行は叛乱の原因を調査し、それが有馬の地の領主である奉行長門守の苛酷をきわめた虐政によるものであることを見出した。すなわち農民は毎年、一般の貢物として米と小麦と大麦とを納めたが、その上更にノノとカンガとの二種類を納めなければならなかった。更に煙草一株につき税としてその葉の半数を取られたが、それは常に極上で、最も大きな葉が選ばれた。…すべては憐れな農民の血と汗を代償として、殿の収入を増すために行われたので、納められない人々は迫害を加えられ、その妻を取上げられた。たとえ妊婦でも容赦なく凍った水中に投ぜられ、そのために生命を失う者も少なくなかった。…長門殿の奉行や役人たちが、このような傲慢、暴虐によって農民に圧政を加えたことが原因となって、その領主に対する蜂起、叛乱となったのであって、キリスト教徒によるものではない。ところが、殿の重臣たちは、これをキリスト教徒が蜂起したものと言明して、その虐殺を蔽い隠し、日本国中の領主たちと皇帝に対して面目を失わないように図ったのであった。…島原の叛徒は、日野江城と原城の二城を占領し、総勢がたてこもった。城の固めは厳重だったが兵糧の用意が足りなかった。そのことが落城の原因のすべてであった。婦女子を除いて三万五千以上の大軍を擁していたからである。叛徒は殿の米倉と軍船を焼き払い、島原の城は殆んど陥落するばかりになった。一揆の全軍を指揮した司令官は益田四郎という少年で、十八歳をこえていないということである。

ア．熊本県の領主であった長門守は、長崎奉行が農民に対して重い税を課すことを止めようとした。

イ．米や小麦などの食料品以外にも領主に納める貢物があり、納められない人に対しては妊婦などであっても罰を与えていた。

ウ．長門守の重臣たちは、この反乱が起こった理由として、キリスト教徒が反乱を起こしたのではなく、長門守に対する蜂起反乱であるとしている。

エ．この反乱を首謀していたのは益田四郎という少年で、20歳になったばかりという若さであった。

問8　下線部⑧に関して

この時期と最も近い時期に行われた政策として適切なものを次の中から1つ選び、記号で答えなさい。

ア．漢訳洋書の輸入制限の緩和　　イ．印旛沼・手賀沼の干拓
ウ．公事方御定書の制定　　エ．株仲間の解散
オ．参勤交代の制度化　　カ．小石川養生所の設置

4

次の年表を見て、以下の各問いに答えなさい。

我が国の鉄道に関する歴史

年	できごと	
① 1872年	（　A　）～横浜で日本初の鉄道開業	↑
1881年	我が国最初の私鉄の日本鉄道会社成立	②
1889年	民営鉄道の営業キロ数が官営鉄道を上回る	↓
③ 1895年	電気鉄道が採用される	
1906年	鉄道国有法公布	
④ 1914年	東京駅落成	
⑤ 1925年	山手線が環状運転を開始	
1936年	我が国最初の冷房電車の運行開始	↑
1945年	鉄道復興5カ年計画を策定	⑥ ↓
1949年	日本国有鉄道設立	
1964年	東京～（　B　）で東海道新幹線開業	↑
1987年	⑧日本国有鉄道を民営化し、JR誕生	⑦ ↓

問1　下線部①に関して

この年に生糸の生産拡大を目指してフランスの先進技術を導入して官営模範工場が建設された。この工場の建設地を右の地図中から1つ選び、記号で答えなさい。

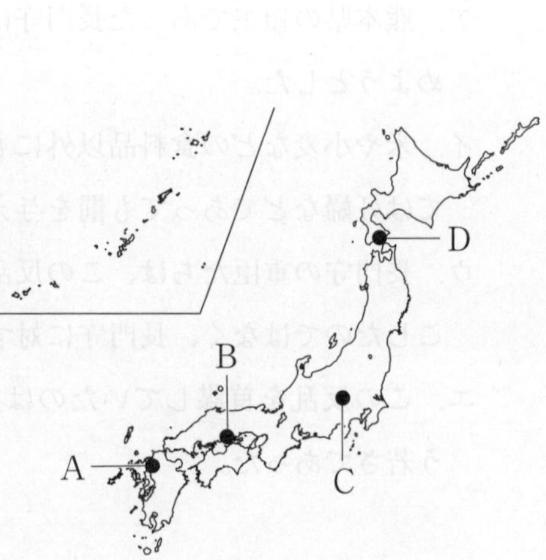

問2　②の期間に関して

この期間の出来事を説明したア～エのうち、下線部がすべて正しいものを1つ選び、記号で答えなさい。

ア．日本古来の美術を高く評価し、その復興に尽力したフェノロサは、岡倉天心とともに東京美術学校を設立した。

イ．国会開設の勅諭が出された後、板垣退助はフランス流の急進的な自由主義を唱える立憲改進党を、大隈重信は議院内閣制を主張するイギリス流の自由党を結成した。

ウ．明治政府は、江華島事件を機に琉球王国を解体して、沖縄県を設置する琉球処分を実施した。

エ．西南戦争に際して国立銀行が多量の不換紙幣を発行したことで、深刻なデフレーションとなり、地租を納められなくなった自作農が没落した。

問3　下線部③に関して

右の絵はこの頃の世界情勢を風刺したものである。この絵に関して述べた次の文の空欄①～⑤のいずれにも当てはまらない国を右下の中から3つ選び、記号順に答えなさい。

「ユニフォトプレス提供」

> 日本との戦争に敗れた（　①　）の領土は列強により分割された。領土を分割する列強の後ろでなすすべなく両手をあげているのが（　①　）である。分割に加わっている国の中央におり、両手でナイフを突き立てているのが山東省を租借地とした（　②　）である。向かってその右隣にいるのが（　③　）である。（　③　）は（　②　）やその肩に手をかける女性に象徴される（　④　）を誘って、日本に対して遼東半島の返還を要求し、遼東半島の旅順・大連を租借地とした。向かって一番左にいるのは、19世紀に（　①　）との戦争に勝利し、香港の割譲を受けた（　⑤　）の女王である。

ア．イギリス

イ．アメリカ

ウ．ドイツ

エ．フランス

オ．イタリア

カ．朝鮮

キ．ロシア

ク．清

問４　下線部④に関して

以下の史料は石橋湛山がこの年から始まった戦争に関して『東洋経済新報』社説に掲載した内容である。史料から読み取れる内容として最も適切なものを次ページから１つ選び、記号で答えなさい。また、史料中の（　Ｚ　）に該当する場所を次ページの地図から１つ選び、記号で答えなさい。なお、解答は以下の解答例に沿って答えること。(解答例：ア・a)

（　Ｚ　）陥落が吾輩（わがはい）の予想より遥（はる）かに早かりしは、同時に戦争の不幸のまた意外に少なかりし意味において、国民と共に深く喜（よろこ）ぶ処なり。しかれども、かくて我が軍の手に帰せる（　Ｚ　）は、結局いかに処分するを以（もっ）て、最も得策となすべきか。これ実に最も熟慮（じゅくりょ）を要する問題なり。

この問題に対する吾輩の立場は明白なり。アジア大陸に領土を拡張すべからず、満州も宜（よろ）しく早きに迨（およ）んでこれを放棄すべし、とはこれ吾輩の宿論なり。更に新たに支那（しな）山東省の一角に領土を獲得する如きは、害悪に害悪を重ね、危険を加うるもの、断じて反対せざるを得ざる所なり。……

戦争中の今日こそ、仏人の中には、日本の（　Ｚ　）割取（かくしゅ）を至当（しとう）なりと説くものあるを伝うといえども、這次（しゃじ）の大戦もいよいよ終りを告げ、平和を回復し、人心落着きて、物を観（み）得る暁（あかつき）に至れば、米国は申すまでもなく、我に好意を有する英仏人といえども、必ずや愕然（がくぜん）として畏（おそ）るる所を知り、我が国を目して極東の平和に対する最大の危険国となし、欧米の国民が互いに結合して、我が国の支那における位地の顚覆（てんぷく）に努むべきは、今より想像して余（あま）りあり。かくて我が国の（　Ｚ　）割取（かくしゅ）は実に不抜（ふばつ）の怨恨（えんこん）を支那人に結び、欧米列強に危険視せられ、決して東洋の平和を増進する所以（ゆえん）にあらずして、かえって形成を切迫（せっぱく）に道（みちび）くものにあらずや。

ア．（　Ｚ　）の早急の陥落は中国国民にとって非常に喜ばしい出来事であると主張している。

イ．アジア大陸の領土は拡張すべきではないと主張しているが、中国の領土を獲得することは別であると主張している。

ウ．日本が（　Ｚ　）を割取するようなことになれば、イギリスやフランスとの関係は良くなっても、アメリカとの関係は悪化すると主張している。

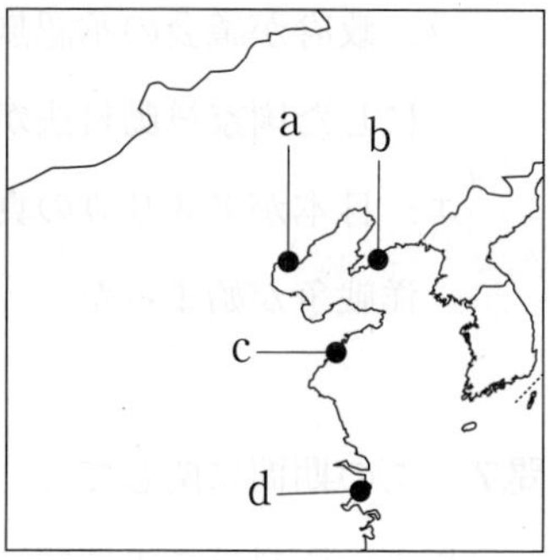

エ．（　Ｚ　）を割取することにより、アジアの平和は悪くなるであろうと主張している。

問５　下線部⑤に関して

以下の表は、選挙人の資格と選挙人の数について示したものである。この年に制定された選挙法で定められたものを次の中から１つ選び、記号で答えなさい。

	選挙人の資格			選挙人	
	年齢	性別	直接国税	人数	選挙人比率
ア	25歳以上	男	15円以上	45万人	1.1%
イ	25歳以上	男	3円以上	306万人	5.5%
ウ	25歳以上	男	制限無し	1240万人	20.8%
エ	20歳以上	男・女	制限無し	3688万人	50.4%

問６　⑥の期間に関して

この期間に起こった次のア～エの出来事を年代の古い順に並べ替え、記号で答えなさい。

ア．アメリカ・イギリス・ソ連の３カ国でヤルタ会談が行われ、ソ連の対日参戦を定めた秘密協定が結ばれた。

イ．ドイツがフランスを降伏させたことを受けて、日本は北部仏印進駐を決定し、ドイツ・イタリアと日独伊三国軍事同盟を結んだ。

ウ．政府が議会の承認無しに、戦争遂行に必要な労働力や物資を動員することを可能にした国家総動員法が制定された。

エ．日本がアメリカの真珠湾とイギリス領のマレー半島を攻撃したことにより、太平洋戦争が始まった。

問７　⑦の期間に関して

以下の資料はこの期間に出された声明である。⑦の期間にあり、かつこの声明の発表よりも後に起きた出来事をあとのア～エの中から１つ選び、記号で答えなさい。

> 第一条
>
> 1　アメリカ合衆国は、２に定義する琉球諸島及び大東諸島に関し千九百五十一年九月八日にサン・フランシスコ市で署名された日本国との平和条約第三条の規定に基づくすべての権利及び利益を、この協定の効力発生の日から日本国のために放棄する。……………
>
> 第二条
>
> 日本国とアメリカ合衆国との間に締結された条約及びその他協定(………)は、この協定の効力発生の日から琉球諸島及び大東諸島に適用されることが確認される。
>
> 第三条
>
> 1　日本国は、千九百六十年一月十九日にワシントンで署名された日本国とアメリカ合衆国との間の相互協力及び安全保障条約及びこれに関連する取極(とりきめ)に従い、この協定の効力発生の日に、アメリカ合衆国に対し琉球諸島及び大東諸島における施設及び区域の使用を許す。

ア．公害対策基本法の制定　　　　イ．日米安全保障条約の改定

ウ．所得倍増計画の発表　　　　　エ．第１回サミットへの参加

問８　下線部⑧に関して

この政策を実施した当時の内閣総理大臣を次の中から選び、記号で答えなさい。

ア．宮沢喜一　　イ．細川護熙　　ウ．中曽根康弘　　エ．竹下登

問９　冒頭の年表中の（　Ａ　）（　Ｂ　）に当てはまる語句の組み合わせとして適切なものを次の中から１つ選び、記号で答えなさい。

ア．Ａ－日本橋　Ｂ－名古屋　　イ．Ａ－新橋　Ｂ－名古屋

ウ．Ａ－日本橋　Ｂ－新大阪　　エ．Ａ－新橋　Ｂ－新大阪

5　次の文を読み、あとの各問いに答えなさい。

人が生まれながらにもっている①人権は人種や民族、性別を超えて、誰にでも認められる基本的な権利であり、日本国憲法においても「侵すことのできない永久の権利」として位置づけられている。日本国憲法は国家権力を憲法によって規制しようという立憲主義の原則の下、基本的人権に関する条文の他、②国会・内閣・③裁判所といった国の仕組みについて規定している。

国の政治よりも身近な④地方自治については、その地域の住民自身によって運営されるべきものであり、私たちは地域の問題に関心をもつ必要がある。また、様々な社会問題を考える際にはテレビやインターネットといった⑤メディアから与えられる情報が参考となり、国内のみではなく⑥国際社会の諸問題にも目を向ける必要がある。

問１　下線部①に関して

⑴　日本国憲法における基本的人権を説明した次の文の中で適切なものを１つ選び、記号で答えなさい。

ア．奴隷的拘束・苦役からの自由や、信教の自由は身体の自由に区分される。

イ．居住・移転及び職業選択の自由や、財産権の保障は経済活動の自由に区分される。

ウ．教育を受ける権利や、裁判を受ける権利は社会権に区分される。

エ．プライバシーの権利や、自己決定権は請求権に区分される。

(2) 以下の条文は日本が批准したある条約の一部を示したものである。これに関して説明したあとの文中の空欄に該当する語句を漢字２字で答えなさい。

> 第２条　締約国は、女子に対するあらゆる形態の差別を非難し、女子に対する差別を撤廃する政策をすべての適当な手段により、かつ、遅滞なく追求することに合意し、及び……。

> 日本はこの条約を批准するにあたって1985年に、男女(　　　)機会均等法を制定した。

問２　下線部②に関して

右の表はある年における国会のスケジュールをまとめたものである。表中のＡ～Ｄに関して説明した次の文の中で適切でないものを１つ選び、記号で答えなさい。

1月	A. 通常国会の召集 開会式 国の予算の国会提出 内閣総理大臣による施政方針演説など政府四演説 各会派からの質疑(代表質問)
2月	B. 予算の審議
3月	法律案・条約などの審議
6月	通常国会の会期終了
9月	C. 臨時国会の召集 開会式 内閣総理大臣による所信表明演説
10月	各会派からの質疑(代表質問) 補正予算の審議 法律案・条約などの審議
11月	D. 決算の国会提出
12月	臨時国会の会期終了

ア. Ａは毎年１月に召集される。会期は150日であり、１回に限って会期の延長も認められている。

イ. Ｂは必ず衆議院から行われ、両議院が異なる議決をし、両院協議会でも意見が一致しなかった場合、衆議院の議決が国会の議決となる。

ウ. Ｃは内閣が必要と認めたとき、または両議院どちらかの総議員の４分の１以上による要求があったときに開かれる国会である。

エ. Ｄは財務省が管轄する会計検査院が検査を行い、検査結果は次の年度に内閣を通じて国会に報告される。

問３　下線部③に関して

(1)　裁判に関して説明した次の文の中で適切なものを１つ選び、記号で答えなさい。

ア．警察により逮捕された被疑者は取り調べを受け、検察官によって起訴されると被告人として刑事裁判を受ける。

イ．簡易裁判所から始まった刑事裁判において、第一審を不服とした控訴が行われると、第二審は地方裁判所で行われる。

ウ．重大な刑事裁判の最終審においては裁判員制度が導入されており、裁判員は裁判官とともに有罪・無罪や量刑を決定する。

エ．裁判は原則非公開で行われるが、政治犯罪、出版に関する犯罪、国民の権利に関わるものは公開で行われる。

(2)　裁判所は国会が定めた法律や行政機関が行う命令・行政処分などが、憲法に違反していないかどうかを判断する違憲審査権を有している。以下のＥ～Ｇはこれまでに最高裁判所が違憲判決を下した判例である。これらの判例と、違憲と判断した根拠とした憲法の条文の組み合わせとして適切なものをあとの表中ア～カの中から１つ選び、記号で答えなさい。

E．薬局の開設を許可する条件として、既存の薬局が一定以上離れていなければならないとする薬事法の規定を違憲とした。

F．衆議院議員総選挙で、各選挙区の間で一票の価値に大きな格差がある公職選挙法の定数配分規定を違憲とした。

G．愛媛県が県の公金から靖国神社の例大祭に奉納する玉ぐし料を支出したことを違憲とした。

	ア	イ	ウ	エ	オ	カ
第14条(法の下の平等)	E	E	F	F	G	G
第20条(政教分離の原則)	F	G	E	G	E	F
第22条(職業選択の自由)	G	F	G	E	F	E

第3回　社会

問4　下線部④に関して

地方自治に関して説明した次の文の中で適切なものを1つ選び、記号で答えなさい。

ア．議会が議決を遅らせた場合、首長は専決処分を行ったり、議会を解散し民意を問うたりすることができる。

イ．条例に基づいて行われた住民投票の結果は強い拘束力を持ち、投票で決定したことは行政委員会を中心として直ちに実行に移される。

ウ．政府は地方公共団体に社会保障や公共事業の一部を委託し、必要な費用を地方交付税交付金として支給している。

エ．有権者数が15万人いる市の住民が市長の解職を請求する場合、5万人以上の有権者の署名を集めて、選挙管理委員会に請求する。

問5　下線部⑤に関して

情報の受け手はメディアの特性を踏まえ、情報を様々な角度から総合的に読み取る必要がある。放送番組やインターネットといったメディアを主体的に読み解く能力や、メディアの特性を理解する能力のことを何というか、カタカナで答えなさい。

問6　下線部⑥に関して

(1)　国際連合は1945年、国際平和と安全の維持や国際協力の達成のために設立された。国際連合に常設され、国家間の争いを双方の合意により国際法に基づいて裁く機関を漢字で答えなさい。

⑵　以下の文は日本の経済協力に関して説明したものである。文中の空欄に共通して当てはまる語句(略称)をアルファベット３字で答えなさい。

●(　　　)とは？

(　　　)とは、開発途上国・地域に対し、経済開発や福祉の向上に寄与することを主たる目的として公的機関によって供与される贈与および条件の緩やかな貸付等のことです。その対象となる開発途上国・地域は、OECD(経済協力開発機構)のDAC(開発援助委員会)が作成するリストに掲載されています。日本は現在、それら対象国・地域に対して(　　　)として、平和構築やガバナンス、基本的人権の推進、人道支援等を含む「開発」に役立つ資金(贈与・貸付等)・技術の提供を行っています。

●(　　　)にはどのような種類があるか？

(　　　)には、開発途上国・地域を直接支援する二国間援助と、国際機関に対する拠出である多国間援助があります。

二国間援助は、贈与と政府貸付等に分けることができます。贈与は開発途上国・地域に対して無償で提供される協力のことで、返済義務を課さないで、開発途上国・地域に社会・経済の開発のために必要な資金を贈与する無償資金協力と、日本の知識・技術・経験を活かし、開発途上国・地域の社会・経済の開発の担い手となる人材の育成を行う技術協力があります。なお、贈与の中には国際機関の行う具体的な事業に対する拠出も含まれます。

政府貸付等には、低金利かつ返済期間の長い緩やかな貸付条件で開発途上国・地域に必要な資金を貸し付ける円借款と、開発途上国・地域での事業実施を担う民間セクターの法人等に対して融資・出資を行う海外投融資があります。

多国間援助には、国連児童基金(UNICEF)や国連開発計画(UNDP)への拠出や世界銀行などへの拠出・出資などがあります。

『2018年版開発協力白書 日本の国際協力』より作成

6 次の文を読み、以下の各問いに答えなさい。

①資本主義経済では、土地や工場などの生産手段を持つ資本家(②企業)が生産手段を持たない労働者を雇用し、利潤を追求して生産活動を行う。この際に労働者は資本家に対して弱い立場にあることから、法律などによって保護される必要がある。③日本では労働三法(労働組合法・労働関係調整法・④労働基準法)をはじめとして、さまざまな法律で労働者の権利が保障されている。

一方、労働の対価として得た賃金は家計の収入となり、その後支出に回される。⑤消費者は企業と契約を結び、財やサービスを獲得するが、⑥このときの価格は、需要量と供給量のバランスによって決まる。

資本主義経済においては、政府は民間企業のみで賄うことが難しい社会資本や公共サービスを提供し、⑦財政政策を実施するなどして、経済格差を是正していくことが求められる。

問1　下線部①に関して

19世紀にドイツで『資本論』を著し、資本主義経済の欠点を指摘し、社会主義経済を理論化した人物をカタカナで答えなさい。

問2　下線部②に関して

企業に関して説明した次の文の中で適切でないものを１つ選び、記号で答えなさい。

ア. 日本全体の企業のうち、企業数の約50%が中小企業である。中小企業は全出荷額の70%近くを、全従業員数の99%以上を占めている。

イ. 株式会社において株主は、利潤の一部を配当として受け取る権利や株主総会に参加して持ち株数に応じて投票を行う権利を有している。

ウ. 企業の中には、政府や地方公共団体と民間の双方が出資を行って設立された第三セクターと呼ばれるものもある。

エ. 企業は利潤を追求するだけでなく、企業の社会的責任(CSR)を果たすべきだと考えられている。

問3　下線部③に関して

以下の日本経済に関する出来事を年代の古い順に並べ替え、記号で答えなさい。

ア．日本の経済成長率が戦後初めてマイナスを記録した。

イ．プラザ合意に基づき先進５カ国が為替に協調介入し、ドル安を誘導した。

ウ．日本のGNP(国民総生産)が西ドイツを抜いて資本主義国の中で２位となった。

エ．リーマンショックによる世界同時不況の影響で多くの企業が倒産した。

問4　下線部④に関して

以下の各条文のうち、労働基準法の条文として適切なものを１つ選び、記号で答えなさい。

ア．労働組合の代表者又は労働組合の委任を受けた者は、労働組合又は組合員のために使用者又はその団体と労働協約の締結その他の事項に関して交渉する権限を有する。

イ．内閣府設置法第49条第３項の規定に基づいて、第１条の目的を達成することを任務とする公正取引委員会を置く。

ウ．使用者は、労働者が女性であることを理由として、賃金について、男性と差別的取扱いをしてはならない。

エ．消費者は、自ら進んで、その消費生活に関して、必要な知識を修得し、及び必要な情報を収集する等自主的かつ合理的に行動するよう努めなければならない。

問5　下線部⑤に関して

以下のＡ～Ｃは不当な勧誘によって締結させられた契約の例を示したものである。これらの契約は後から取り消すことができるが、消費者契約法による取り消し要件のいずれに当てはまるか、組み合わせとして適切なものを次ページの表の中から１つ選び、記号で答えなさい。

A. 将来値上がりすることが確実でない金融商品を「確実に値上がりする」と説明して販売した。

B.「この機械を付ければ電気代が安くなる」と勧誘し、実際にはそのような効果のない機械を販売した。

C. 眺望・日照を阻害する隣接マンションの建設計画があることを知りながら、そのことを説明せずに「眺望・日照良好」と説明してマンションを販売した。

	ア	イ	ウ	エ	オ	カ
不実告知	A	A	B	B	C	C
不利益事実の不告知	B	C	A	C	A	B
断定的判断の提供	C	B	C	A	B	A

問6　下線部⑥に関して

(1)　このような価格を何というか、解答欄に合わせて漢字で答えなさい。

(2)　(1)に対して地方公共団体が価格を決定するものを次の中から１つ選び、記号で答えなさい。

ア. 都市ガス料金　　イ. 電気料金　　ウ. 郵便料金　　エ. 公営水道料金

問7　下線部⑦に関して

以下のグラフは1990年度、2000年度、2010年度、2019年度のいずれかの年度の、一般会計歳出の主要経費別割合を示したものである。2010年度のグラフを示しているものを１つ選び、記号で答えなさい。

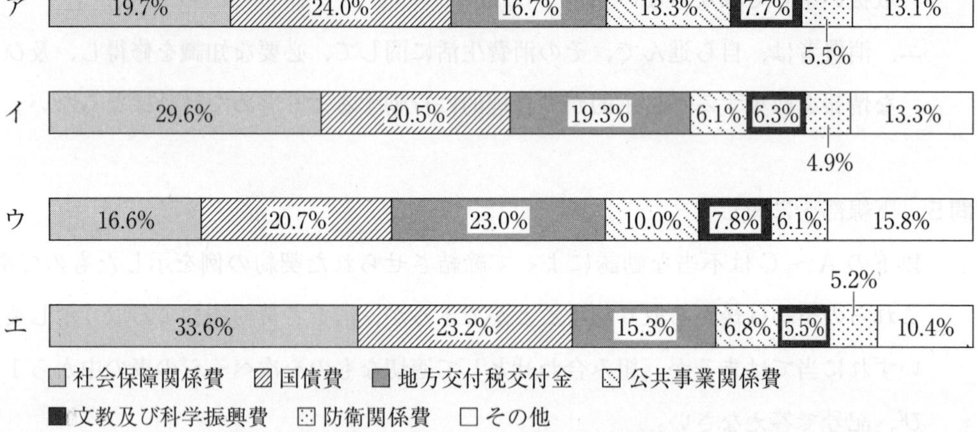

2019年度は予算案　『日本国勢図会 2019/20』より作成

（注）＊1　はふれ失せ……紛失し。
＊2　はふらさず……うち捨てず。

問1　傍線部①「同じ志ならん人」とあるが、どのような人物を指すか。本文中から五字以内で抜き出して答えよ。（字数に句読点・記号等を含む。）

問2　傍線部②「いといと心ぎたなく」とあるが、なぜか。簡潔に説明せよ。

問3　傍線部③「いと心憂きわざなり」とあるが、何が「心憂きわざ」なのか。説明として最も適切なものを次の中から選び、記号で答えよ。

ア　治安の悪い遠方の地で書物を強奪されてしまうこと。
イ　貸した書物が二度と戻ってこなくなってしまうこと。
ウ　書物を貸していた相手が急に亡くなってしまうこと。
エ　自分の大切な書物が遠い国で悪用されてしまうこと。
オ　貴重な書物が事故で入手できなくなってしまうこと。

問4　傍線部④「おきて置くべきわざなり」とあるが、どういうことか。説明として最も適切なものを次の中から選び、記号で答えよ。

ア　返却できない場合にどう罰するか定めておくべきだということ。
イ　紛失しないように所定の場所に保管しておくべきだということ。
ウ　万が一のことがないように手元に残しておくべきだということ。
エ　貸し出しの条件を事前に厳しく設定しておくべきだということ。
オ　不慮の事態に備えて予め取り決めをしておくべきだということ。

問5　最終段落から読み取れる作者の思いをわかりやすく説明せよ。

ア　美花の美しさに気を取られていたことを梨花に見抜かれたから。
イ　唐突に手術で黒子を除去した梨花の真意を図りかねていたから。
ウ　態度を急変させた梨花の剣幕に思わず気圧されてしまったから。
エ　仕事にも結婚にも自信が持てないのを美花のせいにされたから。
オ　いまさら結婚の話を振り出しに戻すことに負い目があったから。

問8　傍線部⑦「取り除いた筈の黒子を心の奥底に移動させ続けていた」とあるが、「取り除いた筈の黒子」を言い換えた表現を本文中から十字で抜き出して答えよ。

4

次の文章を読んで、後の問いに答えよ。

めづらしき書(ふみ)を得たらんには、親しきも疎(うと)きも、①同じ志ならん人には、かたみにやすく貸して、見せもし、写させもして、世に広くせまほしきわざなるを、人には見せず、己ひとり見て誇らんとするは、②いといと心ぎたなく、物学ぶ人のあるまじきことなり。

ただし、得難き書を遠くたより悪しき国などへ貸しやりたるに、あるは道のほどにては*1ふれ失せ、あるはその人にはかに亡くなりなどもして、つひにその書、返らずなることあるは、③いと心憂きわざなり。

されば、遠きさかひより借りたらん書は、道のほどのことをもよくしたため、また、人の命ははかなることもはかり難きものにしあれば、なからん後にもは*2ふらさず、たしかに返すべく、④おきて置くべきわざなり。

すべて人の書を借りたらんには、すみやかに見て返すべきわざなるを、久しく留め置くは心なし。さるは書のみにもあらず、人に借りたる物は、何も何も同じことなるうちに、いかなればにか、書はことに用なくなりて後も、なほざりにうち捨て置きて久しく返さぬ人のよに多きものぞかし。

（『玉勝間』）

問3　傍線部②「自分の可愛らしさを自覚して、常に、のびのびと振舞っている」とあるが、このことが端的に表現された部分をここより前の本文中から十五字以内で抜き出して答えよ。（字数に句読点・記号等を含む。以下同様。）

問4　傍線部③「そして、絶望した」とあるが、なぜか。説明として最も適切なものを次の中から選び、記号で答えよ。

ア　両親の態度が美花に対してだけあからさまに甘くなったように感じられたから。

イ　美花の行為の真の意図を両親がまったく理解していないように感じられたから。

ウ　自分の醜い顔立ちを両親にまで馬鹿にされて裏切られたように感じられたから。

エ　汚れた人形と同様に醜い自分のことを両親が避けているように感じられたから。

オ　自分の気持を両親にさえわかってもらえず突き放されたように感じられたから。

問5　傍線部④「美花は、明らかに不服そうな表情を浮かべていた」とあるが、何が「不服」なのか。わかりやすく説明せよ。

問6　傍線部⑤「彼女は、自分の頬の黒子が、久し振りに浮き上がって来るように感じていた」とあるが、なぜか。説明として最も適切なものを次の中から選び、記号で答えよ。

ア　美花が横山の気を引くような素振りを見せていることに気付き、また自分の幸せが壊されるのではないかと、不安に駆られたから。

イ　心を奪われたかのように呆然と美花を見つめる横山の姿を見て、美しさでは妹の美花に負けられないと、対抗意識を燃やしたから。

ウ　横山が美花のことを綺麗な人だと誉めたたえているのを聞いて、自分の醜い顔立ちが殊に意識させられ、恥ずかしさを覚えたから。

エ　幼い頃から自分を苦しめてきた黒子を除去したいと思いながら、なかなか実行に移せないままでいることを、情けなく思ったから。

オ　すっかり家族とうち解けた横山の人当たりの良さに感心しつつ、自分も何か変わらなければならないと考えて、焦りを感じたから。

問7　傍線部⑥「横山は、うろたえたように梨花を見た」とあるが、なぜか。説明として最も適切なものを次ページの中から選び、記号で答えよ。

「ちょっとさ、自信なくて」

「美花のせいね」

⑥横山は、もうろたえたように梨花を見た。

「どうしたのよ、返事してよ。あの子に何か言われたのね!! 人でなし!! あの女はね、いつだって、私のことを陥れようとする人だから!! ちょっとぐらい綺麗だからって、最低よ!! 私、殺してやりたいくらい憎んでるわ!! 私は、あの子のおかげで、ずっと不幸だったんだから!!」

横山は、唾を飛ばしてまくしたてる梨花を唖然としてながめていた。いったい、どうしちまったんだ。仕事に慣れるまで、結婚なんて出来ないって言おうとしてたのに。

彼は、わめき続ける梨花を、まるで知らない女を見るように見続けていた。ガーゼの下には、もう、あの黒い塊が存在していないのだろうか。だとしたら、どこに行っちまったんだろう。彼は、呆然と、梨花の胸のあたりに目をやるばかりだった。梨花は、そんな横山の困惑には一向に気付かずに、⑦取り除いた筈の黒子を心の奥底に移動させ続けていた。

（山田詠美「黒子の刻印」・『色彩の息子』所収・新潮社）

問1 空欄部A～Cに入る語の組み合わせとして最も適切なものを次の中から選び、記号で答えよ。

ア　A　とても　B　まさか　C　むしろ
イ　A　あえて　B　きっと　C　まさに
ウ　A　まるで　B　もはや　C　もっと
エ　A　すこし　B　あまり　C　いつも
オ　A　たぶん　B　およそ　C　ずっと

問2 傍線部①「冷たくせせら笑っていた」とあるが、ここでの「梨花」の心情はどのようなものか。説明として最も適切なものを次の中から選び、記号で答えよ。

ア　大人たちに誉められていい気になっている美花をねたんでいる。
イ　見え透いた嘘をつく大人たちの浅はかさを内心で軽蔑している。
ウ　安易な大人たちから気を遣われるみじめな境遇を自嘲している。
エ　さりげなさを装わないといけない大人たちに同情を寄せている。
オ　心にもないことを口にする大人たちのずるさに強く憤っている。

た。
　美花は、さも、おもしろそうに、尋ねた。
「どういう男の人？　梨花もやるじゃない。全然、そんな素振り見せないでさ」
「……素敵な人よ」
「就職内定してるって言ってたけど、どこなの？」
　梨花は、横山が入社する予定になっている大企業の名をあげた。美花は、心から驚いたかのように目を見開いた。
「へえ、すごいじゃない。信じられないなあ。梨花が、そんな人をつかまえるなんて」
「でも、全然、気取ってない人よ。素朴な人。女の子にもすごく人気あるわ。でも、私がつき合い始めちゃったから、皆、がっかりしてたみたい。後輩にも尊敬されてるわ」
　④美花は、明らかに不服そうな表情を浮かべていた。それを見て、梨花は、肩の荷が降りたような気持になった。ようやく、この家を出ることが出来るのだ。この憎々しい分身から走り去ることが出来るのだ。そんな彼女の思いには、まるで気付かずに、両親は、どのように横山を迎え入れたら良いのかを大慌てで話し合っていた。
　横山は、とても自然に家族に溶け込んだ。彼は、とても育ちの良い、それでいてやんちゃな青年のように振舞って、両親を喜ばせた。梨花は、気楽な仲間のように彼に接していたが、内心は穏やかではなかった。彼が、時折、心奪われたかのように、呆然と美花を見ているのに気付いたからだった。美花は、いつもと違い、控え目な様子で母の手伝いをしていたが、時折、実に自然な仕草で、横山の気を引いていた。
「おまえに双子の妹がいるなんて知らなかったなあ。しかも、あんなに綺麗な人」
　横山は、翌日、感動を覚えたという調子で美花を誉めたたえた。梨花は、ぎこちない笑顔で相槌を打ちながら、ある決心をしていた。そして、その決心を実行に移すために、アルバイトを始めた。
　⑤彼女は、自分の頬の黒子が、久し振りに浮き上がって来るように感じていた。
　数日たって、横山の許に駆けつけた梨花の頬には、大きなガーゼが張り付いていた。彼女は、手術をして、黒子の除去を行なったのだった。
　横山は、驚き、そして、次に、不思議そうに尋ねた。
「なんだって、そんなことを……」
「あなたのためよ。ない方がいいと思って」
「困るよ、そんな」
　横山は、しばらく下を向いていたが、やがて決心したように言った。
「結婚の話だけど、ちょっと、待ってくれないかな」
「どういうこと？」

比べる人間が側にいなければ、それ程、悪い顔でもないと思う。けれど、そんなことを考えても、もう遅い。人々は、二人を、困惑したようにながめ、こう言うのだ。

「まあ、可愛いお嬢さん方」

けれど、そんな誉め言葉が嘘であるのを、梨花は、とうの昔から気付いている。人は、あまりにも、さりげなく装うことで、かえって本心をさらけ出してしまうものだ。自分の黒子に、目を止めた時の人々の困った様子を、彼女は、①冷たくせせら笑っていた。その様子が、大人たちには不気味に思えたのだろう。誰もが、ぎこちない様子で、梨花を避けた。そして、美花に、ありったけの誉め言葉を使うのである。可愛らしい子供を可愛がることは、楽である。安易な大人たちを梨花は憎んだ。自分をこのような形で生んだ両親を憎んだ。けれども、彼女が一番、憎んだのは、②自分の可愛らしさを自覚して、常に、のびのびと振舞っている美花であった。

あれは、小学校の四年生の時の誕生日のことだっただろうか。家族で、ささやかなお祝いをした夜のことである。両親は、二人に同じ贈り物をくれた。可愛らしい金髪の西洋人形だった。包みを開けた時、しばらくの間、梨花は、すべてを忘れて暖かい気持になった。サテンのドレスを着た人形が、あまりにもいとおしくて、彼女は抱き締めて頬ずりをした。美花も有頂天だった。

「ママ、パパ、ありがとう。美花ねえ、こういうお人形さん、ずっと欲しかったんだよ」

両親は、にこにこと笑っていた。梨花も、幸せな気分に包まれて、お礼の言葉を口にしようとした、その時だった。美花が突然、電話の側にあったペン立てから、フェルトペンを取って言った。

「梨花のお人形と間違えないように、こうしなきゃ」

そして、彼女は、あっと言うまにペンのキャップを外して、梨花の人形の頬に黒い印を付けてしまったのである。

梨花は、呆気に取られたまま、黒子の付けられた人形をながめた。人形は、もはや、愛らしいものではなかった。大きな黒子の付いた顔は、異様に見えた。梨花は、救いを求めるかのように両親を見た。③そして、絶望した。彼らは、美花をたしなめながらも笑っていたのである。梨花は、人形の顔をまじまじと見詰めながら考えた。同じようなものを醜くするには、黒い点を付ければ良いということなのだろうか。まさに、この時、梨花は、劣等感という黒い刻印を押されたのである。

それから成人するまで、梨花の人生は、黒い刻印との戦いであった。学校では、あらゆる生徒が、彼女と美花を区別するために、黒子のある方、ない方という言葉を使った。

（中　略）

梨花が、結婚を前提に交際している男を家に連れて来るつもりだと告げた時、誰もが、驚きで口もきけない程だった。彼らは、梨花が、大学で、どのように振舞っているかをまったく知らなかっ

ウ　不確かな状態を固定化して、形のある確実なものを入手することで、自由を最低限確保しようとすること。

エ　焦っても自由を手に入れることはできないので、あえて時間をかけることで、自由を求めようとすること。

オ　固定化してしまえば取り返しがつかないので、永遠に固定しないことで、完全な自由を得ようとすること。

問8　本文の内容に合致するものを次の中からすべて選び、記号で答えよ。

ア　木造の建物を改修し続けるのは夢を実体化するためである。

イ　木造建築は工法が限定されるため、都市に統一感を与える。

ウ　工業化は「形」を求めない点で、木造と本質的に共通する。

エ　だらしない木造より、コンクリート造を評価すべきである。

オ　自由を固定した二〇世紀は、「形」の時代だったといえる。

3　次の文章を読んで、後の問いに答えよ。

ものごころがついた時から、既に、自分が、ついていない人間であることを梨花(りか)は知っていた。最初に、おかしいと気付いた時、彼女は、自分の双子の妹である美花(みか)の顔を、鏡でも見るかのように、ながめた。そして、彼女は、美花が、自分と同じ日に生まれ、同じ家族の許(もと)で育てられているにもかかわらず、幸運をすべて一人占めにする運命にあるだろうことを悟った。

二人は、とても良く似ていた。そして、［A］違っていた。顔のつくりは、同じようであったが、備わるべき美しさは、すべて美花の方に与えられてしまっていた。どんなに美しい顔立ちでも、目鼻のバランスが崩れては、それは、［B］美とは言えない。二人の違いは、そこにあった。美花の顔立ちには、バランスというものが与えられ、梨花には、それが、まったくなかった。目も鼻も口も、ひとつひとつを見ると、二人は、とても良く似ていて、双子だというのが解(わか)る。けれども、美花は美しく、そして、梨花は、そうではないのだった。おまけに、［C］不運なことに、梨花の左の頰(ほお)には、直径二センチ程もある、大きな黒子(ほくろ)が付いていた。これでは、もうどうしようもない。梨花は幼い頃(ころ)に、そう自覚してしまい、自分の運命を呪(のろ)った。

もしも、自分が、双子の姉妹のひとりなどでなければ、あるいは、状況は、すべて変わっていたかもしれない、と彼女は思う。

問3　傍線部②「二〇世紀という社会を制覇すること」とあるが、どういうことか。説明として最も適切なものを次の中から選び、記号で答えよ。

ア　コンクリート建築が、目新しさを求める二〇世紀の社会に最先端として認められたこと。

イ　コンクリート建築が、流動的な時代であった二〇世紀に生きる人間の心を支配したこと。

ウ　コンクリート建築が、熱心に自由を求めていた二〇世紀の社会に強い影響を与えたこと。

エ　コンクリート建築が、自由と普遍性が重んじられた二〇世紀の建築の主流になったこと。

オ　コンクリート建築が、経済成長いちじるしかった二〇世紀の社会の発展に寄与したこと。

問4　傍線部③「二〇世紀との相性の良さ」とあるが、それはコンクリート建築のどのような性質によるものか。次の空欄部に当てはまる表現を本文中から十六字で探し、はじめの五字を抜き出して答えよ。（字数に句読点・記号等を含む。）

［　　　　　　　　　　］を特徴とするもの。

問5　空欄部※に入る語として最も適切なものを次の中から選び、記号で答えよ。

ア　幻想　イ　論理　ウ　願望　エ　欲望　オ　信仰

問6　傍線部④「『特別の日』」とあるが、どういう意味か。説明として最も適切なものを次の中から選び、記号で答えよ。

ア　移りゆく時間を建築によって固定化して、幸福を得られる日。

イ　建築物が完成することで、人々がありのままの自由を得る日。

ウ　流動的であったものが固定化し、建物として「形」を得る日。

エ　建築に一区切りがつくことで、一時的な「形」を獲得する日。

オ　建築の魔術的な力によって、社会の価値観が大きく変わる日。

問7　傍線部⑤「明るい諦め」とあるが、どういうことか。説明として最も適切なものを次の中から選び、記号で答えよ。

ア　ある程度の不自由は甘受しつつ、自由を自由のまま楽しみ、固定化されない時間を享受しようとすること。

イ　自由や夢は手に入れることができないので、はじめからそれらを求めないことで、楽になろうとすること。

ければ突然に強くなることもない。いつもそこそこに不自由で、そこそこに弱いのである。そのそこそこの状態のままで、だらだらと、さらさらと続くのが、木造の時間の特質である。その工法的不自由さゆえに、都市にはある一定の、スケールの統一感、形態の統一感が保持された。

そして木造にはコンクリートの打設の日のような④「特別の日」というものはない。建物が完成した後ですら、建物は充分に弱く、人々は建物に手を加え続け、改修し続けた。逆にいえば、建築をつくるということ、建物が完成するということに特別の思い入れをする余地がなかったともいえる。夢を実体化し保障するような魔術的な力は、木造建築になかった。それゆえ、建築物が完成した後でも、人々はそこそこに自由であり続けることができた。

「特別な日」というのは幻想にしかすぎず、時間とは永遠にだらだらと続くものだというのが木造の時間の本質である。木造とは⑤明るい諦めである。それは、二〇世紀の「工業化」「プレファブ[*4]」の時間とも、全く異質のものである。工業化もプレファブも、その目的は、コンクリートと同様に固定であり「形」であった。すばやく「形」に到達したいという焦りが「工業化」の時間の本質であった。

いかなる形にも固定化されようのないもの。中心も境界もなく、だらしなく、曖昧なもの……あえてそれを建築と呼ぶ必要は、もはやないだろう。形からアプローチするのではなく具体的な工法や材料からアプローチして、その「だらしない」境地に到達できないものかと、今、だらだらと夢想している。

（隈研吾『負ける建築』岩波書店）

（注）＊1　ベニヤ……木製の薄い板。ベニヤ板。

＊2　ミース……ドイツ出身の建築家。

＊3　モニュメンタルな……記念すべき。

＊4　プレファブ……建築物の一部を事前に作って現場に運び、組み立てる工法。プレハブ。

問1　二重傍線部ａ・ｂの意味として最も適切なものを次の中からそれぞれ選び、記号で答えよ。

ａ「後塵を拝す」

ア　他のものより優れている
イ　他のものと競合している
ウ　他のものに先んじられる
エ　他のものから見下される
オ　他のものに真似をされる

ｂ「持て余して」

ア　骨抜きにして
イ　手に負えずに
ウ　丁重に扱って
エ　看過できずに
オ　豊富に抱えて

問2　傍線部①「最も自由で普遍的な建築の形式」とあるが、「自由で普遍的」とはどういうことか。わかりやすく説明せよ。

て存在しなかったのである。この自由で普遍的な技術が、自由と普遍性を第一の目的とする②二〇世紀という社会を制覇することは、きわめて自然な成り行きであった。ミース[*2]の唱えた可動間仕切による普遍性(ユニバーサル・スペース)など、コンクリートの技術的普遍性に比べれば、限定された技術レベルの中だけで通用するエリート主義的観念論としか見えない。しかもこの技術を用いれば、構造体から仕上げまでもが、ほかのいかなる材料や技術の力も借りずに一挙にできあがってしまうわけで、これほど万能で普遍的な建築技術はかつて存在しなかった。

このように現場打ちコンクリートの長所、③二〇世紀との相性の良さを挙げていけばきりがないが、その中でも忘れてならないのは、その建築プロセスの神秘性である。ドロドロとした液体状の限りなく自由な物質が、一瞬のうちに凝固し、取り返しがつかないほどに堅固なものとして出現する。このプロセスの神秘性もまた、二〇世紀という時代と共振した。なぜなら二〇世紀は、自由というものを[b]持て余していたからである。自由を自由のままに流し続けるゆとり、あるいはだらしなさをこの世紀は持ち合わせていなかった。この時代は自由の獲得にも熱心であったが、同時にまた、自由をひとつの形として固定化することにかけてもきわめて熱心であったのである。

個人のレベルにおいては、郊外の独立住宅という形式が、この時代の人々を強く引きつけた。なぜなら家という「形」あるものを手に入れることが幸福を保障するという［※］にも近い感情が、この時代を支配したからである。社会的レベルにおいては、モニュメンタル[*3]な公共建築という「形」が、この時代の人々を魅了した。その「形」を手に入れることが、幸福な社会の実現につながると信じられていたからである。どちらの場合も、建築という「形」を持つものを用いて、移りゆく不確かな状態を固定化し、確実なものにしようという欲求がこの時代を支配した。その意味でこの時代は「形」の時代であり、「建築」の時代でもあったのである。

その欲求に対して、コンクリートほど見事に応えてくれる材料はほかになかった。移りゆく流動的なものが、コンクリートにおいては一瞬にして形を持ち、固定化されるのである。この神秘的出現、神聖なる時間的不連続が、時代の根源的な欲求と見事に共振してしまったのである。コンクリートの時間としか呼びようのない時間構造が、時代と共振したのである。

しかし、今や、そのような固定化こそ、人々の嫌悪の対象となりつつある。自由を自由のままに楽しみ、移りゆくものを移りゆくままに享受する生活態度を、人々は獲得しつつある。そのような時代には、永遠に固定化されることのない材料、工法が求められるようになるであろう。たとえば木造の時間。同じように石積みの時間というのもあれば、レンガ積みの時間というのも存在する。木造はコンクリートのように液体状態の自由を持つこともな

1

次の傍線部のカタカナを漢字に、漢字をひらがなに直して答えよ。ただし、楷書で丁寧に書くこと。

① 長いチンモクを破る。
② インターネットでケンサクする。
③ 発言のムジュンを指摘された。
④ 勢力がキンコウ状態にある。
⑤ 結果をフンショクして報告する。
⑥ 先生が生徒を引率していく。
⑦ あまりの悲劇に号泣する。
⑧ 戦没者の霊を供養する。
⑨ 価格を均一に保つ。
⑩ 新技術が世界を席巻した。

2

次の文章を読んで、後の問いに答えよ。

一言でいえば、二〇世紀の建築とは「現場打ちコンクリート造の建築」であったのではないかと、最近強く感じる。そんなことをいえばすぐさま、鉄骨造の超高層建築こそ、二〇世紀を代表する建築ではないかという反論が返ってきそうであるが、僕はそうは思わない。なぜなら、現場打ちコンクリート造の建築こそは、①最も自由で普遍的な建築の形式であって、自由と普遍性を第一の目的としたこの世紀には、この形式こそが最も似つかわしかったのだと思えるのである。鉄骨造はコンクリート造より繊細で透明であったかもしれないが、自由と普遍性においては、はるかにその a後塵を拝すのである。

現場打ちコンクリートの自由は、まずその造型の自由度にある。コンクリートには原則として不可能な形態はない。柱と梁からなるフレーム構造であろうと、曲面のシェルであろうと、型枠の中に液体を流し込むというきわめて原始的な操作によって、すべての形態、すべての構造形式が可能となる。これほどの自由を、かつていかなる建築の工法も獲得したことはなかった。

さらに世界のいかなる地域、場所においてもコンクリートの建物は建設可能であった。ベニヤ[*1]と木の切れ端を組み立てて型枠を作るほどの技術はどこにでもあったし、砂とセメントと鉄筋はどこでも入手可能であった。これほどに普遍的な建築技術は、かつ

2020 第3回
サピックスオープン

国　語

中学３年

2020年9月13日実施

【受験上の注意事項】

1 試験時間は、50分です。
2 答えは全て解答用紙の定められた解答欄の中に書きなさい。
小さすぎる文字・薄すぎる文字は採点できません。
3 解答用紙には、生徒ID・氏名を必ず書きなさい。
4 問題用紙の白いところは、メモなどに使いなさい。
5 質問がある時や気分が悪くなった時は、黙って手をあげなさい。
6 終わったら解答用紙だけを提出しなさい。

SAPIX サピックス 中学部

2020 第4回
サピックスオープン

英　語

中学3年

2020年11月3日実施

【受験上の注意事項】

1. 試験時間は、50分です。
2. 答えは全て解答用紙の定められた解答欄の中に書きなさい。
小さすぎる文字・薄すぎる文字は採点できません。
3. 解答用紙には、生徒ID・氏名を必ず書きなさい。
4. 問題用紙の白いところは、メモなどに使いなさい。
5. 質問がある時や気分が悪くなった時は、黙って手をあげなさい。
6. 終わったら解答用紙だけを提出しなさい。

SAPIX サピックス 中学部

1 このリスニング問題はPart A、Bの２つの部分に分かれています。それぞれの指示に従い、答えなさい。放送はすべて２回ずつ流れます。

Part A　放送される対話文を聞き、それに対する英語の質問に答えなさい。(1)から(3)はア～エの中から最も適切なものを１つ選び、(4)は正しい数字を英語で答えなさい。なお、対話文と質問は２回ずつ放送されます。

(1) ア　At a hospital.
　　イ　At a shop.
　　ウ　At a station.
　　エ　At a university.

(2) ア　It's less than 26.
　　イ　It's just 28.
　　ウ　It's just 30.
　　エ　It's between 32 and 34.

(3) ア　A shirt with short sleeves.
　　イ　A shirt with no chest pockets.
　　ウ　A shirt with long sleeves and no chest pockets.
　　エ　A shirt with long sleeves and chest pockets.

(4) He paid (　　　　) dollars including tax.

Part B　放送される対話文とそれに対する質問を聞き、質問に対する答えとして最も適切なものをア～エから１つ選び、記号で答えなさい。なお、対話文と質問は２回ずつ放送されます。(5)の対話文で用いられているお金の単位は米ドル(アメリカ合衆国ドル)とする。

(1)　ア　It's 5:00 p.m.
　　イ　It's 4:30 p.m.
　　ウ　It's 5:30 p.m.
　　エ　It's 4:00 p.m.

(2)　ア　A coffee.
　　イ　Cheese and a sandwich.
　　ウ　A cheese sandwich, a small salad and a coffee.
　　エ　A cheese sandwich and a small salad.

(3)　ア　It is cloudy.
　　イ　It is rainy.
　　ウ　It is fine.
　　エ　It is stormy.

(4)　ア　On Sunday.
　　イ　On Friday.
　　ウ　On Saturday.
　　エ　On Monday.

(5)　ア　$ 80.
　　イ　$ 1500.
　　ウ　$ 150.
　　エ　$ 100.

2 次の各組の英文の(　)内に同じ発音でつづりの異なる語をそれぞれ1語ずつ補い、意味が通じるようにしなさい。

(1) (A) I've never (　　　　) him so angry.

(B) The last (　　　　) of the film was moving.

(2) (A) Nancy stayed up (　　　　) the night because her baby didn't stop crying.

(B) When I visited the shrine the other day, I (　　　　) coins into the pond to wish for a long life.

(3) (A) Put the fish you caught in this container. In this (　　　　), you can keep them fresh.

(B) The puppy has grown a lot. How much does it (　　　　) now ?

(4) (A) After the (　　　　) was over, the country enjoyed peace.

(B) Everyone (　　　　) a suit at that formal party held in Tokyo last week.

(5) (A) This idea is out of date. Can you come up with some (　　　　) ideas ?

(B) Tom fell asleep in class before we (　　　　) it.

3　A、Bがほぼ同じ意味を表す英文になるように、(　　)内に入る最も適切な語をそれぞれ1語ずつ答えなさい。

(1)　A：Bob said to me, "Where is my notebook ?"

　　B：Bob (　　　　) me where (　　　　) notebook was.

(2)　A：I haven't received his letter for a long time.

　　B：He (　　　　) (　　　　) to me for a long time.

(3)　A：All the students looked up to Ms. Green.

　　B：Ms. Green was (　　　　) (　　　　) all the students.

(4)　A：Tommy went to India four years ago and he is still there.

　　B：Tommy has (　　　　) (　　　　) India for four years.

(5)　A：I came across Mr. Smith in the shopping mall.

　　B：I met Mr. Smith (　　　　) (　　　　) in the shopping mall.

4 例にならって、各英文の下線部A～Dの中から文法的・語法的に間違っているものを1つ選び、選んだ箇所全体を正しい形に直しなさい。不要な語だと判断した場合には正しい形を×と答えなさい。

【例①】 He always puts on his hat when he went out.
A B C D
【解答】 記号：B 正しい形：put

【例②】 I will give him a book on tomorrow.
A B C D
【解答】 記号：D 正しい形：×

(1) Who left a notebook on my desk? I have found it when I came back, but it has no name.
A B C D

(2) I've already made up my mind about this matter whatever you may say. There is nothing more to discuss about.
A B C D

(3) It is hard for us to imagine how it was like to live our lives without modern technology, for example, smartphones.
A B C D

(4) I'd like you to say hello to Emily when you will meet her on the morning of November 7.
A B C D

(5) John told his teacher that he had done his homework by himself, but which was a lie.
A B C D

5 次の英文を読み、以下の問いに答えなさい。*のついている語(句)には(注)があります。

My mother is a teacher, and (1)<u>I grew up with the struggles and challenges a teacher faces.</u> I often (　2　) her, "Why do you teach? How can you continue to put out the kind of energy you do?" The answer was always the same. "There is always that one child, that one moment that makes it all *worthwhile."

I'm not sure if it was *heredity, my mother's *inspiration or the heartfelt stories she would share about her students, but I, too, (　3　) a teacher. However, my classroom is quite different from hers. I do my teaching outdoors. I teach adventure-based education, physically and mentally challenging activities that *involve some risk and that *focus on *pro-social development. (　4　) of the work I do involves *at-risk youths.

When my mother asked me why I taught, how I was able to overcome such hardships, I knew that she already had the answer. As she said, it's that one child, that one special moment.

[　A　] I was working with a group of female youths (　5　) the ages of twelve and fifteen. We were nearing the end of the second week of a four-week program. The group had *progressed smoothly through the "Team" elements and was moving to a "High" element called the Wire Walk.

The Wire Walk involves climbing up a *pegged tree to a wire cable, twenty-five feet off the ground, stepping onto the wire cable, then walking across the cable, holding on to a *loosely tied rope five feet above. During the *entire process, from ground to finish, the *participant *is attached to one end of a climbing rope for safety. (　6　) end is controlled by a trained instructor. It is a very safe *procedure.

We spent some time talking about the *emotions the girls had, then I asked who was willing to try. (7)<u>A few girls raised their hands, and they were able to complete the Wire Walk with little difficulty.</u> Once the other girls saw their success, a few more were ready to go.

"Who would like to go next?" I asked. A few of the girls said, "Susie's ready." (8)<u>Sensing her *reluctance, I asked Susie if she was ready.</u> She answered softly, "I suppose."

Susie was safely tied in and standing (9) the foot of the tree. I took up the *slack in the rope as I watched her (10)make the long reach for the first peg. The group *applauded her efforts with *rally cries and cheers. Then I watched Susie's face *tighten with every step. I wanted so much for her to do the Wire Walk. I knew how good it would make her feel. But I'd seen this fear many times, and I realized she would not go much farther.

She was halfway up when she *embraced the tree in a big hug — the kind of hug a small child gives a parent's leg after being frightened. Her eyes were shut tight, her *knuckles white. With her *cheek pressed against the *bark, (11) I heard was, "I can't."

The other girls (12)sat in silence. I began to quietly talk to Susie, trying to get her to *ease her grip enough to lower her down. I talked for what seemed a long time. (13)Then I ran out of words and was quiet.

The silence was broken by Mary. "I will be your friend no matter what, Susie !"

My eyes filled with tears, so much so that I could *barely see Susie *clinging to the tree. By the time my eyes cleared, I saw that she had lifted her head to look up to the wire. The white in her knuckles had gone *flush. She turned to look down at Mary and smiled. Mary smiled back. I was on the job again, taking up the slack in the rope until Susie reached the wire.

| B | The young hearts that I work with continue to fill me with inspiration and courage. I truly believe their lives are filled with more choices of risk and danger than I ever had. Somehow they go on. Somehow they get to the wire.

As for Susie, (14)she made it all the way across that wire. When she returned to the ground, the first hug she looked for was from (15).

We all cheered.

(注) worthwhile：やりがいのある　heredity：遺伝　inspiration：感化、激励

involve ～：～を含む　focus on ～：～を重点的に取り扱う

pro-social development：社会性の発達

at-risk youth：非行に走ったり、虐待を受けたりしている若者　progress：進む

peg：くい(を打つ)　loosely：ゆるく　entire process：全過程　participant：参加者

be attached to ～：～に結びつけられている　procedure：手順　emotion：感情
reluctance：気が進まないこと　slack：（ロープの）たるみ　applaud ～：～に拍手を送る
rally cries and cheers：激励　tighten：こわばる　embrace ～：～を抱きしめる
knuckle：（指のつけ根の）指関節　cheek：頬（ほお）　bark：木の皮
ease ～：～をゆるめる　barely：かろうじて　cling to ～：～にしがみつく
flush：紅潮する

問1　下線部(1)、(7)、(8)の内容を最も適切に表しているものを以下のア～エからそれぞれ1つずつ選び、記号で答えなさい。

(1)　ア　私は、大きくなるにつれ、教師である母に面と向かって意見を言う努力をしていた。
イ　私は、大きくなったら教師になれという母親の希望に合うよう努力をしてきた。
ウ　私は、母が教師として直面する苦闘や試練を目にしながら育った。
エ　私は、教師が目撃する生徒の苦闘や試練を言い聞かされながら成長した。

(7)　ア　何人かの女の子が手を挙げ、ほとんど労せずワイヤーウォークを完了できた。
イ　グループの少女の何人かは手を挙げて挑戦し、ワイヤーウォークを苦労して終えた。
ウ　何人かの女の子が参加者の手助けをしたので、ほとんど苦労することなく皆ワイヤーウォークを終えることができた。
エ　班内の女の子の何人かは指名されたが、どうにかワイヤーウォークを完了できた。

(8)　ア　私は気が進まなかったが、私はスージーに準備はできているかどうか聞いた。
イ　やる気がなさそうだったので、私はスージーに準備をするかまかせた。
ウ　やりたくないという気持ちを汲み取り、私はスージーに準備をするかどうかの判断をゆだねた。
エ　スージーの気が進まない様子を感じたので、私は彼女に準備はできているかどうか聞いた。

問2　空所（　2　）～（　6　）、（　9　）、（　11　）に入る最も適切な語(句)を、以下のア～エからそれぞれ1つずつ選び、記号で答えなさい。

2：ア　said　イ　told　ウ　asked　エ　listened

3：ア　become　イ　became　ウ　becoming　エ　had become

4：ア　Most　イ　Almost　ウ　Many　エ　Few

5：ア　between　イ　either　ウ　each　エ　all

6：ア　One　イ　Other　ウ　The other　エ　Another

9：ア　of　イ　in　ウ　over　エ　at

11：ア　all　イ　that　ウ　which　エ　when

問3　空所［　A　］、［　B　］に入る最も適切な英文を以下のア～エからそれぞれ1つずつ選び、記号で答えなさい。

A：ア　I was often told the stories that made her feel good.

　　イ　This is because I wanted to be a teacher like her.

　　ウ　This is my favorite story she told me about her teaching at school.

　　エ　One of those moments happened recently.

B：ア　The story my mother told me has made me what I am.

　　イ　Moments like this keep me doing what I do.

　　ウ　I often realize the fact that one teacher can't make students go forward.

　　エ　There are always some who need help from others.

問4　下線部⑽、⑿、⒁を次のように書きかえたとき、空所に最も適切な1語をそれぞれ書き入れなさい。なお、（　）内に示された文字で始まる語を書くこと。

⑽　make the long reach ＝ stretch her（ h　　　）out

⑿　sat in silence ＝ sat（ s　　　）

⒁　she made it all the way across that wire = she managed to（ r　　　）the goal

問5　下線部⒀をわかりやすい日本語にしなさい。

問6　空所（　15　）に入る最も適切な1語を本文から抜き出して答えなさい。

6 次の英文を読み、以下の問いに答えなさい。*のついている語(句)には(注)があります。

The Indian state of Rajasthan is very dry. The average rainfall there is between 150 and 400 millimeters a year, and it is often hit by *droughts. However, the problem is made worse still by the main industry of Rajasthan, which is *marble. Marble is a beautiful and expensive rock that is used in buildings all over the world. Rajasthan has a lot of marble, and hundreds of thousands of people *are involved in *mining, (1), and *polishing the marble so that it can be widely *exported.

The problem is that cutting and polishing the marble uses a lot of water. One factory can use more than 10,000 liters of water every day, and in the town of *Kishangarh, there are more than 400 marble factories. The (A) is that, over the last 20 years, two lakes near the town have *vanished, and the local people have to buy water (B) [ア there イ enough ウ from エ because オ the ground カ isn't キ in ク *tankers] anymore. *To add insult to injury, the dust from cutting the marble falls on the fields, which means that less rainwater goes (あ) the ground when it does rain. It will be very difficult for both farming and the marble industry to *co-exist in Rajasthan for much longer.

The water used by the marble industry in Rajasthan is a good example of what *economists call "(C) virtual water." This is the water which is tied up in the growing and *manufacture of products that are traded internationally. The *amount of water involved in this trade is *estimated at around 20 cubic kilometers a year or around 75 percent of all the water in Lake Biwa, the largest lake in Japan.

[1] In the 1960s, many people were worried (い) the rising world population and food shortages. The Green Revolution — the growing of *high-yield crops such (う) rice and wheat helped to solve this problem. To grow these crops, however, huge *irrigation systems were required, which involved building dams and using rivers. The world now grows twice as much food as it did in the 1960s, but (2) *three times as much water* to do it. Much of this water now comes from underground sources as supplies of surface water dry up. In India, China and Pakistan

alone, a volume of 400 cubic kilometers of water a year is pumped from underground sources, only half of which is *replenished by rainwater.

The amount of water it takes to produce common *foodstuffs is unbelievable. For example, it takes around 20,000 liters of water to produce one kilo of coffee, 11,000 liters of water to produce one quarter-pound hamburger and 2,000 liters of water to produce one liter of milk !

[2] One farmer in India pumps around 18,000 cubic meters of water a year to irrigate his crops, which he then uses to feed his cows. The milk he gets (え) these cows *amounts to only 9,000 liters.

All over the world, a *similar process is *occurring. Countries are using up their valuable groundwater supplies at an *incredible rate. This rate of water *usage is clearly not *sustainable, and it could soon (3) to a global crisis.

[3] Perhaps the best solution is to harvest the rain. In many countries, especially India, much of the rain that falls simply *evaporates. But by collecting the rain in ponds and tanks, and then allowing it to slowly return to the ground, farmers can make sure that their wells don't (4) dry. The system is so effective that governments from countries like Mexico, China and Tanzania are all experimenting with similar systems to reduce the waste of water. Of course, rain harvesting doesn't increase the amount of rain, but it does mean that it is used more *efficiently and sustainably. *Ironically, this idea is very similar (お) an old Indian tradition of collecting rainwater and (5) it in man-made ponds, which the Indians called "tanka"—the origin of the English word "tank." Maybe there are more old ideas that can help to solve the problems of the future.

(注) drought：干ばつ　marble：大理石　be involved in ～：～に関わる

mine：採掘する　polish ～：～を磨く　export ～：～を輸出する

Kishangarh：キシャンガル(ラジャスタンにある都市)　vanish：消滅する

tanker：タンク車　to add insult to injury：さらに追い打ちをかけるように

co-exist：共存する　economist：経済学者　manufacture：製造　amount：総量

estimate：推定する　high-yield crop：多収穫の農作物　irrigation：灌漑(水を引くこと)

replenish ～：～を再び満たす　foodstuff：食糧　amount to ～：(総量が)～に達する

similar：似た　occur：発生する　incredible：途方もない　usage：使用量
sustainable：持続可能な　evaporate：気化する　efficiently：効果的に
ironically：皮肉にも

問1　空所（　1　）〜（　5　）に入る最も適切な動詞を以下から1つずつ選び、1語で答えなさい。必要ならば形を変えて答えなさい。ただし、それぞれの動詞は1回しか使えません。

[run, lead, store, use, cut]

問2　空所（　A　）に入る語として最も適切なものを以下のア〜エから1つ選び、記号で答えなさい。

ア　benefit　　イ　result　　ウ　goal　　エ　reason

問3　下線部(B)の[　]内の語(句)を、本文の流れに合うよう並べかえたとき、[　]内で3番目と7番目に来る語(句)の記号をそれぞれ答えなさい。

問4　空所（　あ　）〜（　お　）に入る最も適切な語を以下から1つずつ選び、答えなさい。ただし、それぞれの語は1回しか使えません。

[to, into, from, as, about]

問5　二重下線部(C)の語句の説明として最も適切なものを以下のア〜エから1つ選び、記号で答えなさい。

ア　Virtual water is the amount of water used in producing something.
イ　Virtual water is the amount of water in the air we can't see clearly.
ウ　Virtual water is the amount of water not only in the rain but in the underground.
エ　Virtual water is the amount of water used in virtual reality.

問6　空所 [1] ～ [3] に入る最も適切な英文を以下のア～オから1つずつ選び、記号で答えなさい。ただし、それぞれの選択肢は1回しか使えません。

ア　What can be done to stop us running out of water ?

イ　Why do we use so much water ?

ウ　What is the best way to reduce the rainwater ?

エ　How much water did we need to grow crops ?

オ　How can it take 2,000 liters of water just to produce one liter of milk ?

問7　本文の内容に合うものを以下のア～オから1つ選び、記号で答えなさい。

ア　キシャンガルの人々は技術革新のおかげで農業も大理石加工業でも成功している。

イ　農業革命の1つである緑の革命後、我々は以前よりも少ない水でより多くの穀物を収穫できるようになった。

ウ　インド、中国、パキスタンの3か国それぞれは、年間で約400立方キロメートルもの水を地下水と雨水から得ている。

エ　1キログラムのコーヒーを生産する際に必要な水の量は、1リットルの牛乳を生産する水の量の約10倍である。

オ　我々は昔のインド人が生み出した雨水を増やすアイディアを活用すべきだ。

2020 第4回
サピックスオープン

数　学

中学３年

2020年11月3日実施

【受験上の注意事項】

1 試験時間は、50分です。
2 答えは全て解答用紙の定められた解答欄の中に書きなさい。
　小さすぎる文字・薄すぎる文字は採点できません。
3 解答用紙には、生徒ID・氏名を必ず書きなさい。
4 問題用紙の白いところは、メモなどに使いなさい。
5 質問がある時や気分が悪くなった時は、黙って手をあげなさい。
6 終わったら解答用紙だけを提出しなさい。

【解答の際の注意事項】

1 解答は最も整理された形で表せ。
　① 分数は特にことわりがない限り，完全に約分された形にせよ。
　　比についても同様で，完全に整理された形にせよ。
　② 解答に根号が含まれる場合は，根号の中の数字はできるだけ小さくして，整理せよ。
2 円周率は，特にことわりがない限りπを用いよ。
3 解答が複数考えられる場合は，全て答えよ。

SAPIX サピックス 中学部

1 次の各問いに答えよ。

(1) $(-3xy^2)^2 \div \dfrac{3x}{y} \div 6xy^4$ を計算せよ。

(2) 連立方程式 $\begin{cases} \dfrac{3}{8}x - 0.75y = 3 \\ x + 6y = -4 \end{cases}$ を解け。

(3) $x^2 - 5xy + 6y^2 - 3x + 6y$ を因数分解せよ。

(4) $(\sqrt{6}-\sqrt{2})(\sqrt{6}+\sqrt{2}) - \dfrac{(\sqrt{3}-\sqrt{5})^2}{2}$ を計算せよ。

(5) $\sqrt{2021-43n}$ が整数となるような自然数 n をすべて求めよ。

2 次の各問いに答えよ。

(1) $\boxed{0}$, $\boxed{1}$, $\boxed{2}$, $\boxed{3}$, $\boxed{4}$, $\boxed{5}$ の0から5までの整数が1つずつ書かれた6枚のカードがある。この中の3枚を使って，3桁の整数を作る。次の各問いに答えよ。

① 整数は全部で何個作れるか。

② 4の倍数は何個作れるか。

(2) 食塩5gと濃度が5%の食塩水150gと濃度が7%の食塩水250gを混ぜ合わせて作った食塩水に，x gの水を加えて食塩水をうすめたところ，濃度が4%になった。x の値を求めよ。

3 右の図のように，放物線 $y=x^2$ がある。

y 軸上に，A(0, 4) をとり，点Bを x 軸上の正の部分にとる。このとき，線分ABと放物線の交点をCとすると，AC：CB＝3：1となった。

また，点Aを通り x 軸と平行な直線と放物線との交点をDとする。

次の各問いに答えよ。

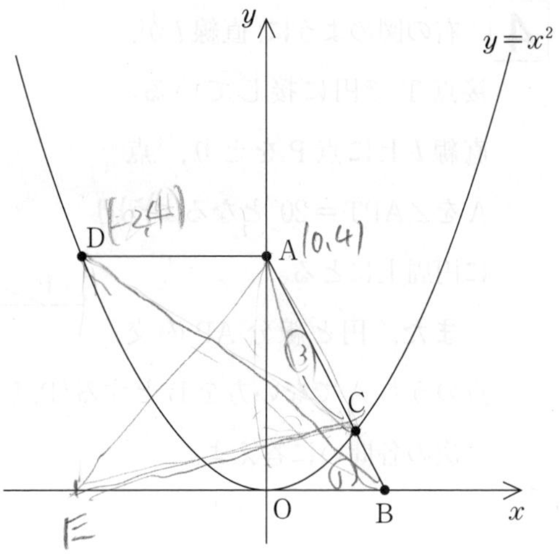

(1) △ACDの面積を求めよ。

次に，x 軸上の負の部分に点Eをとり，△CDEの面積が10となるときを考える。

(2) △ABD：△ACE を求めよ。

【この問題は，答えに至るまでの途中過程を解法欄に記入すること。】

(3) 放物線上に，△CDP＝△BCE となるような点Pをとるとき，点Pの x 座標をすべて求めよ。

第4回 数学

4 右の図のように，直線lが，接点Tで円に接している。直線l上に点Pをとり，点Aを∠APT＝20°となるように円周上にとる。

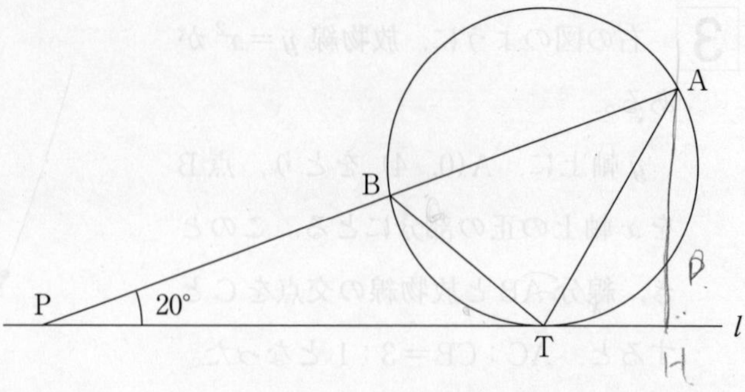

また，円と線分APの交点のうちAでない方をBとする（P, B, Aの順で並ぶ）と，∠ATB＝2∠BTPであった。

次の各問いに答えよ。

(1) ∠BTPの大きさを求めよ。

(2) Aから直線lに垂線を引き，lとの交点をHとする。また，垂線AHと円との交点のうち，Aでない方をDとする。

① AD：DHを求めよ。

② 円の半径が5であるとき，△ADTの面積を求めよ。

5 右の図のように，AB＝4, BC＝6, CD＝3, ∠ABC＝∠BCD＝60°の四角形 ABCD がある。

次の各問いに答えよ。

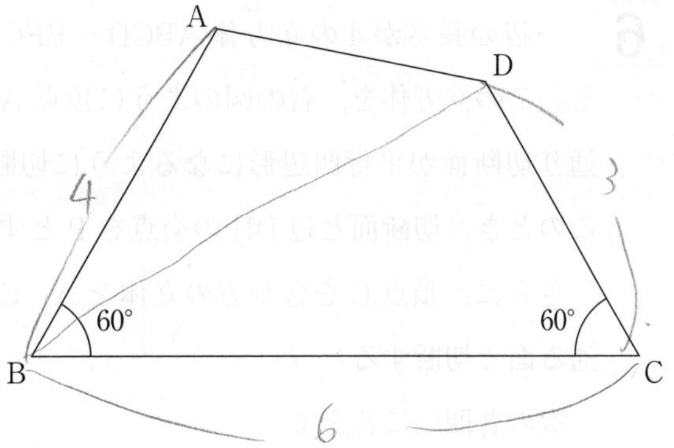

(1) AD の長さを求めよ。

次に，∠ABC の二等分線と∠BCD の二等分線の交点を E とする。

(2) △ABE：△BEC を求めよ。

(3) 四角形 AECD の面積を求めよ。

第4回 数学

6 一辺の長さが4の立方体 ABCD－EFGH がある。この立方体を，右の図のように頂点A，Gを通り切断面が平行四辺形になるように切断する。このとき，切断面と辺 DH の交点をPとする。

さらに，頂点Cを含む方の立体を A，C，G を通る面で切断する。

次の各問いに答えよ。

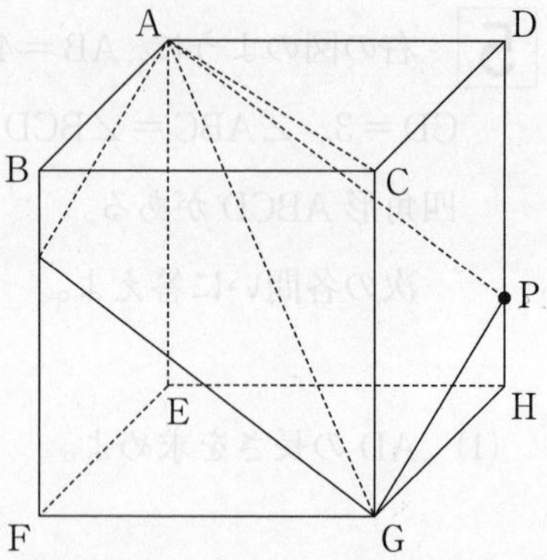

(1) DP＝3 のとき，頂点Dを含む立体(四角すい A－CGPD)の体積を求めよ。

(2) 頂点Bを含む立体と，頂点Dを含む立体の体積比が 5：3 となるとき，DP の長さを求めよ。

【この問題は，答えに至るまでの途中過程を解法欄に記入すること。】

(3) (2)のとき，さらに，B，D，P を通る平面で切断する。

切断してできる立体のうち，辺 AD を含む立体の体積を求めよ。

2020 第4回
サピックスオープン

理　科

中学３年

2020年11月3日実施

【受験上の注意事項】

1 試験時間は、50分です。
2 答えは全て解答用紙の定められた解答欄の中に書きなさい。小さすぎる文字・薄すぎる文字は採点できません。
3 解答用紙には、生徒ID・氏名を必ず書きなさい。
4 問題用紙の白いところは、メモなどに使いなさい。
5 質問がある時や気分が悪くなった時は、黙って手をあげなさい。
6 終わったら解答用紙だけを提出しなさい。

SAPIX サピックス 中学部

1 次の問いに答えなさい。

(1) 音の性質の説明として誤っているものを，次のア～エの中から一つ選び，記号で答えなさい。

ア．空気中よりも水中の方が音は速く伝わる。

イ．0.005 秒で 1 回振動している音の振動数は 200 Hz である。

ウ．モノコードの弦をはじいて音を出す実験において，はじく強さは変えずに，弦を張る強さを弱めて弦をはじくと，元の条件のときと比べて出る音の高さが低くなる。

エ．モノコードの弦をはじいて音を出す実験において，はじく強さは変えずに，はじく部分の弦の長さを短くして弦をはじくと，元の条件のときと比べて出る音の振幅が大きくなる。

(2) 空気より軽い気体と色がある気体の組み合わせとして適切なものを，次のア～エの中から一つ選び，記号で答えなさい。

	空気より軽い気体	色がある気体
ア	窒素	硫化水素
イ	塩化水素	硫化水素
ウ	窒素	塩素
エ	塩化水素	塩素

(3) ヒトの体において，胆汁をつくる臓器と，小腸で吸収されたブドウ糖とアミノ酸が小腸の次に到達する臓器の組み合わせとして適切なものを，次のア～エの中から一つ選び，記号で答えなさい。

	胆汁をつくる臓器	ブドウ糖とアミノ酸が小腸の次に到達する臓器
ア	肝臓	肝臓
イ	肝臓	大腸
ウ	胆のう	肝臓
エ	胆のう	大腸

(4) **図1**は，アブラナの花の縦の断面の様子を模式的に表したものである。アブラナの花には，やくと呼ばれる花粉をつくる場所がある。解答欄の図で，やくに当たる部分をすべて黒くぬりつぶしなさい。

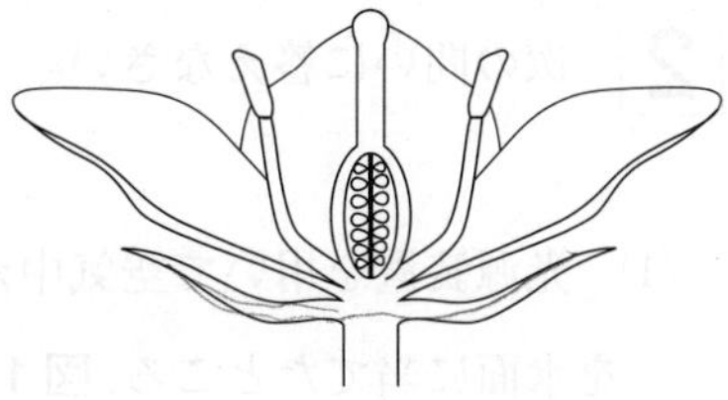

図1

(5) 現在から3億年前を含む地質時代の名称と，その時代に生息していた生物の組み合わせとして適切なものを，次のア～カの中から一つ選び，記号で答えなさい。

	3億年前を含む地質時代	その時代に生息していた生物
ア	古生代	フズリナ
イ	古生代	マンモス
ウ	中生代	サンヨウチュウ
エ	中生代	ティラノサウルス
オ	新生代	ナウマンゾウ
カ	新生代	ビカリア

(6) 大きな地震が起こると予想されている南海トラフは，**図2**のプレートAとプレートBの境界に生じている深い溝のことである。プレートAとプレートBの名称として適切なものを，次のア～エの中からそれぞれ一つずつ選び，記号で答えなさい。

ア．北アメリカプレート　　イ．太平洋プレート

ウ．フィリピン海プレート　　エ．ユーラシアプレート

図2

第4回　理科

2 次の問いに答えなさい。

(1) 光源装置を用いて空気中からレーザー光を水面に当てたところ，**図1**のように，レーザー光が水面で屈折して水中に入っていく様子が観察された。**表1**は，このときのレーザー光の入射角と屈折角をまとめたものである。同じ光源装置を用いて水中からレーザー光を水面に当てたところ，**図2**のように，レーザー光が水面で屈折して空気中に出ていく様子が観察された。**図2**のときのレーザー光の屈折角は何度か。なお，**図1，2**において，水面に当てたレーザー光の反射光は省略してある。

表1

入射角〔度〕	屈折角〔度〕
20	15
40	29
60	40
80	47

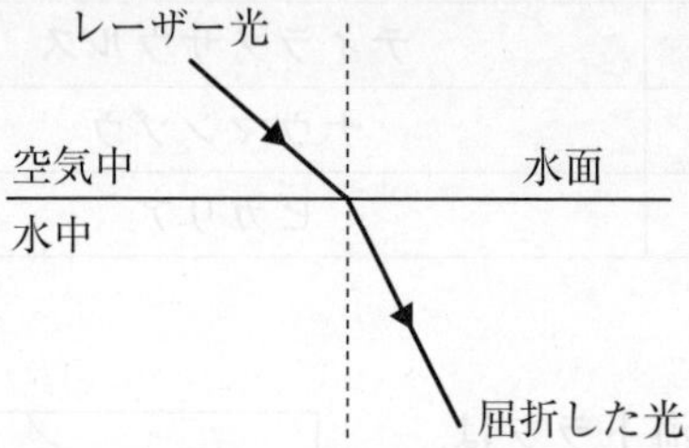

図1

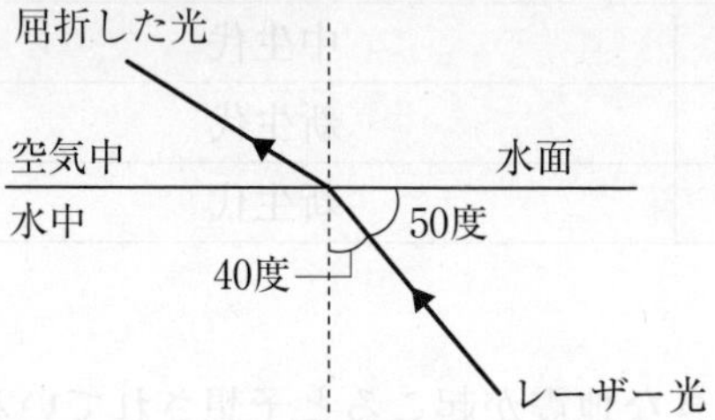

図2

(2) 直流電源装置と 10 Ω，20 Ω の抵抗器を用いて，**図3**，**図4**のように直列回路と並列回路をつくった。**図3，4**ともに電源装置の電圧を 60 V にして電流を流したとき，消費電力が最も大きくなったのは**図4**の 10 Ω の抵抗器であり，消費電力が最も小さくなったのは**図3**の 10 Ω の抵抗器であった。**図4**の 10 Ω の抵抗器での消費電力は，**図3**の 10 Ω の抵抗器での消費電力の何倍か。

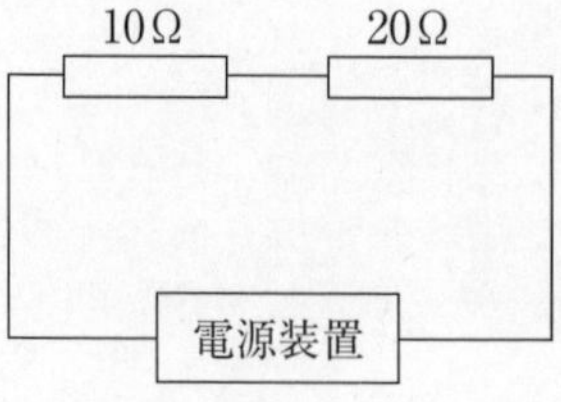

図3

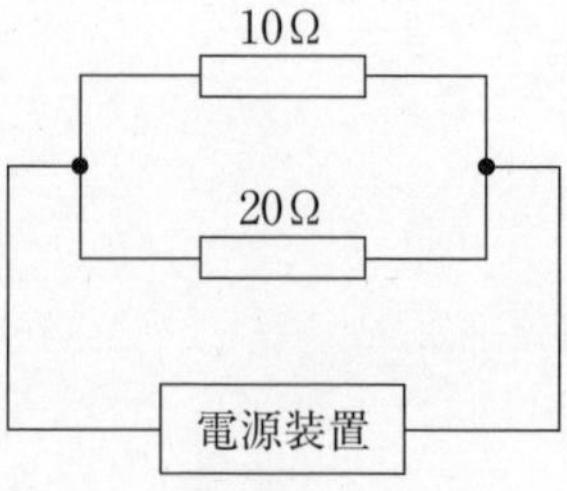

図4

⑶　14 g の鉄の粉末と 8 g の硫黄の粉末をよく混ぜてから試験管に入れて加熱したところ，鉄と硫黄は過不足なく反応し，22 g の硫化鉄が生じた。28 g の鉄の粉末と 12 g の硫黄の粉末をよく混ぜてから試験管に入れて加熱して十分に反応させると，生じる硫化鉄は何 g か。

⑷　黄色の種子から育てたエンドウ同士をかけ合わせたところ，黄色の種子と緑色の種子ができた。このときできた緑色の種子から育てたエンドウ同士をかけ合わせ，できた種子の色の割合を調べた。得られる可能性のある結果について正しく述べた文を，次のア～エの中から一つまたは二つ選び，記号で答えなさい。ただし，エンドウの種子の色は，メンデルの法則にしたがって遺伝するものとする。

ア．すべて黄色の種子となる。

イ．すべて緑色の種子となる。

ウ．黄色の種子と緑色の種子が 3：1 の割合で生じる。

エ．黄色の種子と緑色の種子が 1：3 の割合で生じる。

⑸　**表2**は，水の温度と水 100 g に溶かすことができる硝酸カリウムの質量の関係をまとめたものである。質量パーセント濃度が 40％で，60℃の硝酸カリウム水溶液 250 g を冷やして 40℃にしたとき，結晶として出てくる硝酸カリウムの質量は何 g か。

表2

水の温度〔℃〕	30	40	50	60
水 100 g に溶かすことができる硝酸カリウムの質量〔g〕	45.6	64.0	85.2	109.2

⑹　**図5**のように，ぬるま湯と線香の煙を入れた丸底フラスコをゴム管で注射筒につなぎ，注射筒のピストンをすばやく引くと，丸底フラスコ内がくもった。注射筒のピストンをすばやく引いたときに丸底フラスコ内がくもる理由を，「膨張」と「空気の温度」という二つの語を用いて説明しなさい。

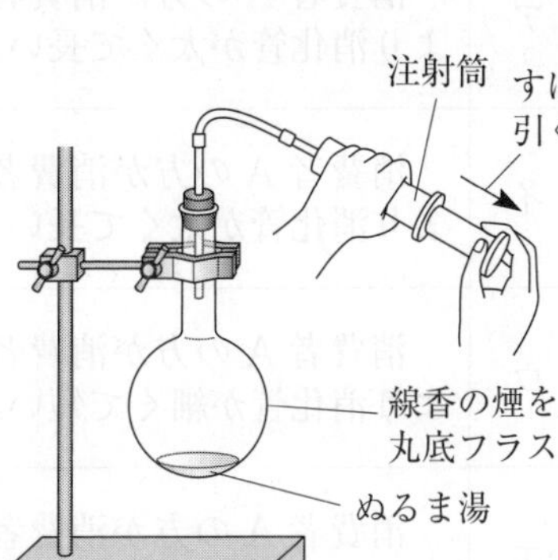

図5

3 次の〔文章1〕～〔文章3〕について，後の問いに答えなさい。

〔文章1〕

図1は，ある生態系において酸素と炭素が循環する様子をまとめたもので，**図1**の気体W，気体Xは，それぞれ酸素または二酸化炭素のいずれかを表している。生産者と消費者A，消費者Aと消費者Bの間の矢印は，それぞれ生産者を消費者Aが，消費者Aを消費者Bが食べることを表している。このように，個々の生物は酸素や炭素を吸収・排出しているが，生態系全体では循環していて，その総量がほぼ一定に保たれていることがわかる。

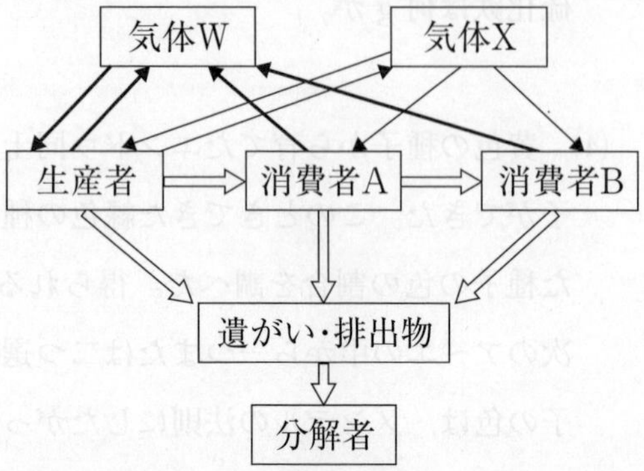

図1

(1) 気体W，気体Xのうち，酸素を表しているのはどちらか。気体Wと気体Xから一つ選び，記号で答えなさい。

(2) **図1**の消費者A，消費者Bの消化管のつくりの説明と，歯のつくりの説明の組み合わせとして適切なものを，次のア～エの中から一つ選び，記号で答えなさい。

	消化管のつくり	歯のつくり
ア	消費者Aの方が消費者Bより消化管が太くて長い。	消費者Aは犬歯が発達していて臼歯がとがっている。消費者Bは門歯と臼歯が発達している。
イ	消費者Aの方が消費者Bより消化管が太くて長い。	消費者Aは門歯と臼歯が発達している。消費者Bは犬歯が発達していて臼歯がとがっている。
ウ	消費者Aの方が消費者Bより消化管が細くて短い。	消費者Aは犬歯が発達していて臼歯がとがっている。消費者Bは門歯と臼歯が発達している。
エ	消費者Aの方が消費者Bより消化管が細くて短い。	消費者Aは門歯と臼歯が発達している。消費者Bは犬歯が発達していて臼歯がとがっている。

⑶　**図１**の分解者の中には，キノコやカビ，細菌類などが含まれる。キノコやカビのからだをつくっている繊維状のつくりを何というか。漢字２字で答えなさい。

⑷　**図１**において，分解者における気体Ｗと気体Ｘの出入りは省略されている。分解者における気体Ｗと気体Ｘの出入りを正しく表した図を，次のア〜エの中から一つ選び，記号で答えなさい。

ア．

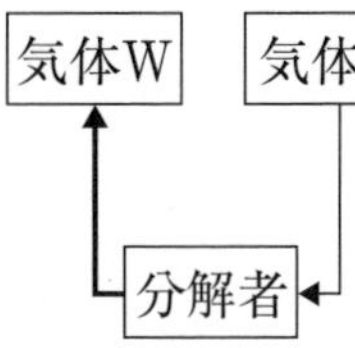

イ．

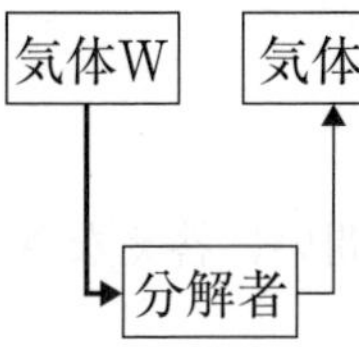

ウ．

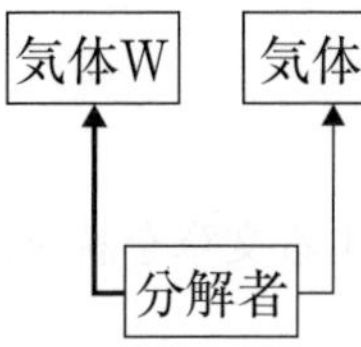

エ．

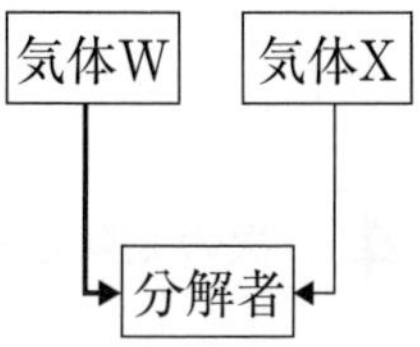

〔文章２〕

図２は，化石燃料やくり返し生産できる生物資源である（　Ｙ　）が，人間の活動で使用されることによる二酸化炭素の出入りをまとめたものである。化石燃料が一方的に二酸化炭素を放出して大気中の二酸化炭素を増加させるのに対して，（　Ｙ　）は成長する際に光合成によって二酸化炭素を吸収するため，大気中の二酸化炭素を増加させることはない。（　Ｙ　）の具体的な利用例としては，サトウキビやトウモロコシからつくられたエタノールがよく知られている。

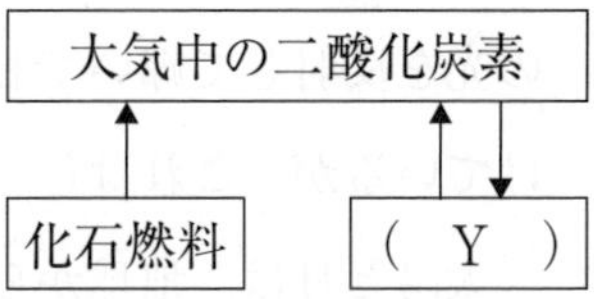

図２

⑸　〔文章２〕と**図２**の（　Ｙ　）にあてはまる語を，カタカナ５字で答えなさい。

〔文章３〕

図３は，ある河川に汚水が流れ込むことによって，生物Ｐ，生物Ｑが増減する様子を表したものである。生物Ｐ，生物Ｑは，それぞれゾウリムシなどの原生生物または分解者である細菌類のいずれかを表している。

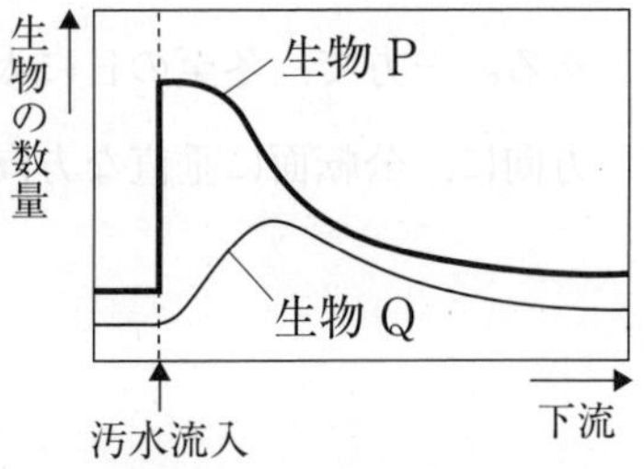

図３

(6) 生物P，生物Qが表すものと細菌類の具体例の組み合わせとして適切なものを，次のア～エの中から一つ選び，記号で答えなさい。

	生物P	生物Q	細菌類の具体例
ア	ゾウリムシなどの原生生物	分解者である細菌類	大腸菌
イ	ゾウリムシなどの原生生物	分解者である細菌類	アオカビ
ウ	分解者である細菌類	ゾウリムシなどの原生生物	大腸菌
エ	分解者である細菌類	ゾウリムシなどの原生生物	アオカビ

4 次の太陽と月に関する文章を読み，後の問いに答えなさい。

〔太陽と月〕

太陽は自ら光を出して輝く天体であり，このような天体を(　①　)という。月は太陽の光を反射して輝いており，満ち欠けをする。また，月は地球に対して常に同じ面を向けているが，これは(　②　)ためである。

太陽と月は，地球から見るとほぼ同じ大きさに見える。これは月の直径と太陽の直径の比が，地球から月までの距離と地球から太陽までの距離の比とほぼ同じであるためである。

地球から月までの距離を測る実験に，月レーザー測距実験がある。これは，<u>月面に設置されたレーザー光を反射する装置に，地球からレーザー光を照射し，レーザー光が反射して地球に戻ってくるまでの時間を測定する</u>実験である。

〔月の南中高度〕

北半球において，夏至の日に太陽の南中高度が高くなるのは，次ページの**図1**のように，地球の地軸が太陽に向かって，公転面に垂直な方向から23.4度傾いているためである。一方で，冬至の日に太陽の南中高度が低くなるのは，地球の地軸が太陽と反対の方向に，公転面に垂直な方向から23.4度傾いているためである。

月の南中高度も太陽の南中高度と同様に考えることができる。例えば，冬至の日の満月では，地球の地軸が月に向かって傾いているため，夏至の日の太陽と同じように考えることができる。また，夏至の日の満月では，地球の地軸が月と反対の方向に傾いているため，冬至の日の太陽と同じように考えることができる。

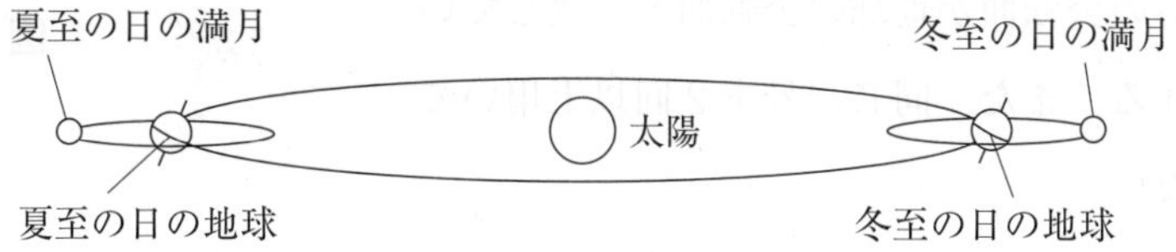

図1

(1) 〔太陽と月〕の文章中の(　①　)にあてはまる，自ら光を出して輝く天体を表す言葉を漢字2字で答えなさい。

(2) 〔太陽と月〕の文章中の(　②　)にあてはまる内容として適切なものを，次のア～エの中から一つ選び，記号で答えなさい。

ア．地球の自転周期と月の公転周期が同じ
イ．月の自転周期と月の公転周期が同じ
ウ．月の自転周期と地球の公転周期が同じ
エ．太陽の自転周期と月の公転周期が同じ

(3) 〔太陽と月〕の文章中の下線部について，次の①，②に答えなさい。

① 地球からレーザー光を照射してから，レーザー光が月にある装置で反射して再び地球に戻ってくるまでの時間が2.56秒であったとする。レーザー光の速さを300000 km/sとしてこの結果より計算すると，地球から月までの距離は何kmか。ただし，地球や月の運動の影響はすべて無視できるものとし，レーザー光の2.56秒での移動距離が，地球と月の往復距離であるものとする。

② 月の直径を3500 km，太陽の直径を1400000 kmとし，さらに，①で求めた地球から月までの距離の値を用いると，地球から太陽までの距離は何kmになるか。最も適切なものを，次のア～エの中から一つ選び，記号で答えなさい。

ア．30億km　　イ．3.0億km　　ウ．15億km　　エ．1.5億km

(4) 〔月の南中高度〕の文章より，日本のある地点において，次の①～③の月の日周運動の一部を表した軌道として適切なものを，**図２**中のア～ウの中からそれぞれ一つずつ選び，記号で答えなさい。ただし，月の公転面が地球の公転面と一致しているものとする。また，同じ記号を２回以上用いてもかまわない。

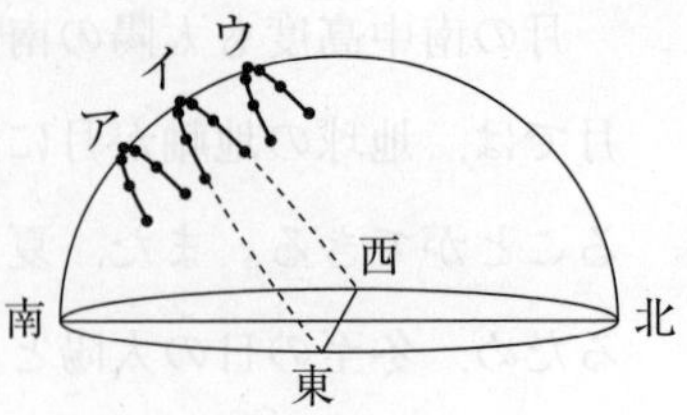

図２

①　夏至の日の満月　　②　冬至の日の満月　　③　春分の日の上弦の月

(5) **図３**において，地球Ａと月ａはある年の９月７日，地球Ｂと月ｂは同じ年の10月13日の地球と月の位置関係をそれぞれ表している。９月７日と10月13日の朝の６時頃に，北半球のある地点から観察した月の様子を表した図として適切なものを，次のア～エの中から一つ選び，記号で答えなさい。

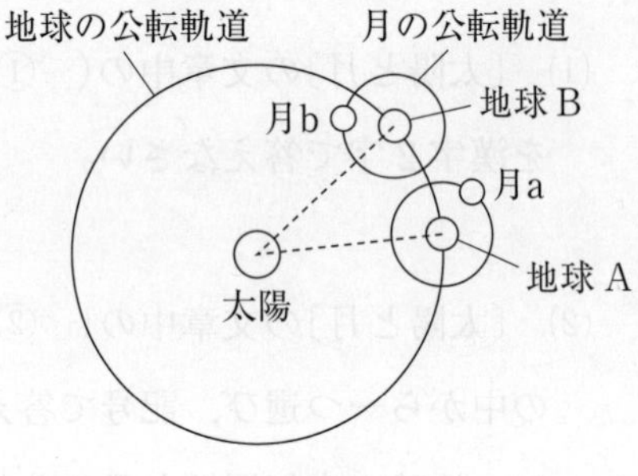

図３

ア.

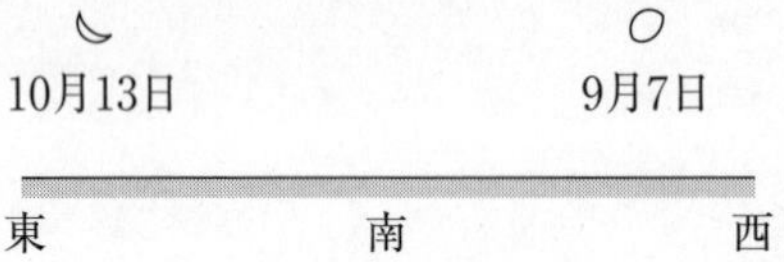

イ.

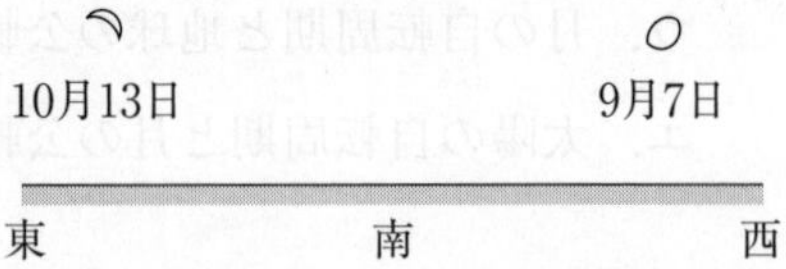

ウ.

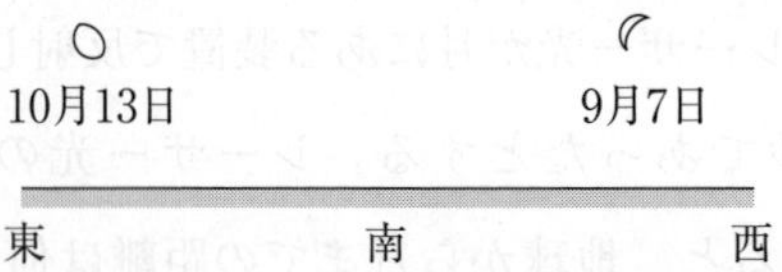

エ.

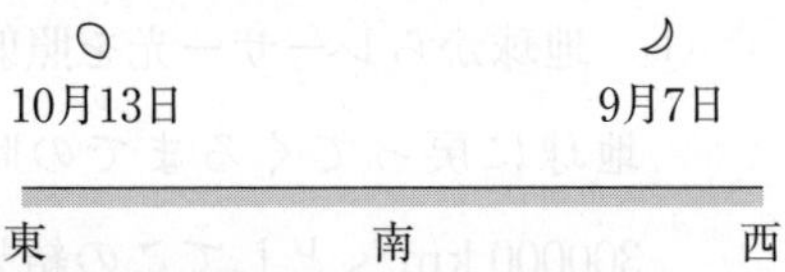

5 次の〔実験１〕,〔実験２〕について，後の問いに答えなさい。

〔実験１〕

図１のように，うすい塩酸に入れた亜鉛板と銅板の間に検流計をつないだところ，検流計の針が振れ，銅板から水素が発生した。

〔実験２〕

図２のように，二つの電解槽にそれぞれ水酸化ナトリウム水溶液とうすい塩酸，炭素棒の電極を入れて電気分解を行ったところ，すべての電極で気体が発生した。電極Ａでは水素が，電極Ｂでは酸素が発生した。

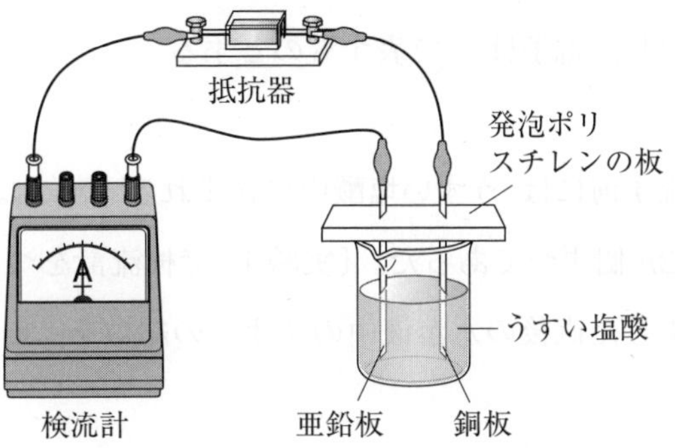

図１

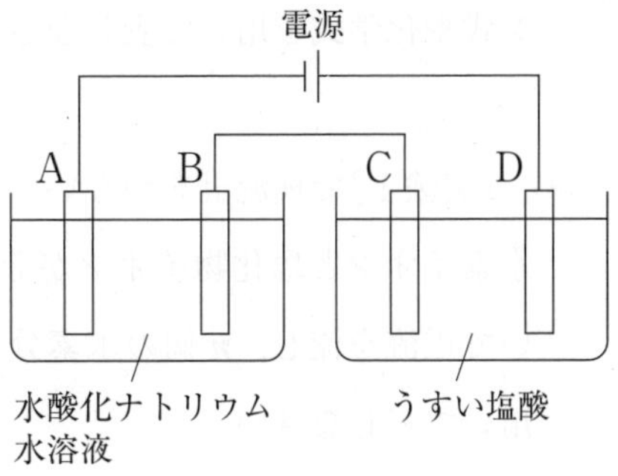

図２

(1) 〔実験１〕の**図１**のビーカーに，うすい塩酸の代わりに次のア～エの水溶液を用いた場合に，検流計の針が振れるかどうか確かめた。検流計の針が振れなかった水溶液を，次のア～エの中から一つ選び，記号で答えなさい。

ア．水酸化ナトリウム水溶液　　イ．エタノール水溶液

ウ．食塩水　　エ．硫酸

(2) 〔実験１〕の結果から，図１のうすい塩酸に亜鉛板と銅板を入れた装置は化学電池であることがわかる。図１において，化学電池の－極となる金属板と，導線の中を流れる電流の向きの組み合わせとして適切なものを，次のア～エの中から一つ選び，記号で答えなさい。

	－極となる金属板	電流の向き
ア	銅	亜鉛板から銅板
イ	銅	銅板から亜鉛板
ウ	亜鉛	亜鉛板から銅板
エ	亜鉛	銅板から亜鉛板

(3) 〔実験１〕において，電流が流れている間，銅板で気体の水素が発生する反応をイオン式や化学式を用いて表しなさい。ただし，電子は⊖で表すものとする。

(4) 〔実験１〕で検流計をつないで電流を流す前には，うすい塩酸中に含まれるイオンは，水素イオンと塩化物イオンがそれぞれ $2n$ 個ずつであった。〔実験１〕で検流計をつないで電流を流し，n 個の水素分子が発生した直後の水溶液中のイオンの総数を，n を用いて表しなさい。

(5) 〔実験２〕の電極Ａと電極Ｂで発生する気体を化合させる化学変化を用いて，電気エネルギーを直接取り出す装置は化学電池のうち特に何というか。装置の名称を漢字４字で答えなさい。

(6) 〔実験２〕の説明として誤っているものを，次のア～エの中から一つ選び，記号で答えなさい。

ア．電極Ｄで発生する気体には刺激臭がある。

イ．電気分解が進むと水酸化ナトリウム水溶液の pH の値は小さくなる。

ウ．電極Ａと電極Ｃでは同じ気体が発生している。

エ．電極Ａと電極Ｂでは，気体が２：１の体積比で発生した。

6　次の〔実験１〕,〔実験２〕について，後の問いに答えなさい。ただし，質量100 gの物体にはたらく重力の大きさを1.0 Nとし，滑車や糸，台車と斜面や水平面との間の摩擦は無視でき，斜面と水平面は滑らかに接続されているものとする。また，水平面においても記録タイマーは台車の速さを正確に記録できるものとし，物体がもつ運動エネルギーの大きさは物体の速さの２乗と質量に比例する。

〔実験１〕

①　質量が100 g, 200 g, 300 gの台車のそれぞれに，1秒間に50打点する記録タイマーに通した記録テープを結びつけた。また，水平面に対して角度を変えることができる斜面を用意した。

②　**図１**のように，斜面の水平面に対する角度を30度とした。斜面上で水平面からの高さが20 cmの位置に，①で用意した質量200 gの台車を置き，台車を支えていた手を静かにはなすと，台車は斜面を下り，水平面に到達した。

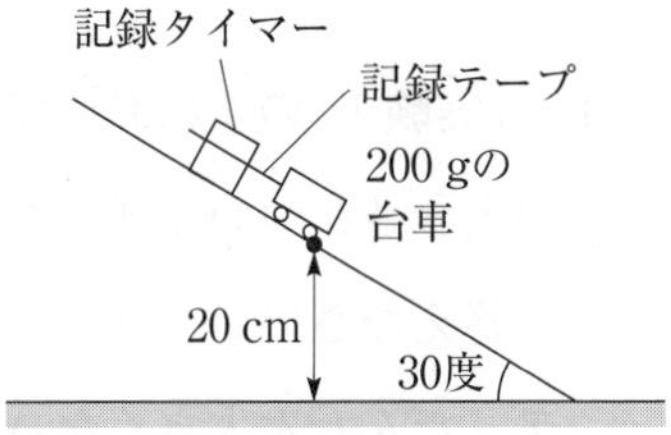

図１

③　**図２**のように，斜面の水平面に対する角度を45度とした。斜面上で水平面からの高さが20 cmの位置に，①で用意した質量300 gの台車を置き，②と同様の実験を行った。

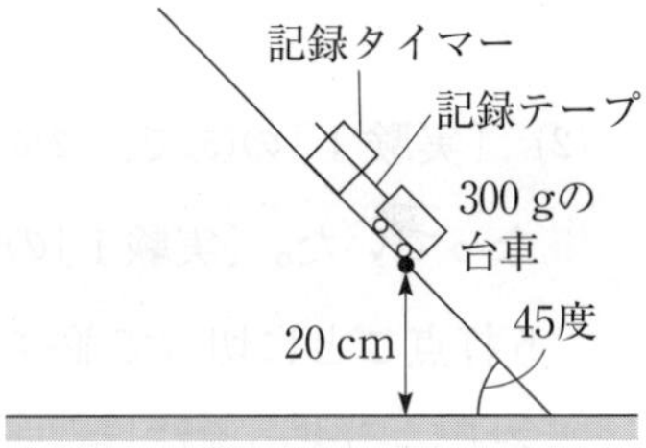

図２

④　②と同様に斜面の水平面に対する角度を30度とした。斜面上で水平面からの高さが20 cmの位置に，①で用意した質量100 gの台車を置き，手で支えて静止させた。次に，**図３**のように，斜面上での台車の位置を変えずに斜面の角度を45度に変え，その後は②と同様の実験を行った。

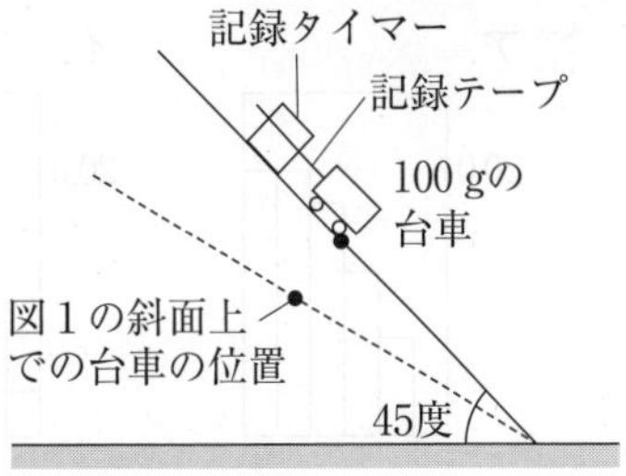

図３

⑤　②～④で得られた記録テープを５打点ごとに切って並べて，まとめた。

〔実験２〕

質量 100 g の台車と質量 300 g の台車を糸でつないだものと，側面が高さ３m，底辺４m，斜辺５m の直角三角形になっている斜面に滑車を固定した装置を用意した。**図４**のように，質量 100 g の台車は斜面上に，質量 300 g の台車は水平面からの高さが１m の位置にあるようにして，台車をつないだ糸を滑車に通し，質量 300 g の台車を手で支えて静止させた。次に，支えていた手を静かにはなすと，質量 300 g の台車は水平面に向かって落下し，質量 100 g の台車は斜面を上った。

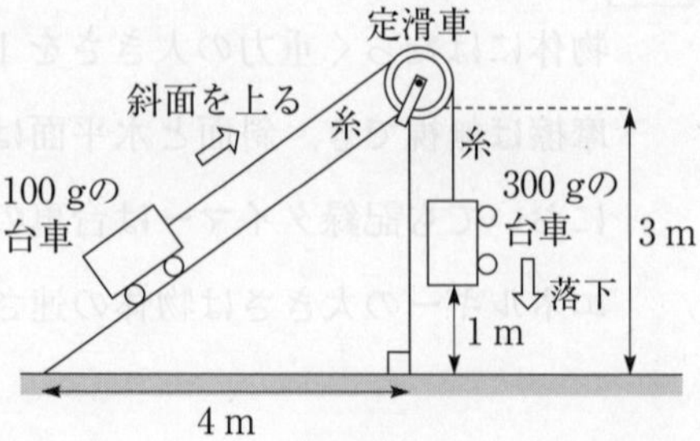

図４

⑴ 〔実験１〕の②において，台車が斜面を下っていく間，台車の運動方向にはたらく力の大きさについて述べた文として適切なものを，次のア～エの中から一つ選び，記号で答えなさい。

ア．だんだん大きくなっていく。　　イ．０より大きく，一定の大きさのままである。

ウ．０のまま一定である。　　エ．だんだん小さくなっていく。

⑵ 〔実験１〕の⑤で，②の結果の記録テープは**図５**のようになっていた。〔実験１〕の⑤で，③，④の結果の記録テープを５打点ごとに切って並べたものを，次のア～エの中からそれぞれ一つずつ選び，記号で答えなさい。ただし，アの記録テープは**図５**と同じものである。

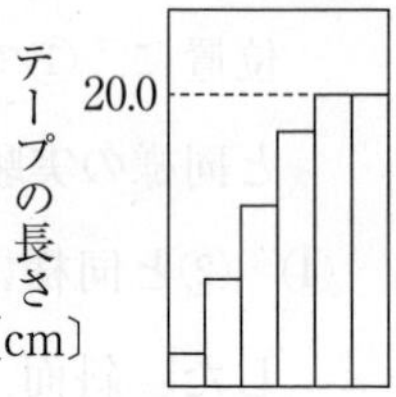

図５

ア．

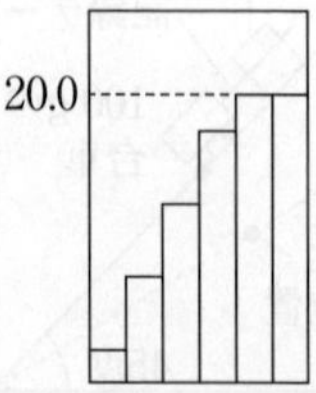

イ．

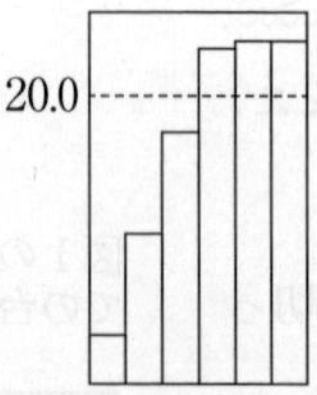

ウ．

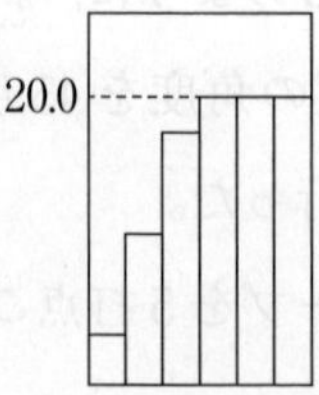

エ．

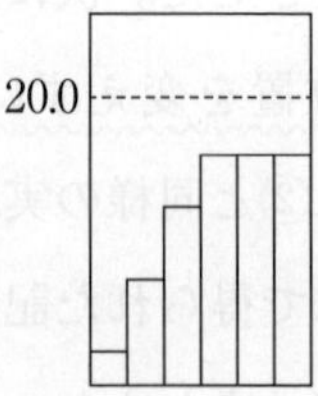

(3) 〔実験１〕の③において，質量 300 g の台車が斜面を下り，水平面からの高さが 5 cm のところを通過する瞬間に台車がもつ運動エネルギーは何 J か。ただし，〔実験１〕の②において，①で用意した質量 200 g の台車が，斜面上で水平面(基準面)からの高さが 20 cm の位置でもっていた位置エネルギーの大きさは 0.4 J であった。

(4) 〔実験１〕の②において，台車が斜面を下るとき，次の(i)，(ii)にあてはまるグラフの形として適切なものを，下のア～キの中からそれぞれ一つずつ選び，記号で答えなさい。ただし，斜面上の台車が動き出した瞬間を 0 秒，台車が水平面に到達した瞬間を t 秒とする。また，同じ記号を 2 回用いてもかまわない。

(i) 力学的エネルギーを縦軸，時間を横軸としてまとめたグラフ

(ii) 水平面からの高さを縦軸，時間を横軸としてまとめたグラフ

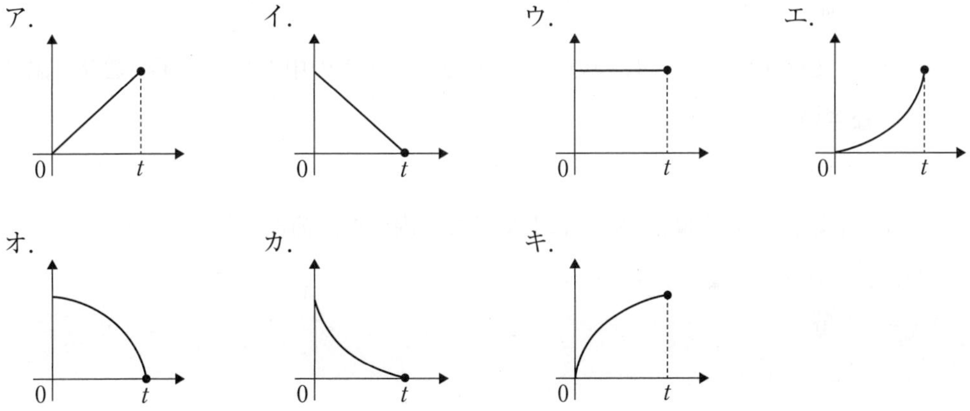

(5)〔実験２〕において，質量 300 g の台車が 1 m 落下して水平面に到達する直前までのエネルギーの変化と運動の様子を説明した次の〔文章〕に関する(i)，(ii)の問いに答えなさい。

〔文章〕

質量 100 g の台車に着目すると，位置エネルギーはⓐ{ア．増加し　イ．減少し　ウ．変化せず}，運動エネルギーはⓑ{ア．増加する　イ．減少する　ウ．変化しない}ため，力学的エネルギーはⓒ{ア．増加する　イ．減少する　ウ．変化しない}。

また，二つの台車は糸でつながれていて(　X　)ことと，質量比が 1:3 であること，それぞれの台車の運動エネルギーが速さの２乗と質量に比例することから，質量 100 g の台車と質量 300 g の台車の運動エネルギーの大きさの比は，1 : 3 であることがわかる。

(i)〔文章〕中のⓐ～ⓒについて，それぞれア～ウの中から一つずつ選び，記号で答えなさい。

(ii)〔文章〕中の空欄(　X　)にあてはまる内容を，簡潔に答えなさい。

2020 第4回
サピックスオープン

社　会

中学３年

2020年11月3日実施

【受験上の注意事項】

1 試験時間は、50分です。
2 答えは全て解答用紙の定められた解答欄の中に書きなさい。
小さすぎる文字・薄すぎる文字は採点できません。
3 解答用紙には、生徒ID・氏名を必ず書きなさい。
4 問題用紙の白いところは、メモなどに使いなさい。
5 質問がある時や気分が悪くなった時は、黙って手をあげなさい。
6 終わったら解答用紙だけを提出しなさい。

SAPIX サピックス 中学部

1　世界地理に関する以下の各問いに答えなさい。

地図Ⅰ

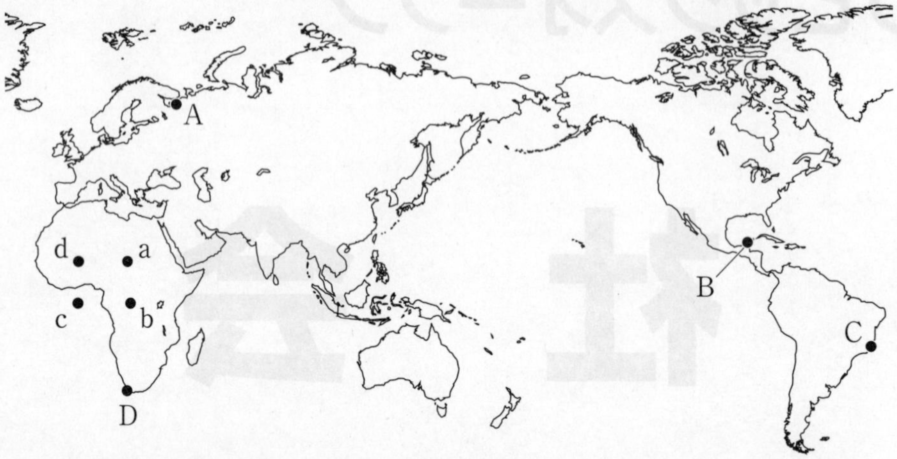

問1　地図Ⅰ中の点a～dに関して、赤道と本初子午線の交点を選び、記号で答えなさい。

問2

⑴　次のグラフのア～エは、地図Ⅰ中のA～Dのいずれかの都市の月平均気温・月降水量を示したものである。A～Dに当てはまるものをそれぞれ選び、記号で答えなさい。

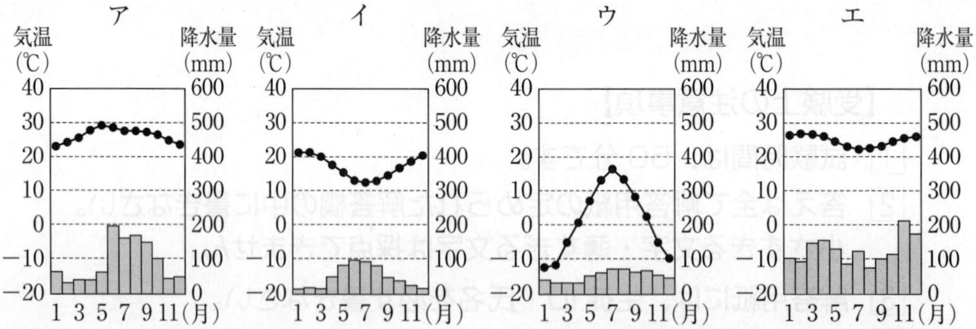

『データブック オブ・ザ・ワールド 2020年版』より作成

⑵　次ページの表は鉄鉱石・白金(プラチナ)・銀鉱・天然ガスの産出国とその割合を示したものである。表中のW～Zには、地図Ⅰ中のA～Dの都市が位置するいずれかの国がそれぞれ当てはまる。W～Zに当てはまる国をそれぞれA～Dから選び、アルファベットで答えなさい。

	1位	2位	3位
鉄鉱石	オーストラリア (34.7%)	W (18.4%)	中国 (16.6%)
白金 (プラチナ)	X (69.8%)	Y (12.0%)	ジンバブエ (7.8%)
銀鉱	Z (21.4%)	ペルー (15.3%)	中国 (12.3%)
天然ガス	アメリカ (20.2%)	Y (18.4%)	イラン (5.7%)

天然ガスは2017年、白金は2016年、他は2015年
『データブック オブ・ザ・ワールド 2020年版』より作成

地図Ⅱ

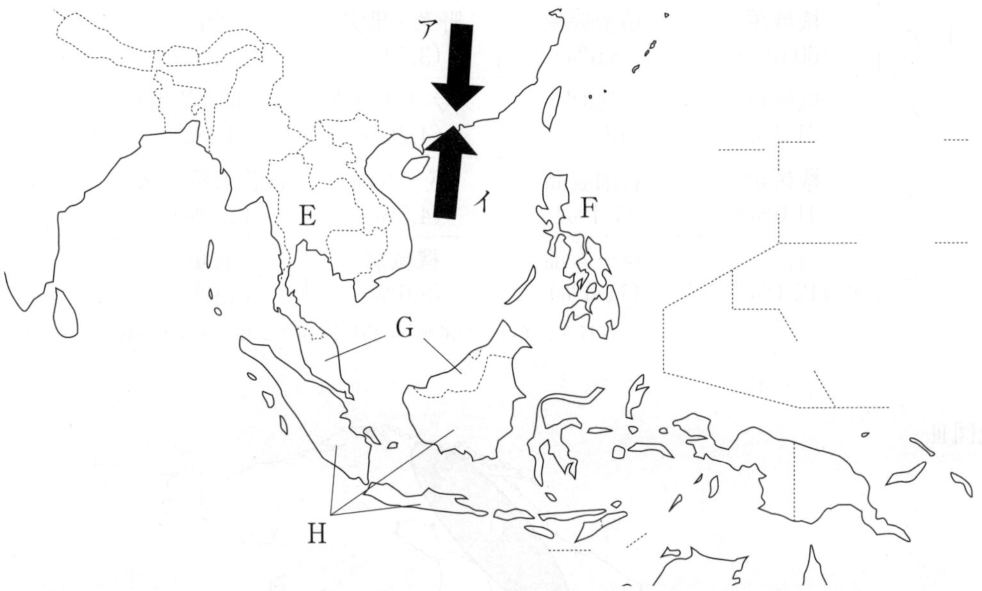

問3 地図Ⅱ中のア・イはこの地域に吹く風の向きを示したものである。7月の風向きをア・イから選び、記号で答えなさい。また、この風の名称を答えなさい。

問4

(1) 次ページの表は地図Ⅱ中のE～Hのいずれかの国の人口および各宗教の信者数の割合(上位2つ)を示したものである。G国に該当するものを表中のア～エから選び、記号で答えなさい。

	人口(万人)	各宗教の信者数の割合(%)
ア	6,963	仏教(83.0)・イスラム教(9.0)　(2005年)
イ	10,812	キリスト教(92.7)・イスラム教(5.0)　(2000年)
ウ	27,063	イスラム教(87.2)・キリスト教(9.9)　(2010年)
エ	3,195	イスラム教(60.4)・仏教(19.2)　(2000年)

人口は2019年『データブック オブ・ザ・ワールド 2020年版』より作成

(2) 次の表は地図Ⅱ中のE～Hのいずれかの国の主要貿易輸出品目(上位4品目と輸出額に占める割合)を示したものである。E～Hに当てはまるものをそれぞれ選び、記号で答えなさい。

	1位	2位	3位	4位
ア	機械類(60.6%)	精密機械(3.6%)	野菜・果実(3.5%)	銅(2.9%)
イ	機械類(31.3%)	自動車(12.8%)	プラスチック(4.2%)	金(非貨幣用)(3.4%)
ウ	機械類(41.0%)	石油製品(7.4%)	パーム油(4.5%)	液化天然ガス(4.3%)
エ	石炭(12.1%)	パーム油(11.0%)	機械類(8.6%)	衣類(4.9%)

2017年、イのみ2016年『世界国勢図会 2019/20』より作成

地図Ⅲ

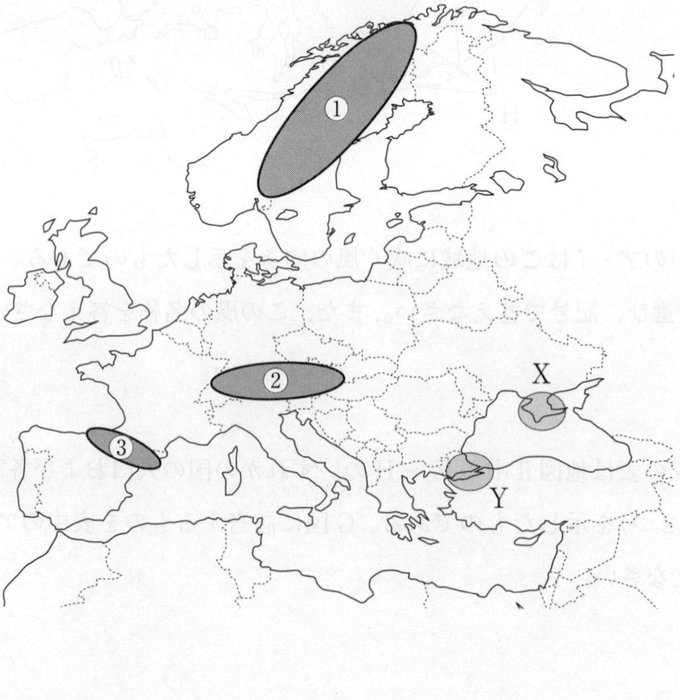

問5　ヨーロッパの地形・民族を説明した次の文ａ～ｄの中で、正しい文の組み合わせとして適切なものをあとのア～エから１つ選び、記号で答えなさい。

a. 地図Ⅲ中の①～③の山脈は、いずれもアルプス＝ヒマラヤ造山帯に属しており、地震や火山活動が活発である。

b. ②の山脈を水源とするライン川は、国際河川であり、河口にあるオランダのロッテルダム港はユーロポートと称され、EUの玄関口になっている。

c. ②の周辺地域ではドイツ語のほか、フランス語やイタリア語を話す人々も見られ、宗教もカトリックとプロテスタントが混在している。

d. ③が隔てる２つの国はいずれもEC(EUの前身)の原加盟国であり、共通通貨であるユーロを導入している。

ア．a・c　　イ．a・d　　ウ．b・c　　エ．b・d

問6

(1) 地図Ⅲ中の半島Ｘに関して説明した次の文の中で適切でないものを１つ選び、記号で答えなさい。

ア．半島の南部に面するカスピ海には、国際河川であるドナウ川が注いでいる。

イ．19世紀には、ロシアとオスマン帝国による戦争の舞台となった。

ウ．20世紀半ばにはアメリカ・イギリス・ソ連による首脳会談の舞台となった。

エ．この半島はロシアが実効支配を行っているが、ウクライナが領有を主張している。

(2) Ｙはアジア・ヨーロッパの大州界にあたる海峡である。アジア・ヨーロッパのいずれとも関連しない大州界を次の中から１つ選び、記号で答えなさい。

ア．パナマ地峡　　イ．スエズ地峡　　ウ．ジブラルタル海峡　　エ．ベーリング海峡

2 次の地図を見て、以下の各問いに答えなさい。

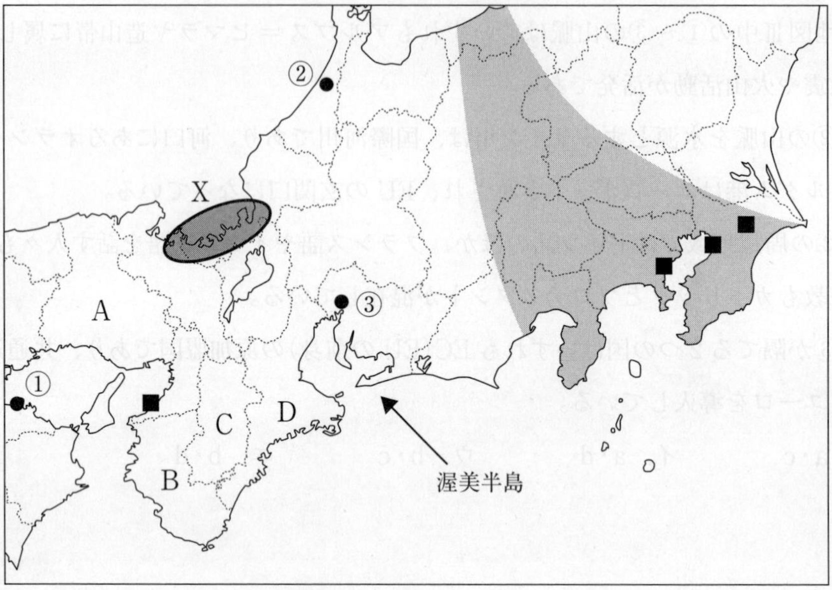

問１　地図中の東部に▭で示した断層が集まっている地域をカタカナで答えなさい。

問２　次のあ～うのグラフは、地図中の都市①～③のいずれかの都市の月平均気温と月降水量を示したものである。都市①～③とグラフあ～うの組み合わせとして適切なものをあとのア～カの中から選び、記号で答えなさい。

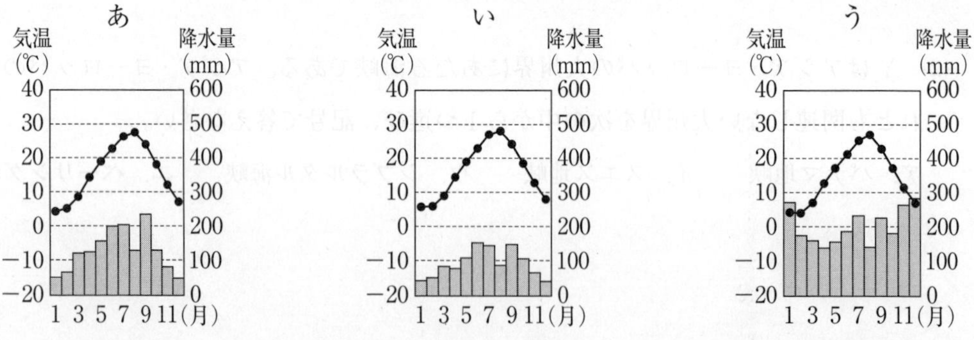

『日本国勢図会 2019/20』より作成

	ア	イ	ウ	エ	オ	カ
①	あ	あ	い	い	う	う
②	い	う	あ	う	あ	い
③	う	い	う	あ	い	あ

問3　日本の領域を説明した次の文について(　①　)(　②　)に当てはまる語句の組み合わせとして適切なものをあとのア～エの中から１つ選び、記号で答えなさい。

> 領域は陸地である領土、領土から(　①　)海里の範囲である領海、(　②　)からなる領空からなる。

ア．①－12　②－領土と領海の上空　　イ．①－12　②－領土の上空
ウ．①－200　②－領土と領海の上空　　エ．①－200　②－領土の上空

問4　次のア～エの表は、地図中に■で示した横浜港、成田国際空港、千葉港、関西国際空港における輸出上位３品目と輸出総額(百万円)をまとめたものである。関西国際空港に該当するものを選び、記号で答えなさい。

ア

１位	集積回路
２位	科学光学機器
３位	電気回路用品
総額	5,266,042

イ

１位	石油製品
２位	鉄鋼
３位	自動車
総額	896,105

ウ

１位	自動車
２位	自動車部品
３位	内燃機関
総額	7,718,697

エ

１位	科学光学機器
２位	金(非貨幣用)
３位	集積回路
総額	11,458,775

2018年　『日本国勢図会 2019/20』より作成

問5　地図中Ｘの地域を説明した次の文の中で適切でないものを１つ選び、記号で答えなさい。

ア．氷河によって削られた谷に海水が深く入り込み複雑な海岸線が形成されている。
イ．原子力発電所が多く見られ、原発銀座とも称される。
ウ．波が穏やかな湾では養殖業をはじめとした漁業がさかんである。
エ．津波が発生すると、港や周辺の集落で大きな被害を受けやすい。

問6　地図中にＡ～Ｄで示した近畿地方の県のうち､次の説明に該当するものを１つ選び､その県庁所在地を漢字で答えなさい。なお、記号を答える必要はない。

この県は県名と県庁所在地名が異なり、県内に新幹線停車駅がない。

問7　次の表は、関東１都６県の農業産出額、宿泊施設での延べ宿泊者数、世界遺産登録数をまとめたものである。千葉県に該当するものを選び、記号で答えなさい。

	農業産出額（億円）	延べ宿泊者数（千人泊）	世界遺産登録数	
			自然遺産	文化遺産
ア	2,046	4,590	－	－
イ	2,863	10,224	－	1
ウ	2,632	8,757	－	1
エ	286	59,950	1	1
オ	846	20,756	－	－
カ	4,903	5,614	－	－
キ	4,711	24,637	－	－

農業産出額は2016年、延べ宿泊者数は2017年　『データでみる県勢2019』より作成

問8　地図中の愛知県渥美半島は、秋から冬にかけての日照時間を人工的に長くすることで開花を遅らせ､菊の花の需要が高まる正月や春の彼岸に合わせて出荷を行っている。沖縄県でも同様の時期に菊を出荷しているが、沖縄県で菊の栽培がさかんになった理由を､生産と輸送のそれぞれにかかる費用の面から説明しなさい。なお､解答にあたっては、このような菊が生産される時期の気温を考慮に入れること。

3 次の文を読んで、あとの各問いに答えなさい。

日本の文化は、古代から大陸の影響を受けながら形成されてきた。稲作は縄文時代晩期に大陸から伝わり弥生時代に本格化していった。稲作が始まったことで身分差が生じクニが形成され、クニは中国に使いを出し、皇帝から金印などを授かるようになった。こうした金印の１つに①江戸時代に現在の福岡県志賀島(しかのしま)で発見されたものがある。大和政権成立後も渡来人を通じてたくさんのものが伝来した。②埼玉県稲荷山(いなりやま)古墳で出土した鉄剣にはこの時期に伝来した漢字で文字が刻まれている。

中世以降は、大陸との貿易が活発になっていく。平安時代には平清盛が大輪田泊(おおわだのとまり)を修築して宋との貿易を本格化させた。この貿易による利益は、③平氏政権の重要な経済的基盤となった。

室町時代には、倭寇の禁圧を約束して明から「日本国王」と認められた足利義満が④朝貢形式による明との貿易を開始した。貿易の実権は、幕府が衰退したことで次第に有力守護大名である(　⑤　)氏や大内氏の手に移っていった。

16 世紀半ばに日本と明の貿易が途絶えると、⑥南蛮貿易が行われるようになった。南蛮貿易はキリスト教と不可分であったため、豊臣秀吉はバテレン追放令を出して宣教師の国外追放を図り、キリスト教を制限しようとしたが、南蛮貿易を継続したため禁教は不徹底に終わった。

これに対して江戸幕府はスペイン・ポルトガルの入港を禁じて禁教を徹底した。その一方で、⑦朝鮮との講和を実現し、蝦夷地(えぞち)(北海道)との交易を活性化させるなど的を絞った外交政策を展開していった。南蛮貿易や朱印船貿易が行われなくなったことでこれまで主要な輸入品であった中国産の生糸は、国産化が進み⑧養蚕業(ようさんぎょう)や製糸業が発達した。

問１　下線部①に関して

次のア～エはそれぞれ古代の史料の内容の一部を示したものである。この中から下線部①と最も関係の深いものを１つ選び、記号で答えなさい。

ア．倭には 100 余りの国があり、なかには、楽浪郡を通じて漢に使いを送る国もあった。

イ．倭の奴国の王が、後漢に使いを送った。

ウ．卑弥呼が使いを魏の都に送り、皇帝から「親魏倭王(しんぎわおう)」という称号を授けられた。

エ．大和政権が、百済や伽耶(かや)地域の国々と結んで、高句麗や新羅と戦った。

問2　下線部②に関して

次の史料はこの古墳から出土した鉄剣銘の一部である。この史料に関して説明した下の文X･Yについて、その正誤の組み合わせとして適切なものを、あとのア～エの中から選び、記号で答えなさい。

> (前略)　其の児名はオワケ臣、世々(注1)杖刀人の首と為り(注2)、奉事し(注3)来り今に至る。ワカタケル大王の寺(注4)、シキ宮に在る時、吾(注5)、天下を左治し(注6)、此の百練の利刀(注7)を作らしめ、吾が奉事せる根原を記す也。
>
> (「稲荷山古墳出土鉄剣銘(裏面：部分)」)
>
> (注1)世々：代々の大王の治世において
> (注2)杖刀人の首と為り：大王に仕える「杖刀人」という武官の中心をつとめ
> (注3)奉事し：大王に奉仕し
> (注4)寺：宮廷
> (注5)吾：「オワケ臣」のこと
> (注6)左治し：統治をたすけ
> (注7)百練の利刀：何回も鍛えたよく切れる刀剣

X　「オワケ臣」は先祖代々受け継がれてきた役職である「杖刀人の首」となった。

Y　鉄剣を作らせ文字を刻んだのは「ワカタケル大王」である。

ア．X－正　Y－正　　イ．X－正　Y－誤

ウ．X－誤　Y－正　　エ．X－誤　Y－誤

問3　下線部③に関して

平氏政権は著しく摂関政治に似たもので、武士でありながら貴族的な性格が強かった。この理由を右の家系図を参考に簡潔に答えなさい。

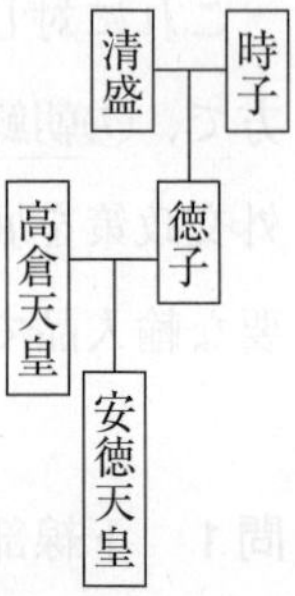

問4　下線部④に関して

このときに正式な貿易船が持った明から与えられた証明書を漢字2字で答えなさい。

問5　(　⑤　)に当てはまる一族の姓を次の文を参考に漢字で答えなさい。

> この一族は斯波(しば)氏や畠山(はたけやま)氏と同じく管領職を担い、室町幕府を支える家柄であった。応仁の乱では東軍の中心となり、西軍の中心である山名(やまな)氏と対立した。

問6　下線部⑥に関して

南蛮貿易における日本の主な輸入品として適切でないものを次の中から1つ選び、記号で答えなさい。

ア. 鉄砲　　　イ. 火薬　　　ウ. 銀　　　エ. 生糸

問7　下線部⑦に関して

(1)　朝鮮は将軍の代替わりなどの慶事の際に通信使を派遣した。通信使のルートとして適切なものを次の中から1つ選び、記号で答えなさい。

ア. 漢城→釜山(プサン)→対馬(つしま)→大阪→京都→東海道→箱根→江戸

イ. 漢城→釜山→長崎→大阪→京都→東海道→箱根→江戸

ウ. 釜山→漢城→対馬→大阪→京都→東海道→箱根→江戸

エ. 釜山→漢城→長崎→大阪→京都→東海道→箱根→江戸

(2)　蝦夷の海産物の一部はいくつかのルートで中国に輸出されていた。このルートの1つを示した次の空欄に当てはまる場所を漢字2字で答えなさい。

> 蝦夷地→酒田→大阪→薩摩→(　　)→中国

問8　下線部⑧に関して

(1)　右の地図記号は、養蚕業の衰退によって現在は使用されなくなっている。(2万5千分の1地形図・2013年図式より)この地図記号が示す畑に植生する植物名を漢字1字で答えなさい。

(2)　19世紀には製糸業をはじめとする工業は、分業と協業を可能にした生産形態の確立によって飛躍的に効率化した。この生産形態を答えなさい。

4 次のⅠ～Ⅲの日本の政治に関する文を読み、以下の各問いに答えなさい。

Ⅰ

征韓論に敗れ、①明治新政府を去った板垣退助らが中心となって議会の開設などを求める自由民権運動が起こった。1889年に（　②　）の憲法を参考とした③大日本帝国憲法が発布され、翌年には第一回帝国議会が開催された。

問1　下線部①に関して

明治新政府の政策を説明した次の文の中で適切でないものを１つ選び、記号で答えなさい。

ア．国民に土地の所有権を認めたうえで、地租改正を実施した。

イ．藩を廃止して県を置き、県令・府知事を中央から派遣して治めさせた。

ウ．満20歳になった男子は、士族のみが兵役の義務を負うことになった。

エ．群馬県の富岡製糸場などの官営模範工場を建てた。

問2　（　②　）に当てはまる国を説明したものを次の中から１つ選び、記号で答えなさい。

ア．奴隷労働で綿花を生産する南部と、奴隷制に反対する北部の間で内戦が起こった。

イ．宰相ビスマルクが鉄血政策を掲げ、統一帝国が建国された。

ウ．二度の革命の後に権利の章典が出され、議会の権利が確認された。

エ．革命の中で人権宣言が出され、国民の自由・平等、私有財産の不可侵が確認された。

問3　下線部③に関して

この憲法は明治天皇から臣民の代表である当時の内閣総理大臣に授けられた。この人物を次の中から選び、記号で答えなさい。

ア．伊藤博文　　イ．大隈重信　　ウ．黒田清隆　　エ．原敬

Ⅱ

1929年、アメリカのウォール街で起こった株価暴落に端を発した世界恐慌は、④日本経済にも大きな打撃を与えた。こうした閉塞感を打破するために対外侵攻を世論が後押ししたこともあり、⑤各国で軍国主義が台頭することとなった。

問4　下線部④に関して

この頃の日本経済の様子を示した次の文の（　A　）、（　B　）に当てはまる語句の組み合わせとして適切なものをあとのア～エの中から選び、記号で答えなさい。

> 日本は第一次世界大戦中に金の輸出を禁止していたが、戦後、欧米にならい金の輸出を解禁する時期を探っていた。日本政府は、大蔵大臣（おおくらだいじん）（財務大臣）に元日本銀行総裁であった井上準之助（いのうえじゅんのすけ）を起用し、財政を緊縮して物価の（　A　）を図り、さらに金輸出解禁を断行した。このときの実際の為替レートは100円＝約46.5ドルであったが、政府は実際より（　B　）である100円＝49.85ドルで金の輸出を解禁した。

ア．A－引き上げ　B－円高　　　イ．A－引き上げ　B－円安

ウ．A－引き下げ　B－円高　　　エ．A－引き下げ　B－円安

問5　下線部⑤に関して

(1)　次の文中にある4つの下線部には1つだけ誤りがある。誤っている語句を正しく改めなさい。ただしふりがなは必要ない。

> 中国の国権回復運動に危機感を深めた日本の関東軍は、1931年に奉天（ほうてん）郊外の柳条湖（りゅうじょうこ）で鉄道爆破事件を起こし、これを機に軍事行動を始めて満州の主要地域を占領した。続いてすでに辛亥革命によって倒れた清朝最後の皇帝であった溥儀（ふぎ）を元首とする満州国の建国を宣言させた。同年には満州国承認に消極的であった犬養毅（いぬかいつよし）首相が暗殺される五・一五事件が起き、戦前の政党政治は幕を下ろした。その後、イギリス人であるウィルソンを団長とする調査団の調査結果を受けて占領地からの撤兵（てっぺい）を求められた日本は、国際連盟を脱退した。

(2)　この頃の世界経済の様子を示した次のC、Dの文の正誤をそれぞれ判断し、その組み合わせとして適切なものをあとのア～エの中から選び、記号で答えなさい。

C. ドイツでは、反共産主義を掲げて政権を掌握したヒトラーの率いるナチ党(ナチス)が後に日本、イタリアと共に防共協定を締結した。 D. イタリアでは、ムッソリーニの率いるファシスト党政権が、経済の行きづまりを打破するために、アフリカに侵攻してエジプトを併合した。

ア. C－正　D－正　　　　　イ. C－正　D－誤

ウ. C－誤　D－正　　　　　エ. C－誤　D－誤

Ⅲ

第二次世界大戦後、GHQ指導のもと日本の民主化が進んだ。日本が独立を果たした後の、1950年代半ばから、戦後初のマイナス成長を記録する要因となった⑥石油危機(オイルショック)までの期間を⑦高度経済成長期と呼ぶ。この期間中である⑧1968年には日本のGNP(国民総生産)は資本主義諸国の中でアメリカに次ぐ第2位となった。

問6　下線部⑥に関して

石油危機について説明した次の文章の空欄に入る地名をカタカナで答えなさい。

1973年、ユダヤ人とアラブ人が聖地(　　　　　)などをめぐって争うパレスチナ問題を背景に、第四次中東戦争が起こったことで石油価格が大幅に上昇した。この石油危機(オイルショック)によって、先進工業国の経済は不況になり、日本でも高度経済成長期が終わった。

問7　下線部⑦に関して

高度経済成長期に内閣総理大臣を務めた人物として適切でないものを次の中から1つ選び、記号で答えなさい。

ア. 池田勇人　　　　イ. 岸信介　　　　ウ. 佐藤栄作　　　　エ. 細川護熙(もりひろ)

問8　下線部⑧に関して

この時期を次ページの年表中のア～エより選び、記号で答えなさい。

日ソ共同宣言が出された。
　ア
部分的核実験禁止条約が調印された。
　イ
日韓基本条約が結ばれた。
　ウ
日中共同声明が出された。
　エ
日中平和友好条約が結ばれた。

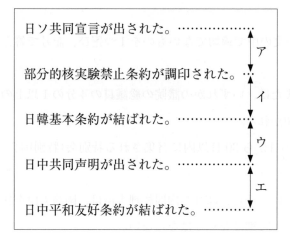

5　Ⅰ・Ⅱに関して各問いに答えなさい。

Ⅰ．次の文章を読み、次ページの各問いに答えなさい。

基本的人権は人類が長い歴史の中で勝ち取ってきたものである。17世紀以降、欧米で市民革命が起こると、自由権、平等権などが主張されるようになった。また、革命の後に①議会政治が確立すると、段階的ではあったが国民に、②選挙権をはじめとする参政権が認められるようになっていった。

18世紀後半にイギリスから産業革命が始まると19世紀には資本主義経済が確立した。資本主義経済の中で貧富の差が拡大すると、国家が最低限度の生活を保障すべきという③社会権が確立していった。

④日本国憲法では、先に述べた自由権・平等権・参政権・社会権のほか、万が一我々の人権が侵害された場合に、その救済を国家に求める請求権も認められており、⑤裁判を受ける権利や国家賠償請求権、刑事補償請求権などがこれに分類される。

国際社会においても国連憲章や世界人権宣言を核として、さまざまな人権に関わる条約が採択されてきた。近年ではグローバル化が進んだこともあって、紛争の国際化や感染症の拡大、⑥途上国を中心とした貧困といった国境を越えて迫る脅威から人類を守るために、⑦「国家の安全保障」に対して「人間の安全保障」が主張されるようになってきた。

問1　下線部①に関して

国会・内閣に関して説明した次の文の中で適切でないものを１つ選び、記号で答えなさい。

ア．内閣が必要と認めたとき、または、いずれかの議院の総議員の４分の１以上の要求があったときに緊急集会が開かれる。

イ．衆議院の解散による総選挙の日から30日以内に召集される特別会(特別国会)では、内閣総理大臣の指名などを行う。

ウ．国会の指名により、国会議員の中から選ばれた内閣総理大臣は、国務大臣を任命するが、その過半数は国会議員から選ばなくてはならない。

エ．衆議院が内閣不信任案を可決すると、内閣は総辞職するか、10日以内に衆議院を解散するかを選択しなければならない。

問2　下線部②に関して

(1)　参政権について説明した次の文の空欄に当てはまる語句を漢字４字で答えなさい。

> 参政権には、選挙権・被選挙権の他、(　　　　　)の際の国民投票権、最高裁判所裁判官についての国民審査権、特定の地方公共団体にだけ適用される特別法についての住民投票権がある。

(2)　右の表は、架空の投票結果を示したものである。この結果に基づいて、日本の国政選挙(比例代表制)でも採用されるドント式により定数５の議席を各政党で配分したとき、Ａ党が獲得する議席数を算用数字で答えなさい。

	得票数
Ａ党	4,000
Ｂ党	3,200
Ｃ党	3,000
Ｄ党	1,000

問3　下線部③に関して

次のうち、社会権に当てはまらないものを１つ選び、記号で答えなさい。

ア．教育を受ける権利　　イ．財産権　　ウ．勤労権　　エ．生存権

問4　下線部④に関して

日本国憲法の平和主義に関して説明した次ページの文の空欄に当てはまる算用数字を答えなさい。

日本国憲法の前文では、「政府の行為によつて再び戦争の惨禍(さんか)が起(おこ)ることのないやうにすることを決意し」、すべての人が平和のうちに生存する権利(平和的生存権)をもつことを確認している。これを受けて、第(　)条では、戦争の永久放棄、戦力の不保持と交戦権の否認を定めている。

問5　下線部⑤に関して

日本の裁判に関して説明した次の文の中で適切でないものを1つ選び、記号で答えなさい。

ア．裁判官の身分は保障され、心身の故障や弾劾(だんがい)裁判による罷免(ひめん)、国民審査で罷免された場合を除いては、辞めさせられることはない。

イ．最高裁判所は、すべての法律や行政機関の行為が憲法に違反していないかどうかについて最終的な決定権をもっているので、「憲法の番人」と呼ばれている。

ウ．裁判員制度では、重大な刑事事件の裁判について、選ばれた6名の裁判員は、3名の裁判官と共に被告人の有罪・無罪や量刑を決める。

エ．被害者や遺族、その代理人が法廷に入り、被告人に直接質問したり、求刑で意見を述べたりすることはできない。

問6　下線部⑥に関して

次の①～③のグラフは、2015年におけるインド・エチオピア・日本のいずれかの年齢別、性別人口構成を示したものである。縦軸は5歳ごとに目盛りをとり、横軸は人口の割合構成(%)で目盛りをとってある。グラフと国の組み合わせとして適切なものを次ページのア～カの中から選び、記号で答えなさい。

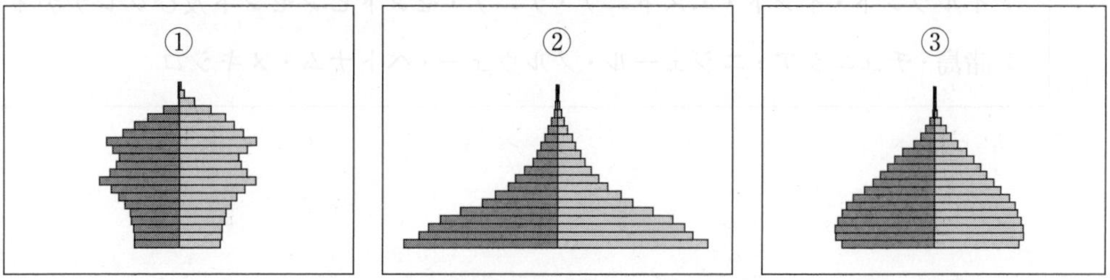

左：男性、右：女性

『United Nations,World Population Prospects：The 2015 Revision.』より作成

	ア	イ	ウ	エ	オ	カ
①	インド	インド	エチオピア	エチオピア	日本	日本
②	エチオピア	日本	インド	日本	インド	エチオピア
③	日本	エチオピア	日本	インド	エチオピア	インド

問7　下線部⑦に関して

次のＡとＢの会話文中の空欄に当てはまる地域をあとの表中ア～オより選び、記号で答えなさい。

Ａ：2021 年になると安全保障理事会の非常任理事国のうち半数の５カ国が入れ替わるね。これにより 2021 年以降の理事国は以下のようになるよ。

Ｂ：非常任理事国は特定の地域に偏らないように地域枠別に選出されるんだね。あれ？非常任理事国は全部で 10 カ国のはずなのに【地域枠別】の表を合計すると 11 カ国になってしまうよ。

Ａ：本当だ(　　　)が間違っているね。本当は１カ国少ないはずだ。

【地域枠別】

ア．西欧その他（常任理事国３・非常任理事国２）

イ．東欧　　　（常任理事国１・非常任理事国１）

ウ．アジア　　（常任理事国１・非常任理事国２）

エ．中南米　　（常任理事国０・非常任理事国３）

オ．アフリカ　（常任理事国０・非常任理事国３）

【非常任理事国】

アイルランド・インド・エストニア・ケニア・セントビンセント及びグレナディーン諸島・チュニジア・ニジェール・ノルウェー・ベトナム・メキシコ

Ⅱ．経済に関する以下の各問いに答えなさい。

問８　国の財政に関して

(1)　右は、国の一般会計歳出の主な経費の項目と金額を示している(2019年度予算案)。a～dに該当する金額をあとのア～エからそれぞれ選び、記号で答えなさい。

経費項目	金額
国債費	a
社会保障関係費	b
地方交付税交付金	c
防衛関係費	d

『日本国勢図会 2019/20』より作成

ア．155,510億円　　イ．235,082億円
ウ．340,593億円　　エ．52,574億円

(2)　次の文は、国の一般会計歳入について説明したものである。(　X　)と(　Y　)に当てはまる語句の組み合わせとして適切なものをあとのア～エの中から選び、記号で答えなさい。

> 2018年度当初予算における国税の歳入額は628,432億円で、このうち、365,066億円(58.1%)を(　X　)が占めるが、消費税率が上がっていることもあり、年々この比率は下がっている。また、歳入額のうち、190,200億円(30.3%)は、(　Y　)の仕組みをとる所得税が占める。

『日本国勢図会 2019/20』より作成

ア．X－直接税　Y－累進課税　　イ．X－直接税　Y－逆進税
ウ．X－間接税　Y－累進課税　　エ．X－間接税　Y－逆進税

問９　最近の石油価格の動向に関して説明した次の文の(　X　)、(　Y　)に当てはまる語句の組み合わせとして適切なものを次ページのア～エの中から選び、記号で答えなさい。

> 2020年4月、市場で取引される原油価格が史上初めてマイナスとなり、石油の売り手が買い手にお金を払って引き取ってもらう前代未聞の事態となった。(　X　)大きく上回ったのが原因である。原油価格が大幅に下落するとアメリカの石油関連企業は打撃を受ける。これは、アメリカで急速に採掘が進んでいるシェールオイルは中東などで採掘される原油と比べて採掘にかかるコストが(　Y　)ためである。

ア．X－需要量を供給量が　Y－高い　　イ．X－供給量を需要量が　Y－高い

ウ．X－需要量を供給量が　Y－低い　　エ．X－供給量を需要量が　Y－低い

問10　各国の政策に関して

⑴　次の表はアメリカ・ロシア・中国・日本の国防支出総額(百万ドル)・1人あたり国防支出(ドル)を示したものである。ロシアに該当するものを選び、記号で答えなさい。

	国防支出総額	1人あたり国防支出
ア	45,349	319
イ	168,202	121
ウ	643,266	1,954
エ	47,256	375

2018年 『世界国勢図会 2019/20』より作成

⑵　2020年は核兵器の保有をアメリカ、イギリス、フランス、中国、ソ連(現ロシア)の五大国に限定し、他国の核兵器保有を禁止した条約が発効してから50年目となった。この条約をアルファベット大文字3文字で答えなさい。

⑶　地球温暖化に伴う海氷の減少で大国は北極圏に関心を示すようになっている。こうした状況を背景に2019年には、アメリカがデンマークに対して同国の領土になっている世界最大の島の買収を打診したが、失敗に終わった。このある島の名称をカタカナで答えなさい。

②「おぼつかなき」
ア 興味がない
イ よくわからない
ウ 非常に細かい
エ 覚えていない
オ とても難しい

③「あきらめ」
ア はっきり答えて
イ 解答を断念して
ウ 手がかりを与えて
エ 答えるのを拒否して
オ すぐさま解決して

問4 空欄部※に入る五字の表現を本文中から抜き出して答えよ。

問5 本文についての説明として適切なものを次の中から二つ選び、それぞれ記号で答えよ。

ア 具氏の問いは簡単な常識事項だったが、資季は答えられずに恥をさらした。
イ 具氏は資季に対して常に謙虚な姿勢で接し、まわりの近習や女房を味方につけた。
ウ 資季と具氏との間で始まった勝負は、多くの人を巻き込み大規模なものになった。
エ 資季は余裕ぶった態度で具氏を挑発したが、結果的には大損することになった。
オ 勝負に負けたことで天皇を失望させた資季は、豪勢な所課で罪滅ぼしをした。
カ 具氏はわざと無知を演じて資季を油断させ、有利な立場を保って勝負を進めた。

4　次の文章を読んで、後の問いに答えよ。

資季（すけすゑ）の大納言入道とかや聞こえける人、具氏（ともうぢ）の宰相（さいしやう）中将に会ひて、「吾主（わぬし）*1の問はれん程のこと、なにごとなりとも、答へ申さざらんや」と言はれければ、具氏、「いかが侍（はべ）らん」と申されけるを、「さらば、抗（あらが）ひ給（たま）へ*2」と言はれて、「①はかばかしきことは、片端も学び知り侍らねば、尋（たづ）ね申すまでもなし。何となきそぞろごと*3の中に、②おぼつかなきことをこそ、問ひ奉らめ」と申されけり。「まして、ここもとの浅きことは、なにごとなりとも、③あきらめ申さん」と言はれければ、近習（きんじふ）*4の人々、女房なども、「興有る抗ひなり。同じくは、御前（ごぜん）*5にて争はるべし。負けたらん人は、供御（ぐご）*6を設けらるべし」と定めて、御前にて、召し合はせられたりけるに、具氏、「幼くより聞き慣らひ侍れど、その心知らぬこと侍り。『むまのきつりやうきつにのをかなかくぼれいりくれんとう』*7と申すことは、いかなる心にか侍らん。承らん」と申されけるに、大納言入道、はたと詰まりて、「これは、［※］なれば、言ふにも足らず」と言はれけるを、「もとより、深き道は知り侍らず。［※］を尋ね奉らんと、定め申しつ」と申されければ、大納言入道、負けになりて、所課*8、厳（いか）めしく*9、せられたりける、とぞ。

（『徒然草』）

（注）
*1　吾主……あなた。「ここもと」も同じ。
*2　抗ひ給へ……（私に）挑戦するつもりで質問なさい。
*3　そぞろごと……つまらないこと。
*4　近習……主君のそばで仕えている人。
*5　御前……天皇や上皇の前。
*6　供御……ごちそう。
*7　「むまのきつりやうきつにのをかなかくぼれいりくれんとう」……詳細不明。
*8　所課……課せられていること。ここでは、「供御」のこと。
*9　厳めしく……立派に。盛大に。

問1　本文中に「資季の大納言入道」による発言はいくつあるか。その数を漢数字で答えよ。

問2　傍線部①「はかばかしきこと」と同内容の三字の表現を本文中から抜き出して答えよ。（字数に句読点・記号等を含む。以下同様。）

問3　傍線部②「おぼつかなき」・③「あきらめ」の意味として最も適切なものを次ページの中からそれぞれ選び、記号で答えよ。

問8　傍線部⑦「夫の喉がごくっと鳴った」とあるが、このときの「夫」の気持ちの説明として最も適切なものを次の中から選び、記号で答えよ。

ア　目の前においしそうな中華料理があるのに、周りがぼそぼそと食べているせいでなかなか食べることができないため、はやく母の話題を終わらせて、思う存分食べたいという気持ち。

イ　兄弟で一番年下であることや、自分たち夫婦には子供がいないため、他の兄弟に比べると母の世話を断る理由に乏しいため、自分に任されるのではないかと緊張する気持ち。

ウ　これまでもさまざまなことを自分勝手に決めてきた長兄のことなので、兄弟の誰もが考えもしなかったような結論を下してしまうのではないかと思い、恐れを感じている気持ち。

エ　目の前の料理にしか関心のないエイコや最後まで偉そうに振る舞う長兄の姿を見て、こんな人たちに母の世話を任せていたのかと後悔し、いたたまれないような気持ち。

オ　兄弟やその妻たちがいくら相談しても結論は全く出そうになかったが、長兄が結論を出してくれることになり、ようやく難しい話題から解放されると期待する気持ち。

問9　傍線部⑧「一同はうーんとうなった」とあるが、このときの「一同」の気持ちを七十字以内で説明せよ。（字数に句読点・記号等を含む。）

問6 傍線部⑤「ユキはちょっとほっとした」とあるが、このときの「ユキ」の気持ちの説明として最も適切なものを次の中から選び、記号で答えよ。

ア 長兄が勝手に頼んだ料理を四兄が口にしたことで、けんかはしながらも兄弟のつながりが深いことを知り、義母の介護の問題もすぐに解決するだろうと安心した気持ち。

イ 周りの人たちがしめやかな雰囲気になっているなかで、自分だけが料理に口をつけたことに後ろめたさを感じていたが、他にも食べた人がいて心が楽になった気持ち。

ウ 自分だけが目の前の料理を食べたことで、周りから厳しい目で見られていることに気づき恐れを感じていたが、自分と同じように食べた人がいたので、胸をなで下ろす気持ち。

エ 目の前にある料理を周りの人たちは誰も食べようとしなかったため、自分だけが感覚が違うのではないかと不思議に思っていたが、四兄が食べたため、疑問が晴れたすがすがしい気持ち。

オ その場の誰もが解決策を見出せないままでいる状態のなかで、四兄は料理を食べるほど落ち着いた気持ちであることがわかり、皆を結論に導いてくれるのではないかと期待している気持ち。

問7 傍線部⑥「ひんやりとした空気が個室に充満した」とあるが、それはなぜか。理由として最も適切なものを次の中から選び、記号で答えよ。

ア 全員が世話を回避するために誰かのあらを探し、その人に押しつけようとしており、お互いのことを探り合ったり、駆け引きを行ったりしていて、疑心暗鬼になっているから。

イ 世話を長兄夫婦に任せっきりにしてしまっていたことで、母親が死を考えるほどの辛い思いをしながら生きていることを、自分たちが全く知らなかったことに気づき、その場に緊張感が走ったから。

ウ 自分たちが介護をしていない状態で万が一、母親が死んでしまったときには、どのような気持ちになるだろうかということを想像してしまい、その場にいる全員が悲しくなってしまったから。

エ せっかく目の前においしそうな肉料理があるのに、重い内容の話になってしまったために急に食欲がなくなってしまい、その場の全員が、作ってくれた人に申し訳ない気持ちになってしまったから。

オ 自分の母親なので、兄弟の全員が積極的に世話をしようという気持ちになっているのだが、それがなかなか母親に伝わらず、結果的に、自分たちの思いが裏切られたような気持ちになったから。

イ　自分の体調が悪くなったせいで義母の世話ができなくなってしまったことが申し訳なく、できれば隠しておきたかったから。

ウ　義母の世話から解放されるので内心うれしく思っているが、それを他の人に見抜かれないように抑えようとしているから。

エ　自分が思ってもいなかったことを夫が言い出したために混乱し、何を言えばいいかわからなくなってしまっていたから。

オ　自分はこれからも義母の世話を続けていきたいと考えているが、夫に違う意見を強要され、困ってしまったから。

問４　傍線部③「妻同士がお互いの目を探り合った」とあるが、このときの「妻」たちの様子として最も適切なものを次の中から選び、記号で答えよ。

ア　親でもない人間を世話しなくてはならない可能性が急に出てきたため、自分だけは有利な立場に立って逃れようと、周りの出方を気にしている様子。

イ　三十四年間、義母の世話をしてきたエイコには感謝してもしきれない気持ちになっており、どうにかして解放してあげたいと、お互いに協力を呼びかけている様子。

ウ　これまで義母の世話をしてきたにもかかわらず、急にそれをやめてしまおうとするエイコにみな憤りを感じており、誰がそのことを言い出すかお互いをうかがっている様子。

エ　長い間義母の世話をしてきたのに、できなくなるというのには何か理由があると考え、それを誰が知っているのか探り当てたいと必死になっている様子。

オ　義母ではあるものの、子供が親を世話するということは当然であると全員が考えており、まさかそれを嫌がる人はいないだろうと圧力をかけ合っている様子。

問５　傍線部④「少し震えていた」とあるが、それはなぜか。理由として最も適切なものを次の中から選び、記号で答えよ。

ア　自分がいつも恐れている長兄から、さらに先生のような口調で質問されてしまい、動揺してしまったから。

イ　他の妻たちが義母の世話を嫌がって、何かと理由をつけて断ろうとしていることに、憤りを覚えていたから。

ウ　自分の妻であるユキが、いつ長兄に向かって怒りをあらわにするかわからず、恐怖を感じていたから。

エ　兄弟のなかで自分が一番年下であるのに加え、世話を断る理由に乏しかったため、自信がなく怯(おび)えていたから。

オ　他の兄弟には自分たち夫婦に子供ができないことを隠してきており、そのことがばれるのが不安だったから。

合わない会食を続けながら、次兄が口を開いた。
「兄さんはどうしたらいちばんいいと思っているの」
「うん、おれはなあ」
ユキは⑦夫の喉（のど）がごくっと鳴ったのが聞こえた。
「施設に入れればいいんだろ。ただ金銭的な負担はしてもらうけどな」
そうしたらお前たちの生活にも迷惑がかからないし。
「あのね、私がそうしたいっていったわけじゃないのよ。施設にお義母さんを入れるのは、反対したんだけど。お父さんがそうしろっていうから……」
エイコが口を挟んできた。
「施設ねえ」
四兄は両手を頭の後ろで組んだ。
「死にたいなんていってる人間を、施設に入れちゃってもいいの？　何十年も息子夫婦と一緒に暮らしてきたのに」
⑧一同はうーんとうなった。（群ようこ『ついに、来た？』幻冬舎）

問1　空欄部A～Cに入る漢字一字をそれぞれ答えよ。

問2　傍線部①「お互いの目をきょろきょろと見はじめた」とあるが、それはなぜか。理由として最も適切なものを次の中から選び、記号で答えよ。

ア　いつもは高圧的な態度をとって兄弟全員から嫌われている長兄が、急に態度を変えてお願いごとをしてきたため、一同が面食らってしまったから。
イ　これまで長い間面倒を見てきた長兄夫婦が突然、面倒を見きれないと言い出したため、母の体調に急な変化があったのではないかと心配になったから。
ウ　兄弟で楽しく食事を楽しんでいたのに突然、長兄が真剣な話題を持ち出したために一同が戸惑ってしまい、どう返事をするかを迷っていたから。
エ　長兄が母の面倒を見きれなくなったと急に言い出したため、妻であるエイコの体調が悪くなってしまったからなのではないかと心配になったから。
オ　長兄が何か言い出すのではないかと思ってはいたものの、その話題が考えもつかない急なものだったために、一同があわててしまったから。

問3　傍線部②「エイコはもじもじしはじめた」とあるが、それはなぜか。理由として最も適切なものを次の中から選び、記号で答えよ。

ア　夫である長兄が怒るような口調だったため心がひるんでしまい、自分の言いたいことを言えなくなってしまったから。

三兄の妻が慰めた。
「ええ、ああ、はい」
エイコはピンクの花柄のハンカチで鼻の頭を何度も押さえた。家の近くのリハビリ施設は定員がいっぱいで、遠方のそこしか空いてないのだという。
「だからな、今はずっと家でテレビを観て寝てるだけだ」
長兄はいい放った。
「うーん」
一同はおいしそうな肉料理を前に、急に食欲が落ちてきた。お義姉さんへは感謝してもしきれないくらいだ。といってもふだんはそんなことを、ユキも夫もころっと忘れていた。長兄とは関わり合いたくないものだから、家を訪れるということはなかったが、ユキは母の日とエイコの誕生日には、長兄の家に花を贈っていた。そのたびに義母からは丁寧な礼状が、彼女からはうれしそうな電話が来た。それですべてを済ませてきてしまったのだった。きっと義姉には、誰にもいえない辛いことがたくさんあったのだろう。同じ女性として、これからずっと同じ生活を彼女に強いるのは、酷なことに間違いなかった。かといって自分が替われるものでもない。
(困ったなあ)
ユキは箸(はし)を手に取って、少しずつ黒酢(くろず)の酢豚(すぶた)を食べはじめた。三兄の妻がそれをちらりと見ているのには、気がついていなかった。
「母さんは何ていってるの」
四兄が口を開いた。そのついでに酢豚を口に入れてくれたので、⑤ユキはちょっとほっとした。
「死にたい、しかいわないよ」
⑥ひんやりとした空気が個室に充満した。それを察知したかのように、赤ん坊がぐずり出し、四兄の妻が部屋を出ていった。
「困ったなあ」
三兄はしきりに頭を掻(か)いている。ユキはこれまで大変だったなあと、労(いたわ)るような気持ちでエイコを見ると、驚くような食欲で、目の前の料理をほぼ完食しつつあるのに気がついた。一同がしんみりしているなかで、彼女はせっせと箸を動かしている。ずっと家のなかでお義母(かあ)さんの世話をしていたから、外食も久しぶりなのはわかるけど、この店の量は多めだし、ちょっと食べ過ぎじゃないのと、ユキはエイコをじっと見つめた。そんな義妹の視線にも気づくことなく、エイコは目の前の皿だけが関心事のようだった。
「お義姉さん、よく食べているわね」
そっと夫の耳元でささやいた。彼はちらりとエイコに目をやった。
「本当だね。ストレスを発散させているのかな」
エイコ以外は、中華料理をぼそぼそと食べるという、状況に似のだ。③妻同士がお互いの目を探り合った。

「うちはちょっと……」

四兄が赤ん坊を抱いている妻に目をやった。

「ふん、勝手なことをするから、こういうことになるんだ。介護は大変だからまだ力がある若い人に面倒を見てもらったほうがいいんだがね」

すると次兄の四十歳の妻があわてて、

「うちは子供が中学校に入ったばかりで、これから受験もありますし。無理です」

と訴えた。するとユキと同い年の三兄の妻が、

「うちも小六と中三で、受験があるのでだめです」

とより大きな声を出した。ユキは隣に座っている夫と、

「どうする、どうする？」

「うちだってだめだよ。共働きなんだからさ。きみだって会社をやめたくないだろ」

と小声で相談していると、

「ほら、そこ、どうした。いいたいことがあったら、いいなさいよ」

まるで先生のような口調で長兄がいった。

「うちは共働きなんで無理です」

夫の声が④少し震えていた。

「ふん。子供ができないから、働くしかないんだろ」

長兄の言葉にユキは頭に C が上（のぼ）ったが、夫が申し訳なさそうな顔で、テーブルの下でユキの手を握ってくれたので、斜め下を向いて怒りを床に向かって吐き出した。

「お義姉さんはよくやってくれていたと思うよ。兄さんが結婚したときは、おれは高校生だったけど、こんなむさくるしい男ばかりの家に、二十歳ちょっとでやってきて、これまで義理の弟たちと自分の娘二人と母さんの世話と、本当によくやってくれたし、みんな感謝してる。でも急にそういわれても、すぐに返事ができる問題じゃないし。自分たちの生活を急に変えるのは難しいんだよ」

次兄の言葉に一同はうなずいた。

「母さん、どんな具合なの」

三兄が聞いた。

「頭はしっかりしているけど、足がな。リハビリに行けばもうちょっと何とかなるはずなんだが、本人に行く気がないんだ。ケアマネジャーが紹介してくれたリハビリ施設はうちから片道二時間かかるんだよ。それで気を遣っているのか、リハビリには行かないっていいはじめてな」

「あの……、私が車の運転ができればいいんですけどねえ」

エイコが蚊（か）の鳴くような声でいった。

「お義姉さんのせいじゃないんだから、そんなふうに思う必要はないですよ」

3 次の文章を読んで、後の問いに答えよ。

「遅くなりました」

義姉のエイコが小走りに部屋に入ってきた。服は普段着ではなかったものの、髪の毛が逆立っていて、急いで出てきたのがわかった。

全員にメニューが配られたのに、決めるのは長兄である。店員さんに、

「おれは飲まないからお茶。あと他の者はビールを飲むので持ってきて。それと紹興酒(しょうこうしゅ)もいるんだろ。高いんじゃなくて普通のでいいからそれも。料理のコースは上中下の中」

といった。

「それでいいな」

長兄ににらまれて、他の兄弟たちはうなずくしかなかった。

左右にいる兄弟とは会話を交わすが、誰も長兄夫婦には話しかけない。今、円卓は長兄がいないことになっているが、このままじゃ済まないのはわかっていたので、ユキは緊張していた。

次々に料理が運ばれてきた。

「うまいか？　うまいだろう。おれが選んだのだから、うまいに決まっているけどな」

一同、

「おいしいですね」

といったものの、みんなこの後に何が来るのかと、[A]々と飲んでいる赤ん坊まで、この空気のなかに巻きこんでしまうのはかわいそうな気がしてきた。

[B]々としていたのは同じだ。ユキは哺乳瓶(ほにゅうびん)からミルクを黙

肉類が出てきて、いちばん場が盛り上がったとき、長兄が、

「あのな、母さんのことだが、もううちでは面倒見きれなくてな。誰か面倒見てくれよ」

といった。エイコを含めた一同の手がぴたっと止まり、①お互いの目をきょろきょろと見はじめた。

「お義姉(ねえ)さん、どうかしたの。体調でも悪いの」

次兄がエイコに聞いた。

「いえ、そんなことはないんです。私の体の具合が悪いとか、そういうことじゃ……」

「こら、お前、ちゃんとみんなにいってやれよ」

長兄は叱(しか)るような口調になった。②エイコはもじもじしはじめた。

「あのな、いい加減、解放してやってくれよ。うちのやつ、結婚してから三十四年間、ずーっと母さんの面倒を見てるんだぞ。五十五になるが、これからは少し楽をさせてやろうと思ってな。これだけ男兄弟がいるんだから、何とかなるだろ」

一同は同時にうつむいた。みんなエイコの苦労を知っている。彼女が面倒を見てくれたから、自分たちは同じ生活を続けられた

ア　相反する内容を持つルールと慣習とを両立する方法を身に付けて

イ　立場に関係なく皆対等に発言せねばならないという法律のもとで

ウ　慣習よりもはるかに優先するべきものとしてルールを絶対視して

エ　あらゆる行動をルールに強制されることに強い反発を抱きながら

オ　ルール以外の慣習などに縛られることのない独立した個人として

問6　傍線部④「日本人の働き方」について、七十字以内で説明せよ。

問7　この文章について説明したものとして最も適切なものを次の中から選び、記号で答えよ。

ア　日本で深刻化している過重労働問題の根本的な原因である日本社会の構造について、他国の社会のあり方と比較することによってわかりやすく説明している。

イ　日本と他国の具体的な労働に関する事例を多数列挙してその特徴を比較することによって、日本の過重労働がいかに深刻な問題であるかを明らかにしている。

ウ　日本社会を他国のそれと比較することにより日本における過重労働問題が持つ普遍性の高さを浮き彫りにし、読者に問題解決の必要性を強く訴えかけている。

エ　日本と他国との詳細な比較によって、日本の過重労働問題が日本社会の特性に根深くかかわり、その解決は容易ではないという主張に説得力を持たせている。

オ　日本と他国の社会を比較し、それぞれの長所と短所を整理することで、日本の過重労働問題が日本社会の構造と深くかかわっていることを明らかにしている。

問3 傍線部①「過労死、過労自殺の多発」とあるが、日本におけるこうした状況の要因を説明したものとして適切でないものを次の中から一つ選び、記号で答えよ。

ア 現場に立つ者に外部との交渉を一手に引き受けさせ、オーバーワークを引き起こす小集団のあり方。

イ 類似する小集団同士による際限ない競争と、それをより激しいものにする日本経済全体の縮小傾向。

ウ 所属する小集団が何よりも大切だと人々に思い込ませ、疑問を抱く余地を与えない日本社会の構造。

エ 与えられた仕事を機械的に引き受け、自らの許容量を超えても改善しようと考えない労働者の怠慢。

オ 苦労して手に入れた正社員の資格を手放すことが、高いリスクにつながってしまう日本の労働市場。

問4 傍線部②「社会慣習のほうが法制度よりも強い」とあるが、どういうことか。説明として最も適切なものを次の中から選び、記号で答えよ。

ア 日本において個人はどんな時でも小集団が守ってくれるという安心感から上位集団のルールをないがしろにし、小集団での自分の立ち位置ばかりを気にするということ。

イ 日本において個人はもともと上位集団のルールを軽んじる傾向を有しているが、小集団を通してしか上位集団に接しない状況がその傾向に拍車をかけているということ。

ウ 日本において個人は自らが所属する小集団での自分への評価には過敏に反応するが、じかに対峙(たいじ)することのない上位集団のルールにはさほど関心を抱かないということ。

エ 日本において個人は上位集団と直接的な関わりを持ちにくいためそのルールを遵守(じゅんしゅ)することをうとましく思い、身近な小集団のルールにばかり興味を向けるということ。

オ 日本において個人は所属する小集団のなかで低評価を受けるのを強く恐れる反面、小集団内で高評価をえるためなら上位集団のルールを喜んで破ってしまうということ。

問5 傍線部③「ルールさえ守れば、反論すること自体はかまいません」について次のように説明するとき、空欄部Ⅰにあてはまる表現を本文中から十字以上十五字以内で探し、始めの五字を抜き出して答えよ。また、空欄部Ⅱにあてはまる内容として最も適切なものを後の選択肢の中から選び、記号で答えよ。(字数に句読点・記号等を含む。以下同様。)

インドは西洋と同じく［　Ⅰ　］であるために様々なルールが明確に定められ、それらが社会の基軸としての機能を果たしている。その中で人々は相対的に［　Ⅱ　］生きているため、日本人のように目上の人に委縮することもない。

小集団が仕事集団ではなく、社会的な集団だからです。

仕事時間とそのあとの区別も曖昧(あいまい)です。仕事に関係のないおしゃべりは勤務時間を過ぎてもつづいたりする。なかに早く帰りたい人がいてもだらだらとつづいたりする。「僕は自分の仕事を全部やったから帰ります」と言って、一人だけぱっと帰るのに抵抗を覚えてしまうことすらあります。そんなことをしたら変に思うだろうとか、課長からの心証が悪くなるのではないかなどと気にして、帰っていいのに帰れなくなる。このように、仕事に人間関係が入り込んでくるのです。あの人はとても親切だ、このまえ助けてくれたといった仕事以外のことに気を回さなくてはなりません。

仕事仲間の関係が勤務時間を過ぎてもつづく。その分仕事時間内も仕事とは関係のないことをしたりする。したがって、仕事時間内とその後の区別が曖昧になりやすい。このように、日本の職場というものは、公私の区別がつかない。あらゆるパーソナルな部分に集団の力が入り込んでくる可能性を秘めているのです。労働時間を法律で決めてもなかなか守られないのには、そういった社会慣習があるのです。

このあたりに長時間の時間外労働が容易に発生しやすい理由があるともいえるでしょう。(中根千枝『タテ社会と現代日本』講談社)

(注)＊1 電通……日本大手の広告代理店。
＊2 法人……実際の人ではないが、法律の上で人格を持つ者として認められた組織。
＊3 労災……労働者が業務中に被る負傷、傷病、死亡など。労働災害。
＊4 青天井……上限がないこと。
＊5 パイ……分け合うべき利益。

問1 空欄部Aに入る表現として最も適切なものを次の中から選び、記号で答えよ。

ア 砂上の楼閣(ろうかく)　イ 青天の霹靂(へきれき)　ウ 机上の空論
エ 対岸の火事　オ 氷山の一角

問2 空欄部B〜Dに入る語の組み合わせとして最も適切なものを次の中から選び、記号で答えよ。

ア B いわば　C しかし　D あるいは
イ B むしろ　C したがって　D あるいは
ウ B いわば　C したがって　D あるいは
エ B むしろ　C しかし　D それでも
オ B いわば　C したがって　D それでも

書きましたが、法律は、個人の感覚からするとあまりに遠い。だから普段は法律を意識する機会が少なく、例外的な特殊ケースにおいてのみ関与する程度のものと考えがちなのです。

　ローマ法以来、西洋では異質のものを含む複雑な社会に基軸を与える道具として法律が発展してきましたが、日本ではずいぶんと異なる法観念を有しているのがわかるかと思います。日本において、ルール違反の際に、「なんだって俺（おれ）だけが……」というのは、まさにその意識の表れです。

　インドでは、目上の人に接するときは、「たばこを吸ってはいけない」「立ってなくてはいけない」というルールがあります。しかし、その③ルールさえ守れば、反論すること自体はかまいません。

　日本では明確なルールがない代わりに、「目上にはへりくだらなければ」という態度で臨み、反対意見も言いにくいという状況にしばしば陥ってしまう。このように、日本に明確なルールがない背景、［　D　］法律よりも慣習が重視される背景には、社会の均質さ、そして集団が小さく分かれているという要因が挙げられます。みんなが同じで、よく知った人ばかりだとルールを明確にせずにすむのです。

　長時間労働を容易にする④日本人の働き方にも目を向けてみます。

　アメリカの場合、個々人のやるべき仕事がはっきり決まっていて、それぞれが自分の仕事を達成します。大雑把（おおざっぱ）にいえば、アメリカの人は、「自分の仕事はこれだけだ」「ここからは他人の領域だ」という明確な意識を一人一人が持っていて、その仕事が終われば、スパッと帰る、というように、個人と職場の関係もたいへんにドライです。

　それに対して日本ではどうでしょうか。一人一人の仕事が決まっていて、その総和をグループの仕事と考えるわけではありません。組織のなかで個が独立しておらず、お互いにまじり合ってやっている――これが日本の一般的な職場の風景でしょう。日本の場合は、「みんなでやる」という傾向が強く、同じ量の仕事を二～三人でおこなうのが常です。

　そのため一つの仕事場では、個人差があり、よく働く者、それほどでもない者の差があり、前者が後者を補うかたちとなりやすい。よくできない人は、またやってくれるだろうと期待して、本来、自分がすべきことをしなかったりします。仕事と関係のないおしゃべりをする者も出てきます。通常の時間内に仕事が終わらなくても、まあいいや、少し時間を延ばしてみんなでやろうという気持ちになってしまう。いざとなれば一致団結して必死になることもありますが、常態においては、個人差が許されています。

　小集団のなかで、また、個人一人一人のなかでも働き方がまだらになっていくのが常です。そうしたことを可能にしているのは、が、とくに過激な物議を呈(てい)するようになったのは二、三十年内外の政治・経済のあり方と深く関係しているように見えます。ソトから見れば、苦しいくらいならなぜその会社をやめてしまわないかと、疑問も出るはずです。

しかし一斉におこなわれる入社試験でうまく合格して正社員の資格を持つ者にとっては、一旦これをやめてしまえば、次によい職をえることはむつかしいという、日本の労働市場のあり方を知るものにとっては「常識」があります。

それよりも何よりも、彼(彼女)にとっては現在属している小集団は、宇宙全体であり、その他の生き方を考える余裕もないに違いない。場を重視する日本社会では、なかなか外に目が行きにくい。そうすると追い込まれると自ら死を選ぶ他なくなるのではないかという、［ B ］構造的な悲劇といえるのです。

自殺をした彼女もそうですが、この小集団の現場の第一線に立たされていると、外からのクレーム、要求をすべて受けなければならない、オーバーワークな事態と化します。とくに類似の他社との競争の激しさが加わり、仕事量は増えつづけます。

例えばある会社が一斉に何時に仕事を終わるようにしましょうといっても、ライバルの会社は残業をしているかもしれない、競争に負けてしまうかもしれないといって、やめられない心理が働いてしまう。外を向くと同じような集団がいて、それに負けてしまうのを恐れるのです。

日本全体の経済が縮小して、限られたパイ[*5]を皆が奪い合うことになり、他社との競争はますますひどくなる。質よりも量に主眼がおかれ、結局、長時間労働を招くことになる。［ C ］規制がいくら出ても、記録を隠そうとしたり、会社を出て家で仕事をする、というようにカゲの部分が多くなるだけで、いわゆる長時間労働の実体は変わるどころか増える一方となるのです。

「社会慣習」と「法制度」には「間」があります。長時間労働をさせないようにするため、規制を目的にした法律自体はこれまでもたくさんつくられているといいます。しかしそれにもかかわらず、一つも円滑に働いていない。いかに②社会慣習のほうが法制度よりも強いかということです。

このことも、じつは小集団のあり方から読み解けます。日本においては、構造的に個人は小集団を通してしか上位と接触しないので、小集団の枠はここでも防波堤となるのです。個人が小集団の成員として許容されているかぎりは、上位集団成員としてのルールを犯したとしても、特定の個人が制裁を受けることはありません。小集団の成員にとって、一番恐れるのは、小集団の他の成員から非難を受けることなのです。だから小集団内の慣習を上位集団のルールよりも重んじるのです。

上位集団のルールのなかで、もっとも上位にあるのが、国家による法律であるのは言を俟(ま)ちません。『タテ社会の人間関係』でも、日本人には法律を守ろうという意識が少ないのではないかと

1 次の傍線部のカタカナを漢字に、漢字をひらがなに直して答えよ。ただし、楷書(かいしょ)で丁寧に書くこと。

① ギョウセキ不振で降格させられた。
② 土地をソクリョウする。
③ センデンのためのフレーズ。
④ 他人の意見にゲイゴウする。
⑤ 星がマタタく。
⑥ 素地があるので理解が早い。
⑦ 演繹によって結論を導く。
⑧ 任務を完遂する。
⑨ 矮小な考え方が身についてしまう。
⑩ 条約を批准する。

2 次の文章を読んで、後の問いに答えよ。

近年、働き方改革が大きな関心を集めています。そのきっかけとなったのは、二〇一五年一二月に電通*1で起きた、女性新入社員の過労自殺でしょう。入社後八ヵ月で起きた悲劇だったと聞いています。

この一件がとくに大きく取りあげられ、それまでくすぶっていた長時間労働による弊害が社会問題として日々取りあげられました。そしてついに電通の違法残業事件*2として法人の刑事責任が法廷で問われる事態に発展しました。

行政学の立場から新藤宗幸(しんどうむねゆき)氏が「過労死を防げぬ労働行政——何が問題か」(『UP』532、二〇一七年二月号、東京大学出版会)で詳しく述べられていますが、それによると、十五年度に労災認定*3されたものにかぎっても、過労死は九六人、過労自殺(未遂も含む)は九三人を数えます。そして、この数字にしてもおそらくは「　A　」だろう、としています。労使協定、労働省告示(一九九八年一二月)をはじめ、多くの規制法があるにもかかわらず、功を奏さず労働時間規制は「青天井*4」であることを述べています。

実際、①過労死、過労自殺の多発は、外国からも日本の労働行政の怠慢、人権の無視と批判されています。

こうした問題は古くからの日本人の働き方とも関係しています

2020 第4回

サピックスオープン

国　語

中学３年

2020 年11月3日実施

【受験上の注意事項】

1 試験時間は、50 分です。
2 答えは全て解答用紙の定められた解答欄の中に書きなさい。
小さすぎる文字・薄すぎる文字は採点できません。
3 解答用紙には、生徒 ID・氏名を必ず書きなさい。
4 問題用紙の白いところは、メモなどに使いなさい。
5 質問がある時や気分が悪くなった時は、黙って手をあげなさい。
6 終わったら解答用紙だけを提出しなさい。

SAPIX サピックス 中学部

< DTP >アールジービー株式会社
<表紙デザイン>中村　洋

2022年度用　高校入試公開模試問題集
サピックスオープン

2021年4月1日　初版発行
編　　者　SAPIX中学部
発 行 者　髙宮英郎
発 行 所　代々木ライブラリー
〒151-8559　東京都渋谷区代々木1-29-1
☎03-3379-5221
印刷製本　三松堂印刷株式会社

●落丁・乱丁本については送料小社負担にてお取り替えいたします。
☎03-3370-7409（代々木ライブラリー営業部）

 ISBN978-4-86346-517-6 Printed in Japan

2022年度用

高校入試公開模試問題集

サピックスオープン

解答・解説・成績データ編

目　次

SAPIX 中学部

英語 第1回 解答

1

Part A	No.1	イ	No.2	ウ	No.3	ウ	No.4	エ	No.5	ア
Part B	(あ)	1(one)	(い)	salt	(う)	2(two)				
	(え)	sugar	(お)	60(sixty)						

Part A：各2点、Part B：各1点

2

(1)	left	(2)	watch	(3)	kind
(4)	way	(5)	blue		

各2点×5

3

(1)	sent	to	(2)	any	student
(3)	so	reading	(4)	old	enough
(5)	or	miss			

各1点×10

4

(1)	①	カ	②	ク	(2)	①	イ	②	エ
(3)	①	エ	②	オ	(4)	①	ア	②	ケ
(5)	①	オ	②	ア					

各3点×5(完答)

5

問1	A	ウ	B	エ	C	ア	D	イ	E	オ				
問2	(1)	want	(2)	sell	(3)	leave	(4)	caught						
問3	エ	問4	ウ	問5	ア	エ								

問2：1点×4、その他：2点×9(問5は各答、順不同)

6

問1	①	ウ	②	イ	③	ア	問2	ウ	問3	ウ
問4	(a)	of	(b)	about[of]	問5	エ				
問6	④	4番目	oceans	7番目	fish					
	⑤	4番目	not	7番目	our					
問7	1	F	2	F	3	T	4	F		

2点×14(問6各完答)

解説

1 リスニング

読まれた英文と解説は、以下の通り。

Part A

No. 1　男性 ： Why don't we go and see a baseball game next Sunday ?

「来週の日曜日に、野球の試合を見に行きませんか」

ア　Because I like soccer.「サッカーが好きだからです」

イ　Sounds good.「いいですね」

ウ　No, thank you. I'm full.「結構です。お腹がいっぱいです」

エ　It's kind of you.「ご親切にどうもありがとう」

▶〈 Why don't we ～ ? 〉「～しませんか、しましょう」は、〈 Let's ～ 〉〈 How about ～ ? 〉などと同様に「提案・勧誘」を表す表現。解答となるイの Sounds good.「いいですね」は、相手の提案に対して賛同の意を伝える場合によく用いられる。

No. 2　女性 ： Good morning, Kate. What's the date today ?

「おはよう、ケイト。今日は何月何日ですか」

ア　It's Tuesday.「火曜日です」

イ　No problem.「問題ありません」

ウ　It's October 14th.「10 月 14 日です」

エ　I'm glad to hear that.「それを聞いて嬉しいです」

▶ date は「日付」という意味なので、「10 月 14 日」と答えているウが正解となる。曜日を尋ねる場合は、〈 What day is (it) today ? 〉「今日は何曜日ですか」となるので、それぞれ区別しておさえておこう。

No. 3　男性 ： Hello, John. I hear you were late for the class again. You should leave home earlier.

「やあ、ジョン。また授業に遅刻したらしいね。もっと早く家を出なきゃ」

ア　O.K. Here you are.「いいですよ。はいどうぞ」

イ　No, thank you.「結構です」

ウ　I'll be careful from now on.「今後は気をつけるよ」

エ　I'm glad to hear that.「それを聞いて嬉しいです」

▶男性の最後のセリフに注目する。助動詞 should が聞き取れれば、男性が相手に「助言・忠告」をしていることに気づくだろう。アは O.K. のみなら成立するが、その後の Here you are.「はいどうぞ」が、相手に物を差し出すときに用いる表現なので、この状況では使えない。正解はウ I'll be careful from now on.「今後は気をつけるよ」となる。〈 from now on 〉は「これから(今から)ずっと」という意味で、on は「ずっと＝継続」のニュアンスを持つ。

No. 4　女性 ： Mike, you know a lot of Japanese words. How do you learn them ?
「マイク、君は日本語の単語をたくさん知ってるね。どうやって学んでいるの」

ア　About five hundred words, I think.「500 単語くらいかな、たぶん」

イ　Not at all.「全くありません」

ウ　You'll be able to learn them soon.「君はすぐにそれらがわかるようになるよ」

エ　I always use a dictionary to learn a new word.
「新しい単語を学ぶのに、いつも辞書を使っているよ」

▶〈 How do you ～ ? 〉「あなたはどのように～しますか」と、「方法」が問われている。リスニング問題においては、冒頭の疑問詞が正解のカギを握っている場合が多いので、それを聞き漏らさないように注意しよう。具体的な学習法を述べているエが正解。

No. 5　男性 ： Please don't forget to buy milk on your way home.
「帰宅途中に牛乳を買ってくるのを忘れないでください」

ア　I won't.「忘れないよ」　　イ　I will.「忘れるよ」

ウ　Yes, I do.「はい、そうです」　エ　Do you ?「そうなんですか」

▶男性が〈 Please don't ～ 〉「～しないでください」と、否定の依頼をしているので、依頼を引き受ける意を伝える場合は、否定の形で答える。正解のアは、I won't (forget to buy milk).「(牛乳を買うことを)忘れないよ」という意味である。

Part B

読まれた英文と解説は、以下の通り。

男性：Your cake tastes so good. Can you tell me the recipe?

女性：Sure. First, mix together a cup of flour, a teaspoon of salt, and two tablespoons of water.

男性：I see.

女性：Then, add half a cup of sugar. Are you with me so far?

男性：Yes, I'm following you.

女性：Okay. Next, add two eggs.

男性：Uh-huh.

女性：And then, put the mixture into a baking pan and bake for an hour at 350 degrees. Did you get it?

男性：Yes, I got it. Thanks.

男性：君のケーキはとてもおいしいよ。作り方を教えてくれないか。

女性：いいわよ。まず、小麦粉１カップ、塩小さじ１杯、水大さじ２杯を混ぜて。

男性：うん。

女性：そしたら、砂糖を半カップ加えて。ここまで大丈夫かしら。

男性：うん、大丈夫だよ。

女性：わかったわ。次に卵を２つ加えるの。

男性：うんうん。

女性：そうしたら次に、混ぜたものを焼き型に入れて、１時間、350度で焼くのよ。わかったかしら。

男性：うん、わかったよ。ありがとう。

（　あ　）：**1**（**one**）（　い　）：**salt**（　う　）：**2**（**two**）

▶女性の最初のセリフで３つの材料と、その分量について述べられている。First, mix together a cup of flour, a teaspoon of salt, and two tablespoons of water. から、「小麦粉１カップ、塩小さじ１杯、水大さじ２杯」の情報が聞き取ればよい。flour「小麦粉」、teaspoon「小さじ」、tablespoon「大さじ」などの語が聞き慣れない人もいるかもしれないが、聞き取るべき箇所は、材料の salt「塩」と、分量を表す a cup of flour / two tablespoons of water のみである。リスニングが苦手な人も２回目の放送で確実に正解したい。

（ え ）：**sugar**

▶女性の2つ目のセリフ Then, add half a cup of sugar. を聞き取ればよい。スペリングミスに注意しよう。ちなみに add ～は「～を加える」という意味である。

（ お ）：**60（sixty）**

▶女性の最後のセリフ And then, put the mixture into a baking pan and bake for an hour at 350 degrees. から正解を導き出す。女性が「1時間」と表現しているのに対して、メモには（　　　）分間とあり、単位が異なっている点に注意しよう。

2 共通語補充

(1) Turn (**left**) at that corner, and you'll find the station.

「あの角を左に曲がってください、そうすれば駅が見つかりますよ」

He (**left**) for New York last week.

「彼は先週、ニューヨークに向けて出発しました」

▶このような共通語を補充する問題では、わかるものから先に解いていくことが重要である。今回は1つ目の文が道案内と推測でき、また Turn「曲がる」で始まっているので、空所に補う語は right「右に」や left「左に」などが考えられる。2つ目の文に leave を入れれば〈leave for ～〉「～に向けて出発する」の意味になるので、leave を過去形にした left が正解となる。

(2) Please (**watch**) your step. The floor is not flat.

「足元に気をつけてください。床が平らではないのです」

My father gave me a nice (**watch**) on my birthday.

「父は誕生日に私に素敵な腕時計をくれました」

▶1つ目の文の Watch your step. は「足元に気をつけて」という意味である。watch には「～をじっと見る、注視する」のほか、それと関連して「～に注意（用心）する」という意味があることも知っておこう。例：Watch out!「気をつけて」。

2つ目の文の watch は「腕時計」という意味である。

(3) What (**kind**) of music are you interested in ?

「あなたはどんな音楽に興味がありますか」

How (**kind**) you are to help him to do his homework !

「彼の宿題を手伝ってあげるなんて、あなたはなんて親切なのでしょう」

▶１つ目の文から、What kind of ～ ?「どんな種類の～」という表現を思い出そう。２つ目の文は、驚きや喜びなどの感情を表す感嘆文である。元々、You are very kind to help him to do his homework. という文があり、形容詞 kind を強調するため very の代わりに how をつけて文頭に移動させたと考えるとわかりやすい。

(4) Do you know the (**way**) to the station ?

「駅への道を知っていますか」

This is the best (**way**) to solve the problem.

「これがその問題を解決する一番の方法です」

▶１つ目の文で、駅までの道を尋ねていると推測できる。〈the way to ～〉は「～への行き方」という意味である。また、２つ目の文の way は「方法」という意味で用いている。

(5) I felt (**blue**) because I broke up with my boyfriend.

「彼氏と別れたので、私は憂鬱(ゆううつ)でした」

This tie matches your (**blue**) shirt.

「このネクタイはあなたの青いシャツと合っていますね」

▶１つ目の文の後半に「彼氏と別れた」と書かれていることをヒントに解いていく。空所の前に felt があるので、blue を入れれば feel blue「憂鬱な気分でいる」という表現ができ上がる。２つ目の文の空所には、シャツの特徴を表す形容詞が入ると予想できる。この match は「(物が)(物と)似合う」という意味である。よって blue を入れれば「青いシャツ」となり意味が通じる。

3 適語補充

(1) その手紙は、母親からケンに送られた。

The letter was (**sent**) (**to**) Ken by his mother.

▶受動態の理解を問うものではあるが、まず能動態から考えてみよう。

①「母親はケンにその手紙を送った」という文を考えると、2つの文を作ることができる。〈 send 人・物 〉か〈 send 物 to 人 〉となるが、この第4文型から第3文型へ書きかえる場合、文の動詞によって to もしくは for を補う。相手がいないとできない動作を表す場合は to で、相手がいなくてもできる動作を表す場合は for となる。今回、用いる send「送る」は相手がいないとできない動作なので、to を補うと、以下のように2つの文ができる。

(A) His mother sent Ken the letter.　(B) His mother sent the letter to Ken.

②次に the letter を主語にして受動態を作ると以下のようになる。

(A) The letter was sent Ken by his mother.　(B) The letter was sent to Ken by his mother.

空欄の数から考えると to が入った(B)が正解。

(2) マイクはそのクラスの他のどの生徒よりも速く走ることができる。

Mike can run faster than (**any**) other (**student**) in the class.

▶「他のいかなる～よりも…だ」は〈 比較級＋than any other＋単数名詞 〉で表す。ポイントは、any＋単数名詞で「どんな～でも」という意味になることである。other は「他の～」を表し、今回は「マイク以外の」という意味で用いている。Mt. Fuji is higher than any other mountain in Japan.「富士山は日本の他のどの山よりも高い」のような代表的な例文を覚えておこう。

(3) その本がとても面白かったので、彼はその本を読むのをやめられなかった。

The book was (**so**) interesting that he couldn't stop (**reading**) it.

▶「とても～なので…」は〈 so ～ that… 〉で表現できるので、最初の空所には so が入る。日本語の意味を参考にすると、stop の後ろには read が入ることがわかるが、「～することをやめる」という意味を表すときには、stop ～ ing と stop の後ろに動名詞を置くことに注意しよう。

(4) 彼は車の運転ができる年齢です。

He is (**old**) (**enough**) to drive a car.

▶「彼は車の運転ができる年齢です」は、「彼は車を運転できるのに十分な年齢です（＝十分年を取っています）」と言いかえられる。「十分な」は enough を、「年を取っている」は old を用いるが、「〜するくらい十分…」と言う場合、〈形容詞＋enough to 〜〉という語順になることに注意しよう。

(5) 起きなさい、さもなければ電車に乗り遅れますよ。

Get up, (**or**) you will (**miss**) the train.

▶〈命令文 , or…〉で「〜しなさい、さもないと…」という意味になる。また〈命令文 , and…〉だと「〜しなさい、そうすれば…」となる。今回用いられている miss 〜は「(電車、バスなど) に乗り損なう」という意味。

4 整序英作文

(1) 私はその仕事を終えるのに５日間かかった。

It took me **five** days to finish the work(.) → ①：カ ②：ク

▶〈It takes 人＋時間 to 〜〉「人が〜するのに時間がかかる」という表現を覚えておこう。そこからまず、It took me five days to までのつながりを作りたい。次に to は不定詞なので後ろに動詞の原形が続くため、finish the work というまとまりをつなげれば完成する。

(2) トムはさよならを言わずに部屋から出て行った。

(Tom) left the **room** **without** saying good-bye(.) → ①：イ ②：エ

▶この文の中心の意味は「トムは部屋から出て行った」なので、Tom left the room のまとまりをまず作りたい。残りの選択肢にある without は「〜なしに」という前置詞なので、次に without saying good-bye とすれば「さよならを言うことなく」、つまり「さよならを言わずに」というまとまりができる。without は前置詞なので、後ろには名詞もしくは動名詞が続くことに注意しよう。

(3) ケンは私より3倍多くの本を持っている。

(Ken) has **three** times as many **books** as I(.) → ①：エ ②：オ

▶「…の○○倍～」という倍数表現は、〈倍数詞(twice, three times など) as ～ as…〉という形で表す。ただし、今回は three times as many as books などと many と books を離さないように気をつけよう。元々、Ken has many books. と I have many books. という2つの文があり、それらが上記の倍数表現を用いてつなげられたと考えるとわかりやすいだろう。

(4) この部屋にある椅子のほとんど全てはイタリア製です。

Almost **all** of the chairs in this **room** were made (in Italy.) → ①：ア ②：ケ

▶選択肢の語が多いので、日本語をヒントに上手く単語のまとまりを作ろう。この文の主語は「この部屋にある椅子のほとんど全て」であるので、まず Almost all of the chairs in this room というまとまりができる。almost of ～とつなげてしまった人がいるかもしれないが、almost は副詞なので、基本的に名詞と名詞を結ぶ働きをする of の手前に置くことはできない。ちなみに、most「ほとんど、大部分」は名詞であるので、most of ～という形をとれる。今回は、all of the chairs というまとまりを作り、all を修飾する副詞 almost をその前につければよい。あとは「イタリア製」＝「イタリアで作られた」と考え、were made in Italy と続ければ文が完成する。almost は副詞だが、all や everything といった数量を表す名詞をその後ろに置けることも覚えておこう。

(5) もし明日雨が降ったら、ピクニックには行きません。

I **will** not go on a picnic **if** it rains (tomorrow.) → ①：オ ②：ア

▶ tomorrow が文末に指定されていることから if 節を後ろに持ってくると考えて、まず I will not go on a picnic「ピクニックには行きません」というまとまりを作る。go の後ろの前置詞が「目的」を表す on であることに注意しよう。「もし雨が降ったら」は if it rains と表す。時や条件を表す副詞節内では未来の事柄でも現在形を用いて表すので、if it will rain とならないことも覚えておこう。

5 対話文読解

〔全訳〕

ビジネスマン：おはようございます。なんて美しいマグロなのでしょう。それらを捕まえるのにどれくらい時間がかかったのですか。

漁師：ああ、2時間くらいです。

ビジネスマン：たった2時間ですか。素晴らしい。なぜもっと長い時間釣りをして、もっと多くの魚を捕らなかったのですか。

漁師：これ以上、釣りたくなかったからです。これだけあれば私の家族には十分な量の魚です。

ビジネスマン：でも1日の残りの時間は何をして過ごすのですか。退屈しないのですか。

漁師：決して退屈しません。遅く起きて、子どもたちと遊んで、サッカーを観て、妻と昼寝をします。時々夕方に友達に会いに村落まで歩いて行き、ギターを弾いたり歌を歌ったりします。

ビジネスマン：本当ですか。それがあなたのすることの全てですか。いいですか、私はとても成功しているビジネスマンです。私はハーバード大学に通い、ビジネスを学びました。私はあなたのお手伝いができます。毎日4時間釣りをして、余分に捕れる魚を売るのです……。

漁師：でも……。

ビジネスマン：……そして、より大きな船を買い、より多くの魚を捕り、より多く稼ぐのです。

漁師：でも……。

ビジネスマン：……それから2つ目、3つ目と漁船が大きな船団になるくらいになるまで、船を買うのです。

漁師：でも……。

ビジネスマン：……そうしたら魚を輸出して、この村を去り、メキシコシティかロサンゼルスかニューヨークに引っ越して、漁のビジネスを始めます。

漁師：わかりました、わかりました。でもこれら全てにどれだけの時間がかかるのですか。

ビジネスマン：ええっと、そうですね。うーん、15年から20年くらいですかね。

漁師：15年から20年ですって。あなた、それから何をするのですか。

ビジネスマン：何って、ここからがわくわくする部分ですよ。あなたのビジネスを売って、大金持ち、百万長者になるのです。

漁師：百万長者ですか。本当ですか。でもそれら全てのお金を使って私は何をするのですか。

ビジネスマン：ええっと、そうですね。うーん、仕事を辞めて、ええっと、素敵な古い漁村に引っ越して、遅く起きて、孫たちと遊んで、サッカーを観て、妻と昼寝をして、そして夕方には村落まで歩いて行って、そこでギターを弾いたり、友人と好きなだけ歌うのです。

漁師：うーん……ええっと……。

漁師の子どもたち：パパ、パパ、魚はたくさん釣れたの。

漁師：今日と明日の分と、こちらの男性に差し上げるのに十分なくらい釣れたよ。ほら、あなた、私の美しい魚をぜひ持って帰ってください、さようなら。ほら、子どもたち、家に帰ろう。

出典：Liz and John Soars *New Headway Elementary Student's Book* Oxford University Press

問1

| A | ウ **How long did it take to catch them ?**

「それらを捕まえるのにどれくらい時間がかかったのですか」

▶対話文の空所に入る文を選ぶ問題では、特に空所の前後の内容をしっかりと理解することが大切である。今回は、空所の後ろで漁師が漁にかかった時間を答えているので、どれくらいの時間がかかったかを尋ねるウが正解となる。選択肢のthemは前のtuna「マグロ」である。tunaの複数形はtunaもしくはtunasとなる。本文ではWhat beautiful tuna！にaがついていないことからtunaを複数形で用いているとわかる。

| B | エ **Why didn't you fish for longer and catch more ?**

「なぜもっと長い時間釣りをして、もっと多くの魚を捕らなかったのですか」

▶この問題も、空所の後ろがヒントとなる。漁師がWith this I have enough fish for my family.「これだけあれば私の家族には十分な量の魚です」と述べているので、「なぜもっと多くの魚を捕らなかったのか」という内容のエが正解となる。

| C | ア **But what do you do with the rest of your day ?**

「でも1日の残りの時間は何をして過ごすのですか」

▶空所の後の漁師のセリフに注目しよう。漁師は今の暮らしに退屈しないと述べた後、子どもたちと遊んだりサッカーを観たりといった、日々自分がしていることを述べている。この答えにふさわしい質問は、「漁以外の時間は何をしているのか」といった内容を表すアとなる。〈the rest of ～〉は「～の残り」という意味である。

| D | イ **OK, OK, but how long will all this take ?**

「わかりました、わかりました。でもこれら全てにどれだけの時間がかかるのですか」

▶空所の後のビジネスマンのセリフでは、15年から20年くらいかかると期間を答えている。そこで、期間を尋ねているイが最も適切である。

| E | オ **But what do I do with all the money ?**

「でもそれら全てのお金を使って私は何をするのですか」

▶空所の後で、ビジネスマンは百万長者になったらできる一連の事柄を述べているので、オが正解となる。また、オの all the money とは、その前で述べられている「漁のビジネスで稼いだお金」を指すので、そこからもオが正しいと判断できる。

問2

(1) **want**

▶空所を含む文の後で With this I have enough fish for my family.「これだけあれば私の家族には十分な量の魚です」と述べられている。もう十分な量の魚を捕ったので、これ以上、釣りを「しなくていい」「したくない」というような内容が空所に入ると考えると、want が最もふさわしい。didn't の後ろに空所があるため動詞の原形の want が正解となる。

(2) **sell**

▶ビジネスマンが、漁師が成功するためにビジネスプランを立てている場面である。4時間という今よりも長い時間を釣りに充てて得た余分な魚をどうするか、といったことを考えると、空所を含む文の後で、ビジネスマンが Then, you can buy a bigger boat「そして、より大きな船を買い」と言っている。つまり、より大きな船を買うためには当然多くのお金が必要になるので、そのお金を稼ぐために余った魚を売るのだとわかる。よって sell が正解。等位接続詞 and の前後には文法上対等なものを並べる必要があり、今回は動詞の原形 fish と sell から始まる2つの命令文を and で並べている。

（　3　）**leave**

▶空所の直後を見ると、メキシコシティやロサンゼルスといった大都市へ引っ越すことが述べられている。ということは、今住んでいる村を「去る」はずなので、leave が正解となる。

（　4　）**caught**

▶空所の前で、子どもたちが Papa, Papa, did you catch many fish ?「パパ、パパ、魚はたくさん釣れたの」と聞いている。それに対して漁師は十分な量の魚が「捕れた」と答えていると考えられるので、catch の過去形 caught が正解となる。

問3　エ　To open his fishing business in the village.

▶漁師が大金持ちになるためにするべきこととして、「適切でないもの」を選ぶ。2時間で漁を終えた漁師に対して、ビジネスマンが漁に4時間かけて、余った魚を売ることを提案しているので、ア「今よりも多くの時間釣りをすること」は正しい。また、それによって得たお金で大きな船団になるくらい多くの漁船を買うことも提案しているので、イ「多くのお金を得て多くの漁船を買うこと」も正しい。ウ「より多くの魚を得てそれらを輸出する」もビジネスマンによって提案されている。よって、適切でないのはエ「村で漁のビジネスを始めること」である。確かに、ビジネスマンの7つ目のセリフで open a fishing business「漁のビジネスを始めること」が提案されてはいるが、それを行う場所はメキシコシティやロサンゼルスなどの大都市であり、村ではない。

問4　ウ　Ⅰ：grandchildren　Ⅱ：football

▶この問題では、文章全体の流れを把握する必要性がある。空所を含むビジネスマンのセリフは、自分のアドバイスに従って漁師が大金を稼いだ場合、彼がどんな生活を送ることができるかを述べているものである。ここで示した一連の生活というのは、実は3つ目の漁師のセリフで述べられている、漁師の現在の生活とほぼ同じであるということに気づけたかが重要だ。すると、[Ⅱ]にはfootballが入ることがわかるだろう。また、エのbusinessmanが[Ⅰ]に入るのは不自然であるので、ここはウのgrandchildren「孫たち」となる。よって正解はウ。なお、3つ目の漁師のセリフではplay with my children「子どもたちと遊ぶ」と書かれているが、ビジネスが成功するまでの長い年月が経った結果、漁師に孫たちができ、遊ぶ相手が子どもから孫へ変化したと考えよう。

問5 各選択肢の解説は以下の通り。

ア 漁師は、十分な量の魚を獲得したため、2時間で漁から帰ってきた。

▶漁師の1つ目と2つ目のセリフに一致する。

イ 漁師は、日々の生活を退屈だと感じている。

▶退屈ではないのかと聞いてきたビジネスマンに対し、漁師は3つ目のセリフで現在の充実した生活ぶりを述べているので、一致しない。

ウ 漁師は、メキシコシティやニューヨークでの生活にあこがれている。

▶ビジネスマンの7つ目のセリフで、メキシコシティやニューヨークといった大都市へ引っ越すことが勧められているが、それに対して漁師が「あこがれている」といった記述はない。ビジネスマンの提案に対して、一貫して漁師は興味を示していないという流れをおさえたい。

エ ビジネスマンによると、漁師が大金持ちになるには、10年以上かかる。

▶ビジネスマンの8つ目のセリフによると、漁師が成功して百万長者になるためには15年から20年ほどかかるとあるため、一致する。

オ ビジネスマンは、最終的に漁師を説得することに成功した。

▶ウの解説にもある通り、一貫して漁師はビジネスマンの提案に対して興味を示していない。最終文ではビジネスマンにお土産として魚を渡して帰らせようとしているので、一致しない。

6 長文読解総合

〔全訳〕

ほとんどの人は、地球を大切にしなくてはならないということはわかっています。地球をどのようにより大切にしていくかを今学ばなくてはいけません。地球は我々の故郷であり、我々は未来のために地球を守っていかなくてはならないのです。地球を大切にするために、あなたは何をしますか。

現代的な都市生活が地球に悪いと考える人もいます。私たちは大量のエネルギーを使いすぎて、ゴミを大量に出しすぎています。小さな村に暮らし、自分たちの食料を自分たちの土地で育て、遠くへ移動すべきではないと彼らは考えています。こういった生活は地球に害を与えないでしょう。

簡素な生活には戻れないと考える人もいます。こういった人は、新しい技術が移動をしたり、エネルギーを作り出す新たな無公害な方法を見つけるのに役立つと考えています。

こういった新しい技術は、新しい家の設計でも見てとれます。こういった新しい家では化石燃料から作られるエネルギーを使いませんが、とても暑い天候や寒い天候でも快適に過ごすことができます。屋根には太陽光パネルがついていて、家は木が次々と生えてくる森で採った木材でできています。

あなたはもっと簡素に生活すべきだと思いますか、それとも新しい技術を使うべきだと思いますか。もしくはその両方でしょうか。

我々が買いものに行くとき、買う物を慎重に考えなくてはなりません。私たちが買う食べ物の中には、家の近くからのものもあるでしょう。遠くから飛行機や船で運ばれてきた食べ物もありますが、輸送には化石燃料が用いられます。自宅の近くで育てられた食べ物を積極的に食べるべきだと言う人もいます。冬に夏の果物が必要ですか。あなたの買う食べ物のうち、どれくらいが自宅の近くで作られたものでしょうか。

強欲になってはいけません。例えば、魚のいない海を望む人はいません。ある程度の魚を獲っても、獲りすぎてはいけません。地球の天然資源の多くを速く使いすぎないように、気をつけなくてはなりません。

毎日の生活の中で、ちょっとした方法で我々は皆、地球を救うことができます。ゴミや汚染を減らすために、可能なかぎり再利用やリサイクルをすることができます。節電するために明かりを消すこともできますし、二酸化炭素を減らすために車をあまり使わないようにすることもできます。地球を大切にしている慈善事業に寄付することもできます。何百万人もの人々がちょっとしたことをしていけば、変化を起こすことができるでしょう。

地球温暖化を改善するには、あまり時間が残されていないと科学者たちは考えています。そのため、私たちは今の生活方法を変えなくてはなりません。ツバルやバングラデシュの人々は自分たちの未来を心配しています。サハラ砂漠やゴビ砂漠の近くに住む人々も同じです。彼らは皆に助けてほしいと思っています。我々は皆、地球を大切にしなくてはならないのです。　出典：Joyce Hannam *Caring for Our Planet* OXFORD UNIVERSITY PRESS

問1　発音問題が苦手な人は発音記号を覚えていくとよい。遠回りのようだが、下線部分の発音記号を調べ、繰り返し発音することを続けていけば自然とそれぞれの違いがわかるようになってくるはずである。

① ウ　**work**

▶ learn［ lә́:rn ］の下線部と同じ発音を持つ語はウの work［ wә́:rk ］である。アの start、イの heart、エの large の下線部は［ ɑ́:r ］という発音になる。

② イ　**cool**

▶ food［ fú:d ］の下線部と同じ発音を持つ語はイの cool［ kú:l ］である。アの cook、ウの wool、エの foot の下線部は［ ú ］と短く発音する。特に wool「羊毛」は「ウール」と読むことに慣れてしまっているので注意が必要である。

③ ア　**only**

▶ both［ bóuθ ］の下線部と同じ発音を持つ語はアの only［ óunli ］である。その他の下線部の発音は以下のようになる。イは abroad［ ɔ́: ］、ウは not［ ɔ́ ］、エは done［ ʌ́ ］。

問2　ウ　**新しい技術を使って、エネルギーを作り出す生活をすること。**

▶ this が指すものは、基本的にすぐ近く（主に直前）に書かれていることが多い。そこで直前の文を見ると、They think that we should live in small villages, grow our own food on the land, and not travel far.「小さな村に暮らし、自分たちの食料を自分たちの土地で育て、遠くへ移動すべきではないと彼らは考えています」とあることから、ア・イ・エについては記載があるとわかる。アの「自給自足」とは「必要な物資を自分の力で生産して満たすこと」であるため正しい。

問3 ウ go back to a simpler way of living

▶第2、3段落を見てみよう。第2段落ではSome people ～と文が始まっており、第3段落ではOther people ～と続くことから、内容が対比されていることがわかる。第2段落は「現代的な都市生活は地球に悪影響である」とあるから、第3段落はそれとは対照的に現代的な都市生活を肯定する内容になるはずである。そこで空所の後ろを見るとThey think that new technology can help us to find new, clean ways to travel and make energy.「こういった人は、新しい技術が移動をしたり、エネルギーを作り出す新たな無公害な方法を見つけるのに役立つと考えています」と書かれていることから、空所には現代的な都市生活に肯定的な意見が入ると考えられる。以上を踏まえて選択肢を見てみると、空所の前にwe cannotがあるため、

ア use too much energy because we use natural resources too quickly
「天然資源を速く使いすぎるので、エネルギーを多く使う(ことはできない)」

イ continue modern city life in the future
「将来、現代的な都市生活を続ける(ことはできない)」

ウ go back to a simpler way of living
「簡素な生活に戻る(ことはできない)」

エ say that it is important to use new technology
「新しい技術を使うことが大切だと言う(ことはできない)」

となる。現代的な生活を肯定するという観点から考えるとア、イ、エは答えから外せる。残ったウは「簡素な生活に戻る(ことはできない)」＝「現代的な都市生活は必要だ」と考えられるため、これが正解。

問4

(a) **of**

▶この文の主語theyが指すのはnew housesである。よって、材料が変質していないので、be made ofとすればよい。be made of / from / intoはしっかり区別できるようにしておきたい。

(b) **about[of]**

▶think about[of] ～で「～について考える」の意味である。間にcarefullyが挟まれているが、それに惑わされず文構造をとらえるようにしたい。

問５　エ　**summer**

▶第６段落で筆者が訴えている内容を考えてみよう。空所の前に「自宅の近くで育てられた食べ物を積極的に食べるべきだと言う人もいます」と書かれていることから、この段落の趣旨は「私たちは身近なものを食べるべきだ」ということだとわかる。そこで設問箇所では Do we need【 あ 】fruit in winter?「冬に【 あ 】果物が必要ですか」とあるが、ここは言い換えると「冬に【 あ 】果物はいらないのではないか」と筆者が読者に呼びかけているのである。つまり季節の違う他の国から輸入された食べ物はいらないと言っていることがわかるので、答えはエの summer となる。イの foreign を選んだ人もいるかもしれないが、季節を問わず輸送燃料はかかるため、これだと設問の in winter と合致しない。

問６

④　no one wants oceans with no fish (in them).　→　４番目：**oceans**　７番目：**fish**

▶前の文に「強欲になってはいけません」、後ろの文に「ある程度の魚を獲っても、獲りすぎてはいけません」とあることを手掛かりにする。no が２つあり、名詞が３つあることから、どの名詞に no をつけるのかを考えなくてはならない。魚を獲りすぎれば「魚がいない海」へ近づいていくことになるので、上記のような英文にすればよい。この〈with ～〉は「～を持っている」という意味で、oceans with no fish in them「(海の中に)魚をもっていない海」＝「魚がいない海」と考えられる。

⑤　we can try not to use our cars (too much)　→　４番目：**not**　７番目：**our**

▶直前に「節電するために明かりを消す」と書かれていることから、並べ替え部分も「車を使わないようにする」という内容であることが推測できる。よって〈try not to ～〉「～しないようにする」を用いて、we can try not to use our cars too much「車をあまり使わないようにすることもできます」とすればよい。

問７　各選択肢の意味と解説は以下の通り。

1　All people agree that modern city life is bad for Earth.

「全ての人は現代的な都市生活は地球に悪いということに同意している」→　**F**

▶本文４行目に Some people think that modern city life is bad for Earth.「現代的な都市生活が地球に悪いと考える人もいます」とある。「全ての人」が同意しているわけではないので正しくない。

2 The new houses don't use any energy.

「その新しい家はエネルギーを全く使わない」 → **F**

▶本文 9・10 行目に These new houses don't use any energy from fossil fuels「こういった新しい家では化石燃料から作られるエネルギーを使いません」とある。化石燃料のエネルギーは使わないが、他のエネルギーを使わないとは書かれていないため正しくない。

3 It is important for us to do small things to care for our planet.

「地球を救うために、私たちはちょっとしたことをすることが大切である」→ **T**

▶本文の 23 ～ 27 行目に、「ちょっとした方法で地球を救うことができる」という内容が書かれているので、正しい。

4 According to scientists, we still have enough time to reduce global warming.

「科学者たちによれば、地球温暖化を改善するにはまだ十分な時間がある」→ **F**

▶本文の 28 行目に、Scientists think that we don't have much time to reduce global warming.「地球温暖化を改善するには、あまり時間が残されていないと科学者たちは考えています」とあるため正しくない。

数学　第1回　解答

1

(1)	$\frac{7x-8}{15}$	(2)	$x=$　2，$y=$　-1
(3)	-25	(4)	$(a+3b-5)(a+3b+5)$
(5)	13.5　分		

(5点×5)

2

(1)	60　通り	(2)	$n=$　350
(3)	99°	(4)	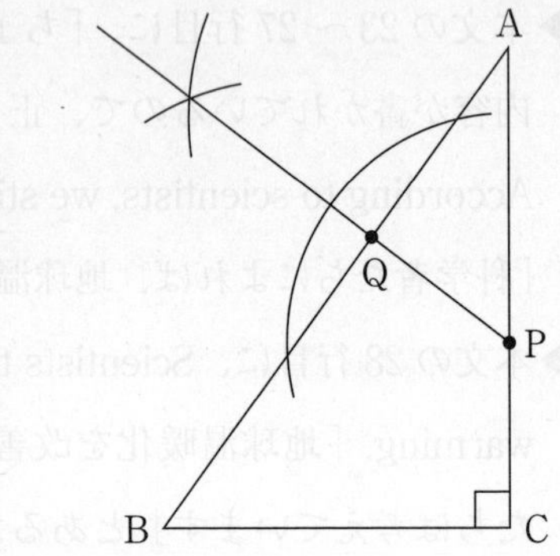

(5点×4)

3

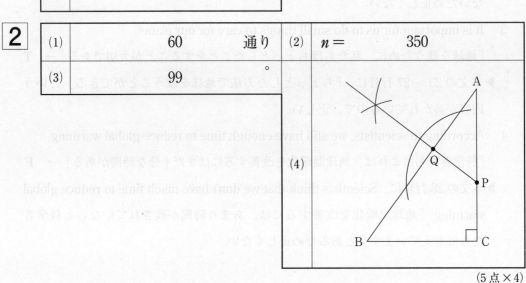

(1)	ABの式：　$y=\frac{1}{2}x+10$　，△ABC＝　108		
(2)	D(　2　，　-5　)	(3)①	P(　6　，　1　)
(3)②	3		

((1)2点×2，(2)(3)①5点×2，②6点)

4

(1)	ア	a	イ	$90-a$	ウ	$\frac{5}{2}$
(2)	$\frac{3}{2}$		(3)	9　：　2　：　18		

((1)ア・イ2点×2，ウ3点，(2)(3)5点×2)

5

(1)	JM：MK＝　3　：　1　，KN：NL＝　1　：　1		
(2)	16		
(3)	〈解法欄〉 ※解説ページ参照	(答)	10

((1)3点×2，(2)5点，(3)7点)

解説

1 小問集合

(1) $\dfrac{2x-7}{3}-\dfrac{x-9}{5}=\dfrac{5(2x-7)-3(x-9)}{15}=\dfrac{10x-35-3x+27}{15}=\dfrac{7x-8}{15}$ …(答)

(2) $\begin{cases} 2x+y=3 & \cdots① \\ \dfrac{1}{6}x-\dfrac{2}{3}y=1 & \cdots② \end{cases}$ とすると，②×6より，$x-4y=6$ …②′

①×4＋②′より，$9x=18$，$x=2$

これを①に代入して，$4+y=3$，$y=-1$ となるので，$\begin{cases} x=2 \\ y=-1 \end{cases}$ …(答)

(3) $(x-8)(x+2)-(x-3)^2=x^2-6x-16-x^2+6x-9=-25$ …(答)

(4) $a^2+6ab+9b^2-25=(a+3b)^2-5^2$

$a+3b=\mathrm{X}$ とおくと，$\mathrm{X}^2-5^2=(\mathrm{X}-5)(\mathrm{X}+5)=(a+3b-5)(a+3b+5)$ …(答)

(5) ヒストグラムをもとに度数分布表を書くと右のようになる。

階級	階級値	人数(人)
0分以上5分未満	2.5	2
5分以上10分未満	7.5	6
10分以上15分未満	12.5	10
15分以上20分未満	17.5	8
20分以上25分未満	22.5	4

平均値は，

$(2.5\times2+7.5\times6+12.5\times10$
$+17.5\times8+22.5\times4)\div30$
$=(5+45+125+140+90)\div30$
$=13.5$(分) …(答)

2 小問集合

(1) 5本のボールペンのうち，赤，青，緑のボールペンを配る人を決めると，残りの人は自動的に黒のボールペンが配られることになる。赤，青，緑のボールペンの配り方は ${}_5\mathrm{P}_3=5\times4\times3=60$(通り)なので，5人へ配る方法も60通り …(答)

(2) $\sqrt{126n}=\sqrt{2\times3^2\times7\times n}$ より，$\sqrt{126n}$ が自然数になるとき，$n=2\times7\times a^2$(a は自然数)となる。また，$\sqrt{2\times3^2\times7\times n}$ が 35 の倍数になるためには，n が 7×5^2 を含んでいる必要がある。

よって，以上２つの条件を満たすための n の最小値は，$2\times7\times5^2=350$　…**(答)**

(3) 正五角形の１つの内角の大きさは

$180\times(5-2)\div5=108°$ なので，∠FAI＝108°

CD∥GH より，CD∥FI なので，△AFI は

AF＝AI の二等辺三角形である。

よって，∠AIF＝(180°－108°)÷2＝36°

また，GI は正方形 FGHI の対角線なので，

∠GIF＝45°

よって，∠GIE＝180°－36°－45°

＝99°　…**(答)**

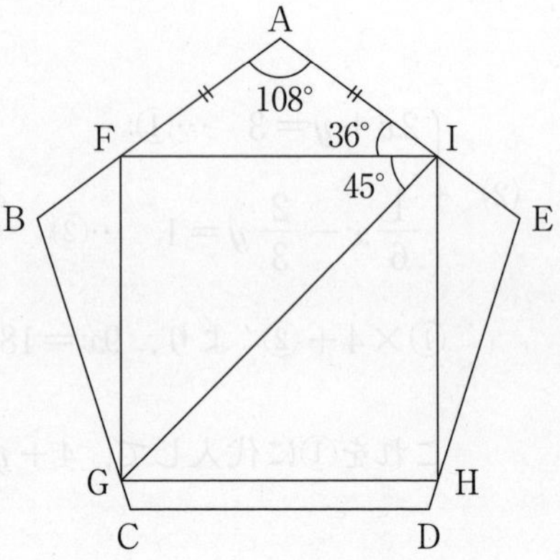

(4) △ABC と△APQ は∠A が共通で，仮定より∠ABC＝∠APQ なので∠ACB＝∠AQP＝90° であることが分かる。

よって，点 P を通り AB に垂直な線を引き，AB との交点が Q となる。

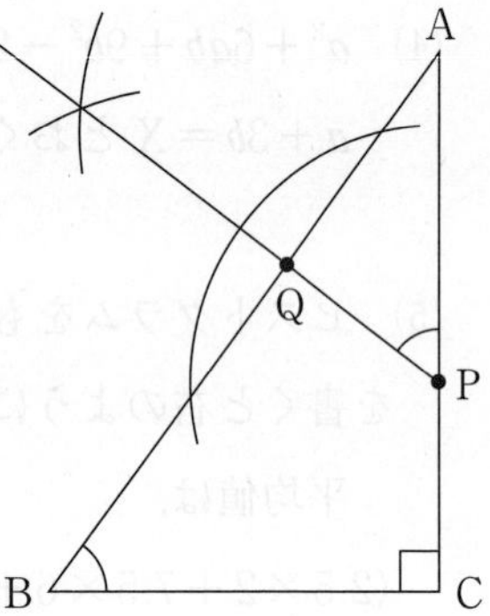

① P を中心とする弧を描く。

② ①の弧と辺 AB の２つの交点をそれぞれ中心とする半径が等しい弧を描き，その交点と P を通る直線を引く。

③ ②の直線と辺 AB の交点を Q とする。

3 一次関数

(1) A，B，Cの座標を図に表すと，右の図のようになる。

直線ABの傾きは，A，Bの座標から，

$\frac{16-7}{12-(-6)}=\frac{1}{2}$

直線ABの切片をbとし，直線ABの式$y=\frac{1}{2}x+b$に点Bの座標を代入すると，$16=6+b$，$b=10$

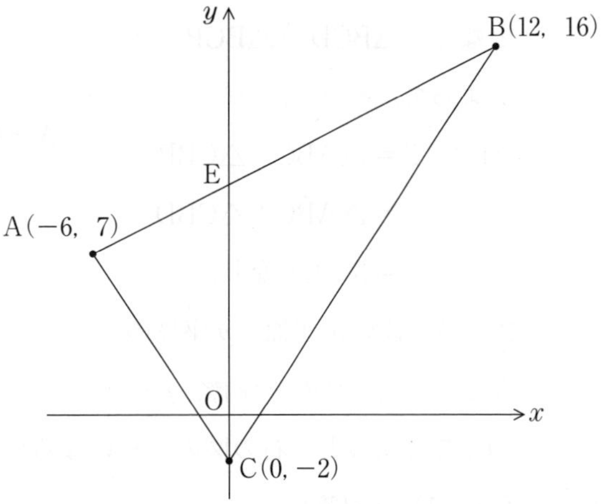

よって，直線ABの式は，$y=\frac{1}{2}x+10$ …(答)

また，直線ABとy軸の交点をEとすると，E(0, 10)であるから，EC＝12

$\triangle ABC = EC \times (\text{AとBの}x\text{座標の差}) \times \frac{1}{2}$

$= 12 \times \{12-(-6)\} \times \frac{1}{2}$

$= 108$ …(答)

(2) AC：AD＝△ABC：△ABD

＝108：144

＝3：4

よって，AC：CD＝3：1

AとC，CとDのx座標，y座標の差を考えると，右の図のようになるので，

D(2, −5) …(答)

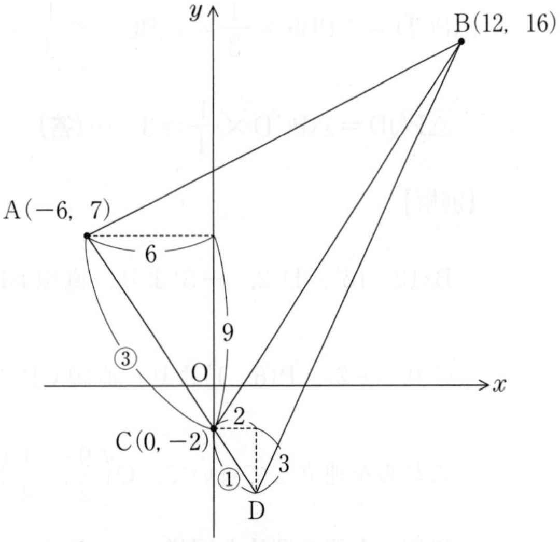

(3)① △CDQ＝△PBQ より，

△CDQ＋△BCQ＝△PBQ＋△BCQ

となり，△BCD＝△BCP

よって，

AB：CP＝△ABC：△CBP

＝△ABC：△CBD

＝3：1 となり，

2 点 A，B の x 座標，y 座標の差と 2 点 C，P の x 座標，y 座標の差を考えると，右の図のようになるので，

P(6，1) …(答)

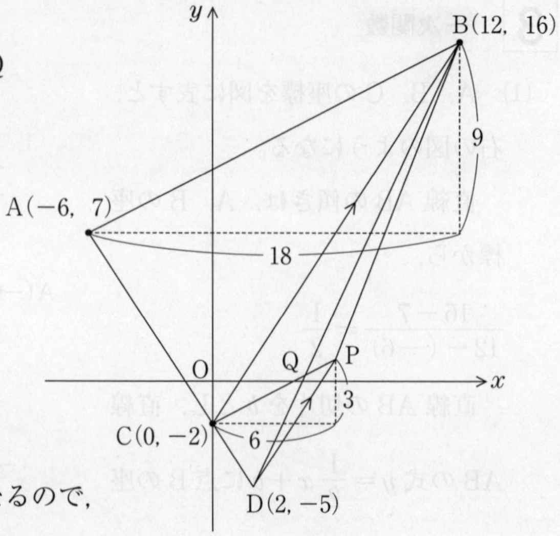

② ①より，△BCD＝△BCP であるから，BC∥PD

したがって，△BCQ と△DPQ は相似(拡大・縮小の関係)であり，

CQ：PQ＝CB：PD

＝(B，C の x 座標の差)：(P，D の x 座標の差)

＝(12－0)：(6－2)

＝3：1

△PCD：△PBC＝PD：BC＝1：3 であるから，

$$\triangle PCD = \triangle PBC \times \frac{1}{3} = \triangle BCD \times \frac{1}{3} = 36 \times \frac{1}{3} = 12$$

$$\triangle PQD = \triangle PCD \times \frac{1}{4} = 3$$ …(答)

【別解】

B(12，16)，D(2，－5)より，直線 BD の式は，$y=\frac{21}{10}x-\frac{46}{5}$

C(0，－2)，P(6，1)より，直線 CP の式は，$y=\frac{1}{2}x-2$

これらを連立して解いて，$Q\left(\frac{9}{2},\ \frac{1}{4}\right)$ であるから，CQ：QP＝3：1

以下、上記の解法と同様。

4 平面図形

(1) △ABC を時計回りに回転させているので，

∠B′CB＝a(°) …(答ア)

∠ACB＝90° であるから，

∠ACP＝90－a(°) …(答イ)

また，PB＝PC より，△PBC は二等辺三角形であるから，

∠PBC＝∠PCB＝a° となり，

△ABC の内角の和より，∠BAC＝180－90－a＝90－a(°)

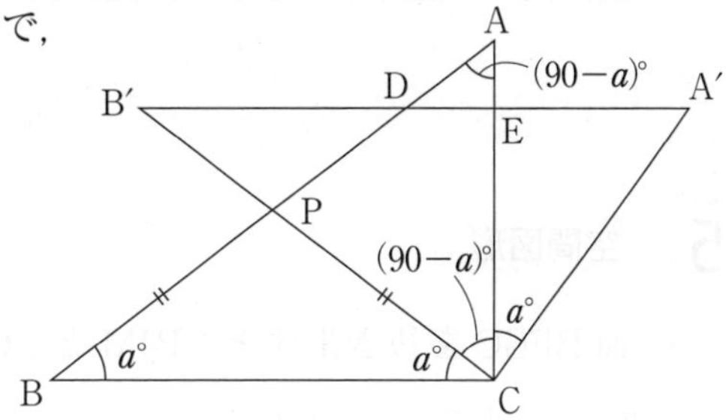

よって，∠PCA＝∠PAC となり，PC＝PA＝PB＝$5\times\frac{1}{2}=\frac{5}{2}$ …(答ウ)

(2) 対頂角なので，∠BPC＝∠B′PD

また，∠ABC＝∠A′B′C

よって，△PBC と△PB′D は2組の角がそれぞれ等しいので，相似(拡大・縮小の関係)であり，PB′＝PD

また，B′C＝BC＝4，(1)より，

PC＝$\frac{5}{2}$ なので，PD＝$4-\frac{5}{2}=\frac{3}{2}$ …(答)

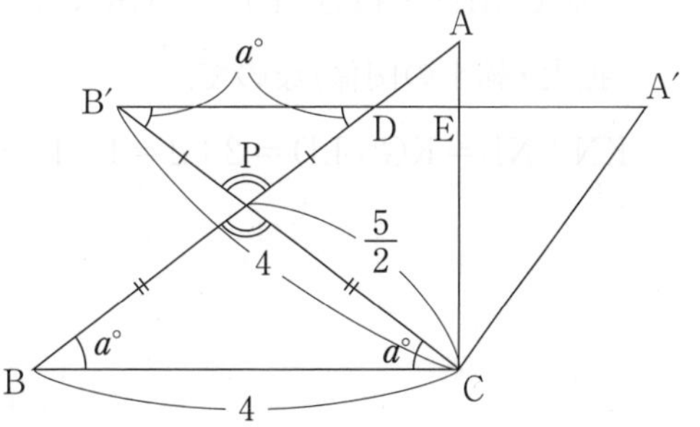

(3) (2)より，∠DB′P＝∠B′CB より，

B′A′∥BC であるから，

∠AED＝∠ACB＝∠A′EC＝90°

P から B′D に垂線を下ろし，交点を F とすると，

∠FDP＝∠EDA＝∠ECA′＝a°

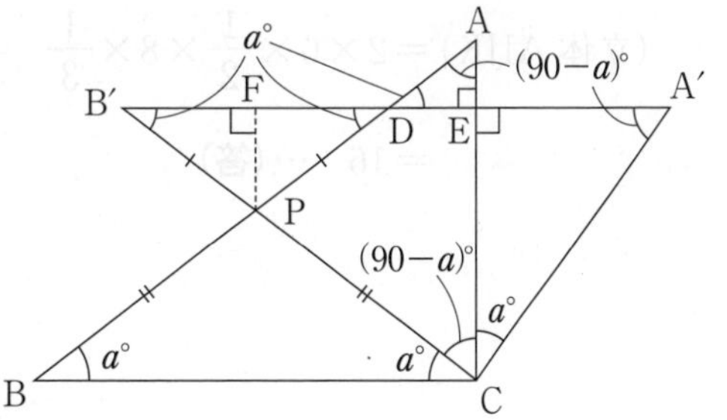

よって，△PDF と△ADE と△A′CE は相似(拡大・縮小の関係)で，対応する辺の比は，DP : DA : CA′＝$\frac{3}{2}:\left(\frac{5}{2}-\frac{3}{2}\right):3=3:2:6$

△PDF : △ADE : △A′CE $= 3^2 : 2^2 : 6^2 = 9 : 4 : 36$

△B′PD＝△PDF×2 より，△B′PD : △ADE : △A′CE＝18 : 4 : 36

＝9 : 2 : 18　…(答)

5　空間図形

(1)　面 BFGC を抜き出すと△BJM と△GKM は相似（拡大・縮小の関係）なので，

JM : MK＝BJ : GK＝6 : 2＝3 : 1　…(答)

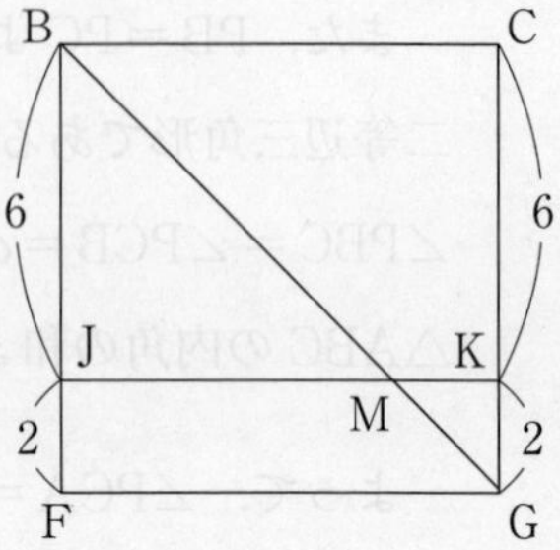

面 CGHD を抜き出すと△GKN と△DLN は相似（拡大・縮小の関係）なので，

KN : NL＝KG : LD＝2 : 2＝1 : 1　…(答)

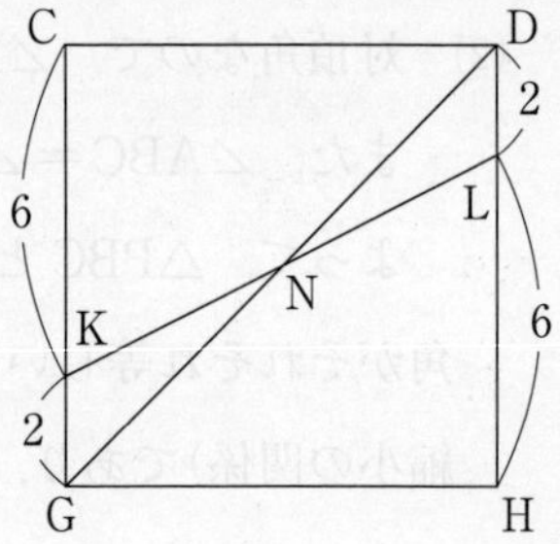

(2)　立体 AIJK は△AIJ を底面とすると，JK を高さとする三角錐になるので，

(立体 AIJK) $= 2 \times 6 \times \frac{1}{2} \times 8 \times \frac{1}{3}$

$= 16$　…(答)

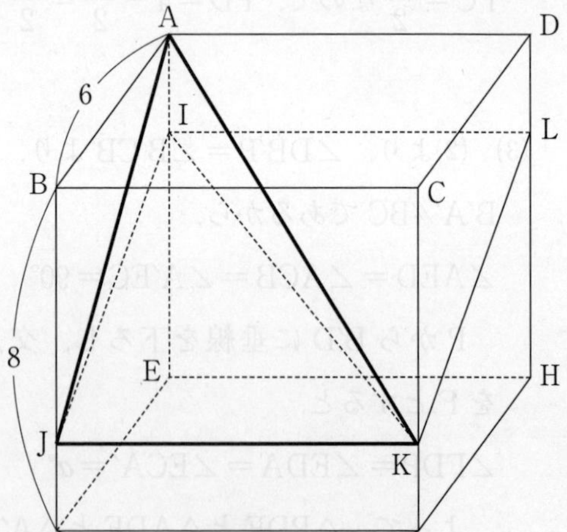

(3) 立体 AIJK と立体 AIMN はそれぞれ面 IJKL 上の△IJK と△IMN を底面とすると高さが共通の三角錐なので，その底面積の比と体積の比は等しい。

立体 AIJK の底面とする△IJK は(四角形 IJKL)$\times\dfrac{1}{2}$であり，

立体 AIMN の底面とする△IMN は

(四角形 IJKL)－△IJM－△INL－△MKN で求めることができる。

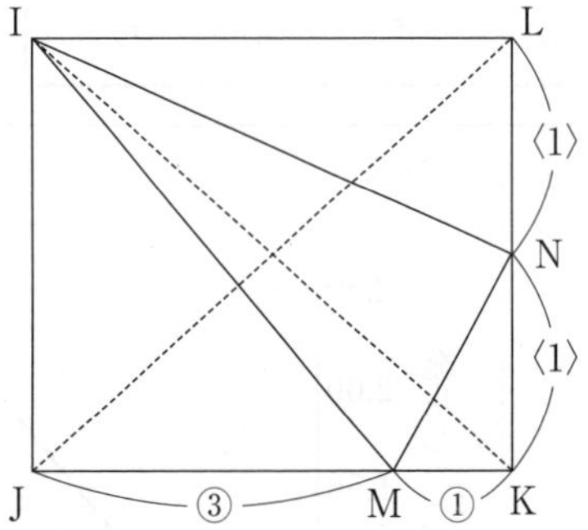

△IJM＝(四角形 IJKL)$\times\dfrac{1}{2}\times\dfrac{3}{4}$

＝(四角形 IJKL)$\times\dfrac{3}{8}$

△INL＝(四角形 IJKL)$\times\dfrac{1}{2}\times\dfrac{1}{2}$

＝(四角形 IJKL)$\times\dfrac{1}{4}$

△MKN＝(四角形 IJKL)$\times\dfrac{1}{2}\times\dfrac{1}{4}\times\dfrac{1}{2}$

＝(四角形 IJKL)$\times\dfrac{1}{16}$

以上より，

△IMN＝(四角形 IJKL)－△IJM－△INL－△MKN

＝(四角形 IJKL)$\times\left(1-\dfrac{3}{8}-\dfrac{1}{4}-\dfrac{1}{16}\right)$

＝(四角形 IJKL)$\times\dfrac{5}{16}$

よって，(立体 AIJK)：(立体 AIMN)

＝△IJK：△IMN

＝(四角形 IJKL)$\times\dfrac{1}{2}$：

(四角形 IJKL)$\times\dfrac{5}{16}$

＝8：5

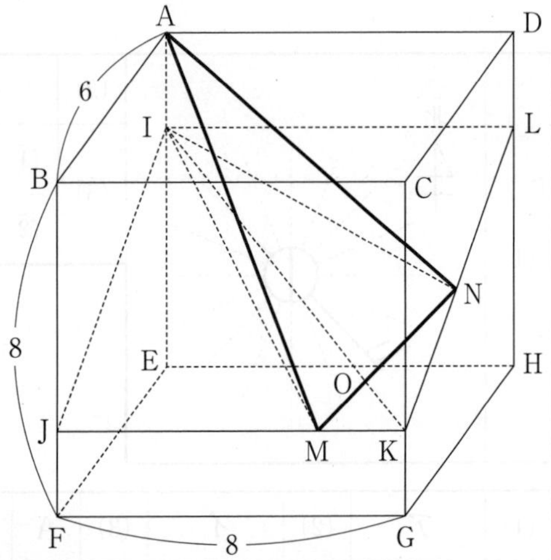

立体 AIJK の体積が 16 なので，

(立体 AIMN)＝$16\times\dfrac{5}{8}=10$ …**(答)**

理科　第1回解答

1

(1)	ウ	(2)	イ	(3)	電磁誘導	(4)	ウ
(5)	イ	(6)	ア				

(2)(6) 2点×2　他3点×4

2

(1)	ウ	(2)	エ	(3)	2 A	(4)	イ
(5)	ア	(6)	ウ				

(1)(6) 2点×2　他3点×4

3

(1) ア　(2) $2CuO + C \rightarrow 2Cu + CO_2$

(3)

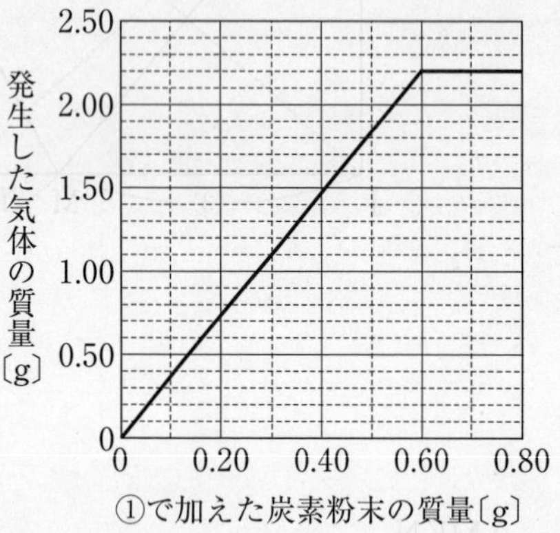

(4) 4.27 g

(5) 名称 還元　理由 エ

(1) 2点　他3点×5

4

(1)	節足動物	(2)	ウ	(3)	恒温動物	(4)	ア	(5)	ウ
(6)	花粉を昆虫が運ばず，風が運ぶため。							(7)	エ

(1)〜(4) 2点×4　他3点×3

5

(1)

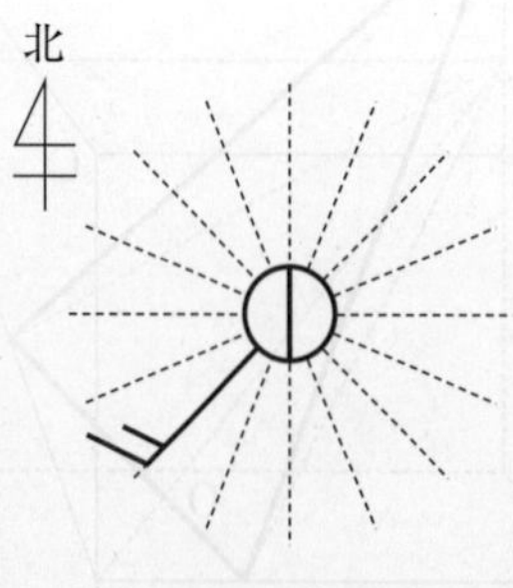

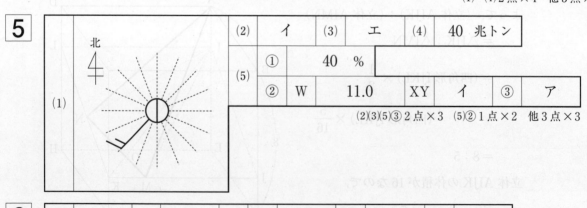

(2)	イ	(3)	エ	(4)	40 兆トン				
(5)	①	40 %							
	②	W	11.0	XY	イ	③	ア		

(2)(3)(5)③ 2点×3　(5)② 1点×2　他3点×3

6

(1)	ア	(2)	イ	(3)	A	3	B	イ	C	オ	
(4)	①	エ	②	コ	(5)	エ					

(1) 3点　他2点×7

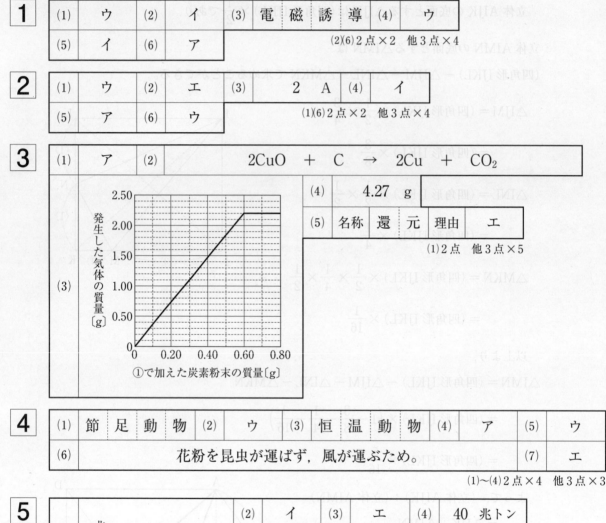

解説

1 小問集合

(1) 物質は純物質(純粋な物質)と混合物に分けられ，純物質はさらに単体と化合物に分けられる。水溶液はすべて水と溶質の混合物で，塩酸は「塩化水素の水溶液」であることから混合物である。

純物質…1種類の物質のみでできているもの

単体…1種類の原子でできている物質
例)水素(H_2)，銅(Cu)

化合物…2種類以上の原子が結びついてできている物質
例)水(H_2O)，塩化ナトリウム(NaCl)

混合物…2種類以上の純物質が混ざったもの
例)空気(窒素，酸素など)，水溶液(水，溶質)，塩酸(水，塩化水素)

(2) 震度とマグニチュードの違いは以下の通りである。

震度…観測地点における地震によるゆれの大きさ。
0，1，2，3，4，5弱，5強，6弱，6強，7の10段階に分かれる。

マグニチュード…地震の規模(エネルギー)の大きさ。地震のエネルギーは，マグニチュードが1大きくなると約32倍，2大きくなると1000倍になる。

(3) 電磁誘導と誘導電流についてまとめると，以下の通りである。

電磁誘導…コイルを貫く磁界が変化したとき，コイルに電圧が生じる(電流が流れる)現象

誘導電流…電磁誘導によってコイルに流れる電流

(4) 動脈／静脈，動脈血／静脈血の違いは以下の通りである。図2の血管Xは左心房につながっているので，肺で酸素を受け取った血液(動脈血)を心臓に戻す肺静脈である。

動脈…心臓から送り出される血液が流れる血管。壁は厚く弾力性がある。
静脈…心臓に戻る血液が流れる血管。壁は動脈よりもうすく，血液の逆流を防ぐための弁がある。

動脈血…酸素を多く含み，二酸化炭素をあまり含まない血液。
静脈血…酸素をあまり含まず，二酸化炭素を多く含む血液。

(5) 石灰岩とチャートの違いをまとめると，次の表の通りである。

	石灰岩	チャート
堆積したもの	サンゴやフズリナの死がい	ケイソウや放散虫の死がい
主成分	炭酸カルシウム	二酸化ケイ素
うすい塩酸をかける	溶けて二酸化炭素が発生する	変化しない
ナイフでけずる	傷がつく	傷がつかない

(6) 表皮では，気孔を取り囲む孔辺細胞にのみ葉緑体が含まれる。孔辺細胞以外の表皮の細胞や，師管，道管の細胞には葉緑体は含まれない。

2 小問集合

(1) 同じ物質で密度が等しければ，体積と質量が比例する。右図のように，原点と物体Aの点を通る直線を引き，直線上にあるものは物体Aと同じ密度である。

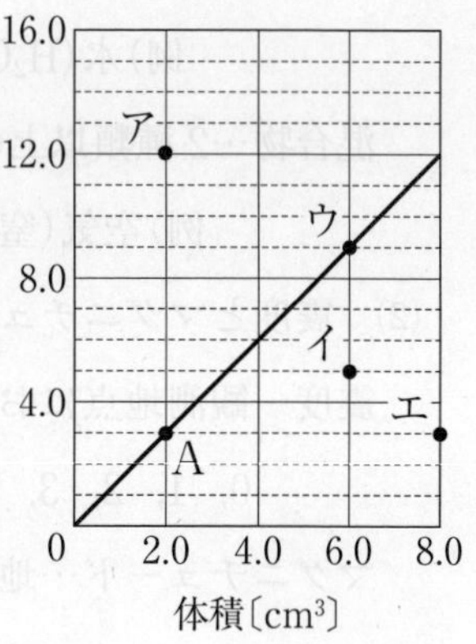

(2) 地層の境界面，断層面，不整合面は，それぞれ切られている面の方が古く，切っている面の方が新しい。図2において，地層Cのそれぞれの層の境界面が断層Yによって切られ，断層Yは面Xによって切られているので，地層Cの堆積→断層Yの形成→面Xの形成の順番である。地層の上下逆転が起こっていないことから，面Xが形成された後で地層Bが堆積したとわかる。

(3) 図3は並列回路なので，電熱線a，電熱線bに加わる電圧は電源電圧と等しく6Vである。よって，電熱線aに流れる電流の大きさは6〔V〕÷3〔Ω〕＝2〔A〕である。

(4) エタノール，窒素，酸素の温度ごとの状態をまとめると，下図の通りである。

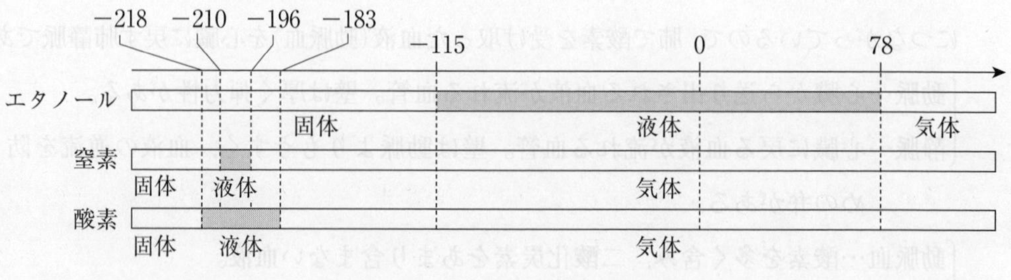

ア：−200℃のとき，窒素と酸素の2種類の物質が液体である。よって，誤り。

イ：－100℃のとき，エタノールは液体，窒素と酸素は気体で，固体の物質はない。よって，正しい。

(5) 息を吹き込むと水に二酸化炭素が溶け，水溶液の性質はアルカリ性側から酸性側に傾く。酸性側に傾いた後でBTB液が緑色を示す中性になったので，息を吹き込む前はアルカリ性(青色)であったことがわかる。また，オオカナダモに光を当てると，オオカナダモが光合成により二酸化炭素を吸収するので，水溶液の性質はアルカリ性側に傾き，中性からアルカリ性に戻る。なお，指示薬の色の変化は次の表の通りである。

	酸性	中性	アルカリ性
BTB液	黄色	緑色	青色
フェノールフタレイン液	無色	無色	赤色
リトマス紙	青色→赤色	変化なし	赤色→青色

(6) Fさんは，ピストルの音を聞いたときではなく，ピストルの煙を見たときにストップウォッチをスタートさせるべきである。音の速さは光の速さと比べると遅いので，Fさんの測定したタイムは，ピストルの音がFさんに届くのにかかった時間の分だけ正確なタイムよりも短くなっている。Fさんにピストルの音が届くのにかかる時間は，136〔m〕÷340〔m/s〕＝0.4〔秒〕である。よって，正確なタイムは
13.0＋0.4＝13.4〔秒〕である。

3 化学変化

(1) 原子の性質として，以下のものがある。

・化学変化によって，原子をさらに分解することはできない。

・化学変化によって，原子の種類を変えたり，原子の数を増減させたりすることはできない。

・原子は，種類ごとに質量や大きさが決まっている。

なお，物質には分子をつくるものとつくらないものがあり，金属を含む物質のほとんどは分子をつくらない。

(3) 図3より，①で加えた炭素粉末の質量が0.60 gのとき，酸化銅と炭素は過不足なく反応して，加熱後の試験管には銅のみが6.40 g残る。よって，炭素粉末の質量が0.60 gのとき，発生する気体(二酸化炭素)の質量は，8.00＋0.60－6.40＝2.20〔g〕である。過不足なく反応するまでは，発生する二酸化炭素の質量は加える炭素粉末の質

量に比例して増え，過不足なく反応した後は炭素粉末の質量を増やしても，発生する二酸化炭素の質量は増えずに一定のままである。

(4) 図３より，8.00 g の酸化銅を完全に還元すると 6.40 g の銅が得られる。$\frac{0.40}{0.60}=\frac{2}{3}$ より，加える炭素粉末の質量を 0.40 g にしたとき，8.00 g の $\frac{2}{3}$ の酸化銅が還元されて，6.40 g の $\frac{2}{3}$ の銅が得られる。よって，加える炭素粉末の質量が 0.40 g のときに得られる銅の質量は，$6.40\times\frac{2}{3}\fallingdotseq 4.27$〔g〕である。

4 生物の分類

(1)(2) 無セキツイ動物は，まず，体に節があるかないかで大きく二つのグループに分けられる。体に節があり，体が外骨格でおおわれている生物は，節足動物という。昆虫類のトンボや甲殻類のザリガニは節足動物に含まれる。体に節がなく，外とう膜をもつ生物は，軟体動物という。イカやタコ，貝類のカタツムリやアサリ，シジミは軟体動物である。無セキツイ動物の分類は次の表のようにまとめられる。

無セキツイ動物	節がある	外骨格がある	節足動物	昆虫類，甲殻類，クモ類，ムカデ類
		外骨格がない	環形動物	ミミズ，ゴカイなど
	節がない	外とう膜がある	軟体動物	イカ，タコ，貝類など
		外とう膜がない	その他	ウニ，ナマコ，ヒトデ，クラゲ，イソギンチャク，サンゴなど

(3) セキツイ動物の中でも，体が羽毛でおおわれている鳥類と体毛でおおわれているホ乳類は，体温をほぼ一定に保つことができる恒温動物である。その他のセキツイ動物である魚類，両生類，ハ虫類は，周囲の気温とともに体温も変化する変温動物である。

(4) 顕微鏡では上下左右逆に見えるため，図２で視野の左上にいる動物プランクトンは，実際には右下にいる。よって，プレパラートを左上の方向に動かすことで，右下にいる動物プランクトンを視野の中央で観察することができる。

(5) ア：コケ植物は，根・茎・葉の区別がなく，水や水に溶けた養分，栄養分を運ぶ維管束（道管，師管）もない。

イ：コケ植物は種子ではなく胞子でふえるため，成長して種子になる胚珠をつくることはなく，子房ももたない。イネ科の植物であるタケは被子植物の単子葉類であるため，胚珠は子房でおおわれている。

ウ：コケ植物のゼニゴケやスギゴケは雌株と雄株に分かれており，雄株でつくられた精子が雌株でつくられた卵のところまで泳いでいって受精が行われる。〔文章2〕より，タケは両性花であるため，一つの花の中にめしべとおしべがある。

エ：コケ植物は根・茎・葉の区別がないので，葉脈(維管束)もない。根のようなものは仮根である。イネ科の植物であるタケは被子植物の単子葉類であるため，葉脈は平行脈，根はひげ根である。

(6)　イネやタケは花粉を昆虫に運んでもらって受粉をする虫媒花ではなく，花粉を風に運んでもらって受粉をする風媒花であるため，昆虫を引き寄せるための花弁は必要がない。

(7)　右図のように，マツは同一の個体が雌花と雄花をつける雌雄同株である。また，マツには花弁がないため，不完全花である。花のつくりやつけ方をまとめると次の表のようになる。

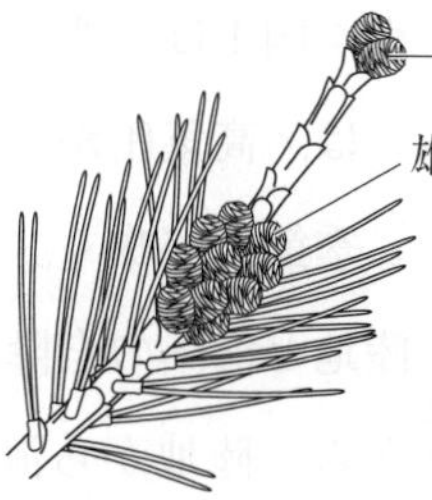

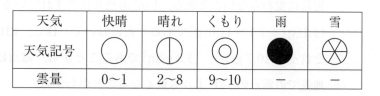

両性花	完全花	アサガオ，アブラナ，サクラなど
	不完全花	イネ，タケなど
単性花(すべて不完全花)	雌雄同株	スギ，カボチャ，ヘチマなど
	雌雄異株	イチョウ，ソテツ，ホウレンソウなど

5　天気

(1)　主な天気記号は右の表の通りである。雨や雪は降っておらず，雲量が8であることから天気は晴れとわかる。また，風力の矢羽根は，時計の針が進む側に，風向を示す線とのなす角が鈍角(90度より大きい角度)となるようにかくことに注意する。

天気	快晴	晴れ	くもり	雨	雪
天気記号	○	⦶	◎	●	⊛
雲量	0〜1	2〜8	9〜10	―	―

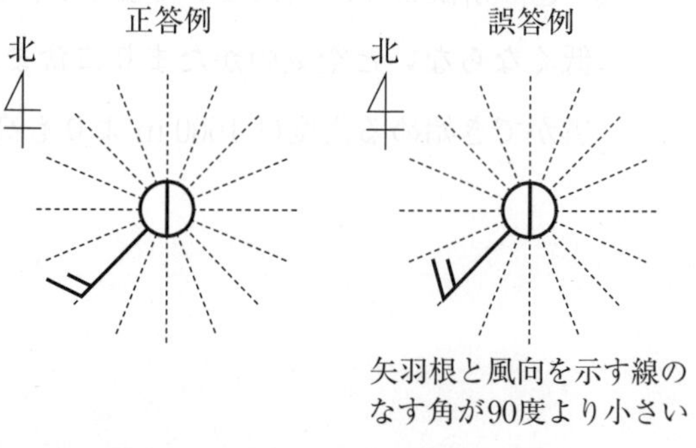

(2)　細い等圧線は4 hPa, 太い等圧線は20 hPaごとに引かれる。日本列島の西に高気圧，東に低気圧があることから，本州の中央付近を縦に走る太い線は1020 hPaを表している。よって，北海道の地点Aは1012 hPaと1016 hPaの等圧線の中央付近にあるので，地点Aの気圧はおよそ1014 hPaである。

(3)　ア：高気圧と低気圧は，それぞれ周りと比べて気圧が高い部分と低い部分であり，1気圧(1013 hPa)に対して高いか低いかは関係ない。よって，誤り。

イ：寒気の方が暖気よりも密度が大きいため，寒冷前線付近では，寒気が暖気の下にもぐり込みながら進んでいる。よって，誤り。

ウ：図1は，西高東低の気圧配置で冬の典型的な天気図である。一方，地上付近では，高気圧から低気圧に向かって(渦を巻きながら)風が吹くため，冬には北西の季節風が吹く。よって，誤り。

(4)　陸地と海への全降水量を100としたとき，陸地に存在する水の総量が変わらないことから，陸地から海へ流水として流れ込む量は22－14＝8と表すことができる。陸地と海への全降水量は500兆トンであることから，陸地から海への流水の量をx〔兆トン〕とすると，500〔兆トン〕：x〔兆トン〕＝100：8より，x＝40〔兆トン〕となる。

(5)①　含まれている水蒸気量が12.1 g/m^3，30℃の飽和水蒸気量は30.3 g/m^{3}であることから，湿度は(12.1÷30.3)×100＝39.9･･･≒40〔%〕となる。

②　空気のかたまりが1600 m上昇して，体積が1.1倍(1 m^{3}の空気のかたまりが1.1 m^{3}の空気のかたまり)になったとき，空気のかたまりに含まれている水蒸気の質量は変わらないことから，1 m^{3}あたりに含まれている水蒸気量の質量は，12.1〔g〕÷1.1＝11.0〔g〕である。表において，12℃，13℃のときの飽和水蒸気量がそれぞれ10.7 g/m^3，11.3 g/m^{3}であることから，露点は12℃と13℃の間であり，地表での露点の14℃よりも低くなることがわかる。

③　②の解説より，空気のかたまりが膨張することで露点が下がるため，より温度が低くならないと空気のかたまりに含まれている水蒸気は凝結しない。したがって，雲ができ始める高度は1600 mよりも高くなると考えられる。

6 光

(1) 右図のように，半円形レンズの中心から出た光は，ガラスと空気の境界面の接線に対して90度の角度で光が入射するため，屈折せずに直進する。

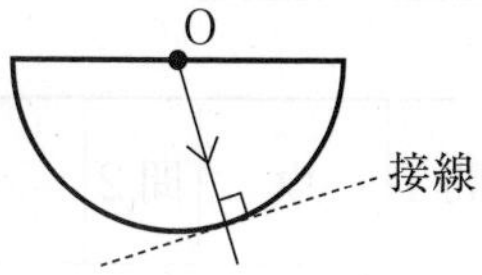

(2) 図5の光の屈折より，目から見ると右図の点線の方向から光が進んでくるように見える。そのため，鉛筆は，レンズを通して見た部分だけが太くなって見える。

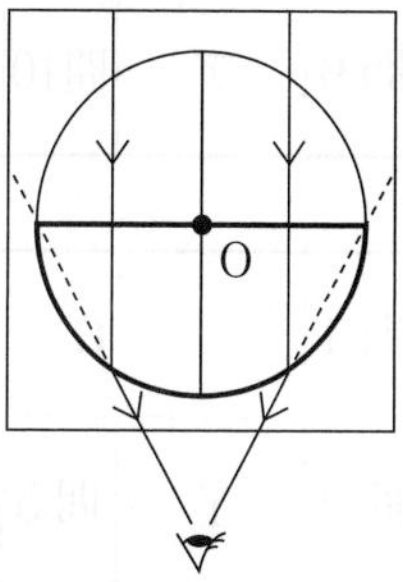

(3) 右図のように，物体を実線の位置から点線の位置に移動させると，実像も実線の位置から点線の位置に移動する。よって，凸レンズとスクリーンの距離は大きくなり，実像の先端と光軸との距離も大きくなる。よって，小さな光源の像と光軸との間の距離も大きくなる。凸レンズの焦点距離は10 cmなので，光源装置Zを凸レンズから20 cm離れた位置から3回動かして9 cm近づけても，光源装置Zは焦点より外側にあり，スクリーンに実像が映る。しかし，4回以上動かして12 cm以上近づけると，光源装置Zが焦点より内側に入ってしまうため，スクリーンに実像は映らない。

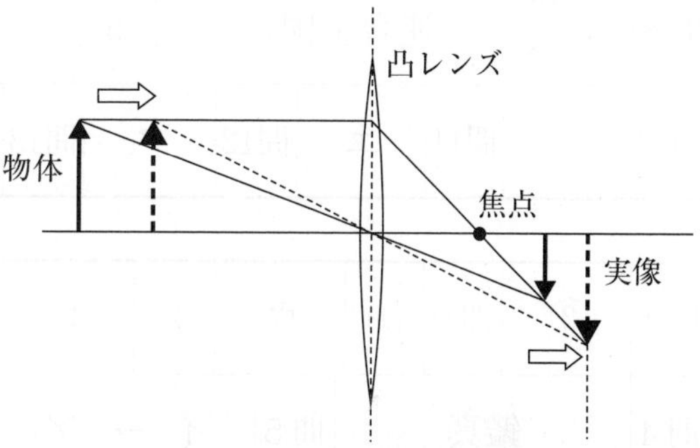

(4) 〔実験2〕の①では，図7において，光源装置Xの青色のレーザー光が黒い布に当たって凸レンズを通らなくなるので，青色のレーザー光だけがスクリーンに当たらなくなる。一方，〔実験2〕の②では，図8の小さな光源からはあらゆる方向に光が出ていて，凸レンズで屈折して像を映している。そのため，一部の光が黒い布でレンズを通らなくなっても，黒い布以外の部分からレンズを通過した光によって像は映る。ただし，スクリーンに到達する光の量が少なくなるので，青色と赤色の小さな光源の像は暗くなる。

(5) ア，ウは光の反射，イは光の直進による現象である。

社会　第1回　解答

1

問1	ウ	問2	イ	問3	エ	問4	イ	問5	エ	問6	エ	問7	エ
問8	日本が輸入する原油の多くは、ペルシャ湾沿岸で採掘されたものであるため。												
問9	ア	問10	ウ	問11	ウ								

各2点×11問＝22点

2

問1	6　時間	問2	a-ア	b-イ	c-ウ	d-エ	問3	A-イ	B-エ	C-ウ	D-ア		
問4	Y	問5	ウ	問6	(1)	ウラル　山脈	(2)	エ	問7	イ			
問8	a	連合王国	b	スコットランド	問9	ア							
問10	ウ	問11	エ	問12	ア	問13	③						

各2点×14問＝28点(問8は完答)

3

問1	②	問2	(1)	ウ	(2)	②	問3	(1)	ア	(2)	イ
問4	鑑真	問5	イ → ア → ウ → エ								

各2点×7問＝14点

4

問1	六波羅探題	問2	ア	問3	エ		
問4	A	足利義政	B	管領	問5	Ⅰ → Ⅲ → Ⅱ	

各2点×5問＝10点(問4は完答)

5

問1	ウ	問2	イ	問3	フランスには領事裁判権を認めていたため。				
問4	ウ	問5	ウ → イ → ア → エ	問6	ウ				
問7	A	イギリス	B	ドイツ	問8	エ			
問9	ニューディール 政策	問10	ウ	問11	(1)	ア・ウ・カ	(2)	エ	

各2点×13問＝26点

解説

1 世界地理

問1 枠内のガラパゴス諸島の説明に「赤道が通過する海域」とあるため、ウが正解となる。ちなみに「寒流」とはエルニーニョ現象に関連するペルー海流(フンボルト海流)を指す。

問2 示された地域は赤道が通過する位置であるため東部は熱帯となるが、アンデス山中に当たる西部は標高が高いため温帯や寒帯などが広がっている。

問3 カナダ(A)とブラジル(D)は国土が広く、大規模河川が多いため、数多くのダムを保有していることから、水力発電の割合が高いウ、エのどちらかに該当すると判断できる。先進国であり、原子力発電に使用するウランの採掘量が多いことから、原子力発電の割合が高いエをカナダ、もう一方のウをブラジルと判断する。ちなみに、原子力の割合が最も高いイがアメリカ(B)、残ったアがメキシコ(C)となる。

問4 ①～③の説明は以下の通り。

① 正しい。アメリカの工業地帯は、当初は五大湖周辺の都市で製造業などを中心に発展していったが、1970年代以降は、気候が温暖で、土地・労働力・石油などの資源が得やすい南部(北緯37度以南はサンベルトとも称される)に移っていった。

② 正しい。アメリカでは適地適作という語句に象徴されるように、条件の合う土地で機械を用いて大規模に農作物を栽培する企業的農業が行われている。特に小麦・とうもろこし・大豆などの生産・流通は穀物メジャーと呼ばれる世界的な企業が管理している。

③ 誤っている。ヒスパニックとはメキシコやプエルトリコなどからアメリカ合衆国に移ってくるスペイン語を母語とする人々のことである。したがってヒスパニックの構成比率が高い州は南部の州となる。

問5

(X)　ブラジル(D)はアメリカ(B)と並ぶ大豆の生産国で、この2カ国による生産量は全体の6割にも及ぶ。

(Y)　エクアドルは世界最大のバナナ輸出国である。赤道付近に位置する南米の国々や、フィリピンなどはプランテーション農業で栽培したバナナを各地に輸出している。

(Z)　キューバなどが位置するカリブ海では、古くからヨーロッパ諸国によってアフリカから連れてきた奴隷を労働力とし、さとうきびの栽培や砂糖の精製が行われてきた。

問6　ラプラタ川の河口に広がる草原はパンパと称され、小麦の栽培や肉牛の飼育などが行われている。また、ブエノスアイレスを首都に持つアルゼンチンはスペイン語圏であるため、これらの名称がスペイン語に由来していることを推察できる。

問7　エが誤っている。チベット高原はW(北緯20度線)のさらに北(北緯30度付近)に位置する。

ア．サウジアラビアが位置する世界最大の半島。

イ．ベトナム・ラオス・カンボジアなどが位置する半島。

ウ．インド中央部に広がる高原。綿花の栽培がさかんなことでも知られる。

問8　Xの範囲はペルシャ湾沿岸を指す。輸送費などに直結する原油価格の高騰は、経済に与える影響が大きい。日本は輸入する原油の約8割をペルシャ湾沿岸の国々(サウジアラビア・アラブ首長国連邦・クウェート・イラン・イラク)に依存しているため、民族や宗教の対立を背景としたペルシャ湾沿岸の政情不安は、日本経済にも影響を及ぼしやすい。

問9　カシミール地方は中国、インド、パキスタンの3国がそれぞれ領有権を争う地域になっている。この地域にはもともとイスラム教徒が多かったが、ヒンドゥー教徒の藩王がインドへの帰属を決定したことにより、イスラム教徒を支援するパキスタンとヒンドゥー教徒を支援するインドとの間で対立が起こった。インド・パキスタン両国による核実験にまで発展し、今もなおこの問題は解決されていない。

問10 ウが正しい。

ア．シンガポール、タイ、ベトナムなどを中心として、東南アジアでは世界各地から企業の進出が進んだ。これに伴って東南アジアでは、輸出品の上位を機械類といった工業製品が占める国が多くなった。

イ．東ティモールを除く東南アジア10カ国で組織されるASEAN(東南アジア諸国連合)は、共通通貨を採用していない。

エ．ミシシッピ川はアメリカ合衆国南東部を流れる河川である。東南アジアでは国際河川であるメコン川をはじめ、チャオプラヤ川(タイ)、エーヤワディー川(ミャンマー)の河口に形成される三角州が主な稲作地帯となっている。

問11 ウが誤っている。Cは中国最大の商業都市であるシャンハイを指す。清朝時代の王宮やその門である天安門はペキンに置かれている。

A．イスタンブール(トルコ)　B．バンガロール(インド)

D．ウラジオストク(ロシア)

2 世界地理

問1 以下のように考える。

【時差】

経度15度で1時間の時差が生じ、東に位置する方が時刻は進んでいる。したがって、東京(東経135度)の方がミュンヘン(東経15度)よりも8時間時刻が進んでいる。また、ミュンヘンの方がニューヨーク(西経75度)よりも6時間時刻が進んでいる。

【M君】

成田国際空港を1月10日午前9時に出発したとき、ミュンヘンの時刻は1月10日午前1時である。この時刻に飛行時間の12時間を加えると、M君がミュンヘンに到着したのは現地時間の1月10日午後1時となる。

【N君】

N君がニューヨークの空港を出発したのは、現地時間の1月10日午前5時である。このときのミュンヘンの時刻は、ニューヨークの時刻を6時間進めた1月10日午前11時となるので、N君がミュンヘンに到着したのは、この8時間後の1月10日の午後7時である。よって、M君が到着してから6時間後だとわかる。

問2　都市a～dの気候は以下の通りである。

a. ロンドン(イギリス)は、暖流である北大西洋海流と偏西風の影響を受け、高緯度のわりに年間を通じて比較的温暖な西岸海洋性気候(ア)となる。

b. モスクワ(ロシア)は、高緯度で内陸部に位置することから、最寒月の平均気温が－3℃を下回る冷帯気候(イ)となる。

c. イスタンブール(トルコ)は、地中海沿岸に位置し、夏季に降水量が少なくなる地中海性気候(ウ)となる。

d. カイロ(エジプト)は年間降水量がほとんどない砂漠気候(エ)となる。

問3　ア～エを以下のように判断する。

ア. 白金、パラジウム、ロジウムなどの希少金属(レアメタル)が入っていることから南アフリカ共和国(D)と判断する。

イ. ブドウ酒や航空機類が入っていることからフランス(A)と判断する。フランスの南側は地中海性気候となっており、ブドウの栽培がさかんである。

ウ. 時計・同部品が入っていることからスイス(C)と判断する。スイスはライン川の水源に位置し、豊富で純度の高い水が確保できることから時計などの精密機械の生産が多くなっている。

エ. 自動車や医薬品が入っていることからドイツ(B)と判断する。ドイツの自動車生産台数は中国、アメリカ、日本、インドに次いで世界で第5位である。

問4　ドナウ川はドイツのシュバルツバルト(黒森)を水源とし、ウィーン(オーストリア)やブダペスト(ハンガリー)などを通り黒海(Y)に注いでいる。

X. バルト海　　Z. 地中海

問5　ウが正しい。赤道から極に流れていく「あ」(北大西洋海流)が暖流、極から赤道に向かっていく「い」(ベンゲラ海流)が寒流である。

問6

(1)　地図中の「う」はウラル山脈である。古期造山帯に位置し、石炭の主要産出地としても知られている。

(2) ウラル山脈は西側をヨーロッパ、東側をシベリア(アジア)に分ける大州界の1つとして知られる。

問7 イが正しい。写真の作物は茶である。茶は温暖で雨が多く、水はけの良い土地で栽培される。消費量が高かったイギリスの旧植民地での生産量が現在でも高いことも特徴の1つである。

ア．綿花の主要生産国　　ウ．オリーブの主要生産国　　エ．カカオの主要生産国

問8 イギリスは「グレートブリテン及び北アイルランド連合王国」の名称が示すように、イングランド、スコットランド、北アイルランド、ウェールズから構成される地域を連合した王国の略称として使われている。イギリスの東に位置している北海は大陸棚が広がっており、世界で有数の原油の産地となっている。

問9 問題文に「ＥＵ未加盟国も参加」とあるため、ア～エの中でＥＵに加盟していないノルウェー(ア)を選べばよい。シェンゲン協定は、参加国間の国境管理を廃止し、領域外からの入国者に対しては共通の国境管理を行う協定である。ＥＵと比べて参加国に課せられる制約が少ないため、ＥＵに加盟していないスイスやノルウェーも参加している。

問10 北アフリカは西アジアと同様にアラビア語(a)を話し、イスラム教を主な宗教とする国が多い。サハラ砂漠一帯はフランスの植民地が広がっていたため、フランス語(b)を使う国が多いが、その中にあってイギリスの植民地であったガーナやナイジェリアなどでは英語(c)が使用されている。

問11 エが誤っている。「イギリスとフランスの緩衝地帯として独立を維持」から東南アジアのタイと判断する。「17 世紀前半には、貿易を目的とした日本人が多く居住した地域」は、朱印船貿易に伴って形成された日本町を表している。

ア．リベリア　　イ．エジプト　　ウ．エチオピア

問12　アが誤っている。砂漠化は、砂漠の周辺に広がるステップ(降水量が少なく、丈の短い草木が生える場所)が過放牧・過耕作・薪炭材の採取などを原因として砂漠にのまれていく環境問題である。熱帯林の消失も環境問題の１つではあるが、砂漠化と直結するものではない。

問13　統計は人口上位国を示したものである。人口が１億人を超える国は以下の14カ国であり、アフリカではナイジェリア(③)とエチオピアとエジプトの3カ国が含まれる。

①アルジェリア　②リビア　④コンゴ民主共和国

1. 中華人民共和国	2. インド	3. アメリカ合衆国
4. インドネシア	5. パキスタン	6. ブラジル
7. ナイジェリア	8. バングラデシュ	9. ロシア連邦
10. メキシコ	11. 日本	12. エチオピア
13. フィリピン	14. エジプト	

3 日本史

問１　②に誤りが含まれる。縄文時代は磨製石器の使用が始まっており、新石器時代に分類される。群馬県の岩宿遺跡が発見されたことで、日本における旧石器時代の存在が確認されている。

問２

(1)　ウが誤っている。広開土王は高句麗の王で、その石碑には４世紀末に鉄を求めて朝鮮に進出してきた大和政権と高句麗が交戦した記録が残されている。

(2)　2019年にＵＮＥＳＣＯ(国連教育科学文化機関)により、日本で23番目となる世界遺産として登録された百舌鳥・古市古墳群(②)は大阪府堺市などにある。大山古墳は仁徳天皇陵とされ、日本最大の前方後円墳として知られる。

①法隆寺　③高野山金剛峯寺　④姫路城

問3

(1) アが誤っている。聖徳太子が摂政として補佐したのは推古天皇である。持統天皇は天武天皇の妻で、7世紀の後半に藤原京の造営などを進めた。

(2) イが誤っている。万葉集が編纂されたのは8世紀後半で奈良時代である。

問4 鑑真は聖武天皇の招きによって遣唐使船で8世紀の半ばに来日した。来日後は東大寺で戒律(僧が守るべき規則)を授け、唐招提寺を開いた。

問5 平安時代の大まかな流れを、①桓武天皇の政治(イ. 8世紀末～9世紀初頭)→②摂関政治(ア. 11世紀前半～半ば)→③院政(ウ. 11世紀後半)→④平氏政権(エ. 12世紀半ば)と整理できていれば解答できる。

ア. 摂関政治の全盛期を創出した藤原頼通が平等院鳳凰堂を建立したのは1053年のことである。

イ. 桓武天皇の皇子である嵯峨天皇の保護のもと、唐から帰国した最澄が天台宗を、空海が真言宗をそれぞれ開いたのは平安時代初期の9世紀初頭のことである。

ウ. 白河上皇が院政を開始したのは1086年である。

エ. 平氏政権の確立から源平合戦は12世紀半ばから後半にかけての出来事である。

4 日本史

問1 1221年に承久の乱で後鳥羽上皇に勝利した鎌倉幕府は、西国の領地を没収し、御恩として御家人に領地を与え地頭に任命した。これにより、幕府の勢力は全国に拡大したため、京都に西国や朝廷を監視する六波羅探題を設置した。

問2 アが正しい。御成敗式目は1232年、3代執権・北条泰時によって制定された。

イ. 相模湾を博多湾とすれば正しい文となる。

ウ. 二毛作は鎌倉時代に畿内を中心に行われていた。全国に広がるのは室町時代のことである。

エ. 酒屋・土倉が高利貸しを営んだのは室町時代である。鎌倉時代の高利貸しは借上(かしあげ)である。

問3　エが誤っている。狩野永徳などによって障壁画が描かれたのは16世紀後半の桃山文化期のことである。

問4

(A)　文中に「応仁元年に、世の中は大いに乱れて」とあるので、まず応仁の乱の説明と考える。また「足利尊氏将軍から七代目」とあることから、応仁の乱の原因をつくった8代将軍の足利義政と判断する。

(B)　将軍が政治を任せるのは、室町幕府における将軍の補佐役であった管領と考えればよい。管領は細川氏、畠山氏、斯波（しば）氏が交代制で務めた。

問5　資料の順番は以下の通りである。

Ⅰ(徳川吉宗による享保の改革・上米の制)→Ⅲ(松平定信による寛政の改革・囲米の制)→Ⅱ(水野忠邦による天保の改革・株仲間の解散)

5 歴史

問1　ウが正しい。徴兵令(1873年)は満20歳に達した男子に3年間の兵役を義務づけたものである。徴兵令が出される前年、徴兵令を告知した太政官告諭(徴兵告諭)の中に「血税（けつぜい）」という言葉があったため、生き血を絞り取られると誤解し、反対一揆を起こした農民もいたことから血税（けつぜい）一揆ともよばれる。

ア．五箇条の御誓文(1868年)は明治天皇が神に誓うという形式で、公議世論の尊重・開国和親などの方針が示された。一揆の禁止やキリスト教の禁止といった国民が守るべき心得が示されたのは五榜の掲示(1868年)においてである。

イ．版籍奉還(1869年)では旧藩主がそのまま知藩事に任命されたため、実態は江戸時代と変わらなかった。知藩事に代えて中央から府知事・県令が派遣され、中央集権体制が実現したのは廃藩置県(1871年)においてである。

エ．地租改正(1873年)における税負担者は土地所有者(地主や自作農)であった。小作農は引き続き地主に小作料を現物(米)で納めることとなり、地主は米価が上がると米を現金へと換金し、自身の取り分を増やした。

問2 イが誤っている。南京条約を日清修好条規とすれば正しくなる。南京条約は1842年に清とイギリスとの間に締結されたアヘン戦争の講和条約である。

問3 ビゴーが明治政府を批判する内容の風刺漫画雑誌を発行できた理由を考える問題。ビゴーがフランス人画家であった点に着目し、日本はフランスに領事裁判権(治外法権)を認めていたことを記述すればよい。1858年に日本はアメリカと不平等条約である日米修好通商条約を締結したが、オランダ・ロシア・イギリス・フランスとも同様の条約を締結している(安政の五カ国条約)。なお、ビゴーは1894年の領事裁判権(治外法権)の撤廃をきっかけに、条約改正が発効する直前の1899年に帰国した。

問4 ウが誤っている。史料には「超然政党の外に立ち」とあり、これは「政府はいつも一定の政策を堅持して、世俗の動きにとらわれることなく政党の外に立ち、もっとも中立の立場にいなければならない」という意味になる。大日本帝国憲法発布の翌日にあたる1889年2月12日、黒田清隆内閣総理大臣は政党政治を否定する超然主義演説を行い、引き続き政府は政党に左右されずに政治を進めるという藩閥政府の立場を示した。

問5 日清戦争は1894年の甲午農民戦争(ウ)をきっかけに日清両軍が朝鮮に出兵したことで開戦した。翌年に下関条約が締結されたが、日本は三国干渉(イ)を受けて遼東半島の清への返還に応じた。また、日本に敗れた清では列強による侵略が進み、これに対して義和団事件(ア、1899～1900年)が起きた。1904年に日露戦争が開戦し、翌年にポーツマス条約が結ばれると、日本国内では賠償金が得られなかったことから日比谷焼き打ち事件(エ)が起こった。

問6 ウが誤っている。ルソーの『社会契約論』を翻訳し、『民約訳解』を記したのは中江兆民で、その思想は自由民権運動などに影響を与えている。民本主義は吉野作造が雑誌『中央公論』の中で発表した論文で唱えた思想である。

問7 問題文の「1914年」や資料の「参戦を断行する」から第一次世界大戦における日本の立場に関するものであることを読み取る。1914年、サラエボ事件をきっかけに第一次世界大戦が始まると、第2次大隈重信内閣はイギリス(A)との同盟(日英同盟)に基づき、ドイツに宣戦した。「ドイツ(B)の根拠地」とは中国の山東半島や南洋諸島を指しており、日本はこれらを占領し、1915年に中華民国の袁世凱(えんせいがい)政権に対して、山東半島におけるドイツ利権を日本に譲ることなどを要求した(二十一カ条の要求)。

問8　エが誤っている。史料の「之を聞かざれば家を焼払ひ、一家を鏖殺(おうさつ)すべしと脅迫し(この要望を聞き入れなかったら、家を焼き払い、家族をみなごろしにするぞ)」は脅しであり、実際にこのような事態になったとは記されていない。

問9　世界恐慌(1929年)を受けて、アメリカでは公共事業を起こし、失業者に仕事を与えるといった財政政策がとられた。フランクリン＝ルーズベルト大統領が実施したこうした一連の政策は「新規まき直し」を意味するニューディール政策と称された。

問10　1940年、フランスがドイツに占領されると、日本はフランス領インドシナに進駐した。その後、1941年には陸軍がイギリス領マレー半島に侵攻、海軍がアメリカ軍港のある真珠湾を奇襲すると、太平洋戦争が始まり、日本軍はアメリカ領フィリピンに侵攻した。

問11

(1)　ア・ウ・カが正しい。国際連盟はアメリカのウィルソン大統領の提案に基づき、1920年に創設された。発足時の常任理事国にイギリス・フランス・日本・イタリアが就任したものの、アメリカは議会の反対により不参加となった。1930年代に入ると、日本・ドイツ・イタリアの脱退が相次ぎ、ソ連も除名されるなど、国際連盟は国際平和を維持することができなくなっていった。

A国：日本(1920～33年)。発足時の常任理事国であったが、1932年に建国した満州国が承認されなかったため、1933年に脱退した。

B国：イタリア(1920～37年)。発足時の常任理事国であったが、1935年のエチオピア侵攻に対して経済制裁を受けたため、1937年に脱退した。

C国：ドイツ(1926～33年)。第一次世界大戦の敗戦国であったため当初は除外され、1926年に加盟したものの、1933年にヒトラー政権が発足し脱退した。

⑵ エが正しい。国際連合は1945年10月、第二次世界大戦の戦勝国(連合国)を中心とした51カ国で発足した。日本は1956年に日ソ共同宣言を締結し、ソ連と国交を回復したことをきっかけに、同年に国際連合への加盟を果たした。国際連合の加盟国数は2011年に南スーダンが加盟したことで、193カ国となっている。

A. アジア

第二次世界大戦直後の1945～56年に独立が進み、加盟国数が増えていることから判断する。

B. アフリカ

1960年の「アフリカの年」前後にあたる1956～80年に加盟国が増加しており、最新の加盟国数は54カ国と最多となっている。

C. ヨーロッパ

発足時の加盟国数が多い点や、1980～93年に加盟国が増加している点(1990年代前半のチェコスロバキアの分裂やユーゴスラビアの解体)から判断する。

動詞なので、「飛び去りぬ」は「飛び去った」という意味である。打ち消しの助動詞「ず」の連体形と迷ってしまうが、波線部Bの直後には「。」があるため、「ぬ」は終止形であり、意味は完了である。よって、正解は**イ**。

問2 歴史的仮名遣いを現代仮名遣いに直す際は、語頭以外のハ行(は・ひ・ふ・へ・ほ)がワ行(わ・い・う・え・お)に変化する。よって、正解は**こいければ**。

問3 Ⅰ「かまびすしかり(=やかましい)」は、直前に助詞「て」がある。「て」の前後は基本的に同一主語になるので、この単語の意味がわからなくても主語は「鳥」だとわかる。Ⅱ「のたまふ(=おっしゃる)」の主語は直前の会話文の主語なので「仏」である。Ⅲ「乞ひける」の主語は仏のアドバイスを受け、次の日も鳥に羽をねだった人物なので「修行僧」である。Ⅳ「住め」の主語は、この林に住んでいるために修行僧に羽をねだられているので「鳥」である。よって、正解は**エ**。

問4 仏に「このこと」を嘆いたのは修行僧なので、その内容は鳥がやかましくて修行に集中できないことについての相談である。よって、正解は**エ**。アは鳥を恐れる内容が不適切。その後で鳥に羽をねだっていることからも本文の内容と合わない。イと迷うかもしれないが、本文後半で鳥を林から追い出しているので、イは不適切である。ウとオはいずれも前述の内容と合わないので、不適切。

問5 鳥はこの林にいると生じることが原因で飛び去ってしまったので、正解は**イ**と**オ**。アは「喧しい」のを嫌がっているのは修行僧なので、ウは前述の内容と合致しないので、それぞれ不適切。エで迷いそうだが、傍線部の前で鳥が危惧しているのは、翼がなくなり、飛べずに食べものを取れなくなることである。よって「林の中から食べものがなくなること」ではないので、不適切。

問6 仏は、鳥がうるさく修行ができないと嘆く修行僧のために、その解決策として「その鳥に、羽一羽づつ乞へ」と助言を与えたのである。よって、正解は**ア**。イは「修行僧の求めを決して受け入れようとしなかった」が不適切。鳥は一度羽を与えている。エは「一日に何度も鳥のところへ赴いた」とあるが、はじめ鳥たちに羽を一枚ずつもらい、翌日また行っていることから「一日に何度も」が不適切。他の選択肢は本文と合致しないので不適切である。

ように、精神的にまだ幼かった「私」は、失恋による苦しみという物語のような苦痛に魅力を感じていたと読み取れる。また、「その時分から、空腹者のようにがつがつと、詩や小説を読み出し」「私は見ちがえるようにメランコリックな少年になった」ことにも注目する。よって、**まだ精神的に幼かった「私」は、失恋に苦しむことや、そこから逃避してメランコリックになることを魅力的だと感じていたから。**（59字）などとまとめるとよい。

問6 空欄部※の段落は、「お前」への失恋をきっかけにして「メランコリックな少年になった」息子のことを、母親が心配する様子を描いた場面である。空欄部の次の段落では、母親が「私」の異変に気づいたころには「私」はそれまでとすっかり考えを変えており、「母はそれを聞きながら、ただ、呆気にとられていた」様子が説明されている。よって、正解は**イ**。ア、エ、オは「私の母がようやくそれを心配しだした」ことの説明になっておらず、またウは空欄部の前後と文脈が合わないため不適切。

問7 本文中に「麦藁帽子」が出てくるのは、冒頭の場面の「昔のお前をあんなにもあどけなく見せていた、赤いさくらんぼのついた麦藁帽子」と、最後の場面の「私はそのかすかな日の匂いに、いつかの麦藁帽子の匂いを思い出した」の二箇所である。前者は続けて「若い女のように、髪を葡萄の房のような恰好に編んでいた」という「お前」の描写があり、後者はその前に「その少女の無造作に編んだ髪」という「お前」の描写がある。このことから、麦藁帽子は「親しげに私に口をきいて」くれたころの「お前」のあどけなさを象徴していると読み取れる。よって、対照的な描写は（「お前」が）**髪を編んでいるという**（こと。）（10字）などと説明すればよい。

4 古文の読解

出典『沙石集』

【口語訳】

昔、林の中で心を一点に集中させ修行する者がいた。（その者が）心を静めて修行しようとすると、林に鳥が集まって騒々しかったので、仏にこのことを嘆いて申し上げると、「その鳥に、羽を一枚ずつねだれ」とおっしゃる。そこで（修行僧は）林に戻ってねだったところ、（鳥は）一羽ずつ羽を抜いて、与えた。また翌日も（修行僧が）ねだったとき、鳥たちが言うには、「我々は羽があってこそ、空を飛んで、食べ物を探し、命をも長らえるのに、毎日ねだられては、翼すべてがなくなってしまう。この林で暮らすから、このようなことに遭うのだ」と言って、飛び去ってしまった。

問1 波線部Aについて、「ん（む）」が意志（～しよう）の助動詞なので、「修せん」は「修行しよう」という意味である。「む（ん）」には推量（～だろう）の意味もあるが、ここでは修行僧が修行をしようと思ったが邪魔が入ったので仏に嘆いたという流れなので、推量では不適切である。よって、正解は**ウ**。波線部Bについて、「ぬ」は完了の助

問2 空欄部aは「お前」のために「お前の兄たち」とともに悪者どもを追い返した「私」が、「まるで一人で彼らを追い返しでもしたかのように」ふるまう様子を表す言葉が入る。よって、正解は**得意**。「得意」とは誇らしげにする様子。空欄部bは青年が「私」に向けた態度を表す言葉が入る。直前に「私の学校の様子などを、何かと聞きたがった」とあることや、直後に「私の方では、どうも彼があんまり好きになれなかった」とあることから、正解は**好意**。なお、「好意」が親近感を表すのに対し、同音語の「厚意」は思いやりを表す。よって、ここで「厚意」は不適切。空欄部cは、「お前の兄たちと泳いだり、キャッチボオルをしだした」様子を表す言葉が入る。よって、正解は**快活**。「快活」は明るくて元気な様子。

問3 「胸さわぎ」は「心配や驚きや嫌な予感などのために、胸がどきどきして心が穏やかでなくなる様子」を表す。ここで「胸さわぎ」のきっかけとなったのは、青年と「お前」が「肩と肩とをくっつけるようにして、立っている」様子を見たことである。その後「私」が青年に対して「ちょっと頭を下げたきり」だったことや、「彼がお前の気に入っているらしいことに、誰よりも早く気がついた」とあることから、「私」が青年のことを「お前」をめぐる「競争者」として認識したことを読み取りたい。よって、正解は**エ**。アは「お前」が青年の世話をしているわけではないため不適切。イは「褒美を青年に奪われてしまう」が不適切。青年は悪者どもを追い返すことに協力していない。ウは「お前」との関係について言及がないため不適切。オは「青年の『私』に対する好意的な視線」がこの場面では読み取れないため不適切。

問4 「膨れっ面」は、「両頬をふくらませた、不満を表す顔つき」のこと。ここでは何がきっかけで、どのような不満を抱いたのかを考える。きっかけとなったのは青年からの手紙であり、「手紙の終わりの方には～まるで田園小説のエピロオグのように書かれてあった」とあることから、「お前」と青年の様子が情感あふれる様子で描かれていたと読み取れる。その手紙について「私はその小説の感傷的な主人公たちをこっそり羨しがった」「その手紙が私に最後の打撃を与えた」「私は好んでお前を諦めた」とあることから、「私」は手紙の内容に嫉妬し、ついに「お前」への恋を断念したことがわかる。よって、正解は**イ**。アは「思わず笑ってしまった」が「膨れっ面」と合致しないため不適切。また、「一方的な勘違い」なのかどうかもわからない。ウは「嘘に違いない」が、その後「私」が「お前」を諦めるという展開と合致しないため不適切。エは「疎外感を抱いた」が、「私」が手紙をもらうよりも前にT村を去っている点をふまえると不適切。オは「小説が読みたくなった」のは「お前」を諦めたことがきっかけなので不適切。

問5 傍線部の心情を、理由とともに説明する。「お前」への恋を打ち明ける青年の手紙によって「私は苦しがった」が、「その苦しみが私をたまらなく魅したほど、その時分はまだ私も子供だった」とあるない。」とある。二つの文は似た内容なのに二文目も逆接で始まっているので、この前に入るとわかる。よって、正解は**しかし少な**。

問8　アについて、「前述の通り」から始まる段落や「(中　略)」の前の段落と同じ内容なので本文と合致する。イについて、「懐古的なよさを伝える」ことと『おぢいさんのランプ』の話は反対の内容なので本文と合致しない。ウについて、「たとえばツイッターで」の段落で本とソーシャルメディアの書き言葉を同じものと捉えた場合に「活字離れなんて嘘」といえるが、両者は「まったく違う」とある。本の書き言葉(いわゆる「活字」)は現実的には読まれる機会が少なく、書籍の売り上げは落ちていると考えられるので、本文に合致しない。エについて、「出版業界や教育業界が考えなければならない」という内容が本文からは読み取れない。オについて、「たとえばツイッターで」から始まる段落の内容と合致する。よって、正解は**ア**と**オ**。

3　小説文の読解

出典　堀辰雄「麦藁帽子」・千野帽子編『夏休み』所収・KADOKAWA

【本文の概要】

一年ぶりにT村を訪れた「私」は、去年は親しげに口をきいてくれた「お前」がすっかり変わってしまったと気づき、裏切られたような気持ちになる。「お前」のために悪者どもを追い返したとき、血色の悪い痩せこけた青年が「お前」と並んでいるのを見た「私」は、「お前」の気持ちが青年に向かう予感に胸さわぎをおぼえた。青年の出現によって、「私」はいっそう快活にふるまうようになり、それにともなって「お前」と青年はますます距離を縮めていった。秋になって、T村を去った「私」のところに青年から手紙が届く。青年から「お前」への恋を打ち明けられた「私」は好んで「お前」を諦め、詩や小説へとのめり込んでいった。ある日、「私」は「お前」らしき女学生とすれちがい、親しかったころの面影(おもかげ)を感じとってひどく息をはずませたが、結局声をかけることはしなかった。

問1　二重傍線部A「もう」は自立語で活用がなく、「(きいては)くれない」を修飾している。よって、正解は**オ**「副詞」。二重傍線部B「あっ」は自立語で活用があり、言い切りの形は「ある」とウ段で終わる。よって、正解は**ア**「動詞」。二重傍線部C「うるさく」は自立語で活用があり、言い切りの形は「うるさい」と「い」で終わる。よって、正解は**イ**「形容詞」。二重傍線部D「小さな」は自立語で活用がなく、直後の「弟(＝名詞)」を修飾している。よって、正解は**カ**「連体詞」。二重傍線部E「なかっ」は付属語で活用がある。よって、正解は**ケ**「助動詞」。自立語で活用がある形容詞の「ない」と混同しやすいが、形容詞の活用(かろ／かっ・く・う／い／い／けれ／〇)には「ぬ」の形がないので、「ぬ」に置き換えられるものは助動詞。

問3 傍線部「『正しい』話たち」の「正しい」にはカギ括弧が付されている。このような表現は、引用や強調だけでなく、筆者独自の意味を表していることがある。今回は、一見正しそうだが実は間違っていることを表したもので、「『正しい』話たち」とは、「旧メディアだからこそできることがある」という旧メディアのよさを伝えているようで、実は現実逃避するための害悪にしかならない話のことである。よって、正解は**ウ**。アとイは前述の内容と逆の内容なので不適切。エは「過去の技術の弱点を暗示する」、オは「変化することの愚かしさを伝える」が、それぞれ前述の内容と合致しないので不適切。

問4 直前の「時代を切り開き、本当の意味で文化を守り育てる」という部分をヒントにして指示内容を考えると、同じ段落に「彼」が「ランプが時代を象徴する力を失うと同時に廃業した」という内容が見つかる。「彼」はランプが時代の最先端の技術だと思いランプ屋を営んでいたが、それが「時代を象徴する力を失」ったので潔く店をたたんだのである。よって、正解は**イ**。ウと迷うが、ウは時代に関する内容が不足しているので不適切。他の選択肢は前述の内容と合致しないので不適切。

問5 傍線部の「それ」とは「今の日本語の本で支配的な散文の形式やその切り分け方が、人間に文字情報を通じて何かを伝えるときにどれくらい適しているか考え直」すことを示している。設問の空欄部前後の言葉をヒントにすると、空欄部は「今の日本語の本で支配的な散文の形式やその切り分け方」についての内容なので、それを設問条件に合うように探すとよい。すると、傍線部を含む段落の一つ前の段落の後半に、日本語の形式について「特に人間が生理的に理解しやすい形式でもなければ、リズムでもなければ、分量でもない」という箇所が見つかる。よって、正解は**特に人間が～量でもない**。

問6 情報化以前の社会では主に本が情報収集源であり、とりあえず本を読んでおくこと（「お前ら、ちゃんと本を読め」）が重視されていた。しかし現代の人々は「言葉や教養、知識体系などさまざまな情報ネットワークに接続されている」ので、情報が「自動的に集積されていく環境」にある。このような常時接続できる情報ネットワークに対しては、鵜呑みにするのではなく、主体的に選び使いこなす必要があるのだ。これらをふまえ（〜現代の人間は、）**常に接続されている言葉や教養、知識体系などの情報ネットワークから、主体的に情報を選び、使いこなす必要がある**（ということ。）（53字）などとまとめるとよい。

問7 脱文が「古いメディアの役割」についての内容なので、本文前半から探していくと、傍線部①を含む段落の前半に「しかし新美が強く信じていた文化のかたち、つまり人間と知（を伝達する情報）との関係は、彼が想像したであろうものよりも圧倒的に速く、そして決定的に変化しています。しかし少なくとも『このまま』ではいられ

解説

1 漢字

① **細心**（さいしん）……細かい点にまで注意を払う心がけのこと。
② **在任**（ざいにん）……任務に就いていること。また、任地にあること。
③ **異**（こと）―**にする**……違っているということ。
④ **不可欠**（ふかけつ）……欠かせないこと。
⑤ **一言一句**（いちごんいっく）……言葉のひとつひとつ。
⑥ **ちゅうふく**（中腹）……山頂と麓（ふもと）の中間。
⑦ **しょさ**（所作）……しぐさやふるまい、身のこなしのこと。
⑧ **おもわく**（思惑）……思っていること。考えや意図。
⑨ **とうしゅう**（踏襲）……前例を受け継ぐこと。
⑩ **とろう**（徒労）……無駄に苦労をすること。

2 論説文の読解

出典　宇野常寛『日本文化の論点』筑摩書房

【本文の概要】

情報化の技術革新によって、メディアに電子化の流れが起きている。この変化に対して、旧マスコミ業界人は紙媒体のメディアのよさを伝えようとするが、それは現実に起きている変化から目を背けるための逃避に過ぎない。そして今起きている社会の変革は、単に紙の本が電子書籍にとって代わられるというレベルの表面的なものではなく、人間と言葉・情報との関係を本質的に変えるものなのである。

問1　空欄部Aについて、空欄部Aを含む文は旧マスコミ業界人の話が正しいということを譲歩して伝えたものである。よって、正解は**ウ**「もちろん」。空欄部Bについて、『おぢいさんのランプ』の主人公は空欄部※の段落で「孫に自分の体験を語」っていて、この空欄部Bの段落でも「ランプ屋」を辞めてしまった理由を語っているのである。よって、正解は**エ**「さらに」。

問2　ある集団・種類の中で特別すぐれていることを「白眉」という。三国時代の中国の蜀（しょく）という国に住んでいた兄弟のうち、最もすぐれた人物の眉（まゆ）に白い毛が混じっていたことを由来とする。よって、正解は**ア**。その他の選択肢の意味は以下のとおり。
「迎合」……意見を曲げて相手の意に従い気に入られようとすること。
「千里眼」……遠いところの出来事や将来のことを見通す力。またその力を持つ人。
「杜撰」……誤りなどが多く、いい加減なこと。
「破天荒」……今まで誰もしなかったことをすること。前代未聞。

国語

第1回　解答

1

①細心　②在任　③異にする
④不可欠　⑤一言一句　⑥ちゅうふく
⑦しょさ　⑧おもわく　⑨とうしゅう
⑩とろう

各1点×10＝10点

2

問1　A　ウ　B　エ
問2　ア
問3　ウ
問4　イ
問5　特に人間が～量でもない
問6　常に接続されている言葉や教養、知識体系などの情報ネットワークから、主体的に情報を選び、使いこなす必要があるということ。
問7　しかし少な
問8　アオ

問1・2　各2点×3＝6点
問6　8点×1＝8点
問8　各3点×2＝6点
その他　各4点×4＝16点

3

問1　A　オ　B　ア　C　イ　D　カ　E　ケ
問2　a　得意　b　好意　c　快活
問3　エ
問4　イ
問5　まだ精神的に幼かった「私」は、失恋に苦しむことや、そこから逃避してメランコリックになることを魅力的だと感じていたから。
問6　イ
問7　髪を編んでいるということ。

問1　各1点×5＝5点　問2　各2点×3＝6点
問5　9点×1＝9点　その他　各4点×4＝16点

4

問1　A　ウ　B　イ
問2　こいければ
問3　エ
問4　エ
問5　イ・オ
問6　ア

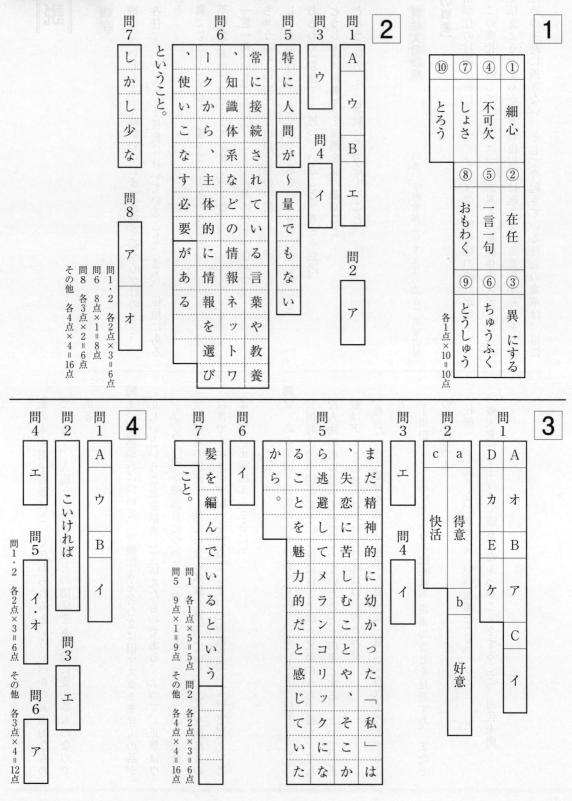

問1・2　各2点×3＝6点　その他　各3点×4＝12点

英語 第2回 解答

1

Part A	(1)	ウ	(2)	イ	(3)	エ
Part B	(1)	ウ	(2)	イ		
	(3)	ten	(4)	at	six	

Part B (4)：3点(完答)、その他：各2点

2

(1)	was	for	(2)	different	from
(3)	too	for	(4)	raining	since
(5)	parents	must			

各1点

3

(1)	ア	(2)	ウ	(3)	イ	(4)	エ	(5)	ア

各2点

4

(1)	記号	ア	訂正	is［has been］	(2)	記号	ウ	訂正	seeing
(3)	記号	ウ	訂正	by	(4)	記号	ウ	訂正	filled
(5)	記号	イ	訂正	larger					

記号：各1点、訂正：各2点

5

問1	(A) イ	(B) エ	(C) ア	(D) オ				
問2	(1)	5番目 ウ	7番目 イ	(6)	5番目 キ	7番目 ウ		
問3	手が汚れないようにするため。							
問4	最初の2語	You	must					
	最後の2語	some	day					
問5	ウ							
問6	①	浮いてこないように	②	岩	③	重り		
問7	エ							

問6：各1点、その他：各2点(問2(1)(6)、問4は各完答)

6

問1	①	called	②	reach	③	send	④	stand				
問2	(1)	イ	(2)	transparent	問3	エ						
問4	ウ → エ → ア → イ											
問5	(1)	カ	(2)	オ	(3)	イ	(4)	キ	(5)	ク	(6)	ウ
問6	ア	T	イ	F	ウ	F	エ	T				

問4：3点(完答)、問5・6：各1点
その他：各2点

解説

1 リスニング

読まれた原稿と解説は以下の通り。

Part A

No.1

Woman ：Hi, this is Amy. Can I speak to Nancy, please？

Man ：Hello. I'm sorry, but Nancy isn't here right now.

Woman ：Oh, okay. Can you tell her to call me back, please？

Man ：Sure. It is Emily, isn't it？

Woman ：Oh, not exactly. I am Amy. A-M-Y.

女性：こんにちは、エイミーと申します。ナンシーはいますか。

男性：こんにちは。すみませんが、ナンシーは今留守です。

女性：ああ、そうなんですね。彼女に折り返し電話するようお伝えいただけますか。

男性：もちろんです。お名前はエミリーさんですか。

女性：あ、少し違います。エイミーと申します。A-M-Y です。

Question (1)：Who is calling the man？「男性に電話しているのは誰ですか」

ア　Emi.「エミ」　　イ　Ami.「アミ」

ウ　**Amy.**「エイミー」　　エ　Emily.「エミリー」

▶女性の最後のセリフに注目しよう。女性はエイミーという名前で、つづりは Amy だとわかるので、ウが正解となる。

No.2

Man ：Did you decide what you'll have？

Woman ：Let me see... a seafood pasta looks really good, but a vegetable pizza looks delicious, too.

Man ：Why don't we get both of them？ We can share them.

Woman ：That's a great idea. Let's order a glass of wine for each, too.

男性：何を注文するか決めたかい。

女性：うーん、シーフードパスタはとても良さそうね、でもベジタブルピザもおいしそうよ。

男性：両方とも注文しよう。分け合って食べることができるよ。

女性：それは素晴らしい考えね。それぞれにワインも頼みましょう。

Question (2)：What will they order?「彼らは何を注文しますか」

ア　A seafood pasta and two glasses of wine.
「シーフードパスタとワイン２杯」

イ　A seafood pasta, a vegetable pizza and two glasses of wine.
「シーフードパスタとベジタブルピザとワイン２杯」

ウ　A vegetable pizza and two glasses of wine.
「ベジタブルピザとワイン２杯」

エ　A seafood pasta, two vegetable pizzas and two glasses of water.
「シーフードパスタとベジタブルピザ２つと水２杯」

▶男性の２つ目のセリフに注目しよう。We can share them. の share は「分け合う、シェアする」という意味である。つまり、シーフードパスタとベジタブルピザのどちらにしようか迷っている女性に対して、男性は両方頼んでお互いに分け合おうと提案しているのである。また、最後に女性がそれぞれの分のワインを頼もうと話しているので、イが正解となる。

No.3

Man：Hey, Lucy. Have you finished the science homework yet?

Woman：No, I haven't. Actually, I haven't even started it yet.

Man：Are you joking? This homework is so hard. I spent 3 hours on it but I've only finished half.

Woman：You've already finished 4 pages. I really should get started now because I have only 3 days before the deadline.

男性：やあ、ルーシー。理科の宿題はもう終わったかい。

女性：いいえ、まだよ。実を言うと、まだ始めてすらいないわ。

男性：冗談だろう。この宿題はとても難しいよ。僕は３時間かけたけどまだ半分しか終わってないよ。

女性：もう4ページ終わったのね。締め切りまでたった3日しかないから、今すぐ始めるべきね。

Question (3)：How many pages does the homework have？「宿題は何ページありますか」

ア　2 pages.「2ページ」　イ　4 pages.「4ページ」

ウ　6 pages.「6ページ」　**エ　8 pages.「8ページ」**

▶男性の2つ目のセリフに「この宿題はとても難しいよ。僕は3時間かけたけどまだ半分しか終わってないよ」とある。それに対して女性が You've already finished 4 pages.「もう4ページ終わったのね」と答えているので、宿題は合計8ページあると判断できる。よってエが正解。問題の英文が読まれる前に質問文を先に読んでおき、宿題のページ数に関する内容を集中して聞き取るようにしよう。なお、deadline は「締め切り(時間)」という意味である。

Part B

Man：Excuse me. Could you tell me how to get to the airport, please？

Woman：Sure. Can you see the bus stop over there？ If you take the number 10 bus, it will take about 45 minutes to the airport. It costs 2 dollars and 50 cents. Or, you can take the number 12 bus. It's an express bus, so it will take only 20 minutes to the airport. It has bigger luggage space and wider seats. It costs twice as much as the number 10 bus, but I think it's worth it.

Man：Hmm... The express bus is a little expensive, but I think it's more convenient. I'll take the number 12 bus.

Woman：Oh, wait. It's ten past five！ I'm afraid the express bus left just 10 minutes ago. You have to wait 50 minutes to take the next one.

Man：Oh, no. Okay, I'll take the other one then. Thank you very much. Have a good day！

男性：すみません。空港への行き方を教えていただけませんか。

女性：もちろんです。向こうのバス停が見えますか。10番バスに乗れば、約45分で空港に着きます。運賃は2ドル50セントです。あるいは、12番バスでも大丈夫です。急行バスなので、たった20分で空港に行けます。荷物用のより大きなスペースがありますし、座席もより広いです。10番バスの2倍の運賃がかかりますが、価値はあると思いますよ。

男性：なるほど……急行バスは少し値段が高いですが、より便利ですね。12番バスに乗ろうと思います。

女性：あ、待って下さい。今5時10分です。残念ながら急行バスはちょうど10分前に出てしまいました。次の急行バスまで50分間待たなければいけません。

男性：ああ、しまった。じゃあもう1つのバスに乗ります。本当にありがとうございました。良い一日をお過ごし下さい。

Question (1)：How much does the express bus cost ?「急行バスはいくらかかりますか」

ア　$2.50.「2ドル50セント」　　イ　$4.「4ドル」

ウ　$5.「5ドル」　　エ　$10.「10ドル」

▶女性の1つ目のセリフに注目しよう。10番バスは2ドル50セントで、12番バスはその2倍の運賃だと述べられている。1ドルは100セントなので、12番バスは5ドルかかると判断できる。急行バスとは12番バスのことなので、ウが正解。

Question (2)：Why does the woman recommend the express bus ?

「なぜ女性は急行バスを薦めるのですか」

ア　Because it is cheap.「安いから」

イ　Because it is convenient.「便利だから」

ウ　Because it is slow.「遅いから」

エ　Because it comes often.「頻繁に来るから」

▶女性の1つ目のセリフに注目しよう。急行バスに乗るメリットとして、女性はit will take only 20 minutes to the airport.「たった20分で空港に行ける」ことや、It has bigger luggage space and wider seats.「それ(急行バス)は荷物用のより大きなスペースがあり、座席もより広い」ことを述べている。これらのメリットは言い換えれば「便利である」ということなので、イが正解。

Question (3)：Which bus will the man take ?「男性はどのバスに乗るつもりですか」

He will take the number (**ten**) bus.「彼は10番のバスに乗るつもりです」

▶男性が2つ目のセリフでI'll take the number 12 bus.「12番バスに乗ろうと思います」と言ったため、twelveと答えた人が多かったかもしれない。しかし、その後の女性とのやり取りから、12 番バスは 10 分前に出てしまい、次の発車が 50 分後だとわかる。そこで男性が Okay, I'll take the other one then.「じゃあもう 1 つのバスに乗ります」と発言している。「もう 1 つのバス」とは 10 番バスのことなので、ten が正解。

Question (4)：When will the next express bus come ?「次の急行バスはいつ来ますか」

It will come (**at**) (**six**).「6 時に来ます」

▶次の急行バスが来る時間は、女性の 2 つ目のセリフがヒントとなる。まず女性の It's ten past five ! という発言の ten past five は 5 時 10 分という意味なので、これが現在時刻だとわかる。また、You have to wait 50 minutes to take the next one.「次の急行バスまで 50 分間待たなければいけません」とあるので、次の急行バスが来るのは、5 時 10 分の 50 分後＝6 時である。「○○時に」と時刻を述べる場合は〈 at ○○〉と前置詞 at を置く必要があるので、at six が正解。

2 同意文完成

(1) A：Ken made us a delicious dinner.

「ケンは私たちにおいしい夕食を作ってくれた」

B：A delicious dinner (**was**) made (**for**) us by Ken.

「おいしい夕食が私たちのためにケンによって作られた」

▶ A と B の英文を比べると、主語が変わっている。A の英文では主語だった Ken が B の英文では by Ken と文末に置かれていることに着目すると、B は A を受動態にすればよいと考えられる。よって 1 つ目の空所には〈 be 動詞 ＋ 過去分詞〉にするために、be 動詞を補う。問題文が過去の内容で主語が単数であることから was となる。2 つ目の空所には「私たちに」を意味するように、前置詞 for を補う。SVO (人) ＋ O (物) を SVO (物) ＋ 前置詞 ＋ (人) に書きかえる際、人の前には主に前置詞 to か for を補うが、文中の動詞が相手を必要とする動作であるときは to、相手を必要としない動作のときは for となるのが原則である。この英文では made (作った) が相手を必要としない動作なので、for が適切。

(2) A：Knowing is one thing, and teaching is another.

「知っていることと教えることは別だ」

B：Knowing is (**different**) (**from**) teaching.

「知っていることは教えることと異なる」

▶〈 A is one thing, and B is another 〉は「AとBは別である」という意味である。よって〈 A be different from B 〉「AはBと異なる」を用いて書きかえればよい。

(3) A：The bag was so heavy that the old lady couldn't carry it.

「そのカバンはとても重かったので、その老婦人はそれを運ぶことができなかった」

B：The bag was (**too**) heavy (**for**) the old lady to carry.

「そのカバンはその老婦人が運ぶには重すぎた」

▶ Aの英文中の〈 so ～ that S＋couldn't … 〉「とても～なので、Sは…できなかった」と、Bの英文末尾のto carryに着目する。Bでは不定詞が使われていることから〈 too ～ (for 人) to … 〉「…するには(人にとって)～すぎる」を用いて書きかえればよいことがわかる。よって、1つ目の空所にはtooを、2つ目の空所には不定詞の意味上の主語を表すようにforをそれぞれ補う。

(4) A：It started to rain yesterday. It is still raining today.

「昨日雨が降り出した。今日もまだ降っている」

B：It has been (**raining**) (**since**) yesterday.

「昨日から雨が降り続いている」

▶ Aの英文では、「昨日雨が降り出した(＝過去形)」こと、「今日もまだ降っている(＝現在進行形)」ことが書かれている。そのため、has beenと書かれているBの英文では現在完了進行形を用いて、「昨日から雨が降り続いている」という意味にすればよいことがわかる。よって1つ目の空所にはrainingを、2つ目の空所には「昨日から」を意味するようにsinceをそれぞれ補う。現在完了の継続用法ではfromではなく、sinceを用いることに注意しよう。

(5) A：I'm sure that not only his father but his mother is a doctor.

「きっと彼の父親だけでなく、母親も医者だ」

B：Both of his (**parents**) (**must**) be doctors.

「彼の両親は2人とも医者に違いない」

▶Aの英文では〈I'm sure that ～〉「きっと～だ」と〈not only A but (also) B ～〉「AだけでなくBも～だ」が用いられている。Bの英文では〈both of ～〉「～の2人[両方]とも」とあるため、1つ目の空所にはparents「両親」を補う。2つ目の空所は後ろがbeになっていることから助動詞が入ると推測できる。よって〈must～〉「～に違いない」を用いればよい。

3 適語選択

(1) My watch is not so (**good**) as yours.

「私の腕時計はあなたのほど良いものではない」

▶〈A … not as[so] 原級 ～ as B〉で「AはBほど～でない」という意味である。否定文の際には、as ～ asの最初のasはsoになることがあるので注意しよう。空所はbe動詞の後なので形容詞を表すgood(原級)が入る。よって、アが正解。

(2) I want something to write (**on**). I have a pen, but I forgot my notebook.

「私は何か書く物が欲しいんだ。私はペンは持っているのだけれど、ノートを忘れてしまった」

▶I have a pen, but I forgot my notebook.「私はペンは持っているのだけれど、ノートを忘れてしまった」と言っていることから、欲しい物は「ペン」ではなく「紙などの書く物」であることがわかる。〈with a pen〉は「ペンを使って」という意味で、withは「道具を用いる」際に使う。〈write on a piece of paper〉は「紙の上に書く」＝「紙に書く」という意味である。今回は「紙などの書く物」が欲しいためonを入れればよい。よってウが正解。

(3) "(**What**) is the capital of Spain ?" — "It's Madrid."

「スペインの首都はどこですか」「マドリードです」

▶「スペインの首都はどこか」を意味する英文になるように、空所に適語を補う問題である。答えがMadrid(マドリード)という都市名(＝名詞)となる点に着目しよう。名詞を尋ねる疑問詞はWhereではなくWhatが正しい。よって、イが正解。

(4) To be kind to (**others**) is important.「他人に親切にすることは大切だ」

▶代名詞の知識に関する問題である。空所には「他人」を意味する others を補うのが正しいので、**エ**が正解。

(5) It's cold outside. Don't leave the door (**open**).

「外は寒い。ドアを開けっ放しにしないで」

▶空所を含む英文の動詞 leave に着目しよう。leave には「離れる」という意味の他に「放置する、～の状態に残す」という意味がある。後者の方は SVOC の第 5 文型で用いられ、C には状態を表す語が入る。この英文の場合「ドアを～の状態に放置しておくな」という意味になるように適語を補う必要があるが、直前で「外は寒い」と述べているので、「ドアが開いている(状態)」として形容詞の open「開いている」を入れるのが正しい。よって**ア**が正解。ちなみに「閉まっている」は closed という。close は形容詞だと〈close to ～〉「～に近い」という形で用いることが多い。

4 誤文訂正

(1) It ア passes ten years イ since his ウ death.「彼の死から 10 年になります」

記号：**ア**　訂正：**is**[**has been**]

▶ pass は「(時間などが)経過する」という意味なので、主語には ten years といった年月などの時間を表す語句を置く必要がある。今回用いられている it は時間や天候などを表す際に主語となるものであるため、動詞は be 動詞の is、または現在完了を用いた has been とする。

(2) Mary said, "I ア am looking forward イ to ウ see my grandmother this weekend."

「メアリーは『私は今週末、祖母に会うのを楽しみにしている』と言った」

記号：**ウ**　訂正：**seeing**

▶〈look forward to ～〉「～を楽しみにする」の to は不定詞を作る to ではなく、前置詞である点に注意しよう。よって、この英文では、to の直後の動詞 see は動名詞 seeing にする。

(3) ア Though I want to send this report by e-mail, my computer has stopped イ working. I need to send it ウ until noon tomorrow.

「この報告書をメールで送りたいのだけれど、僕のパソコンが動かなくなってしまった。明日の正午までに送らなくてはいけないんだ」

記号：ウ　訂正：**by**

▶〈until ～〉は「～まで(ずっと)」という意味であり、基本的に継続を表す動詞(例：stay「滞在する」など)と共に用いる。ここでの動詞はsend「送る」であり、継続を表すものではないため、untilではなく〈by ～〉「～までに」が適切。なお、文頭のthoughは接続詞で、〈Though A, B〉もしくは〈B though A〉「AだけどB」のように用いる。

(4) The new term started ア in April and everyone イ was ウ filling with joy.

「新学期が4月に始まり、皆は喜びでいっぱいだった」

記号：ウ　訂正：**filled**

▶ fillは「満たす」という意味を表す他動詞である。よって、「～で満たされる、～でいっぱいだ」を意味する場合は〈be filled with ～〉となるので、fillの過去分詞形filledが正しい。

(5) The population of China is ア much イ more than ウ that of Japan. China is the most populous country in the world.

「中国の人口は日本の人口よりずっと多い。中国は世界で最も人口が多い国である」

記号：イ　訂正：**larger**

▶ populationとは「人口」という意味で、基本的に人口が多い場合にはlarge、少ない場合にはsmallをそれぞれ用いる。中国は世界で最も人口が多い国であると後半で述べているため、前半は「中国の人口は日本の人口よりずっと多い」という意味にすることがわかる。よってmoreではなくlargeの比較級のlargerが正しい。

5 長文読解総合

〔全訳〕

ある日の晩、クモが夕食をとろうとしていた。とてもおいしい熱いサツマイモを持っていた。ドアのところでノックがした。それはカメで、彼は長旅から戻ってきたところだった。カメはとても疲れていて、とてもお腹を空かせていた。

「あなたが持っているサツマイモをいくらかもらえますか」とカメはクモに尋ねた。「とても良いにおいがするね」

クモはカメに一切サツマイモをあげたくなかった。自分ひとりで全て食べたかった。しかし、彼は人に自分のことを悪く言ってほしくなかった。だから、彼は「ねえ、入っておいでよ。座ってサツマイモを食べなよ」と言った。

だが、カメが食べ物を取ろうと手を伸ばしたとき、クモは「待って。君の手を見て。とても汚いよ。この国では、食べる前には手を洗うんだよ。手を洗いに行ってきてください」と言った。

それは本当だった。カメの手は長旅で汚れていた。カメは手を洗いに川に降りて行った。カメが出かけている間に、クモは食べ始めた。カメが戻ってきたとき、サツマイモは半分なくなっていた。カメは席についた。カメが再びサツマイモを取ろうとすると、クモは「待って。君の手はまた汚いよ」と言った。

カメは自分の手を見た。カメは、もちろん歩くのに手を使った。そして川から戻ってくる途中に手が汚れてしまった。彼はまた、川に行った。今回は草の上を歩いて戻ってきた。だが、カメがクモの食卓に再びつくと、サツマイモはもうなかった。クモが全て食べてしまったのだ。

カメはクモを少しの間見た。それからカメは「夕食に招待してくれてありがとう。いつかぜひ、僕の家に夕食を食べにおいでよ」と言った。それから家を出て、ゆっくり帰路についた。

2、3日後、クモはお腹を空かせていた。彼にはもうサツマイモがなかった。クモはカメの言ったことを思い出した。「よし、そうしよう。ただで食事をしよう」と思った。だから、翌日クモはカメを訪ねた。カメは川の中にある自分の家の近くにいた。

「こんにちは。僕と一緒に夕食を食べませんか」とカメは言った。

「あ、いいよ。いいよ」とクモは言った。クモはとてもお腹を空かせていた。

「それじゃあ、少し待ってくれないか」とカメは言い、川に飛び込んだ。2、3分してカメは戻ってきた。「入っておいでよ。夕食の準備ができたよ」とクモに言った。カメは家に戻って、食事を始めた。

クモは川に飛び込んだが、潜れなかった。川の水面に留まった。体が軽すぎたからだ。必死に潜ろうと試みたが、そのたびにいつも水から浮かび上がってきてしまった。それからクモはある考えを思いついた。上着のポケットに岩をいくつか入れた。今回は潜り、川の底に留まった。

クモはカメと食卓についた。あらゆる種類のおいしい食べ物があった。ちょうどクモが食べ物をとろうとした際に、カメは「私の国では、上着を着たままで食事はしないよ。どうぞ上着を脱いでくれませんか」とクモに言った。カメの上着は椅子の後ろにかかっていた。

「もちろん」とクモは言った。だが、クモが上着を脱ぐとすぐに、クモは水から浮かび上がってしまった。クモは顔を水の中に入れ、見下ろした。すると、カメがゆっくりとテーブルにある食べ物を全て食べていた。

出典：Linda Jeffries Beatrice S. Mikulecky *Basic Reading Power 1, Third Edition* Pearson Education, Inc.

問1　各選択肢の意味は以下の通りである。それぞれの内容から、発言をしたのがカメなのかクモなのか、またその状況について把握すれば、適切に空所を補うことができるだろう。

ア　夕食に招待してくれてありがとう。

イ　あなたが持っているサツマイモをいくらかもらえますか。

ウ　とてもおいしそうですね。

エ　待って。君の手はまた汚いよ。

オ　夕食の準備ができたよ。

(　A　)　**イ　Could I please have some of your yams ?**

▶直後の he asked Spider に着目すると、空所は疑問文であることがわかる。また、お腹を空かせたカメの発言であることからも推測できる。

(　B　)　**エ　Stop !　Your hands are dirty again.**

▶カメがサツマイモを食べようとした際にクモが発言した内容で、直後にカメが自身の手を見ていることから考える。

（　C　）　ア　**Thank you for inviting me to dinner.**

▶カメの発言で、空所の直後で「いつかぜひ、僕の家に夕食を食べにおいでよ」と言っていることから、今回の夕食に招待してくれたお礼をクモに述べていると考えられる。

（　D　）　オ　**Dinner is ready.**

▶カメの発言で、空所の直前ではカメがクモに向かって「入っておいでよ」と声をかけ、直後ではカメが家に戻って食事を始めていることから、夕食の準備ができたことをクモに伝えたと考えられる。

問2　長文中の日本語がない整序英作文は、文法的な側面と内容的な側面から答えを導こう。

(1)　**he didn't want people to say bad things about him**

▶設問箇所の前後の内容と文法面の両方から考えてみよう。

前：クモは自分ひとりでサツマイモを全て食べたいと思っている。

後：クモがカメに向かって「座ってサツマイモを食べなよ」と言った。

上記よりクモはサツマイモを独り占めしたい気持ちを抑え、カメにそれを勧めている。その理由を推測すると、選択肢にdidn'tとwantがあることから、〈want 人 to ～〉「人に～してほしい」を用いて「クモは人に自分のことを悪く言ってほしくない」という意味の文を作れるとわかる。よって解答の文より、5番目が**ウ**、7番目が**イ**となる。

(6)　**people don't eat with their jackets on**

▶下線部の直後でカメがクモに向かって「どうぞ上着を脱いでくれませんか」と頼んでいるので、上着を着て何かをするのはおかしいということを伝えたい文だとわかる。文法的な側面としては、動詞はdon't eatと決まり、主語はpeopleである。前置詞のwithとonに着目すると、「(私の国では、)上着を着たままで食事はしない」となるようにwithを用いて〈with their jackets on〉と表し、people don't eat with their jackets onとつなげる。〈with O C〉で「OがCの状態で」という意味になり、通例Oには名詞、Cには状態を示す形容詞、副詞といったものが置かれる。よって正解は、5番目が**キ**、7番目が**ウ**。この場面はカメがクモに仕返しをしている部分であり、(6)の直前にあるIn my countryという言い方は以前、クモがカメに言ったIn this country, people ～と対比になっていることにも気づけるだろう。

問３　**手が汚れないようにするため。**（14字）

▶下線部は「今回は、カメは草の上を歩いて戻ってきた」という意味なので、カメがなぜそうしたのかを考えよう。１行前の記述から、カメが歩くのに手を使っているので、川から戻ってくる際に手が汚れてしまっていることがわかる。さらに２つ前の段落ではクモから、手が汚れているため、食べる前に手を洗ってくるように言われている。したがってカメは、草の上を歩くことで手を汚すことなく戻ってこようとしたと考えるのが自然である。

問４　最初の２語：**You must**　最後の２語：**some day**

▶お腹を空かせたクモが自分のところにはサツマイモがもうない状況で、カメの言葉を思い出した、という場面である。３文後にその翌日、クモがカメを訪ねたことが書かれているので、クモはカメのところに食べ物があるということを思い出し、このような行動をとったと考えられる。よって、カメの発言の中から、「カメのところで食事ができる」という内容を探せばよい。すると下線部(3)の４･３行前にあるYou must come to my house for dinner some day. が該当する。

問５　**ウ　ただで食事をしよう。**

▶下線部のfree mealの意味がポイント。freeには「自由な、暇な、無料の」などの意味がある。この場面では自分のところに食べ物がなくなりお腹を空かせたクモが"I'll have a free meal." と発言していることから、a free mealを「無料の食事」と解釈する。

問６　川の中で体が①（ **浮いてこないように** ）、上着のポケットに②（ **岩** ）を③（ **重り** ）として入れること。

▶下線部の直前では、クモが食事をするために必死に潜ろうとするが、体が軽すぎるので、そのたびに水面へ浮いてきて、食事にありつけない様子がわかる。そこでクモはある考えを思いついたという文脈であるが、その直後にあるHe put some rocks in the pockets of his jacket.「上着のポケットに岩をいくつか入れた」ことが「クモの体が軽すぎて水面に浮かんでしまう」のを防いだと考えられる。

問7 エ he popped up out of the water.「クモは水から浮かび上がってしまった」

▶直前でカメに上着を脱ぐように言われ、クモはそれに従った結果どうなったかを答える問題である。問6とも関連するが、体が水中から浮いてこないように上着のポケットに重りとして岩を入れていたので、それが入った上着を脱げば、当然クモの体は水中から浮いてくることが考えられる。この様子を表している選択肢はエである。他の選択肢の意味は次の通り。

ア クモは川からすぐに走り去った。

イ クモはできるだけたくさん食べた。

ウ クモは水の中に潜っていった。

6 長文読解総合

〔全訳〕

音と光は空気中を進むタイプのエネルギーである。私たちは何かを聞いたり、音楽に耳を傾けたり、電話で意思疎通をはかったりするのに音エネルギーを使う。日中ものを見るために太陽からの光エネルギーを、暗いときにものを見るためにランプからの光を用いる。

音は何かが振動する際に生じる。私たちが太鼓を叩くとき、太鼓は振動し、その結果、太鼓の周りの空気も振動する。音の振動は空気中のあらゆる方向に進む。この動きは音波と呼ばれる。音波は不可視である。つまり音波は目に見えないのである。音波が耳に届くと太鼓の音が聞こえる。

移動を伴うと、音はエネルギーを失い、弱くなる。そういうわけで、人が近くにいる場合にのみ、人が話しているのが聞こえる。音をある場所から別の場所に送るために、音波は電波に転換される。電波は空気中を長距離にわたって進むことができるタイプのエネルギーである。音波のように、電波は目に見えない。

携帯電話を使用する際、その電話は音波を電波に転換する。携帯電話は、電波を近くの(携帯電話)基地局に送る。(携帯電話)基地局は、かけている相手の近くにある(携帯電話)基地局に電波を送る基地局に、電波を送る。相手の携帯電話は、電話を受けた相手が電話をかけた人の声が聞こえるように電波を音波に戻す。

何かが光るとき、それは光を発している。ランプ、ロウソク、火、テレビや太陽は光るものだ。光エネルギーは光を発するものを起点にしてまっすぐ進む。光は空気、水、窓のような透明なものを通って進むことができる。壁、木、人のような不透明なものは通れない。

何か不透明なものが、光が通過するのを阻害したとき、影が生じる。影は不透明なものの反対側に生じる。そこでは光は届かないのだ。例えば、晴れた日に外に立つと、日光を遮断し、影を作る。透明な素材の中には光を妨げるものもあるので、薄い影を発生させることがある。

レーザーは機械が作るタイプの光である。それは多くの光エネルギーと熱エネルギーを持つとても細い光線である。レーザーは日光よりもさらに多くのエネルギーを持つ。CD プレーヤーやDVD プレーヤーのような多くの機械でレーザーは使われる。レーザーは大変多くのエネルギーを有しているので、金属を切断するのに工場で使われたり、目のような体の器官を手術するのに医者に使われたりする。

出典：Louise & Richard Spilsbury *Incredible Energy* OXFORD UNIVERSITY PRESS

問1　① **called**

▶「この動きは音波と(　　　)」。「この動き＝音波」と捉えられるので、「呼ばれる」となるようにすればよい。よってcalledが答えとなる。

② **reach**

▶１つ目の空所は「音波が耳に(　　　)と、太鼓の音が聞こえる」。２つ目の空所は「影は不透明なものの反対側に生じる。そこでは光は(　　　)ないのだ」。２つの空所に共通するのは「届く」を意味するreachである。

③ **send**

▶「音をある場所から別の場所に(　　　)ために、音波は電波に転換される」。音をどうするかを考えると、「送る」を意味するsendが適切。設問箇所の直前に不定詞を作るtoが与えられているため、原形のsendが答えとなる。

④ **stand**

▶「晴れた日に外に(　　　)と、日光を遮断し、影を作る」。「立つ」を意味するstandが答えとなる。

問2 (1) **イ 見えない**

▶ invisibleの説明は、続くダッシュ(—)以下にある。「音波は目に見えない」とあるので、正解はイ。

(2) **transparent**

▶ opaqueの意味を考える際に、opaqueを含む1文とその前文が対比関係になっていることに気づけたかがポイント。「光は空気、水、窓のようなtransparentものを通って進むことができる。壁、木、人のようなopaqueものは通れない」より、transparentは「透明な」、opaqueは「不透明な」と推測できる。よって、正解はtransparent。

問3 エ A：weaker B：more

▶空所Aに関して、音が移動し、エネルギーを失えばどうなるかを考えると、「弱くなる」が適切。空所Bに関しては、その後にthanがあるため比較級が入ることがわかる。また、It's a very thin beam of light that has a lot of light energy and heat energy.「それは多くの光エネルギーと熱エネルギーを持つとても細い光線である」と書かれていることから、「日光よりもさらに多くのエネルギーを持つ」と推測できる。以上から、空所Aにはweaker、空所Bにはmoreを補えばよい。

問4 英文整序の問題では、代名詞、冠詞に着目することが大切である。まず、それぞれの選択肢から、携帯電話を使用する際の電話の声が電話の受け手に届くまでの仕組みを説明すればよいとわかる。次に文法的なアプローチとして、冠詞のaは初めて登場する名詞に付き、theは一度出てきた名詞について述べる際に用いるという原則を確認しよう。そのうえで、文章を組み立てると、「携帯電話の使用→音波を電波に転換→(携帯電話が)電波を近くの基地局に送る→基地局が電波を送る→着信のあった携帯電話が(送られた)電波を音波に戻す」という流れになる。

ウ **When you use a cell phone, the phone converts sound waves into radio waves.**

「携帯電話を使用する際、その電話は音波を電波に転換する」

▶ a cell phoneに注目し、最初に持ってくる。

↓

エ **It sends the radio waves to a cell tower near you.**

「携帯電話は、電波を近くの(携帯電話)基地局に送る」

▶ It はウの the phone を示す。

↓

ア **The cell tower sends them to a base station that sends them on to a cell tower near the person you are calling.**

「(携帯電話)基地局は、かけている相手の近くにある(携帯電話)基地局に電波を送る基地局に、電波を送る」＝「(携帯電話)基地局は、その電波を基地局に送り、それから通話先の近くにある(携帯電話)基地局に電波を送る」

▶エの a cell tower near you がアでは the cell tower となっている。また、アの them(＝the radio waves)に注目する。

↓

イ **Their cell phone converts the radio waves back into sound waves so that they can hear you !**

「相手の携帯電話は、電話を受けた相手が電話をかけた人の声が聞こえるように電波を音波に戻す」

▶音声が相手に届くことから、イが最後だとわかる。ちなみにアで用いられている the person をイでは their や they で表現しているが、この問題での their、they が人を表していることは明らかであるし、性別をはっきりさせずに人を漠然と表すのに they を用いることはある。

問5 要約文の全訳と解説は以下の通りである。

〔全訳〕

音は光と共通点がある。音と光はエネルギーであり、空気中を伝わる(進む)。携帯電話で相手と話をするとき、その音波は電波に転換される。音波と違い、電波は長い距離を進むことができるので、私たちはたとえ相手と離れているときでも、携帯電話で話ができる。私たちは日常生活の中でランプ、ロウソク、レーザーといった光も用いている。レーザーは一種の光であり、多くのエネルギーを持っている。そのため医者が患者を治療するのにレーザーは役に立つ。医者は目を手術する際にレーザーを使うことがある。

(1) **カ something**

▶本文全体から「音と光に共通点がある」という意味になるように、「何か」を意味する something を補う。〈have[has] ～ in common (with…)〉は「～を(…と)共通に持つ」という意味である。

(2) **オ travel**

▶本文1行目ならびに12行目から「伝わる(移動する)」を意味する travel を補う。

(3) **イ changed**

▶問4のウ When you use a cell phone, the phone converts sound waves into radio waves.「携帯電話を使用する際、その電話は音波を電波に転換する」より、「音波は電波に転換される」となる。受動態なので、changed を補う。

(4) **キ talk**

▶問4のイ Their cell phone converts the radio waves back into sound waves so that they can hear you!「相手の携帯電話は、電話を受けた相手が電話をかけた人の声が聞こえるように電波を音波に戻す」とあるため、たとえ相手と離れているときでも、携帯電話を用いて「話ができる」と考えられる。can の直後なので、原形の talk を補う。

(5) **ク a lot of**

▶本文最後から3・2行目より、レーザーは「多くのエネルギーを持っている」と書かれているため a lot of を補う。コの many は可算名詞に用いるため不可。

(6) **ウ eyes**

▶本文最終文より、「医者は目のような体の器官を手術するのにレーザーを使う」となる。よって、「目」を意味する eyes を補う。

問6 それぞれの解答の根拠は以下の通りである。

ア 音波は空気中をあらゆる方向に進む。→ **T**

▶本文5・6行目に The vibrations of sound travel through the air in all directions.「音の振動は空気中のあらゆる方向に進む」と書かれているため正しい。

イ 音波は遠く離れたところにも到達することができる。→ **F**

▶本文11・12行目に Radio waves are a type of energy that can travel a long distance through the air.「電波は空気中を長距離にわたって進むことができるタイプのエ

ネルギーである」とある。遠く離れたところにも到達できるのは音波ではなく、電波であるため、一致しない。

ウ　レーザーは光の一種であり、熱エネルギーを持たない。→ **F**

▶本文最後から5･4行目にIt's a very thin beam of light that has a lot of light energy and heat energy.「それは多くの光エネルギーと熱エネルギーを持つとても細い光線である」と書かれているため一致しない。

エ　光エネルギーは、空気など光を通すものの中をまっすぐに進む。→ **T**

▶下線部(イ)を含む文の前にLight energy travels from luminous things in straight lines. Light can move through transparent things like air ～「光エネルギーは光を発するものを起点にしてまっすぐ進む。光は空気～のような透明なものを通って進むことができる」と書かれているため正しい。

数学 第2回 解答

1

(1)	$9x^2y^4$	(2)	$3\sqrt{2}$
(3)	$x=$ 0, 3	(4)	$\frac{1}{6}$
(5)	24.5 度		

(5点×5)

2

(1)	36 °	(2)①	$\frac{3}{2}x$ %
(2)②	$x=$ 12		

(5点×3)

3

(1)	$y=-x+3$	(2)	2 : 1
(3)①	E(12 , 6)		
(3)②	〈解法欄〉 ※解説ページ参照	(答)	$y=\frac{9}{10}x$

((1)(2)(3)① 5点×3, (3)② 7点)

4

(1)	<15> = 3		『15』= 5
(2)	<x> = 2	(3)	$x=$ 99

((1) 2点×2, (2)(3) 5点×2)

5

(1)	$\frac{45}{2}$ °		
(2)ア	AE	(2)イ	$\frac{45}{2}$
(2)ウ	DAE	(2)エ	1組の辺とその両端の角
(3)	$\frac{10+7\sqrt{2}}{4}$		

((1)(3) 5点×2, (2) 1点×4)

6

(1)	1 : 2	(2)	24

(5点×2)

解説

1 小問集合

(1) $(-3xy)^3 \div 6x^2y \times (-2xy^2) = -27x^3y^3 \times \dfrac{1}{6x^2y} \times (-2xy^2) = 9x^2y^4$ …(答)

(2) $(\sqrt{2}+1)^2 - \dfrac{3\sqrt{2}-2}{\sqrt{2}} = 2+2\sqrt{2}+1-(3-\sqrt{2}) = 3\sqrt{2}$ …(答)

(3) $(x-3)(2x+3)=3x-9$，$(x-3)(2x+3)=3(x-3)$，$(x-3)(2x+3)-3(x-3)=0$，
$(x-3)(2x+3-3)=0$，$2x(x-3)=0$，$x=0$，3 …(答)

(4) $\sqrt{2(a+b)}$ が整数になるとき，$2(a+b)$が平方数になればよい。

このとき，$a+b=2\times m^2$（mは自然数）で表され，a，bはサイコロの目なので，
$2 \leqq a+b \leqq 12$ より，$a+b=2\times1^2=2$，$a+b=2\times2^2=8$

よって，これを満たすa，bの値は，
$(a, b)=(1, 1)$，$(2, 6)$，$(3, 5)$，$(4, 4)$，$(5, 3)$，$(6, 2)$の6通り

したがって，求める確率は，$\dfrac{6}{36}=\dfrac{1}{6}$ …(答)

(5) （各曜日の最高気温）－（6日間の最高気温の平均）を表にすると，以下のようになる。

	月	火	水	木	金	土
（各曜日の最高気温）－（6日間の最高気温の平均）	x	0	＋2	＋1	－2	＋1

上の表の月曜日の値をxとすると，$x+0+2+1-2+1=0$，$x=-2$

したがって，月曜日の最高気温は，$24-2=22$（度）

データ数（曜日）が偶数個なので，中央値は中央の2つの値の平均となる。

最高気温を低いものから順に左から並べると，22，22，24，25，25，26となるので，
求める中央値は，$\dfrac{24+25}{2}=24.5$（度） …(答)

2 小問集合

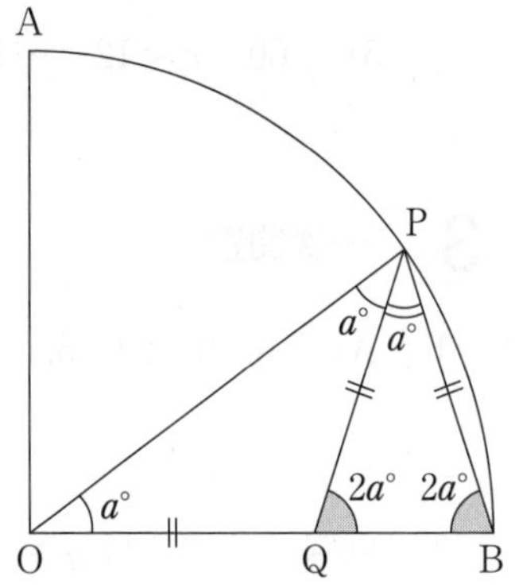

(1) 点OとPを結ぶと，△OBPはOB＝OPの二等辺三角形であり，△QOPも仮定より，QO＝QPの二等辺三角形である。

ここで，∠QOP＝∠QPO＝$a°$とすると，三角形の外角の定理より，

∠PQB＝∠QOP＋∠QPO＝$2a°$

仮定より，△PQBはPQ＝PBの二等辺三角形なので，

∠PBQ＝∠PQB＝$2a°$

以上より，∠BPQ＝∠BPO－∠QPO
＝∠PBO－∠QPO
＝$2a° - a°$
＝$a°$

となるので，△OBPの内角の和に注目すると，

$a° + 2a° + 2a° = 180°$，$a = 36$より，∠BPQ＝36°　…(答)

(2)① 容器Aには濃度x%の食塩水が150 g入っているので，この中に溶けている食塩の量は，$150 \times \frac{x}{100} = \frac{3}{2}x$(g)

水を蒸発させても食塩の量は$\frac{3}{2}x$(g)のままなので，水を50g蒸発させた後の濃度は，$\frac{\frac{3}{2}x}{100} \times 100 = \frac{3}{2}x$(%)　…(答)

② 容器Bには濃度x%の食塩水が100 g入っているので，この中に溶けている食塩の量は，$100 \times \frac{x}{100} = x$(g)

水を入れても食塩の量はx gのままなので，水を50 g入れた後の濃度は，

$\frac{x}{150} \times 100 = \frac{2}{3}x$(%)

容器Aの濃度が容器Bの濃度より10%高いので，$\frac{3}{2}x-\frac{2}{3}x=10$，$9x-4x=60$，

$5x=60$，$x=12$　…(答)

3　一次関数

(1)　A$(-6,\ 9)$とC$(6,\ -3)$を通るので，直線ACの式は，$y=-x+3$　…(答)

(2)　直線ACの式は$y=-x+3$，直線OBの式は$y=\frac{1}{2}x$より，2直線の交点Dの

x座標は，$-x+3=\frac{1}{2}x$，$x=2$

よって，AD : DC＝(A，Dのx座標の差) : (D，Cのx座標の差)

$=\{2-(-6)\} : (6-2)=2 : 1$　…(答)

(3)①　(2)より，(四角形OABC)＝3×△OBCより，△OCE＝3×△OBC

したがって，Eは半直線OB上のOB : OE＝1 : 3となる点なので，x座標は，

$4\times3=12$

よって，E$(12,\ 6)$　…(答)

②　(2)より，

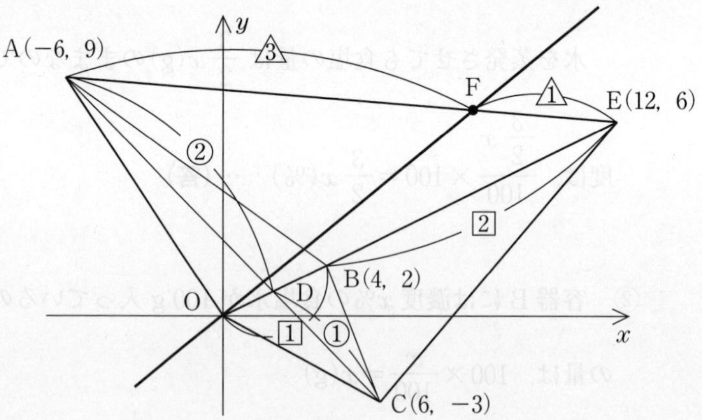

△EAO : △EOC

＝AD : DC＝2 : 1

ここで，求める直線と辺AEとの交点をFとし，△EOC＝Sとおくと，

(四角形OCEA)

＝△EOA＋△EOC

$=2S+S=3S$より，

△OAF＝$\frac{3}{2}S$，△OFE＝$\frac{1}{2}S$

したがって，$AF:FE=\frac{3}{2}S:\frac{1}{2}S=3:1$ より，

F は線分 AE を 3：1 に内分する点になるので，

$F\left(\frac{-6\times1+12\times3}{3+1},\ \frac{9\times1+6\times3}{3+1}\right)$，$F\left(\frac{15}{2},\ \frac{27}{4}\right)$

よって，求める直線は，原点と $F\left(\frac{15}{2},\ \frac{27}{4}\right)$ を通るので，$y=\frac{9}{10}x$　…(答)

4 整数

(1) 15 の約数を小さい方から書き出すと，1，3，5，15 となる。

よって，<15>＝3，『15』＝5　…(答)

(2) 約数に 4 があるということは，x は 4 の倍数であり，つまり偶数(2 の倍数)である。

よって，約数に 2 も存在するので，最も小さい約数である 1 と，3 番目に小さい約数である 4 の間にある <x> は 2 である。

以上より，<x>＝2　…(答)

(3) (2)と同様に考えると，x は 9 の倍数であり，つまり 3 の倍数でもある。

よって，<x>＝3 である。

最も小さい約数である 1 と <x>＝3，『x』＝9 の間には，何も約数が存在しないので，x を素因数分解したときの素因数には 2，5，7 は含まれない。

ここで，$x=3^2\times m$(m は 1 や素数，またはそれらの積。ただし，2，5，7 は含まない)とおくと，m にあてはまる整数は小さいほうから，$m=1$，3，3^2，11，13，17…となるので，x のなかで小さいほうから 4 番目の数は，$x=3^2\times11=99$　…(答)

5 平面図形

(1) △ABC は直角二等辺三角形より，∠ACB＝45°

線分 CD は∠ACB の二等分線より，

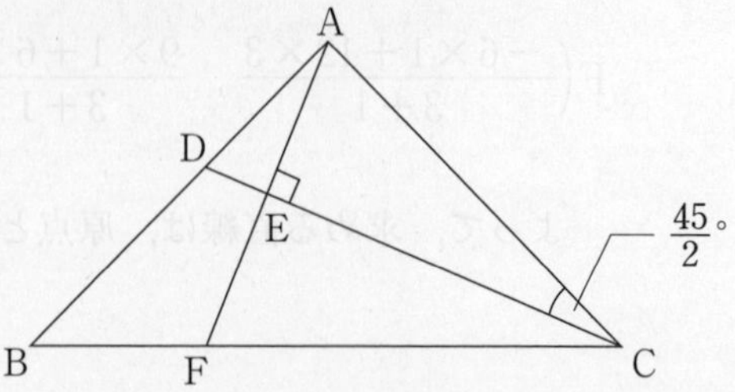

$\angle ACD = 45° \times \frac{1}{2} = \frac{45}{2}°$

AE⊥CD より，∠AEC＝90°

△ACE に注目すると，

$\angle CAE = 180° - \left(90° + \frac{45}{2}°\right) = \frac{135}{2}°$

よって，∠BAF＝90°－∠CAE

$= 90° - \frac{135}{2}° = \frac{45}{2}°$ …(答)

(2) (証明)

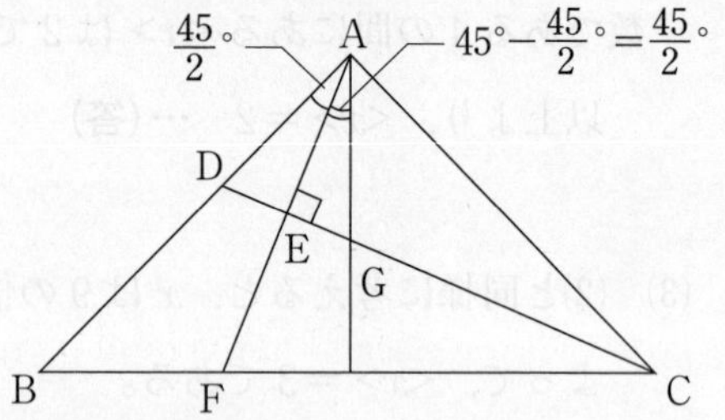

△ADE と△AGE において，辺 (ア)AE は共通 …①

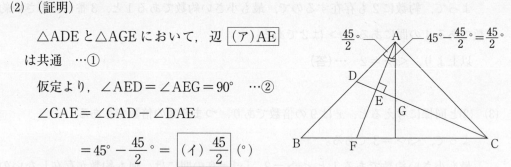

仮定より，∠AED＝∠AEG＝90° …②

∠GAE＝∠GAD－∠DAE

$= 45° - \frac{45}{2}° =$ (イ) $\frac{45}{2}$ (°)

よって，∠ (ウ)DAE ＝∠GAE …③

①，②，③より，

(エ) 1組の辺とその両端の角 がそれぞれ等しいので，△ADE≡△AGE

よって，対応する辺の長さは等しいので，AD＝AG

(証明終わり)

(3)　△CAG と△ABF において，

仮定より，CA＝AB，∠CAG＝∠ABF＝45°

(1)より，$\angle ACG = \angle BAF = \dfrac{45}{2}$°

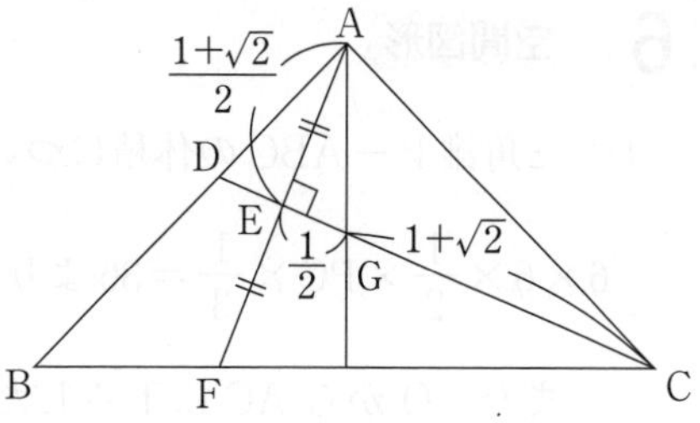

以上より，1 組の辺とその両端の角がそれぞれ等しいので，△CAG≡△ABF であり，

対応する辺の長さが等しいので，$CG = AF = 1 + \sqrt{2}$

また，△CAE と△CFE において，CE は共通

仮定より，∠ACE＝∠FCE，∠AEC＝∠FEC＝90°

以上より，1 組の辺とその両端の角がそれぞれ等しいので，△CAE≡△CFE であり，

対応する辺の長さが等しいので，$AE = FE = \dfrac{1}{2}AF = \dfrac{1+\sqrt{2}}{2}$

(2)より，△ADE≡△AGE なので，$DE = GE = \dfrac{1}{2}DG = \dfrac{1}{2}$

よって，

$$\begin{aligned}
\triangle ABC &= \triangle ABF + \triangle CAF \\
&= \triangle CAG + \triangle CAF \\
&= CG \times AE \times \frac{1}{2} + AF \times CE \times \frac{1}{2} \\
&= (1+\sqrt{2}) \times \frac{1+\sqrt{2}}{2} \times \frac{1}{2} + (1+\sqrt{2}) \times \left(1+\sqrt{2}+\frac{1}{2}\right) \times \frac{1}{2} \\
&= (1+\sqrt{2}) \times \frac{1}{2} \times \left\{\frac{1+\sqrt{2}}{2} + \left(1+\sqrt{2}+\frac{1}{2}\right)\right\} \\
&= (1+\sqrt{2}) \times \frac{1}{2} \times \frac{4+3\sqrt{2}}{2} \\
&= \frac{10+7\sqrt{2}}{4}
\end{aligned}$$

…**(答)**

6 空間図形

(1) 三角錐 P－ABC の体積について，

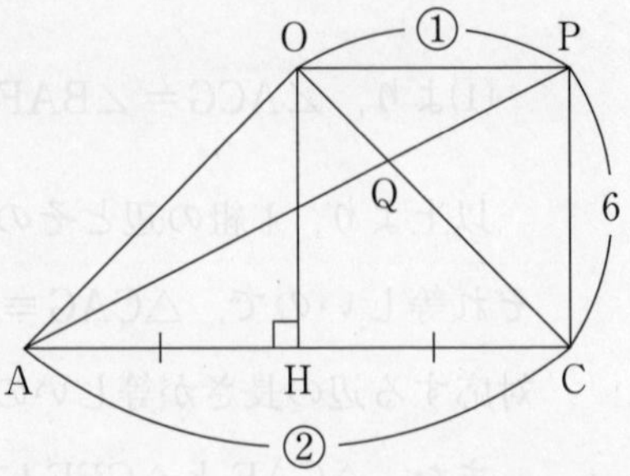

$6\times6\times\dfrac{1}{2}\times PC\times\dfrac{1}{3}=36$ より，$PC=6$

また，O から AC に下ろした垂線の足を H とすると，OH＝6 より，OP//AC

△OAC は二等辺三角形より，AH＝HC

よって，点 O，A，C，P を通る平面を取り出して考えると，右図において，

△QOP∽△QCA より，OQ：QC＝OP：CA＝HC：CA＝1：2　…(答)

(2) 2 つの錐体が重なる立体は，右上図における三角錐 Q－ABC になる。

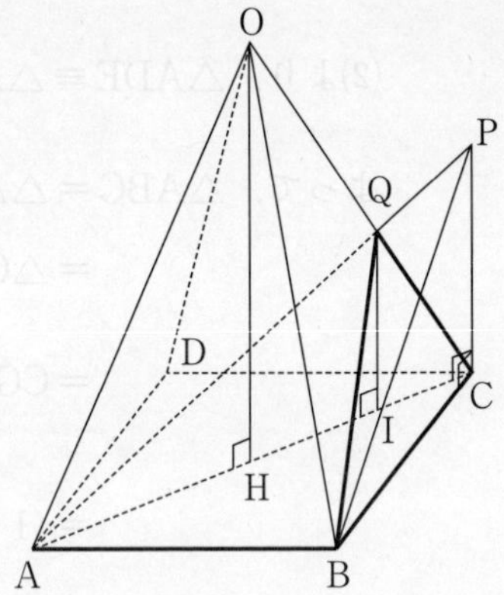

Q から AC に下ろした垂線の足を I とすると，

$6\times6\times\dfrac{1}{2}\times QI\times\dfrac{1}{3}=18$ より，$QI=3$

右下図において，△CQI∽△COH より，

CQ：CO＝QI：OH＝1：2

したがって，HI：IC＝1：1

これと AH＝HC より，

AH：HI：IC＝2：1：1

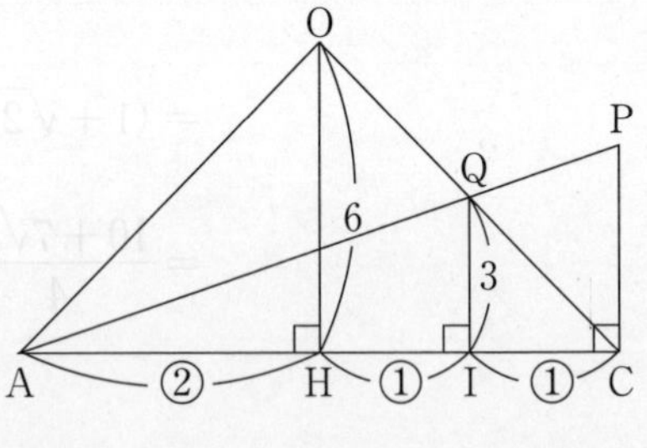

よって，△AQI∽△APC より，

QI：PC＝AI：AC＝3：4 となるので，

$(\text{三角錐 P－ABC})=\dfrac{4}{3}\times(\text{三角錐 Q－ABC})$

$=\dfrac{4}{3}\times18=24$　…(答)

理科　第2回 解答

1

(1)	ウ	(2)	エ	(3)	イ	(4)	ア
(5)	キ	(6)	細い弦にする。				

(3)(5) 2点×2　他3点×4

2

(1)	ウ	(2)	0.34 g	(3)	イ	(4)	ア
(5)	39 %	(6)	(図)				

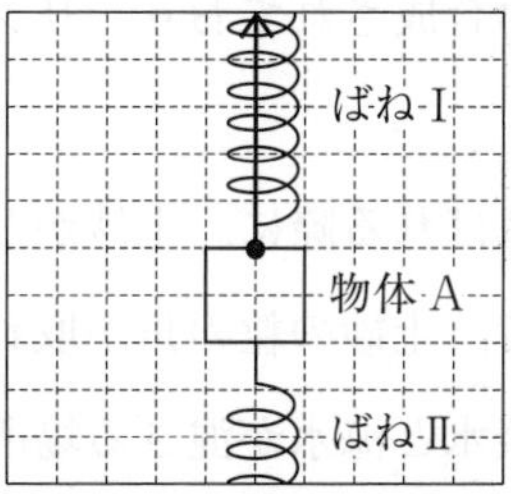

(1)(5) 2点×2　他3点×4

3

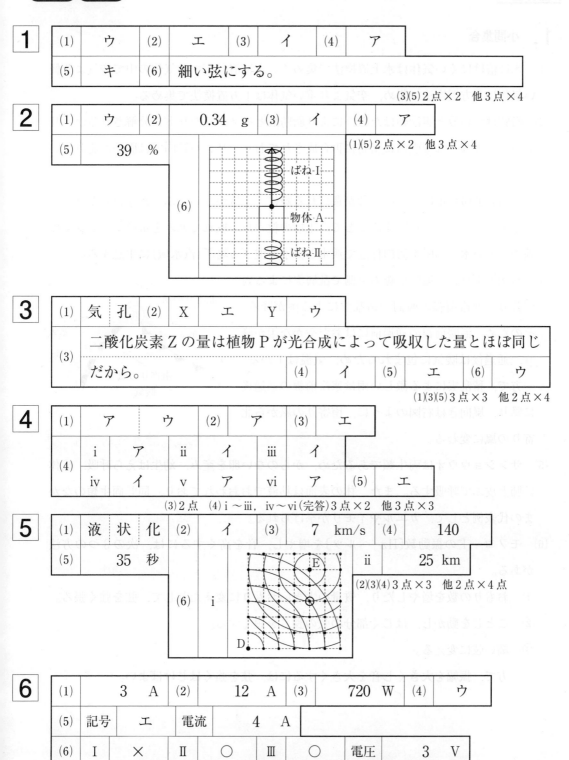

(1)	気孔	(2)	X エ	Y ウ			
(3)	二酸化炭素Zの量は植物Pが光合成によって吸収した量とほぼ同じだから。	(4)	イ	(5)	エ	(6)	ウ

(1)(3)(5) 3点×3　他2点×4

4

(1)	ア　ウ	(2)	ア	(3)	エ		
(4)	i ア	ii イ	iii イ				
(4)	iv イ	v ア	vi ア	(5)	エ		

(3) 2点　(4) i～iii，iv～vi (完答) 3点×2　他3点×3

5

(1)	液状化	(2)	イ	(3)	7 km/s	(4)	140
(5)	35 秒	(6)	i (図)	ii	25 km		

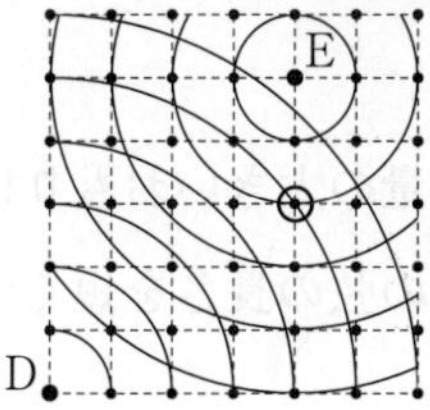

(2)(3)(4) 3点×3　他2点×4点

6

(1)	3 A	(2)	12 A	(3)	720 W	(4)	ウ
(5)	記号 エ	電流 4 A					
(6)	I ×	II ○	III ○	電圧 3 V			

(3) 3点　(6) I～III (完答) 2点　他2点×6

解説

1 小問集合

(1) 水に溶けにくい気体は水上置換法で集める。水に溶けやすい気体の中で空気より軽い気体は上方置換法で集め，空気より重い気体は下方置換法で集める。

(2) 脂肪はすい液と胆汁のはたらきにより脂肪酸とモノグリセリドに分解されるが，リンパ管に吸収される直前に脂肪に再合成されており，リンパ管内では脂肪が流れている。

(3) 河川の運搬作用によって土砂が運ばれる際に，土砂が互いにぶつかり合ったり，土砂と地面がぶつかったりすることで，土砂の粒の角が取れて丸みを帯びる。シジミは湖などの淡水の場所や河口付近で淡水と海水が混ざる場所(汽水域)に生息する。

(4) 右図のように，温暖前線の東側で乱層雲による雨が降り，寒冷前線の西側で積乱雲による雨が降る。そのため，温暖前線の通過前にはおだやかな雨が降り，通過後は暖気に包まれるため，気温は上がる。一方で，積乱雲による激しい雨は寒冷前線の通過後に降り，風向きは右図のように，南寄りの風から北寄りの風に変わる。

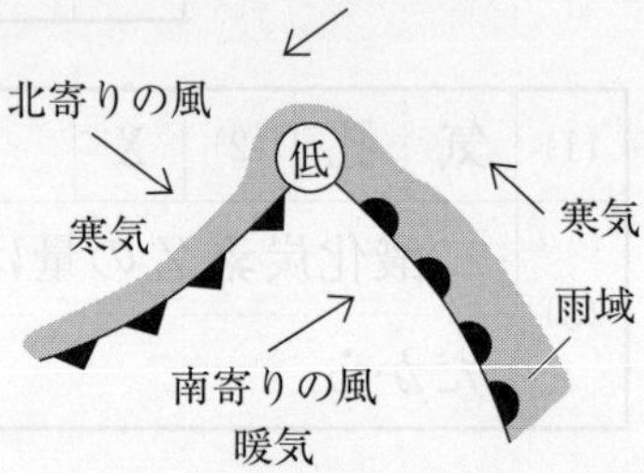

(5) サンショウウオは両生類であるため，からのない卵を産み，幼生はえら呼吸，成体は肺と皮ふで呼吸する。また，体の表面は粘液でおおわれており，同じ両生類のなかまの代表例として，カエルやイモリが挙げられる。

(6) モノコードの振動数〔Hz・ヘルツ〕を増やし，音を高くするには，次の3つの方法がある。

① おもりの数を増やしたり，質量の大きいおもりに変えたりして，弦を強く張る。

② ことじを動かし，はじく部分の弦の長さを短くする。

③ 細い弦に変える。

一方で，振幅を大きくし音を大きくするには，弦を強くはじけばよい。

2 小問集合

(1) 凸レンズからの距離が，焦点距離の2倍の位置である24.0 cmの位置に物体を置いたとき，実像は凸レンズからの距離が24.0 cmの位置に置いたスクリーン上にはっきりとうつし出され，物体と実像の大きさは同じになる。凸レンズからの距離が36.0 cmの位置に物体を置いたとき，24.0 cmの位置よりも凸レンズから物体を遠ざけているため，実像は24.0 cm離れた位置から凸レンズに近づき，物体よりも小さくなる。

(2) 0.20 gのマグネシウムの粉末が塩酸と反応したときに水素が200 cm^3発生していることから，0.10 gのマグネシウムの粉末が塩酸と反応すると，水素が100 cm^3発生することがわかる。マグネシウムの粉末を0.80 g，1.00 g加えたとき，水素が660 cm^3しか発生していないことから，10.0％の塩酸20.0 cm^3は，0.66 gのマグネシウムと過不足なく反応することがわかる。よって，1.00〔g〕－0.66〔g〕＝0.34〔g〕のマグネシウムが塩酸と反応せずに残っている。

(3) 肺のまわりの空間である胸腔の気圧を下げることで，肺の中に空気が入ってくる。よって，ヒトが息を吸うときは，ろっ骨を上げて横隔膜を下げることで胸腔を広げ，胸腔内の気圧を下げている。

(4) 図2より，地点Aの地表面の標高は80 mである。よって，地点Aの地下で標高40～60 mにあるのは，地表面からの深さが40～20 mの範囲の地層であり，砂岩の地層の上にれき岩の地層が堆積している。れき岩よりも粒が小さい砂岩の方が遠くまで運ばれて堆積するため，海のより深いところで堆積する。砂岩の地層かられき岩の地層に変わっていることから，海の深さが浅くなったと考えられる。

(5) 硝酸カリウムは40℃の水100 gに64 gまで溶けることから，40℃の水50 gには32 gまで溶ける。よって，$\frac{32}{50+32}\times 100 \fallingdotseq 39$〔%〕となる。

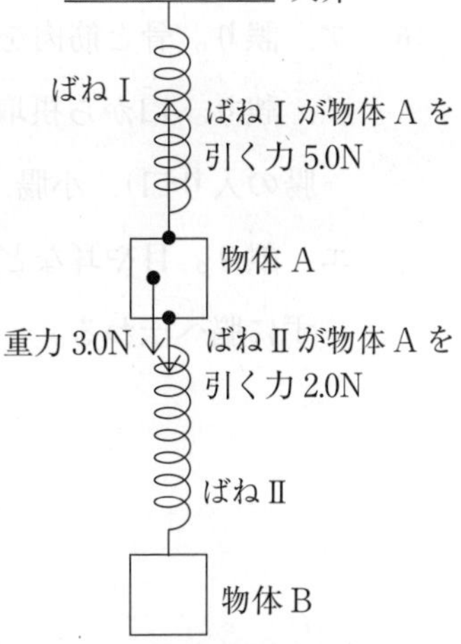

(6) 右図のように，物体Aにはたらく下向きの力は，重力とばねⅡが引く力である。重力は3.0 N，ばねⅡが引く力は物体Bの重さである2.0 Nであることより，物体Aにはたらく下向きの力の合計は5.0 Nである。よって，ばねⅠが物体Aを上向きに引く力は5.0 Nとなる。

3 植物・動物

⑵ 種子でふえる植物，胞子でふえる植物について，分類ごとにまとめると下の図のようになる。シイタケなどのキノコは胞子によってふえるが，葉緑体をもたない菌類である。

種子でふえる植物	被子植物	双子葉類	離弁花類	アブラナ，エンドウなど
			合弁花類	キク，アサガオ，ツツジなど
		単子葉類		イネ，トウモロコシ，ネギなど
	裸子植物			マツ，イチョウ，ソテツ，スギなど
胞子でふえる植物	シダ植物			イヌワラビ，ゼンマイ，スギナなど
	コケ植物			ゼニゴケ，スギゴケなど

⑶ バイオエタノールは，植物を原料としてつくられる燃料である。植物が成長していく過程で光合成によって二酸化炭素を吸収していることから，植物からつくられたバイオエタノールを燃焼させても，二酸化炭素は発生するが大気中の二酸化炭素の濃度は変わらないと考えられる。

⑷ 1年間の中で二酸化炭素の濃度が低下する時期があるのは，植物がさかんに光合成を行い，二酸化炭素を吸収するためである。北半球で植物の数量が多く，光合成も活発になるのは夏であり，夏から秋にかけて二酸化炭素の濃度は低くなる。

⑸ 動脈は心臓から出る血液が流れる血管であり，静脈は心臓に戻ってくる血液が流れる血管である。動脈血はどの血管を流れているかは関係なく，二酸化炭素に比べて酸素が多く含まれている血液である。したがって，静脈に動脈血が流れることもある。

⑹ ア．誤り。骨と筋肉をつなぐ部分を腱，骨と骨をつなぐ部分を関節という。

イ．誤り。口から摂取された食べ物は，ヒトの体内で口，食道，胃，十二指腸(小腸の入り口)，小腸，大腸の順に通過する。すい臓や肝臓は通過しない。

エ．誤り。目や耳など頭部にある感覚器官で受け取った刺激は，せきずいを経由せずに脳へ伝わる。

4 物質の特徴

(1) 化合物は，純物質のうち，2種類以上の元素でできている物質である。塩酸は，化合物の塩化水素と，化合物の水の混合物である。

(2) 酸化銀を加熱すると，銀と酸素に分解される。

(3) 地球の大気は，おおよそ，窒素78%，酸素21%，アルゴン0.93%，二酸化炭素0.04%となっている。

(4) 一般的な物質(この問題ではろうにあたる)は，固体から液体になるとき，質量が変わらずに体積が大きくなるので，密度は小さくなる。液体に固体を入れたとき，液体の密度と固体の密度を比べ，液体の方が大きければ固体は浮き，液体の方が小さければ固体は沈む。よって，一般的な物質では，液体の中に入れた同じ物質の固体は沈む。一方，水は水素結合により，固体が液体になるときに体積が小さくなって密度が大きくなるため，水の中に入れた氷は浮く。

(5) 一般的に，固体の物質を水に溶かすとき，温度が高い方が溶けやすい。一方，気体の物質は温度が高いと気体の分子が空気中に飛び出てしまうため，温度が低い方が水に溶けやすい。また，圧力が高いほど，気体は水に溶けやすい。

5 地震

(2) マグニチュードの値が1大きくなったとき，地震のエネルギーがx〔倍〕であるとおくと，マグニチュードの値が2大きくなったときには，x^2〔倍〕である。つまり，$x^2=1000$ より，$x=10\sqrt{10}=31.6\cdots\fallingdotseq 32$〔倍〕と求められる。この設問では，選択肢の中から，2乗したときに1000に近くなる値を選べばよい。

(3) P波は初期微動を起こすので，P波の伝わる速さは，問題の表より，$(196-56)$〔km〕$\div 20$〔秒〕$=7$〔km/s〕である。

(4) 震源距離は初期微動継続時間に比例する。震源距離が56 kmの地点Aでの初期微動継続時間が6秒で，地点Bでの初期微動継続時間は15秒である。地点Bの震源距離をy〔km〕とおくと，$56:y=6:15$ より，$y=56\times\dfrac{15}{6}=140$〔km〕である。

(5) 地震計でP波を観測するのは，28〔km〕$\div 7$〔km/s〕$=4$〔秒〕より地震発生から4秒後，地点Cで緊急地震速報が伝えられるのは，$4+10=14$〔秒〕より地震発生から14

秒後である。地点ＣでＳ波による主要動が観測された10時29分37秒と地震が発生した10時28分48秒の差をとれば，地点ＣでＳ波が観測されるのは地震発生から49秒後である。以上より，地点Ｃで緊急地震速報が伝えられてからＳ波が到達するまでの時間は，49－14＝35〔秒〕である。

(6) i　右図のように，地点Ｄから震央距離50 kmの部分を通る円と，地点Ｅから震央距離20 kmの部分を通る円の交点が震央である。

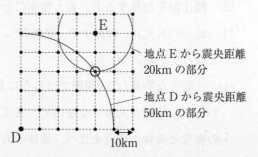

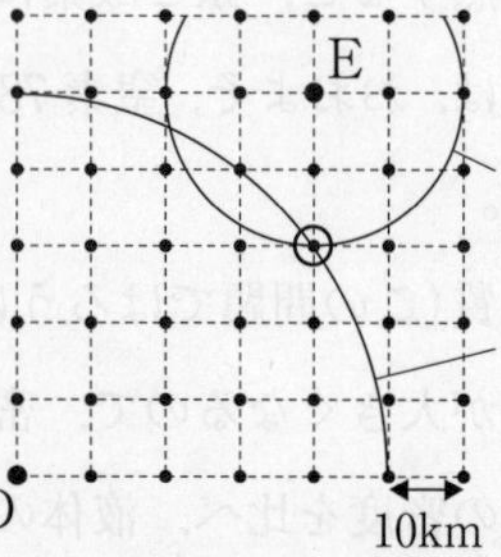

ii　地点Ｅ，震央，震源を作図すると，右図のようになる。問題の図3のような辺の長さが3：4：5の直角三角形を用いて，地点Ｅの震源距離を求めると，

$20 \times \frac{5}{4} = 25$〔km〕である。

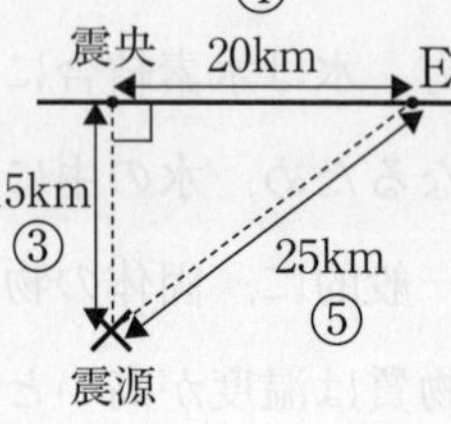

6 電流

(1) 抵抗Ｐと抵抗Ｑの直列回路である。回路全体の抵抗は20 Ωとなるため，電源装置の電圧の値が60 Vのときは，回路全体に3 Aの電流が流れる。

(2) 抵抗Ｒと抵抗Ｓの並列回路である。回路全体の抵抗は5 Ωとなるため，電源装置の電圧の値が60 Vのときは，回路全体に12 Aの電流が流れる。

(3) (2)より，回路全体に流れる電流は12 Aなので，60〔V〕×12〔A〕＝720〔W〕となる。

(4) ア：電力〔W〕＝電流〔A〕×電圧〔V〕であり，抵抗にかかる電圧が2倍になると，抵抗に流れる電流も2倍となるため，電力は4倍となる。

イ：電流計や電圧計の－端子は，電源装置の－極とつながるようにする。

ウ：抵抗を並列につないでいくと，合成抵抗の大きさは小さくなっていくため，流れる電流の大きさは大きくなっていく。

エ：二つの抵抗が直列に接続されているとき，それぞれの抵抗にかかる電圧の大きさの比は，それぞれの抵抗の大きさの比となる。

(5) 電源装置の電圧(120 V)が電圧計の－端子の値(300 V)よりも小さいので，電圧計の針が振り切れることはない。よって，電流計の針が振り切れなければよいので，回路に流れる電流の値が最も小さい場合を考える。回路全体の抵抗の大きさが最も大きくなるのは，スイッチⅢを入れてスイッチⅡを切った場合(スイッチⅠは入れても切ってもどちらでもよい)にできる，抵抗P，S，Tの直列回路である。このとき，回路全体の抵抗の大きさは30 Ωより，回路に流れる電流は，120〔V〕÷30〔Ω〕＝4〔A〕となる。よって，5 A端子を使用している電流計の針が振り切れることはない。

(6) スイッチⅡとⅢの両方を切った場合は，スイッチⅠの状態に関わらず回路に電流が流れないので，考えなくてよい。それぞれのスイッチの組み合わせについて，電圧計で挟まれた右側の部分の抵抗，回路全体の合成抵抗，抵抗Pと右側の抵抗の比について考えると，下の表の通りである。

まず，電流計に流れる電流が0.5 A(500 mA)のとき，回路全体の合成抵抗は7.5〔V〕÷0.5〔A〕＝15〔Ω〕なので，合成抵抗が15 Ωより小さい回路(b)は電流計が振り切れてしまう。次に，抵抗Pと電圧計に挟まれた右側の部分を直列回路とみなすと，かかる電圧の比は抵抗の比に等しい。電圧計にかかる電圧が3 Vのとき，抵抗Pにかかる電圧と電圧計の値の比は4.5：3＝3：2で，これは抵抗の比に等しい。これよりも抵抗Pの抵抗の比が小さい回路(c，d，f)は，電圧計が振り切れてしまう。以上より，電流計と電圧計の両方が振り切れないという条件にあてはまる回路は，回路aとeのみである。

回路	スイッチⅠ	スイッチⅡ	スイッチⅢ	右側の抵抗	合成抵抗	抵抗の比
a	○	○	×	5 Ω	15 Ω	2：1
b	○	○	○	4 Ω	14 Ω	5：2
c	○	×	○	20 Ω	30 Ω	1：2
d	×	×	○	20 Ω	30 Ω	1：2
e	×	○	○	$\frac{20}{3}$ Ω	$\frac{50}{3}$ Ω	3：2
f	×	○	×	10 Ω	20 Ω	1：1

実際に，スイッチⅡとⅢを入れた回路は，次ページの図のようになる。並列に接続されている抵抗S，Tと抵抗Rの合成抵抗の大きさは，$\frac{1}{20}+\frac{1}{10}=\frac{3}{20}$より，$\frac{20}{3}$〔Ω〕となる。さらに，直列に接続されている抵抗Pを合わせると，回路全体の抵抗の大

きさは，$10〔\Omega〕+\dfrac{20}{3}〔\Omega〕=\dfrac{50}{3}〔\Omega〕$

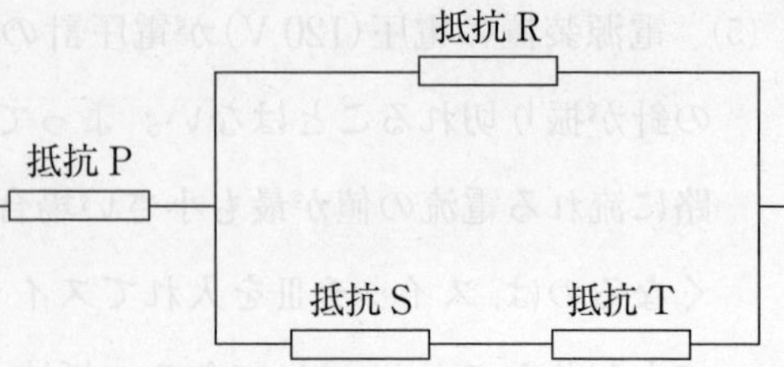

となる。よって，電源装置の電圧の値が 7.5 V より，電流計には，

$7.5〔V〕\div\dfrac{50}{3}〔\Omega〕=0.45〔A〕=450〔mA〕$の

電流が流れるため，500 mA 端子を使用している電流計の針が振り切れることはない。

次に，0.45 A の電流は抵抗 S，T 側と抵抗 R 側に抵抗の大きさの逆比で分かれて流れるため，抵抗 S，T には 0.15 A，抵抗 R には 0.3 A の電流が流れる。したがって，抵抗 R では，$0.3〔A〕\times 10〔\Omega〕=3〔V〕$の電圧がかかるため，電圧計にも 3 V の電圧がかかるが，3 V 端子を使用している電圧計の針は最大目盛りを示し，針が振り切れることはない。

社会 第2回 解答

1

問1	オ	問2	イ	問3	A-イ B-エ C-ウ D-ア	問4	イ				
問5	7月 4 日 午後9 時	問6	(1)	傾斜地							
問6	(2)	農作業の機械化に向かないため。									
問7	(1)	ウ	(2)	ウ	問8	(1)	マオリ	(2)	エ		

各2点×11問＝22点

2

問1	ア	問2	エ	問3	(1)	A-ウ B-イ C-エ D-ア					
問3	(2)	A-ウ B-イ C-ア D-エ	(3)	イ	問4	(1)	D	(2)	ア		
問5	エ	問6	(1)	イ	(2)	エ					
問6	(3)	過疎化が進んでいるうえに面積が大きい県が多く、居住区が分散すると行政サービスが行き届かなくなるため。									

各2点×11問＝22点

3

問1	ウ	問2	カ	問3	ウ	問4	イ→ウ→ア→エ				
問5	(1)	足利義満	(2)	ウ	問6	イ	問7	(1)	イ		
問7	(2)	イ	問8	紙	問9	エ					

各2点×11問＝22点

4

問1	エ	問2	ウ	問3	A	版籍奉還	B	廃藩置県	問4	エ	
問5	第一次世界大戦による好景気で工業製品の輸出・生産が拡大したため。	問6	ウ								
問7	イ	問8	普通選挙法の制定	問9	ウ	問10	Ⅱ				

各2点×11問＝22点

5

問1	エ	問2	ウ	問3	エ	問4	(1)	オ	(2)	ク
問5	最高法規									

各2点×6問＝12点

解説

1　世界地理

問１　陸地と海洋の面積の割合はおよそ３対７である。また、陸地に存在する水は、地球上の水の2.6％ほどにすぎないが、その４分の３は氷河である。氷河の99％は南極やグリーンランドにある大陸氷河で、残りが山岳氷河などである。

問２　世界の総人口は2020年現在およそ77億人である。グラフより、中所得国が人口に占める割合は73.7％であるため、50億人を上回ることがわかる。

ア．低所得国と高所得国の面積の割合を足しても40％ほどにしかならない。

ウ．高所得国と低所得国の国民総所得の割合を足しても７割に満たない。

エ．国民総所得の割合は、高所得国が最も高い。

問３　ア～エのグラフをまず北半球（イ・ウ）と南半球（ア・エ）に分類すると考えやすい。

A．バロー（イ）…北極圏に位置するのでツンドラ気候となる。

B．エセイサ（ブエノスアイレス郊外）（エ）…日本のほぼ真裏に当たる中緯度に位置し、大陸の東岸に位置することから偏西風よりも季節風の影響が強くなるため、温帯（温暖湿潤気候）となる。

C．モスクワ（ウ）…北緯55度付近の内陸部で亜寒帯（冷帯）気候となる。

D．ケープタウン（ア）…地中海と同緯度（南北ともに35度付近）の大陸西岸は、偏西風の影響を受け冬は温暖で雨も降るが、夏は高圧帯が移動してくるため乾燥する。南半球であるため、夏である12～２月が乾燥している。

問４　「平原を東流」「上・中流では小麦」「下流では米」などから、イがインドなどを流れるＦ（ガンジス川）と判断できる。

ア．「西流して大洋にそそぐ」「小麦などの栽培がさかん」などから、オーストラリアを流れるＨ（マリー川）と判断できる。

ウ．「北流して海洋にそそぐ」「氷が張る」などから、ロシアを流れるＥ（エニセイ川）と判断できる。

エ.「長さは流域の大陸(＝アフリカ大陸)で第2位」「流域面積は世界第2位」などから、コンゴ民主共和国などを流れるG(コンゴ川)と判断できる。

問5 都市I(リオデジャネイロ)はロンドンより－3時間(45÷15)、都市J(ロサンゼルス)はロンドンより－8時間(120÷15)となるので、JはIより5時間遅れていることがわかる。よってJの日時は7月4日の午後9時となる。

問6

(1) 写真の水田は棚田と呼ばれるもので、日本やインドネシア、フィリピンなど山がちな地形で稲作を行っている国に見られる。斜面を削って平らな水田を作ることで水や土壌が流出するのを防いでいる。

(2) 問題文中の「生産効率を重視する農村の近代化」から機械化を連想したい。棚田では1枚あたりの水田面積が限られてしまうため、機械を用いた効率的な稲作は難しい。

問7

(1) ア・イは機械類の輸出の割合が高いため、先進工業国であるシンガポール(ア)か韓国(イ)であると考える。また、原油の輸出の多いエは産油国であるサウジアラビアと判断できる。したがって残ったウがインドとなる。

(2) 最も南であるC(江西省〔チャンシー〕)を米の生産高の多いⅢ、小麦の栽培は中国では黄河流域の温帯地域で主に行われているためB(山東省〔シャントン〕)をⅠ、残りのA(吉林省〔チーリン〕)をⅡと判断する。

問8

(1) ニュージーランドの先住民はマオリである。マオリの伝統舞踊である「ハカ」は、ラグビーのニュージーランド代表チームが試合前に舞うことでも知られる。

(2) オーストラリアは地下資源が豊富である。古期造山帯であるグレートディバイディング山脈では石炭(A)が、北西部では鉄鉱石(B)が産出する。「東日本大震災以降は、日本への輸出が多くなされている」という部分に着目すると、(C)を原子力発電に代わって主に火力発電に使用されるようになった天然ガスと判断することができる。

2 日本地理

問1　アが正しい。太平洋側では南から暖流である日本海流(黒潮)、北から寒流である千島海流(親潮)が流れており、三陸海岸沖から銚子沖にかけて好漁場となる潮目を形成する。日本海側では南から暖流である対馬海流、北から寒流であるリマン海流が流れている。

問2　日本アルプス(飛騨山脈・木曽山脈・赤石山脈)のうち、新潟県(A)と長野県(B)・富山県・岐阜県などにまたがるのは北アルプスと称される飛騨山脈である。

問3

(1)　ア～エの雨温図の組み合わせは以下の通り。

ア．香川県高松市(D)…年間を通して降水量が少ないため、中国山地と四国山地に挟まれている瀬戸内の気候と判断する。

イ．長野県長野市(B)…周りを山脈に囲まれているためアと同じように降水量が少ないが、夏と冬で平均気温の差が大きい。

ウ．新潟県上越市(高田地区)(A)…冬の降水量(降雪量)が多いため、北西季節風の影響を受ける日本海側の気候と判断する。

エ．愛知県名古屋市(C)…夏の降水量が多いため、南東季節風の影響を受ける太平洋側の気候と判断する。

(2)　アは野菜の栽培がさかんであるため、都市向けに野菜などを栽培する園芸農業がさかんな愛知県(C)と判断できる。イは野菜の他に果実の栽培もさかんであるため、高原野菜の産地であり、全国有数のぶどうやりんごの産地でもある長野県(B)と判断できる。ウは米の栽培がさかんなため、水田単作地帯の新潟県(A)と判断できる。残ったエが香川県(D)である。

(3)　愛知県名古屋市(C)は、中京圏および中京工業地帯の中心地域であることから、4つのグラフの中で総人口数が最も多く、生産年齢人口(15～64歳)の割合が高いイと判断する。

ア．長野県長野市(B)　ウ．香川県高松市(D)　エ．新潟県新潟市(A)

問4

(1) 政令指定都市がないのはD(奈良県)である。

A. 京都府では京都市が政令指定都市となっている。

B. 兵庫県では神戸市が政令指定都市となっている。

C. 大阪府では大阪市・堺市が政令指定都市となっている。

(2) 周辺からの通学者・通勤者が多く、昼夜間人口比率が100%を超えるア・イは京都府か大阪府のいずれかに絞れるので、人口の多いイが大阪府(C)、アが京都府(A)と考えられる。残ったウとエで、人口がより多いウを兵庫県(B)、エを奈良県(D)と判断する。奈良県は埼玉県(88.9%)や千葉県(89.7%)と並んで昼夜間人口比率が低く、県外(大阪府・京都府)への通学者・通勤者が多い県となっている。

問5 まず、Ⅰは機械(自動車など)の割合が7割近いことから、豊田市などで自動車生産がさかんな中京工業地帯と判断する。次にⅡとⅢを比較して、金属の割合が高いⅡを鉄鋼業がさかんな阪神工業地帯、化学の割合が高いⅢを石油化学コンビナートが発達している瀬戸内工業地域とそれぞれ判断する。

問6

(1) イが誤り。青森県(A)の新青森駅から青函トンネルを通過して北海道に渡る北海道新幹線が開通しており、現在の日本最北の新幹線の駅は新函館北斗駅となっている。

(2) エが正しい。りんごの生産割合が突出しているbを青森県(A)、おうとう(さくらんぼ)の割合が突出しているcを山形県(D)、残ったaを福島県(F)と判断すればよい。

(3) コンパクトシティとは過疎が進む地域などで、居住地や商業地などを一定範囲内に集めることで効率的に生活し、行政サービスなどを受けられるようにする政策である。東北地方には面積が大きい県が多いため、過疎化が進行して居住区がまばらになるケースも多い。居住区がまばらになると行政サービスや経済活動が効率的に行えず、限界集落なども生まれやすくなる。

3 日本史

問1 登呂遺跡は静岡県に位置する。水田や井戸の跡が残っており、弥生時代の水稲耕作の様子を伝えている。

ア．群馬県…旧石器時代の岩宿遺跡がある。

イ．青森県…縄文時代の三内丸山遺跡がある。

エ．佐賀県…弥生時代の吉野ヶ里遺跡がある。

問2　問題の文は「墾田永年私財法」である。723年に発布された三世一身法では開墾した土地を三代限りで国に返さなければならなかったため、効果が不十分であったが、墾田永年私財法によって永年に私有地とすることが認められた。発布された743年は奈良時代の半ばであり、聖武天皇が治めた天平年間に当たる。奈良時代には東大寺や唐招提寺などが建立され、仏教や唐の影響を受けた天平文化が栄えた。

問3　ウが誤っている。ムハンマドがイスラム教を開いたのは7世紀初頭である。

ア．11世紀(第1回十字軍の派遣は1096年のこと)

イ．13世紀(マルコ＝ポーロは元のフビライに仕えている)

エ．14～16世紀

問4　各元号がついた出来事を思い浮かべればよい。

イ．承久の乱(1221年)…後鳥羽上皇が鎌倉幕府の打倒を目指した乱。

ウ．貞永式目(1232年)…御成敗式目のこと。

ア．文永の役(1274年)…元寇の1回目。

エ．弘安の役(1281年)…元寇の2回目。

問5

(1)「日本准三后某」のあとに「大明皇帝陛下」とあることから、室町時代に明に臣下の立場をとる朝貢形式の貿易(勘合貿易)を始めた足利義満を導けばよい。

(2) 資料の3･4行目に「好(よしみ)を通じて方物を献ず」とあるため、「金千両、馬十匹…」は日本からの献上品(輸出品)であると理解できる。選択肢の銅銭(ア)・生糸(イ)・陶磁器(エ)はいずれも明からの輸入品であるため、残った扇(ウ)が答えとなる。

問6 奈良市の郊外にある柳生の徳政碑文には、近江(滋賀県)の馬借の蜂起から始まった正長の土一揆において「1428年以前の借金は神戸四か郷では帳消しになった」ことが刻まれている。文中の「大和国(現在の奈良県の旧国名)」も解答を導くヒント。

問7

(1) 18世紀後半に老中であった田沼意次が失脚すると、後任の老中・松平定信による寛政の改革が行われた。

(2) イが正しい。1840年のアヘン戦争において清がイギリスに敗れると、江戸幕府は異国船打払令(1825年～)を緩和し、これまで通り異国船の上陸は認めないものの、航海に必要な薪と水、食料などを与えて退去させる天保の薪水給与令を出した。

ア．南北戦争(1861年～65年)　　ウ．日米和親条約(1854年)

エ．島原・天草一揆(1637・38年)

問8 諸藩が貨幣獲得の手段として商品作物の栽培を重視したが、その代表的なものは四木三草(しぼくさんそう)と呼ばれた。四木とは茶・桑(養蚕における蚕の餌)・漆(うるし)・楮(こうぞ)を指し、楮は三椏(みつまた)などとともに和紙の原料となった。三草は麻と染料となる紅花・藍(あい)を指すといわれる。

問9 化政文化期に活躍した『東海道中膝栗毛』の作者は十返舎一九である。

ア．井原西鶴は元禄文化期に『好色一代男』などの浮世草子を記した。

イ．滝沢馬琴は化政文化期の読本作家で『南総里見八犬伝』などを記した。

ウ．近松門左衛門は元禄文化期に『曽根崎心中』など歌舞伎や人形浄瑠璃の脚本を書いた。

4 日本史

問1 開国後の主な輸出品は生糸と茶で、主な貿易相手国はイギリスであった(アメリカは南北戦争が貿易の妨げとなった)。開国後は輸出超過により国内は品不足となり、日本と海外の金と銀の交換比率を合わせるために金の含有量を減らした小型の万延小判が発行されたこともあり、物価高騰が庶民の生活を直撃した。こうした中で、1867年、「世直し」を期待する東海・畿内を中心とした民衆の間で、「ええじゃないか」の集団乱舞が発生した。

問2 ウが正しい。岩倉使節団に随行した大久保利通は、「殖産興業」「富国強兵」を掲げ内政を重視し、征韓論を唱えた西郷隆盛や板垣退助と対立した。征韓論に敗れた人々が政府を去ると、大久保は内務卿として政府を指導し、1877年には殖産興業を促進するために、上野公園で内国勧業博覧会を実施している。

ア．西郷隆盛　　イ．大隈重信　　エ．板垣退助

問3

(A)　版籍奉還が当てはまる。諸藩の大名に対し、土地(版)と人民(籍)を天皇に返還させた政策。

(B)　廃藩置県が当てはまる。藩を廃して県を置き、旧大名である知藩事に代わって中央から薩摩藩・長州藩出身者などを中心とする役人が派遣された。これによって中央集権化が進んだ。

問4 美濃部達吉が唱えた「天皇機関説」は、権力の行使を憲法の範囲内でのみ認めた立憲主義に基づいており、天皇が権力を行使するには、憲法に規定されている通り、内閣の補佐や議会の協賛が必要と考えた。満州事変以降、天皇の統帥権(陸軍・海軍の最高指揮権)を盾にとり、憲政を退ける形で軍部の政治的発言力が増すと、それに合わせて現状打破を望む陸軍などが全国的に激しい排撃運動を展開したので、当時の内閣は屈服して天皇機関説を否認した。

問5 第一次世界大戦に伴い、繊維、造船、海運業などが飛躍的に伸びると、農業生産額を工業生産額が上回り、日本は工業国へと発展した。こうした状況を背景に都市では工業従事者が増え、賃金引き上げや労働条件の改善を要求する労働争議が多発するようになった。同様に農村では、小作人が地主に小作料の値下げなどを要求する小作争議が起こった。

問6 ロシアの国章である「双頭の鷲」や、日露戦争(1904年)に伴うポーツマス条約(1905年)の翌年である「1906」から想像したい。ポーツマス条約では、樺太・千島交換条約(1875年)以降、ロシアが領有してきた樺太の南部を日本に割譲した。

問7 Ⅰ～Ⅲの出来事が起きた順序は以下の通り。

Ⅰ. 1931年、日本の軍部(関東軍)は、奉天郊外で日本が経営する南満州鉄道を爆破し、これを中国の仕業とすることで、満州への進出を開始した(柳条湖事件)。

Ⅲ. 1932年、清の最後の皇帝であった溥儀を執政として、日本による傀儡(かいらい)国家(傀儡は操り人形のこと)である満州国が建国された。

Ⅱ. 1933年、国際連盟はリットン調査団の報告を基に日本に対して満州からの撤退を勧告したが、これに反発した日本は国際連盟を脱退した。

問8 本文(Ⅲ)の3行目にある「普通選挙法の制定」が正解となる。加藤高明内閣は、1925年に日ソ基本条約の締結・普通選挙法の制定・治安維持法の制定などを実現している。

問9 資料はGHQによって1945・46年に実施された農地改革を説明したものである。地主が小作人に貸していた土地を国が強制的に買い上げて、小作人に安く売り渡した。資料中の「小作者収入に相応(そうおう)せる年賦償還(ねんぷしょうかん)による小作人の農地買取制」とは、小作人の少ない収入に合わせて、安くかつ分割払いで小作人が農地を買い取ることを認めるという意味である。

問10 足尾銅山鉱毒事件は明治時代末期の出来事であるため、Ⅱ段落目の最後に入る文と判断できる。

5 総合問題

問1 エが誤っている。「町村」では「新産業の創出」と回答した人の割合が、「福祉、医療の充実」と回答した人の割合よりも高くなっているが、「中都市」ではその逆となっている。

問２　ウが誤っている。日本では、生活の総合満足度について「満足している」という回答の割合が30.7%であるのに対し、日々の暮らしに困ることがあるかについて「困っていない」という回答が51.6%であり、前者の方が低くなっている。

問３　日本の世界自然遺産登録地は知床、白神山地、小笠原諸島、屋久島の４カ所である。富士山は世界文化遺産登録地である。

問４

(1)　ロック(英)は『市民政府二論』で社会契約説と抵抗権を唱え、モンテスキュー(仏)は『法の精神』で三権分立を説き、ルソー(仏)は『社会契約論』で社会契約説と人民主権を主張した。

(2)　Ⅰ～Ⅲの説明は以下の通り。

Ⅰ. 1919年に制定され、世界で初めて社会権を保障したことでも知られるワイマール憲法(D)の説明である。産業革命によって資本主義社会が形成され、貧富の差が拡大すると、人間らしく文化的に生きるための権利である社会権の必要性が主張されるようになった。

Ⅱ. 1789年、フランス革命の勃発に際して出されたフランス人権宣言(C)の説明である。自由・平等・言論の自由・財産権など、基本的人権を保障しつつ、国民主権をうたっている。

Ⅲ. 名誉革命の後の1689年に制定された権利章典(A)の説明である。これによりイギリスでは議会政治が確立し、王政から立憲君主制へと移行した。

B. マグナ＝カルタ(1215年)は、イギリスで国王の失政に際して出されたもので、貴族の権利や都市の自由などを国王に認めさせている。現在でも権利章典などとともにイギリスの不文憲法を構成する重要な文書となっている。

問５　日本国憲法第98条では、憲法は国の最高法規であり、憲法に反する一切の法令や国家行為は無効であると定めており、裁判所はこれを審査する違憲立法審査権を持っている。

能性が高いため、イのような解釈は不適切である。よって、正解は**ウ**。

問4　まず、傍線部②の前の部分の「分け寄りて」「添ひゐて」「かたぶけつつ」はすべて道因が主語であり、同様に傍線部②の「聞きける」の主語も道因である。「他事なく」とは、「他のことがない」ということで、「一つのことに集中している」という意味を表す。彼は耳が悪いこともあり、聞きもらすまいと一心に聞いているのである。これに加えて、「何を」聞いているか、すなわち「講師の声を」「読みあげられる和歌を」などを補うと、よりわかりやすくなる。以上を踏まえ、**道因の、講師の声を聞きもらすまいとして集中している様子。**(28字)などとまとめるとよい。なお、設問で「誰の、どのような様子か」と問われたときは、「誰々の、何々の様子」というように、設問の指示の形に合わせて書くことが望ましい。

問5　傍線部③は、「夢を見る」という内容なので、主語は千載集撰者の俊成である。「給ふ」は「～なさる」という意味の尊敬語である。「けれ」は過去の助動詞「けり」の已然形で、「～た」と訳す。最後が「已然形＋ば」の形になっているが、ここは注意が必要である。現代語ではこのような「～ければ」「～なれば」「～ねば」などの形は「仮定形＋ば」で仮定条件(もし～なら)を表すが、古文では「已然形＋ば」で確定条件を表す。確定条件とは、そうなることが決まっている、またはすでにそうなった、ということで、「～ので・から」または「～すると」と訳す。なお、古文には仮定形はないので、仮定条件を表すには「未然形＋ば」を用いる。以上を踏まえると、正解は**ア**。エは確定条件になっているが、「拝見する」が謙譲語であるため不適切である。

問6　本文の適切な説明となっているのは**エ**である。本文全体からもそのことは読み取れるが、特に最後の部分で、道因の歌を千載集に多く入れた俊成の判断に対して「もっともなことだ」と書いていることから、筆者が道因に対して好意的な評価をしていることは明らかである。アは、「神が詠んだ歌を教える」という内容になっているため不適切。正しくは「(自分に)詠ませてほしい」という祈りである。イは、道因は耳が悪くなっても歌会に出ているので不適切。ウは、道因は千載集ができたときには死んでいて、しかも撰者俊成の夢に現れてお礼を言っているので、不満足のはずがなく、不適切。オは、俊成の判断に対して筆者が「もっともなことだ」と書いているため、不適切。

ある歌合で、藤原清輔が判者として、道因の歌を負けとしたところ、（道因が）わざわざ判者のところに参上して、本気で涙を流して、泣き恨んだので、歌合の主催者は閉口して、「これほどの大ごとに遭ったことは今までなかったよ」と語られたそうだ。

九十歳くらいになると、耳なども遠くなっていたのだろうか、歌会の時にはわざわざ講師の座っている所に分け寄り、その脇にぴったりと添うように座って、ひどく年老いた姿で耳を傾けては、一心に講師の声を聞いていた様子などは、いい加減な志とは思われなかった。

千載集が選ばれたのは、道因入道が亡くなった後のことである。だが亡くなった後にも、それほど和歌の道に志が深かった人だということで、（撰者が道因を）優遇して十八首をお入れになったところ、その夢の中に現れて、涙を流しながらお礼を言ったと（夢で）ご覧になったので、たいそうけなげに思って、さらに二首を加えて二十首になさったということだ。それももっともなことである。

問1 歴史的仮名遣いを現代仮名遣いに直すにあたっては、「au」「iu」「eu」がそれぞれ「ou」「yuu」「you」に変わることに注意する。たとえば、「かうべ」は「こうべ」、「へうたん」は「ひょうたん」と直す。今回の「まうでて」には「au」が含まれているので、これを「ou」に直し、**もうでて**とすれば正解である。なお、「まうで」は言い切りに直すと「まうづ（詣づ）」となり、「参上する」「参詣する」という意味である。

問2 古文単語の問題では、知識に加えて、前後の内容から類推する力が重要である。Aの「ありがたし」は漢字では「有（り）難し」と書き、「めったにない」という意味を表す。また、「めったにないほどすばらしい」というように、意味が加わることもある。ここでは、道因の歌への志の深さをほめているという流れも踏まえる。よって、正解は**エ**。なお「殊勝」とは、「けなげで感心だ」という意味である。Bの「まめやか（なり）」「まめ（なり）」は、「まじめだ」「誠実だ」「本気だ」という意味を表す。普通はそこまで取り乱すというのは考えられないが、彼は本気であり、本当に泣いて抗議をしたのである。よって、正解は**オ**。Cの「なほざり」は現代でも使われるが、「おろそかだ」「いいかげんだ」という意味を表す。この段落も前の二つの段落と同様に、道因の和歌への真剣な姿勢を語っていることを考慮する。よって、正解は**イ**。

問3 まず、傍線部①の直前に「亭主いはむ方なく（何とも言いようがなく）」とあるので、傍線部①の話者は「亭主」であると考えられる。傍線部①を直訳すると、「これほどの大ごとに遭わなかった」となるが、これが何を意味するかは少し注意が必要である。ここでは道因が歌合で判者に泣いて抗議したことを指して「かばかりの大事」とし、そのような大ごとに「今まで」遭ったことがないということを言っているのである。よって、道因の起こした騒動が大ごとでないと言っているわけではない。また、前後の段落の内容から、この段落も道因が常識を外れるほど和歌に真剣であったという話である可

問5　傍線部③からは、職場でいじめられている「ヒロシ」の現状を知った「たけし」が、同情の意を示している様子が読み取れる。ただし、その後で「たとえたけしがヒロシと同じ職場だったとしても、これはなんともしてやれない」と書かれているため、本心から困っているというよりは、困った態度をとることによって先輩としての体裁を取り繕っているのだと考えられる。よって、正解は**ウ**。アは「自分のことは自分で解決するしかないと突き放している」、イは「時機を見て助けたい」が、それぞれ本文中から読み取れず不適切。エは傍線部の「困った」描写に言及がなく不適切。オは「困惑したが、そのことを悟られてはいけないとうまくごまかしている」が不適切。むしろ言葉や表情でわざと困った様子を明らかにしている。

問6　傍線部④では「ヒロシ」を「できた後輩」だと表現しているが、本文中で「ヒロシ」を優れた人間だと肯定するような描写はない。したがって、これは文字通りの評価ではなく、「ニート生活の方が2000倍時間の無駄なんだよっ!!」という本来するべき突っ込みをせずに、「それは俺も思います」とただただ共感の意を示す「ヒロシ」のおかしさを、作者が「皮肉」を込めて表現しているのだと考えられる。よって、正解は**イ**。

問7　傍線部⑤の三段落後で、筆者の考える「一流の人」とは「名のある経営者や自由人」であり、「やりたいことだけをやることが許される100万人に1人の天賦の才能を持つ人間」(37字)なのだと述べられている。よって、正解は**やりたいこ～を持つ人間**。

問8　傍線部⑥の直前を読むと、「店員の笑みは消えた」理由が「じゃあまたお冷やをお願いします」という「エコ発言」によるものだとわかる。つまり、1杯目こそ有料の飲み物を注文したものの、それ以降は無料の「お冷や」のみで済ませ、料理の追加もしないという頼み方が問題なのである。加えて、傍線部③・④の時点で「かれこれ入店して1時間半になる」と書かれており、その後も「2人が熱く議論を交わしている」様子が続くことから、有料の注文なしに長時間滞在していることを店員が問題視している様子が読み取れる。そして、店員は「愛想笑い」で再度飲み物の「おかわり」を求めるも、再び「お冷や」しか頼まない2人に、不愉快な気持ちを隠せなくなったのである。よって、**有料の飲み物や食べ物をほとんど頼まずに、無料のお冷やだけで長時間居座ることをなんとも思わない態度を不愉快に思う気持ち。**などとまとめればよい。

4　古文の読解

出典　『無名抄』

【口語訳】

この(和歌の)道に深く心を傾けたことにおいては、道因入道は並ぶ者がない人である。七、八十歳になるまで「よい歌を(私に)詠ませてください」と祈るため、徒歩で住吉大社へ毎月参詣していたのは、たいそうめったにないほど殊勝なことである。

問1　空欄部Xについて、この前の文では「ニートは悪だ！」「ニートはクズだ！」などと、ニートが「世間から非難を受けている」ことが述べられているため、それを意味する「風当たりが強い」という表現が使われているとわかる。よって、正解は**カ**。空欄部Yについて、この直後で「一日部屋にこもり」と書かれているため、「一日中」を意味する「日がな」という表現が使われているとわかる。よって、正解は**オ**。空欄部Zについて、この段落までに世間の人々がニートに対して抱く一般的な印象が述べられているため、「ありきたり」を意味する「月並み」という表現が使われているとわかる。よって、正解は**ア**。

問2　二重傍線部C「早く」は、活用があり、終止形に直すと「い」で終わるため、形容詞である。二重傍線部A「別に」、B「もう」、D「しっかり」、E「また」は、活用がなく、用言を修飾するためいずれも副詞である。よって、正解は**C**。

問3　傍線部①の後で語られている「たけし」の見解によると、「勤労意欲がある自分には、ニートなどという呼び名はまったく不適切なものである」「働く気がある時点で、俺はすでにニートなんかじゃない」などと、働く意志の有無によって一般的なニートと自分とを区別していることがわかる。よって、正解は**オ**。アは「仕事へのやり甲斐を見出している」が不適切。あくまで「たけし」の労働意欲は「やり甲斐がある仕事」に限定されているため、仕事そのものにやり甲斐を見出しているわけではない。イは「次の仕事を探すアクションを起こしている」が不適切。本文中では「今後2、3年以内には、次の仕事を探すためのなんらかのアクションを起こせたらいいなと思っている」と書かれており、現段階でのアクションはない。ウとエも現在の勤労意欲について触れていないため、それぞれ不適切。

問4　傍線部②の後を読んでいくと、「ヒロシ」が職場で溜め込んだ愚痴を「たけし」に吐き出している様子が描かれている。また、ともに海苔工場で働いていた過去が明かされ、それぞれ退職に追い込まれた負の歴史を抱えていることがわかる。そして、「おどおどした性格」「ファッションの方向性」「インターネット中毒」などの「共通点」が多く、「次第にプライベートでも会って傷口を舐め合う、いや、悩みを相談し合う仲になった」とある。よって、正解は**エ**。アは「工場を解雇された境遇が重なる」が不適切。「たけし」は人間関係が理由の自主的な退職なので、「解雇」されたわけではない。イは相談内容を「解決してくれる」としている点が不適切。本文中で「ヒロシ」の悩みは結局解決には至らず、これまでも解決していたとは考えられない。ウは「同じような背徳感を抱える者として」が本文中から読み取れず不適切。オは「ずっとニート生活を送っている経緯が共通して」が不適切。「ヒロシ」は現在アルバイトをしている。

のような義務を負わない。傍線部③の前の段落で、企業にはすべての人を等しく扱う義務がないことについて述べられている。この義務がないために、企業は経営効率の観点から、「お得意さま」を優遇することが一般的になっている。それが許されている点が、国家とは対照的な「企業の特徴」である。よって、正解は「**お得意さまを優遇する**（12字）」。

問6　筆者は、規制主体としての国家と中間団体を比較する議論において、三つの点を挙げ、国家よりもむしろ中間団体を警戒すべきであるとしている。それぞれが「第一に」「第二に」「第三に」と整理して述べられているので、丁寧に読み解いていこう。アは「第一」の点に、イとウは「第二」の点に、エとオは「第三」の点に、それぞれ対応している。この中で、アの選択肢の「国家は」「大きな力を持っているとは言えない」という記述には問題がある。第一の点の説明では、「国家は確かに全体からすれば非常に大きな実力を独占している」と書かれている。筆者が述べているのは、国家が大きな力を持つのは前提として、その暴走を防ぐための仕組みがきちんとあるということである。国家が力を持っていないわけではない。よって、正解は**ア**。残りの選択肢は、それぞれの説明部分と一致するため、適切である。

問7　それぞれの二重傍線部の「自由」の前後を読み、特別な意味で使われているもの、限定のかかっているものなどがないかを確認する。Dの前後で、「（我々が）特定の決断をするその前に一定の可能性がすでに消去されているとしたら、そこで残っている選択肢の中から我々が自由に選ぶことが許されているとしても、その自由にどれだけの意味があるのだろうか」と述べられていることからわかるように、Dの「自由」は「あらかじめ制限された不十分な自由」を表している。その他はすべて「自由全般」ないしは「本来の意味での自由」を表しているので、正解は**D**。CがDと同じくアーキテクチャの文脈なのでやや紛らわしいが、ここでは「アーキテクチャのもとでは自由が与えられていない」と否定の文になっているため、この「自由」は「本来の意味の自由」であると考えるべきである。

3　小説文の読解

出典　さくら剛『俺は絶対探偵に向いてない』幻冬舎

【本文の概要】

世間でニートへの風当たりが強まる中、「たけし」はやり甲斐があり好条件の仕事さえ見つかれば1年以内に働き始めようと思っており、量産型ニートとは一線を画していると自負していた。高田馬場の居酒屋で、同じ派遣先で働いていた趣味の合う後輩の「ヒロシ」から職場でのいじめについて相談され、仕事に関する持論を展開していくが、お冷やだけで長時間居座ることを店員に見とがめられるのであった。

その次の段落に「我々には最初から問題行動(と彼らが考えるもの)を行なう可能性が与えられない」とあるので、これらのいずれかを使って効果をまとめるとよい。「他者」という語を用いるという条件なので、これを忘れずに使い、「他者の行動の選択肢をあらかじめ限定する」という内容を書けばよいだろう。以上を踏まえて、**物理的につくられた環境を操作することにより、他者の行為の選択肢をあらかじめ限定するという手段。**(47字)などとまとめる。

問2 空欄部の前後の内容を確認すると、前には「国家は『法』を用いて」、後ろには「特定のルールを明示し、それに違反したものに対して事後的に制裁を加えることによって」とある。この両者は、具体性、詳しさに差はあるが、同じ内容を表している。つまり、「特定のルール」とは「法」のことであり、「事後的に制裁を加える」とは法に基づいた裁判・刑罰等の「法の運用・司法」のことである。同じ内容を言い換えているときは、換言の接続語である「つまり」や「すなわち」が最も適切である。よって、正解は**ウ**。その他の選択肢はすべて、前後が異なる内容のときに用いるものなので、不適切。

問3 傍線部②に「このような」という指示語があるため前の段落を確認すると、特許法などの特許制度が、リバースエンジニアリングを抑制することはできないと明示していることについて述べていると わかる。つまり、特許は発明者に対して独占的な権利を認めるが、他者がリバースエンジニアリングを行うことについて特許侵害を訴えることはできない。これが特許制度・特許権にかけられた「制限」だということである。これを適切に説明している正解は**イ**。ここでいう「制限」とは「リバースエンジニアリングを抑制できない」という意味であり、リバースエンジニアリングに対する制限としているアやオは不適切。ウは、この制限が国家の欲望と関連していると いう点は正しいが、「国家による研究」については本文中に述べられていないため不適切。エは、リバースエンジニアリングは法的に認められているものであり、法や制度に反しているものが黙認されているわけではないため、不適切。

問4 空欄部の段落で説明されている「クリックラップ契約」は、リバースエンジニアリングを防ぐための「アーキテクチャ」の一例である。これまで述べられてきたように、法や規範が事後的な制裁によって統制を行うのに対して、アーキテクチャは物理的な環境を操作し、事前に行為の選択肢を絞ることで統制を行う。このアーキテクチャの特徴と一致するものを選べばよい。よって、正解は**エ**。

問5 ノージックはすべてを市場に任せるという「超最小国家」を否定し、最低限の国家機能を持つ「最小国家」がよいとした。この「最小国家」には、「統治の対象である我々を平等無差別に扱う義務」があるが、「超最小国家」にはない。つまり、ノージックが国家の最低限のルールとして設定したのが、傍線部③の「平等無差別に扱う義務」であった。これに対して、中間団体、たとえば企業などは、こ

解説

1　漢字

① **公私**（こうし）……公的なことと私的なこと。おおやけとわたくし。
② **平穏**（へいおん）……静かで穏やかなこと。
③ **把握**（はあく）……手中に収めること。転じて、よく理解すること。
④ **抗弁**（こうべん）……相手の主張に対して反論すること。
⑤ **享受**（きょうじゅ）……物事を受け入れ自分のものとすること。
⑥ **ゆいのう**（結納）……婚約を両家の間で確認する儀式。
⑦ **はんりょ**（伴侶）……ともに連れ立って行く者。配偶者。
⑧ **めざわ**（目障）―り……見ていて不快になること。
⑨ **きゆう**（杞憂）……無用な心配をすること。
⑩ **せっしょう**（殺生）……生き物を殺すこと。

2　論説文の読解

出典　大屋雄裕『自由か、さもなくば幸福か？―二一世紀の〈あり得べき社会〉を問う―』筑摩書房

【本文の概要】

個人と国家の中間にある中間団体の中には、物理的に環境を操作して他者の行動を統制する「アーキテクチャ」により、我々に影響力・支配力を行使しつつあるものが現れている。アーキテクチャは、ルールを明示し違反したものに制裁を加えるという今までの法や規範の統制とは異なり、我々に特定の行動の自由を最初から与えないシステムである。国家による法規制とアーキテクチャによる中間団体の規制との間には、たとえばリバースエンジニアリングのように国家による法では認められた権利を、私企業がアーキテクチャにより実質禁ずるという食い違いが起きることもある。また、国家権力とアーキテクチャの支配を比較すると、国家にはその暴走を警戒して憲法などの様々な制約が加えられているのに対し、アーキテクチャを利用する企業にはそのような制約が少なく、企業の論理で我々が支配されるという点で、より危険である。

問1　「どのような統制手段か」と問われているので、アーキテクチャの統制手段としての特徴を読み取り、まとめればよい。まず、傍線部①の段落を見ると、「（社会生活の）物理的につくられた環境」を「操作する」とある。これはアーキテクチャが「どういう方法か」を説明・定義したものなので、まずこれを解答に入れる。この具体例が、傍線部①の次の段落で挙げられる電子透かし等や、さらにはこの後に述べられる「クリックラップ契約」といった手法である。ただし、解答では具体例を挙げる必要はない。なお、同様の内容は、傍線部①の次の段落にも「物理的に行為の空間を整える」とあるので、ここを使ってもよいだろう。次に、その手段でどういう効果があるのかを説明する。傍線部①の次の段落に、「選択肢自体をコントロールする」「我々に一定の行為を行なわせたり禁止したりする」、さらに

国語　第2回　解答

1

① 公私	② 平穏	③ 把握
④ 抗弁	⑤ 享受	⑥ ゆいのう
⑦ はんりょ	⑧ めざわり	⑨ きゆう
⑩ せっしょう		

各1点×10＝10点

2

問1　物理的につくられた環境を操作することにより、他者の行為の選択肢をあらかじめ限定するという手段。

問2　ウ　　問3　イ　　問4　エ

問5　「お得意さま」を優遇する

問6　ア　　問7　D

問1　8点×1＝8点
その他　各4点×6＝24点

3

問1　X カ　Y オ　Z ア

問2　C　　問3　オ　　問4　エ

問5　ウ　　問6　イ

問7　やりたいこと～を持つ人間

問8　有料の飲み物や食べ物をほとんど頼まずに、無料のお冷やだけで長時間居座ることをなんとも思わない態度を不愉快に思う気持ち。

問1・2　各2点×4＝8点
問3～7　各4点×5＝20点
問8　8点×1＝8点

4

問1　もうでて

問2　A エ　B オ　C イ

問3　ウ

問4　道因の、講師の声を聞きもらすまいとして集中している様子。

問5　ア　　問6　エ

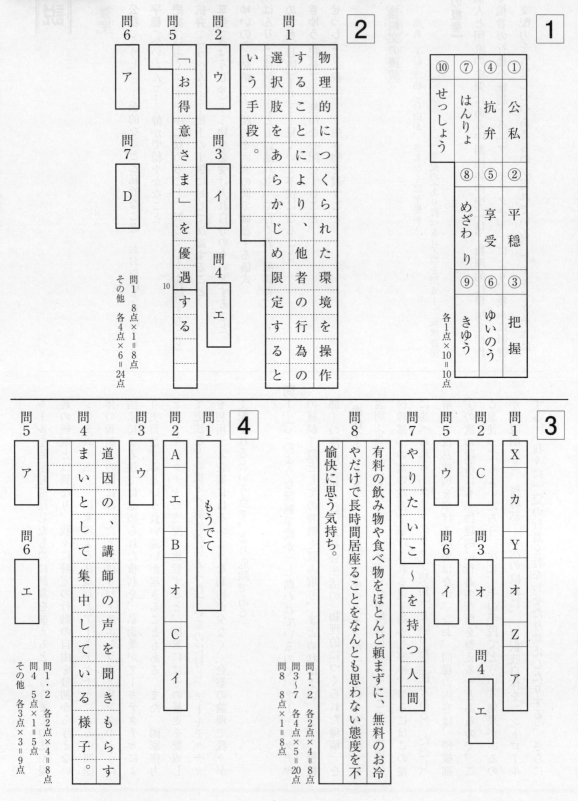

問1・2　各2点×4＝8点
問4　5点×1＝5点
その他　各3点×3＝9点

英語 第3回 解答

1

Part A	No.1	イ	No.2	エ	No.3	ア	No.4	ウ	No.5	ウ
Part B	No.1	イ	No.2	Saturday	Part C	ウ	オ			

Part A：各２点、Part B(No.2)：２点、その他：各１点(Part C順不同)

2

(1)	イ	(2)	エ	(3)	ウ	(4)	エ	(5)	ア

各２点

3

(1)	①	ク	②	ウ	(2)	①	ウ	②	ア
(3)	①	ア	②	イ	(4)	①	エ	②	イ
(5)	①	ク	②	キ					

各２点(完答)

4

(1)	They	sell	(2)	mind	opening
(3)	to	have	(4)	careless	of
(5)	violinists	ever			

各１点

5

問１	(1)	エ	(2)	ア	(3)	オ	(4)	ウ	(5)	イ
問２	教育がなければ、たいていの人が貧困から抜け出せる見込みはほとんどありません。									
問３	how	to	fish							
問４	ウ	オ	問５	エ						
問６	far	from	correct							
問７	エ	カ								

問２：３点、その他：各２点(問３・問６完答、問４・問７順不同)

6

問１	A	impressed	B	ask	C	thinking	D	(to) let		
	E	to break								
問２	1	イ	2	エ	3	ウ	4	ア	5	オ
問３	エ	問４	エ → ア → イ → ウ							
問５	A	僕が教訓を得るにはあと数回、顔をドアにぶつけなければならなかった。								
	B	3番目	ア	6番目	コ	9番目	ケ			
問６	(1)	F	(2)	T	(3)	F	(4)	T	(5)	F

問１・問２：各１点、その他：各２点(問４・問５B完答)

解説

1 リスニング

読まれた英文と解説は、以下の通り。

Part A

No.1

Man ： Can I help you ?

Woman ： Yes. Do you have this skirt in a small size ?

Man ： Just a minute, please. Yes, we have a black one and a blue one.

Woman ： Thank you. Can I try on a blue one ?

男性 ： 何かお手伝いいたしましょうか。

女性 ： はい。このスカートのＳサイズはありますか。

男性 ： 少々お待ちください。はい、黒と青がございます。

女性 ： ありがとうございます。青を試着してもよいですか。

ア　Yes, of course. You can try some sugar.

「もちろんです。砂糖をお試しになることができますよ」

イ　Yes, of course. The fitting rooms are over there.

「もちろんです。試着室はあちらです」

ウ　Sorry, you cannot try on both.

「申し訳ございませんが、両方をご試着することはできません」

エ　Sorry, we cannot. We accept cash only.

「申し訳ございませんができません。現金のみの取り扱いとなります」

▶女性の最後のセリフ〈Can I try on ～?〉「～を試着してもよいですか」から、解答の候補は、イとウに絞られる。ここで、〈try on ～〉の目的語は〈a blue one(＝ skirt)〉「青いスカート」の一着のみなので、ウの both「両方」は不適切。よって、正解はイ。

No.2

Man ： Hey, Emma. You don't look well.

Woman ： I didn't sleep well last night, so I have a headache now.

男性：やあ、エマ。元気なさそうだね。

女性：昨夜よく眠れなかったから、今頭痛がするの。

ア　You look well today.「今日は調子がよさそうだね」

イ　You had a good sleep.「よく寝たね」　ウ　That sounds nice.「それはいいね」

エ　That's too bad.「それはお気の毒だね」

▶女性のセリフの〈have a headache〉「頭痛がする」のような、望ましくない状況を伝える相手への返答を選ぶ。同情を示す表現である〈That's too bad.〉「お気の毒に」と答えるエが正解。

No.3

Man：ABC Bus Company. This is Tom Fox speaking. How can I help you?

Woman：I'd like to know the fare from Leicester Square to Heathrow Airport.

男性：ABC バス会社です。トム・フォックスが承ります。ご用件は何でしょうか。

女性：レスター・スクエアからヒースロー空港までの運賃を教えてください。

ア　It's 7 pounds.「7 ポンドです」　イ　It leaves at six thirty.「6:30 に出発します」

ウ　It usually takes two hours.「通常は２時間かかります」

エ　You can buy it at the ticket counter.「切符売り場でそれを購入できます」

▶女性のセリフの〈I'd[I would]like to know ～〉「私は～を知りたいです」の後に続く(the) fare「運賃」の意味を知っていることが必要とされる。運賃について答えているアが正解。ポンドはイギリスの通貨単位である。

No.4

Man：What's wrong?

Woman：I need to fill out these forms, but I cannot find my pen.

男性：どうしたの。

女性：これらの用紙に記入する必要があるのに、ペンが見つからないの。

ア　Did you find your pen?「あなたのペンは見つかりましたか」

イ　Here we are. Please use your pen.

「さあ、着きました。あなたのペンを使ってください」

ウ　Here it is. Use mine.「はいどうぞ。私のペンを使ってください」

エ　Your pen looks easy to write with.「あなたのペンは書きやすそうですね」

▶「相手のペンが見つからない」場面であることから、「ペンが見つかったのか」を尋ねるアや、「ペンがある」ことを前提とするイとエは不適切。よって、正解はウ。〈Here it is.[Here you are.]〉「はい、どうぞ」は、相手に物を渡す際に用いられる。

No.5

Man：Do you need any help?

Woman：Yes. I think I'm lost. I want to go to Minami Station. How can I get there?

男性：何かお困りですか。

女性：はい、道に迷ったようです。私はミナミ駅へ行きたいのです。どのようにそこへ行けばよいでしょうか。

ア　You can see a lot of trains there.

「そこではたくさんの電車を目にすることができますよ」

イ　Everybody can take a train for free there.

「そこでは誰でも無料で電車に乗ることができますよ」

ウ　**Turn right at the corner over there. You can see it on your left.**

「向こうの角を右に曲がってください。左側にそれは見えますよ」

エ　You can go there on foot. It takes 20 minutes or so.

「そこまで徒歩で行けます。20分くらいかかりますよ」

▶女性のセリフの〈be lost〉「道に迷っている」や、〈How can I get there?〉「どのようにそこへ行けばよいでしょうか」から、男性が具体的に道を案内しているウが正解。〈turn right[left]〉「右[左]に曲がる」や〈on one's right[left]〉「～の右[左]側に」などは道案内の表現としてよく用いられる。

Part B

This is the ABC Weather Report at eight in the evening on Friday, October 27th. Today's weather in the Dallas area has been cloudy with light showers, but it will be clear soon. The high today was seventy degrees but by midnight the temperature will fall down to the mid-fifties. Don't forget to take a jacket with you if you go out. Tomorrow it will be sunny with a gentle breeze continuing throughout the day. On

Sunday there will be a ninety percent chance of rain. Be sure to do the laundry on Saturday.

「こちらは10月27日、金曜日、午後8時のABC天気予報です。今日のダラス地域の天気は、多少の雨を伴う曇り空ですが、間もなく晴れるでしょう。今日の最高気温は(華氏)70度(摂氏約21度)でしたが、真夜中までには(華氏)50度台半ば(摂氏約13度)まで下がるでしょう。お出かけの際はジャケットを忘れずに。明日は晴れて穏やかな風が一日吹き続けるでしょう。日曜日の降水確率は90%です。必ず土曜日に洗濯をしてください」

No.1 イ 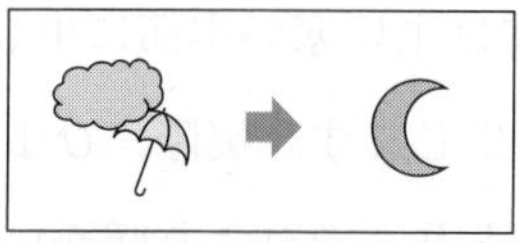

▶解答の根拠となる箇所は、スクリプト2文目のcloudy with light showers, but it will be clear soonの部分。まず、cloudy「曇り」に加え、〈with ～〉「～を伴って」に続くlight showers「多少の雨」に着目する。さらに、but以降のbe clear「晴れ」と合わせると、「(多少の)雨を伴う曇り→晴れ」を表すイが正解。なお、「晴れ」となるのは、(放送時刻の)午後8時以降のことであることから、「晴れ」マークは太陽ではなく月で示されている。

No.2 **Saturday**

▶解答の根拠となる箇所は、スクリプト最終文のBe sure to do the laundry on Saturday.の一文である。〈do the laundry〉は「洗濯をする」という意味。ここから、設問の「何曜日に洗濯をするべきだと助言が与えられていますか」に対する答えは、Saturdayであるとわかる。

Part C

Hello, everyone. Today, I'm speaking about how "hail" occurs. Do you know "hail"?

Hail is like snow but it is not snow. Snow occurs mainly in the cold season, but hail can occur not only in the cold season but also in the warm and hot season. Actually, hail season is normally spring and fall, when the cold air is above and the warmer air is

第3回 英語

near the surface of the ground.

How is hail made, then ? One of the answers is here. Hail starts when small water drops are caught in the updraft of a cold thundercloud. In the updraft, these water drops get cooled suddenly and lifted higher into the sky. They freeze into ice on the way up and get covered by snow in the snow region. These balls of ice and snow are called "hailstones." Once hailstones become too heavy to travel in the sky, they fall down on to the ground. This is "hail." Thank you for listening.

「みなさん、こんにちは。今日は『ひょう』がどのように生じるかについてお話しします。『ひょう』をご存じでしょうか。

ひょうは、雪のようですが、雪ではありません。雪は主に寒い季節に生じますが、ひょうは寒い季節だけでなく暖かい季節や暑い季節にも生じます。実際、ひょうの季節は普通、春と秋です。この季節は、冷たい空気が上空にあり、それより暖かい空気が地表付近にあります。

では、ひょうはどのように作られるのでしょうか。その答えのうちの一つがこれです。ひょうは冷たい雷雲内の上昇気流の中で、小さな水滴が捕らえられたときに生じます。上昇気流の中では、これらの水滴は急激に冷やされ、空高くへ運ばれます。そして、上っていく中で水滴は凍り、雪の層で雪に覆われます。これらの氷や雪から成る球状のものが『ひょう(hailstones)』と呼ばれます。ひょう(hailstones)は、空中で漂ってはいられないほど重くなると、地面に落ちるのです。これが『ひょう(hail)』です。ご清聴ありがとうございました」

選択肢の英文と和訳、その解説は以下の通り。

ア　In Japan, hail falls mainly in winter.「日本では、ひょうは主に冬に降ります」

▶スクリプト4行目のhail season is normally spring and fall「ひょうの季節は普通、春と秋です」より、不一致。また、冒頭に〈In Japan〉「日本では」とあるが、放送の中で「日本」と特定する言葉は見られない。

イ　Hail is formed near the surface of the ground.

「ひょうは地表付近で形成されます」

▶スクリプト6･7行目のHail starts ～ in the updraft of a cold thundercloud.「ひょうは冷たい雷雲内の上昇気流の中で、～生じます」から、ひょうが形成されるのは「地表付近」ではないとわかる。よって不一致。

ウ **An updraft can carry small water drops higher.**

「上昇気流は、小さな水滴を高く運ぶことができる」

▶スクリプト7・8行目にIn the updraft, these water drops get cooled suddenly and lifted higher into the sky.「上昇気流の中では、これらの水滴は急激に冷やされ、空高くへ運ばれます」と書かれているため一致する。

エ When a water drop is cooled, it always becomes a hailstone.

「水滴が冷やされるとき、それは常にひょうになります」

▶この選択肢では、「水滴がひょうになる」際の条件として、a water drop is cooled「水滴が冷やされる」ことしか挙げられていない。しかし放送の中ではthese water drops get cooled suddenly「これらの水滴は急激に冷やされる」ことや、They freeze into ice「水滴は凍る」ことも、条件に挙げられている。よって、不一致。

オ **Hailstones travel in the sky until they get heavy enough to fall down on to the ground.**

「ひょうは、地面に落ちてしまうくらいの重さになるまで上空で漂います」

▶スクリプト10・11行目にOnce hailstones become too heavy to travel in the sky, they fall down on to the ground.「ひょう(hailstones)は、空中で漂ってはいられないほど重くなると、地面に落ちるのです」とあるため一致する。

2 適語選択補充

(1) The book (イ **I borrowed**) from the library was interesting.

「私が図書館から借りたその本は面白かった」

▶アのwhich borrowedは、〈関係代名詞V～〉の語順から、主格の関係代名詞であると判断できるが、ここでは先行詞がthe bookであり、「その本が借りた」という内容になってしまうため適さない。先行詞the bookは、borrow「借りる」の対象となるものであるため、目的格の関係代名詞を用いた選択肢が正解と考えられる。目的格の関係代名詞は〈関係代名詞＋S＋V～〉の語順になるが、関係代名詞を省略することができるので、イのI borrowedが正解となる。ウのthat I borrowed itは、先行詞the bookを指す代名詞itが含まれているため不適切。エのwhomは、先行詞が「物」である場合には使えないため不適切。

(2) I was very busy yesterday, so I had (エ **little**) time to eat.

「昨日、私はとても忙しかったので、食べる時間がほとんどなかった」

▶直後に名詞の time があるので、空所にはそれを修飾する形容詞が入るはずである。よって、アの nothing(代名詞)は不適切。次に、修飾される time が不可算名詞であることに注目すると、正解はイの a little、もしくはエの little に絞られる。文の前半で「昨日、私はとても忙しかった」とあるので、so 以降は「食べる時間がない」という否定的な内容の結果が来るはずと考えると、エの little が正解となる。a little、little、a few、few の使い分けはできるようにしておこう。

There is a little water in the bottle. …＜肯定的＞[不可算]

「ビンに水が少し入っている」

There is little water in the bottle. …＜否定的＞[不可算]

「ビンに水がほとんど入っていない」

There are a few students in the room. …＜肯定的＞[可算]

「部屋に学生が数人いる」

There are few students in the room. …＜否定的＞[可算]

「部屋に学生はほとんどいない」

(3) I lost my eraser yesterday. Would you lend me (ウ **one**)?

「昨日、私は消しゴムをなくしてしまいました。消しゴムを貸していただけませんか」

▶代名詞の正しい用法を身につけよう。it は前に登場した名詞と全く同一のものを指す場合に用いる。よって本問の空所に入れると、it＝my eraser、つまり「私のなくしてしまった消しゴム」を指すことになるため、不適切である。前に出てきた物と同じ種類のもの(本問では an eraser)を表す場合は one を用いる。イの eraser は冠詞がないため不適切。

(4) I had to speak loudly to make myself (エ **heard**) in the crowd.

「私は群衆の中で声が通るように、大きな声で話さなくてはならなかった」

▶設問の２つ目の to から始まる不定詞表現は「目的＝～するために」を表す副詞的用法である。また、〈make O C〉で「O を C にする」という意味になるので、ここでは O＝myself、C＝(　)となって、O と C の間には常に主述関係が成立することに注目する。「大きな声で話す」目的は、「自分自身(＝自分の声)」が「聞かれる」ためであるので、空所には過去分詞のheardが入る。よってエが正解。「自分の声が(相手に)聞かれるために」を「自分の声が通るように」とするなど、自然な和訳ができるように心がけよう。

(5) My father didn't (ア **allow**) me to go out after 11 p.m.

「父は午後11時以降、私を外出させてくれなかった」

▶空所の後ろにあるtoに注目する。〈allow 人 to ～〉で「人が～するのを許す」という意味である。イのletも「許す」という意味があるが、その場合は〈let 人 動詞の原形〉という形となり、toを使用しないことに注意しよう。

例：She allowed me to have a look at her picture.

＝She let me have a look at her picture.

「彼女は私が彼女の写真を見ることを許可した」

3 整序英作文

(1) 帰宅途中、外国人に話しかけられた。

(I) (was) (spoken) (to) (**by**) (a foreigner) (on) (my) (**way**) home.

→①ク ②ウ

▶〈speak to ～〉「～に話しかける」は受動態にすると〈be spoken to〉となり、その後に行為者が前置詞byと共に置かれる。よって〈be spoken to by ～〉は「～に話しかけられる」という意味になる。「～へ行く途中」は〈on one's[the] way to ～〉と表すが、本問では「帰宅途中」＝「自宅へ行く途中」と考え、homeは副詞なので前置詞toを用いずに、on my way homeとする。

(2) 不必要なことは言わない方がいいよ。

(You) (had) (better) (**not**) (say) (what) (**is**) (unnecessary). →①ウ ②ア

▶〈had better ～〉「～した方がよい」の否定形は〈had better not ～〉である。notの位置に注意しよう。「～なこと」は、関係代名詞whatを用いる。このwhatはthe thing whichと置き換えることができるので、今回は「不必要なこと」をthe thing which is unnecessary ＝ what is unnecessaryと考えればよい。関係代名詞what

はこのように関係代名詞節内の主語として用いる場合の他に、目的語や補語として用いる場合もある。

(3) 私はジムが腕を組んで座っているところを見た。

I (saw) (Jim) (**sitting**) (with) (his) (**arms**) (folded). → ① ア ② イ

▶〈 see O C 〉で「O が C であるのを見る」という意味になる。日本文から O＝「ジム」、C＝「座っている」と判断できるので、まず I saw Jim sitting「私はジムが座っているところを見た」という英文が完成する。残りは「腕を組んで」という修飾語句を続ければよいが、選択肢に前置詞 with があるので、付帯状況を表す〈 with A B 〉を用いる。重要なのは、この A と B には〈SVOC〉の O と C のように主述関係が成立するという点である。よって、A に his arms「彼の腕」、B に fold「(腕・手など)を組む」の過去分詞形である folded を用いればよい。

(4) 私は芝生の上で眠っている女の子が誰だかわからない。

I (don't) (know) (**who**) (the girl) (**sleeping**) (on) (the grass) is.

→ ① エ ② イ

▶間接疑問文の問題だが、注意したいのは語順である。ここでは疑問文の語順ではなく、平叙文の語順となる。「芝生の上で眠っている女の子は誰ですか」という英文は Who is the girl sleeping on the grass ? となり、the girl sleeping on the grass が主語、動詞は is である。そのため I don't know の後ろに置くと疑問詞＋主語＋動詞の順番になるため、I don't know who the girl sleeping on the grass is. が正解。

(5) スマートフォンのおかげで、私たちは必要な全ての情報を得ることができる。

(Smartphones) (enable) (**us**) (to) (get) (**all**) (the information) (we) (need).

→ ① ク ② キ

▶〈…enable A to ～〉で「…が A に～するのを可能にさせる」という意味になる。日本文の「スマートフォンのおかげで、私たちは必要な全ての情報を得ることができる」を、「スマートフォンが私たちに、私たちが必要としている全ての情報を得るのを可能にさせる」と解釈すればよい。all the information と we need の間には関係代名詞の目的格の that が省略されている。

4 適語補充

(1) そのお店ではたくさんの種類の花が売られている。

(**They**) (**sell**) many kinds of flowers at the shop.

▶「お店の人(店員)」や「ある地域の人」を表す際には総称として they を用いる。今回は日本文の「そのお店ではたくさんの種類の花が売られている」を「そのお店ではお店の人(＝ they)がたくさんの種類の花を売っている」と解釈して、They sell many kinds of flowers ～とすればよい。

(2) 窓を開けていただけませんか。

Do you (**mind**) (**opening**) the window ?

▶〈Do you mind ～ ing ?〉で「～していただけませんか」という依頼の表現になる。〈mind ～〉は「～を嫌だと思う」という意味で、「窓を開けていただけませんか」を「あなたが窓を開けることは嫌ですか」と解釈する。英語では遠回しの表現を用いることで丁寧さを表すことができると覚えておこう。ちなみに〈Do you mind if I ～ ?/ Do you mind my [me] ～ ing ?〉では「(私が)～してもいいですか」という意味になる。

(3) ボブは昨年、大学を卒業したと言われている。

Bob is said (**to**) (**have**) graduated from college last year.

▶〈A be said to ～〉は「A は～と言われている」という意味である。ただし、今回の問題では「言われている時点」が「今」で、「ボブが卒業した時点」は「過去」であることに注目する。このように述語動詞の表す時制よりも前の時制を表す場合には、〈to have 過去分詞〉を用いる。

例：Bob is said to be rich.「ボブはお金持ちと言われている」

お金持ちであるのは現在、言われているのも現在→時間のずれがない。

Bob is said to have been rich.「ボブはお金持ちだったと言われている」

お金持ちだったのは過去、言われているのは現在→時間のずれがある。

Bob was said to be rich.「ボブはお金持ちだと言われていた」

お金持ちだったのは過去、言われていたのも過去→時間のずれがない。

(4) そんなミスをするなんて君は不注意だね。

It is (**careless**) (**of**) you to make such a mistake.

▶ It is important for us to read a lot of books.「私たちがたくさんの本を読むことは大切だ」のように、不定詞(上の例文では to read a lot of books)の意味上の主語を表すものとして for が用いられる。ただし、形式主語の it の後ろに「人の性質を表す形容詞」が来た場合には、for の代わりに of を用いる。今回の〈 careless 〉は「(人が)不注意だ」という人の性質を表すため、of が適切。

(5) スミスさんは私が今まで出会った中で最も優れたバイオリン奏者の１人だ。

Ms. Smith is one of the best (**violinists**) that I've (**ever**) met.

▶「最も～の１つ(１人)」は〈 one of the 最上級＋複数名詞〉で表せる。that は the best violinists を先行詞とする関係代名詞である。「今までに」は ever を用いればよい。

5 長文読解総合

〔全訳〕

あなたにとって「貧困」はどのような意味を持つでしょうか。アメリカにいる多くの人は、貧困はアフリカや東南アジアにある一握りの国々にいる、世界人口の中でほんの一部の人々にしか影響を与えていない問題と考えているのです。アメリカ人の多くは世界中の大半の人は栄養失調や飢餓の心配をする必要はなく、自分たちと同じような生活をしていると考えているのです。こうした貧困に対するイメージは全く正しいものではありません。実際、世界の半分以上の人々は１日２ドル以下の収入で暮らしています。その数は 30 億人近くになります。世界の子供たちの半数も貧しい暮らしをしているのです。2003 年には、1000 万人以上の子供たちが５歳になる前に貧困に関連のある原因で命を失いました。

正確には貧困とは何でしょうか。貧困とは、生活に必要な物、例えば食べ物や水、医療、教育などを必要なだけ得るための十分な資産を持っていないことです。教育がなければ、たいていの人が貧困から抜け出せる見込みはほとんどありません。教育を提供することは、共同体や国が貧困から立ち上がるのを手助けする最も重要な方法なのです。世界の貧しい人々を手助けする最善の方法は、彼らに食料を送り、提供することだと多くの人が思っています。信じられないかもしれませんが、実はこうすることで状況はさらに悪くなるのです。なぜでしょうか。「魚を与えよ、そうすればその者は1日生きることができるだろう。釣りの仕方を教えよ、そうすればその者は一生食べ物に困らないだろう」という中国の古いことわざがあります。貧しい人に彼ら自身の食べ物の育て方を教えず食べ物を与えることは、その食べ物が続く間しか助けられないことになります。しかし、もし貧しい国々により良い農業の方法や、より強い経済を作る方法を教え、子供たちを教育する学校を建設する手助けをすれば、これらの恩恵は一生続くことでしょう。これを持続可能な発展といいます。

なぜ貧困は起こるのでしょうか。貧困が起こる要因はたくさんあります。雨がほとんど降らない乾燥した気候、低い教育水準、そして政治や経済の不安定などが要因の中には含まれます。しかし、貧困の最も大きな要因は、広がり続ける富裕層と貧困層の格差です。世界で最も裕福な3人の資産は、最も貧しい48カ国の全国民の資産よりも多いことを知っていましたか。これは世界にある国々の4分の1近くにあたります。多くの国々、特にラテンアメリカでは、大変裕福な一握りの人が国の財産をほぼ所有する一方で、その国の残りのほとんどの人は貧しい生活をしています。こういった国々では中流階級はほとんど存在しません。このような不平等は貧しい国だけではなく、アメリカにも同じように存在します。実際、アメリカで最も裕福な10%の人々が国の収入のおよそ3分の1を受け取っているのです。こういった不均衡が増加するにつれ、中流階級の市民の数は減少し、その一方で貧しい暮らしをしている人々の数は増加します。

貧困は簡単に解決できる問題ではないでしょう。まず始めにすべきことは、世界中のほとんどの人が自分たちと似たような暮らしをし、世界人口のうちのほんの一部が貧しいというアメリカ人の幻想を終わらせることです。これは決して事実ではありません。世界の約半数の人が電話を使ったことすらないことを知っていましたか。次に行うべきことは、長期的に貧しい地域を改善していくために世界中の善意を持つ人々や国からさらにもっと多くの協力を受けることです。食べ物を栽培するために灌漑設備を建設したり、簡単に治療が可能な病気で命を失わないために安価な薬を配布したり、子供たちの学校で先生になれるように大人を訓練することなどがこれに含まれるかもしれません。世界の貧困を一掃する手助けになりえる考えをあなたは他に思いつきますか。

出典：小坂貴志・小坂洋子「アメリカの小学校教科書で英語を学ぶ」ベレ出版

問1 (1) エ about

▶〈worry about 〜〉は「〜を心配する」という意味である。

(2) ア on

▶〈live on A〉は「A(一定のお金)で生計を立てる」という意味である。on には「依存」の意味があることから、「(そのお金)に頼って暮らす」と考えるとよいだろう。ちなみに〈depend on 〜〉「〜に頼る」も覚えておこう。

(3) オ before

▶最初に〈at the age of 〜〉「〜歳のときに」を思いついたかもしれないが、選択肢には at が含まれていないため他の表現を考えなくてはいけない。空所の前に over 10 million children died from causes related to poverty「1000万人以上の子供たちが貧困に関連のある原因で命を失いました」と書かれているため、空所には子供の亡くなる年齢に関することが入るとわかる。1段落目で貧困が世界の大きな問題であると述べていること、選択肢に before があることから、「5歳にならずに(5歳になる前に)亡くなる子供たちが多い」という意味になると判断できる。

(4) ウ above

▶空所の前に Providing education is the most important way「教育を提供することは、最も重要な方法なのです」と書かれており、to help 以下が直前にある the most important way を修飾している。そのため、教育を提供することが「何を」手助けするのに最も重要な手段かを考えればよい。help の使い方に注目すると、〈help A 動詞の原形〉で「Aが〜するのを手助けする」という意味になる。また rise は「昇る」や「上がる」という意味があるため、the most important way to help a community or nation <u>rise (4) poverty</u> は「共同体や国が<u>貧困から立ち上がる</u>のを手助けする最も重要な方法」という文脈にすればよいと推測できる。〈above 〜〉は「〜より上に」となるので、rise above poverty で「貧困を超える＝貧困を克服する」と解釈できるだろう。

(5) イ between

▶空所の直前に gap「隙間」「隔たり」があることに注目する。gap は後ろに between を置いて、〈the[a] gap between A and B〉「AとBの間のずれ、隔たり」のように用いる。よって the ever-widening gap between the rich and the poor は「広がり続ける富裕層と貧困層の格差」という意味になる。〈the 形容詞〉には「～な人々」という意味があることも覚えておこう。

問２ (解答例)**教育がなければ、たいていの人が貧困から抜け出せる見込みはほとんどありません。**

▶以下が和訳のポイントになるので確認しておこう。

Without education, most people have very little hope of pulling themselves out of poverty.

① 〈without ～〉は「～がなければ」という意味。

② 〈most ～〉は「たいていの～」という意味。

③ 〈little〉は「ほとんどない」という意味で否定的に用いる。very little という形式で使われることもある。

④ 設問の hope は名詞で用いられており、〈hope of ～ ing〉で「～する見込み」という意味。

⑤ 〈pull〉は「引っ張る」という意味だが、今回は pulling themselves out of poverty を「貧困から自分たちを引っ張り出すこと」＝「貧困から抜け出すこと」と解釈すればよい。

問３ how to fish

▶下線部②の前半にある Give a man a fish and he will eat for a day「魚を与えよ、そうすればその者は１日生きることができるだろう」と後半の teach him （ A ）and he will eat for a lifetime「（ A ）を教えよ、そうすればその者は一生食べ物に困らないだろう」が対比になっていることがわかるだろう。魚を１匹与えればその人が１日生きられるのであれば、何を教えれば一生その人が食べていけるのかを推測する。すると下線部②の後ろに Supplying food to the poor without teaching them how to grow their own food will help them only for as long as the food lasts.「貧しい人に彼ら自身の食べ物の育て方を教えず食べ物を与えることは、その食べ物が続く間しか助けられないことになります」と書かれているので、この内容を下線部②のことわざに当てはめると「彼らに食べ物の育て方を教えれば一生食べていける」→「魚の釣り方を教えれば、食べ物に困らない」と解釈することができる。英語３

語で答えるという条件から、how to fish「魚の釣り方」が正解。

問４　ウ　教育環境の充実、オ　農業技術の向上

▶ This is called sustainable development. と書かれていることから、まず this の内容を把握しよう。この this は下線部③の前にある these benefits will last a lifetime「これらの恩恵は一生続くことでしょう」のことである。〈last〉は動詞で「続く」という意味で、この sustainable development とは「持続可能な発展」という意味である。この具体例が下線部③の２行上から始まる以下の文に書かれている。

But, if we can ① teach poor nations [how to farm better], ② [how to create stronger economies] and ③ help them build schools to educate children, these benefits will last a lifetime.「しかし、もし貧しい国々により良い農業の方法や、より強い経済を作る方法を教え、子供たちを教育する学校を建設する手助けをすれば、これらの恩恵は一生続くことでしょう」

teach の目的語が上の［　］で囲まれている部分になる。

①「より良い農業の方法」を教えること。→「オ　農業技術の向上」に当てはまる。

②「より強い経済を作る方法」を教えること。

→「カ　経済援助の拡大」に当てはまりそうだが、これは「お金をさらに与えること」であり、「より強い経済を作る方法」を教えることとは一致しない。また、問３で筆者が述べている自立することの重要性とも異なっている点を確認しよう。

③　子供たちを教育する学校を建設する手助けをすること。

→「ウ　教育環境の充実」に当てはまる。よって、ウとオが正解。アの食料支援、イの軍事力の補強、エの所得の再分配については本文に書かれていない。

問５　エ　The news that she could not join the party made me disappointed.

「彼女がそのパーティーに参加できないという知らせは私をがっかりさせた」

▶まず that の種類を確認しよう。

①　代名詞（形容詞用法）「あの～」

②　代名詞「あれ」

③　副詞「それほど、そんなに」　例：It's not that small.「それはそれほど小さくない」

④ 関係代名詞

⑤ 接続詞（名詞節を導いて）

例：I think that he is a doctor.「私は彼は医者だと思う」

⑥ 接続詞（強調構文）

例：It was the vase that Tom broke yesterday.

「トムが昨日壊したのはその花瓶だった」

→強調する語（句）を it is［was］と that の間に挟んで強調する。

⑦ 接続詞（同格）

例：I can't believe the fact that the famous actor died.

「私はその有名な俳優が亡くなったという事実を信じられません」

→ that の前にある名詞と that 以下が「～という」という言葉で結べるもの。

問題に出されている that が接続詞か関係代名詞のどちらかだということはわかるだろう。その見分け方として、that の後ろが不完全な文の場合は関係代名詞、完全な文の場合は接続詞であることを覚えておこう。

例：I think the boy [that] I met yesterday is from America.

「僕が昨日会った男の子はアメリカ出身だと思う」

→ met の目的語がない→不完全な文→ that は関係代名詞

I think [that] the boy is from America.

「その少年はアメリカ出身だと思う」

→ that の後ろに不足がない→完全な文→ that は接続詞

では、下線部④ that を含む英文を見ていこう。

The first step（主語） is ending（動詞） the myth（目的語） (among Americans)

[that] most people (in the world) live similar lives to ours and

[that] only a minority of the world's population is poor.

「まず始めにすべきことは、世界中のほとんどの人が自分たちと似たような暮らしをし、世界人口のうちのほんの一部が貧しいというアメリカ人の幻想を終わらせることです」

最初の that 以下に注目すると、most people (in the world) live similar lives to ours「世界中のほとんどの人が自分たちと似たような暮らしをしている」は、完全な文となっていることがわかる。よって設問の that は接続詞である。〈live ～ life

[lives]〉は「～な生活を送る」、〈 similar A to ～〉は「～とよく似たA」という意味。the myth と that の間に among Americans が入っているが、これを( )でくくって考えると、the myth (among Americans) that most people (in the world) live similar lives to ours「(世界中の)ほとんどの人が自分たちと似たような暮らしをしている という (アメリカ人の)幻想」と解釈でき、the myth と that 以下の内容を、同格を表す that で結んでいることがわかる。よって選択肢の中で同格の that を含むエが正解。2つの that 節が the myth にかかっていることも確認しておこう。他の選択肢の内容は以下の通り。

ア　It is impossible that she went skiing in Mt. Zao with them.

「彼女が彼らと蔵王山にスキーに行ったはずがない」

→名詞節を導く接続詞。It は that 以下を示している。

イ　I think the woman that man is talking to knows the secret.

「私はあの男性が話している女性がその秘密を知っていると思っています」

→「あの～」を表す that

ウ　It is not only English but French that my mother can speak.

「私の母が話すことができるのは英語だけではなく、フランス語もです」

→強調構文の that

問6　far from correct

▶設問にある〈 anything but ～〉について、anything は肯定文で「何でも」、〈 but ～〉は「～を除いて」という意味であるため、〈 anything but ～〉は「～を除いて何でも」＝「決して～ではない」という意味になる。

例：He is anything but a doctor.

「彼は医者を除いて何でもそうだ」＝「彼は医者では決してない」

本文4・5行目に This image of poverty is far from correct. とあるが、〈 far from ～〉は「～からほど遠い」＝「決して～ではない」という意味である。よってこれを用いた far from correct が正解。ちなみに far from correct はもともとの far from being correct から、being が省略されたものと考えられる。

問7 各選択肢の意味と解説は以下の通り。

ア There are almost three million people in the world who live in poverty.

「貧しい生活を送っている人は、世界におよそ300万人いる」

▶本文5・6行目に In fact, over half of the people in the world live on less than two dollars of income per day. That's almost three billion people !「実際、世界の半分以上の人々は1日2ドル以下の収入で暮らしています。その数は30億人近くになります」と書かれている。よって異なる。

イ A dry climate, low levels of education, and the lack of natural resources cause poverty.

「乾燥した気候、低い教育水準、天然資源の不足が貧困を生み出す」

▶貧困が生み出される要因については本文3段落目前半に、Poverty is caused by many factors. Some of these include a dry climate with very little rain, low levels of education, and political and economic instability.「貧困が起こる要因はたくさんあります。雨がほとんど降らない乾燥した気候、低い教育水準、そして政治や経済の不安定などが要因の中には含まれます」と書かれている。いくつかある要因のうち、選択肢の「乾燥した気候」と「低い教育水準」は一致するが、天然資源の不足については記述がない。よって異なる。

ウ In one country, the number of rich people increases, while that of the poor decreases, and the country will become richer.

「ある国では、裕福な人の数が増える一方で、貧しい人の数は減っている。そして、その国はさらに豊かになるだろう」

▶本文3段落目の後半に As this type of imbalance increases, the number of middle-class citizens decreases, while the number of those living in poverty rises.「こういった不均衡が増加するにつれ、中流階級の市民の数は減少し、その一方で貧しい暮らしをしている人々の数は増える」とあるため、一致しない。

エ About half of the people in the world have never used a telephone.

「世界の約半分の人々が電話を使ったことがない」

▶本文4段落目に Did you know that almost half of the people in the world have never even used a telephone ?「世界の約半数の人が電話を使ったことすらないことを知っていましたか」と書かれている。その前には世界の多くの人が貧しい暮らしをしていると主張する文があり、その具体例として筆者は電話のことを述べているので、一致する。

オ　There is no economic inequality in rich countries like the US.

「アメリカのような裕福な国々には経済的不平等は存在しない」

▶本文3段落目にThis type of inequality exists not only in poor countries but in the U.S. as well. In fact, the richest 10% of Americans receive almost one third of the nation's income.「このような不平等は貧しい国だけではなく、アメリカにも同じように存在します。実際、アメリカで最も裕福な10%の人々が国の収入のおよそ3分の1を受け取っているのです」と書かれているので、アメリカにも裕福な人とそうではない人がおり、経済的不平等があることがわかる。よって異なる。

カ　**The writer doesn't think that one of the best ways to help poor people is giving them food.**

「作者は、貧しい人々を助ける最も良い方法の1つは食べ物を与えることであるとは考えていない」

▶本文2段落目にMany people think that the best way to help the poor of the world is by providing them with shipments of food. Believe it or not, this actually makes things worse!「世界の貧しい人々を手助けする最善の方法は、彼らに食料を送り、提供することだと多くの人が思っています。信じられないかもしれませんが、実はこうすることで状況はさらに悪くなるのです」と書かれている。よって一致する。

6　長文読解総合

〔全訳〕

世界中の人たちが日本人の礼儀正しさに感銘を受ける。観光客が自分の国に帰ると、友人や家族に「日本人はとても優しくて礼儀正しい」と伝える。もし道を尋ねたら、単に教えるだけではなく、目的地まで送って行ってくれる。もし道を教えることができないときは、彼らは心から謝って、頭を下げるかもしれない。

さらに、日本人はいつも他人を褒めてばかりいる。こんな風に。

「日本語がとてもお上手ですね」

「デイビッド・ベッカムみたいですね」

西洋人は、日本人が礼儀正しい国民だと心底思っている。ほとんどの西洋人が、日本人は彼ら自身の国の人よりも礼儀正しいと信じている。西洋の国で、言語能力を褒められることはないだろう。道を教えてくれる人がいるかもしれない。または「ごめんね、わからない」と早口に言われ、背を向けられることもあるかもしれない。

ほとんどの外国人は、今までに想像したことがないくらい礼儀正しい国に住むことに満足する。日本の社会は人々に対してさらに礼儀を重んじるようにと奨励さえしている。なんと素晴らしいことか。

「世界中のあらゆる場所がこんなにも礼儀正しければ……」と、日本に来た外国人は思う。

そのとき、ドアが彼らの顔にぶつかる。

これはどの西洋人にも少なくとも1回は起こることだ。それはかなりショックなことだ。ドアに顔をぶつけること自体はそんなにショックなことではない。確かに驚くが、すぐに忘れてしまう。しかし、「世界一礼儀正しい国」で、ドアに顔をぶつけることがショックなのだ。それは西洋人を深く混乱させるとても大きなショックだ。

西洋の国では、後ろから来る人のためにドアを押さえて開けておくのが習慣だ。「それは習慣なんですよ。考えることすらなくやるものです」と、東京在住のアメリカ人、デイヴは言う。「自分を礼儀正しい人物だとは全然思いません。だけど、いつもドアを押さえて開けておくよ。それはいたって自然なことです」

デイヴはこの自然な手順を説明する。「ドアを通り抜けるときは、誰かがついてきていないか軽く振り向いて確かめるんだ。もしついてくる人がいるのなら、その人が来るまで手でドアを押さえておくんだよ。するとついてきた人は、手を伸ばし、ドアを押さえる。これが人から人へと続くんだよ」

「これはリレーのようなものだね」とデイヴは言う。「ドアは来る一人一人に引き継がれていくんだ」

唯一の例外はベビーカーを押している女性だ。後ろにいる人がベビーカーを押している女性(もしくは男性)の場合は、ドアを押さえて大きく開けておいて、その人を通してあげるのが習慣だ。こうすればベビーカーを押す人がドアを通り抜けるときに苦労しないで済むからだ。

「たぶんそんな風にするのは、ベビーカーを押す女性に共感を覚えるからだろうね。べビーカーを押すのと同時にドアを支えるのはきっととても大変だろうから。それに、もしドアがベビーカーにぶつかったらどうなるだろう。大変なことになるだろう」と、デイヴは言う。

デイヴは疑問に思う。「どうして日本人はお互いのためにドアを押さえて開けておかないのだろう。彼らはこんなことよりも礼儀正しいことを他にたくさんしているのに。どうしてこんな単純でささいなことをしないのだろう。言ったけど、僕は自分がそれほど礼儀正しい人物だとは思いません。でも少なくともこれくらいはするよ。簡単だもの」

「たぶん礼儀が意味するものは文化によって異なるのかもしれない」とデイヴは続ける。「例えば、日本では、人前で鼻をほじくるのは問題ないが、鼻をかむのはよくない。アメリカでは逆で、人前で鼻をかんでもよいが、鼻をほじくるのはまずい。でも、考えてみたら、どちらも同じくらい不快なものだよ」

もしくは、それは全く礼儀の問題ではないのかもしれないとデイヴは考える。「もしかして東京の人々は自動ドアに慣れすぎてしまっているのではないか。あるいは、伝統的な引き戸は西洋のドアのように人の顔にぶつからないからか。そのため日本人は他人のためにドアを押さえて開けておくという習慣を作らなかったのか。わからないけど」

デイヴが日本に１週間ほど滞在したとき、初めてドアが目の前でバタンと閉まった。彼は前にいる人がドアを押さえてくれると思っていたのだが、その人は押さえてくれなかった。デイヴはその人の真後ろにいた。だから彼は文字通りドアに向かって歩いて行った(ドアにぶつかった)。

「本当に馬鹿みたいだったよ」とデイヴは言う。「間抜けなやつに見えただろうね。でもまだ僕は、これは例外的なことに違いないと思っていたんだ。僕が教訓を得るにはあと数回、顔をドアにぶつけなければならなかった」

しかし、デイヴにとって自分の習慣を捨てることは難しい。彼はいまだに他人のためにドアを押さえて開けておく。

「本当に、僕はいい人になろうなんてつもりはないんだ。ただの習慣なんだよ。ところがこれにかなり驚く人もいるようなんだ。そしてそんな人たちはお辞儀をしてお礼を言う。彼らの感謝に自分が全く値しないような気がして、罪悪感を感じてしまうんだよね」

それでも時折、この習慣は混乱を招く。デイヴが言うように、大切な点はずっとドアを押さえているわけではないということであり、次に来る人がドアに手が届くように手を出すまでドアを押さえてさえいればよいのだ。しかし日本の人々にはこの習慣がないので、彼らはドアに手を伸ばさないことがよくあるのだ。

「気づくと、一列になった何人かのためにドアが開いているように支えていたんだ。彼らはどんどんやってくる。どの人にもドアにぶつかってほしくなかった。だから僕はそこに立って、ドアを支え続けていた。一度なんかは、僕は20人ほどの女性たちのためにドアを押さえていたと思う。彼女たちはそれが僕の仕事だと思ったに違いない」

デイヴはドアを支えるのをやめるべきか、続けるべきか迷っている。

「僕は両方の文化から最良のものを取り入れたい。アメリカ文化のよいところと、日本文化のよいところを取り出して、それを組み合わせれば、一番よいだろう。人々のためにドアを押さえて開けておくのは、親しみがあってよいと思う。でも、一方で、そうすると目立ってしまう。そうすることで自分がよりいっそう外国人であると感じてしまうんだ」

出典：Rebecca Milner *Jon's Chopsticks*「ガイコク人ニッポン体験記」IBCパブリッシング

問1　A：People around the world are [**impressed**] with Japanese people's politeness.

「世界中の人たちが日本人の礼儀正しさに感銘を受ける」

▶設問箇所の後に "Japanese people are so kind and polite."「日本人はとても優しくて礼儀正しい」という発言の引用があるので、空所に用いる語はimpress「感銘を与える、感動させる」であると判断できる。surprise、excite、interestなどと同様、「人」がある感情を抱いている場合は、過去分詞の形にする。よってimpressedが正解。〈be impressed with ～〉「～に感銘を受ける、感動する」という形で覚えておこう。

B：If you [**ask**] for directions, someone won't just tell you; they'll walk you to your destination.

「もし道を尋ねたら、単に教えるだけではなく、目的地まで送って行ってくれる」

▶設問箇所の後には someone won't just tell you; they'll walk you to your destination.「単に教えるだけではなく、目的地まで送って行ってくれる」と書かれている。ここでの〈walk ～〉は他動詞で「～を送って行く」という意味。よって設問箇所を含む部分が「もし道を尋ねると」といった意味になることがわかる。〈ask (人) for ～〉で「(人に)～を求める」、またdirectionは「行き方、道順」という意味である。よってaskが正解。

C：“It’s a habit. You do it without even [**thinking**] about it,”

「それは習慣なんですよ。考えることすらなくやるものです」

▶〈without ～ ing〉で「～せずに」という意味であるため、空所には動名詞が入る。even は「～さえ」という強調を表す副詞なので、空所に入る語の形には影響しない。空所を含む英文は直訳すると「～さえしないでそれをする」だが、直前に It’s a habit.「それは習慣なんですよ」とあるので、「習慣としてする」→「意識せずにする」→「考えずにする」ととらえる。よって thinking が正解。

D：it is the custom to hold the door open wide and [(**to**) **let**] that person pass through.

「ドアを押さえて大きく開けておいて、その人を通してあげるのが習慣だ」

▶文構造を把握しよう。

it is the custom to ①hold the door open wide

〈and〉

②[　　] that person pass through

まず、〈it is…to ～〉という形式主語の文になっているので、「～することは習慣だ」と解釈できる。本問では「～すること」に当たる主語が接続詞 and によって 2 つに分岐している。よって空所に入るのは hold と同様に to の直後と考え、動詞の原形が適切。次に空所以降の英文に着目しよう。

[　　] (V) that person (O) pass (C(動詞の原形)) through

原形不定詞 pass があるので、空所から始まる英文は SVOC（第 5 文型）の形であることがわかる。補語に原形不定詞をとる動詞は選択肢の中には let しかない。使役動詞 let を補うことで、「その人（ベビーカーを押す人）が通り抜けることを許可する」つまり、「その人を通してあげる」となる。よって let が正解。なお、to hold の形にあわせて to let と表記してもよい。

E：Still, it is hard for Dave [**to break**] his habit.

「しかし、デイヴにとって自分の習慣を捨てることは難しい」

▶[D] と同様に形式主語の文になっていることが予測できるので、空所には〈to ＋動詞の原形〉が入り、「デイヴにとって自分の習慣を[　　]は難しい」という内容になる。設問箇所直後に He still holds the door open for people.「彼はいまだに他人のためにドアを押さえて開けておく」とあり、彼の習慣が維持されていることが読み取れるので、空所には「(自分の習慣を)捨てること」という意味の不定詞表現を補えばよい。本問ではbreakを用いて「壊す」→「捨てる」ととらえよう。よってto breakが正解。

問2　1：イ　**Then a door hits them in the face**

「そのとき、ドアが彼らの顔にぶつかる」

▶空所直後のThis happens to every single Western person at least once.「これはどの西洋人にも少なくとも1回は起こることだ」に注目すると、空所にはthis＝「西洋人には誰にでも1回は起こること」を含む文が入ることがわかる。さらに読み進めていけば、thisとは、getting hit in the face by a door「ドアに顔をぶつけること」であり、こういったことが世界一礼儀正しい国で起こることが西洋人にとってショックだと述べられている。よって空所には「ドアに顔をぶつけること」と同じ内容を含むイが入る。

2：エ　**That would be terrible**「大変なことになるだろう」

▶設問箇所直前の1文、And what if the door hit the stroller?「それに、もしドアがベビーカーにぶつかったらどうなるだろう」が解釈できれば正解を導ける。〈what if ～?〉は「もし～したらどうなるだろう」という意味で、仮説を立てる場合によく用いられる。よって空所には、この仮説に対する結果を表す英文を補えばよいので、正解はエ。仮説に対する答えの文なので、仮定法(would)で表現されていることもヒントになる。

3：ウ　**Or maybe it isn't a question of politeness at all**

「もしくは、それは全く礼儀の問題ではないのかもしれない」

▶設問箇所の前の段落は、「たぶん礼儀が意味するものは文化によって異なるのかもしれない」とデイヴが推測する発言で始まり、その後に「鼻をほじくること」「鼻をかむこと」などの具体例が続き、何が礼儀正しくて、何が無礼なのかは、文化によって異なるという論調になっている。一方で、空所の後では、"Maybe people in Tokyo are too used to automatic doors? Or because traditional sliding doors don't hit people in the face like Western doors? …"「もしかして東京の人々は自動ドアに慣れすぎてしまっているのではないか。あるいは、伝統的な引き戸は西洋のドアのように人の顔にぶつからないからか…」と述べており、日本に西洋のようなドアのマナーが存在しないのは、礼儀の問題ではなく、社会的、あるいは文化的な背景が原因であるという、別の推測を立てている。よって空所には2つ目の推測を提起させるための英文を補えばよいので、正解はウ。

4：ア　**They must have thought it was my job**

「彼女たちはそれが僕の仕事だと思ったに違いない」

▶設問箇所の直前に Once, I must have held the door open for about twenty women.「一度なんかは、僕は20人ほどの女性たちのためにドアを押さえていたと思う」とあり、これは、ドアのマナーが浸透していない日本では、デイヴが次に来る人のためにドアを支えていても、その人はドアに手を伸ばしてくれないということを示している。設問箇所はこの内容に続くデイヴの感想、意見、結論になるはずなので、正解はア。また、アの英文の主語 They が twenty women を指すことに気づけるかもポイントとなる。文挿入の設問では、文脈と文法の両側面から分析できるようにしよう。

5：オ　**But on the other hand, doing so makes me stand out**

「でも、一方で、そうすると目立ってしまう」

▶設問箇所の前後の内容を比較してみよう。空所の前は I think it is nice to hold the door open for people; it's friendly.「人々のためにドアを押さえて開けておくのは、親しみがあってよいと思う」とあり、ドアを支えておく習慣について肯定的な意見が述べられている。対して空所の後は It makes me feel more like a foreigner.「そうすることで自分がよりいっそう外国人であると感じてしまうんだ」とあり、否定的な内容が述べられている。よって、空所にはデイヴの思考、視点が変わるきっかけとなる英文を補えばよいので、正解はオ。〈on the other hand〉「一方で」は、話者の視点が切り替わるときによく用いられる。また、〈stand out〉は「外側に立つ」→「飛び出る」というイメージから、「目立つ、際立つ」という意味になる。

問3　It is a very big shock that causes Western people（**エ　deep confusion**）.

「それは西洋人を深く混乱させるとても大きなショックだ」

▶空所を含む英文の that 以降は関係代名詞節で、shock を修飾している。〈cause ～〉

は「～を引き起こす、もたらす」という意味の動詞で、本問では causes Western people（　あ　）「西洋人に（　あ　）をもたらす」と解釈できる。ここから、先行詞の shock は西洋人に何をもたらすのかと考えると、主語の it は直前の英文の主語 getting hit in the face by a door in “the most polite country in the world”「『世界一礼儀正しい国』で、ドアに顔をぶつけること」を表しているので、「西洋人に（混乱、困惑）をもたらす」とするのが妥当。正解はエの deep confusion「深い混乱」となる。ちなみに他の選択肢の意味は、ア　great sympathy「大きな共感」、イ　deep understanding「深い理解」、ウ　a lot of inconvenience「多大な迷惑、不都合」。

問4　エ→ア→イ→ウ

▶空所の直前で Dave explains this natural process「デイヴはこの自然な手順を説明する」と述べられている。この this は前の段落にある「後ろから来る人のためにドアを押さえて開けておくこと」と考えられるので、この行為の手順を完成させればよい。文整序問題の定石として、代名詞、冠詞、副詞などに注意を払いながら考えよう。

エ　**When you pass through the door, look quickly behind you to see if anyone is following.**

「ドアを通り抜けるときは、誰かがついてきていないか軽く振り向いて確かめるんだ」

・まずこの習慣は、自分がドアを通り抜けるときに後続の人たちにしてあげる行為なので、自分がドアを通り抜けるところから始まる。

↓

ア　**If there is someone following, keep your hand on the door until the other person reaches it.**

「もしついてくる人がいるのなら、その人が来るまで手でドアを押さえておくんだよ」

・次に、エの後半の文と、アの前半の文との対応関係に注目しよう。「誰かがついてきていないか軽く振り向いて確かめる」→「もしついてくる人がいるのなら…」となり、矛盾なく手順が進む。

↓

イ **Then the following person puts out his or her hand to catch the door.**

「するとついてきた人は、手を伸ばし、ドアを押さえる」

・アの後半の文に「その人が来るまで手でドアを押さえておく」とあり、これは「次の人がドアのところに来たらドアから手を離す」ことを意味する。つまり、ここで自分の役目は終わると考えることができるので、次の英文は主語がthe following personになっているイがふさわしい。following personに冠詞theがついているので、このfollowing personとはエ→アで述べられてきた「後続の人」であることが確認できる。

↓

ウ **This continues from person to person.**「これが人から人へと続くんだよ」

・最後に、これまで述べてきた手順をthisに置き換えて「これが人から人へと続くんだよ」という内容のウが続く。また、この文は、空所直後のデイヴのセリフIt's kind of like a relay race「これはリレーのようなものだね」の主語itの内容に当たる。

問5 A (解答例)**僕が教訓を得るにはあと数回、顔をドアにぶつけなければならなかった。**

▶所要時間を表す場合によく用いられる、〈it takes 時間 (for 人) to do ～〉「(人 が)～するのに 時間 がかかる」の形になっているが、このtakeは「時間や労力を必要とする」という意味である。今回は 時間 の部分にa few more doors「もうあと数枚のドア」が置かれているので、文脈に合う日本語訳を考えよう。直訳なら「私が教訓を得るのに、あと数枚のドアを要した」となるが、問題文に「わかりやすい日本語に直しなさい」という指示があるためもっと具体的に書くことが求められる。下線部の前で語られるデイヴの「失敗談」を見てみよう。

Dave had been in Japan for about a week when the first door slammed in his face. He had expected the person in front of him to hold the door, but that person didn't. Dave was right behind the person. So he literally walked right into the door!

「デイヴが日本に1週間ほど滞在したとき、初めてドアが目の前でバタンと閉まった。彼は前にいる人がドアを押さえてくれると思っていたのだが、その人は押さえてくれなかった。デイヴはその人の真後ろにいた。だから彼は文字通りドアに向かって歩いて行った(ドアにぶつかった)」

訳の通り「文字通りドアに向かって歩いて行く」とは、「ドアにぶつかる」ことを意味する。ここから、彼が得るべき教訓とは、「日本には後から来る人のためにドアを支えてあげるという習慣はない」なのだが、彼はこの出来事に対して But still, I thought this must have been an exception.「でもまだ僕は、これは例外的なことに違いないと思っていたんだ」と述べている。exception は「例外」という意味なので、彼はこの一件を「例外的な出来事」ととらえたのだ。これが一般的に起こりうることだと理解するには、It took a few more doors「あと数枚のドアを要した」のであり、言い換えれば「あと何回かドアにぶつかる」ことを経験しなければ教訓を得られなかったということになる。

B　3番目：**ア**、6番目：**コ**、9番目：**ケ**

I could ア not learn my lesson コ until I walked ケ into the door (several times).

▶下線部(う)の内容「僕が教訓を得るにはあと数回、顔をドアにぶつけなければならなかった」を、「何度かドアに顔をぶつけるまで私は教訓を得ることができなかった」と言い換えて英文を構築する。〈否定文 until S＋V 〜〉「SがVするまで〜しない」→「SがVして初めて〜する」は入試の頻出表現なので必ずおさえておこう。until 以降は、下線部(う)の2行上にある、So he literally walked right into the door!「だから彼は文字通りドアに向かって歩いて行った(ドアにぶつかった)」を参考に組み立てることができるだろう。

問6　各選択肢の意味と解説は以下の通り。

(1) When you ask Japanese people for directions, they try to help you even if they can't.

「日本人に道を尋ねると、彼らはたとえ助けられなくても助けようとする」→ **F**

▶第1段落最終文に If they cannot help you with directions, they will apologize seriously, maybe with a bow.「もし道を教えることができないときは、彼らは心から謝って、頭を下げるかもしれない」とあるので、与えられた英文の「助けようとする」という部分が不一致。

(2) Picking your nose in public is thought to be worse in America than in Japan.

「アメリカでは、人前で鼻をほじくるのは日本よりも悪いと考えられている」→ **T**

▶第 16 段落のデイヴの発言に For example, in Japan, it is okay to pick your nose in public, but not blow your nose. In America it is the opposite; you can blow your nose in public, but you can't pick.「例えば、日本では、人前で鼻をほじくるのは問題ないが、鼻をかむのはよくない。アメリカでは逆で、人前で鼻をかんでもよいが、鼻をほじくるのはまずい」とあるので、本文の内容と一致する。この場合の opposite は「正反対の物[事]」という意味である。

(3) In Western countries, some people may say "sorridunno" when they give you directions.

「西洋の国では、道を教えるときに "sorridunno" と言う人もいるかもしれない」→ **F**

▶第 5 段落に、Somebody might give you directions. Or they might say "sorridunno" (that's "I'm sorry I don't know" said very fast !) and turn away.「道を教えてくれる人がいるかもしれない。または『ごめんね、わからない』と早口に言われ、背を向けられることもあるかもしれない」とあるので不一致となる。この "sorridunno" とは "I'm sorry I don't know" と早口で言われたときに聞こえる「音」を表しているので、道を教えてくれない人から言われるセリフだと考えられる。

(4) Dave holds the door open for people not because he wants to be kind but because it is just a habit.

「デイヴが人々のためにドアを押さえて開けておくのは、いい人になりたいわけではなく、それが単に習慣だからだ」→ **T**

▶空所[E]の 1 行下、デイヴの発言に Really, I'm not trying to be nice. It's just a habit.「本当に、僕はいい人になろうなんてつもりはないんだ。ただの習慣なんだよ」とあるので、本文の内容と一致する。与えられた英文は〈 not A but B 〉「A ではなく B」の形になっている。

(5) The proverb saying "When in Rome, do as the Romans do," shows Dave's lifestyle in Japan.

「『郷に入っては郷に従え』ということわざは、デイヴの日本での生活様式を表している」→ **F**

▶ When in Rome, do as the Romans do. は、「ローマにいるときには、ローマ人のようにせよ」、つまり「新しい環境に入ったら、その土地の習慣、やり方に従う方が賢明である」という意味のことわざである。デイヴがこれまでの習慣を捨て、日本の生活様式を全面的に取り入れているかどうかがポイントとなるが、本文の最終段落に、I'd like to take the best from both cultures. Take the things that are good about American culture and the things that are good about Japanese culture and put them together：that would be best.「僕は両方の文化から最良のものを取り入れたい。アメリカ文化のよいところと、日本文化のよいところを取り出して、それを組み合わせれば、一番よいだろう」とある。ここから彼が新しい土地の文化、習慣を一方的に取り入れようとはしていないことがわかるので、不一致となる。

数学　第3回　解答

1

(1)	$\dfrac{3b}{2a}$	(2)	$(x+y+3)(x+y-3)$
(3)	-2	(4)	$x=\dfrac{-3\pm\sqrt{11}}{2}$
(5)	およそ　200　個		

(5点×5)

2

(1)	40　°	(2)	$\dfrac{4}{3}\pi-2$
(3)	$16\sqrt{2}$		

(5点×3)

3

(1)	A(-3 , $\dfrac{9}{2}$)	(2)	21
(3)①	$\dfrac{1\pm\sqrt{17}}{2}$, 5, -4		
(3)②	〈解法欄〉※解説ページ参照	(答)	$y=\dfrac{25}{2}x$

((1)(2)(3)① 5点×3, (3)② 7点)

4

(1)	$\dfrac{5}{6}$	(2)	$\dfrac{4}{9}$
(3)	$\dfrac{2}{3}$		

((1)(2) 5点×2, (3) 6点)

5

(1)	8	(2)	$\dfrac{14}{5}$
(3)①	25 : 9		
(3)②	〈解法欄〉※解説ページ参照	(答)	$\dfrac{14}{13}$

((1)(2)(3)① 5点×3, (3)② 7点)

解説

1 計算小問

(1) $6a^3b^3 \div (-2a^2b)^2 = \dfrac{6a^3b^3}{4a^4b^2} = \dfrac{3b}{2a}$ …(答)

(2) $x^2 + 2xy + y^2 - 9 = (x+y)^2 - 9 = (x+y+3)(x+y-3)$ …(答)

(3) $(\sqrt{27} - \sqrt{12} + 2)(2\sqrt{3} - 4) = (3\sqrt{3} - 2\sqrt{3} + 2)(2\sqrt{3} - 4) = (\sqrt{3} + 2)(2\sqrt{3} - 4)$
$= 2(\sqrt{3} + 2)(\sqrt{3} - 2) = 2(3 - 4) = -2$ …(答)

(4) $x(x+2) = \dfrac{1}{2} - x$, $2x(x+2) = 1 - 2x$, $2x^2 + 4x = 1 - 2x$, $2x^2 + 6x - 1 = 0$,

$$x = \frac{-6 \pm \sqrt{6^2 - 4 \times 2 \times (-1)}}{4} = \frac{-6 \pm \sqrt{44}}{4} = \frac{-6 \pm 2\sqrt{11}}{4} = \frac{-3 \pm \sqrt{11}}{2}$$ …(答)

(5) 白玉の個数を x 個とする。

無作為に取り出した50個の玉の中に混ざっている赤玉が10個であることから，玉の総数と赤玉の個数の比は $50:10 = 5:1$ と考えられる。

よって，$(x+50):50 = 5:1$，$x + 50 = 250$，$x = 200$

したがって，最初に袋の中にあった白玉は，およそ200個 …(答)

2 小問集合

(1) DA＝DFより，$\angle ADF = 180° - 35° \times 2 = 110°$

AD//EC，AE//DCより，

四角形AECDは平行四辺形なので，

$\angle AEC = \angle ADF = 110°$，

$\angle AEB = 180° - 110° = 70°$

折り返しの性質より，$\angle AEF = \angle AEB = 70°$

よって，$\angle FEC = 110° - 70° = 40°$ …(答)

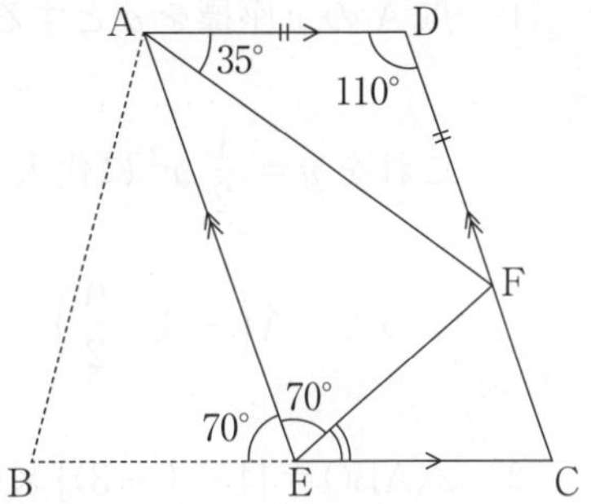

(2)　(おうぎ形 ABC)$=4\times4\times\pi\times\dfrac{30}{360}=\dfrac{4}{3}\pi$

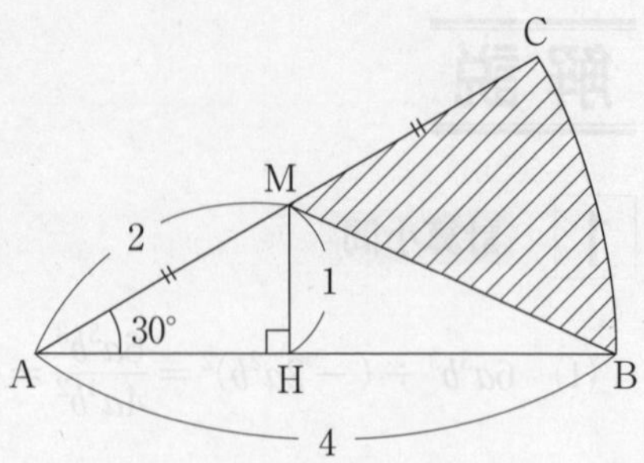

M から AB に下ろした垂線の足を H とすると，AM$=2$，$\angle$MAH$=30^\circ$ より，

MH$=1$

よって，$\triangle$MAB$=4\times1\times\dfrac{1}{2}=2$

以上より，斜線部分の面積は，$\dfrac{4}{3}\pi-2$　…(答)

(3)　$\triangle$AQR$=\triangle$ACQ$+\triangle$ACR$-\triangle$CQR

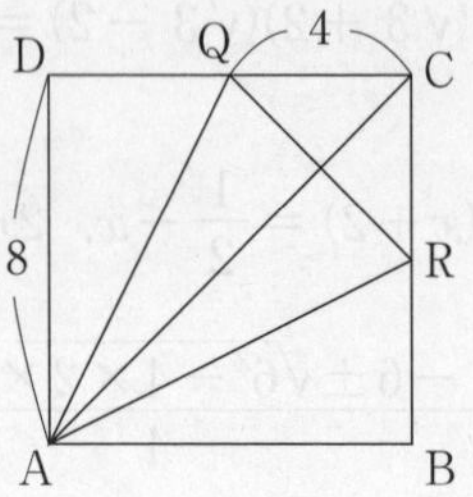

$=4\times8\times\dfrac{1}{2}\times2-4\times4\times\dfrac{1}{2}=24$

また，OA$=$OC$=8$，AC$=8\sqrt{2}$ より，

$\triangle$OAC の 3 辺比が $1:1:\sqrt{2}$ であることから，

$\angle$OCA$=45^\circ$

ここで，P から面 ABCD に下ろした垂線を PH とすると，PC$=4$ より，PH$=2\sqrt{2}$

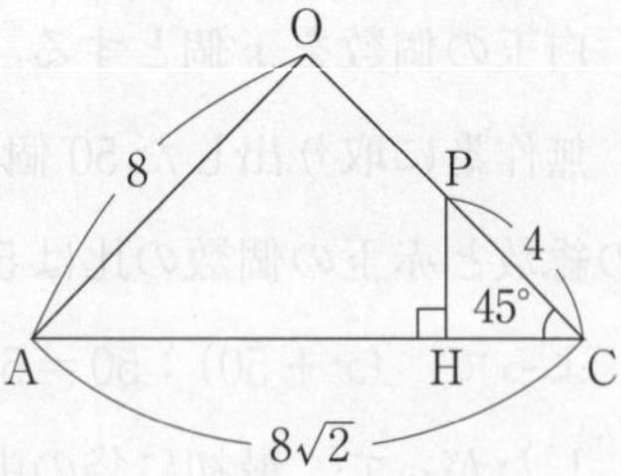

よって，四面体 APQR の体積は，

$24\times2\sqrt{2}\times\dfrac{1}{3}=16\sqrt{2}$　…(答)

3　二次関数

(1)　点 A の x 座標を a とすると，放物線と直線の関係より，$-\dfrac{1}{2}\times4\times a=6$，$a=-3$

これを $y=\dfrac{1}{2}x^2$ に代入して，$y=\dfrac{1}{2}\times(-3)^2=\dfrac{9}{2}$

よって，$\mathrm{A}\left(-3,\ \dfrac{9}{2}\right)$　…(答)

(2)　$\triangle$ABO$=\{4-(-3)\}\times6\times\dfrac{1}{2}=21$　…(答)

(3)① 直線lとy軸との交点をCとすると，

$\{4-(-3)\}\times CP\times\frac{1}{2}=14$，$CP=4$

このとき，点Pのy座標は，$6-4=2$

また，直線lの上側にも，$\triangle ABP'=14$となるy軸上の点P′をとると，そのy座標は，$6+4=10$

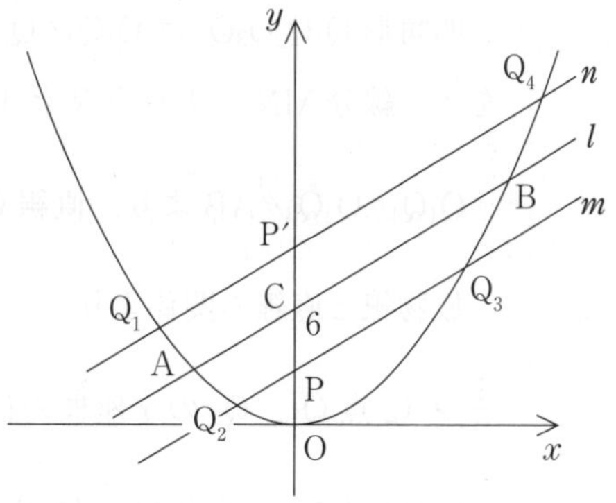

P(0, 2)，P′(0, 10)となり，Pを通り直線lに平行な直線をm，P′を通り直線lに平行な直線をnとすると，直線m，nと放物線との交点が，題意を満たす点Q_1，Q_2，Q_3，Q_4となる。

直線lの傾きは，放物線と直線の関係より，$\frac{1}{2}(-3+4)=\frac{1}{2}$

よって，直線mの式は$y=\frac{1}{2}x+2$，直線nの式は$y=\frac{1}{2}x+10$になるので，

直線mと放物線の交点のx座標は，

$\frac{1}{2}x^2=\frac{1}{2}x+2$，$x^2-x-4=0$，$x=\frac{1\pm\sqrt{1+16}}{2}$，$x=\frac{1\pm\sqrt{17}}{2}$

直線nと放物線の交点のx座標は，

$\frac{1}{2}x^2=\frac{1}{2}x+10$，$x^2-x-20=0$，$(x-5)(x+4)=0$，$x=5$，$-4$

以上より，$x=\frac{1\pm\sqrt{17}}{2}$，5，$-4$ …(答)

② Qとしてとれる点は，

(i)点Pを通り直線lに平行な直線と放物線の交点

(ii)(i)で引いた直線を直線lに関して対称移動させた直線と放物線の交点

であり，Qとしてとれる点が4箇所ある場合，4点Q_1，Q_2，Q_3，Q_4は右図のような位置になる。

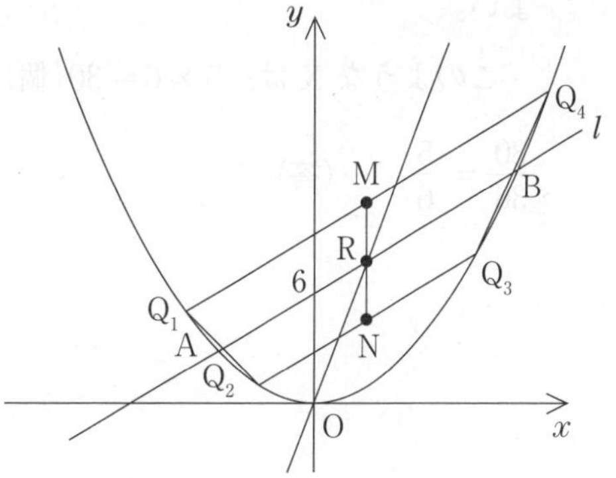

四角形 $Q_1Q_2Q_3Q_4$ は $Q_1Q_4 /\!/ Q_2Q_3$ の台形で，辺 Q_1Q_4 の中点を M，辺 Q_2Q_3 の中点を N，線分 MN の中点を R とすると，題意を満たす直線は点 R を通ればよい。

$Q_1Q_4 /\!/ Q_2Q_3 /\!/ AB$ より，直線 Q_1Q_4 と直線 Q_2Q_3 の傾きは，ともに $\frac{1}{2}$

放物線と直線の関係より，

$\frac{1}{2}\times$(2 点 Q_1，Q_4 の x 座標の和)$=\frac{1}{2}$，(2 点 Q_1，Q_4 の x 座標の和)$=1$

同様にして，(2 点 Q_2，Q_3 の x 座標の和)$=1$

よって，2 点 M，N の x 座標はともに $\frac{1}{2}$ であり，点 R の x 座標も $\frac{1}{2}$

また，直線 Q_1Q_4 と直線 Q_2Q_3 は直線 l に関して対称であることから，線分 MN の中点 R は直線 l 上にある。

したがって，点 R の y 座標は，$x=\frac{1}{2}$ を直線 l の式：$y=\frac{1}{2}x+6$ に代入して，

$y=\frac{1}{2}\times\frac{1}{2}+6=\frac{25}{4}$

以上より，求める直線は原点と点 $R\left(\frac{1}{2},\ \frac{25}{4}\right)$ を通るので，$y=\frac{25}{2}x$ …(答)

4 確率

(1) $12=2^2\times3^1$ なので，X が 12 の倍数となるためには $X=2^a\times3^b$ において，$a\geqq2$，$b\geqq1$ であればよい。

このような X は，$5\times6=30$(個)あるので，

$\frac{30}{36}=\frac{5}{6}$ …(答)

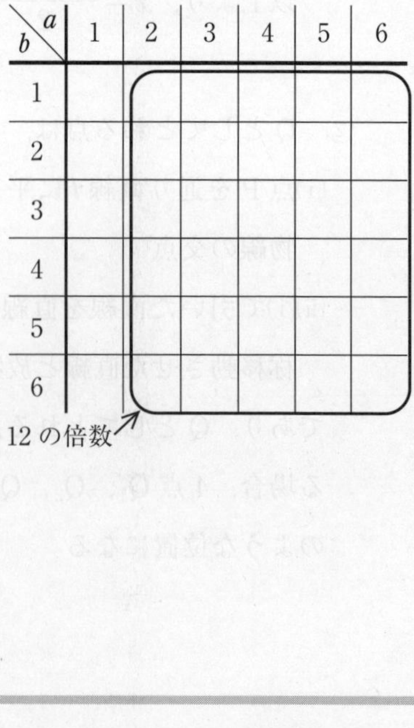

⑵　72の倍数かつ108の倍数となる自然数は，216の倍数である。

$216=2^3\times3^3$ なので，Xが216の倍数となるためには $X=2^a\times3^b$ において，$a\geqq3$，$b\geqq3$ であればよい。

このようなXは，$4\times4=16$(個)あるので，

$\frac{16}{36}=\frac{4}{9}$ …(答)

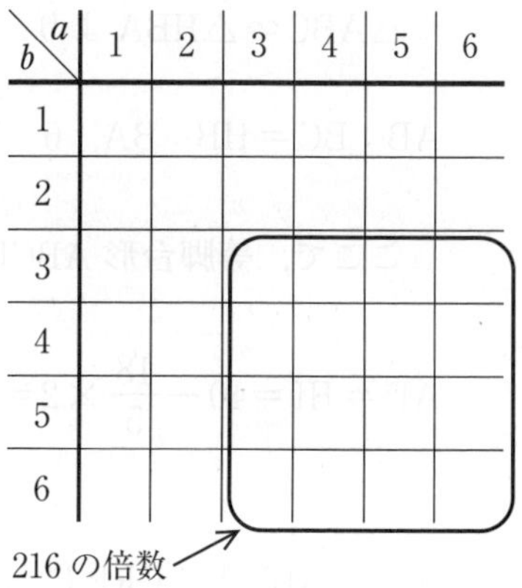

⑶　72の倍数または108の倍数となる自然数は，72の倍数と108の倍数を合わせて，重複する216の倍数を除けばよい。

$72=2^3\times3^2$ なので，Xが72の倍数となるためには $X=2^a\times3^b$ において，$a\geqq3$，$b\geqq2$ であればよい。このようなXは，$4\times5=20$(個)ある。

$108=2^2\times3^3$ なので，Xが108の倍数となるためには $X=2^a\times3^b$ において，$a\geqq2$，$b\geqq3$ であればよい。このようなXは，$5\times4=20$(個)ある。

⑵より，216の倍数となるXは16個ある。

よって，$20+20-16=24$(個)，$\frac{24}{36}=\frac{2}{3}$ …(答)

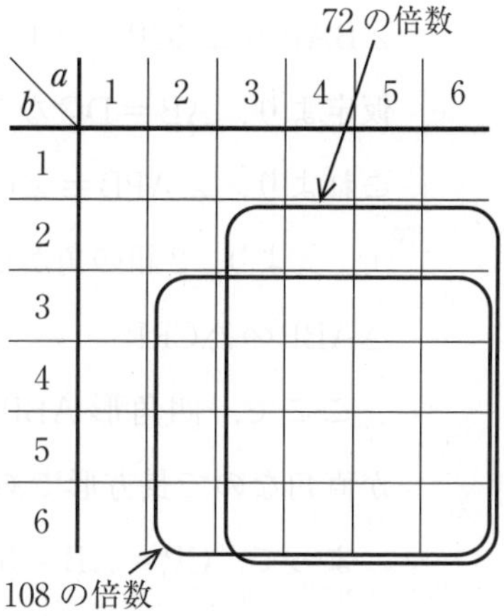

5　円

⑴　BC＝10，AB＝6，BCは直径なので，∠BAC＝90°

したがって，△ABCにおいて三平方の定理より，$AC=\sqrt{10^2-6^2}=8$ …(答)

⑵　右の図のように，A，DからBCに下ろした垂線をそれぞれAH，DIとする。

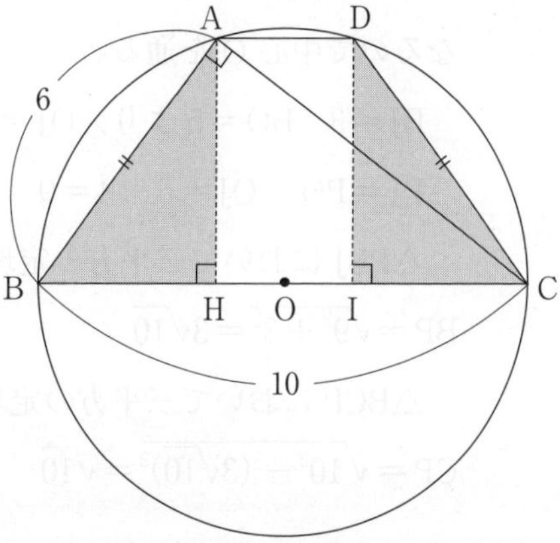

$\triangle ABC \backsim \triangle HBA$ より，

$AB : BC = HB : BA$，$6 : 10 = HB : 6$，$HB = \dfrac{18}{5}$

ここで，等脚台形 ABCD において$\triangle ABH \equiv \triangle DCI$，$HB = IC = \dfrac{18}{5}$ より，

$AD = HI = 10 - \dfrac{18}{5} \times 2 = \dfrac{14}{5}$　…(答)

(3)① $\triangle ABP$ と$\triangle CRP$ において，

$\overset{\frown}{BP}$ に対する円周角より，

$\angle BAP = \angle RCP$　…①

仮定より，$AB = DC$ なので $\overset{\frown}{AB} = \overset{\frown}{DC}$

これより，$\angle APB = \angle CPR$　…②

①，②より，2 組の角がそれぞれ等しいので，

$\triangle ABP \backsim \triangle CRP$

ここで，四角形 ABPC はすべての角が直角なので長方形である。

よって，$CP = AB = 6$

相似な図形の面積比は相似比の 2 乗に等しいので，

$\triangle ABP : \triangle CRP = AP^2 : CP^2 = 10^2 : 6^2 = 25 : 9$　…(答)

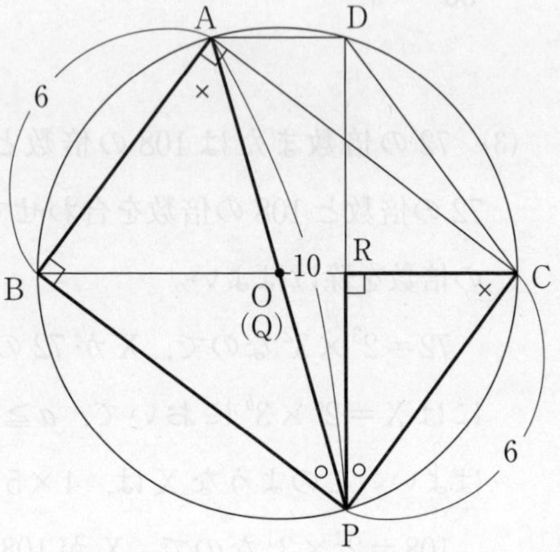

② $\triangle PAB$ は二等辺三角形なので，P から AB に垂線 PJ を下ろすと，AB を二等分し，PJ は弦 AB の垂直二等分線となるので中心 O を通る。

$BJ = 3$，$BO = 5$ より，$OJ = 4$

$PJ = PO + OJ = 5 + 4 = 9$

$\triangle PBJ$ において三平方の定理より，

$BP = \sqrt{9^2 + 3^2} = 3\sqrt{10}$

$\triangle BCP$ において三平方の定理より，

$CP = \sqrt{10^2 - (3\sqrt{10})^2} = \sqrt{10}$

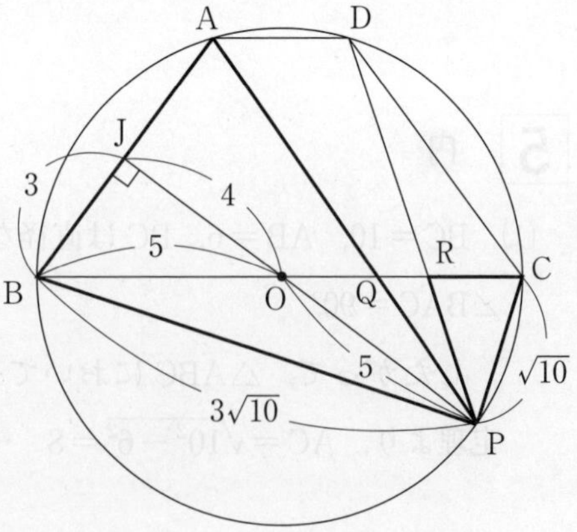

(3)①より，△ABP∽△CRP なので，

△CRP も二等辺三角形で，

BP：RP＝AB：CR，$3\sqrt{10}:\sqrt{10}$

＝6：CR，CR＝2

ここで，△BRP∽△DRC より，

PR：CR＝BR：DR，$\sqrt{10}:2=8:$DR，

DR＝$\dfrac{8\sqrt{10}}{5}$

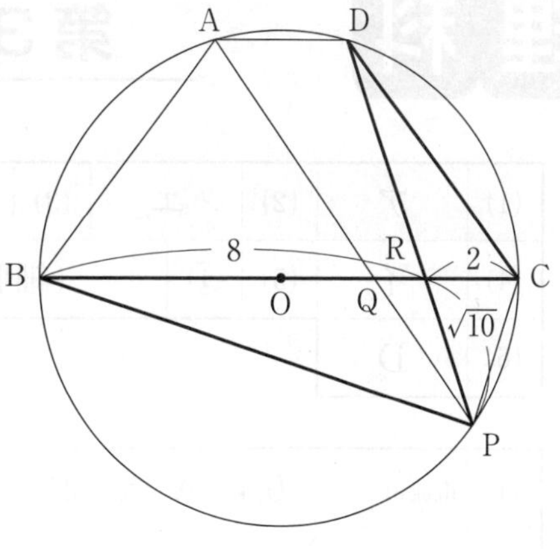

また，△PRQ∽△PDA より，

PR：PD＝QR：AD，

$\left(\dfrac{8\sqrt{10}}{5}+\sqrt{10}\right):\sqrt{10}=\dfrac{14}{5}:$QR，

QR＝$\dfrac{14}{13}$　…(答)

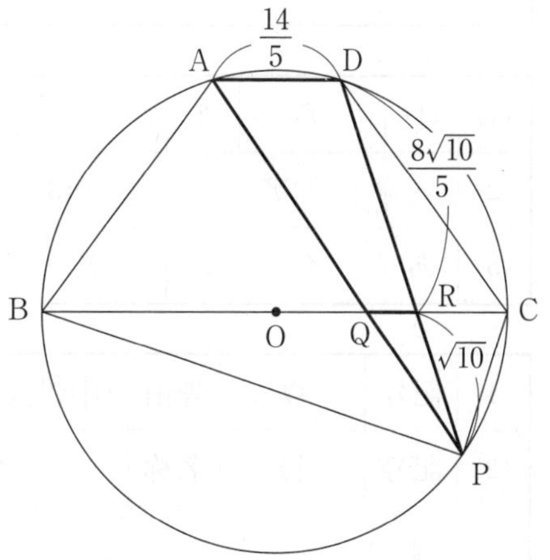

【別解】

∠BAC＝∠BJP＝90° より，AC//JP

よって，△ACQ∽△POQ であり，相似比は 8：5 となる。

AQ：QP＝8：5，AP：QP＝13：5 より，△PQR と△PAD の相似比は 5：13

よって，QR＝AD×$\dfrac{5}{13}$

$=\dfrac{14}{5}\times\dfrac{5}{13}=\dfrac{14}{13}$　…(答)

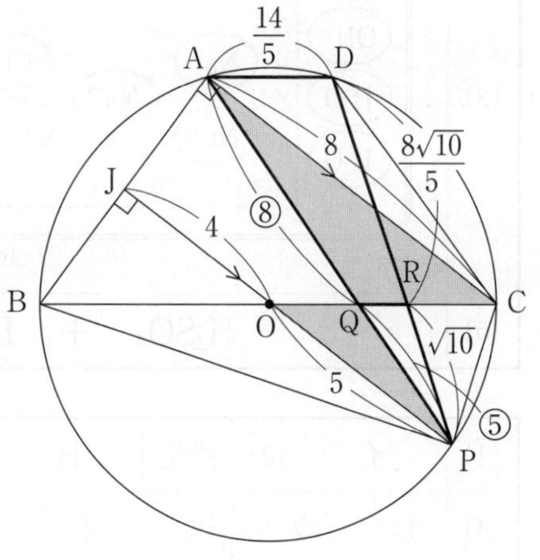

理科　第3回　解答

1

(1)	ア	(2)	エ	(3)	i	×	ii	×	iii	○
(4)	イ	(5)	①	(細胞)呼吸	②	ブドウ糖				
(6)	D									

(4)2点　(3)(5)1点×5　他3点×3

2

(1)	電流計	0.4　A	電圧計	4　V	(2)	ウ	(3)	15　個
(4)	$x=$	0.6	(5)	70　%	(6)	B, C, D, E		

(1)完答3点　(2)(6)2点×2　他3点×3

3

(1)	①	ア	②	生殖	③	発生			
(2)	ア	(3)	Rr	(4)	エ				
(5)	あ	イ	い	ア	う	エ	え	5 : 1	

(5)あ～う1点×3　他2点×7

4

(1)	記号	ウ	理由	中性で電気を通すから。
(2)	記号	D	名称	水酸化物イオン
(3)	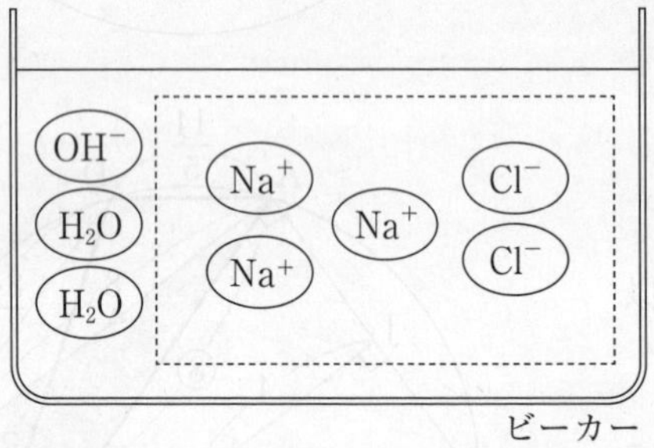	(4)	0.44　g	
(5)	$H_2SO_4 + Ba(OH)_2 \rightarrow BaSO_4 + 2H_2O$			

(1)理由(3)(4)3点×3　他2点×4

5

(1)	イ	(2)	惑星	B	特徴	エ	(3)	位置	f	変化	エ
(4)	①	ウ	②	イ	③	カ					

(4)③3点　他2点×7

6

(1)	22.0 cm	(2)	a	0.9	b	0.5	c	0.4		
(3)	0.9　N	(4)	a	2.1	b	0.3	c	1.8	d	ウ

(2)1点×3　(4)2点×4　他3点×2

解説

1 小問集合

(1) それぞれの装置におけるエネルギーの移り変わりは，以下の通りである。

手回し発電機　…運動エネルギー→電気エネルギー

発光ダイオード…電気エネルギー→光エネルギー

電熱線　　　　…電気エネルギー→熱エネルギー

モーター　　　…電気エネルギー→運動エネルギー

(2) 鉄と硫黄の混合粉末を加熱すると，Fe＋S → FeS と化合して硫化鉄(FeS)ができる。鉄も硫化鉄も水には溶けない。その他の性質をまとめると，次の表の通りである。

物質	導電性	磁石を近づける	うすい塩酸をかける
鉄(Fe)	電気を通す	引き寄せられる	無臭の水素が発生する
硫化鉄(FeS)	電気を通さない	引き寄せられない	腐卵臭の硫化水素が発生する

(3) i ：反射鏡の調節は，ステージにプレパラートをのせる前に行う。よって，誤り。

ii ：ステージと対物レンズを近づける操作は，両者がぶつからないように，接眼レンズをのぞかずに横から見ながら行う。よって，誤り。

iii ：顕微鏡の倍率を上げることで，観察物がより大きく見えるようになるので視野は狭くなり，視野に入る光の量も減るので視野の明るさは暗くなる。よって，正しい。

(4) それぞれの堆積岩について，堆積したものや主成分についてまとめると，以下の通りである。

れき岩　…含まれる土砂の粒の直径が 2 mm 以上。

砂岩　　…含まれる土砂の粒の直径が 0.06(1/16)～ 2 mm。

泥岩　　…含まれる土砂の粒の直径が 0.06(1/16)mm 以下。

石灰岩　…サンゴやフズリナなどの死がい。主成分は炭酸カルシウム。

チャート…ケイソウや放散虫などの死がい。主成分は二酸化ケイ素。

凝灰岩　…火山灰や軽石などの火山噴出物。

また，石灰岩とチャートの違いをまとめると，次の表の通りである。

操作	石灰岩	チャート
うすい塩酸をかける	溶けて二酸化炭素が発生する	変化しない
ナイフでけずる	傷がつく	傷がつかない

(5)　細胞呼吸では，光合成とは逆の反応によって栄養分から生きるためのエネルギーを取り出す。

　ブドウ糖　＋　酸素　→　二酸化炭素　＋　水

　小腸の柔毛で吸収された栄養分のうち，ブドウ糖とアミノ酸は毛細血管，脂肪酸とモノグリセリドは(脂肪に再合成された後で)リンパ管に入る。

(6)　右図は，問題の図３の温帯低気圧周辺の雨域をまとめたものと，XYの部分の断面を南側から見た様子を表したものである。温暖前線の通過では，弱い雨が長時間降った後で前線が通過し，南寄りの風が吹いて気温が上がる。一方，寒冷前線の通過では，前線が通過した後で強い雨が短時間降り，北寄りの風が吹いて気温が下がる。

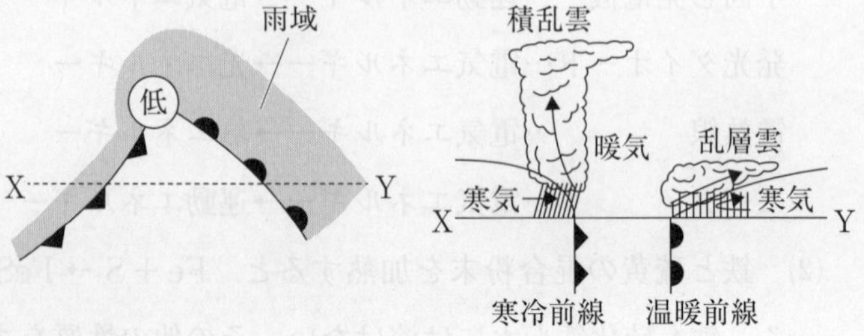

2　小問集合

(1)　直列回路なので，合成抵抗の大きさは，10＋20＝30〔Ω〕である。電流計の示す値(回路に流れる電流の大きさ)は，オームの法則より　12〔V〕÷30〔Ω〕＝0.4〔A〕である。また，抵抗器Ｘについてオームの法則を適用すると，電圧計の示す値(抵抗器Ｘに加わる電圧の大きさ)は，0.4〔A〕×10〔Ω〕＝4〔V〕である。

(2)　液体中で，液体より密度が大きい物質は沈み，液体より密度が小さい物質は浮く。表１の物質を密度が小さいものから順に並べると，水＜ポリスチレン＜塩化ナトリウム飽和水溶液＜ポリエチレンテレフタラートである。水にはポリスチレンもポリエチレンテレフタラートも沈むので，液体Ｘは塩化ナトリウム飽和水溶液である。塩化ナトリウム飽和水溶液(液体Ｘ)に浮くポリスチレンが物質Ｙ，沈むポリエチレンテレフタラートが物質Ｚである。

(3)　酸化銀を加熱した場合に起こる化学変化の化学反応式は，$2\,Ag_2O \rightarrow 4\,Ag + O_2$ である。4個の銀原子(Ag)に対して１個の酸素分子(O_2)が生じているので，60個の銀原子に対して15個の酸素分子が生じる。なお，酸素原子(O)は30個である。

(4) アジサイの枝A～Dにおいて，メスシリンダーの水が減少する理由についてまとめると，次の表の通りである。

アジサイの枝	葉の表側	葉の裏側	茎	水の減少量〔cm^3〕
A	○	○	○	8.8
B	×	○	○	6.9
C	○	×	○	2.5
D	×	×	○	x

※表の「○」は該当する部分からの水の蒸散・蒸発が起こることを表す。「×」は起こらないことを表す。

表より，xの値を求めるには，BとCの減少量の和からAの減少量を引けばよい。すなわち，以下の通りである。

$x = 6.9 + 2.5 - 8.8 = 0.6$〔$cm^3$〕

(5) 水滴がつき始めるのは，空気1 m^3に含まれる水蒸気量が飽和水蒸気量と一致して湿度が100％になったときである。よって，空気1 m^3に含まれる水蒸気量は16℃のときの飽和水蒸気量と等しく13.6 g/m^3である。よって，22℃における室内の空気の湿度は，以下のように求められる。

13.6〔g/m^3〕÷19.4〔g/m^3〕×100≒70〔％〕

(6) 点Pから出た光は，右図の［網掛け部分］のように，点Pから出て鏡の両端で反射した光の道すじに挟まれた領域に到達することができる。光は逆に進むときも同じ経路を通るので，［網掛け部分］にあるB，C，D，Eから出た光は，鏡で反射して点Pに到達することができる。よって，点Pから鏡を見たとき，鏡にうつって見える鉛筆はB，C，D，Eである。

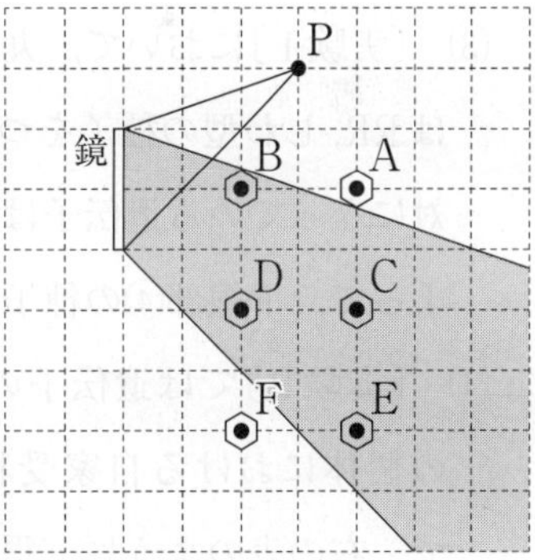

3　遺伝

(1)　選択肢の微生物のスケッチは，右図の通りである。ミジンコは，エビやカニと同じ節足動物・甲殻類に分類され，分裂を行うことはできず，卵でふえる。単細胞生物の多くは，分裂によってふえることができ，ミカヅキモ，ゾウリムシ，アメーバはいずれも単細胞生物である。

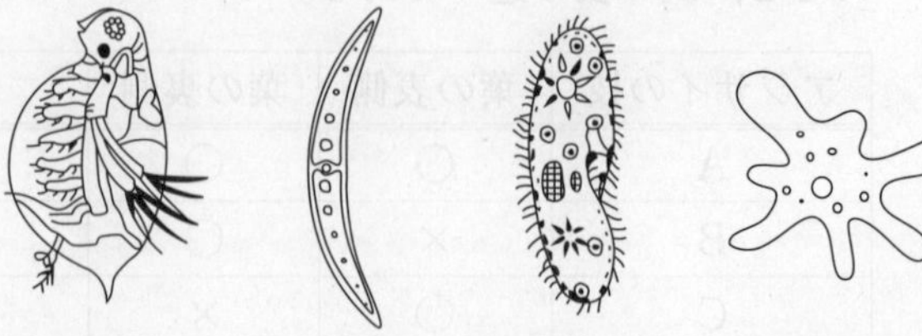

ミジンコ　ミカヅキモ　ゾウリムシ　アメーバ

(2)　親の体細胞(普通の体の細胞)の核に入っている染色体の数を n 本とすると，精子や卵(精細胞や卵細胞)などの生殖細胞は，染色体の数を半分にする減数分裂によってつくられるため，染色体の数は $\frac{n}{2}$ 本である。受精卵は，精子と卵の核が合体してできるので，染色体の数は $\frac{n}{2}+\frac{n}{2}=n$〔本〕である。減数分裂が行われるのは生殖細胞をつくるときだけであり，受精卵は体細胞分裂をくり返して成長していくため，細胞Xと細胞Yに含まれる染色体の数は，いずれも受精卵に含まれる染色体の数に等しく n 本である。

(3)　〔実験1〕において，丸型の種子をつくる純系のエンドウがもつ遺伝子の組み合わせはRR，しわ型の種子をつくる純系のエンドウがもつ遺伝子の組み合わせはrrである。対になっている遺伝子は染色体に含まれ，両方の親から一つずつが子に受けつがれる。よって，下線部④の種子がもつ遺伝子の組み合わせはRrである。

(4)　〔実験2〕では遺伝子の組み合わせがRrの個体における自家受粉を行っているので，右の表のように，得られた種子に含まれる遺伝子の組み合わせの割合は，RR：Rr：rr＝1：2：1であり，種子の形の割合は丸型：しわ型＝3：1である。

Rr ＼ Rr	R	r
R	RR〔約273個〕	Rr〔約273個〕
r	Rr〔約273個〕	rr〔273個〕

　よって，丸型の種子の個数はしわ型の種子の個数の約3倍なので，273×3＝819〔個〕より，エ(821個)が最も近い。

⑸ 〔実験２〕で得られた丸型の種子に含まれる遺伝子の組み合わせは，RRとRrである。遺伝子の組み合わせがRRの個体を自家受粉させたときに得られる種子はすべて丸型で，遺伝子の組み合わせがRrの個体を自家受粉させたときに得られる種子は，⑷より丸型：しわ型＝3：1である。よって，Ⅱ，Ⅲより，（　あ　）はRr，（　い　）はRRである。また，⑷より，〔実験２〕で得られた丸型の種子において，遺伝子の組み合わせがRrのものの個数はRRのものの２倍である。

下の表のように，遺伝子の組み合わせがRRの個体の自家受粉によって得られる種子とRrの個体の自家受粉によって得られる種子の遺伝子の組み合わせは太枠内のようになる。遺伝子の組み合わせがRrの個体がRRの個体の２倍あることから，得られる種子の個数も２倍になる(Rrの自家受粉をまとめた表が二つになる)。表の太枠内を遺伝子の組み合わせごとに数え上げると，RR：Rr：rr＝6：4：2であり，丸型：しわ型＝5：1になる。

RR＼RR	R	R
R	RR	RR
R	RR	RR

Rr＼Rr	R	r
R	RR	Rr
r	Rr	rr

Rr＼Rr	R	r
R	RR	Rr
r	Rr	rr

1　：　2

4 イオン

⑴ 電気を通す必要があるので，ろ紙には電解質の水溶液をしみ込ませる。また，中央に置いた糸にしみ込ませた水溶液に含まれるイオンが移動し，リトマス紙の色を変化させる実験である。そのため，ろ紙にしみ込ませた水溶液自体がリトマス紙の色を変えてはならないので，中性の水溶液をしみ込ませる。

非電解質の代表例として，砂糖，エタノールがある。また，アンモニア水はアルカリ性，うすい硫酸は酸性である。

(2) 水酸化ナトリウムは水溶液中で，$NaOH \rightarrow Na^+ + OH^-$ と電離している。右図のように，電圧をかけると，陽イオンのナトリウムイオン(Na^+)は陰極に，陰イオンの水酸化物イオン(OH^-)は陽極に向かって移動する。アルカリ性の性質をもっているのは OH^- なので，右図の糸より右側の部分がアルカリ性になる。

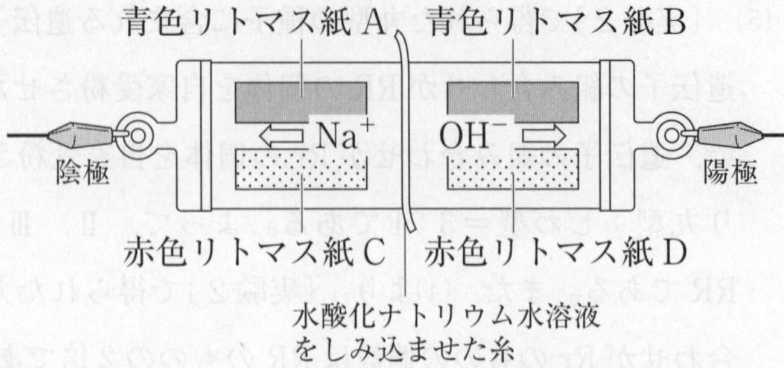

指示薬の色の変化は次の通りなので，赤色リトマス紙Dの色が青色に変化する。

	酸性	中性	アルカリ性
BTB液	黄色	緑色	青色
フェノールフタレイン液	無色	無色	赤色
リトマス紙	青色→赤色	変化なし	赤色→青色

(3) 図3の H_2O は，元からあった OH^- と加えたうすい塩酸に含まれていた H^+ が結びついてできたものである。よって，はじめにビーカーに入れた40.00 gの水溶液aには，OH^- が3個含まれていたことと，加えた40.00 gの水溶液bには H^+ が2個含まれていたことがわかる。H^+ と OH^- が結びついて H_2O になる一方で，Na^+ と Cl^- が結びついた場合にできるNaClは電解質なので水溶液中では電離したままである。以上をまとめると，下図のようになる。

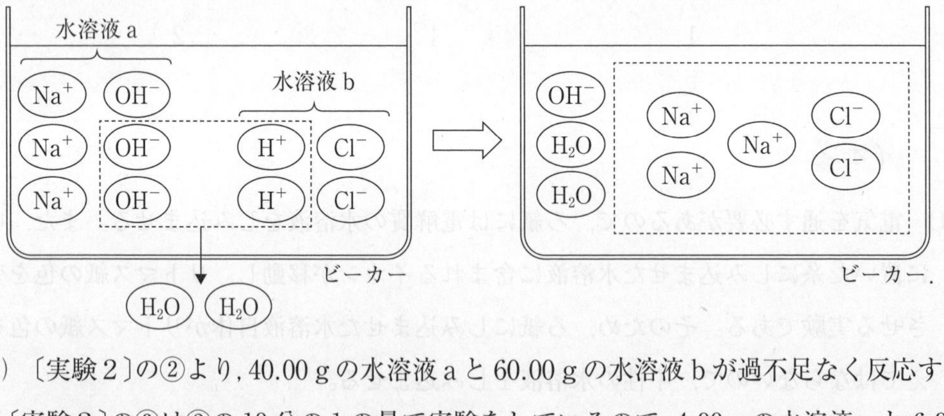

(4) 〔実験2〕の②より，40.00 gの水溶液aと60.00 gの水溶液bが過不足なく反応する。〔実験2〕の③は②の10分の1の量で実験をしているので，4.00 gの水溶液aと6.00 gの水溶液bが過不足なく反応し，混合溶液から水分を蒸発させると0.29 gの固体(塩化ナトリウム)が残ることがわかる。

6.00 g の水溶液 a と 12.00 g の水溶液 b を混ぜたとき，6.00 g の水溶液 a と過不足なく反応する水溶液 b は $6.00 \times \frac{60}{40} = 9.00$〔g〕なので，水溶液 b は一部が反応せずに残り，水溶液 a はすべてが反応する。混合溶液から水分を蒸発させたとき，未反応の水溶液 b の溶質の塩化水素は気化して空気中へ逃げるので残らない。よって，混合溶液の水分を蒸発させたときに残る固体(塩化ナトリウム)の質量は，

$6.00 \times \frac{0.29}{4.00} \doteqdot 0.44$〔g〕である。

5 天体

(1) 図 1 において，地球は反時計回りに公転している。よって，右図のように，地球が公転することで，黄道上の太陽の位置は，おとめ座→いて座→うお座→ふたご座の順に移動していく。

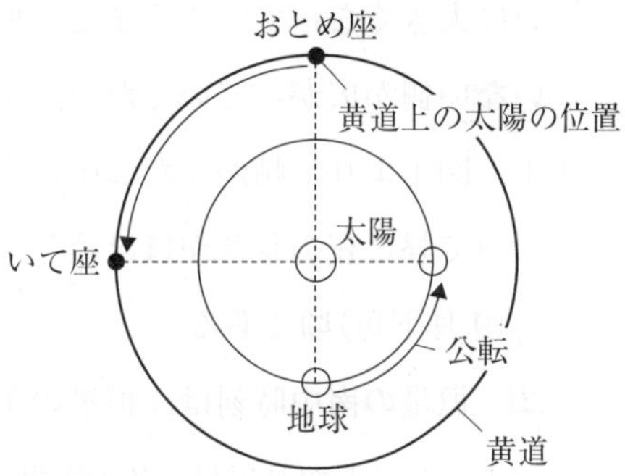

(2) 地球と天王星の間にある惑星は，公転軌道の半径が小さい(太陽に近い)ものから順に，火星(A)，木星(B)，土星(C)である。太陽系の惑星を大きいものから順に並べると，木星，土星，天王星，海王星，地球，金星，火星，水星となり，木星は太陽系で最大の惑星である。また，太陽系の惑星は，大きく地球型惑星と木星型惑星に分けられ，それぞれの特徴をまとめると次の通りである。

分類	惑星	表面	直径	密度	自転	環
地球型惑星	水星～火星	岩石	小さい	大きい	遅い	なし
木星型惑星	木星～海王星	ガス	大きい	小さい	速い	あり

(3) 金星が図1の位置hにあるとき，右図のように，地球からhに引いた直線が，ほぼ金星の公転軌道の接線になる。このとき，太陽からhに向けて引いた直線と接線が垂直になることから，金星は右側が欠けた半月形に見える。同様に考えて，位置eにある金星は左側が欠けた半月形で，位置fにある金星は右図のようにさらに欠けた形をしている。

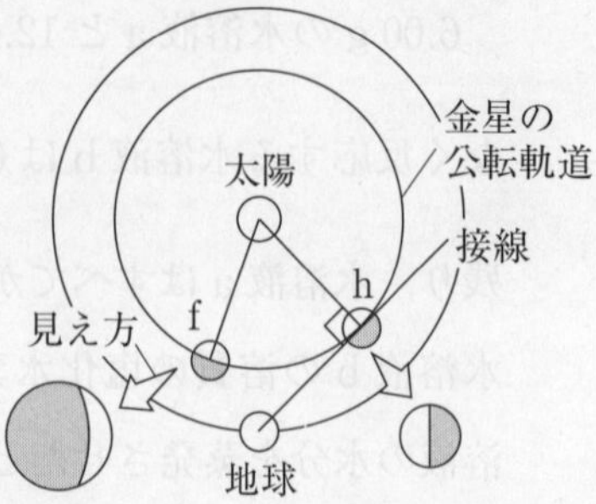

金星の公転周期は地球の公転周期よりも短いため，図2を観察した日から毎日観察を続けていると，金星と地球との距離は近づいていき，金星の見かけの大きさはしだいに大きくなっていく。また，地球から見える部分では，金星の太陽の光が当たっていない側が広がっていくため，金星は図2の状態からさらに欠けていく。

(4)① 図1より地軸がふたご座の方向に傾いていることと，図1の位置の日の日本において昼と夜の長さがほぼ等しいことから，図1の位置に地球があるのは，秋分の日(9月下旬)頃である。

② 恒星の南中時刻は，恒星の年周運動により，1年間(12か月)で24時間早くなる。よって，1か月では，24〔時間〕÷12〔か月〕＝2〔時間〕だけ早くなる。

③ 右図は，図1を太陽，地球，天王星を北極側から見た位置を模式的に表したものである。地球の位置が毎年変わらないことから，天王星の位置の変化のみ考えればよい。図1の位置の地球の18時における南の方角に天王星が見えるのは，天王星が約270度公転した位置にあるときである。天王星の公転周期が84.0年であることより，270度公転するのにかかる時間は，

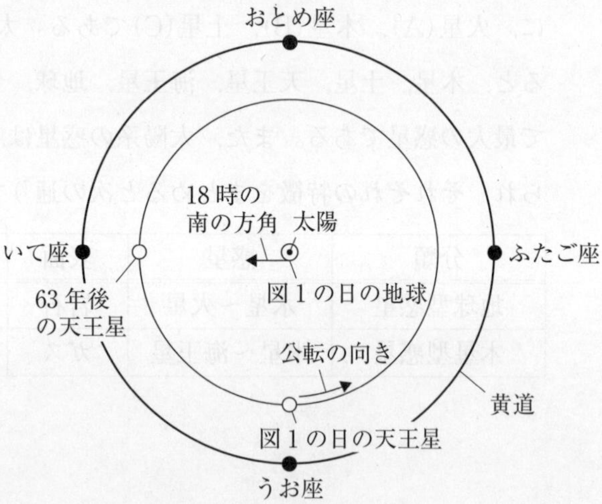

$84.0\times\frac{270}{360}=63.0$〔年〕である。

6 力

(1) ばねCは1.0Nのおもりをつるすと4.0cmのびるため，重さ0.5Nの磁石Aをつるすと2.0cmのびる。よって，ばねCの長さは22.0cmとなる。

(2) ばねCののびが3.6cmであることより，ばねCが磁石Aを引く力の大きさは，

$1.0〔N〕\times\dfrac{3.6}{4.0}=0.9〔N〕$である。右図のように，磁石Aにはたらく力に着目すると，ばねCが磁石Aを引く力は上向きに0.9N，

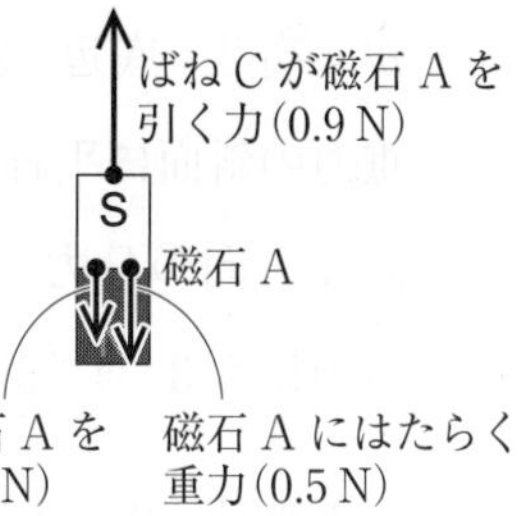

磁石Aにはたらく重力は下向きに0.5N，磁石Bが磁石Aを引く磁力は下向きである。磁石Aが静止していることから，磁石Aにはたらく力はつり合っているので，磁石Bが磁石Aを引く磁力の大きさは，

$0.9-0.5=0.4〔N〕$となる。

(3) ばねCののびが2.8cmであることより，ばねCが動滑車を上向きに引く力の大きさは，$1.0〔N〕\times\dfrac{2.8}{4.0}=0.7〔N〕$である。よって，右図のように，動滑車にはたらく力のつり合いを考えることにより，下側の糸が動滑車を引く力の大きさが

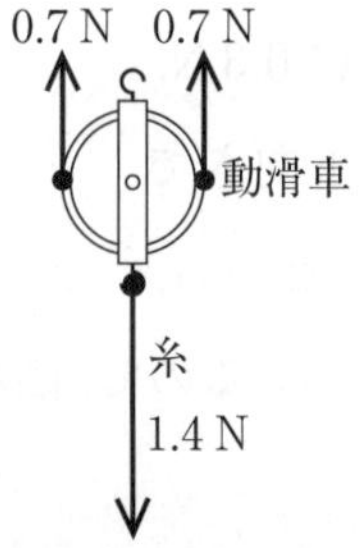

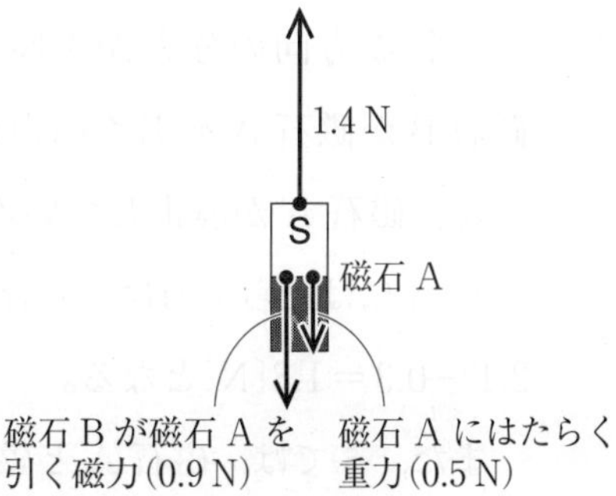

$0.7〔N〕\times2=1.4〔N〕$であるとわかる。磁石Aにはたらく力は，右上図のように，糸が磁石Aを引く力が上向きに1.4N，磁石Aにはたらく重力が下向きに0.5N，磁石Bが磁石Aを引く磁力は下向きである。磁石Aが静止していることから，磁石Aにはたらく力はつり合っているので，磁石Bが磁石Aを引く磁力の大きさは，

$1.4-0.5=0.9〔N〕$となる。

(4)　ばねＣののびが8.4 cmであることより，ばねＣが磁石Ａを引く力の大きさは，

$1.0〔N〕\times\frac{8.4}{4.0}=2.1〔N〕$である。

次に，斜面の側面の直角三角形の辺の長さの比が，高さ：底辺：斜辺＝3：4：5であることより，重力の斜面に平行な方向の分力，重力の斜面に垂直な方向の分力，磁石Ａにはたらく重力の大きさの比も3：4：5である。よって，右図のように，重力の斜面に平行な方向の分力の大きさは，$0.5〔N〕\times\frac{3}{5}=0.3〔N〕$となる。

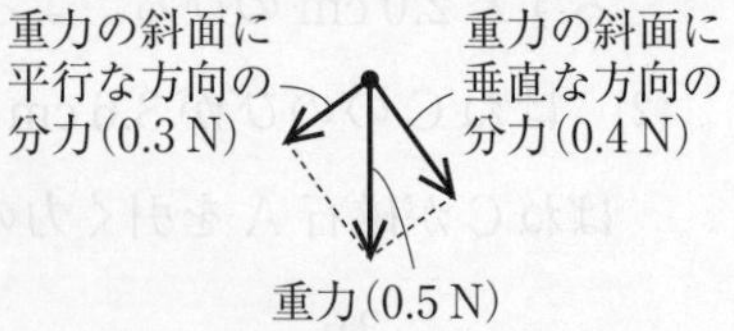

以上より，磁石Ａにはたらく力をまとめると右図のようになる。斜面に平行な方向にはたらく力は，ばねＣが磁石Ａを引く力が上向きに2.1 N，重力の斜面に平行な方向の分力が下向きに0.3 N，磁石Ｂが磁石Ａを引く磁力が下向きである。磁石Ａが静止していることから，磁石Ａにはたらく力はつり合っているので，磁石Ｂが磁石Ａを引く磁力の大きさは，$2.1-0.3=1.8〔N〕$となる。

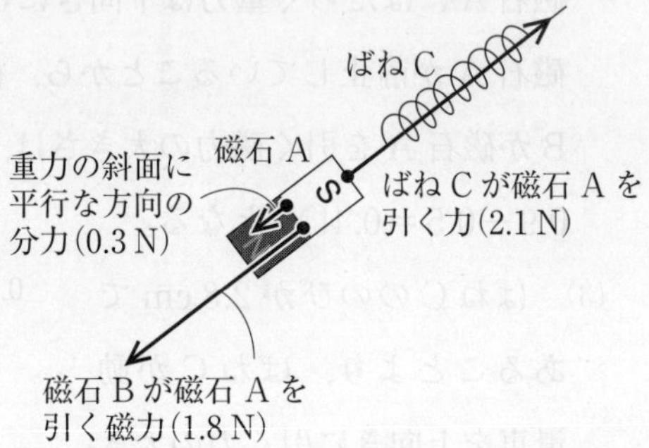

また，⑤では，磁石Ａと磁石Ｂが離れる直前のときもそれ以前も，磁石Ａと磁石Ｂの距離は変わらないので，磁石Ａと磁石Ｂの間にはたらく磁力の大きさは変わらない。ただし，磁石Ａと磁石Ｂが接する面で押し合う垂直抗力の大きさは変化する。

社会　第3回 解答

1

問1	ウ	問2	NATO	問3	ウ	問4	ウ	問5	d
問6	インドシナ 半島	問7	A- ア B- エ C- ウ D- イ	問8	カ				

各2点×8問＝16点

2

問1	紀伊 山地	問2	ア	問3	イ	問4	⑥	問5	カ
問6	ストロー	問7	イ						
問8	口承を基本としたアイヌ語に由来する語をカタカナで地名表記しているから。								

各2点×8問＝16点

3

問1	ウ ・ ①	問2	ア	問3	エ	問4	元寇	問5	ク
問6	鹿児島	問7	イ	問8	オ				

各2点×8問＝16点

4

問1	C	問2	ア	問3	イ・オ・カ	問4	エ ・ c	問5	ウ
問6	ウ → イ → エ → ア	問7	エ	問8	ウ	問9	エ		

各2点×9問＝18点

5

問1	(1)	イ	(2)	雇用	問2	エ	問3	(1)	ア	(2)	エ
問4	エ	問5	メディアリテラシー								
問6	(1)	国際司法裁判所	(2)	ODA							

各2点×9問＝18点

6

問1	マルクス	問2	ア	問3	ウ → ア → イ → エ	問4	ウ		
問5	エ	問6	(1)	均衡 価格	(2)	エ	問7	イ	

各2点×8問＝16点

解説

1 世界地理

問1　ニュージーランド(②はオークランド)は南半球に位置し、国全体が西岸海洋性気候である。したがって、気温を表す折れ線グラフが谷を描くイ・ウ・エの中で、目立って乾燥する時期がなく、最暖月の平均気温が22℃未満と、夏の平均気温がそこまで上がらないウを西岸海洋性気候のものと判別する。

ア．③　サンフランシスコ(アメリカ)…地中海性気候

イ．④　ブエノスアイレス(アルゼンチン)…温暖湿潤気候

エ．①　ケープタウン(南アフリカ共和国)…地中海性気候

問2　北大西洋条約機構(NATO)は、冷戦時に西ヨーロッパ諸国やアメリカ、カナダなど西側諸国で結成された軍事同盟で、ベルギーのブリュッセルに本部が設置されている。冷戦終結後は旧東側諸国である東欧の国々なども加わり、加盟国が拡大している。

問3　ウが正しい。W国はアフリカで最大の面積を誇るアルジェリアであり、北部にはアルプス＝ヒマラヤ造山帯の一部であるアトラス山脈が位置する。

ア．アルジェリアはフランスの植民地であったことから、フランス語が広く使用されている(公用語はアラビア語など)。

イ．アルジェリアは石油・天然ガスの輸出に依存するモノカルチャー経済の国ではあるが、カカオ豆の生産国ではない。カカオ豆の輸出に依存しているのは、同じくアフリカのコートジボワールである。

エ．カイロはエジプトの首都である。

問4　地図中の都市Xはトルコの首都アンカラであり、北緯40度付近に位置する。また、本初子午線、日付変更線の位置からおおよその経度(東経32度付近)も判断することができる。

問5　dが誤っている。地図中のＹ国は中華人民共和国であり、この国の南西部に自治区を形成するチベット族は仏教(チベット仏教)を信仰している。チベット自治区の中心都市のラサにはチベット仏教の宗教施設であるポタラ宮があり、世界文化遺産に登録されている。

問6　インドシナ半島は中国の南部、インドの東部に位置しており、ベトナム・ラオス・カンボジア・タイなど、仏教徒が多い国が含まれる。インドシナ半島の南部からさらにマレー半島が延びており、その先端にはシンガポールが位置する。

問7　輸出総額が高いイとウをカナダかロシアと考え、自動車・機械類が上位にくるイをカナダ、原油・石炭などの資源や鉄鋼などの素材型工業製品が上位にくるウをロシアと判断する。残ったアとエのうち魚介類が上位にくるアを大西洋北東部漁場において漁業がさかんなノルウェー、もう一方のエをサウジアラビアと判断すればよい。

問8　インディオの文明は、いずれも大航海時代を経てアメリカ大陸に進出したスペインによって征服された。

⑤　アステカ文明…メキシコ高原に位置し、現在のメキシコシティを中心に栄えた文明。1521年にコルテスにより征服された。

⑥　マヤ文明…メキシコのユカタン半島に栄えた文明。

⑦　インカ文明…アンデス山脈で栄えた文明。現在のペルーにあるマチュピチュ遺跡は世界遺産に登録されている。1533年にピサロによって滅ぼされている。

2　日本地理

問1　紀伊山地は沖合を流れる日本海流(黒潮)や夏の南東の季節風の影響から全国でも有数の降水量が多い地域として知られ、温暖多雨な気候を利用して林業などもさかんである。また2004年には真言宗の総本山である金剛峯寺など、「紀伊山地の霊場と参詣道」が世界文化遺産としてUNESCOにより登録された。

問2　まず機械工業の割合が突出して高いエを豊田市などで自動車工業が発達している中京工業地帯(C)と判断する。次いで機械の割合が高くなっているアを浜松でオートバイの生産がさかんな東海工業地域(D)と判断すればよい。瀬戸内工業地域(A・イ)や阪神工業地帯(B・ウ)は相対的に化学や金属の割合が高くなる。

問3 イが正しい。第二次世界大戦後の1950年代に食糧増産を目的に有明海の干拓が計画された。その後、干拓が進み、1997年に諫早湾の潮受け堤防が締め切られたことで水害が減り、農業が活性化した一方で、海苔の養殖に悪影響を与えたり、干潟が消失したりするなどの問題が報告された。

ア. 火山灰が蓄積して形成されるシラス台地は水はけがよい(水持ちが悪い)土地であるため、畜産や畑作が行われている。九州最大の穀倉地帯は筑後川流域に広がる筑紫平野である。

ウ. 親潮(千島海流)を黒潮(日本海流)に変えれば正しい文となる。

エ. 石見銀山は世界遺産に登録されているが、出雲大社はされていない。

問4 上位に山梨、長野、山形があることからブドウと判断する。ブドウの生産がさかんな県を地図Ⅰ中の⑤~⑧から選べばよいので、マスカットの生産がさかんな⑥の岡山県が答えとなる。

問5 A・Cが誤っている。

A. 男鹿半島の位置する秋田県では、東北三大祭りの一つである「竿燈(かんとう)まつり」が開催され、多くの観光客が訪れる。東北三大祭りはこのほか宮城県仙台市で行われる「七夕まつり」、青森県青森市で行われる「ねぶた祭り」がある。

C. Cの地域にカキなどの養殖で知られるリアス海岸が延びているのは正しいが、八戸市は青森県でありCの地域には含まれない。

問6 交通網が発達することにより、相対的に小規模な都市から大規模な都市に人やものが移動してしまう現象をストロー現象という。東京湾アクアラインや瀬戸大橋の開通時のみならず、全国のさまざまな場所で見られる現象である。

問7 まず米の生産量が多いアを新潟県、次に米やトマトの生産量が少なく県内総生産が突出して高いウを東京都とそれぞれ判断する。残ったイとエで、都県内総生産が高いエを人口が多い埼玉県、米やトマトの生産が多いイを埼玉県よりも面積が広い茨城県と判断する。なお、茨城県は北海道、鹿児島県に次いで農業産出額が高い県である。

問8　北海道の地名には、先住民であるアイヌの呼び方を引き継いだものも多い。アイヌの叙事詩であるユーカラが口承によって引き継がれてきたように、アイヌ語を表記する文字はない。このため、アイヌの地名はその発音をもとにカタカナで表記したもの(ニセコ町、チキウ岬など)が多い。

3　日本史

問1　問題の文は明治時代に大森貝塚を発見したアメリカ人(ウ)学者モースの手記である。貝塚は縄文時代の遺跡であるため、縄文時代に作られていた呪術具である土偶(①)を選べばよい。なお、銅鐸(②)は弥生時代、埴輪(③)は古墳時代の出土品である。

問2　アが正しい。694年、唐の都である長安を模倣して初の都城として藤原京が建設された。710年には藤原京から平城京への遷都が行われたが、平城京も都城制を引き継ぎ、碁盤の目状に東西や南北に延ばして区画する条坊制を採用した。

イ．班田収授法は大化の改新以降に定められ、口分田を与え租を徴税する仕組みを示したものであった。開墾地の不足を解消すべく発令されたのは、墾田永年私財法である。

ウ．農民は大陸からの侵攻に備えて、防人として九州の大宰府を防衛する義務を負った。

エ．富本銭や和同開珎といった貨幣が鋳造されたのは、飛鳥時代のことである。

問3　エが正しい。国風文化期にあたる10世紀以降には、末法思想を背景とした浄土信仰が流行し、平等院鳳凰堂(11世紀半ば)や中尊寺金色堂(12世紀前半)などの阿弥陀堂が建立された。

ア．鑑真が来日したのは奈良時代(天平文化期)のことである。

イ．藤原氏の氏寺であり、阿修羅像を所蔵する興福寺は、7世紀末(飛鳥時代)に建立された。

ウ．奈良時代以降、仏教と神道を結びつけて信仰する神仏習合が進んだ。明治時代には神道を中心とし、仏教を排除しようとする廃仏毀釈が起こった。

問4　日蓮宗の開祖である日蓮は、鎌倉幕府に対して『立正安国論』を提出し、他の宗派を批判して日蓮宗を信仰する必要性を説いた。この中で他国からの侵略を予言する部分があり、この予言は後に元寇という形で現実となった。

絵：『蒙古襲来絵詞』九州大学附属図書館所蔵

問5　クが正しい。（　A　）の直後に「平治」とあるため、平治の乱（1159年）の前に起きた保元の乱（1156年）を想起したい。「永仁」は鎌倉時代末期の元号であり、元寇の後に御家人の経済的困窮を解決すべく出された永仁の徳政令（1297年）を想起すればよい。Bの人物は、史料中4行目に元弘三年（1333年）とあることから、鎌倉幕府滅亡後に政治を行った後醍醐天皇となる。後醍醐天皇の治世のときに南北朝の動乱が始まったことから、（　C　）は後醍醐天皇と対立した（足利）尊氏と判断できる。

問6　1549年にイエズス会の宣教師フランシスコ＝ザビエルが上陸したのは鹿児島である。その後、京都、山口、豊後府内（大分）などで布教を行った。

問7　イが正しい。史料中2～8行目に「すなわち農民は毎年、一般の貢物として米と小麦と大麦とを納めたが、その上更にノノとカンガとの二種類を納めなければならなかった。（略）納められない人々は迫害を加えられ、その妻を取上げられた。たとえ妊婦でも容赦なく凍った水中に投ぜられ、そのために生命を失う者も少なくなかった。」とある。

ア．史料中の1･2行目に「長崎の奉行は叛乱の原因を調査し、それが有馬の地の領主である奉行長門守の苛酷をきわめた虐政によるものであることを見出した。」とあるため、農民に圧政を強いていたのは長門守であるとわかる。

ウ．資料の報告者（ポルトガル人）はキリスト教徒を擁護する立場であることを全文から読み取りたい。報告者は史料中の8～10行目に「長門殿の奉行や役人たちが、このような傲慢、暴虐によって農民に圧政を加えたことが原因となって」とあるように、この反乱を領主（長門守）に対するものと認識しているのに対して、長門守の奉行や役人は、「殿の重臣たち(長門守の奉行や役人)は、これをキリスト教徒が蜂起したものと言明して、その虐殺を蔽い隠し…」とあるように、この反乱をキリスト教徒のものであると主張して、自らの面目を保ったことが読み取れる。

エ. 史料中の17・18行目の「一揆の全軍を指揮した司令官は益田四郎という少年で、十八歳をこえていないということである。」から、益田四郎(天草四郎時貞)の年齢は18歳を超えていないと判断できる。

問8 オが正しい。スペイン船来航禁止(1624年)やポルトガル船来航禁止(1639年)により南蛮貿易が途絶え、鎖国が完成していった。よって鎖国を進めた3代将軍・徳川家光が武家諸法度に追加した参勤交代(1635年)を選べばよい。なお、ア・ウ・カは8代将軍・徳川吉宗(享保の改革)の政策、イは老中・田沼意次の政策、エは老中・水野忠邦(天保の改革)の政策である。

4 歴史

問1 フランスの先進技術を導入し、生糸の生産拡大に力を入れるために建設された工場は富岡製糸場(群馬県・C)である。官営模範工場としての役割から、士族の娘が働き、工女の養成を図った。

問2 アが正しい。フェノロサや岡倉天心の活躍により、日本美術が世界で高い評価を受けるようになった。

イ. 板垣退助はフランス流の急進的な自由主義を唱える自由党を、大隈重信はイギリス流の議院内閣制を主張する立憲改進党を結成した。

ウ. 江華島事件は日本の軍艦が漢城近くの江華島で朝鮮を挑発して戦闘に発展した事件で、琉球処分とは関係がない。これを契機に日本は朝鮮に開国を迫り、朝鮮にとって不平等条約である日朝修好条規を結んだ。

エ. 西南戦争で政府が戦費の調達のために不換紙幣を大量に発行したことにより、インフレーションが起きた。当時の大蔵卿(現在の財務大臣)であった松方正義は日本銀行を設立し、これを唯一の発券銀行とすることでインフレーションの収束に努めた。

問3　清(①)はアヘン戦争でイギリス(⑤)に敗れると、南京条約によって香港を割譲した。その後、日本との戦争(日清戦争)に敗れると、列強による清の分割が進んだ。下関条約で遼東半島が日本に割譲されることになると、ロシア(③)は山東半島を租借地としたドイツ(②)とフランス(④)とともにその返還を日本に求めた(三国干渉)。

問4　史料中7行目の「支那山東省」から、(　Z　)には第一次世界大戦に日本が陥落させた山東省の青島(c)が該当する。また、史料から読み取れる内容はエが正しい。史料中14～17行目に「かくて我が国の(　Z　)割取は実に不抜の怨恨を支那人に結び、欧米列強に危険視せられ、決して東洋の平和を増進する所以にあらずして、かえって形成を切迫に導くものにあらずや。」とある。

ア．史料中1･2行目の「(　Z　)陥落が吾輩の予想より遥かに早かりしは、同時に戦争の不幸のまた意外に少なかりし意味において、国民と共に深く喜ぶ処なり。」から、(Z･青島)を陥落して喜ばしいのは日本国民であるとわかる。

イ．史料中5～8行目の「アジア大陸に領土を拡張すべからず、満州も宜しく早きに迨んでこれを放棄すべし、とはこれ吾輩の宿論なり。更に新たに支那山東省の一角に領土を獲得する如きは、害悪に害悪を重ね、危険を加うるもの、断じて反対せざるを得ざる所なり。」から、中国領土の獲得にも反対しているとわかる。

ウ．史料中11･12行目の「米国は申すまでもなく、我に好意を有する英仏人といえども、必ずや愕然として畏るる所を知り」で、今は日本に好意を持っているイギリスやフランスとの関係も悪化させると主張している。

問5　1925年、加藤高明内閣が普通選挙法を成立させ、納税額による制限を撤廃して25歳以上の男子すべてに選挙権を与えた(ウ)。

問6　選択肢の年代は以下の通りになる。

ア．ヤルタ会談(1945年)　　イ．日独伊三国軍事同盟(1940年)
ウ．国家総動員法(1938年)　エ．太平洋戦争開戦(1941年)

問7　第一条の「琉球諸島及び大東諸島に関し…この協定の効力発生の日から日本国のために放棄する。」というところから、資料は1972年に佐藤栄作内閣のもとで実現した沖縄返還に関するものであると判断できる。したがって⑦の期間(1964 ～ 87 年)かつ1972 年以降の出来事は、オイルショック(1973 年)による世界経済の混乱に対処するため 1975 年に開かれた第 1 回サミットへの参加(エ、三木武夫内閣)を選べばよい。

ア. 1967 年(佐藤栄作内閣)　　イ. 1960 年(岸信介内閣)　　ウ. 1960 年(池田勇人内閣)

問 8 ウが正しい。中曽根康弘内閣(在任：1982 ～ 87 年)は国鉄を JR とするなど、民営化を進めた。

問 9 日本最初の鉄道は、1872 年に新橋(A)～横浜で開通した。また、東海道新幹線は、1964 年に東京～新大阪(B)で開通した。

5 政治

問 1

⑴ イが正しい。日本国憲法における基本的人権のうち、居住・移転及び職業選択の自由(第 22 条)と、財産権の保障(第 29 条)は経済活動の自由に区分される。

ア. 信教の自由(第 20 条)は精神の自由に区分される。

ウ. 裁判を受ける権利(第 32 条)は請求権に区分される。

エ. プライバシーの権利や、自己決定権は「新しい人権」と呼ばれ、日本国憲法には明記されていない。

⑵ 資料で示されている条約は 1979 年に国際連合で採択された女性差別撤廃条約である。日本はこの条約の批准に際して、1985 年に男女雇用機会均等法を制定した。

問 2 エが誤っている。日本国憲法(第 90 条)では、「国の収入支出の決算は、すべて毎年会計検査院がこれを検査し、内閣は、次の年度に、その検査報告とともに、これを国会に提出しなければならない」「会計検査院の組織及び権限は、法律でこれを定める」とある。会計検査院は内閣から独立した地位を認められている。

問3

(1) アが正しい。検察官によって起訴された被疑者は被告人として刑事裁判に出廷し、検察官と有罪・無罪や量刑に関して争う。なお、この際、被告人には弁護人を依頼する権利が憲法上保障されている。

イ．簡易裁判所から始まった刑事裁判の第二審は高等裁判所、第三審は最高裁判所で行われる。なお、民事裁判の場合は、第二審は地方裁判所、第三審は高等裁判所で終審となる（憲法違反を争う裁判に関しては最高裁判所への特別上告が認められることもある）。

ウ．裁判員制度は重大な刑事裁判の第一審（地方裁判所で行われる）において導入されている。

エ．裁判は原則公開で行われるが、裁判官の全員一致で対審を非公開にできる。ただし、政治犯罪、出版に関する犯罪、国民の権利に関わるものは必ず公開で行われる。

(2) エが正しい。違憲審査権は全ての裁判所が有しており、民事裁判と同じ手続きで行われるため、第一審・第二審でも合憲・違憲の判断が行えるが、あくまで最終判断は終審裁判所である最高裁判所が下す（このため、最高裁判所は「憲法の番人」と称される）。また、違憲審査権は具体的な訴訟があった場合のみ行使でき、裁判所が自発的に違憲審査を開始することはない。

E．薬局開設距離制限違憲判決（1975年）。

F．議員定数不均衡違憲判決（1976年・1985年）。

G．愛媛玉ぐし料違憲判決（1997年）。

問4 エが正しい。地方自治体の住民は直接請求権を有する。（有権者が40万人以下の地方公共団体においては）有権者の３分の１以上の署名をもって首長の解職や議会の解散・議員の解職を選挙管理委員会に請求できる。

ア．議会が予算や条例などの議決を滞らせた場合、首長がこれを決定することができる（専決処分）が、首長が議会を解散できるのは、議会が首長に対して不信任を議決したときに限る。不信任を議決された首長は、議会を解散して民意を問うか、辞職するかを10日以内に決定する。

イ．条例に基づく住民投票は住民の意思を表すものの、投票結果に法的拘束力はない。2019年に沖縄県で普天間基地の移転先となる名護市辺野古沿岸部の埋め立ての是非を問う住民投票が行われ、「反対」が7割を超えたが、政府は投票結果を受け入れない姿勢を示している。

ウ．政府は地方公共団体に社会保障や公共事業の一部を委託し、その費用を交付する。このように自治体に対して政府が使途を定めて支給するものを国庫支出金という。これに対して地方交付税交付金は、地方自治体の財政格差を是正するためのもので、使途を定めずに交付される。

問5 現代社会においては、テレビ・ラジオ・新聞などのマスメディアやインターネットのようなネットワークメディア、SNSのような相互型のソーシャルメディアなど、さまざまなメディアで情報のやりとりが行われている。こうした情報を収集し、その内容や真偽を主体的に読み解いたり、自ら持つ情報をメディアを通じて適正に発信したりする能力をメディアリテラシーという。

問6

(1) 国際司法裁判所は国際連合の司法機関で、国家間の争いを国際法に基づいて裁く。ただし、裁判を行うためには当事国双方の同意が必要となる。本部はオランダのハーグ(国際法の父と称されるグロティウスの出身地近く)に置かれている。

(2) 政府開発援助(ODA)は、OECD(経済協力開発機構)のとりまとめのもとで、政府が資金的(有償も無償も可)・技術的援助を行うものである。

6 経済

問1 19世紀ドイツの思想家で、『資本論』において資本主義経済を批判し、社会主義経済を理論化した人物はマルクスである。マルクスは資本主義経済によって生じた様々な社会問題を解決するため、生産手段を国有とし、労働者中心の社会の必要性を説いた。

問2 アが誤っている。日本全体の企業のうち、企業数の約99%は中小企業であり、中小企業は全出荷額の50%近くを、全従業員数の70%以上を占めている。企業は資本金や従業員数により、大企業と中小企業に分けられるが、中小企業基本法においては、製造業で資本金３億円以下または従業員300人以下の企業を中小企業という。

問３　選択肢の出来事は以下の通り。

ウ．1968年に日本のGNP(国民総生産)はアメリカに次いで２位となった。

ア．1973年に起こったオイルショックにより、翌年の1974年は戦後初のマイナス成長を記録した。これによって高度経済成長が終わり、安定成長の時期に入った。

イ．アメリカの輸出競争力を高め、貿易赤字を緩和するため、アメリカ・日本・イギリス・フランス・西ドイツの先進５カ国によってプラザ合意(1985年)が発表され、ドル安(円高)への誘導が行われた。日本は円高不況に際して過度な金融緩和を行ったため、余剰となった資金が株や土地に投資され、バブル景気を引き起こした。

エ．2008年にアメリカの大手投資銀行であったリーマン・ブラザーズが経営破綻し、世界的な金融危機に陥った。

問４　ウが正しい。労働基準法には男女同一賃金の原則(1947年、第４条)が規定されている。それ以外にも、労働者と使用者は対等であること、労働時間は週40時間・１日８時間以内とすること、少なくとも週１日の休日を与えることといった労働条件の最低限基準が定められている。

ア．労働組合法の条文(1945年、第６条)。　イ．独占禁止法の条文(1947年、第27条)。

エ．消費者基本法の条文(1968年の消費者保護基本法を2004年に改正、第７条)。

問５　エが正しい。消費者契約法(2000年公布)は契約上のトラブルから消費者を保護する目的で制定された。不当な勧誘による契約の取り消し、不当な契約条項の無効などを規定している。

A．断定的判断の提供(将来における変動が不確実な事項について確実であると告げること)に当てはまる。

B．不実告知(重要事項について事実と異なることを告げること)に当てはまる。

C．不利益事実の不告知(消費者の利益となる旨を告げながら、重要事項について不利益となる事実を故意に告げなかったこと)に当てはまる。

問6

⑴　自由な競争がなされる市場において決定する価格を市場価格という。適正な市場価格は需要と供給のバランスが一致する場所で決定され、この価格を特に均衡価格と呼ぶ。『国富論』の作者であり18世紀の経済学者であるイギリスのアダム＝スミスは、需要と供給のバランスがつり合わずに均衡価格から外れた市場価格が設定された場合も、やがて価格は均衡価格に近づいていくという「価格の自動調整機能」を「見えざる手」という言葉を使って説明している。

⑵　価格の自動調整機能が働かないものには、独占価格や公共料金がある。公共料金は国や地方公共団体が決定・認可して設定される価格である。地方公共団体が決定するものには公営水道料金(エ)のほか、公立学校授業料・公衆浴場入浴料などがある。国が決定するものには、社会保険診療報酬・介護報酬などがあり、国が認可するものには、電気料金(イ)・都市ガス料金(ア)・鉄道運賃・乗合バス運賃・高速道路料金などがある。また、固定電話の通話料金・郵便料金(ウ)などは国に届け出が必要なものとなる。

問7　イが正しい。社会保障関係費の割合が33.6％を占めているエが最も新しい2019年度であり、社会保障関係費の割合が年々増加傾向にあることを踏まえると、エの次にこの割合が高いイが2010年度であると考えられる。急速な高齢化を背景に、社会保障給付費(税金や社会保険料などを財源にした給付の合計額)の中でも、特に年金・医療・介護の給付費が増加している。

ア．2000年度　　イ．2010年度　　ウ．1990年度　　エ．2019年度

返らずなる」に対応していることがわかる。書物を貸した相手が急死した場合にも、きちんと持ち主の元へ書物が返却されるように、借りた側の人間は死後のことについても「おきて置くべき」だというのである。「おき」は動詞「おきつ（掟つ）」が活用したもので、「予め取り決めておく、指図しておく」という意味を持つ。よって、**正解はオ**。

問５　最終段落一文目の「人の書を借りたらんには、すみやかに見て返すべきわざなるを、久しく留め置くは心なし」という部分に着目する。人から借りた書物はすぐに返却するべきだというのが作者の主張だが、実際は借りっぱなしになっているケースも多いというのである。設問の趣旨は、こうした状況に対する作者の「思い」を説明することなので、適切な心情語を補いながら解答を作成すること。よって、**借りた書物はすぐに返却すべきなのに、一向に返却しようとしない人間が多いことを、好ましくないと思っている。**などとまとめればよい。

問8　本文中において「黒子」は「梨花」と「美花」との決定的な違いを象徴するものとして描かれている。手術をして黒子を物理的に除去したとしても、「美花」に対する根強いコンプレックスは「梨花」の心の中から消えることがなかったのである。以上のような観点から本文を探していくと、「梨花は、呆気に取られたまま」から始まる段落中に、「劣等感という黒い刻印」という十字ちょうどの表現を発見できる。よって、正解は**劣等感という黒い刻印**。

4　古文の読解

出典　『玉勝間』

【口語訳】

めずらしい書物を入手したようなときには、親密な人も疎遠な人も、同じ志を持つような人には、互いに気安く貸したり、見せたり、写させたりもして、世に広めたいものであるのに、人には見せず、自分一人で見て自慢しようとするのは、非常に心が卑しく、物を学ぶ人間にあってはならないことである。

ただし、入手しづらい書物を遠く連絡も取りにくい国などへ貸してやったときに、ある書物は道中で紛失し、またある書物は貸していた相手が急に亡くなるなどして、結局その書物が、返ってこなくなるということは、とてもつらいことである。

ゆえに、遠方の地から借りたような書物は、道中の管理を徹底し、また、人の命のはかなさは予測し難いものでもあるので、死後もうち捨てず、確実に返却できるように、取り決めておかねばならないのである。

総じて人の書物を借りるような場合には、すみやかに見て返却すべきものなのに、長く手元に留め置くというのは配慮がない。そのような例は書物ばかりに限らず、人から借りた物は、何であっても同じことであるのに、どういうわけか、書物は特に用が済んだ後も、いいかげんに放置してずっと返却しない人が世の中には多いことだ。

問1　傍線部直後の「かたみにやすく貸して、見せもし、写させもして」という部分からは、書物の内容を学び取ろうとする人々の熱心な姿がうかがえる。よって、正解は**物学ぶ人**（4字）。

問2　傍線部直前の「人には見せず、己ひとり見て誇らんとする」を解釈すればよい。本来であれば「物学ぶ人」の間で書物を遠慮なく貸し借りしていくべきなのに、その真逆をするような人間は心が卑しい、というのである。よって、**書物から得られる知識を独占しようとしているから。**などとまとめればよい。

問3　傍線部中の「心憂き」は、形容詞「心憂し」が活用したもので、「つらい」という意味を持つ。傍線部直前の「つひにその書、返らずなる」という部分と併せて解釈すればよい。よって、正解は**イ**。

問4　傍線部を含む一文は「人の命」に関連するものであるため、前段落の「あるはその人にはかに亡くなりなどもして、つひにその書、を前提にした交際を始める梨花だったが、屈折した思いは再び梨花の人生を狂わせていく。美花に対する劣等感は、梨花の心の奥底で憎しみとともにくすぶり続けるのであった。

問1 第二段落の内容に即して適切な副詞の組み合わせを選択すればよい。「梨花」と「美花」は双子でありながら、顔立ちのバランスという点で決定的に異なっていること、さらに「梨花」の左頬には大きな黒子が付いていることなどをふまえる。よって、正解は**ウ**。

問2 ここでの「梨花」の冷笑は、「さりげなく装うことで、かえって本心をさらけ出してしまう」大人たちに向けられている。見え透いた嘘をつく大人たちをあしらうかのような「梨花」の冷たい態度を読み取りたい。よって、正解は**イ**。

問3 傍線部は双子の妹「美花」に関する説明部分である。屈折した思いを抱く「梨花」とは対照的に、「美花」は美しさによる恩恵を存分に享受している。このことは第一段落の「(美花が)幸運をすべて一人占めにする運命にあるだろう」という部分と対応する。よって、正解は**幸運をすべて一人占めにする**(13字)。

問4 傍線部直後の「彼らは、美花をたしなめながらも笑っていたのである」が「絶望」の直接的な原因に当たる。人形に「黒子」を付けられた「梨花」は「救いを求めるかのように両親を見た」が、両親は黒子に象徴される「梨花」の劣等感に気付きもせず、「美花」と一緒に笑っているだけであった。よって、正解は**オ**。

問5 中略箇所から傍線部までの一連のやりとりに注目する。「美花は、さも、おもしろそうに、尋ねた」や「信じられないなあ。梨花が、そんな人をつかまえるなんて」などの発言から、「美花」は「梨花」のことを下に見ていることがわかる。しかし、交際相手が大企業に入社予定であること、また、素朴な人柄で女性からの人気も高いらしいことなどを聞き、「梨花」の幸せをねたむに至ったのである。よって、**自分より美しさで劣る梨花が、素敵な男性と結婚を前提にした交際をしているということ**。などとまとめればよい。

問6 傍線部中の「久し振りに浮き上がって来るように感じていた」は、黒子にまつわる負の感情が「梨花」の中で再び渦巻き始めたことを意味している。「横山」が「心奪われたかのように、呆然と美花を見ている」ことと、「美花」が「実に自然な仕草で、横山の気を引いていた」ことから、「梨花」は、自分の幸せが「美花」に奪われるのではないかという懸念を抱くに至ったのである。よって、正解は**ア**。

問7 傍線部に続く部分に「唾を飛ばしてまくしたてる梨花を唖然としてながめていた」とあるように、まったく予期していなかった反応を見せる「梨花」の急変ぶりに「横山」は対応しきれないでいる。よって、正解は**ウ**。

問3　傍線部を延長し、一文全体で意味を考える。コンクリート造の自由と普遍性が、それを第一の目的とする二〇世紀という社会に広く受け入れられ、他の工法を圧倒したということが、「制覇」という言葉で表されているのである。よって、正解は**エ**。

問4　傍線部③の直後には「忘れてならないのは、その建築プロセスの神秘性である」とある。つまり、ここで求められているコンクリート建築の性質とは「建築プロセスの神秘性」のことであり、液体状の物質が一瞬のうちに凝固して堅固なものとして出現するという特徴を指し示している。以上について、空欄部に当てはまる十六字の表現を探すと、「神秘的出現、神聖なる時間的不連続」という部分を発見できる。よって、正解は**神秘的出現**。

問5　空欄部に続く部分で、「『形』を手に入れることが、幸福な社会の実現につながると信じられていた」と述べられていることに着目する。また、空欄部直後で「支配」という強い表現が用いられていることにも注意したい。よって、正解は**オ**。

問6　傍線部を延長し、一文全体で意味を考える。「コンクリートの打設の日のような」とあるが、これは流動的であったコンクリートが固定化し、「形」を得て建築が完成する日のことであるので、正解は**ウ**。コンクリート造はいったん形を持てば「固定化」されるのであり、一時的な「形」を獲得しているわけではないため、エは不適切。

問7　固定化することがコンクリート造の特徴であるのに対して、木造は「いつもそこそこに不自由で、そこそこに弱い」「そのそこそこの状態のままで、だらだらと、さらさらと続く」と述べられている。つまり、ある程度の不自由さはあるものの、「移りゆくものを移りゆくままに享受」できるという点に、木造の「明るい」側面が認められるのである。よって、正解は**ア**。

問8　選択肢の内容を、本文とそれぞれ照合して考える。アは本文の内容に合致しない。「実体化」は木造ではなくコンクリート造の目的である。イは第七段落の内容と合致する。ウは本文の内容に合致しない。第九段落にあるように、工業化の本質は「形」を求めることにある。エは本文の内容に合致しない。「コンクリート造を評価すべき」という主張は本文中から確認できない。オは第五段落の内容と合致する。よって、正解は**イ・オ**。

3　小説文の読解

出典　山田詠美「黒子の刻印」・『色彩の息子』所収・新潮社

【本文の概要】

梨花は幼い頃から自分の運命を呪い、双子の妹である美花への憎しみを募らせていた。美花の整った顔立ちが、美花だけに美しさと幸福をもたらす一方で、梨花の左頬の大きな黒子は、梨花の心にみじめさと劣等感ばかりを刻み込んだのである。大学生になり、結婚

解説

1 漢字

問
① 沈黙(ちんもく)……黙り込むこと。
② 検索(けんさく)……条件に合致する情報を探し出すこと。
③ 矛盾(むじゅん)……つじつまが合わないこと。
④ 均衡(きんこう)……釣り合いがとれていること。バランス。
⑤ 粉飾(ふんしょく)……うわべをつくろうこと。
⑥ いんそつ(引率)……多くの人を引き連れること。
⑦ ごうきゅう(号泣)……大声で泣くこと。
⑧ くよう(供養)……死者の冥福(めいふく)を祈ること。
⑨ きんいつ(均一)……質や量が一様であること。
⑩ せっけん(席巻)……急激に勢力が拡大すること。

2 論説文の読解

出典　隈研吾『負ける建築』岩波書店

【本文の概要】

二〇世紀の建築とは「現場打ちコンクリート造の建築」だったのではないか。コンクリート造の建築は、あらゆる造形を可能にする自由度と、世界のいかなる場所においても建設を可能にする普遍性を有していた。また、液体状の限りなく自由な物質が一瞬のうちに凝固し「形」を得るという神秘的なプロセスは、自由をひとつの形として固定化することにも熱心であった二〇世紀という時代に似つかわしかったのである。しかし、今やそのような固定化が、人々の嫌悪の対象となりつつある。今後は移りゆくものをそのままに享受できるような材料や工法が求められていくだろう。

問1　二重傍線部a「後塵を拝す」は、「他よりも後れをとる」という意味の表現である。鉄骨造はコンクリート造よりも自由と普遍性において劣っている、という文脈からも意味を類推できる。よって、正解はウ。二重傍線部b「持て余して」は、「扱いに困って」という意味の表現である。二〇世紀は自由を自由のままにしておくだけのゆとりを持ち合わせていなかった、という文脈からも意味を類推できる。よって、正解はイ。

問2　コンクリート造の建築が持つ「自由」と「普遍性」についてそれぞれ説明する必要がある。まず、「自由」については第二段落に「きわめて原始的な操作によって、すべての形態、すべての構造形式が可能となる」と述べられている。また、「普遍性」については第三段落に「世界のいかなる地域、場所においてもコンクリートの建物は建設可能であった」と述べられている。よって、**型枠に液体を流し込む工法で、あらゆる造形が可能となり、特別な技術や素材がなくても、世界中で建設可能であるということ。**などとまとめればよい。

第3回 解答

1

① 沈黙	② 検索	③ 矛盾
④ 均衡	⑤ 粉飾	⑥ いんそつ
⑦ ごうきゅう	⑧ くよう	⑨ きんいつ
⑩ せっけん		

各1点×10＝10点

2

問1 a ウ　b イ

問2 型枠に液体を流し込む工法で、あらゆる造形が可能となり、特別な技術や素材がなくても、世界中で建設可能であるということ。

問3 エ

問4 神秘的出現

問5 オ

問6 ウ

問7 ア

問8 イ・オ

問1 各2点×2＝4点
問2 8点×1＝8点
その他 各4点×6＝24点（問8完答）

3

問1 ウ

問2 イ

問3 幸運をすべて一人占めにする

問4 オ

問5 自分より美しさで劣る梨花が、素敵な男性と結婚を前提にした交際をしているということ。

問6 ア

問7 ウ

問8 劣等感という黒い刻印

問5 8点×1＝8点
その他 各4点×7＝28点

4

問1 物学ぶ人

問2 書物から得られる知識を独占しようとしているから。

問3 イ

問4 オ

問5 借りた書物はすぐに返却すべきなのに、一向に返却しようとしない人間が多いことを、好ましくないと思っている。

問1～4 各3点×4＝12点
問5 6点×1＝6点

英語　第4回 解答

1

Part A	(1)	イ	(2)	エ	(3)	エ	(4)	forty-eight		
Part B	(1)	イ	(2)	エ	(3)	ア	(4)	イ	(5)	ウ

各2点

2

(1)	(A)	seen	(B)	scene
(2)	(A)	through	(B)	threw
(3)	(A)	way	(B)	weigh
(4)	(A)	war	(B)	wore
(5)	(A)	new	(B)	knew

各1点

3

(1)	asked	his	(2)	hasn't	written
(3)	respected	by	(4)	been	in
(5)	by	chance[accident]			

各1点

4

(1)	記号	C	正しい形	found	(2)	記号	D	正しい形	discuss
(3)	記号	B	正しい形	what	(4)	記号	C	正しい形	meet
(5)	記号	D	正しい形	×					

各1点

5

問1	(1)	ウ	(7)	ア	(8)	エ				
問2	2	ウ	3	イ	4	ア	5	ア	6	ウ
問2	9	エ	11	ア	問3	A	エ	B	イ	
問4	(10)	hand	(12)	silently	(14)	reach				
問5	その後、私は言葉につまってしまい、黙ってしまった。									
問6	Mary									

問2：各1点、問5：3点、その他：各2点

6

問1	1	cutting	2	uses	3	lead	4	run		
問1	5	storing	問2	イ	問3	3番目	エ	7番目	キ	
問4	あ	into	い	about	う	as				
問4	え	from	お	to	問5	ア				
問6	1	イ	2	オ	3	ア	問7	エ		

問1・問4：各1点
その他：各2点(問3完答)

解説

1 リスニング

読まれた英文と解説は、以下の通り。

Part A

W：May I help you ?

M：Yes, I'd like to get a pair of pants.

W：Well, we have a wide selection of pants. Please feel free to have a look.

M：Could you help me ? There are so many kinds of pants that I can't tell which ones to choose.

W：Do you want casual pants or formal ones ?

M：Casual.

W：Then how about these black cotton pants ? They are very reasonably priced.

M：Hmm...yes, they look nice.

W：What size of pants do you wear ?

M：I can't tell. Would you measure me ?

W：Let's see...your waist size is 32, so these will fit you.

M：May I try them on ?

W：Of course. How do they fit ? Are they tight ?

M：Yes, they are a bit too tight. Would you please bring another pair of pants ?

W：How about these pants ?

M：May I try them on ?

W：Of course. How do they fit ? Are they tight ?

M：No, this size fits me very well. I'll take them. How much will they be ?

W：50 dollars, including tax. Is there anything else you would like ?

M：I'd like to get a shirt that matches the pants.

W：What kind of shirt would you like ?

M：Well, one with long sleeves, and I'd like a shirt with chest pockets.

W：Then how about this ? The quality is excellent.

M：That sounds good. I'll take it. How much will that be all together ?

W ： 98 dollars, including tax.

M ： Can I use a credit card ?

W ： Certainly. Could you sign here ?

M ： Here you are.

W ： Thank you.

女 ： いらっしゃいませ。

男 ： ええ、ズボンを買いたいのです。

女 ： えーと、幅広く取りそろえています。どうぞご遠慮なく見てください。

男 ： ちょっといいですか。とてもたくさんの種類のズボンがあるのでどれを選んだらよいのかわかりません。

女 ： 普段着のズボンですか、フォーマルなズボンですか。

男 ： 普段着のズボンです。

女 ： それではこの黒い木綿のズボンはいかがですか。とてもお手頃なお値段です。

男 ： んー。そうですね。素敵ですね。

女 ： サイズはいくつですか。

男 ： わかりません。測っていただけますか。

女 ： えーと。あなたのウエストは 32 なので、これがちょうどいいですよ。

男 ： 試着してみてもいいですか。

女 ： もちろんです。どうですか。きついですか。

男 ： ええ。少しきつすぎます。別のものを持ってきていただけませんか。

女 ： これはいかがですか。

男 ： 試着してみてもいいですか。

女 ： もちろんです。どうですか。きついですか。

男 ： いいえ。このサイズはちょうどいいです。これをもらいます。おいくらですか。

女 ： 税込みで 50 ドルです。他に何かお探しのものはありますか。

男 ： そのズボンに合うシャツをもらいたいのですが。

女 ： どのようなシャツがお望みですか。

男 ： えーと。長袖で胸にポケットのあるシャツをお願いします。

女 ： では、これはいかがですか。上質なものです。

男 ： それは良さそうですね。それをもらいます。すべてでいくらですか。

女：税込みで 98 ドルです。

男：クレジットカードを使ってもいいですか。

女：かしこまりました。ここにサインをいただけますか。

男：はい、どうぞ。

女：ありがとうございます。

Question 1 ： Where are they talking ?「彼らはどこで話していますか」

ア　At a hospital.「病院で」　　イ　**At a shop.**「お店で」

ウ　At a station.「駅で」　　エ　At a university.「大学で」

▶会話の冒頭から男性はズボンを一着買いにきたことがわかるので、イが正解。

Question 2 ： What size do you think his waist is ?

「彼のウエストのサイズはどのくらいだと思いますか」

ア　It's less than 26.「26 未満」　　イ　It's just 28.「ちょうど 28」

ウ　It's just 30.「ちょうど 30」　　エ　**It's between 32 and 34.**「32 から 34 の間」

▶女性の 6 番目のセリフで、男性のウエストのサイズは 32 と伝えているが、男性はそれを試着してみると少しきつかったので、女性に別のサイズを持ってくるように頼んでいる。そして、男性が再び試着してみたところぴったりだったので、男性のウエストは 32 よりも大きいことがわかる。よって、エが正解。

Question 3 ： What kind of shirt did he buy ?

「彼はどのような種類のシャツを買いましたか」

ア　A shirt with short sleeves.「短い袖のシャツ」

イ　A shirt with no chest pockets.「胸にポケットのないシャツ」

ウ　A shirt with long sleeves and no chest pockets.

「長い袖で胸にポケットのないシャツ」

エ　A shirt with long sleeves and chest pockets.

「長い袖で胸にポケットのあるシャツ」

▶男性の 11 番目のセリフで、長袖で胸にポケットのあるシャツをお願いしますと言っているのでエが正解。

Question 4 : How much did he pay for the shirt including tax ?

「税込みで彼はシャツにいくら払いましたか」

He paid (**forty-eight**) dollars including tax.「彼は税込みで 48 ドル払いました」

▶ズボンの値段は税込みで 50 ドル。またズボン一着とシャツ一着の値段は税込みの合計で 98 ドルとわかるため、シャツ一着の値段は 98 ドル－50 ドル＝48 ドルとわかる。よって答えは forty-eight となる。

Part B

(1) W : Do you know the baseball game starts at six in the evening ?

M : Yes. We still have one hour and a half before it starts.

W : So, shall we drink some tea ?

女 : 野球が夕方 6 時に始まるのを知っていますか。

男 : ええ。まだ始まる前に 1 時間半あります。

女 : それでは、お茶をしませんか。

Question : What time is it now ?「今何時ですか」

ア It's 5:00 p.m.「午後 5:00」　イ **It's 4:30 p.m.**「午後 4:30」

ウ It's 5:30 p.m.「午後 5:30」　エ It's 4:00 p.m.「午後 4:00」

▶最初の女性のセリフから野球の試合は夕方 6 時に始まることがわかる。そして男性はそれが始まるまでに 1 時間半あると言っているので、現在の時刻は午後 4 時 30 分である。よって、イが正解。

(2) W : What would you like to order, sir ?

M : I'll have a cheese sandwich and a small salad.

W : Anything else ?

M : I'll order a coffee later.

女 : ご注文をうかがってもよろしいですか。

男 : チーズサンドウイッチとスモールサラダをお願いします。

女 : 他に何かご注文はございますか。

男 : 後でコーヒーを注文します。

Question : What has the man ordered ?「その男の人は何を注文しましたか」

ア　A coffee.「コーヒー」

イ　Cheese and a sandwich.「チーズとサンドウイッチ」

ウ　A cheese sandwich, a small salad and a coffee.
「チーズサンドウイッチとスモールサラダとコーヒー」

エ　A cheese sandwich and a small salad.
「チーズサンドウイッチとスモールサラダ」

▶最初の男性のセリフからチーズサンドウイッチとスモールサラダを注文したことがわかるため、エが正解。I'll order a coffee later.「後でコーヒーを注文します」と言っているため、まだコーヒーは注文していないことに注意すること。

(3)　W ： Good morning, Tom. It's cloudy, isn't it ?
M ： Yes, I'm afraid it's going to rain this afternoon.
W ： We'll have to put off playing tennis in the park.
女 ： おはよう、トム。曇っていますね。
男 ： そうですね。今日の午後は雨が降りそうですね。
女 ： 公園でのテニスを延期しなければならないでしょう。

Question ： How is the weather this morning ?「今朝の天気はどうですか」

ア　It is cloudy.「曇りです」　　イ　It is rainy.「雨です」

ウ　It is fine.「晴れです」　　エ　It is stormy.「嵐です」

▶最初の女性のセリフから曇りだとわかるため、アが正解。

(4)　M ： Hello, I'd like to have this coat cleaned.
W ： Certainly.
M ： I want to wear it on Sunday. Could I pick it up on Saturday ?
W ： We're closed on Saturdays, but I can have it ready for you on Friday.
M ： That would be great.
男 ： こんにちは、このコートをクリーニングしてもらいたいのですが。
女 ： かしこまりました。
男 ： 日曜日に着たいので、土曜日に受け取ることはできますか。
女 ： 毎週土曜日は閉まっています。しかし金曜日には準備できます。

男 ： それはすばらしい。

Question ： When can he pick up his coat?

「彼はいつコートを受け取ることができますか」

ア On Sunday.「日曜日」 イ **On Friday.**「金曜日」

ウ On Saturday.「土曜日」 エ On Monday.「月曜日」

▶女性の２番目のセリフから金曜日には準備できるとわかるため、イが正解。

(5) M ： I'd like to cash a check, please.

W ： Would you please sign your name on the back of the check? How would you like the money?

M ： I'd like to have it in five twenties, three tens, and four fives.

W ： All right.

男 ： 小切手を現金にしたいのですが。

女 ： 小切手の裏にあなたの名前をサインしていただけますか。お金をいかがいたしましょう。

男 ： それを20ドル紙幣で５枚、10ドル紙幣で３枚、５ドル紙幣で４枚にしてください。

女 ： わかりました。

Question ： How much money will the customer receive?

「そのお客はいくらお金を受け取りますか」

ア ＄80.「80ドル」 イ ＄1500.「1500ドル」

ウ ＄150.「150ドル」 エ ＄100.「100ドル」

▶ check は「小切手」、〈cash ～〉は「～を現金に換える」という意味である。ここでは男性が小切手を現金に換えるため、どのような形でそれをもらうかについて聞き取ろう。米ドル紙幣は100ドル、50ドル、20ドル、10ドル、5ドル、2ドル、1ドルの7種類ある。男性は２番目のセリフで20ドル紙幣を５枚、10ドル紙幣を３枚、５ドル紙幣を４枚(20×5＋10×3＋5×4＝150)と言っているので、ウが正解。

2 同音異義語補充

(1) (A) I've never (**seen**) him so angry.

「彼がそんなに怒っているのを私は見たことがない」

(B) The last (**scene**) of the film was moving.

「その映画のラストシーンは感動的だった」

▶(A)の空所の後ろに注目すると、him(O)と so angry(C)が並んでいるので、空所には第5文型をとる動詞が入るとわかる。また、I've never とあるので、空所には動詞の過去分詞を入れて、「これまでに一度も～したことがない」という現在完了(経験)の文を作ればよい。よって seen を入れれば、〈see O 形容詞〉「O が～であるのを見る」の意味が完成する。(B)には scene「シーン、場面」を入れればよい。

(2) (A) Nancy stayed up (**through**) the night because her baby didn't stop crying.

「赤ちゃんが泣き止まなかったので、ナンシーは一晩中起きていた」

(B) When I visited the shrine the other day, I (**threw**) coins into the pond to wish for a long life.

「先日その神社を訪れたとき、私は長寿を祈って硬貨を池の中に投げた」

▶(A)の because 以下は「赤ちゃんが泣き止まなかった」という内容である。そのため、母親のナンシーは夜に「ずっと」寝られなかったという文が前に来ると考えられる。〈through the night〉は「一晩中、徹夜で」という意味。(B)の文は、「神社で硬貨を池の中に(　　)した」という内容である。神社で願い事をする際に、お賽銭(さいせん)のように硬貨を「投げた」と考えられるので、throw の過去形 threw が正解。

(3) (A) Put the fish you caught in this container. In this (**way**), you can keep them fresh.

「捕まえた魚をこの容器に入れて。このようにして、魚を新鮮に保てるよ」

(B) The puppy has grown a lot. How much does it (**weigh**) now ?

「その子犬はとても成長したね。今体重はどれくらいなの」

▶(A)の文の意味は「捕まえた魚をこの容器に入れて。この(　　)、魚を新鮮に保てるよ」である。空所には「容器に入れると」という内容が入るため、「このようにして」と言い換えればよい。よって、空所に way を入れれば、〈in this way〉「このようにして」という熟語が完成する。(B)は最初の文の「その子犬がとても成長した」という内容をまずおさえよう。成長した結果、「(　　)は今どれくらいなの」と聞いているので、空所には子犬のサイズや重さを表す語が入ると考えられる。正解は〈weigh ～〉「～の重さがある」。名詞 weight「重さ」と合わせて覚えておこう。

(4)　(A)　After the (**war**) was over, the country enjoyed peace.
「戦争が終わった後、その国は平和を享受した」
(B)　Everyone (**wore**) a suit at that formal party held in Tokyo last week.
「皆が、東京で先週開催されたあのフォーマルなパーティーでスーツを着用した」

▶(A)の文は、「(　　)が終わった後、平和を享受した」という内容であるので、war「戦争」が入る。この enjoy は「楽しむ」ではなく「(利益、平和などを)享受する」という意味である。(B)の文の formal party とは「スーツなど正装の着用が必要なパーティー」のことなので、空所には〈wear ～〉「～を身に着けている」の過去形 wore が入る。wear-wore-worn という不規則変化も合わせて覚えておこう。

(5)　(A)　This idea is out of date. Can you come up with some (**new**) ideas ?
「この考えは時代遅れです。何か新しい案をいくつか考えてほしいのですが」
(B)　Tom fell asleep in class before we (**knew**) it.
「授業中にトムは私たちが気づかぬうちに寝ていた」

▶(A)の文の out of date は「時代遅れの」という意味である。考えが時代遅れで、何か「新しい」案を思いつく必要があるため、空所には new が入る。〈come up with ～〉は「～を思いつく」。(B)の文の before we knew it は直訳すると「私たちがそれ(トムが眠りに落ちること)を知る前に」となるが、そこから「私たちが気づかぬうちに」という意味になる。

3 同意文完成

(1) A：Bob said to me, “Where is my notebook ?”

「ボブは私に『僕のノートはどこにあるの』と言った」

B：Bob (**asked**) me where (**his**) notebook was.

「ボブは私に彼のノートがどこにあるのか尋ねた」

▶今回は直接話法(引用符を用いた言い方)を、間接話法(引用符を用いない言い方)に書きかえる。一般的に〈say to 人, “〜”〉は、間接話法では〈tell 人 that 〜〉の形に書きかえるが、今回はセリフが疑問文なので、「尋ねる」という意味の ask を用いて、疑問詞 where はそのまま残す。2つ目の空所には所有格が入るとわかる。A の文の my が指す人物は質問をしている Bob に当たるので、間接話法の文では his とする必要がある。話法の問題では、このような「人称代名詞」に加えて、「時制」にも注意するようにしよう。

(2) A：I haven’t received his letter for a long time.

「私は長い間、彼から手紙を受け取っていない」

B：He (**hasn’t**)(**written**) to me for a long time.

「彼は長い間、私に手紙を書いていない」

▶Aの文は「私は長い間、彼から手紙を受け取っていない」という内容なので、he が主語となっているBの文は「彼は長い間、私に手紙を書いていない」という意味になると推測できる。Bの空所の後に to があるので、〈write to 〜〉「〜に手紙を書く」という表現を用いればよい。また、Aの文にそろえてBの文も現在完了を用いると考えれば、hasn’t written が正解とわかる。

(3) A：All the students looked up to Ms. Green.

「生徒みんながグリーン先生を尊敬していた」

B：Ms. Green was (**respected**)(**by**) all the students.

「グリーン先生は生徒みんなから尊敬されていた」

▶Aの文の目的語である Ms. Green がBの文では主語の位置に移動しているので、受動態の文を作ればよいと考えられる。〈look up to 〜〉は「〜(人)の方を見上げる」、つまり「～を尊敬する」という意味である。ここで空所部分は looked up to by を入れたいところだが、語数が合わない。よって、look up to を respect に置き換えて respected by とすればよい。

(4) A：Tommy went to India four years ago and he is still there.

「トミーは４年前、インドに行き、今もまだそこにいる」

B：Tommy has (**been**)(**in**) India for four years.

「トミーは４年間インドにいる」

▶ A の文の内容から、B の文は「トミーは４年間インドにいる」とすればよい。よって、been in が正解。現在完了を用いた、下記のよく似た表現の違いを確認しておこう。

・Tommy has been in India for four years.　＜継続用法＞

「トミーは４年間インドにいる」

・Tommy has been to India.　＜経験用法＞

「トミーはインドへ行ったことがある」

・Tommy has gone to India.　＜結果用法＞

「トミーはインドへ行ってしまった(その結果、今ここにいない)」

(5) A：I came across Mr. Smith in the shopping mall.

「私はショッピングモールでスミスさんと出くわした」

B：I met Mr. Smith (**by**)(**chance**［ **accident** ］) in the shopping mall.

「私はショッピングモールでスミスさんに偶然会った」

▶ A の文の〈come across ～〉は「～に(偶然)出くわす」という意味。同意表現は〈meet ～ by chance［accident］〉なので、ここでは by chance［accident］が正解となる。

4 誤文訂正

(1) Who <u>left</u>(A) a notebook <u>on</u>(B) my desk? I <u>have found</u>(C) it when I came back, but it <u>has</u>(D) no name.

「誰が私の机の上にノートを忘れたの。戻ってきたときにそれを見つけたけれど、名前がないの」

正解：C　have found → **found**

▶現在完了は過去から現在まで、時間の幅を表す時制なので、「過去の一時点」を表す when「〜したとき」や ago「〜前」、just now「たった今」などと共に用いることができない。よって、have found を found にすれば正解となる。

(2) I've already <u>made up my mind</u>(A) about this matter <u>whatever you may say</u>(B). There is <u>nothing</u>(C) more to <u>discuss about</u>(D).

「この件についてあなたが何と言おうと、私はすでに考えを決めました。これ以上議論することは何もありません」

正解：D　discuss about → **discuss**

▶ D の discuss は他動詞なので、前置詞を付けずに直接目的語を伴い、〈discuss 〜〉「〜について議論する」という意味になる。その他の自動詞と間違えやすい他動詞は下記の通り。

〈自動詞と間違えやすい他動詞〉

・enter 〜「〜に入る」　×enter into 〜

・marry 〜「〜と結婚する」　×marry with 〜

※ get (be) married to 〜「〜と結婚する(している)」という言い方もある。

・consider 〜「〜を熟考する」　×consider about 〜

・reach 〜「〜に到着する」　×reach to 〜

(3) It is hard <u>for</u>(A) us to imagine <u>how</u>(B) it was like <u>to live</u>(C) our lives without modern technology, <u>for example</u>(D), smartphones.

「私たちにとってスマートフォンのような現代の科学技術なしでの生活を送ることがどのようなものだったかを想像することは難しい」

正解：**B**　how → **what**

▶〈What is ～ like ?〉は「～はどのようなものであるか」という意味だが、例えば「日本に住むのはどのようなものか」と尋ねたいときはWhat is it like to live in Japan ?のように仮主語のitを置き、itの内容はto不定詞を用いて後ろに置く。今回はhowをwhatに変えれば正解となる。間接疑問文であるので、whatの後ろが平叙文の語順になっていることも確認しておこう。

(4)　I'd like you (A) to say (B) hello to Emily when you [will meet] (C) her on (D) the morning of November 7.

「11月7日の朝にあなたがエミリーに会うとき、彼女によろしくお伝えいただけますか」

正解：**C**　will meet → **meet**

▶後半のwhen you will meet her「あなたが彼女に会うとき」という表現に注目しよう。「時」や「条件」を表す副詞節内では、未来のことでも現在形を用いるので、will meetをmeetに変える必要がある。なお、「朝に」は基本的に〈in the morning〉というが、本問のように、「ある特定の日の朝」を述べる場合にはonを用いることに注意しよう。またBの〈say hello to ～〉は「～によろしくと伝える」という意味である。

(5)　John told (A) his teacher that he had done (B) his homework by himself (C), [but] (D) which was a lie.

「ジョンは先生に、一人で宿題をしたと言った。しかし、それは嘘だった」

正解：**D**　but → ×

▶設問のwhichは、関係代名詞の非制限用法である。非制限用法の特徴は、関係代名詞の前にカンマを置き、補足説明を加えることである。

例：He bought some books yesterday, which were very boring.

　＝He bought some books yesterday, but they were very boring.

　「彼は昨日、何冊か本を買ったが、それらはとてもつまらなかった」

この例文のように関係代名詞が、文脈により接続詞の意味をもって使われていることがわかる。よって設問のbutは不要である。また、非制限用法のwhichは今回の設問のように、前の文の内容を先行詞とすることができる点もおさえておこう。

<非制限用法の注意点>

①関係代名詞thatを用いることはできない。

②目的格であったとしても、関係代名詞を省略できない。

③先行詞はカンマより前の文の一部、または文全体。

※今回の問題では、that he had done his homework by himselfが先行詞。

④カンマまでの内容を先に訳し、その後にカンマの後の文を訳す。

なお、Bのhad＋過去分詞は過去完了[大過去]といい、「過去よりも前の事柄」について述べる時制である。今回、ジョンは先生に話したときよりも前に宿題をしたはずなので、過去完了を用いていることは正しい。

5 長文読解総合

〔全訳〕

母は教師をしていて、私は、母が教師として直面する苦闘や試練を目にしながら育った。私はよく母に尋ねた。「どうして教える仕事をしているの。どうやってそういった類のエネルギーを出し続けているの」答えはいつも同じだった。「いつだってそうする必要がある子供がいて、やりがいのある瞬間があるからよ」

遺伝なのか、それとも母に感化させられたせいなのか、母がよく話してくれた生徒に関する深く感じた話のためなのかわからないが、私もまた教師になった。しかしながら、私の教室は母のものとはかなり異なる。私は授業を屋外で行っている。私が教えているのはアドベンチャーを基にしたもので、多少の危険を含み、社会性の発達を重点的に取り扱う、身体的にも精神的にも意欲をかき立てる活動である。私が教えているほとんどは、非行に走ったり、虐待を受けていたりする若者だ。

母が私になぜ教師をしているのか、どうやってそのような困難を乗り越えているのか尋ねたとき、私には母がすでに答えを知っているとわかっていた。母が言ったように、そういった子供がいて、特別な瞬間があるから、だ。

そういった瞬間の一つが最近あった。私は、12歳から15歳までの若い女の子のグループと活動をしていた。4週間のプログラムのうちの、2週目の終わりに近づきつつあった。そのグループは、班作業を順調に進め、ワイヤーウォークと呼ばれる難しい課題まで進んできた。

ワイヤーウォークは、くいを打った木を登り、地面から25フィート上にあるワイヤーケーブルに到達する。そしてその5フィート上にゆるく張られたロープを握りながら、ワイヤーケーブルの上を歩くのだ。地面からスタートしてゴールまでの全工程のあいだ、参加者は木を登るためのロープの一端を、安全のために結わえている。もう一方は訓練された指導者が持ち、制御をするのだ。それはとても安全な手順だった。

私たちは女の子たちが抱えている感情についてある程度話し、それから誰が挑戦したいか尋ねた。何人かの女の子が手を挙げ、ほとんど労せずワイヤーウォークを完了できた。その子たちが成功したのを見ると、さらに数人が準備をしていった。

「次は誰が行きたいかな」私は問いかけた。女の子たちの何人かが、「スージーが行けるわ」と言った。スージーの気が進まない様子を感じたので、私は彼女に準備はできているかどうか聞いた。彼女は静かに答えた。「たぶん」

スージーは問題なくロープを結わえ付けられ、木の根元に立っていた。私は彼女が最初のくいに手を伸ばすのを見守りながら、ロープをピンと張った。グループのみんなは激励とともに、彼女の頑張りに拍手を送っていた。そのとき、一歩ずつ進むにつれ、彼女の顔がこわばるのを私は見た。私は本当に心から彼女にワイヤーウォークをやり切ってほしいと思っていた。それがどれほど彼女の気分を良くするかわかっていたからだ。しかし、こういった怯えを何度も目にしてきたので、彼女はもうこれ以上先に進めないだろうということもわかっていた。

彼女が木に抱きついたとき―小さな子供が怖い思いをして親の脚にしがみつくように―真ん中くらいの高さにいた。彼女は眼を固く閉じ、指のつけ根の関節は血の気が引いていた。頬を木の皮に強く押し付けた状態で、私に聞こえたのは、「できないわ」という彼女の声だけだった。

他の女の子たちは黙って座っていた。彼女を下ろすために手をゆるめさせようと、私は静かにスージーに話しかけ始めた。私は、長いとも思える時間をかけて話しかけた。その後、私は言葉につまってしまい、黙ってしまった。

その沈黙は、メアリーによって破られた。「何があっても、私はあなたの友達よ、スージー」

私の目は涙であふれ、スージーが木にしがみついているのがかろうじて見えるぐらいだった。視界がはっきりとする頃には、彼女は頭を上げワイヤーを見ていた。彼女の血の気の引いた関節には、また血が巡り紅潮していた。彼女は向きを変え、メアリーを見下ろし、にっこり笑った。メアリーも微笑み返した。私は仕事に戻り、スージーがワイヤーに手を伸ばすまでずっと、ロープをピンと張っていた。

こういった瞬間があるから、私は教師を続けている。共に取り組む若者たちの心が、感動と勇気で私を満たし続けているのだ。私が経験したよりも、若者の人生はより多くの危機や危険を選択することが多くあると私は本当に信じている。どうにかして、彼らは先へと進んでいくだろう。どうにかして、彼らはワイヤーに手が届くのだろう。

スージーについて言うと、彼女はあのワイヤーを全て渡り切ることに成功した。彼女が地面に戻ってきたとき、求めた最初の抱擁の相手は、メアリーだった。

私たちは皆、歓呼した。

出典：Chris Cavert *That One Moment*（*from Chicken Soup for the Soul*：*Stories of Courage, Compassion & Creativity in the Workplace*）Health Communications

問1 (1) **ウ** I grew up with the struggles and challenges a teacher faces.

「私は、母が教師として直面する苦闘や試練を目にしながら育った。」

▶ I grew up は「私は成長した、大きくなった」である。struggle は「苦闘」、challenge は「試練」。文末の faces は動詞で、名詞として用いる「顔」から〈face ～〉で「～に顔を向ける、直面する」という意味になるため、このまとまりは「一人の先生が直面する」とできる。challenges の直後には関係代名詞が省略されている。これらのことから、ウが正解。

(7) **ア** A few girls raised their hands, and they were able to complete the Wire Walk with little difficulty.

「何人かの女の子が手を挙げ、ほとんど労せずワイヤーウォークを完了できた。」

▶〈raise ～〉は「～をあげる」という意味のため、設問箇所の前にある I asked who was willing to try「誰が挑戦したいか尋ねた」に対して、何人かの女の子が手を挙げたと考えられる。また、文末にある with little difficulty にある little には a がついていないため、「ほとんどない」という意味を表す。difficulty は形容詞 difficult の名詞形であるため、この部分は「ほとんど苦労することなく」となる。これらのことから、アが正解。

(8) エ Sensing her reluctance, I asked Susie if she was ready.

「スージーの気が進まない様子を感じたので、私は彼女に準備はできているかどうか聞いた。」

▶この英文は分詞構文を用いており、主語はI「私」である。〈sense ～〉は「～を感じる」という意味で、私が感じ取ったものは彼女(＝スージー)の気が進まない雰囲気であるため、アは異なる。またI asked Susieは「私はスージーに尋ねた」で、尋ねた内容はif she was ready「彼女の準備ができているかどうか」ということである。よってエが正解。

問2 2：ウ I often (**asked**) her, "Why do you teach ? ～"

▶空所の直後に「私」が「彼女＝母」に言ったセリフがあり、疑問文が書かれていることから、「質問をした」のウが正解。

3：イ ～, but I, too, (**became**) a teacher.

▶第1段落には母が教師をしていることが書かれている。そしてこの第2段落以降に、実際に「私」が母とは少し違った教師をしている話が続く。空所の前にはtooがあることから、「私も教師になった」という文が来ると考えられるため、becomeの過去形のイが正解。

4：ア (**Most**) of the work I do involves at-risk youths.

▶動詞がinvolvesであることから主語は単数、もしくは不可算名詞であると考えられる。ここではworkが不可算名詞で、直訳すると「私がする仕事の(　)は~の若者を含むものである」となる。〈most of ～〉は「たいていの～」を表し、ofは「～の中の」という意味である。ofの後ろに来るものは可算名詞複数形か不可算名詞となるが、今回は不可算名詞が来ているため、動詞がinvolvesとなっている。almostは副詞で、主語にすることはできないため不適切。manyとfewは可算名詞の複数形に用いるため、不適切。よってアが正解。

5：ア I was working with a group of female youths (**between**) the ages of twelve and fifteen.

▶空所の直後に the ages of twelve and fifteen とあることから、〈between A and B〉「A と B の間」を用いればよいとわかる。よってアが正解。

6：ウ　(**The other**) end is controlled by a trained instructor.

▶空所直後の end は「端、終わり」を指し、それを、訓練を積んだ指導者が制御していると続いている。何の端を指導者が制御しているのかは、直前の英文の～ the participant is attached to one end of a climbing rope for safety. から、a climbing rope のことだとわかる。またここに one end of とあるため、これと対になるように「ロープのもう一方の端」を表すものを選べばよい。〈the other ～〉は「(残った)1つの～」という意味である。ロープの片方が参加者に結ばれていて、もう片方は指導者が制御していることがわかる。よってウが正解。〈another ～〉は「(任意の)別の～」という意味。

9：エ　Susie was safely tied in and standing (**at**) the foot of the tree.

▶ foot は「足」である。スージーは今、これからワイヤーウォークに臨むため、ロープを結わえ付けられ、木の「最下部」にいることがわかる。よって、「足元、ふもと、最下部」を表すにはエが適切。

11：ア　With her cheek pressed against the bark, (**all**) I heard was, "I can't."

▶空所の前にはスージーが、目を閉じて、頬を木に強く押し当てている様子が描かれているので、I can't「できないわ」と言ったのはスージーである。その声を私が耳にしたと考えると、空所には動詞 was に対応した主語(名詞)を作るものが入る。よってアの all が正解。all I heard was, "I can't." は「私が聞いた全ては『できないわ』だった(＝私に聞こえたのは、「できないわ」という彼女の声だけだった)」という訳になる。イの that(接続詞)を用いた場合、接続詞の後ろは完全な文が続くため、that I heard では heard の目的語がなく不十分となり成り立たない。

問３　A：エ　**One of those moments happened recently.**

「そういった瞬間の一つが最近あった」

他の選択肢の意味は以下の通り。

ア　I was often told the stories that made her feel good.

「私はよく母の気分を良くした話を聞かされた」

イ　This is because I wanted to be a teacher like her.

「これは、母のような教師に私がなりたかったからだ」

ウ　This is my favorite story she told me about her teaching at school.

「これは母が学校で教えていたことについて話してくれた、私のお気に入りの話だ」

▶空所の前で、母親が筆者になぜ教師という仕事をしているのか、そして困難をどう乗り越えているかと尋ねているが、母親はその答えを「そういった子供がいて、特別な瞬間があるから、だ」と考えていた。そして空所の後には「私」が経験したその具体的な例が述べられている。よって、その話の導入として適切なエが正解。アは「私」の仕事の話ではなく、「母の気分が良くなる話」に関して述べているため、不適切。イのThis is because ～は「これは～だからだ」という、前に書かれている内容の理由を表す表現である。なぜ私が教師になったかは、母親と同じように「そういった子供がいて、特別な瞬間があるから、だ」であり、母親のような教師になりたかったからではない。ウは空所の前にも後にも、母から聞いた話が書かれていないため不適切。

B：イ　**Moments like this keep me doing what I do.**

「こういった瞬間があるから、私は教師を続けている」

他の選択肢の意味は以下の通り。

ア　The story my mother told me has made me what I am.

「母が私にしてくれた話のおかげで、今の私がある」

ウ　I often realize the fact that one teacher can't make students go forward.

「わたしはよく、一人の教師では生徒を前へと進めさせることができないという事実に気づく」

エ　There are always some who need help from others.

「いつも他人からの助けを必要としている人はいる」

▶空所の後にThe young hearts that I work with continue to fill me with inspiration and courage.「共に取り組む若者たちの心が、感動と勇気で私を満たし続けているのだ」とある。これはスージーとメアリーのような子供がいるから私は教師をしていられるという意味と考えられる。よってそれとほぼ同じ意味合いを持つイが正解。ア、ウ、エは直後の内容と合わないため不適切となる。

問4 (10) make the long reach ＝ stretch her (**hand**) out「手を伸ばす」

▶ I watched her make the long reach for the first peg「私は彼女が最初のくいへ向かって make the long reach をするのを見守った」は、スージーがこれからワイヤーウォークを行う場面である。reach という語は、動詞で〈 reach ～〉「～に到着する」と覚えている人が多いかもしれないが、「～に手が届く」という意味もある。しかし今回は the long reach とあるため、reach は名詞であり、この場合は「手などを伸ばすこと」や「届く距離」という意味を表す。よって、「スージーが最初のくいへ向かって手を伸ばした」ことがわかる。書きかえの stretch は、カタカナで「ストレッチ」という語を耳にしたことがあるかもしれないが、動詞で〈 stretch ～〉として「～を伸ばす、張る、広げる」という意味がある。最初のくいへ向かって何を伸ばして、木を登っていくのか考えればよい。書き出しのアルファベットの h より、hand「手」が正解となる。

(12) sat in silence ＝ sat (**silently**)「黙って座っていた」

▶〈 in silence 〉は、silence が「静けさ、静寂、沈黙」という意味の名詞で、前置詞の in は「様態」を表しているため、「黙って、静かに」となる。1 語で同様の意味を表すためには、副詞の silently を補えばよい。

(14) she made it all the way across that wire
＝she managed to (**reach**) the goal「彼女はワイヤーを渡り切ることができた」

▶〈 make it 〉は「たどり着く、やり遂げる」という意味。またこの後に続く内容からもスージーがワイヤーウォークをやり遂げたことがわかる。つまり「ワイヤーを渡ることができた」＝「ゴールにたどり着くことができた」と考えられるので、reach が正解。〈 manage to ～〉は「どうにか～する」という意味である。

第4回 英語

問５　Then I ran out of words and was quiet.

（解答例）「その後、私は言葉につまってしまい、黙ってしまった。」

▶〈run ～〉は「～になる」、〈out of ～〉は「～がなくなって」という意味である。下線部前と合わせて考えると、私はスージーにずっと話しかけていたが、話す言葉がなくなってしまい、黙ってしまった、と考えられる。

問６　When she returned to the ground, the first hug she looked for was from (**Mary**).

▶スージーがワイヤーウォークを終えた後に、抱擁を求めてどこへ行ったのか考えればよい。第 11 段落で、動けなくなったスージーに話しかけていた「私」も黙ってしまったところ、その沈黙を破ったのはメアリーで、彼女は「何があっても、私はあなたの友達よ」と声をかけている。このことから、スージーが真っ先に駆け付け、抱擁を求めた相手はメアリーであるとわかる。

6　長文読解総合

〔全訳〕

ラジャスタンというインドの州はとても乾燥している。そこでの平均降水量は１年あたり 150 ミリから 400 ミリで、しばしば干ばつに襲われる。しかしながら、その問題はラジャスタンの主要産業によってなお悪化している。それは大理石である。大理石は世界中で建物に使われている美しく高価な石である。ラジャスタンには多くの大理石があり、幅広く輸出されるよう、何十万もの人々が大理石の採掘、切断、そして研磨に関わっている。

問題は、大理石の切断と研磨には多くの水を使用するということである。１つの工場で毎日 10,000 リットル以上の水を使うこともあり、キシャンガルの街には、400 以上の大理石工場があるのだ。その結果、ここ 20 年でその町の近くにある２つの湖が消滅し、地元の人々は今や地中に十分な水がないために、タンク車から水を購入しなければならない。さらに追い打ちをかけるように、大理石の切断により発生したほこりが地面に降り積もる。これは雨が降ったときに、より少ない雨しか地面にしみ込んでいかない、ということである。農業と大理石産業のどちらも、ラジャスタンでそんなに長く共存していくことはかなり困難なことだろう。

ラジャスタンの大理石産業で使われている水は、経済学者が言う『仮想水』の良い例である。これは国際的に取引される商品の製造や育成とつながっている水のことである。この取引に関わる水の総量は1年でおよそ20立方キロメートル、それは日本最大の湖である琵琶湖のすべての水の75%ほどになると推定されている。

なぜ我々はそれほど多くの水を使用するのだろうか。1960年代、多くの人々は世界の人口が増えて食糧不足になることを憂慮していた。緑の革命―米や麦といった多収穫の農作物を作ることがこの問題を解決する一助となった。しかしながら、こういった作物を育てることは巨大な灌漑設備が必要とされていて、ダムを建設して川を利用することが含まれていた。世界は今1960年代の頃の2倍の食糧を育てているが、そのために当時の3倍もの水を使っているのだ。この水の多くは、地表の水が干上がったため、地下水源を利用している。インドと中国、パキスタンの3か国だけで1年間に400立方キロメートルの水を地下水源からくみ上げているが、雨水によって再び満たされる水の量はそのたった半分のみである。

一般的な食糧を生産するために必要な水の総量は、我々の想像を超えている。例えば、1キログラムのコーヒーを生産するためには約20,000リットルの水、4分の1ポンドのハンバーガーを生産するには11,000リットルの水、1リットルの牛乳を生産するには2,000リットルの水を使用するのだ。

1リットルの牛乳を作るためだけに、どうやったら2,000リットルもの水を使用するのか。インドのある農家は、彼の作物を灌漑によって育てるために1年で約18,000立方メートルもの水を地下からくみ上げている。そしてその作物は彼の牛に餌として与えるのだ。彼がこれらの牛から得る牛乳の総量は、たったの9,000リットルなのだ。

世界中で、似たようなことが発生している。国々が彼らの貴重な地下水源を信じられないような割合で使用しているのだ。このような割合で水を使用することは、明らかに持続可能ではなく、間もなく世界規模の危機に至るかもしれない。

水を使い切ってしまうことを止めるために、何ができるだろうか。おそらく最良の解決策は雨を収穫することである。多くの国々で、特にインドでは、降った雨の多くは簡単に蒸発してしまう。しかし、ため池やタンクに雨を集め、それからその水をゆっくりと地面へ戻していけば、農家は自分たちの井戸が干上がることはないと確信できるだろう。その制度はとても効果的で、メキシコや中国、タンザニアといった国々の政府は、水の無駄遣いを減らすために似たような制度を皆実験している。もちろん雨の収穫は雨の総量を増やすことにはならないが、より効果的にかつ持続的に水を利用することにはなる。皮肉にも、この考えは、雨水を集め、人工のため池へと貯蔵するインドの古い慣習と非常によく似ている。その人工のため池はインド人が「タンカ」と呼んでいたのだ―英単語の“tank”の元になった語なのだ。たぶん未来の問題を解決する助けとなるような昔の考えはもっと多くあるだろう。

出典：Anthony Sellick, John Barton, Ai Ogasawara *Pathways to Knowledge* 成美堂

問1 1：～ and hundreds of thousands of people are involved in mining,（ **cutting** ）, and polishing the marble …

▶空所の前後にある mining と polishing は「採掘すること」と「磨くこと」である。空所を含めた動詞の目的語は the marble「大理石」であるため、大理石を採掘し、磨くまでに行う行動を考えればよい。よって、cut「切る」を選び、形は同じように動名詞にそろえるのが正解。

2：The world now grows twice as much food as it did in the 1960s, but（ **uses** ）*three times as much water* to do it.

▶ to do it は前に書かれている grows twice as much food「2倍の食糧を育てる」を指し、それをするのに3倍の水を「使う」と考えられる。主語である the world は省略されており、空所は grows と並列な関係になっているため、三単現の s を付けた uses が正解。

3：This rate of water usage is clearly not sustainable, and it could soon（ **lead** ）to a global crisis.

▶空所に入る動詞の主語は it であり、これは this rate of water usage「この割合で水を使用すること」である。それが空所の後にある a global crisis「世界規模の危機」へと「至る、つながる」となるように動詞を選べばよい。「先へと進む、至る、導く」といった意味を持つ動詞は lead が適切で、〈lead to ～〉「(主語が)～へと至る」と表せる。2語前に could があることから原形が正解。

4：～ farmers can make sure that their wells don't（ **run** ）dry.

▶空所の直後には dry「乾燥した」という形容詞があるため、that の後ろにある英文は第2文型(SVC)になることがわかる。今回は否定文になっているため「農家の井戸が干上がることにならない」として「～になる」という意味を持つ動詞を選ぶ。第2文型において〈run 形容詞〉は「(形容詞)の状態になる」

と表せる。don'tの直後であるため原形のrunが正解。

5：Ironically, this idea is very similar to an old Indian tradition of collecting rainwater and (**storing**) it in man-made ponds, …

▶空所直後のitは空所の前にある名詞rainwater「雨水」を指している。よって雨水を集め、人工のため池の中に「入れる」といった意味を表すような動詞を選べばよい。〈store ～〉は「～を貯蔵する」という意味を持つ。直前のandに注目し、何と並列されているかを考えると、this idea is very similar to an old Indian tradition of collecting rainwater and storing it in man-made ponds「この考えは、雨水を集め、人工のため池へと貯蔵するインドの古い慣習と非常によく似ている」とできて、意味が通じる。よってstoringが正解。

問２　イ　The (**result**) is that, over the last 20 years, two lakes near the town have vanished, …

▶空所を含む英文より前には、キシャンガルでは大理石の工場が多く、水をたくさん使用しているという内容が書かれている。また空所の後には「ここ20年でその町の近くにある２つの湖が消滅し」とある。よって、「水を大量に使用している」（＝原因）から、「湖が消滅した」（＝結果）ことがわかるので、「結果」を表すイが正解。アのbenefitは「利益」、ウのgoalは「目標、ゴール」、エのreasonは「理由」である。

問３　３番目：**エ**　７番目：**キ**

～ the local people have to buy water [from tankers **because** there isn't enough **in** the ground] anymore.

「地元の人々は今や地中に十分な水がないために、タンク車から水を購入しなければならない」

▶整序英作文では、意味をなす組み合わせを先に考えていくとよい。

① 選択肢にbecauseがあることに注目し、なぜ地元の人々が水を買わなくてはいけないかを考える。

② 水を購入するのは「湖が２つ消滅した」からである。よって「地中に水が十分に無いから」となるよう、because there isn't enough in the groundとつなげる。

enoughの後ろにはwaterが省略されていると考えられる。

③ 残った名詞はfromとtankers「タンク車」である。タンク車はこの長文においては水を入れ、ためておくものであるため、人々が買い求める水のありかとなる。よって「タンク車から水を買わなくてはならない」となるように並べかえればよい。

問4 （ あ ）**into**

▶空所の直前にあるrainwater goesと直後にあるthe groundをつなげるためには、「雨水が地面(の中)へしみ込む」とすればよい。into「～の中へ」が正解。

（ い ）**about**

▶空所の直前にあるmany people were worried「多くの人々が心配している」より、aboutが正解。〈be worried about ～〉で「～のことを心配する」となる。

（ う ）**as**

▶空所の直前にあるhigh-yield crops「多収穫な作物」と直後にあるrice and wheat「米と麦」より、後に作物の具体例を挙げていることがわかるためasが正解。〈such as～〉は「～のような」という意味。

（ え ）**from**

▶主語と動詞に注目すると、主語はthe milk he gets（ え ）these cowsまでで、動詞はamountsである。the milkとhe gets～の間には関係代名詞が省略されており、主語の部分の意味は「彼がこれらの牛から得る牛乳」となる。よってfromが正解。〈amount to ～〉は「(総量が)～に達する」という意味で、訳は「彼がこれらの牛から得る牛乳の総量は、たったの9,000リットルなのだ」となる。

（ お ）**to**

▶直前にあるsimilarは「類似している、似ている」という意味を持つ形容詞であり、〈be similar to ～〉で「～に似ている」を表す。

問5　ア　Virtual water is the amount of water used in producing something.

「仮想水とは、何かを製造するときに使用される水の総量である」

▶今回の virtual water は第３段落で This is the water which is tied up in the growing and manufacture of products that are traded internationally.「これは国際的に取引される商品の製造や育成とつながっている水のことである」と説明されているが、抽象的な文であるため、具体的な内容が書かれているその後の段落から考えた方がわかりやすいだろう。例えば第５段落では「1キロ(1キログラム)のコーヒーを生産するのには約 20,000 リットルの水」を、「4分の1ポンドのハンバーガーを生産するには 11,000 リットルの水」を、「1リットルの牛乳を生産するには 2,000 リットルの水」を使用すると例が挙げられている。したがって、virtual water とは製品を作る際に使用している水の総量のことだとわかるので、アが正解。他の選択肢とその和訳は以下の通りである。

イ　Virtual water is the amount of water in the air we can't see clearly.

「仮想水とは、私たちがはっきりとは見えない、空中にある水の総量である」

ウ　Virtual water is the amount of water not only in the rain but in the underground.

「仮想水とは、雨だけでなく、地下にもある水の総量である」

エ　Virtual water is the amount of water used in virtual reality.

「仮想水とは、仮想現実で使われる水の総量である」

問6　まずは各選択肢の内容を見ていこう。

ア　What can be done to stop us running out of water ?

「水を使い切ってしまうことを止めるために、何ができるだろうか」

イ　Why do we use so much water ?

「なぜ我々はそれほど多くの水を使用するのだろうか」

ウ　What is the best way to reduce the rainwater ?

「雨水を減らすための最良の方法は何だろうか」

エ　How much water did we need to grow crops ?

「我々は作物を育てるためにどのくらい多くの水を必要としていたのだろうか」

オ　How can it take 2,000 liters of water just to produce one liter of milk ?

「1リットルの牛乳を作るためだけに、どうやったら 2,000 リットルもの水を使用するのか」

それぞれの空所は、各段落の第１文目に当たる。段落ごとにどのような内容が書かれているか確認していこう。

1：イ　**Why do we use so much water ?**

「なぜ我々はそれほど多くの水を使用するのだろうか」

▶この段落では、人口増加による食糧不足を憂い、多収穫の作物を作るようになったが、その過程で使用される水の量は以前よりもはるかに多くなっていることが書かれている。よって、多くの水をなぜ必要とするかを問いかけているイが正解。

2：オ　**How can it take 2,000 liters of water just to produce one liter of milk ?**

「1リットルの牛乳を作るためだけに、どうやったら2,000リットルもの水を使用するのか」

▶この段落では、インドのある農家が使用する水の量と、それを使って育てた作物を餌にした牛から得る牛乳の量について書かれている。よって牛乳について述べているオが正解。また、この直前の段落で「1リットルの牛乳を生産するために、水を2,000リットル使う」と書かれていることからも判断できるだろう。

3：ア　**What can be done to stop us running out of water ?**

「水を使い切ってしまうことを止めるために、何ができるだろうか」

▶空所３がある段落の２行目から４行目に「しかし、ため池やタンクに雨を集め、それからその水をゆっくりと地面へ戻していけば、農家は自分たちの井戸が干上がることはないと確信できるだろう」とある。つまり雨水を集め、農家の使用する水が不足することがないようにするための方策が述べられている。よってアが正解。

問７　各選択肢の解説は以下の通り。

ア　キシャンガルの人々は技術革新のおかげで農業も大理石加工業でも成功している。

▶第２段落にラジャスタンにあるキシャンガルについて書かれており、農業も大理石産業もあるということがわかるが、それらが成功しているといった英文はないため一致しない。また第２段落の最終文に、「農業と大理石産業のどちらも、ラジャスタンでそんなに長く共存していくことはかなり困難なことだろう」とあることからも正しくないとわかる。

イ　農業革命の１つである緑の革命後、我々は以前よりも少ない水でより多くの穀物を収穫できるようになった。

▶第４段落に「世界は今1960年代の頃の２倍の食糧を育てているが、そのために当時の３倍もの水を使っているのだ」とあるため一致しない。

ウ　インド、中国、パキスタンの３か国それぞれは、年間で約400立方キロメートルもの水を地下水と雨水から得ている。

▶この３つの国で使用されている水の量に関する話題は、第４段落に In India, China and Pakistan alone, a volume of 400 cubic kilometers of water a year is pumped from underground sources, ～「インドと中国、パキスタンの３か国だけで１年間に400立方キロメートルの水を地下水源からくみ上げている～」とある。よって、設問文の「水を地下水と雨水から得ている」という部分が、本文の「地下水源から」と異なるため一致しない。また本文では In India, China and Pakistan alone,「インドと中国、パキスタンの３か国だけで」と書かれており、それぞれの国が年間約400立方キロメートルもの水を地下水源からくみ上げているわけではない。

エ　１キログラムのコーヒーを生産する際に必要な水の量は、１リットルの牛乳を生産する水の量の約10倍である。

▶コーヒーと牛乳の生産と水の使用量に関する話題は第５段落にある。この段落の２文目に「1キロのコーヒーを生産するためには約20,000リットルの水、４分の１ポンドのハンバーガーを生産するには11,000リットルの水、１リットルの牛乳を生産するには2,000リットルの水を使用する」とあるので、一致する。よって、正解はエ。

オ　我々は昔のインド人が生み出した雨水を増やすアイディアを活用すべきだ。

▶本文の最終段落に、水不足を解決するには「雨を収穫すればよい」とあるが、これは雨水を集めることであり、それを「増やす」ことにはならない。よって一致しない。

数学　第4回　解答

1

(1)	$\dfrac{y}{2}$	(2)	$x=$ 5 , $y=$ $-\dfrac{3}{2}$
(3)	$(x-2y)(x-3y-3)$	(4)	$\sqrt{15}$
(5)	$n=$ 4, 47		

(4点×5)

2

(1)①	100 個	(1)②	24 個
(2)	$x=$ 345		

((1)①4点, ②5点, (2)5点)

3

(1)	3		
(2)	〈解法欄〉 ※解説ページ参照	(答)	4 ： 9
(3)	$x=$ 0, -1, $\dfrac{-1\pm\sqrt{17}}{2}$		

((1)4点, (2)7点, (3)6点)

4

(1)	40 °	(2)①	2 ： 1
(2)②	$\dfrac{25\sqrt{3}}{4}$		

(5点×3)

5

(1)	AD＝ $\sqrt{7}$	(2)	2 ： 3
(3)	$\dfrac{5\sqrt{3}}{2}$		

((1)(2)5点×2, (3)6点)

6

(1)	$\dfrac{56}{3}$		
(2)	〈解法欄〉 ※解説ページ参照	(答)	DP＝ $\dfrac{1}{2}$
(3)	$\dfrac{10}{3}$		

((1)5点, (2)7点, (3)6点)

解説

1 計算小問

(1) $(-3xy^2)^2 \div \dfrac{3x}{y} \div 6xy^4 = 9x^2y^4 \times \dfrac{y}{3x} \times \dfrac{1}{6xy^4} = \dfrac{y}{2}$ …(答)

(2) $\begin{cases} \dfrac{3}{8}x - 0.75y = 3 & \cdots ① \\ x + 6y = -4 & \cdots ② \end{cases}$ とする。

①×8より，$3x - 6y = 24$ …③

②＋③より，$4x = 20$，$x = 5$

これを，②に代入して，$5 + 6y = -4$，$6y = -9$，$y = -\dfrac{3}{2}$

よって，$x = 5$，$y = -\dfrac{3}{2}$ …(答)

(3) $x^2 - 5xy + 6y^2 - 3x + 6y = (x-2y)(x-3y) - 3(x-2y) = (x-2y)\{(x-3y)-3\}$

$= (x-2y)(x-3y-3)$ …(答)

(4) $(\sqrt{6}-\sqrt{2})(\sqrt{6}+\sqrt{2}) - \dfrac{(\sqrt{3}-\sqrt{5})^2}{2} = 6 - 2 - \dfrac{3-2\sqrt{15}+5}{2} = 4 - \dfrac{8-2\sqrt{15}}{2}$

$= 4 - (4 - \sqrt{15}) = \sqrt{15}$ …(答)

(5) $2021 = 43 \times 47$ だから，$\sqrt{2021 - 43n} = \sqrt{43(47-n)}$ となるので，$43(47-n)$ が平方数になればよい。

$47 - n = 0$，43×1^2，43×2^2，…

$47 - n = 0$，43，172，…となるので，$n = 47$，4，-125，…

n は自然数なので，$n = 4$，47 …(答)

第4回 数学

2 小問集合

(1)① 百の位におけるカードは，0を除いた5通り。十の位は，0も含め百の位で使わなかった5通り。一の位は，残っている4通り。

したがって，$5\times5\times4=100$(個) …**(答)**

② 下2桁が4の倍数になればよい。6枚のカードのうち2枚で作られる4の倍数は，04，12，20，24，32，40，52の7通り。

下2桁が，04，20，40のとき，それぞれの百の位は4通りだから，$3\times4=12$(個)

下2桁が，12，24，32，52のとき，それぞれの百の位は0を除く3通りだから，$4\times3=12$(個)

したがって，$12+12=24$(個) …**(答)**

(2) 食塩の量に注目して式を立てる。

5 gの食塩と濃度が5%の食塩水150 gと濃度が7%の食塩水250 gを混ぜ合わせて作った食塩水に含まれる食塩の量は，

$$5+150\times\frac{5}{100}+250\times\frac{7}{100}\ (\mathrm{g})\quad\cdots①$$

出来上がった濃度が4%の食塩水に含まれる食塩の量は，

$$(5+150+250+x)\times\frac{4}{100}=(405+x)\times\frac{4}{100}(\mathrm{g})\quad\cdots②$$

①と②は，等しいので

$$5+150\times\frac{5}{100}+250\times\frac{7}{100}=(405+x)\times\frac{4}{100}\quad\cdots③$$

③×100より，$500+750+1750=(405+x)\times4$，$3000=4(405+x)$，$750=405+x$，

$x=345$ …**(答)**

3 二次関数

(1) 点Dと点Aのy座標は同じであり，点Dは$y=x^2$上の点なので，D$(-2,\ 4)$となる。

よって，$\triangle ABD=2\times4\times\frac{1}{2}=4$

AC：CB＝3：1より，

△ACD：△ABD＝3：4であるから，

$\triangle ACD=4\times\frac{3}{4}=3$ …**(答)**

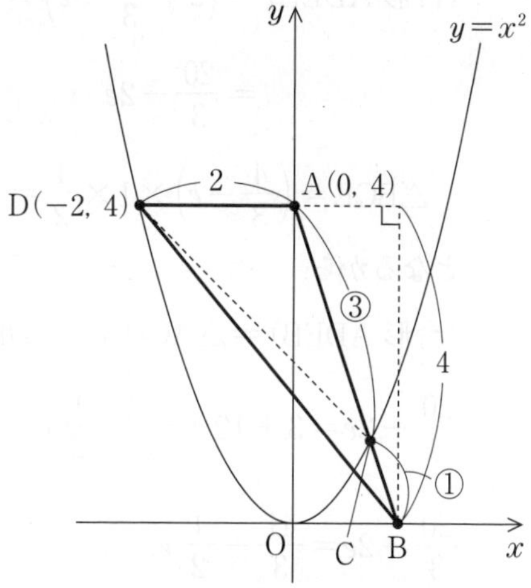

(2) AD∥BEより，△ABD＝△ADE

ここで，(四角形ADEC)

＝△CDE＋△ACD＝10＋3＝13

となるから，

△ACE＝(四角形ADEC)－△ADE

＝13－4＝9

したがって，△ABD：△ACE

＝4：9 …**(答)**

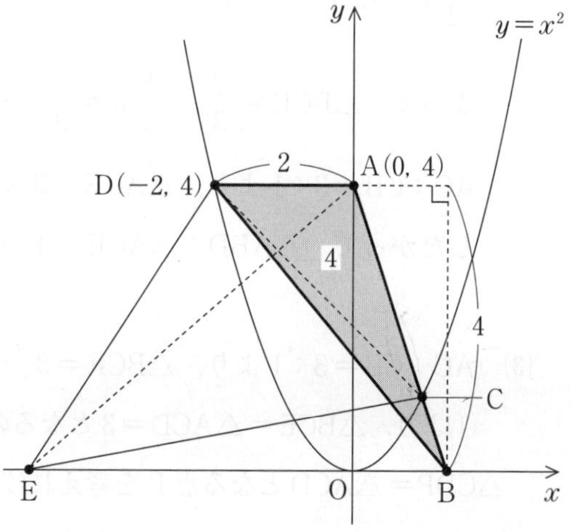

【別解】

Cからy軸に垂線を引き，y軸との交点をHとすると，△AHC∽△AOBである。

AH：HO＝AC：CB＝3：1より，OH＝1とわかるので，点Cのy座標は1となる。

点Cは，$y=x^2$上の点なので，C$(1,\ 1)$

また，HC＝1とわかるので，

HC：OB＝3：4より，点Bのx座標は，

$x=1\times\frac{4}{3}=\frac{4}{3}$より，B$\left(\frac{4}{3},\ 0\right)$

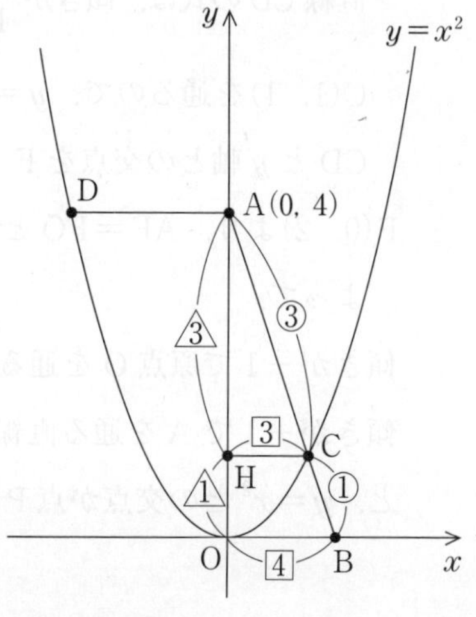

ここで，E$(e,\ 0)$とすると，

$$(\text{台形 ADEB})=\left(2+\frac{4}{3}-e\right)\times 4\times\frac{1}{2}$$

$$=\frac{20}{3}-2e$$

$$\triangle\text{BCE}=\left(\frac{4}{3}-e\right)\times 1\times\frac{1}{2}=\frac{2}{3}-\frac{1}{2}e$$

となるから，

(台形 ADEB)$=\triangle$ACD$+\triangle$CDE$+\triangle$BCE,

$$\frac{20}{3}-2e=3+10+\frac{2}{3}-\frac{1}{2}e,$$

$$\frac{20}{3}-2e=\frac{41}{3}-\frac{1}{2}e,$$

$$-\frac{3}{2}e=7,\ e=-\frac{14}{3}$$

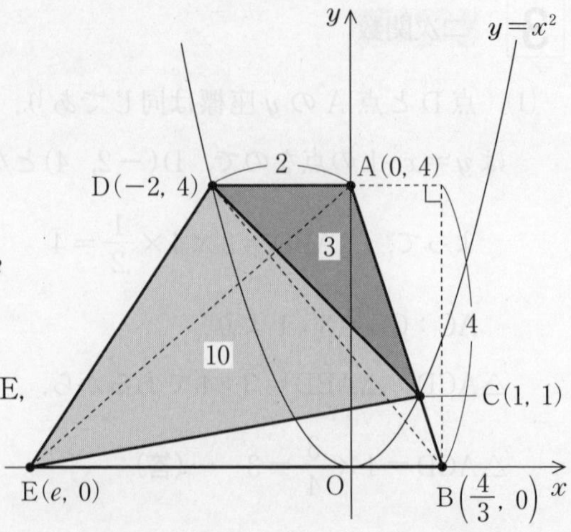

よって，$\triangle$BCE$=\frac{2}{3}-\frac{1}{2}e=\frac{2}{3}-\frac{1}{2}\times\left(-\frac{14}{3}\right)=3$

AC：CB＝3：1より，$\triangle$ACE$=3\times 3=9$

したがって，$\triangle$ABD：$\triangle$ACE＝4：9　…**(答)**

(3)　AC：CB＝3：1より，$\triangle$BCE$=3$

(1)より，$\triangle$BCE$=\triangle$ACD$=3$となるので，

$\triangle$CDP$=\triangle$ACDとなる点Pを考えればよい。

直線CDの式は，傾きが$\frac{1-4}{1-(-2)}=-1$

C(1, 1)を通るので，$y=-x+2$

CDとy軸との交点をFとすると，

F(0, 2)より，AF＝FOとわかる。

よって，

傾きが－1で原点Oを通る直線l

傾きが－1でAを通る直線m

と，$y=x^2$との交点が点Pとなる。

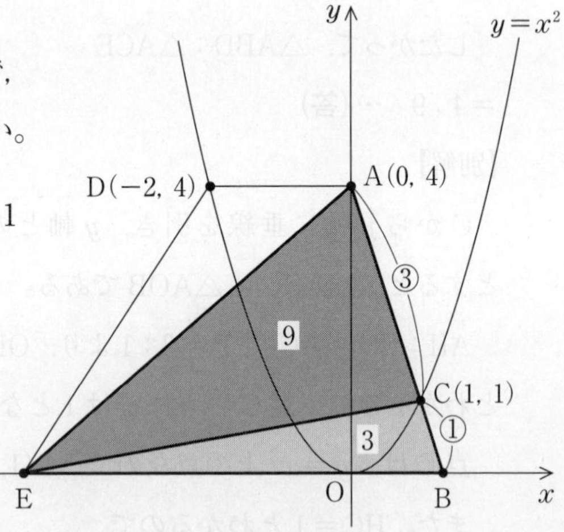

直線 l は $y=-x$ であり，交点Pの x 座標は，

$x^2=-x$, $x(x+1)=0$, $x=0$, -1 …(答)

直線 m は $y=-x+4$ であり，

交点Pの x 座標は，

$x^2=-x+4$, $x^2+x-4=0$,

$x=\dfrac{-1\pm\sqrt{1^2-4\times1\times(-4)}}{2\times1}$,

$x=\dfrac{-1\pm\sqrt{17}}{2}$ …(答)

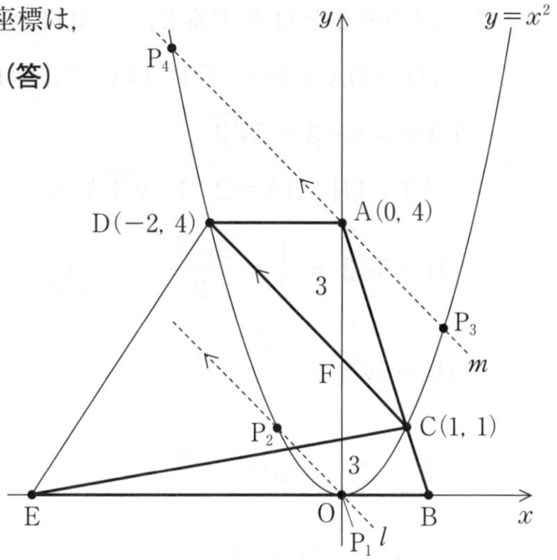

4 円

(1) ∠BTP $=x$ とおくと，∠ATB $=2x$ とおける。

接弦定理より，∠BAT $=$ ∠BTP $=x$

△PTA で三角形の内角の和は $180°$ であるから，

$4x+20°=180°$, $x=40°$

よって，∠BTP $=40°$ …(答)

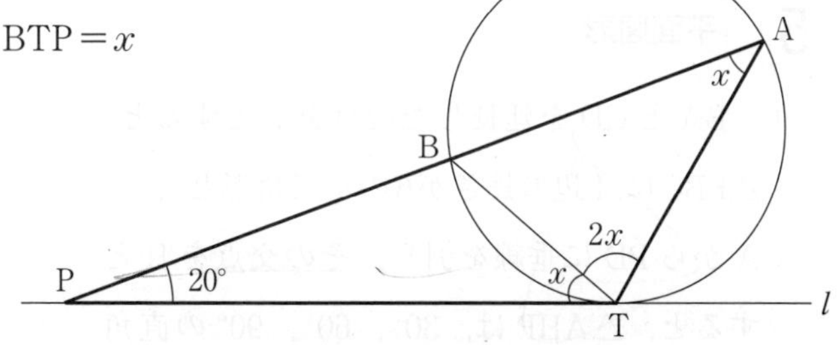

(2)① ∠ABT $=$ ∠BPT $+$ ∠BTP $=20°+40°=60°$

四角形 ABTD は円に内接しているので，

∠TDH $=$ ∠ABT $=60°$

また，接弦定理より，

∠ATH $=$ ∠ABT $=60°$

さらに，接弦定理より，

∠DTH $=$ ∠HAT $=30°$ となるから，TD は，∠ATH の二等分線である。

よって，角の二等分線定理より，AD : DH $=$ AT : TH $=2:1$ …(答)

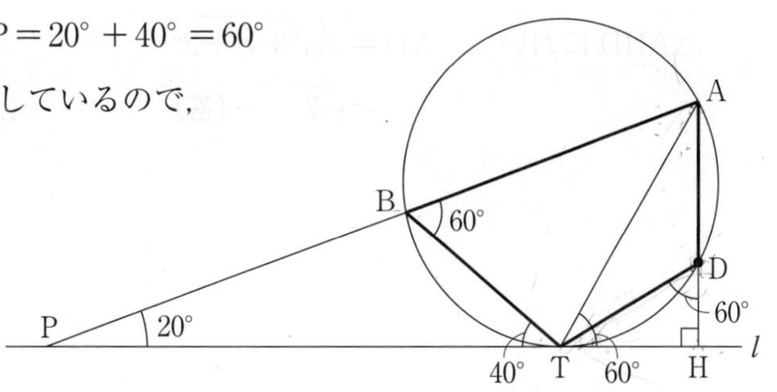

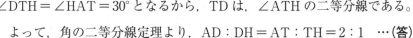

② 円の中心を O とすると，$\angle AOT = \angle ABT \times 2 = 120°$

$OT = OA$ であり，$OT : OA : TA = 1 : 1 : \sqrt{3}$ より，

$TA = 5 \times \sqrt{3} = 5\sqrt{3}$

$AT : TH : HA = 2 : 1 : \sqrt{3}$ より，

$TH = 5\sqrt{3} \times \frac{1}{2} = \frac{5\sqrt{3}}{2}$

$AH = 5\sqrt{3} \times \frac{\sqrt{3}}{2} = \frac{15}{2}$

よって，$\triangle AHT = \frac{5\sqrt{3}}{2} \times \frac{15}{2} \times \frac{1}{2} = \frac{75\sqrt{3}}{8}$

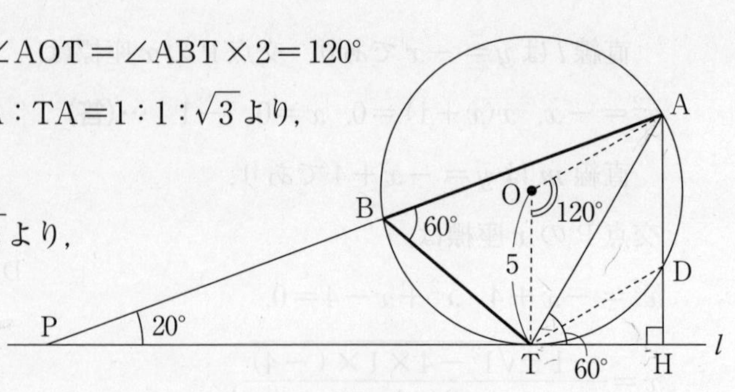

(2)より，$AD : DH = 2 : 1$ より，

$\triangle ADT = \triangle AHT \times \frac{2}{3} = \frac{75\sqrt{3}}{8} \times \frac{2}{3} = \frac{25\sqrt{3}}{4}$ …(答)

5 平面図形

(1) BA と CD を延長した交点を P とすると，

△PBC は，1 辺の長さが 6 の正三角形となる。

A から PD に垂線を引き，その交点を H とすると，△AHP は，30°，60°，90° の直角三角形になる。

$PH = 1$，$AH = \sqrt{3}$，$DH = 2$ となるので，

△AHD において，$AD = \sqrt{(\sqrt{3})^2 + 2^2}$

$= \sqrt{7}$ …(答)

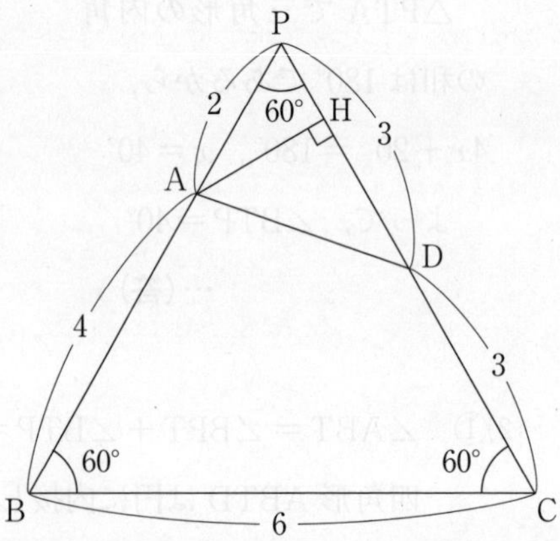

(2) △PBC は正三角形なので，

∠B の二等分線は CP の中点 D と交わる。

また，AC と BD の交点を F とすると，

角の二等分線定理より，

AF：FC＝BA：BC＝4：6＝2：3

となる。

したがって，△ABE：△BEC＝

AF：FC＝2：3　…(答)

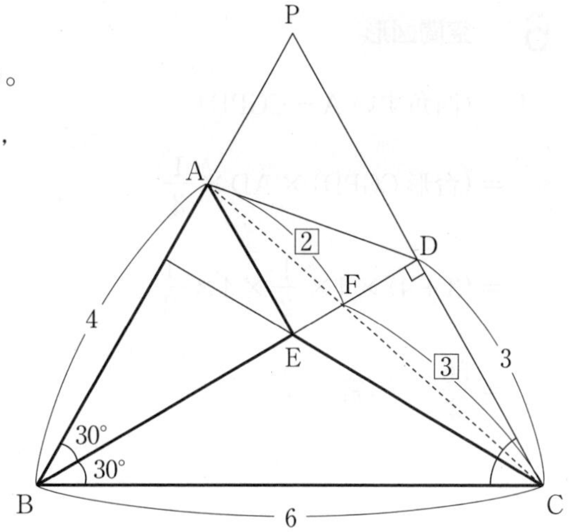

(3) CE は，∠BCD の二等分線であるから，

∠ECD＝30° となる。

△CED は，30°，60°，90° の

直角三角形なので，

$DE=3\times\frac{1}{\sqrt{3}}=\sqrt{3}$ より，

$\triangle CED=3\times\sqrt{3}\times\frac{1}{2}=\frac{3\sqrt{3}}{2}$

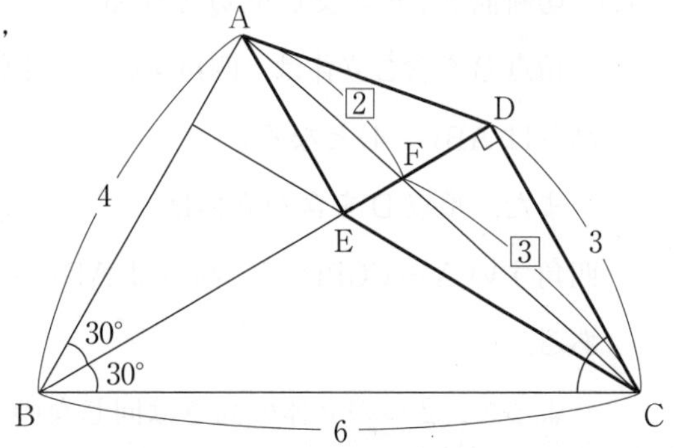

また，△AED：△CED＝AF：FC＝2：3 となるので，

△CED：(四角形 AECD)＝3：5 となる。

したがって，(四角形 AECD)＝$\triangle CED\times\frac{5}{3}=\frac{3\sqrt{3}}{2}\times\frac{5}{3}=\frac{5\sqrt{3}}{2}$　…(答)

6 空間図形

(1)　(四角すい A－CGPD)

$=$(台形 CGPD)$\times$AD$\times\frac{1}{3}$

$=(3+4)\times4\times\frac{1}{2}\times4\times\frac{1}{3}$

$=\frac{56}{3}$　…(答)

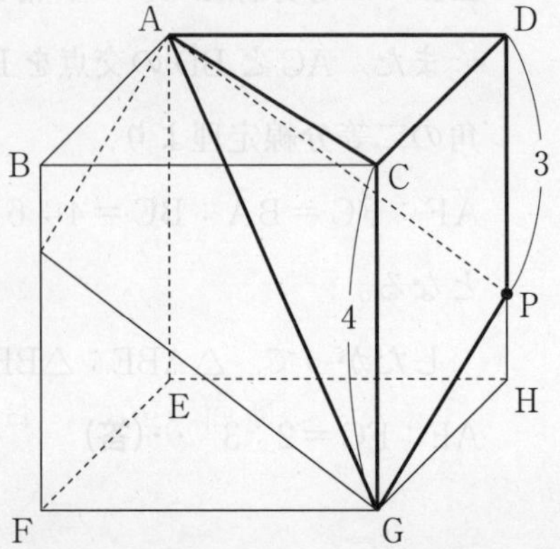

(2)　切断面と BF の交点を Q とする。

頂点 B を含む立体は，四角すい A－BQGC で，高さは AB($=4$)となる。

また，頂点 D を含む立体は，四角すい A－CGPD で，高さは AD($=4$)である。

よって，2 つの立体の高さは同じなので，底面積比が体積比となる。

ここで，△ADP≡△GFQ より DP＝FQ＝x とおくと，

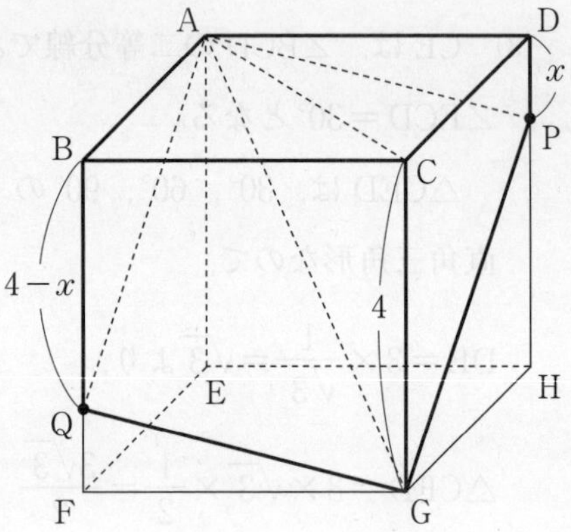

台形 BQGC の面積は，$(4-x+4)\times4\times\frac{1}{2}=16-2x$

台形 CGPD の面積は，$(x+4)\times4\times\frac{1}{2}=2x+8$

したがって，$(16-2x):(2x+8)=5:3$，

$(16-2x)\times3=(2x+8)\times5$，$48-6x=10x+40$，

$16x=8$，$x=\frac{1}{2}$

よって，DP$=\frac{1}{2}$　…(答)

(3)　B，D，Pを通る平面とAGとの交点をS，面ABCDにおいて，対角線の交点をRとし，右の図のような，四角すいA－DRSPの体積を求めればよい。

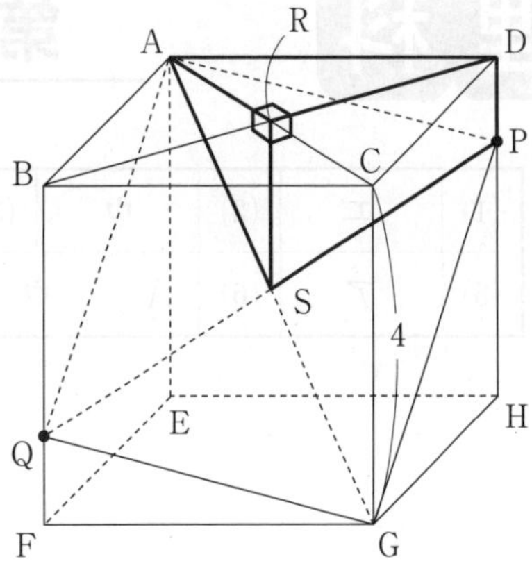

ARは，正方形ABCDの対角線の半分なので，

$AR=4\sqrt{2}\times\frac{1}{2}=2\sqrt{2}$

また，切断面AEGCにおいて，AC上の点RからEGへの垂線を引くと，AGとの交点はSであるから，RS＝2となる。

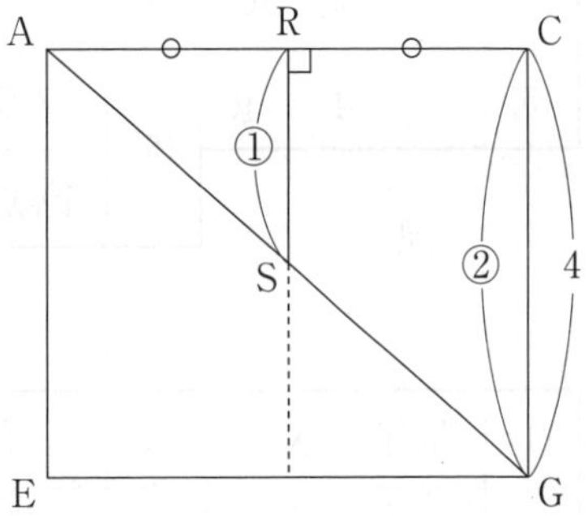

∠ARD＝∠ARS＝90°より，AR⊥DRSPなのでARが体積を求める立体の高さとなる。

したがって，四角すいA－DRSPの体積は，

$(\text{台形DRSP})\times AR\times\frac{1}{3}$

$=\left(\frac{1}{2}+2\right)\times2\sqrt{2}\times\frac{1}{2}\times2\sqrt{2}\times\frac{1}{3}$

$=\frac{10}{3}$　…**(答)**

第4回　数学

理科　第4回　解答

1

(1)	エ	(2)	ウ	(3)	ア	(4)	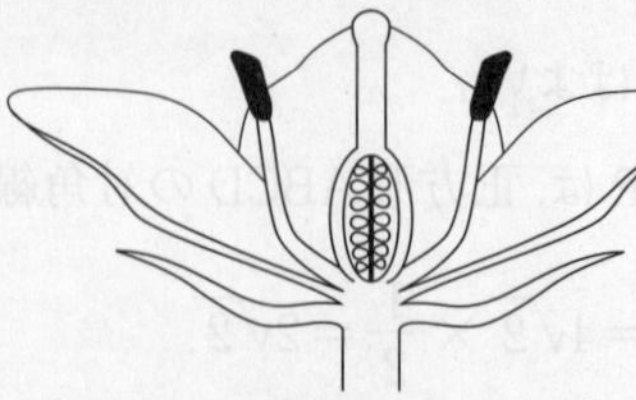
(5)	ア	(6)	A　ウ		B　エ		

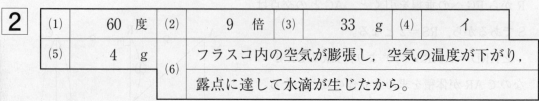

(3)(5) 2点×2　(6)完答3点　他3点×3

2

(1)	60　度	(2)	9　倍	(3)	33　g	(4)	イ
(5)	4　g	(6)	フラスコ内の空気が膨張し，空気の温度が下がり，露点に達して水滴が生じたから。				

(1)(2) 2点×2　他3点×4

3

(1)	気体　X	(2)	イ	(3)	菌　糸	(4)	ア
(5)	バイオマス			(6)	ウ		

(1) 2点　他3点×5

4

(1)	恒　星	(2)	イ	(3)	①	384000　km	②	エ	
(4)	①	ア	②	ウ	③	ウ	(5)	ア	

(5) 3点　他2点×7

5

(1)	イ	(2)	エ	(3)	$2H^{+} + 2\ominus \rightarrow H_2$		
(4)	$3n$　個	(5)	燃料電池	(6)	イ		

(5) 2点　他3点×5

6

(1)	イ	(2)	③	ウ	④	イ	(3)	0.45　J
(4)	(i)	ウ	(ii)	オ				
(5)	(i)	ⓐ　ア	ⓑ　ア	ⓒ　ア				
	(ii)	二つの台車は糸でつながれていて　速さが等しい　ことと,						

(5)(i) 1点×3　他2点×7

解説

1 小問集合

(1) ア：音は，気体中よりも液体中の方が，液体中よりも固体中の方が速く伝わる。

イ：振動数〔Hz〕は，1秒間に振動する回数のことであり，0.005秒で1回振動しているということは，1〔回〕÷0.005〔秒〕＝200〔Hz〕となる。

ウ：音を低くする方法は，弦を張る強さを弱める，はじく部分の弦の長さを長くする，弦を太い弦にする，以上の3つがある。

エ：振幅は音の大小によって変化する。はじく部分の弦の長さを短くしてはじくと，音は高くなり，振幅ではなく振動数が大きくなる。

(2) 高校入試で頻出する空気より軽い気体は，水素，窒素，アンモニアの3つである。塩化水素は空気より重く，水に溶けて塩酸となる。また，高校入試で頻出する色のついた気体は塩素で，塩素を集気びんに集めるとうすい黄緑色に見える。

(3) 胆汁をつくるのは肝臓であり，胆のうは肝臓でつくられた胆汁をためるところである。ブドウ糖とアミノ酸は小腸の柔毛の毛細血管に吸収された後，肝臓に運ばれる。このとき，小腸と肝臓をつないでいる血管を門脈という。肝臓に運ばれたブドウ糖の一部は，グリコーゲンにつくり変えられ，たくわえられる。

(5) 地質時代の名称と期間は次の表の通りである。

地質時代の名称	期間
先カンブリア時代	46億年前～5.4億年前
古生代	5.4億年前～2.5億年前
中生代	2.5億年前～6600万年前
新生代	6600万年前～現在

(6) 日本周辺のプレートは右図の通りである。北アメリカプレートと太平洋プレートとの境界には日本海溝が形成されており，フィリピン海プレートとユーラシアプレートとの境界には南海トラフが形成されている。海溝とは，大陸プレートが海洋プレートに引きずり込まれ海深が6000 m 以上になっている地形のことであり，同様の地形で水深が6000 m 未満の場合をトラフとよぶ。

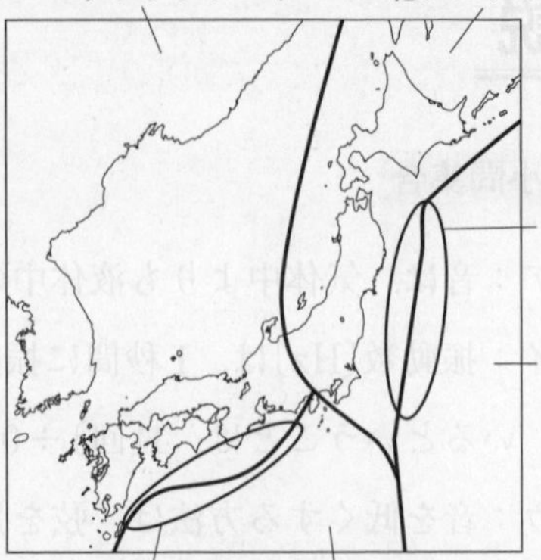

2 小問集合

(1) 光の進む向きを反対にしても，光の進む道すじは変わらない。そのため，図２では水中から空気中に光が進んでいくが，光の進む向きを反対にし，空気中から水中に向かって光が進んだとしても光の進む道すじは同じとなる。よって，右図のように，図２の光の進む向きを反対にして考えると，屈折角が40度となり，表１より屈折角が40度のときの入射角は60度である。この60度が求めたい屈折角の大きさとなる。

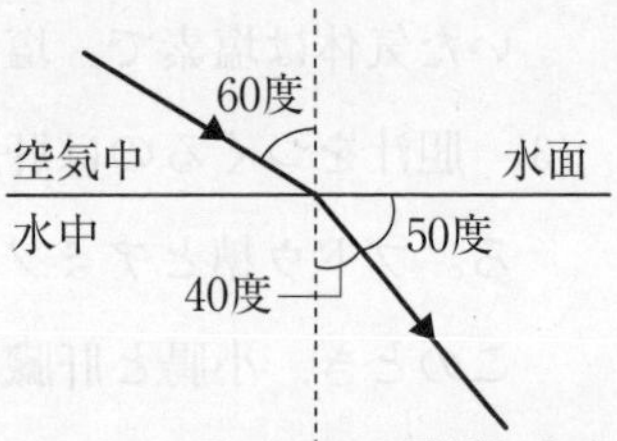

(2) 図３の直列回路では，回路全体の抵抗は30 Ωとなるため，回路全体に流れる電流は，60〔V〕÷30〔Ω〕＝2〔A〕となる。よって，10 Ωの抵抗にかかる電圧は，2〔A〕×10〔Ω〕＝20〔V〕となるため，10 Ωの抵抗での消費電力は，2〔A〕×20〔V〕＝40〔W〕となる。図４の並列回路において，10 Ωの抵抗にかかる電圧は60V なので，10 Ωの抵抗に流れる電流は，60〔V〕÷10〔Ω〕＝6〔A〕となる。よって，10 Ωの抵抗での消費電力は，6〔A〕×60〔V〕＝360〔W〕となる。したがって，360〔W〕÷40〔W〕＝9〔倍〕となる。

(3) 14 g の鉄の粉末と８g の硫黄の粉末が過不足なく反応したため，鉄と硫黄は7：4の質量比で化合することがわかる。よって，12 g の硫黄の粉末と反応する鉄の粉末は21 g となるため，鉄の粉末が７g 余り，33 g の硫化鉄が生じる。

(4) 黄色の種子から育てたエンドウ同士をかけ合わせたところ，黄色の種子と緑色の種子ができたことから，種子の色の形質において，黄色が優性であることがわかる。これは，黄色が劣性であるとすると，黄色の種子から育てたエンドウ同士をかけ合わせたとき，黄色の種子しかできないためである。そのため，黄色が優性形質であり，純系ではない黄色の種子から育てたエンドウ同士をかけ合わせた結果，黄色の種子と緑色の種子が3：1の割合で生じたと考えられる。よって，緑色が劣性のため，緑色の種子から育てたエンドウ同士をかけ合わせたとき，生じる種子はすべて緑色になる。

(5) まず，250 g の硝酸カリウム水溶液に含まれる硝酸カリウムと水の質量を求める。水溶液中の硝酸カリウムの質量は，250〔g〕×0.4＝100〔g〕となり，水は 150 g 含まれている。40℃にまで下げたとき，水 100 g に硝酸カリウムは 64 g まで溶けるため，水 150 g には，96 g まで溶ける。よって，結晶として出てくる硝酸カリウムは，100〔g〕－96〔g〕＝4〔g〕となる。

(6) ピストンを引くことで，フラスコ内の気圧が下がり空気が膨張し，フラスコ内の空気の温度が下がることから，フラスコ内の温度が露点以下となり，フラスコ内の水蒸気が水滴に状態変化する。この水滴がフラスコ内がくもる原因である。

3 生態系

(1) 消費者は酸素を吸収して二酸化炭素を排出するので，気体 W が二酸化炭素，気体 X が酸素である。

(2) 消費者 A は生産者(植物)を食べるので草食動物，消費者 B は消費者 A(草食動物)を食べるので肉食動物である。草食動物と肉食動物のからだのつくりについてまとめると，次ページの通りである。

	草食動物	肉食動物
歯	下図のように，草をかみ切る平たい門歯と草をすりつぶす臼歯が大きく発達している。 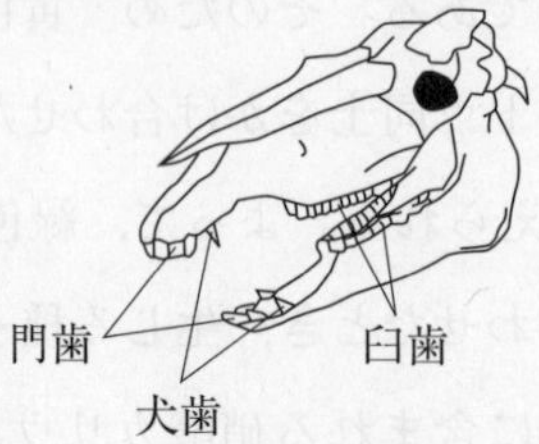	下図のように，えものを仕留めるとがった犬歯が発達している。門歯や臼歯もとがっている。 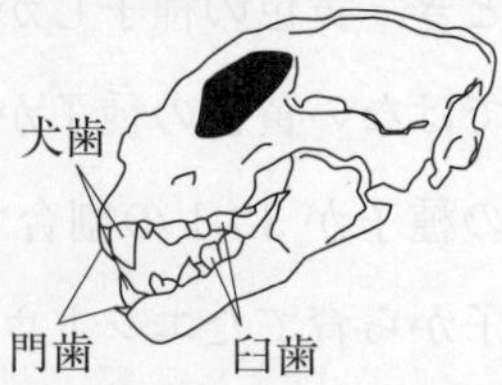
消化管	草は消化しにくいので，消化管は太くて長い。	肉は消化しやすいので，消化管は細くて短い。
目のつき方	頭の側面についている。視野が広く，敵を早く発見しやすい。	頭の前面についている。えものを両目で立体的にとらえやすい。
あし	ひづめになっていて，長距離を走るのに適している。	かぎづめになっていて，えものを仕留めるのに適している。

(4) 分解者とは，消費者の中で遺がいや排出物を栄養源とするもので，呼吸によって有機物を分解する。よって，消費者と同じく，酸素(気体 X)を吸収して二酸化炭素(気体 W)を排出する。

(5) 栽培することによってくり返し生産できる生物資源をバイオマスという。サトウキビやトウモロコシからつくられるバイオマスエタノール(バイオエタノール)がよく知られており，このようなバイオマスは，栽培する際に光合成を行うため，大気中の二酸化炭素の総量を増加させることがない。

(6) 汚水流入後に生物Ｐが増加しており，流入した汚水には有機物が多く含まれていたと考えられることから，生物Ｐは有機物を栄養源とする分解者の細菌類である。また，生物Ｐ(細菌類)の増加後に，生物Ｑが増加していることから，生物Ｑ(原生生物)が生物Ｐ(細菌類)を食べていると考えられる。

細菌類の具体例には，大腸菌や乳酸菌が挙げられる。アオカビなどのカビや，シイタケなどのキノコは菌類に分類され，体は菌糸でできており，胞子でふえる。

4 天体

⑵ 月の自転周期と月の公転周期はどちらも27.3日であり，月が地球の周りを1回公転する間に，月は1回自転するため，月は地球に対して常にほぼ同じ面を向けている。

⑶① レーザー光が地球から月に届くまでの時間は，2.56〔秒〕÷2＝1.28〔秒〕である。よって，地球から月までの距離は，300000〔km/s〕×1.28〔秒〕＝384000〔km〕となる。

② 月の直径3500 kmと太陽の直径1400000 kmの比は，1：400であるため，地球から月までの距離と地球から太陽までの距離の比も1：400となる。よって，地球から太陽までの距離は，384000〔km〕×400＝153600000 kmとなる。

⑷ 図1のように，夏至の日の地球は満月と反対の方向に地軸を傾けているため，満月の南中高度は低くなる。また，冬至の日の地球は満月に向かって地軸を傾けているため，満月の南中高度は高くなる。さらに，下図のように，春分の日の地球は上弦の月に向かって地軸を傾けているため，上弦の月の南中高度は高くなる。

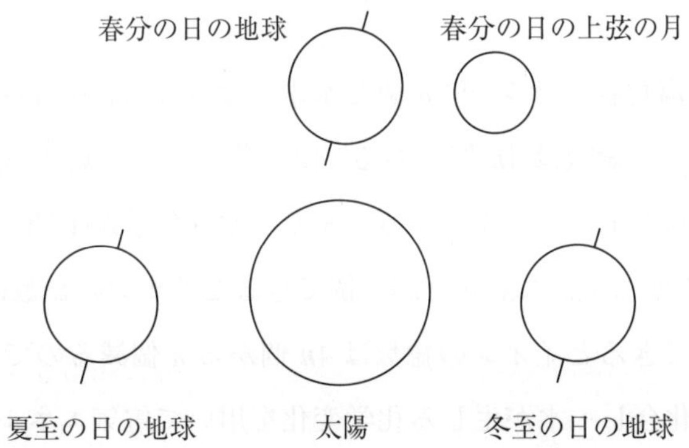

⑸ 下図のように，月a(9月7日の月)を，朝の6時頃に観察すると，右側が少し欠けた形で西の空に見られる。また，月b(10月13日の月)を，朝の6時頃に観察すると，左側が少し光って見える形(三日月の左右逆の形)で東の空に見られる。

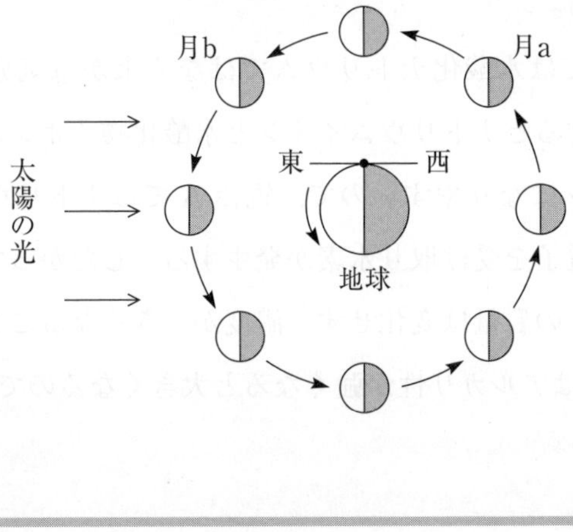

5 イオン

(1) 化学電池の条件は電極が異なる種類の金属であることと，電解質の水溶液を用いることである。電解質は水に溶けるとイオンに分かれる物質のことである。電解質は塩化ナトリウム(食塩)，水酸化ナトリウム，硫酸，塩化銅などである。エタノールは水には溶けるがイオンに分かれない非電解質である。非電解質の物質には他に砂糖などがある。

(2)(3) 図1の電池では亜鉛板で亜鉛が電子を放出し，亜鉛イオンとなり，電子は導線を通り銅板に流れ水素イオンに渡され，銅板の表面に気体の水素が発生する。亜鉛板から銅板に電子が流れるので，電流は銅板から亜鉛板に流れている。したがって，銅板が＋極，亜鉛板が－極となる。亜鉛板，銅板での反応を式で表すと以下のようになる。

亜鉛板：$Zn \rightarrow Zn^{2+} + 2\ominus$　　銅板：$2H^{+} + 2\ominus \rightarrow H_2$

(4) 塩酸に溶けている塩化水素は以下のように電離している。

$HCl \rightarrow H^{+} + Cl^{-}$

電流を流す前は塩化物イオンが $2n$ 個と水素イオンが $2n$ 個ある。したがって，電流を流す前のイオンの総数は $4n$ 個である。(2)の銅板での反応の式より水素分子が1個できると2個の水素イオンがなくなる。また，水素分子が1個できると亜鉛イオンが1個できる。したがって，水素分子が1個できるとイオンの総数は1個減る。よって，水素分子が n 個できるとイオンの総数は $4n$ 個から n 個減るので $3n$ 個となる。

(5) 水素と酸素が化合し，水が生じる化学変化を用いて電気エネルギーを取り出す電池は燃料電池と呼ばれる。燃料電池では水しか発生せず，二酸化炭素などが生じないため，環境にやさしいが，水素が引火し，激しく燃えてしまう危険性がある。

(6) ア．電極Dで発生する塩素は刺激臭があり，うすい黄緑色で水に溶けやすく，漂白，殺菌作用がある。

イ．電極A，Bでは水酸化ナトリウムではなく水が電気分解される。水酸化ナトリウムは電離するとナトリウムイオンと水酸化物イオンに分かれる。ナトリウムは極めてイオンになりやすいので，電極Aではナトリウムイオンは電子を受け取らず，水が電子を受け取り水素が発生する。したがって，水の質量は減るが水酸化ナトリウムの質量は変化せず，濃度が大きくなることからアルカリ性が強くなる。pHの値はアルカリ性が強くなると大きくなるので，pHの値は大きくなる。

ウ．水酸化ナトリウム水溶液の電気分解は水の電気分解より，電源装置の－極とつながった陰極である電極Aからは水素が発生し，陽極である電極Bからは酸素が発生する。また，塩酸の電気分解では，電源の＋極とつながった陽極である電極Dからは塩素が発生し，陰極である電極Cからは水素が発生する。よって，電極Aと電極Cからは水素が発生している。

エ．水酸化ナトリウム水溶液の電気分解は水の電気分解より，水素と酸素が2：1で発生する。

6 運動

(1) 台車にはたらく力は右図のように表される。重力の斜面に垂直な分力と垂直抗力がつり合い，互いに打ち消し合う。したがって，重力の斜面に平行な分力のみが残っており，重力の大きさは変化しないため，台車の運動方向には重力の斜面に平行な分力が一定の大きさではたらき続ける。

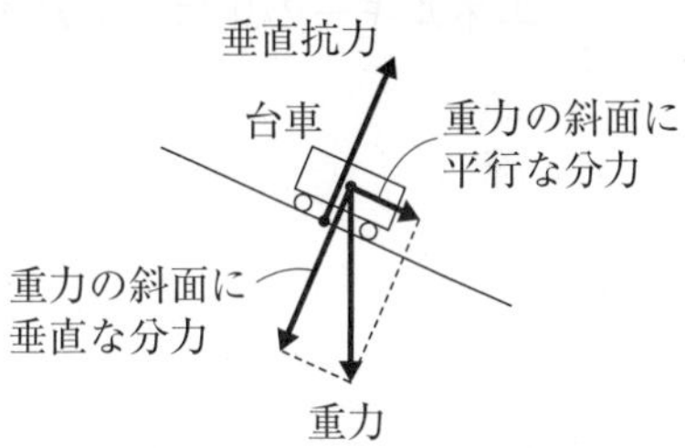

(2) 台車の水平面での速さは，台車の質量と無関係であり，同じ高さから運動させたとき，水平面での速さは等しくなる。③は②(図5のグラフ)のときと比べて，斜面の傾きが大きいが高さが等しいため，水平面での速さは等しい(傾きが大きいため，②よりも短い時間で水平面に到達する)。④は②のときと比べて，高い位置から運動しているため，水平面での速さが大きくなる。

(3) 物体の位置エネルギーは，

位置エネルギー〔J〕＝重力の大きさ〔N〕×水平面からの高さ〔m〕

で求めることができ，重力の大きさと水平面からの高さに比例する。質量300 gの台車の水平面からの高さと位置エネルギー，運動エネルギー，力学的エネルギーをまとめると次ページの表のようになる。

高さ〔cm〕	位置エネルギー〔J〕	運動エネルギー〔J〕	力学的エネルギー〔J〕
20	0.6	0	0.6
5	0.15	0.45	0.6

(4)(ii)　台車は斜面上を等加速度運動をしているため，台車の速さは次第に大きくなっていく。よって，水平面からの高さが小さくなる割合は時間とともに大きくなる。

(5)(i)　100 g の台車にはたらく重力の斜面方向の分力の大きさは，$1〔N〕\times\frac{3}{5}=0.6〔N〕$ であり，糸が 100 g の台車を引く力は 0.6 N より大きく一定である。よって，100 g の台車は加速しながら斜面を上がっていき，運動エネルギーは増加していく。

(ii)　二つの台車は糸でつながれており，速さが同じであることから，それぞれの運動エネルギーの比は，それぞれの台車の質量の比となる。

社会　第4回　解答

1

問1	c	問2	(1)	A- ウ B- ア C- エ D- イ	(2)	W- C X- D Y- A Z- B				
問3	風向き イ 名称 季節風(モンスーン)	問4	(1)	エ						
問4	(2)	E- イ F- ア G- ウ H- エ	問5	ウ	問6	(1)	ア	(2)	ア	

各2点×9問＝18点

2

問1	フォッサマグナ	問2	エ	問3	ア	問4	ア	問5	ア
問6	津　市	問7	キ						
問8	生産面では、温暖な気候を生かしてハウス栽培にかかる費用を節約でき、輸送面では、花は小型、軽量でかつ高価なため、航空機での輸送に適しているから。								

各2点×8問＝16点

3

問1	イ	問2	イ	問3	娘を天皇のきさきにして、その子を天皇にして権力を強めたため。				
問4	勘合	問5	細川　氏	問6	ウ	問7	(1)	ア	
問7	(2)	琉球(那覇)	問8	(1)	桑	(2)	工場制手工業(マニュファクチュア)		

各2点×10問＝20点

4

問1	ウ	問2	イ	問3	ウ	問4	ウ	問5	(1) リットン
問5	(2)	イ	問6	エルサレム	問7	エ	問8	ウ	

各2点×9問＝18点

5

問1	ア	問2	(1)	憲法改正	(2)	2　議席	問3	イ
問4	第　9　条	問5	エ	問6	カ	問7	エ	
問8	(1)	a- イ b- ウ c- ア d- エ	(2)	ア	問9	ア		
問10	(1)	ア	(2)	NPT	(3)	グリーンランド		

各2点×14問＝28点

解説

1 世界地理

問1 cが正しい。イギリスのロンドン(旧グリニッジ天文台)を通る本初子午線は、アフリカ大陸のヴィクトリア湖北端を通過する赤道とギニア湾上で交わる。

問2

(1) 1月に比べ7月の月平均気温が低いイ・エは南半球に位置するC・Dのいずれかである。まず、赤道に近いC(ブラジル・カラヴェラス)をエ(熱帯雨林気候)と判断する。熱帯は月平均気温が18℃を下回る月がない。したがってD(南アフリカ共和国・ケープタウン)はイ(地中海性気候)となる。次にア・ウについて、北極圏に近いA(ロシア・アルハンゲリスク)をウ(亜寒帯気候)、もう1つのB(メキシコ・メリダ)をア(サバナ気候)と判断する。最暖月の月平均気温が10℃未満は寒帯、これが10℃を超え、最寒月の月平均気温が−3℃を下回るものは冷帯(亜寒帯)となる。

(2) 鉄鉱石の産出量が多いWはブラジル(C)と判断する。ブラジルは、カラジャス・イタビラなどでの鉄鉱石の産出が多く、日本にとってもオーストラリアに次ぐ輸入先となっている。また、レアメタルの一種である白金(プラチナ)の産出が多いXは南アフリカ共和国(D)、天然ガスの産出が多いYはロシア(A)、銀鉱の産出が多いZはメキシコ(B)とそれぞれ判断する。

問3 季節風(モンスーン)は、夏季には海から大陸に向かって吹き、冬季には大陸から海に向かって吹く。夏季は海から湿った風が吹きつけ、降水量に恵まれるインドシナ半島の国々や中国南東部では稲作がさかんである。

問4

(1) 仏教の信者数が多いアをタイ(E)、キリスト教信者が多いイをフィリピン(F)と判断する。ウは2億人を超える人口を持ちイスラム教徒が多いインドネシア(H)、残ったエはマレーシア(G)となる。マレーシアは多民族国家であり、イスラム教を信仰するマレー人のほかにも、仏教を信仰する華人やヒンドゥー教を信仰するタミル人(インド系)などがいる。

(2) 以下のように選択肢を判断する。

ア. 果実が含まれることからバナナの生産・輸出がさかんなフィリピン(F)。

イ. 機械類・自動車が占める割合が高いことから先進国の企業が進出し、工業化が進むタイ(E)。

ウ. 液化天然ガスが含まれることから、オーストラリアに次ぐ日本の天然ガスの輸入先であるマレーシア(G)。

エ. 石炭が輸出品の1位であることから、日本の主な石炭輸入先であるインドネシア(H)。

問5　b・cが正しい。

a. ①はスカンディナヴィア山脈、②はアルプス山脈、③はピレネー山脈である。このうちスカンディナヴィア山脈は古期造山帯に属する。

d. ピレネー山脈が隔てるのはスペインとフランスである。EUの前身であり、1967年に組織されたECの原加盟国はベネルクス三国(ベルギー・オランダ・ルクセンブルク)と西ドイツ・フランス・イタリアの6カ国である。スペインは1986年にポルトガルとともに加盟を果たし、ユーロも導入している。

問6

(1) アが誤っている。Xの半島はクリミア(クリム)半島であり、黒海に面している。なお、イはクリミア戦争(1853年)、ウはヤルタ会談(1945年)を指している。

(2) アのパナマ地峡は北アメリカと南アメリカの大州界であり、パナマ運河により航行が可能である。

イ. アジアとアフリカの大州界　　ウ. ヨーロッパとアフリカの大州界

エ. 北アメリカとアジアの大州界

2 日本地理

問1　地図で示された断層地帯はフォッサマグナである。糸魚川(新潟県)と静岡を結ぶ境界線が西縁にあたり、西日本側がユーラシアプレート、東日本側が北アメリカプレート上に位置する。

問2　以下のように判別すればよい。

あ．南東季節風や梅雨・台風の影響で夏の降水量が多い太平洋岸の名古屋市(③)。

い．中国・四国山地に季節風を遮られるため、年間を通して降水量が少ない瀬戸内気候の高松市(①)。

う．北西季節風の影響で冬の降水量が多くなる日本海岸の気候である金沢市(②)。

問3　領海は干潮時の海岸線から12海里までの範囲で設定でき、領土および領海の上空(大気圏内)が領空である。なお、海岸線から200海里の範囲内(領海を除く)に設定されるのは排他的経済水域であり、沿岸国は鉱物資源や水産資源の管理権を行使できる。

問4　まず、航空機は軽くて高価な物を輸送するのに適しているため、輸出品に集積回路や科学光学機器などが含まれるア・エがいずれかの空港となる。このうち、輸出総額がより高いエを成田国際空港、残ったアを関西国際空港と判断すればよい。なお、イは石油化学工業がさかんな京葉工業地域に属する千葉港、ウは自動車工業がさかんな京浜工業地帯に属する横浜港である。

問5　アが誤り。Xの若狭湾(福井県)はリアス海岸として知られる。リアス海岸は、谷が沈水してできた入り江(溺れ谷)が連続し、海岸線がのこぎりの歯のような海岸のことである。日本では、ほかに三陸海岸や志摩半島などにも見られる。なお、フィヨルドは、氷河の浸食を受けた氷河谷が沈水して形成されたもので、狭くて深く、奥行きが長い。かつて大陸氷河に覆われていた高緯度地方に多い。特に、ノルウェーの大西洋岸のものが有名である。

問6　Aは兵庫県、Bは和歌山県、Cは奈良県、Dは三重県。このうち県庁所在地名が異なるのは兵庫県(神戸市)と三重県(津市)の2つ。また、近畿地方で東海道・山陽新幹線が停車しないのは、三重県・奈良県・和歌山県の3県であるため、正解は三重県の津市となる。

問7　千葉県に世界遺産は存在しないため、イ・ウ・エは解答から除外される。ちなみに関東地方における文化遺産は、「ル・コルビュジエの建築作品－近代建築運動への顕著な貢献」を構成する遺産の1つである国立西洋美術館(東京都)・日光の社寺(栃木県)・富岡製糸場と絹産業遺産群(群馬県)、自然遺産は小笠原諸島(東京都)である。残ったア・オ・カ・キより、農業産出額の多いカ・キを近郊農業の発達している茨城県か千葉県のいずれかと考える。さらに2つのうち、延べ宿泊者数の多いキを成田国際空港があり、都心からのアクセスがよい千葉県と判断する。

ア．埼玉県　イ．栃木県　ウ．群馬県

エ．東京都　オ．神奈川県　カ．茨城県

問8　菊の花は通常秋に出荷時期を迎えるが、需要の高まる正月や春の彼岸(3月)などに合わせて出荷するために、電照菊が栽培(抑制栽培)される。問題文には「このような菊が生産される時期の気温を考慮に入れること」とあるため、秋から冬にかけての寒い時期、渥美半島などでは暖房を用いたハウス栽培が行われていることを想起したい。なお、沖縄県は小菊の出荷額が全国一である。生産の背景には、冬でも温暖で、ハウス栽培の生産コスト(暖房費など)を削減できることや、花は他の作物と比較して単価が高く鮮度が重要であるため、航空機による輸送に向いていることがある。

3　前近代史

問1　イが正しい。江戸時代に志賀島で発見された「漢委奴国王」と刻まれた金印は、『後漢書』東夷伝に記載される倭の奴国の王が、後漢に使いを送り、皇帝(光武帝)から授けられたものと考えられている。

ア．『漢書』地理志の内容。紀元前1世紀ごろに、倭には100余りの国があり、なかには、楽浪郡を通じて漢に使いを送る国もあったと記されている。

ウ．『魏志』倭人伝の内容。3世紀に、邪馬台国の女王卑弥呼が使いを魏の都に送り、皇帝から「親魏倭王」という称号と金印を授けられ、銅鏡100枚などのおくり物を受けたことなどが書かれている。

エ．高句麗の王であった好太王(広開土王)碑の碑文には、4世紀ごろに、大和政権が百済や伽耶地域の国々と結んで、高句麗や新羅と戦ったことが記されている。

問2　X　正しい。史料の1行目の「オワケ臣、世々杖刀人の首と為り」という部分から武官の中心として大王に仕えたことがわかる。

Y　誤っている。3行目にある「此の百練の利刀を作らしめ(よく切れる刀剣を作らせた)」のは吾(オワケ臣)であることがわかり、その目的は「吾が奉事せる根原を記す也(私が大王に仕えた由来を記録するため)」とある。

問3　自らの娘を天皇に嫁がせ、外戚(がいせき)の立場から政権を掌握する手法は、藤原氏の摂関政治を真似ていた。このように平氏政権は、それまでの貴族を中心とした政治を踏襲(とうしゅう)したものであった。

問4　明は勝手な貿易を禁じ、臣下の立場をとった国とのみ貿易を行った(朝貢形式)。明が正式な貿易船に発行した証明書を勘合と称したため、この貿易は勘合貿易ともいう。

問5　日明貿易の実権は室町幕府が衰退した後、中国地方の守護大名であり、博多商人と手を組んだ大内氏と、近畿地方の守護大名であり、堺商人と手を結んだ細川氏に移った。細川氏は三管領(細川・斯波・畠山)の家柄であり、細川勝元は応仁の乱の際は東軍の大将となっている。

問6　ウが誤っている。銀は南蛮貿易における輸出品である。南蛮貿易では鉄砲・火薬や中国の生糸などが日本にもたらされた。日本では16世紀以降石見銀山などの開発が進んだこともあって、銀の産出量が急増しており、これらの支払いに銀が当てられた。

問7

(1)　漢城(ハンソン)は朝鮮の首都であり、現在のソウルに当たる。釜山(プサン)は朝鮮半島南東部に位置し、日本(対馬)との窓口となった。また、江戸幕府は朝鮮との交易を対馬藩を介して行っていたため、漢城→釜山→対馬となるアに解答を絞ることができる。

(2)　薩摩と中国の間に挟まるので、琉球(その港としての那覇)が正解となる。江戸時代、琉球王国は、薩摩藩に事実上支配されながら、清にも朝貢するなど、日清の両方に属する関係を結んでいた。

問8

(1)　蚕の餌となる桑畑は養蚕業と強く結びついていたが、養蚕業の衰退に伴い重要性を失っていった。

(2) 江戸時代には原材料や道具を貸し出し、自宅で作業を行う問屋制家内工業や、作業場(工場)に集まることで分業・協業を可能にした工場制手工業(マニュファクチュア)といった生産形態が現れた。

4 近現代史

問1 ウが誤っている。徴兵令は国民皆兵を目指し、士族・平民に関わらず満20歳以上の男子に兵役の義務を課したものであったが、当初の兵役免除者は対象者の8割を超えていた。

問2 大日本帝国憲法は君主権が強いドイツの憲法を参考にしているためイが正しい。プロイセンの宰相であったビスマルクは鉄血政策(軍事力をもってドイツの統一を進める)を掲げ、ドイツ帝国の建国に尽力した。

ア. アメリカ　　ウ. イギリス　　エ. フランス

問3 大日本帝国憲法は君主である天皇によって制定された欽定憲法であり、1889年の発布に伴い、当時の内閣総理大臣であった黒田清隆が臣民の代表としてこれを授かった。

問4

(A) 空欄の前に「財政を緊縮して」とあるので、このときの政府は貨幣の流通量を減らすことで物価を引き下げようとしたと読み取れる。

(B) 実際の為替レートである100円＝約46.5ドルに対して、100円＝49.85ドルは、100円と交換するためにより多くのドルを支払うことを意味しているので円高(ドル安)といえる。

問5

(1) ウィルソンが誤りである。国際連盟から満州事変に関する調査を依頼されたのは、イギリスのリットンを団長とする調査団であった。ウィルソンはパリ講和会議において14カ条の平和原則により、民族自決や国際連盟の設立を提唱したアメリカの大統領である。

(2) Cが正しく、Dが誤っている。ムッソリーニ政権が1935年に侵攻を行ったのは、アフリカ州最古の独立国とされるエチオピアである。エジプトはイギリス領であったが、1922年に独立した。

問6 エルサレムは、ユダヤ教、キリスト教、イスラム教の三つの宗教の聖地となっている。

問7 高度経済成長期は、問題文中にあるように、1950年代半ばから始まり、オイルショック(1974年には戦後初のマイナス成長を記録)まで継続した。この期間に当てはまらないのは細川護熙内閣である。1993年、細川護熙を首相とする非自民・非共産連立内閣が政治改革を掲げて成立し、自民党を与党、日本社会党を野党第一党とする55年体制が終わった。

問8 下線部には1968年の記載があるので、日韓基本条約(1965年)と日中共同声明(1972年)の間であるウを解答すればよい。

・日ソ共同宣言(1956年)　　・部分的核実験禁止条約の調印(1963年)

・日中平和友好条約(1978年)

5 公民

問1 アが誤っている。緊急集会を臨時会(臨時国会)とすれば正しい文となる。緊急集会は衆議院解散時に、内閣の要請によって参議院により開かれるものである。緊急集会における議決は臨時のものであるため、次の国会が開会した後10日以内に衆議院の承認を得なければならない。

問2

(1) 各議院で総議員の3分の2以上の賛成をもって国会によって発議された憲法改正案は、18歳以上による国民投票において、有効投票数の過半数の賛成が得られれば承認される。

(2) ドント式では政党の得票数を1、2、3……の正の整数で割り、数値の大きい順に定数(ここでは5名)までが当選となる。当選数はA党が2人、B党が2人、C党が1人、D党が0人となる。

問3 イが誤り。財産権は経済活動の自由に含まれる。社会権には、健康で文化的な最低限度の生活を保障した生存権のほか、教育を受ける権利、勤労権、労働三権(団結権・団体交渉権・団体行動権)がある。

問4 日本国憲法第9条は以下の通り。戦争の放棄・戦力の不保持・交戦権の否認を柱としている。

> 1 日本国民は、正義と秩序を基調とする国際平和を誠実に希求し、国権の発動たる戦争と、武力による威嚇又は武力の行使は、国際紛争を解決する手段としては、永久にこれを放棄する。
> 2 前項の目的を達するため、陸海空軍その他の戦力は、これを保持しない。国の交戦権は、これを認めない。

問5 エが誤っている。2008年から始まった被害者参加制度では、被害者や遺族、その代理人が法廷に入り、被告人に直接質問したり、求刑で意見を述べたりすることができるようになった。その一方で、裁判の判決が感情に流されてしまうのではないかと懸念する声もある。

問6 多産多死を示す②(富士山型)はエチオピアのものである。医療の発達などによって死亡率が低下し、人口が増加している③(つり鐘型)はインドのものである。少子化が進行している①(つぼ型)が日本のものである。

問7 選択肢アの「西欧その他」をみると、常任理事国が3(アメリカ・イギリス・フランス)となっているため、この地域がヨーロッパと北米を含んでいることがわかる。これを踏まえて非常任理事国10カ国を各地域に振り分けると以下のようになる。

ア．西欧その他　　アイルランド・ノルウェー(2カ国)

第4回 社会

イ．東欧　　　　エストニア(1カ国)

ウ．アジア　　　インド・ベトナム(2カ国)

エ．中南米　　　セントビンセント及びグレナディーン諸島・メキシコ(2カ国)

オ．アフリカ　　ケニア・チュニジア・ニジェール(3カ国)

したがってエが誤っている。セントビンセント及びグレナディーン諸島が中南米に位置することを知らなくても、消去法によって解答を導くことができる。

問8

(1) 一般会計歳出(2019年度予算案)を割合の高いものからみると、社会保障関係費(33.6%)→国債費(23.2%)→地方交付税交付金(15.3%)→公共事業関係費(6.8%)→文教及び科学振興費(5.5%)→防衛関係費(5.2%)となる。

(2) 納税者と税の負担者が異なる税を間接税という。消費税(間接税)が上がっていることによって(X)の比率が下がっていると書かれているため、(X)には直接税が当てはまる。また所得税は所得が上がるほど税率が高くなる累進課税の仕組みがとられている。

問9　問題文から原油価格が下落していることが読み取れるため、解答をアかウに絞り込める。アメリカにおけるシェールオイルの採掘は、中東のものと比べ、人件費が高く採掘工程も複雑なため、コストが高くなると考えられる。よって正解はア。

問10

(1) 人口＝国防支出総額÷1人あたり国防支出であるため、それぞれを計算して人口の多い順に並べると、イ(中国)＞ウ(アメリカ)＞ア(ロシア)＞エ(日本)となる。

(2) 核拡散防止条約(NPT)は1968年に締結され、1970年に発効した。アメリカ、イギリス、フランス、中国、ソ連(現ロシア)のみに核兵器の保有を認め、それ以外の国家への拡散を防ぐことを目的とした条約である。締結していない国はインド・パキスタン・イスラエル・南スーダンで、北朝鮮は脱退を表明している。

(3) 北極圏に位置しアメリカがデンマークに対して買収を打診していることから、デンマーク領であり、世界最大の島としても知られるグリーンランドを想起できればよい。

部分が不適切。

問4 二つ目の空欄部に注目すると解きやすい。空欄部には、同じ会話文にある「深き道」と対照的な内容が入る。また、直後に「定め申しつ」とあることから、ここより前の具氏の発言から解答を抜き出せばよい。よって、正解は**そぞろごと**。問2の解説も参照。

問5 各選択肢の内容を本文に照らし合わせて吟味すると、正解は**ウ**と**エ**。ウは、具氏と資季のやり取りを聞いていた「近習の人々、女房など」によって、御前で争われることになったという本文の内容と合致している。エも、資季が具氏に対してなんでも解答すると自信ありげにふるまいながら、結局答えられず皆にごちそうすることになったという本文の内容と合致している。アは「簡単な常識事項」、イは「味方につけた」、オは「天皇を失望させた」、カは「わざと無知を演じて」の部分が、それぞれ不適切。

4 古文の読解

出典『徒然草』

【口語訳】 資季の大納言とか申した人が、具氏の宰相中将に会って、「あなたがお尋ねになるような程度のことは、どんなことであっても、答え申し上げないことがあるだろうか(いや、どんな質問にも答えよう)」とおっしゃったので、具氏は、「どのようにしましょうか」と申し上げなさったところ、(資季は)「それならば、(私に)挑戦するつもりで質問なさい」とおっしゃって、(具氏は)「しっかりした内容のことは、まったく学び知っていませんので、お尋ね申し上げることもできません。何ということもないつまらないことの中で、よくわからないことを、問い申し上げましょう」と申し上げなさった。(資季は)「(それならば)なおさら、あなたがよくわからないことは、なんであってもはっきり答え申し上げよう」とおっしゃったので、そば仕えや女房の人々も、「面白い争いである。どうせなら、天皇の御前で争われるのがよい。負けたような人は、(罰として)ごちそうを皆にふるまわれることにするとよい」と決めて、天皇の御前で、お呼び出しになり立ち合わせ、具氏が、「幼いころから聞き慣れていますが、その意味のわからないものがあります。『むまのきつりやうきつにのをかなかくぼれいりくれんとう』と申すことは、どういう意味でしょう。お聞きしたい」と申し上げなさったところ、大納言入道(=資季)は、はたと(答えに)詰まり、「これは、つまらないことなので、答えるまでもない」とおっしゃったが、(具氏は)「もともと、しっかりした内容のことは知りません。つまらないことを尋ね申し上げようと、決めて申し上げました」と申し上げなさったので、大納言入道(=資季)が、負けとなって、罰としてごちそうを盛大にふるまった、ということである。

問1 会話文の数とその内容については、口語訳を確認すること。正解は**四**。

問2 傍線部を含む具氏の会話文全体から、「はかばかしきこと」をまったく学び知っていないので、代わりに「そぞろごと」「おぼつかなきこと」を問う、という大意をつかみたい。注釈にある通り「そぞろごと」とは「つまらないこと」という否定的な意味を持つ表現なので、「はかばかしきこと」は逆に肯定的な意味であることが推測できるだろう。以上を踏まえて同趣旨の表現を探すと、二つ目の空欄部を含む会話文に**深き道**という表現があるので、これが正解。

問3 ②「おぼつかなき」は形容詞「おぼつかなし(覚束なし)」の連体形で、「不安である、自信がない」という意味。具氏が「おぼつかない」ことを資季に問いかける(=質問しなくてはならない、よくわからない内容である)という文脈からも推測が可能である。よって、正解は**イ**。③「あきらめ」は動詞「あきらむ(明らむ)」の連用形で、「明らかにする」という意味。資季が具氏の問いかけに解答する、という文脈からも推測できる。よって、正解は**ア**。オは「すぐさま」の

問6　傍線部の直前に四兄が「酢豚を口に入れてくれた」とあるので、傍線部は、そのことに対してのユキの感情であることがわかる。その場がしんみりとした雰囲気であること、その中でユキは目の前の酢豚に手をつけていること、さらにその行動を三兄の妻が見ていることなどを含めてユキの心情を推測すると、硬直した雰囲気の中で自分だけが食事に手をつけたため、同じように手をつけた四兄を見て、安心したと考えられる。よって、正解は**イ**。アは「兄弟のつながりが深いことを知り」という部分、オは「皆を結論に導いてくれるのではないかと期待している」という部分が不適切。いずれも本文中からは読み取れない。ウは、「周りから厳しい目で見られていることに気づき」という部分が不適切。傍線部の前の部分に「三兄の妻がそれをちらりと見ているのには、気がついていなかった」とある。エは、「疑問が晴れたすがすがしい気持ち」という部分が不適切。傍線部の「ほっとした」という表現に合致しない。

問7　傍線部は、直前の母の「死にたい」という発言を受けての周りの反応を表している。これまで長兄以外の兄弟とその妻たちは、長兄に母の世話を任せてきたものの、母が「死にたい」とまで言う状態になっているとは思いもしなかったため、緊張が走ったのだと考えられる。よって、正解は**イ**。アは、確かに皆が「疑心暗鬼」になってはいるものの、そのことが「ひんやりとした空気」を作ったとは考えにくいので不適切。それ以外の選択肢の内容は、本文中から読み取れない。

問8　傍線部の直前に着目すると、母の世話を他の人に任せたいと考えている長兄が、兄弟とその妻たちの意見を聞き、最終的な結論を述べようとしている場面であることがわかる。そのとき夫は、自分が兄弟のなかで一番年下で、長兄は若い人に面倒を見てもらったほうがいいと主張していたこと、さらには他の兄弟の家庭に比べて子供がいないことから、自分たちが世話をしなければならないことになるかもしれないと緊張していたと考えられる。よって、正解は**イ**。他の選択肢にある内容は、本文中から読み取れない。

問9　一同が頭を悩ませている原因を考えよう。まず、傍線部③がある段落に「みんなエイコの苦労を知っている」とあるため、一同は母親、義母の世話をエイコや長兄だけに任せるのは申し訳ないことだとは感じている。しかし、だからといって自分たちができるかというと、それぞれの生活があるため、難しい。では長兄がいうように、施設に入れてしまえばよいかというと、それは本人に申し訳ないと考えており、なかなか結論が出せないでいるのである。よって、**母親の世話をこのままエイコに任せるのも申し訳ないし、自分たちが代わり行うこともできないが、施設に入れてしまうのも気が引けるため、悩む気持ち。**(70字)などとまとめればよい。

問2　傍線部は、場が盛り上がったときに長兄の突然の発言を聞いて、「一同の手がぴたっと止ま」ったあとの動作である。「きょろきょろ」という表現から、周囲の様子をうかがっていることがわかるので、一同は長兄の発言に驚いていると考えられる。よって、正解は**オ**。アは「急に態度を変えて」、ウは「兄弟で楽しく食事を楽しんでいた」という部分が本文中から読み取れないので不適切。イの「母の体調に急な変化があったのではないか」、エの「エイコの体調が悪くなってしまった」という部分は、長兄の発言が急なものであったことから、そこまで考えが及ぶとは考えづらいため不適切である。

問3　傍線部の直前にある「長兄は叱るような口調になった」という部分に着目すると、正解は**ア**。イは、「自分の体調が悪くなったせいで」という部分が不適切。その点について次兄に聞かれたときに、エイコは「いえ、そんなことはないんです」と答えている。ウは、「世話から解放されるので」という部分が不適切。解放されるかどうかはこの段階ではまだわかっていないし、エイコの様子から「うれしさ」は感じられない。エは、「自分が思ってもいなかったこと」という部分が不適切。エイコの会話から彼女なりに何か言いたいことがあることは読み取れるので、エイコとしても全く考えていなかったわけではないと考えられる。オは「これからも義母の世話を続けていきたい」という部分が不適切。この内容は本文中からは読み取れない。

問4　傍線部以降の会話文の内容に着目すると、それぞれの兄弟の妻たちが次々に自分たちの家庭の状況を話し出し、義母の世話が難しいことを告げている様子がわかる。その理由は、傍線部の直前にあるように「みんなエイコの苦労を知っている」からであり、自分だけは義母の世話を回避したいと考えているからである。そのために周りの出方をうかがっていると考えると、正解は**ア**。それ以外の選択肢の内容は本文中から読み取れない。

問5　傍線部は、母親の世話を断ろうとしている夫の声の様子を表している。他の妻たちが子供を理由にそれらしい言い訳を述べているのに対し、自分たちは子供もおらず、「共働き」だけが理由だったため、自信がなく声が震えてしまったのである。さらに、長兄が「先生のような口調」で聞いてきたことも要因であり、五兄で一番年下であるユキの夫は、長兄からの質問が心理的負担だったと考えられる。したがって、正解は**エ**。アは、「いつも恐れている長兄」という部分が不適切。本文中の冒頭「長兄ににらまれて」という部分はあるが、これが「いつも」とは限らない。イは、「憤りを覚えていた」という部分が不適切。こうした内容は本文中からは読み取れない。ウは、「恐怖を感じていた」という部分が不適切。夫はユキが怒りを表さないように「テーブルの下でユキの手を握って」いるという予防策を講じているため、恐怖感にはつながらない。オは、「自分たち夫婦に子供ができないことを隠してきており」という部分が不適切。こうした内容は本文中からは読み取れない。

に発言せねばならないという法律」、ウは「慣習よりもはるかに優先するべきもの」、エは「反発を抱きながら」が、それぞれ不適切。

問6 「日本人の働き方」については傍線部以降で説明されているのでその内容をまとめればよい。含めるべき内容は、「日本では集団で同じ仕事をしていること」「その結果仕事量に個人差が生じやすいこと」「仕事の時間とそれ以外の時間との区別が曖昧であること」の三点である。よって、**同じ一つの仕事を複数人でおこなうため、集団内で個人ごとの仕事量に差が生じやすく、また仕事の時間とそれ以外との境界が曖昧になる傾向がある。**（68字）などとまとめる。

問7 筆者は、日本で深刻な問題となっている「過労死、過労自殺」について、その原因が日本社会の構造そのものにあるという立場から説明している。文章の前半で具体的な日本社会の性質について論じ、後半では西洋など日本と異なる特徴を持つ社会との比較が述べられている。よって、正解は**ア**。イは「労働に関する事例を多数列挙」、ウは「普遍性の高さ」「問題解決の必要性を強く訴えかけている」、エは「その解決は容易ではないという主張」、オは「それぞれの長所と短所を整理する」の部分が、それぞれ不適切。

3 小説文の読解

出典　群ようこ『ついに、来た？』幻冬舎

【本文の概要】

中華料理屋で兄弟とその妻たちの会合が行われた。いつものように長兄が頼むものをすべて決めてしまい、他の兄弟はそれに従うだけである。ただ、長兄夫婦は皆から避けられており、誰も話しかけないが、みんなはこのまま終わるとは思っていなかった。案の定、会が盛り上がってきたところで長兄が、母親の世話を誰かに代わってほしいと告げる。兄弟やその妻たちが自分に降りかかるのだけは避けようとなすりつけあうなかで、長兄が施設に入れるのはどうかと提案し、一同は困り果てる。

問1 空欄部A・Bは四字熟語の一部が入る。直前に「この後に何が来るのか」とあること、その前にはユキが「このままじゃ済まない」と「緊張していた」とあることから、ユキを含めた皆が、この後の料理や会合の展開に対して不安に感じていることがわかる。よって、ここでの四字熟語は「戦々恐々」で、空欄部Aには**戦**、空欄部Bには**恐**が入る。ちなみに、「戦々恐々」とは、恐れをなして震えている様子を意味する。空欄部Cは、直後に「怒りを床に向かって吐き出した」とあるので、ユキが怒っている状態だとわかる。よって、正解は**血**。ちなみに、「頭に血が上る」とは、怒りで冷静さを失っている様子を表す。

が全体の数字と比較して少数に過ぎない、という内容が入るとわかる。よって、正解は**オ**。

問2 空欄部Bの前では、日本社会で労働者が過労自殺に追い込まれる状況が説明され、直後で「構造的な悲劇」と言い換えられていることから、「いわば」が適切である。空欄部Cについて、直前の「日本において長時間労働が必要になる」という内容と、直後の「規制が出ても長時間労働は改善されない」という内容は原因と結果の関係となっているため、「したがって」が入る。空欄部Dでは、直前の「日本に明確なルールがない」ことと、直後の「法律よりも慣習が重視される」こととは同系列の内容であり、並列の関係にあるといえるため、「あるいは」を入れるのがよい。よって、正解は**ウ**。

問3 日本における過労死、過労自殺の原因については、次の段落以降で説明されているので、その記述と各選択肢の内容とを照らし合わせていけばよい。エは問題の原因が「労働者の怠慢」にあるとしているが、過労死、過労自殺は日本社会の構造的な問題であり、労働者個人の責任ではないと主張する筆者の考えと矛盾する。よって、正解は**エ**。

問4 傍線部の内容については、次の段落で詳しく説明されている。「小集団」に所属する個人は、その集団に所属しているかぎりは、法制度に代表される「上位集団成員としてのルール」を破っても直接制裁を受けることはない。一方「小集団の他の成員から非難を受け」てしまうと、小集団のなかでの立場が悪くなり、生活により大きな影響が及ぶため、個人は身近な小集団のルールのほうを優先してしまうのである。この時、意識的に上位集団のルールを破ろうと思っているわけではなく、そもそもの興味関心が薄いことがルール軽視につながっている点に注意しよう。よって、正解は**ウ**。アは「どんな時でも小集団が守ってくれるという安心感」、イは「もともと上位集団のルールを軽んじる傾向を有している」、エは「（上位集団の）ルールを遵守することをうとましく思い」、オは「小集団内で高評価をえるためなら上位集団のルールを喜んで破ってしまう」の部分が、それぞれ不適切。

問5 空欄部Ⅰについては、インドと共通する西洋の特徴を探せばよい。前の段落で西洋が「異質のものを含む複雑な社会」（13字）であると述べられており、この特徴はインドのそれとも合致すると考えられる。よって、正解は**異質のもの**。

空欄部Ⅱについては、次段落にある日本人の説明がヒントになる。日本の場合、「目上にはへりくだらなければ」という態度が往々にして見受けられ、それを筆者は「法律よりも慣習が重視される」と言い換えている。すなわち日本人が目上の人に対して意見を言いにくいのは慣習の影響であるが、裏を返せば、目上の人に対する反論が自由なインドでは日本のような慣習がないと考えることができる。よって、正解は**オ**。アは「ルールと慣習とを両立する」、イは「対等

解説

1 漢字

① **業績**（ぎょうせき）……会社や学習において獲得した成果。「績」を「積」と書き間違えないようにすること。
② **測量**（そくりょう）……地図などを作成するために、土地の位置関係や状態を調査すること。
③ **宣伝**（せんでん）……企業やお店などが、自分たちの商品やサービスを多くの人たちに知ってもらうために説明すること。
④ **迎合**（げいごう）……自分の意見を変えてでも、他人の意見に賛同し気に入られようとすること。
⑤ **瞬**（またた）ーく……まばたきをすること、また、星や灯火の光がちらちらすること。
⑥ **そじ**（素地）……他から手を加えられていない、もともとの性質のこと。また、何かをするときの基礎や土台となるもの。
⑦ **えんえき**（演繹）……一つの一般的な事柄から、より個別的な結論を導き出すための、論理的推論の方法。対義語は「帰納」。
⑧ **かんすい**（完遂）……物事を最後までやり通すこと。「かんつい」などと読み間違えないようにすること。
⑨ **わいしょう**（矮小）……長さが短く小さいこと。またそこから「矮小な考え方」で狭い範囲のことしか捉（とら）えない考え方のことを指す。
⑩ **ひじゅん**（批准）……国と国との間で決められる条約について、国会などで最終的な確定の同意を行うこと。

2 論説文の読解

出典　中根千枝『タテ社会と現代日本』講談社

【本文の概要】

日本において過労死や過労自殺の多発という問題が深刻化しているが、その背景には、いくつもの小集団を単位として成立している日本社会の構造的な問題がある。様々な人々が集まる多様な社会において法律などのルールを重視する傾向にある西洋やインドと異なり、人々が基本的に所属する小集団を通してしか上位の集団と接触することのない日本においては、国が労働時間を規制する法律を制定しても、小集団の慣習が法律よりも重視されてしまう風潮がある。また、日本の小集団は公私の区別が曖昧になりやすいという特徴を有していて、このことも長時間労働を助長する要因となっている。

問1　それぞれの表現の意味は、以下の通り。
ア　砂上の楼閣……見かけは立派でも土台が不安定であること。
イ　青天の霹靂……突然起きた変動や事件と、それによる衝撃。
ウ　机上の空論……頭で考えただけで実際には役立たない理論。
エ　対岸の火事……自分に関係なく何の苦痛も感じない出来事。
オ　氷山の一角……好ましくない出来事全体の中のごく一部分。
前後の内容より、空欄部Aには「十五年度に労災認定された」数字

国語　第4回　解答

1

① 業績	② 測量	③ 宣伝
④ 迎合	⑤ 瞬く	⑥ そじ
⑦ えんえき	⑧ かんすい	⑨ わいしょう
⑩ ひじゅん		

各1点×10＝10点

2

問1 オ　問2 ウ　問3 エ

問4 ウ

問5 Ⅰ 異質のもの　Ⅱ オ

問6 同じ一つの仕事を複数人でおこなうため、集団内で個人ごとの仕事量に差が生じやすく、また仕事の時間とそれ以外との境界が曖昧になる傾向がある。

問7 ア

問1　2点×1＝2点
問6　8点×1＝8点
その他　各4点×6＝24点

3

問1 A 戦　B 恐　C 血

問2 オ　問3 ア　問4 ア

問5 エ　問6 イ　問7 イ

問8 イ

問9 母親の世話をこのままエイコに任せるのも申し訳ないし、自分たちが代わり行うこともできないが、施設に入れてしまうのも気が引けるため、悩む気持ち。

問1　各2点×3＝6点
問9　8点×1＝8点
その他　各3点×7＝21点

4

問1 四　問2 深き道

問3 ② イ　③ ア

問4 そぞろごと

問5 ウ　エ

各3点×7＝21点（問5順不同）

Memo

〈第1回〉 問題別正答率表

英語

設問No.			配点	正答率
1-PartA No.1	リスニング・適文選択	□	2	64.2
No.2	リスニング・適文選択	□	2	63.0
No.3	リスニング・適文選択	□	2	76.3
No.4	リスニング・適文選択	□	2	80.8
No.5	リスニング・適文選択	□	2	19.2
PartB(あ)	リスニング・適語補充	□	1	67.9
(い)	リスニング・適語補充	□	1	41.5
(う)	リスニング・適語補充	□	1	97.4
(え)	リスニング・適語補充	□	1	52.8
(お)	リスニング・適語補充	□	1	60.8
2-(1)	適語補充	□	2	90.7
(2)	適語補充	□	2	45.1
(3)	適語補充	□	2	77.5
(4)	適語補充	□	2	76.2
(5)	適語補充	□	2	18.5
3-(1)	適語補充	□	1	51.8
	適語補充	□	1	68.4
(2)	適語補充	□	1	84.8
	適語補充	□	1	58.4
(3)	適語補充	□	1	72.9
	適語補充	□	1	71.7
(4)	適語補充	□	1	53.5
	適語補充	□	1	47.5
(5)	適語補充	□	1	86.7
	適語補充	□	1	79.6
4-(1)	整序英作文	□	3	36.1
(2)	整序英作文	□	3	85.5
(3)	整序英作文	□	3	65.6
(4)	整序英作文	□	3	15.9
(5)	整序英作文	□	3	64.8
5-問1A	適文選択補充	□	2	96.2
B	適文選択補充	□	2	84.3
C	適文選択補充	□	2	74.3
D	適文選択補充	□	2	81.0
E	適文選択補充	□	2	81.9
問2(1)	適語選択補充	□	1	39.6
(2)	適語選択補充	□	1	52.2
(3)	適語選択補充	□	1	57.7
(4)	適語選択補充	□	1	36.3
問3	内容把握選択	□	2	53.0
問4	適語選択補充	□	2	63.4
問5	内容一致選択	□	4	81.3
6-問1①	発音	□	2	16.4
②	発音	□	2	52.7
③	発音	□	2	31.6
問2	内容把握選択	□	2	80.1
問3	適文選択補充	□	2	48.5
問4(a)	適語補充	□	2	69.6
(b)	適語補充	□	2	41.3
問5	適語選択	□	2	52.7
問6④	整序英作文	□	2	16.4
⑤	整序英作文	□	2	36.8
問7-1	内容一致選択	□	2	71.0
2	内容一致選択	□	2	56.8
3	内容一致選択	□	2	83.9
4	内容一致選択	□	2	67.0

数学

設問No.			配点	正答率
1-(1)	文字式の計算	□	5	81.5
(2)	連立方程式	□	5	90.0
(3)	式の展開	□	5	83.1
(4)	式の因数分解	□	5	71.2
(5)	資料の整理	□	5	21.2
2-(1)	場合の数	□	5	52.5
(2)	整数(平方根)	□	5	21.4
(3)	角度	□	5	53.5
(4)	作図	□	5	24.3
3-(1)ABの式	一次関数(直線の式)	□	2	91.1
△ABC	一次関数(面積)	□	2	70.8
(2)	一次関数	□	5	32.0
(3)①	一次関数	□	5	5.7
②	一次関数(面積)	□	6	2.6
4-(1)ア	角度	□	2	69.4
イ	角度	□	2	70.1
ウ	長さ	□	3	45.6
(2)	長さ	□	5	27.6
(3)	面積比	□	5	6.1
5-(1)JM:MK	線分比	□	3	86.9
KN:NL	線分比	□	3	83.8
(2)	体積	□	5	16.1
(3)	体積	□	7	1.5

国語

設問No.			配点	正答率
1-①	漢字	□	1	71.5
②	漢字	□	1	81.7
③	漢字	□	1	44.6
④	漢字	□	1	42.5
⑤	漢字	□	1	67.2
⑥	漢字	□	1	80.8
⑦	漢字	□	1	67.2
⑧	漢字	□	1	67.5
⑨	漢字	□	1	57.0
⑩	漢字	□	1	94.5
2-問1A	文章構成の理解	□	2	85.3
B	文章構成の理解	□	2	88.1
問2	国語の知識	□	2	53.4
問3	文章内容の理解	□	4	72.2
問4	文章内容の理解	□	4	68.9
問5	文章内容の理解	□	4	44.4
問6	文章内容の理解	□	8	46.9
問7	文章構成の理解	□	4	20.0
問8	文章内容の理解	□	3	36.6
	文章内容の理解	□	3	83.6
3-問1A	口語文法	□	1	53.9
B	口語文法	□	1	75.8
C	口語文法	□	1	67.9
D	口語文法	□	1	51.6
E	口語文法	□	1	39.0
問2a	文章内容の理解	□	2	62.5
b	文章内容の理解	□	2	74.3
c	文章内容の理解	□	2	43.4
問3	心情の把握	□	4	61.3
問4	心情の把握	□	4	61.7
問5	心情の把握	□	9	16.4
問6	表現の理解	□	4	57.7
問7	表現の理解	□	4	27.8
4-問1A	古典の知識	□	2	87.7
B	古典の知識	□	2	77.4
問2	古典の知識	□	2	75.0
問3	古文の読解	□	3	72.7
問4	古文の読解	□	3	61.8
問5	古文の読解	□	3	28.3
問6	古文の読解	□	3	21.6

理科 設問No.			配点	正答率
1-(1)	知識	□	3	35.9
(2)	知識	□	2	75.0
(3)	知識	□	3	59.6
(4)	知識	□	3	57.4
(5)	知識	□	3	68.1
(6)	知識	□	2	66.5
2-(1)	しくみの理解	□	2	85.9
(2)	しくみの理解	□	3	79.3
(3)	しくみの理解	□	3	55.9
(4)	しくみの理解	□	3	63.8
(5)	しくみの理解	□	3	33.2
(6)	しくみの理解	□	2	41.5
3-(1)	知識	□	2	75.0
(2)	知識	□	3	63.0
(3)	しくみの理解	□	3	7.7
(4)	しくみの理解	□	3	6.6
(5)名称	知識	□	3	73.7
理由	しくみの理解	□	3	59.3
4-(1)	知識	□	2	89.4
(2)	知識	□	2	86.2
(3)	知識	□	2	91.8
(4)	しくみの理解	□	2	71.3
(5)	分析・考察	□	3	69.1
(6)	記述	□	3	51.6
(7)	分析・考察	□	3	36.4
5-(1)	知識	□	3	42.6
(2)	しくみの理解	□	2	60.6
(3)	知識	□	2	49.5
(4)	分析・考察	□	3	56.1
(5)①	しくみの理解	□	3	59.8
②W	分析・考察	□	1	29.8
XY	分析・考察	□	1	46.0
③	分析・考察	□	2	41.2
6-(1)	しくみの理解	□	3	22.9
(2)	しくみの理解	□	2	43.4
(3)A	分析・考察	□	2	100.0
B	分析・考察	□	2	100.0
C	分析・考察	□	2	100.0
(4)①	分析・考察	□	2	27.9
②	分析・考察	□	2	48.4
(5)	知識	□	2	85.6

社会 設問No.			配点	正答率
1-問1	南北アメリカの自然	□	2	79.5
問2	南アメリカの気候	□	2	27.9
問3	南北アメリカの発電	□	2	27.9
問4	アメリカの地誌	□	2	38.8
問5	南アメリカの農牧業	□	2	44.1
問6	南アメリカの国々	□	2	73.7
問7	アジアの地形	□	2	70.7
問8	西アジアの産業	□	2	61.7
問9	南アジアの国々	□	2	64.1
問10	東南アジアの産業	□	2	58.2
問11	アジアの国々	□	2	26.3
2-問1	時差	□	2	33.2
問2	ヨーロッパ・アフリカの気候	□	2	56.1
問3	ヨーロッパ・アフリカの貿易	□	2	64.1
問4	ヨーロッパの河川	□	2	49.2
問5	海流	□	2	58.0
問6(1)	ロシアの地形	□	2	58.0
(2)	ロシアの地形	□	2	63.3
問7	世界の農牧業	□	2	67.8
問8	イギリスの構成国	□	2	14.4
問9	ヨーロッパ連合	□	2	61.7
問10	アフリカの言語	□	2	38.0
問11	アフリカの国々	□	2	67.6
問12	環境問題	□	2	18.6
問13	世界の統計	□	2	42.8
3-問1	縄文時代	□	2	34.3
問2(1)	古墳時代	□	2	31.6
(2)	古墳時代の文化	□	2	59.0
問3(1)	飛鳥時代の外交	□	2	46.3
(2)	飛鳥時代	□	2	41.0
問4	奈良時代の仏教	□	2	81.6
問5	平安時代の仏教	□	2	33.8
4-問1	鎌倉時代の政策	□	2	59.0
問2	鎌倉時代	□	2	31.4
問3	室町時代	□	2	38.6
問4	室町時代の戦乱	□	2	21.5
問5	江戸時代の政策	□	2	36.2
5-問1	明治時代の政策	□	2	13.6
問2	明治時代の外交	□	2	68.1
問3	明治時代の外交	□	2	22.3
問4	大日本帝国憲法	□	2	43.6
問5	日清戦争・日露戦争	□	2	26.1
問6	大正デモクラシー	□	2	34.8
問7A	第一次世界大戦	□	2	62.5
B	第一次世界大戦	□	2	31.4
問8	大正時代の社会	□	2	59.3
問9	世界恐慌	□	2	54.0
問10	太平洋戦争	□	2	30.6
問11(1)	国際連盟	□	2	19.4
(2)	国際連合	□	2	38.0

〈自己採点集計表〉

科目	得点	平均点
英語	／100	60.5 ／100
数学	／100	42.1 ／100
国語	／100	53.5 ／100
3科目合計	／300	156.1 ／300
理科	／100	57.6 ／100
社会	／100	45.7 ／100
5科目合計	／500	265.2 ／500

〈第１回〉 総合成績偏差値換算表

5科目総合									
得点	偏差値	得点	偏差値	得点	偏差値	得点	偏差値	得点	偏差値
500	87.5	430	76.3	360	65.1	290	53.9	220	42.7
499	87.3	429	76.1	359	64.9	289	53.8	219	42.6
498	87.1	428	76.0	358	64.8	288	53.6	218	42.4
497	87.0	427	75.8	357	64.6	287	53.4	217	42.3
496	86.8	426	75.6	356	64.5	286	53.3	216	42.1
495	86.7	425	75.5	355	64.3	285	53.1	215	41.9
494	86.5	424	75.3	354	64.1	284	53.0	214	41.8
493	86.3	423	75.2	353	64.0	283	52.8	213	41.6
492	86.2	422	75.0	352	63.8	282	52.6	212	41.5
491	86.0	421	74.8	351	63.7	281	52.5	211	41.3
490	85.9	420	74.7	350	63.5	280	52.3	210	41.1
489	85.7	419	74.5	349	63.3	279	52.2	209	41.0
488	85.5	418	74.4	348	63.2	278	52.0	208	40.8
487	85.4	417	74.2	347	63.0	277	51.8	207	40.7
486	85.2	416	74.0	346	62.9	276	51.7	206	40.5
485	85.1	415	73.9	345	62.7	275	51.5	205	40.3
484	84.9	414	73.7	344	62.5	274	51.4	204	40.2
483	84.7	413	73.6	343	62.4	273	51.2	203	40.0
482	84.6	412	73.4	342	62.2	272	51.0	202	39.9
481	84.4	411	73.2	341	62.1	271	50.9	201	39.7
480	84.3	410	73.1	340	61.9	270	50.7	200	39.5
479	84.1	409	72.9	339	61.7	269	50.6	199	39.4
478	83.9	408	72.8	338	61.6	268	50.4	198	39.2
477	83.8	407	72.6	337	61.4	267	50.2	197	39.1
476	83.6	406	72.4	336	61.3	266	50.1	196	38.9
475	83.5	405	72.3	335	61.1	265	49.9	195	38.7
474	83.3	404	72.1	334	60.9	264	49.8	194	38.6
473	83.1	403	72.0	333	60.8	263	49.6	193	38.4
472	83.0	402	71.8	332	60.6	262	49.4	192	38.3
471	82.8	401	71.6	331	60.5	261	49.3	191	38.1
470	82.7	400	71.5	330	60.3	260	49.1	190	37.9
469	82.5	399	71.3	329	60.1	259	49.0	189	37.8
468	82.3	398	71.2	328	60.0	258	48.8	188	37.6
467	82.2	397	71.0	327	59.8	257	48.6	187	37.5
466	82.0	396	70.8	326	59.7	256	48.5	186	37.3
465	81.9	395	70.7	325	59.5	255	48.3	185	37.1
464	81.7	394	70.5	324	59.3	254	48.2	184	37.0
463	81.5	393	70.4	323	59.2	253	48.0	183	36.8
462	81.4	392	70.2	322	59.0	252	47.8	182	36.7
461	81.2	391	70.0	321	58.9	251	47.7	181	36.5
460	81.1	390	69.9	320	58.7	250	47.5	180	36.3
459	80.9	389	69.7	319	58.5	249	47.4	179	36.2
458	80.8	388	69.6	318	58.4	248	47.2	178	36.0
457	80.6	387	69.4	317	58.2	247	47.0	177	35.9
456	80.4	386	69.3	316	58.1	246	46.9	176	35.7
455	80.3	385	69.1	315	57.9	245	46.7	175	35.5
454	80.1	384	68.9	314	57.8	244	46.6	174	35.4
453	80.0	383	68.8	313	57.6	243	46.4	173	35.2
452	79.8	382	68.6	312	57.4	242	46.3	172	35.1
451	79.6	381	68.5	311	57.3	241	46.1	171	34.9
450	79.5	380	68.3	310	57.1	240	45.9	170	34.8
449	79.3	379	68.1	309	57.0	239	45.8	169	34.6
448	79.2	378	68.0	308	56.8	238	45.6	168	34.4
447	79.0	377	67.8	307	56.6	237	45.5	167	34.3
446	78.8	376	67.7	306	56.5	236	45.3	166	34.1
445	78.7	375	67.5	305	56.3	235	45.1	165	34.0
444	78.5	374	67.3	304	56.2	234	45.0	164	33.8
443	78.4	373	67.2	303	56.0	233	44.8	163	33.6
442	78.2	372	67.0	302	55.8	232	44.7	162	33.5
441	78.0	371	66.9	301	55.7	231	44.5	161	33.3
440	77.9	370	66.7	300	55.5	230	44.3	160	33.2
439	77.7	369	66.5	299	55.4	229	44.2	159	33.0
438	77.6	368	66.4	298	55.2	228	44.0	158	32.8
437	77.4	367	66.2	297	55.0	227	43.9	157	32.7
436	77.2	366	66.1	296	54.9	226	43.7	156	32.5
435	77.1	365	65.9	295	54.7	225	43.5	155	32.4
434	76.9	364	65.7	294	54.6	224	43.4	154	32.2
433	76.8	363	65.6	293	54.4	223	43.2	153	32.0
432	76.6	362	65.4	292	54.2	222	43.1	152	31.9
431	76.4	361	65.3	291	54.1	221	42.9	151	31.7

3科目総合					
得点	偏差値	得点	偏差値	得点	偏差値
300	86.4	230	68.7	160	50.9
299	86.2	229	68.4	159	50.7
298	85.9	228	68.2	158	50.4
297	85.7	227	67.9	157	50.2
296	85.4	226	67.7	156	49.9
295	85.2	225	67.4	155	49.7
294	84.9	224	67.2	154	49.4
293	84.6	223	66.9	153	49.2
292	84.4	222	66.7	152	48.9
291	84.1	221	66.4	151	48.7
290	83.9	220	66.1	150	48.4
289	83.6	219	65.9	149	48.2
288	83.4	218	65.6	148	47.9
287	83.1	217	65.4	147	47.6
286	82.9	216	65.1	146	47.4
285	82.6	215	64.9	145	47.1
284	82.4	214	64.6	144	46.9
283	82.1	213	64.4	143	46.6
282	81.9	212	64.1	142	46.4
281	81.6	211	63.9	141	46.1
280	81.4	210	63.6	140	45.9
279	81.1	209	63.4	139	45.6
278	80.8	208	63.1	138	45.4
277	80.6	207	62.9	137	45.1
276	80.3	206	62.6	136	44.9
275	80.1	205	62.3	135	44.6
274	79.8	204	62.1	134	44.4
273	79.6	203	61.8	133	44.1
272	79.3	202	61.6	132	43.8
271	79.1	201	61.3	131	43.6
270	78.8	200	61.1	130	43.3
269	78.6	199	60.8	129	43.1
268	78.3	198	60.6	128	42.8
267	78.1	197	60.3	127	42.6
266	77.8	196	60.1	126	42.3
265	77.6	195	59.8	125	42.1
264	77.3	194	59.6	124	41.8
263	77.0	193	59.3	123	41.6
262	76.8	192	59.1	122	41.3
261	76.5	191	58.8	121	41.1
260	76.3	190	58.5	120	40.8
259	76.0	189	58.3	119	40.6
258	75.8	188	58.0	118	40.3
257	75.5	187	57.8	117	40.0
256	75.3	186	57.5	116	39.8
255	75.0	185	57.3	115	39.5
254	74.8	184	57.0	114	39.3
253	74.5	183	56.8	113	39.0
252	74.3	182	56.5	112	38.8
251	74.0	181	56.3	111	38.5
250	73.7	180	56.0	110	38.3
249	73.5	179	55.8	109	38.0
248	73.2	178	55.5	108	37.8
247	73.0	177	55.2	107	37.5
246	72.7	176	55.0	106	37.3
245	72.5	175	54.7	105	37.0
244	72.2	174	54.5	104	36.7
243	72.0	173	54.2	103	36.5
242	71.7	172	54.0	102	36.2
241	71.5	171	53.7	101	36.0
240	71.2	170	53.5	100	35.7
239	71.0	169	53.2	99	35.5
238	70.7	168	53.0	98	35.2
237	70.5	167	52.7	97	35.0
236	70.2	166	52.5	96	34.7
235	69.9	165	52.2	95	34.5
234	69.7	164	52.0	94	34.2
233	69.4	163	51.7	93	34.0
232	69.2	162	51.4	92	33.7
231	68.9	161	51.2	91	33.5

〈第１回〉 科目別偏差値換算表

得点	偏差値				
	英語	数学	国語	理科	社会
100	71.4	88.0	82.0	79.4	83.7
99	70.9	87.3	81.3	78.7	83.1
98	70.4	86.7	80.6	78.0	82.5
97	69.8	86.0	79.9	77.3	81.9
96	69.3	85.4	79.2	76.6	81.2
95	68.7	84.7	78.6	75.9	80.6
94	68.2	84.1	77.9	75.2	80.0
93	67.6	83.4	77.2	74.5	79.4
92	67.1	82.7	76.5	73.8	78.8
91	66.5	82.1	75.8	73.1	78.1
90	66.0	81.4	75.1	72.4	77.5
89	65.5	80.8	74.4	71.7	76.9
88	64.9	80.1	73.7	71.0	76.3
87	64.4	79.5	73.0	70.4	75.6
86	63.8	78.8	72.3	69.7	75.0
85	63.3	78.1	71.7	69.0	74.4
84	62.7	77.5	71.0	68.3	73.8
83	62.2	76.8	70.3	67.6	73.2
82	61.6	76.2	69.6	66.9	72.5
81	61.1	75.5	68.9	66.2	71.9
80	60.6	74.9	68.2	65.5	71.3
79	60.0	74.2	67.5	64.8	70.7
78	59.5	73.6	66.8	64.1	70.0
77	58.9	72.9	66.1	63.4	69.4
76	58.4	72.2	65.5	62.7	68.8
75	57.8	71.6	64.8	62.0	68.2
74	57.3	70.9	64.1	61.3	67.6
73	56.7	70.3	63.4	60.6	66.9
72	56.2	69.6	62.7	59.9	66.3
71	55.7	69.0	62.0	59.2	65.7
70	55.1	68.3	61.3	58.6	65.1
69	54.6	67.6	60.6	57.9	64.5
68	54.0	67.0	59.9	57.2	63.8
67	53.5	66.3	59.3	56.5	63.2
66	52.9	65.7	58.6	55.8	62.6
65	52.4	65.0	57.9	55.1	62.0
64	51.8	64.4	57.2	54.4	61.3
63	51.3	63.7	56.5	53.7	60.7
62	50.8	63.0	55.8	53.0	60.1
61	50.2	62.4	55.1	52.3	59.5
60	49.7	61.7	54.4	51.6	58.9
59	49.1	61.1	53.7	50.9	58.2
58	48.6	60.4	53.1	50.2	57.6
57	48.0	59.8	52.4	49.5	57.0
56	47.5	59.1	51.7	48.8	56.4
55	47.0	58.4	51.0	48.1	55.7
54	46.4	57.8	50.3	47.5	55.1
53	45.9	57.1	49.6	46.8	54.5
52	45.3	56.5	48.9	46.1	53.9
51	44.8	55.8	48.2	45.4	53.3

得点	偏差値				
	英語	数学	国語	理科	社会
50	44.2	55.2	47.5	44.7	52.6
49	43.7	54.5	46.8	44.0	52.0
48	43.1	53.8	46.2	43.3	51.4
47	42.6	53.2	45.5	42.6	50.8
46	42.1	52.5	44.8	41.9	50.1
45	41.5	51.9	44.1	41.2	49.5
44	41.0	51.2	43.4	40.5	48.9
43	40.4	50.6	42.7	39.8	48.3
42	39.9	49.9	42.0	39.1	47.7
41	39.3	49.2	41.3	38.4	47.0
40	38.8	48.6	40.6	37.7	46.4
39	38.2	47.9	40.0	37.0	45.8
38	37.7	47.3	39.3	36.3	45.2
37	37.2	46.6	38.6	35.7	44.6
36	36.6	46.0	37.9	35.0	43.9
35	36.1	45.3	37.2	34.3	43.3
34	35.5	44.6	36.5	33.6	42.7
33	35.0	44.0	35.8	32.9	42.1
32	34.4	43.3	35.1	32.2	41.4
31	33.9	42.7	34.4	31.5	40.8
30	33.3	42.0	33.8	30.8	40.2
29	32.8	41.4	33.1	30.1	39.6
28	32.3	40.7	32.4	29.4	39.0
27	31.7	40.0	31.7	28.7	38.3
26	31.2	39.4	31.0	28.0	37.7
25	30.6	38.7	30.3	27.3	37.1
24	30.1	38.1	29.6	26.6	36.5
23	29.5	37.4	28.9	25.9	35.8
22	29.0	36.8	28.2	25.2	35.2
21	28.4	36.1	27.6	24.6	34.6
20	27.9	35.4	26.9	23.9	34.0
19	27.4	34.8	26.2	23.2	33.4
18	26.8	34.1	25.5	22.5	32.7
17	26.3	33.5	24.8	21.8	32.1
16	25.7	32.8	24.1	21.1	31.5
15	25.2	32.2	23.4	20.4	30.9
14	24.6	31.5	22.7	19.7	30.2
13	24.1	30.8	22.0	19.0	29.6
12	23.5	30.2	21.3	18.3	29.0
11	23.0	29.5	20.7	17.6	28.4
10	22.5	28.9	20.0	16.9	27.8
9	21.9	28.2	19.3	16.2	27.1
8	21.4	27.6	18.6	15.5	26.5
7	20.8	26.9	17.9	14.8	25.9
6	20.3	26.2	17.2	14.1	25.3
5	19.7	25.6	16.5	13.4	24.7
4	19.2	24.9	15.8	12.8	24.0
3	18.6	24.3	15.1	12.1	23.4
2	18.1	23.6	14.5	11.4	22.8
1	17.6	23.0	13.8	10.7	22.2
0	17.0	22.3	13.1	10.0	21.5

〈第２回〉 問題別正答率表

英語

設問No.			配点	正答率
1-PartA(1)	適語選択	□	2	91.9
(2)	適語(句)選択	□	2	90.3
(3)	適語(句)選択	□	2	59.6
PartB(1)	適語(句)選択	□	2	67.0
(2)	適語(句)選択	□	2	78.7
(3)	適語補充	□	2	51.0
(4)	適語補充	□	3	4.5
2-(1)	適語補充	□	1	90.3
	適語補充	□	1	83.0
(2)	適語補充	□	1	25.1
	適語補充	□	1	28.5
(3)	適語補充	□	1	88.5
	適語補充	□	1	59.9
(4)	適語補充	□	1	65.1
	適語補充	□	1	85.1
(5)	適語補充	□	1	73.1
	適語補充	□	1	36.0
3-(1)	適語選択	□	2	69.7
(2)	適語選択	□	2	60.9
(3)	適語選択	□	2	53.3
(4)	適語選択	□	2	74.9
(5)	適語選択	□	2	80.1
4-(1)記号	誤文訂正	□	1	81.0
訂正	誤文訂正	□	2	9.7
(2)記号	誤文訂正	□	1	77.0
訂正	誤文訂正	□	2	67.4
(3)記号	誤文訂正	□	1	79.0
訂正	誤文訂正	□	2	70.6
(4)記号	誤文訂正	□	1	51.8
訂正	誤文訂正	□	2	42.4
(5)記号	誤文訂正	□	1	26.7
訂正	誤文訂正	□	2	18.7
5-問1(A)	適文選択	□	2	84.9
(B)	適文選択	□	2	94.0
(C)	適文選択	□	2	77.8
(D)	適文選択	□	2	68.2
問2(1)	整序英作文	□	2	15.7
(6)	整序英作文	□	2	34.3
問3	和文記述	□	2	47.0
問4	抜き出し問題	□	2	70.2
問5	英文和訳選択	□	2	65.2
問6①	和文記述	□	1	73.0
②	和文記述	□	1	86.0
③	和文記述	□	1	81.9
問7	適文挿入選択	□	2	62.2
6-問1①	適語選択・語形変化	□	2	47.9
②	適語選択・語形変化	□	2	52.1
③	適語選択・語形変化	□	2	48.4
④	適語選択・語形変化	□	2	65.8
問2(1)	語彙	□	2	73.4
(2)	語彙・抜き出し	□	2	34.6
問3	適語選択	□	2	47.2
問4	整序適文選択	□	3	37.2
問5(1)	適語選択	□	1	17.3
(2)	適語選択	□	1	58.8
(3)	適語選択	□	1	35.8
(4)	適語選択	□	1	59.9
(5)	適語選択	□	1	55.7
(6)	適語選択	□	1	44.9
問6ア	内容一致	□	1	85.7
イ	内容一致	□	1	51.5
ウ	内容一致	□	1	77.8
エ	内容一致	□	1	70.9

数学

設問No.			配点	正答率
1-(1)	文字式の計算	□	5	72.5
(2)	平方根	□	5	62.5
(3)	二次方程式	□	5	41.6
(4)	確率	□	5	61.4
(5)	資料の整理	□	5	60.9
2-(1)	角度	□	5	27.3
(2)①	食塩水の濃度	□	5	41.0
②	食塩水の濃度	□	5	31.0
3-(1)	直線の式	□	5	94.2
(2)	線分比	□	5	80.7
(3)①	座標	□	5	23.6
②	面積の二等分	□	7	6.0
4-(1)〈15〉	約数	□	2	93.7
『15』	約数	□	2	93.9
(2)	約数	□	5	82.5
(3)	約数	□	5	10.9
5-(1)	角度	□	5	74.8
(2)ア	証明	□	1	98.1
イ	証明	□	1	75.7
ウ	証明	□	1	96.7
エ	証明	□	1	67.2
(3)	三角形の面積	□	5	1.8
6-(1)	線分比	□	5	16.1
(2)	立体の体積	□	5	9.9

国語

設問No.			配点	正答率
1-①	漢字	□	1	44.8
②	漢字	□	1	77.2
③	漢字	□	1	56.6
④	漢字	□	1	20.9
⑤	漢字	□	1	57.2
⑥	漢字	□	1	47.3
⑦	漢字	□	1	84.8
⑧	漢字	□	1	97.3
⑨	漢字	□	1	77.0
⑩	漢字	□	1	41.9
2-問1	文章内容の理解	□	8	64.5
問2	文章構成の理解	□	4	58.1
問3	文章内容の理解	□	4	48.1
問4	文章内容の理解	□	4	54.3
問5	文章内容の理解	□	4	51.8
問6	文章内容の理解	□	4	37.6
問7	文章内容の理解	□	4	43.1
3-問1X	国語の知識	□	2	86.6
Y	国語の知識	□	2	59.1
Z	国語の知識	□	2	59.4
問2	心情の把握	□	2	32.2
問3	心情の把握	□	4	81.9
問4	心情の把握	□	4	41.8
問5	心情の把握	□	4	81.6
問6	心情の把握	□	4	70.9
問7	心情の把握	□	4	83.3
問8	心情の把握	□	8	48.8
4-問1	古典の知識	□	2	90.3
問2A	古典の知識	□	2	29.7
B	古典の知識	□	2	16.4
C	古典の知識	□	2	34.5
問3	古文の読解	□	3	34.8
問4	古文の読解	□	5	31.6
問5	古典文法	□	3	50.9
問6	古文の読解	□	3	50.4

理科 設問No.			配点	正答率
1-(1)	知識	□	3	65.0
(2)	知識	□	3	66.1
(3)	知識	□	2	52.4
(4)	知識	□	3	51.7
(5)	知識	□	2	32.7
(6)	記述	□	3	62.8
2-(1)	しくみの理解	□	2	48.7
(2)	しくみの理解	□	3	51.9
(3)	しくみの理解	□	3	72.5
(4)	しくみの理解	□	3	38.2
(5)	しくみの理解	□	2	24.9
(6)	しくみの理解	□	3	52.2
3-(1)	知識	□	3	92.4
(2)X	知識	□	2	79.2
Y	知識	□	2	71.6
(3)	記述	□	3	41.6
(4)	分析・考察	□	2	27.0
(5)	知識	□	3	62.7
(6)	知識	□	2	67.5
4-(1)	知識	□	3	43.0
(2)	知識	□	3	78.5
(3)	知識	□	2	67.3
(4) i~iii	しくみの理解	□	3	59.3
iv~vi	しくみの理解	□	3	59.5
(5)	分析・考察	□	3	47.4
5-(1)	知識	□	2	74.8
(2)	知識	□	3	80.5
(3)	しくみの理解	□	3	86.0
(4)	しくみの理解	□	3	74.5
(5)	分析・考察	□	2	45.1
(6) i	分析・考察	□	2	67.3
ii	分析・考察	□	2	63.8
6-(1)	しくみの理解	□	2	76.2
(2)	しくみの理解	□	2	72.3
(3)	しくみの理解	□	3	67.0
(4)	しくみの理解	□	2	49.4
(5)記号	分析・考察	□	2	49.7
電流	分析・考察	□	2	43.7
(6) I~III	分析・考察	□	2	24.9
電圧	分析・考察	□	2	8.2

社会 設問No.			配点	正答率
1-問1	世界の海洋・陸水	□	2	73.2
問2	統計読解	□	2	82.6
問3	世界の気候	□	2	50.8
問4	世界の河川	□	2	73.5
問5	時差の計算	□	2	50.1
問6(1)	世界の農牧業	□	2	71.2
(2)	世界の農牧業	□	2	56.1
問7(1)	アジアの貿易	□	2	44.9
(2)	中国の農牧業	□	2	16.9
問8(1)	ニュージーランドの先住民	□	2	63.6
(2)	オーストラリアの鉱工業	□	2	54.5
2-問1	日本の海流	□	2	67.3
問2	日本の山脈	□	2	55.1
問3(1)	日本の気候	□	2	72.1
(2)	日本の農牧業	□	2	30.4
(3)	日本の人口	□	2	86.5
問4(1)	近畿地方の都市	□	2	78.5
(2)	近畿地方の人口	□	2	41.2
問5	西日本の工業	□	2	59.3
問6(1)	東北地方	□	2	72.1
(2)	東北地方の農業	□	2	82.6
(3)	東北地方の人口	□	2	24.3
3-問1	弥生時代	□	2	63.4
問2	古代の法令	□	2	26.1
問3	古代・中世の世界	□	2	66.6
問4	鎌倉時代	□	2	28.4
問5(1)	室町時代の外交	□	2	57.4
(2)	室町時代の外交	□	2	34.6
問6	室町時代の一揆	□	2	33.9
問7(1)	江戸時代の改革	□	2	59.7
(2)	幕末の外交	□	2	75.1
問8	江戸時代の農業	□	2	16.2
問9	江戸時代の文化	□	2	82.6
4-問1	開国後の貿易	□	2	77.8
問2	明治時代の人物	□	2	67.3
問3A	明治時代の政策	□	2	39.8
B	明治時代の政策	□	2	47.6
問4	大正デモクラシー	□	2	76.7
問5	大正時代の社会	□	2	25.2
問6	近代の外交	□	2	45.8
問7	満州事変	□	2	49.0
問8	大正時代の政治	□	2	53.8
問9	戦後の政治改革	□	2	41.9
問10	近代の社会運動	□	2	20.8
5-問1	統計読解	□	2	60.6
問2	統計読解	□	2	68.9
問3	日本の世界遺産	□	2	65.9
問4(1)	人権思想	□	2	59.7
(2)	人権思想	□	2	51.3
問5	日本国憲法	□	2	61.8

〈自己採点集計表〉

科目	得点	平均点
英語	／100	58.2 ／100
数学	／100	47.2 ／100
国語	／100	55.0 ／100
3科目合計	／300	160.5 ／300
理科	／100	58.5 ／100
社会	／100	55.3 ／100
5科目合計	／500	281.7 ／500

〈第２回〉 総合成績偏差値換算表

5科目総合									
得点	偏差値	得点	偏差値	得点	偏差値	得点	偏差値	得点	偏差値
500	82.2	430	71.8	360	61.5	290	51.2	220	40.8
499	82.0	429	71.7	359	61.4	289	51.0	219	40.7
498	81.9	428	71.6	358	61.2	288	50.9	218	40.6
497	81.7	427	71.4	357	61.1	287	50.7	217	40.4
496	81.6	426	71.3	356	60.9	286	50.6	216	40.3
495	81.4	425	71.1	355	60.8	285	50.4	215	40.1
494	81.3	424	71.0	354	60.6	284	50.3	214	40.0
493	81.1	423	70.8	353	60.5	283	50.1	213	39.8
492	81.0	422	70.7	352	60.3	282	50.0	212	39.7
491	80.9	421	70.5	351	60.2	281	49.9	211	39.5
490	80.7	420	70.4	350	60.0	280	49.7	210	39.4
489	80.6	419	70.2	349	59.9	279	49.6	209	39.2
488	80.4	418	70.1	348	59.7	278	49.4	208	39.1
487	80.3	417	69.9	347	59.6	277	49.3	207	38.9
486	80.1	416	69.8	346	59.4	276	49.1	206	38.8
485	80.0	415	69.6	345	59.3	275	49.0	205	38.6
484	79.8	414	69.5	344	59.2	274	48.8	204	38.5
483	79.7	413	69.3	343	59.0	273	48.7	203	38.3
482	79.5	412	69.2	342	58.9	272	48.5	202	38.2
481	79.4	411	69.0	341	58.7	271	48.4	201	38.0
480	79.2	410	68.9	340	58.6	270	48.2	200	37.9
479	79.1	409	68.7	339	58.4	269	48.1	199	37.7
478	78.9	408	68.6	338	58.3	268	47.9	198	37.6
477	78.8	407	68.5	337	58.1	267	47.8	197	37.5
476	78.6	406	68.3	336	58.0	266	47.6	196	37.3
475	78.5	405	68.2	335	57.8	265	47.5	195	37.2
474	78.3	404	68.0	334	57.7	264	47.3	194	37.0
473	78.2	403	67.9	333	57.5	263	47.2	193	36.9
472	78.0	402	67.7	332	57.4	262	47.0	192	36.7
471	77.9	401	67.6	331	57.2	261	46.9	191	36.6
470	77.8	400	67.4	330	57.1	260	46.8	190	36.4
469	77.6	399	67.3	329	56.9	259	46.6	189	36.3
468	77.5	398	67.1	328	56.8	258	46.5	188	36.1
467	77.3	397	67.0	327	56.6	257	46.3	187	36.0
466	77.2	396	66.8	326	56.5	256	46.2	186	35.8
465	77.0	395	66.7	325	56.3	255	46.0	185	35.7
464	76.9	394	66.5	324	56.2	254	45.9	184	35.5
463	76.7	393	66.4	323	56.1	253	45.7	183	35.4
462	76.6	392	66.2	322	55.9	252	45.6	182	35.2
461	76.4	391	66.1	321	55.8	251	45.4	181	35.1
460	76.3	390	65.9	320	55.6	250	45.3	180	34.9
459	76.1	389	65.8	319	55.5	249	45.1	179	34.8
458	76.0	388	65.6	318	55.3	248	45.0	178	34.6
457	75.8	387	65.5	317	55.2	247	44.8	177	34.5
456	75.7	386	65.4	316	55.0	246	44.7	176	34.4
455	75.5	385	65.2	315	54.9	245	44.5	175	34.2
454	75.4	384	65.1	314	54.7	244	44.4	174	34.1
453	75.2	383	64.9	313	54.6	243	44.2	173	33.9
452	75.1	382	64.8	312	54.4	242	44.1	172	33.8
451	74.9	381	64.6	311	54.3	241	43.9	171	33.6
450	74.8	380	64.5	310	54.1	240	43.8	170	33.5
449	74.7	379	64.3	309	54.0	239	43.7	169	33.3
448	74.5	378	64.2	308	53.8	238	43.5	168	33.2
447	74.4	377	64.0	307	53.7	237	43.4	167	33.0
446	74.2	376	63.9	306	53.5	236	43.2	166	32.9
445	74.1	375	63.7	305	53.4	235	43.1	165	32.7
444	73.9	374	63.6	304	53.2	234	42.9	164	32.6
443	73.8	373	63.4	303	53.1	233	42.8	163	32.4
442	73.6	372	63.3	302	53.0	232	42.6	162	32.3
441	73.5	371	63.1	301	52.8	231	42.5	161	32.1
440	73.3	370	63.0	300	52.7	230	42.3	160	32.0
439	73.2	369	62.8	299	52.5	229	42.2	159	31.8
438	73.0	368	62.7	298	52.4	228	42.0	158	31.7
437	72.9	367	62.5	297	52.2	227	41.9	157	31.5
436	72.7	366	62.4	296	52.1	226	41.7	156	31.4
435	72.6	365	62.3	295	51.9	225	41.6	155	31.3
434	72.4	364	62.1	294	51.8	224	41.4	154	31.1
433	72.3	363	62.0	293	51.6	223	41.3	153	31.0
432	72.1	362	61.8	292	51.5	222	41.1	152	30.8
431	72.0	361	61.7	291	51.3	221	41.0	151	30.7

3科目総合					
得点	偏差値	得点	偏差値	得点	偏差値
300	83.8	230	66.8	160	49.8
299	83.5	229	66.6	159	49.6
298	83.3	228	66.3	158	49.3
297	83.0	227	66.1	157	49.1
296	82.8	226	65.8	156	48.9
295	82.5	225	65.6	155	48.6
294	82.3	224	65.3	154	48.4
293	82.1	223	65.1	153	48.1
292	81.8	222	64.9	152	47.9
291	81.6	221	64.6	151	47.7
290	81.3	220	64.4	150	47.4
289	81.1	219	64.1	149	47.2
288	80.8	218	63.9	148	46.9
287	80.6	217	63.6	147	46.7
286	80.4	216	63.4	146	46.4
285	80.1	215	63.2	145	46.2
284	79.9	214	62.9	144	46.0
283	79.6	213	62.7	143	45.7
282	79.4	212	62.4	142	45.5
281	79.2	211	62.2	141	45.2
280	78.9	210	61.9	140	45.0
279	78.7	209	61.7	139	44.7
278	78.4	208	61.5	138	44.5
277	78.2	207	61.2	137	44.3
276	77.9	206	61.0	136	44.0
275	77.7	205	60.7	135	43.8
274	77.5	204	60.5	134	43.5
273	77.2	203	60.3	133	43.3
272	77.0	202	60.0	132	43.0
271	76.7	201	59.8	131	42.8
270	76.5	200	59.5	130	42.6
269	76.2	199	59.3	129	42.3
268	76.0	198	59.0	128	42.1
267	75.8	197	58.8	127	41.8
266	75.5	196	58.6	126	41.6
265	75.3	195	58.3	125	41.4
264	75.0	194	58.1	124	41.1
263	74.8	193	57.8	123	40.9
262	74.5	192	57.6	122	40.6
261	74.3	191	57.3	121	40.4
260	74.1	190	57.1	120	40.1
259	73.8	189	56.9	119	39.9
258	73.6	188	56.6	118	39.7
257	73.3	187	56.4	117	39.4
256	73.1	186	56.1	116	39.2
255	72.9	185	55.9	115	38.9
254	72.6	184	55.6	114	38.7
253	72.4	183	55.4	113	38.4
252	72.1	182	55.2	112	38.2
251	71.9	181	54.9	111	38.0
250	71.6	180	54.7	110	37.7
249	71.4	179	54.4	109	37.5
248	71.2	178	54.2	108	37.2
247	70.9	177	54.0	107	37.0
246	70.7	176	53.7	106	36.7
245	70.4	175	53.5	105	36.5
244	70.2	174	53.2	104	36.3
243	69.9	173	53.0	103	36.0
242	69.7	172	52.7	102	35.8
241	69.5	171	52.5	101	35.5
240	69.2	170	52.3	100	35.3
239	69.0	169	52.0	99	35.1
238	68.7	168	51.8	98	34.8
237	68.5	167	51.5	97	34.6
236	68.2	166	51.3	96	34.3
235	68.0	165	51.0	95	34.1
234	67.8	164	50.8	94	33.8
233	67.5	163	50.6	93	33.6
232	67.3	162	50.3	92	33.4
231	67.0	161	50.1	91	33.1

〈第2回〉 科目別偏差値換算表

得点	偏差値				
	英語	数学	国語	理科	社会
100	71.3	82.2	79.4	73.3	78.9
99	70.8	81.5	78.7	72.7	78.3
98	70.3	80.9	78.0	72.2	77.6
97	69.7	80.3	77.4	71.6	77.0
96	69.2	79.7	76.7	71.0	76.3
95	68.7	79.1	76.1	70.5	75.7
94	68.2	78.5	75.4	69.9	75.0
93	67.7	77.9	74.8	69.4	74.4
92	67.2	77.3	74.1	68.8	73.7
91	66.7	76.7	73.5	68.2	73.1
90	66.2	76.1	72.8	67.7	72.4
89	65.7	75.4	72.2	67.1	71.8
88	65.1	74.8	71.5	66.5	71.1
87	64.6	74.2	70.9	66.0	70.5
86	64.1	73.6	70.2	65.4	69.9
85	63.6	73.0	69.5	64.9	69.2
84	63.1	72.4	68.9	64.3	68.6
83	62.6	71.8	68.2	63.7	67.9
82	62.1	71.2	67.6	63.2	67.3
81	61.6	70.6	66.9	62.6	66.6
80	61.1	70.0	66.3	62.0	66.0
79	60.6	69.3	65.6	61.5	65.3
78	60.0	68.7	65.0	60.9	64.7
77	59.5	68.1	64.3	60.3	64.0
76	59.0	67.5	63.7	59.8	63.4
75	58.5	66.9	63.0	59.2	62.7
74	58.0	66.3	62.4	58.7	62.1
73	57.5	65.7	61.7	58.1	61.4
72	57.0	65.1	61.0	57.5	60.8
71	56.5	64.5	60.4	57.0	60.1
70	56.0	63.9	59.7	56.4	59.5
69	55.4	63.2	59.1	55.8	58.8
68	54.9	62.6	58.4	55.3	58.2
67	54.4	62.0	57.8	54.7	57.5
66	53.9	61.4	57.1	54.2	56.9
65	53.4	60.8	56.5	53.6	56.2
64	52.9	60.2	55.8	53.0	55.6
63	52.4	59.6	55.2	52.5	54.9
62	51.9	59.0	54.5	51.9	54.3
61	51.4	58.4	53.8	51.3	53.7
60	50.8	57.8	53.2	50.8	53.0
59	50.3	57.2	52.5	50.2	52.4
58	49.8	56.5	51.9	49.7	51.7
57	49.3	55.9	51.2	49.1	51.1
56	48.8	55.3	50.6	48.5	50.4
55	48.3	54.7	49.9	48.0	49.8
54	47.8	54.1	49.3	47.4	49.1
53	47.3	53.5	48.6	46.8	48.5
52	46.8	52.9	48.0	46.3	47.8
51	46.3	52.3	47.3	45.7	47.2

得点	偏差値				
	英語	数学	国語	理科	社会
50	45.7	51.7	46.7	45.1	46.5
49	45.2	51.1	46.0	44.6	45.9
48	44.7	50.4	45.3	44.0	45.2
47	44.2	49.8	44.7	43.5	44.6
46	43.7	49.2	44.0	42.9	43.9
45	43.2	48.6	43.4	42.3	43.3
44	42.7	48.0	42.7	41.8	42.6
43	42.2	47.4	42.1	41.2	42.0
42	41.7	46.8	41.4	40.6	41.3
41	41.1	46.2	40.8	40.1	40.7
40	40.6	45.6	40.1	39.5	40.0
39	40.1	45.0	39.5	39.0	39.4
38	39.6	44.3	38.8	38.4	38.7
37	39.1	43.7	38.2	37.8	38.1
36	38.6	43.1	37.5	37.3	37.4
35	38.1	42.5	36.8	36.7	36.8
34	37.6	41.9	36.2	36.1	36.2
33	37.1	41.3	35.5	35.6	35.5
32	36.5	40.7	34.9	35.0	34.9
31	36.0	40.1	34.2	34.4	34.2
30	35.5	39.5	33.6	33.9	33.6
29	35.0	38.9	32.9	33.3	32.9
28	34.5	38.2	32.3	32.8	32.3
27	34.0	37.6	31.6	32.2	31.6
26	33.5	37.0	31.0	31.6	31.0
25	33.0	36.4	30.3	31.1	30.3
24	32.5	35.8	29.6	30.5	29.7
23	32.0	35.2	29.0	29.9	29.0
22	31.4	34.6	28.3	29.4	28.4
21	30.9	34.0	27.7	28.8	27.7
20	30.4	33.4	27.0	28.3	27.1
19	29.9	32.8	26.4	27.7	26.4
18	29.4	32.2	25.7	27.1	25.8
17	28.9	31.5	25.1	26.6	25.1
16	28.4	30.9	24.4	26.0	24.5
15	27.9	30.3	23.8	25.4	23.8
14	27.4	29.7	23.1	24.9	23.2
13	26.8	29.1	22.5	24.3	22.5
12	26.3	28.5	21.8	23.8	21.9
11	25.8	27.9	21.1	23.2	21.2
10	25.3	27.3	20.5	22.6	20.6
9	24.8	26.7	19.8	22.1	20.0
8	24.3	26.1	19.2	21.5	19.3
7	23.8	25.4	18.5	20.9	18.7
6	23.3	24.8	17.9	20.4	18.0
5	22.8	24.2	17.2	19.8	17.4
4	22.2	23.6	16.6	19.2	16.7
3	21.7	23.0	15.9	18.7	16.1
2	21.2	22.4	15.3	18.1	15.4
1	20.7	21.8	14.6	17.6	14.8
0	20.2	21.2	14.0	17.0	14.1

〈第３回〉 問題別正答率表

英　　語

設問No.			配点	正答率
1-PartA No.1	適文選択	□	2	87.6
No.2	適文選択	□	2	97.5
No.3	適文選択	□	2	35.7
No.4	適文選択	□	2	86.8
No.5	適文選択	□	2	75.5
PartB No.1	イラスト選択	□	1	69.4
No.2	適語記述	□	2	74.4
PartC	適文選択	□	2	60.0
2-(1)	適語(句)選択補充	□	2	66.4
(2)	適語(句)選択補充	□	2	52.0
(3)	適語(句)選択補充	□	2	84.1
(4)	適語(句)選択補充	□	2	49.3
(5)	適語(句)選択補充	□	2	52.1
3-(1)	整序英作文	□	2	48.8
(2)	整序英作文	□	2	61.1
(3)	整序英作文	□	2	46.3
(4)	整序英作文	□	2	36.0
(5)	整序英作文	□	2	28.1
4-(1)	適語補充	□	1	44.3
	適語補充	□	1	45.9
(2)	適語補充	□	1	73.7
	適語補充	□	1	56.8
(3)	適語補充	□	1	29.3
	適語補充	□	1	10.6
(4)	適語補充	□	1	45.3
	適語補充	□	1	38.0
(5)	適語補充	□	1	18.3
	適語補充	□	1	86.1
5-問1(1)	適語選択補充	□	2	78.7
(2)	適語選択補充	□	2	44.9
(3)	適語選択補充	□	2	75.5
(4)	適語選択補充	□	2	44.8
(5)	適語選択補充	□	2	79.3
問2	英文和訳	□	3	32.1
問3	適語句補充	□	2	8.8
問4	内容選択	□	4	68.2
問5	用法選択	□	2	33.8
問6	適語(句)抜き出し補充	□	2	11.1
問7	内容一致選択	□	4	45.7
6-問1[A]	適語(句)選択補充	□	1	38.9
[B]	適語(句)選択補充	□	1	58.4
[C]	適語(句)選択補充	□	1	32.9
[D]	適語(句)選択補充	□	1	48.5
[E]	適語(句)選択補充	□	1	22.3
問2(1)	適文選択補充	□	1	33.0
(2)	適文選択補充	□	1	29.4
(3)	適文選択補充	□	1	25.9
(4)	適文選択補充	□	1	29.0
(5)	適文選択補充	□	1	33.8
問3	適語句選択補充	□	2	38.5
問4	文整序補充	□	2	26.2
問5A	英文和訳	□	2	1.7
B	整序英作文	□	2	14.3
問6(1)	内容一致選択	□	2	35.3
(2)	内容一致選択	□	2	45.7
(3)	内容一致選択	□	2	45.2
(4)	内容一致選択	□	2	51.2
(5)	内容一致選択	□	2	43.7

数　　学

設問No.			配点	正答率
1-(1)	文字式の計算	□	5	87.8
(2)	式の因数分解	□	5	92.2
(3)	平方根の計算	□	5	91.7
(4)	二次方程式	□	5	78.0
(5)	標本調査	□	5	77.5
2-(1)	折り返し図形(角度)	□	5	46.4
(2)	おうぎ形(面積)	□	5	62.9
(3)	四面体の体積	□	5	40.7
3-(1)	二次関数(点の座標)	□	5	89.3
(2)	二次関数(面積)	□	5	91.2
(3)①	二次関数(等積変形)	□	5	45.7
②	二次関数(面積の二等分)	□	7	7.2
4-(1)	サイコロの確率	□	5	46.6
(2)	サイコロの確率	□	5	37.2
(3)	サイコロの確率	□	6	27.1
5-(1)	円(線分の長さ)	□	5	83.6
(2)	円(線分の長さ)	□	5	48.5
(3)①	円(面積比)	□	5	28.3
②	円(線分の長さ)	□	7	3.0

国　　語

設問No.			配点	正答率
1-①	漢字	□	1	75.1
②	漢字	□	1	49.7
③	漢字	□	1	86.0
④	漢字	□	1	55.2
⑤	漢字	□	1	8.3
⑥	漢字	□	1	97.1
⑦	漢字	□	1	98.8
⑧	漢字	□	1	76.6
⑨	漢字	□	1	99.3
⑩	漢字	□	1	18.0
2-問1a	国語の知識	□	2	42.4
b	国語の知識	□	2	24.7
問2	文章内容の理解	□	8	57.9
問3	文章内容の理解	□	4	68.6
問4	文章内容の理解	□	4	29.3
問5	文章内容の理解	□	4	49.3
問6	文章内容の理解	□	4	63.9
問7	文章内容の理解	□	4	72.5
問8	文章内容の理解	□	4	50.7
3-問1	文章内容の理解	□	4	94.4
問2	心情の把握	□	4	67.8
問3	文章内容の理解	□	4	25.3
問4	心情の把握	□	4	48.4
問5	心情の把握	□	8	62.8
問6	心情の把握	□	4	52.8
問7	心情の把握	□	4	46.4
問8	文章内容の理解	□	4	63.5
4-問1	古文の読解	□	3	89.3
問2	古文の読解	□	3	78.8
問3	古文の読解	□	3	81.3
問4	古文の読解	□	3	38.5
問5	古文の読解	□	6	39.8

理科				
設問No.			配点	正答率
1-(1)	知識	□	3	93.4
(2)	知識	□	3	86.7
(3) i	知識	□	1	67.5
ii	知識	□	1	68.2
iii	知識	□	1	89.5
(4)	知識	□	2	52.6
(5)①	知識	□	1	48.7
②	知識	□	1	66.4
(6)	知識	□	3	60.2
2-(1)	しくみの理解	□	3	62.2
(2)	しくみの理解	□	2	89.5
(3)	しくみの理解	□	3	48.5
(4)	しくみの理解	□	3	81.7
(5)	しくみの理解	□	3	76.4
(6)	しくみの理解	□	2	70.3
3-(1)①	知識	□	2	77.1
②	知識	□	2	81.2
③	知識	□	2	64.3
(2)	しくみの理解	□	2	46.0
(3)	しくみの理解	□	2	88.3
(4)	しくみの理解	□	2	89.5
(5)あ	しくみの理解	□	1	88.6
い	しくみの理解	□	1	87.6
う	しくみの理解	□	1	69.6
え	分析・考察	□	2	21.3
4-(1)記号	しくみの理解	□	2	44.6
理由	記述	□	3	18.5
(2)記号	しくみの理解	□	2	56.8
名称	知識	□	2	59.5
(3)	分析・考察	□	3	18.9
(4)	分析・考察	□	3	35.0
(5)	知識	□	2	40.0
5-(1)	しくみの理解	□	2	78.7
(2)惑星	知識	□	2	74.8
特徴	知識	□	2	42.8
(3)位置	しくみの理解	□	2	41.4
変化	しくみの理解	□	2	46.0
(4)①	しくみの理解	□	2	54.7
②	しくみの理解	□	2	51.3
③	分析・考察	□	3	32.7
6-(1)	しくみの理解	□	3	80.3
(2)a	しくみの理解	□	1	86.7
b	しくみの理解	□	1	86.0
c	しくみの理解	□	1	77.3
(3)	分析・考察	□	3	41.9
(4)a	しくみの理解	□	2	77.3
b	しくみの理解	□	2	38.0
c	分析・考察	□	2	30.0
d	分析・考察	□	2	32.0

社会				
設問No.			配点	正答率
1-問1	世界の気候	□	2	39.4
問2	国際組織	□	2	65.7
問3	アフリカの国々	□	2	26.1
問4	緯度・経度	□	2	68.0
問5	アジアの国々	□	2	51.9
問6	アジアの地形	□	2	38.4
問7	世界の貿易	□	2	21.5
問8	古代文明	□	2	37.1
2-問1	日本の地形	□	2	84.9
問2	日本の工業	□	2	47.6
問3	都道府県の特色	□	2	16.2
問4	日本の農業	□	2	40.0
問5	東北地方	□	2	25.9
問6	都市と交通	□	2	39.1
問7	東日本の産業	□	2	71.6
問8	北海道の地名	□	2	93.6
3-問1	古代日本の遺跡	□	2	65.0
問2	奈良時代	□	2	38.9
問3	平安時代	□	2	48.3
問4	鎌倉時代	□	2	51.0
問5	室町時代	□	2	45.5
問6	キリスト教の伝来	□	2	28.4
問7	資料読解	□	2	85.6
問8	江戸時代の政策	□	2	56.1
4-問1	殖産興業	□	2	87.4
問2	明治時代の出来事	□	2	63.8
問3	明治時代の世界情勢	□	2	57.4
問4	大正時代の戦争	□	2	41.8
問5	大正時代の政治	□	2	69.1
問6	第二次世界大戦期の出来事	□	2	39.1
問7	戦後の日本	□	2	26.3
問8	戦後の内閣総理大臣	□	2	47.1
問9	近現代の交通	□	2	38.4
5-問1(1)	基本的人権	□	2	61.3
(2)	基本的人権	□	2	77.6
問2	国会	□	2	16.5
問3(1)	裁判所	□	2	49.0
(2)	違憲審査権	□	2	75.1
問4	地方自治	□	2	30.4
問5	現代社会と政治	□	2	37.1
問6(1)	国際連合	□	2	24.9
(2)	日本と国際政治	□	2	46.0
6-問1	経済思想	□	2	52.4
問2	企業	□	2	61.1
問3	戦後の経済史	□	2	14.2
問4	労働基準法	□	2	46.9
問5	消費者問題	□	2	53.3
問6(1)	価格の種類	□	2	62.9
(2)	価格の種類	□	2	54.7
問7	日本の財政	□	2	63.6

〈自己採点集計表〉

科目	得点	平均点
英語	／100	48.6 ／100
数学	／100	54.7 ／100
国語	／100	58.0 ／100
3科目合計	／300	161.3 ／300
理科	／100	59.4 ／100
社会	／100	49.7 ／100
5科目合計	／500	277.3 ／500

〈第３回〉 総合成績偏差値換算表

5科目総合									
得点	偏差値	得点	偏差値	得点	偏差値	得点	偏差値	得点	偏差値
500	83.9	430	73.3	360	62.6	290	51.9	220	41.2
499	83.8	429	73.1	359	62.4	289	51.7	219	41.1
498	83.6	428	72.9	358	62.3	288	51.6	218	40.9
497	83.5	427	72.8	357	62.1	287	51.4	217	40.8
496	83.3	426	72.6	356	62.0	286	51.3	216	40.6
495	83.2	425	72.5	355	61.8	285	51.1	215	40.4
494	83.0	424	72.3	354	61.7	284	51.0	214	40.3
493	82.9	423	72.2	353	61.5	283	50.8	213	40.1
492	82.7	422	72.0	352	61.3	282	50.7	212	40.0
491	82.6	421	71.9	351	61.2	281	50.5	211	39.8
490	82.4	420	71.7	350	61.0	280	50.4	210	39.7
489	82.3	419	71.6	349	60.9	279	50.2	209	39.5
488	82.1	418	71.4	348	60.7	278	50.1	208	39.4
487	81.9	417	71.3	347	60.6	277	49.9	207	39.2
486	81.8	416	71.1	346	60.4	276	49.8	206	39.1
485	81.6	415	71.0	345	60.3	275	49.6	205	38.9
484	81.5	414	70.8	344	60.1	274	49.4	204	38.8
483	81.3	413	70.7	343	60.0	273	49.3	203	38.6
482	81.2	412	70.5	342	59.8	272	49.1	202	38.5
481	81.0	411	70.4	341	59.7	271	49.0	201	38.3
480	80.9	410	70.2	340	59.5	270	48.8	200	38.2
479	80.7	409	70.0	339	59.4	269	48.7	199	38.0
478	80.6	408	69.9	338	59.2	268	48.5	198	37.9
477	80.4	407	69.7	337	59.1	267	48.4	197	37.7
476	80.3	406	69.6	336	58.9	266	48.2	196	37.5
475	80.1	405	69.4	335	58.8	265	48.1	195	37.4
474	80.0	404	69.3	334	58.6	264	47.9	194	37.2
473	79.8	403	69.1	333	58.5	263	47.8	193	37.1
472	79.7	402	69.0	332	58.3	262	47.6	192	36.9
471	79.5	401	68.8	331	58.1	261	47.5	191	36.8
470	79.4	400	68.7	330	58.0	260	47.3	190	36.6
469	79.2	399	68.5	329	57.8	259	47.2	189	36.5
468	79.0	398	68.4	328	57.7	258	47.0	188	36.3
467	78.9	397	68.2	327	57.5	257	46.9	187	36.2
466	78.7	396	68.1	326	57.4	256	46.7	186	36.0
465	78.6	395	67.9	325	57.2	255	46.5	185	35.9
464	78.4	394	67.8	324	57.1	254	46.4	184	35.7
463	78.3	393	67.6	323	56.9	253	46.2	183	35.6
462	78.1	392	67.5	322	56.8	252	46.1	182	35.4
461	78.0	391	67.3	321	56.6	251	45.9	181	35.3
460	77.8	390	67.1	320	56.5	250	45.8	180	35.1
459	77.7	389	67.0	319	56.3	249	45.6	179	35.0
458	77.5	388	66.8	318	56.2	248	45.5	178	34.8
457	77.4	387	66.7	317	56.0	247	45.3	177	34.6
456	77.2	386	66.5	316	55.9	246	45.2	176	34.5
455	77.1	385	66.4	315	55.7	245	45.0	175	34.3
454	76.9	384	66.2	314	55.6	244	44.9	174	34.2
453	76.8	383	66.1	313	55.4	243	44.7	173	34.0
452	76.6	382	65.9	312	55.2	242	44.6	172	33.9
451	76.5	381	65.8	311	55.1	241	44.4	171	33.7
450	76.3	380	65.6	310	54.9	240	44.3	170	33.6
449	76.1	379	65.5	309	54.8	239	44.1	169	33.4
448	76.0	378	65.3	308	54.6	238	44.0	168	33.3
447	75.8	377	65.2	307	54.5	237	43.8	167	33.1
446	75.7	376	65.0	306	54.3	236	43.7	166	33.0
445	75.5	375	64.9	305	54.2	235	43.5	165	32.8
444	75.4	374	64.7	304	54.0	234	43.3	164	32.7
443	75.2	373	64.6	303	53.9	233	43.2	163	32.5
442	75.1	372	64.4	302	53.7	232	43.0	162	32.4
441	74.9	371	64.2	301	53.6	231	42.9	161	32.2
440	74.8	370	64.1	300	53.4	230	42.7	160	32.1
439	74.6	369	63.9	299	53.3	229	42.6	159	31.9
438	74.5	368	63.8	298	53.1	228	42.4	158	31.7
437	74.3	367	63.6	297	53.0	227	42.3	157	31.6
436	74.2	366	63.5	296	52.8	226	42.1	156	31.4
435	74.0	365	63.3	295	52.7	225	42.0	155	31.3
434	73.9	364	63.2	294	52.5	224	41.8	154	31.1
433	73.7	363	63.0	293	52.3	223	41.7	153	31.0
432	73.6	362	62.9	292	52.2	222	41.5	152	30.8
431	73.4	361	62.7	291	52.0	221	41.4	151	30.7

3科目総合					
得点	偏差値	得点	偏差値	得点	偏差値
300	84.5	230	67.1	160	49.6
299	84.2	229	66.8	159	49.4
298	84.0	228	66.6	158	49.1
297	83.7	227	66.3	157	48.9
296	83.5	226	66.1	156	48.6
295	83.2	225	65.8	155	48.4
294	83.0	224	65.6	154	48.1
293	82.7	223	65.3	153	47.9
292	82.5	222	65.1	152	47.6
291	82.2	221	64.8	151	47.4
290	82.0	220	64.6	150	47.1
289	81.7	219	64.3	149	46.9
288	81.5	218	64.1	148	46.6
287	81.2	217	63.8	147	46.4
286	81.0	216	63.6	146	46.1
285	80.7	215	63.3	145	45.9
284	80.5	214	63.1	144	45.6
283	80.3	213	62.8	143	45.4
282	80.0	212	62.6	142	45.1
281	79.8	211	62.3	141	44.9
280	79.5	210	62.1	140	44.6
279	79.3	209	61.8	139	44.4
278	79.0	208	61.6	138	44.1
277	78.8	207	61.3	137	43.9
276	78.5	206	61.1	136	43.6
275	78.3	205	60.8	135	43.4
274	78.0	204	60.6	134	43.1
273	77.8	203	60.3	133	42.9
272	77.5	202	60.1	132	42.7
271	77.3	201	59.8	131	42.4
270	77.0	200	59.6	130	42.2
269	76.8	199	59.3	129	41.9
268	76.5	198	59.1	128	41.7
267	76.3	197	58.8	127	41.4
266	76.0	196	58.6	126	41.2
265	75.8	195	58.3	125	40.9
264	75.5	194	58.1	124	40.7
263	75.3	193	57.8	123	40.4
262	75.0	192	57.6	122	40.2
261	74.8	191	57.3	121	39.9
260	74.5	190	57.1	120	39.7
259	74.3	189	56.8	119	39.4
258	74.0	188	56.6	118	39.2
257	73.8	187	56.3	117	38.9
256	73.5	186	56.1	116	38.7
255	73.3	185	55.8	115	38.4
254	73.0	184	55.6	114	38.2
253	72.8	183	55.4	113	37.9
252	72.5	182	55.1	112	37.7
251	72.3	181	54.9	111	37.4
250	72.0	180	54.6	110	37.2
249	71.8	179	54.4	109	36.9
248	71.5	178	54.1	108	36.7
247	71.3	177	53.9	107	36.4
246	71.0	176	53.6	106	36.2
245	70.8	175	53.4	105	35.9
244	70.5	174	53.1	104	35.7
243	70.3	173	52.9	103	35.4
242	70.0	172	52.6	102	35.2
241	69.8	171	52.4	101	34.9
240	69.5	170	52.1	100	34.7
239	69.3	169	51.9	99	34.4
238	69.0	168	51.6	98	34.2
237	68.8	167	51.4	97	33.9
236	68.5	166	51.1	96	33.7
235	68.3	165	50.9	95	33.4
234	68.1	164	50.6	94	33.2
233	67.8	163	50.4	93	32.9
232	67.6	162	50.1	92	32.7
231	67.3	161	49.9	91	32.4

〈第３回〉 科目別偏差値換算表

得点	偏差値				
	英語	数学	国語	理科	社会
100	78.9	74.5	80.7	73.3	82.7
99	78.4	74.0	80.0	72.7	82.1
98	77.8	73.4	79.3	72.2	81.4
97	77.3	72.9	78.5	71.6	80.8
96	76.7	72.4	77.8	71.0	80.1
95	76.1	71.8	77.1	70.4	79.5
94	75.6	71.3	76.3	69.9	78.8
93	75.0	70.7	75.6	69.3	78.2
92	74.4	70.2	74.9	68.7	77.5
91	73.9	69.6	74.1	68.1	76.9
90	73.3	69.1	73.4	67.6	76.2
89	72.7	68.6	72.7	67.0	75.6
88	72.2	68.0	72.0	66.4	74.9
87	71.6	67.5	71.2	65.8	74.3
86	71.0	66.9	70.5	65.3	73.6
85	70.5	66.4	69.8	64.7	73.0
84	69.9	65.8	69.0	64.1	72.3
83	69.4	65.3	68.3	63.5	71.7
82	68.8	64.8	67.6	62.9	71.0
81	68.2	64.2	66.8	62.4	70.4
80	67.7	63.7	66.1	61.8	69.7
79	67.1	63.1	65.4	61.2	69.1
78	66.5	62.6	64.6	60.6	68.4
77	66.0	62.0	63.9	60.1	67.8
76	65.4	61.5	63.2	59.5	67.1
75	64.8	61.0	62.4	58.9	66.5
74	64.3	60.4	61.7	58.3	65.8
73	63.7	59.9	61.0	57.8	65.1
72	63.1	59.3	60.2	57.2	64.5
71	62.6	58.8	59.5	56.6	63.8
70	62.0	58.2	58.8	56.0	63.2
69	61.5	57.7	58.0	55.5	62.5
68	60.9	57.2	57.3	54.9	61.9
67	60.3	56.6	56.6	54.3	61.2
66	59.8	56.1	55.8	53.7	60.6
65	59.2	55.5	55.1	53.2	59.9
64	58.6	55.0	54.4	52.6	59.3
63	58.1	54.4	53.6	52.0	58.6
62	57.5	53.9	52.9	51.4	58.0
61	56.9	53.4	52.2	50.9	57.3
60	56.4	52.8	51.4	50.3	56.7
59	55.8	52.3	50.7	49.7	56.0
58	55.2	51.7	50.0	49.1	55.4
57	54.7	51.2	49.2	48.6	54.7
56	54.1	50.6	48.5	48.0	54.1
55	53.6	50.1	47.8	47.4	53.4
54	53.0	49.6	47.0	46.8	52.8
53	52.4	49.0	46.3	46.3	52.1
52	51.9	48.5	45.6	45.7	51.5
51	51.3	47.9	44.8	45.1	50.8

得点	偏差値				
	英語	数学	国語	理科	社会
50	50.7	47.4	44.1	44.5	50.2
49	50.2	46.8	43.4	44.0	49.5
48	49.6	46.3	42.6	43.4	48.9
47	49.0	45.8	41.9	42.8	48.2
46	48.5	45.2	41.2	42.2	47.6
45	47.9	44.7	40.4	41.6	46.9
44	47.3	44.1	39.7	41.1	46.3
43	46.8	43.6	39.0	40.5	45.6
42	46.2	43.0	38.3	39.9	45.0
41	45.6	42.5	37.5	39.3	44.3
40	45.1	42.0	36.8	38.8	43.7
39	44.5	41.4	36.1	38.2	43.0
38	44.0	40.9	35.3	37.6	42.3
37	43.4	40.3	34.6	37.0	41.7
36	42.8	39.8	33.9	36.5	41.0
35	42.3	39.2	33.1	35.9	40.4
34	41.7	38.7	32.4	35.3	39.7
33	41.1	38.2	31.7	34.7	39.1
32	40.6	37.6	30.9	34.2	38.4
31	40.0	37.1	30.2	33.6	37.8
30	39.4	36.5	29.5	33.0	37.1
29	38.9	36.0	28.7	32.4	36.5
28	38.3	35.4	28.0	31.9	35.8
27	37.7	34.9	27.3	31.3	35.2
26	37.2	34.4	26.5	30.7	34.5
25	36.6	33.8	25.8	30.1	33.9
24	36.1	33.3	25.1	29.6	33.2
23	35.5	32.7	24.3	29.0	32.6
22	34.9	32.2	23.6	28.4	31.9
21	34.4	31.6	22.9	27.8	31.3
20	33.8	31.1	22.1	27.3	30.6
19	33.2	30.6	21.4	26.7	30.0
18	32.7	30.0	20.7	26.1	29.3
17	32.1	29.5	19.9	25.5	28.7
16	31.5	28.9	19.2	25.0	28.0
15	31.0	28.4	18.5	24.4	27.4
14	30.4	27.8	17.7	23.8	26.7
13	29.8	27.3	17.0	23.2	26.1
12	29.3	26.8	16.3	22.7	25.4
11	28.7	26.2	15.5	22.1	24.8
10	28.2	25.7	14.8	21.5	24.1
9	27.6	25.1	14.1	20.9	23.5
8	27.0	24.6	13.3	20.3	22.8
7	26.5	24.0	12.6	19.8	22.2
6	25.9	23.5	11.9	19.2	21.5
5	25.3	23.0	11.1	18.6	20.8
4	24.8	22.4	10.4	18.0	20.2
3	24.2	21.9	9.7	17.5	19.5
2	23.6	21.3	8.9	16.9	18.9
1	23.1	20.8	8.2	16.3	18.2
0	22.5	20.2	7.5	15.7	17.6

〈第4回〉 問題別正答率表

英語

設問No.			配点	正答率
1-PartA(1)	適語句選択	□	2	97.8
(2)	適語句選択	□	2	85.3
(3)	適語句選択	□	2	90.0
(4)	適語補充	□	2	11.1
PartB(1)	適語句選択	□	2	73.8
(2)	適語句選択	□	2	32.8
(3)	適語句選択	□	2	94.9
(4)	適語句選択	□	2	76.7
(5)	適語句選択	□	2	57.7
2-(1)(A)	同音異義語補充	□	1	73.8
(B)	同音異義語補充	□	1	41.0
(2)(A)	同音異義語補充	□	1	48.7
(B)	同音異義語補充	□	1	43.5
(3)(A)	同音異義語補充	□	1	44.9
(B)	同音異義語補充	□	1	20.0
(4)(A)	同音異義語補充	□	1	68.5
(B)	同音異義語補充	□	1	45.6
(5)(A)	同音異義語補充	□	1	19.9
(B)	同音異義語補充	□	1	19.9
3-(1)	同意文完成・適語補充	□	2	77.5
(2)	同意文完成・適語補充	□	2	61.9
(3)	同意文完成・適語補充	□	2	50.5
(4)	同意文完成・適語補充	□	2	58.4
(5)	同意文完成・適語補充	□	2	35.3
4-(1)記号	記号選択	□	1	67.1
形	適語補充	□	1	55.9
(2)記号	記号選択	□	1	42.7
形	適語補充	□	1	38.2
(3)記号	記号選択	□	1	31.2
形	適語補充	□	1	19.6
(4)記号	記号選択	□	1	62.3
形	適語補充	□	1	55.6
(5)記号	記号選択	□	1	43.5
形	適語補充	□	1	34.9
5-問1(1)	適文選択	□	2	79.7
(7)	適文選択	□	2	67.4
(8)	適文選択	□	2	78.8
問2(2)	適語選択補充	□	1	79.7
(3)	適語(句)選択補充	□	1	61.0
(4)	適語選択補充	□	1	61.0
(5)	適語選択補充	□	1	82.1
(6)	適語(句)選択補充	□	1	49.5
(9)	適語選択補充	□	1	56.4
(11)	適語選択補充	□	1	27.4
問3A	適文選択補充	□	2	42.7
B	適文選択補充	□	2	35.0
問4(10)	適語補充	□	2	33.7
(12)	適語補充	□	2	60.8
(14)	適語補充	□	2	59.6
問5	英文和訳	□	3	31.9
問6	適語抜き出し補充	□	2	17.4
6-問1(1)	適語選択補充	□	1	72.2
(2)	適語選択補充	□	1	22.1
(3)	適語選択補充	□	1	35.3
(4)	適語選択補充	□	1	26.9
(5)	適語選択補充	□	1	11.7
問2	適語選択補充	□	2	49.6
問3	整序英作文	□	2	18.3
問4(あ)	適語選択補充	□	1	62.1
(い)	適語選択補充	□	1	79.1
(う)	適語選択補充	□	1	78.5
(え)	適語選択補充	□	1	62.1
(お)	適語選択補充	□	1	53.8
問5	内容把握選択	□	2	42.6
問6-1	適文選択補充	□	2	40.4
2	適文選択補充	□	2	33.2
3	適文選択補充	□	2	27.9
問7	内容一致選択	□	2	20.9

数学

設問No.			配点	正答率
1-(1)	文字式の計算	□	4	89.4
(2)	連立方程式	□	4	85.3
(3)	因数分解	□	4	78.3
(4)	平方根と式の展開	□	4	69.0
(5)	平方根の利用	□	4	39.2
2-(1)①	場合の数	□	4	91.3
②	場合の数	□	5	30.1
(2)	食塩水の文章題	□	5	43.4
3-(1)	座標平面上の面積	□	4	81.4
(2)	座標平面上の面積比	□	7	19.1
(3)	二次関数と等積変形	□	6	7.1
4-(1)	円の性質	□	5	80.3
(2)①	円の性質と三平方の定理	□	5	65.1
②	円の性質と面積	□	5	40.4
5-(1)	三平方の定理	□	5	60.2
(2)	三平方の定理と面積比	□	5	54.6
(3)	三平方の定理と面積	□	6	20.3
6-(1)	立体の分割と体積	□	5	66.5
(2)	立体の分割と体積比	□	7	27.1
(3)	立体の分割と体積	□	6	3.2

国語

設問No.			配点	正答率
1-①	漢字	□	1	73.6
②	漢字	□	1	82.2
③	漢字	□	1	87.9
④	漢字	□	1	42.1
⑤	漢字	□	1	61.7
⑥	漢字	□	1	20.3
⑦	漢字	□	1	12.3
⑧	漢字	□	1	81.0
⑨	漢字	□	1	29.4
⑩	漢字	□	1	74.6
2-問1	国語の知識	□	2	77.8
問2	文章構成の理解	□	4	84.0
問3	文章内容の理解	□	4	68.5
問4	文章内容の理解	□	4	54.2
問5Ⅰ	文章内容の理解	□	4	52.3
Ⅱ	文章内容の理解	□	4	67.1
問6	文章内容の理解	□	8	46.5
問7	文章内容の理解	□	4	64.7
3-問1A	国語の知識	□	2	12.2
B	国語の知識	□	2	13.3
C	国語の知識	□	2	96.7
問2	心情の把握	□	3	43.8
問3	心情の把握	□	3	51.4
問4	心情の把握	□	3	86.8
問5	心情の把握	□	3	72.7
問6	心情の把握	□	3	71.3
問7	心情の把握	□	3	81.9
問8	心情の把握	□	3	69.5
問9	心情の把握	□	8	46.3
4-問1	文章内容の理解	□	3	50.8
問2	文章内容の理解	□	3	48.7
問3②	古典の知識	□	3	37.9
③	古典の知識	□	3	40.9
問4	文章内容の理解	□	3	41.3
問5ウ	文章内容の理解	□	3	45.1
エ	文章内容の理解	□	3	52.7

理　　科			
設問No.		配点	正答率
1-(1)	知識	□ 3	61.7
(2)	知識	□ 3	38.1
(3)	知識	□ 2	54.1
(4)	知識	□ 3	87.4
(5)	知識〔発展〕	□ 2	35.0
(6)	知識	□ 3	81.0
2-(1)	しくみの理解	□ 2	47.3
(2)	しくみの理解	□ 2	50.1
(3)	しくみの理解	□ 3	82.4
(4)	しくみの理解	□ 3	55.7
(5)	しくみの理解	□ 3	30.2
(6)	記述	□ 3	65.3
3-(1)	しくみの理解	□ 2	94.2
(2)	知識	□ 3	80.3
(3)	知識	□ 3	46.2
(4)	知識	□ 3	78.2
(5)	知識	□ 3	77.7
(6)	しくみの理解	□ 3	40.8
4-(1)	知識	□ 2	94.9
(2)	知識	□ 2	62.6
(3)①	しくみの理解	□ 2	81.7
②	分析・考察	□ 2	66.1
(4)①	しくみの理解	□ 2	49.2
②	しくみの理解	□ 2	49.0
③	分析・考察	□ 2	16.0
(5)	しくみの理解	□ 3	61.7
5-(1)	知識	□ 3	90.7
(2)	しくみの理解	□ 3	59.9
(3)	しくみの理解	□ 3	61.0
(4)	分析・考察	□ 3	26.7
(5)	知識	□ 2	55.9
(6)	しくみの理解	□ 3	42.9
6-(1)	しくみの理解	□ 2	64.3
(2)③	しくみの理解	□ 2	52.7
④	しくみの理解	□ 2	43.9
(3)	しくみの理解	□ 2	29.2
(4)(ⅰ)	しくみの理解	□ 2	79.8
(ⅱ)	分析・考察	□ 2	40.8
(5)(ⅰ)a	しくみの理解	□ 1	65.7
b	しくみの理解	□ 1	53.4
c	しくみの理解	□ 1	37.6
(ⅱ)	記述	□ 2	18.4

社　　会			
設問No.		配点	正答率
1-問1	緯線・経線	□ 2	92.3
問2(1)	世界の気候	□ 2	84.2
(2)	世界の鉱産資源	□ 2	49.4
問3	アジアの気候	□ 2	75.9
問4(1)	東南アジアの宗教人口	□ 2	55.5
(2)	東南アジアの貿易	□ 2	27.1
問5	ヨーロッパの地形・民族	□ 2	64.0
問6(1)	ヨーロッパの地形	□ 2	41.8
(2)	世界の大州界	□ 2	57.8
2-問1	日本の地形	□ 2	74.9
問2	日本の気候	□ 2	89.1
問3	日本の領域	□ 2	74.7
問4	日本の港別貿易	□ 2	66.4
問5	日本の地形	□ 2	65.9
問6	近畿地方の県	□ 2	75.2
問7	関東地方の都県	□ 2	56.4
問8	沖縄県の農業	□ 2	45.6
3-問1	古代の日本と周辺諸国	□ 2	62.9
問2	史料読解	□ 2	52.4
問3	平氏政権	□ 2	76.3
問4	日明貿易	□ 2	87.9
問5	室町時代の守護大名	□ 2	50.6
問6	南蛮貿易	□ 2	61.0
問7(1)	朝鮮通信使	□ 2	51.3
(2)	江戸時代の交易	□ 2	58.9
問8(1)	養蚕業の発達	□ 2	59.9
(2)	江戸時代の生産形態	□ 2	63.1
4-問1	明治政府の政策	□ 2	83.5
問2	大日本帝国憲法の制定	□ 2	93.5
問3	大日本帝国憲法と内閣	□ 2	61.9
問4	世界恐慌と日本経済	□ 2	36.0
問5(1)	軍国主義と日本	□ 2	74.5
(2)	世界恐慌と各国の対応	□ 2	55.7
問6	石油危機	□ 2	71.9
問7	高度経済成長期の政治	□ 2	55.5
問8	戦後日本の外交	□ 2	55.7
5-問1	国会と内閣	□ 2	65.2
問2(1)	参政権	□ 2	65.9
(2)	比例代表制	□ 2	86.1
問3	社会権	□ 2	57.5
問4	平和主義	□ 2	87.2
問5	司法権と裁判所	□ 2	58.0
問6	世界の人口構成	□ 2	62.2
問7	国際連合の組織	□ 2	52.7
問8(1)	日本の財政	□ 2	35.3
(2)	日本の税制度	□ 2	70.1
問9	価格と需要・供給	□ 2	45.5
問10(1)	各国の財政	□ 2	17.6
(2)	世界の核問題	□ 2	13.7
(3)	世界の環境問題	□ 2	69.1

〈自己採点集計表〉

科目	得点	平均点
英語	／100	51.2 ／100
数学	／100	48.5 ／100
国語	／100	56.6 ／100
3科目合計	／300	156.2 ／300
理科	／100	58.3 ／100
社会	／100	61.9 ／100
5科目合計	／500	283.8 ／500

〈第４回〉　総合成績偏差値換算表

5科目総合									
得点	偏差値	得点	偏差値	得点	偏差値	得点	偏差値	得点	偏差値
500	84.4	430	73.2	360	62.1	290	50.9	220	39.8
499	84.2	429	73.1	359	61.9	289	50.8	219	39.6
498	84.1	428	72.9	358	61.8	288	50.6	218	39.5
497	83.9	427	72.8	357	61.6	287	50.5	217	39.3
496	83.7	426	72.6	356	61.5	286	50.3	216	39.2
495	83.6	425	72.4	355	61.3	285	50.1	215	39.0
494	83.4	424	72.3	354	61.1	284	50.0	214	38.8
493	83.3	423	72.1	353	61.0	283	49.8	213	38.7
492	83.1	422	72.0	352	60.8	282	49.7	212	38.5
491	82.9	421	71.8	351	60.7	281	49.5	211	38.4
490	82.8	420	71.6	350	60.5	280	49.3	210	38.2
489	82.6	419	71.5	349	60.3	279	49.2	209	38.0
488	82.5	418	71.3	348	60.2	278	49.0	208	37.9
487	82.3	417	71.2	347	60.0	277	48.9	207	37.7
486	82.2	416	71.0	346	59.9	276	48.7	206	37.6
485	82.0	415	70.8	345	59.7	275	48.6	205	37.4
484	81.8	414	70.7	344	59.5	274	48.4	204	37.2
483	81.7	413	70.5	343	59.4	273	48.2	203	37.1
482	81.5	412	70.4	342	59.2	272	48.1	202	36.9
481	81.4	411	70.2	341	59.1	271	47.9	201	36.8
480	81.2	410	70.1	340	58.9	270	47.8	200	36.6
479	81.0	409	69.9	339	58.7	269	47.6	199	36.5
478	80.9	408	69.7	338	58.6	268	47.4	198	36.3
477	80.7	407	69.6	337	58.4	267	47.3	197	36.1
476	80.6	406	69.4	336	58.3	266	47.1	196	36.0
475	80.4	405	69.3	335	58.1	265	47.0	195	35.8
474	80.2	404	69.1	334	57.9	264	46.8	194	35.7
473	80.1	403	68.9	333	57.8	263	46.6	193	35.5
472	79.9	402	68.8	332	57.6	262	46.5	192	35.3
471	79.8	401	68.6	331	57.5	261	46.3	191	35.2
470	79.6	400	68.5	330	57.3	260	46.2	190	35.0
469	79.4	399	68.3	329	57.2	259	46.0	189	34.9
468	79.3	398	68.1	328	57.0	258	45.8	188	34.7
467	79.1	397	68.0	327	56.8	257	45.7	187	34.5
466	79.0	396	67.8	326	56.7	256	45.5	186	34.4
465	78.8	395	67.7	325	56.5	255	45.4	185	34.2
464	78.6	394	67.5	324	56.4	254	45.2	184	34.1
463	78.5	393	67.3	323	56.2	253	45.1	183	33.9
462	78.3	392	67.2	322	56.0	252	44.9	182	33.7
461	78.2	391	67.0	321	55.9	251	44.7	181	33.6
460	78.0	390	66.9	320	55.7	250	44.6	180	33.4
459	77.9	389	66.7	319	55.6	249	44.4	179	33.3
458	77.7	388	66.5	318	55.4	248	44.3	178	33.1
457	77.5	387	66.4	317	55.2	247	44.1	177	32.9
456	77.4	386	66.2	316	55.1	246	43.9	176	32.8
455	77.2	385	66.1	315	54.9	245	43.8	175	32.6
454	77.1	384	65.9	314	54.8	244	43.6	174	32.5
453	76.9	383	65.8	313	54.6	243	43.5	173	32.3
452	76.7	382	65.6	312	54.4	242	43.3	172	32.2
451	76.6	381	65.4	311	54.3	241	43.1	171	32.0
450	76.4	380	65.3	310	54.1	240	43.0	170	31.8
449	76.3	379	65.1	309	54.0	239	42.8	169	31.7
448	76.1	378	65.0	308	53.8	238	42.7	168	31.5
447	75.9	377	64.8	307	53.6	237	42.5	167	31.4
446	75.8	376	64.6	306	53.5	236	42.3	166	31.2
445	75.6	375	64.5	305	53.3	235	42.2	165	31.0
444	75.5	374	64.3	304	53.2	234	42.0	164	30.9
443	75.3	373	64.2	303	53.0	233	41.9	163	30.7
442	75.1	372	64.0	302	52.9	232	41.7	162	30.6
441	75.0	371	63.8	301	52.7	231	41.5	161	30.4
440	74.8	370	63.7	300	52.5	230	41.4	160	30.2
439	74.7	369	63.5	299	52.4	229	41.2	159	30.1
438	74.5	368	63.4	298	52.2	228	41.1	158	29.9
437	74.3	367	63.2	297	52.1	227	40.9	157	29.8
436	74.2	366	63.0	296	51.9	226	40.8	156	29.6
435	74.0	365	62.9	295	51.7	225	40.6	155	29.4
434	73.9	364	62.7	294	51.6	224	40.4	154	29.3
433	73.7	363	62.6	293	51.4	223	40.3	153	29.1
432	73.6	362	62.4	292	51.3	222	40.1	152	29.0
431	73.4	361	62.2	291	51.1	221	40.0	151	28.8

3科目総合					
得点	偏差値	得点	偏差値	得点	偏差値
300	86.7	230	68.8	160	50.9
299	86.5	229	68.6	159	50.7
298	86.2	228	68.3	158	50.4
297	86.0	227	68.1	157	50.2
296	85.7	226	67.8	156	49.9
295	85.5	225	67.6	155	49.6
294	85.2	224	67.3	154	49.4
293	85.0	223	67.0	153	49.1
292	84.7	222	66.8	152	48.9
291	84.4	221	66.5	151	48.6
290	84.2	220	66.3	150	48.4
289	83.9	219	66.0	149	48.1
288	83.7	218	65.8	148	47.9
287	83.4	217	65.5	147	47.6
286	83.2	216	65.3	146	47.3
285	82.9	215	65.0	145	47.1
284	82.6	214	64.7	144	46.8
283	82.4	213	64.5	143	46.6
282	82.1	212	64.2	142	46.3
281	81.9	211	64.0	141	46.1
280	81.6	210	63.7	140	45.8
279	81.4	209	63.5	139	45.6
278	81.1	208	63.2	138	45.3
277	80.9	207	63.0	137	45.0
276	80.6	206	62.7	136	44.8
275	80.3	205	62.4	135	44.5
274	80.1	204	62.2	134	44.3
273	79.8	203	61.9	133	44.0
272	79.6	202	61.7	132	43.8
271	79.3	201	61.4	131	43.5
270	79.1	200	61.2	130	43.3
269	78.8	199	60.9	129	43.0
268	78.6	198	60.6	128	42.7
267	78.3	197	60.4	127	42.5
266	78.0	196	60.1	126	42.2
265	77.8	195	59.9	125	42.0
264	77.5	194	59.6	124	41.7
263	77.3	193	59.4	123	41.5
262	77.0	192	59.1	122	41.2
261	76.8	191	58.9	121	41.0
260	76.5	190	58.6	120	40.7
259	76.3	189	58.3	119	40.4
258	76.0	188	58.1	118	40.2
257	75.7	187	57.8	117	39.9
256	75.5	186	57.6	116	39.7
255	75.2	185	57.3	115	39.4
254	75.0	184	57.1	114	39.2
253	74.7	183	56.8	113	38.9
252	74.5	182	56.6	112	38.6
251	74.2	181	56.3	111	38.4
250	74.0	180	56.0	110	38.1
249	73.7	179	55.8	109	37.9
248	73.4	178	55.5	108	37.6
247	73.2	177	55.3	107	37.4
246	72.9	176	55.0	106	37.1
245	72.7	175	54.8	105	36.9
244	72.4	174	54.5	104	36.6
243	72.2	173	54.3	103	36.3
242	71.9	172	54.0	102	36.1
241	71.6	171	53.7	101	35.8
240	71.4	170	53.5	100	35.6
239	71.1	169	53.2	99	35.3
238	70.9	168	53.0	98	35.1
237	70.6	167	52.7	97	34.8
236	70.4	166	52.5	96	34.6
235	70.1	165	52.2	95	34.3
234	69.9	164	52.0	94	34.0
233	69.6	163	51.7	93	33.8
232	69.3	162	51.4	92	33.5
231	69.1	161	51.2	91	33.3

〈第４回〉 科目別偏差値換算表

得点	偏差値				
	英語	数学	国語	理科	社会
100	78.2	77.7	83.5	75.1	74.7
99	77.7	77.1	82.7	74.5	74.1
98	77.1	76.6	82.0	73.9	73.4
97	76.5	76.0	81.2	73.3	72.8
96	75.9	75.5	80.4	72.7	72.1
95	75.3	75.0	79.7	72.1	71.5
94	74.8	74.4	78.9	71.5	70.8
93	74.2	73.9	78.1	70.9	70.2
92	73.6	73.4	77.3	70.3	69.5
91	73.0	72.8	76.6	69.7	68.9
90	72.4	72.3	75.8	69.1	68.2
89	71.9	71.7	75.0	68.5	67.6
88	71.3	71.2	74.2	67.9	66.9
87	70.7	70.7	73.5	67.3	66.3
86	70.1	70.1	72.7	66.7	65.6
85	69.6	69.6	71.9	66.1	65.0
84	69.0	69.1	71.2	65.5	64.3
83	68.4	68.5	70.4	64.8	63.7
82	67.8	68.0	69.6	64.2	63.0
81	67.2	67.4	68.8	63.6	62.4
80	66.7	66.9	68.1	63.0	61.7
79	66.1	66.4	67.3	62.4	61.1
78	65.5	65.8	66.5	61.8	60.4
77	64.9	65.3	65.7	61.2	59.8
76	64.3	64.8	65.0	60.6	59.1
75	63.8	64.2	64.2	60.0	58.5
74	63.2	63.7	63.4	59.4	57.8
73	62.6	63.1	62.7	58.8	57.2
72	62.0	62.6	61.9	58.2	56.5
71	61.4	62.1	61.1	57.6	55.9
70	60.9	61.5	60.3	57.0	55.2
69	60.3	61.0	59.6	56.4	54.6
68	59.7	60.5	58.8	55.8	53.9
67	59.1	59.9	58.0	55.2	53.3
66	58.5	59.4	57.2	54.6	52.6
65	58.0	58.8	56.5	54.0	52.0
64	57.4	58.3	55.7	53.4	51.3
63	56.8	57.8	54.9	52.8	50.7
62	56.2	57.2	54.2	52.2	50.0
61	55.6	56.7	53.4	51.6	49.4
60	55.1	56.2	52.6	51.0	48.7
59	54.5	55.6	51.8	50.4	48.1
58	53.9	55.1	51.1	49.8	47.4
57	53.3	54.5	50.3	49.2	46.8
56	52.7	54.0	49.5	48.6	46.1
55	52.2	53.5	48.7	48.0	45.5
54	51.6	52.9	48.0	47.4	44.8
53	51.0	52.4	47.2	46.8	44.2
52	50.4	51.9	46.4	46.2	43.5
51	49.9	51.3	45.7	45.5	42.9

得点	偏差値				
	英語	数学	国語	理科	社会
50	49.3	50.8	44.9	44.9	42.2
49	48.7	50.2	44.1	44.3	41.6
48	48.1	49.7	43.3	43.7	40.9
47	47.5	49.2	42.6	43.1	40.3
46	47.0	48.6	41.8	42.5	39.6
45	46.4	48.1	41.0	41.9	39.0
44	45.8	47.6	40.2	41.3	38.3
43	45.2	47.0	39.5	40.7	37.7
42	44.6	46.5	38.7	40.1	37.0
41	44.1	45.9	37.9	39.5	36.4
40	43.5	45.4	37.2	38.9	35.7
39	42.9	44.9	36.4	38.3	35.1
38	42.3	44.3	35.6	37.7	34.4
37	41.7	43.8	34.8	37.1	33.8
36	41.2	43.3	34.1	36.5	33.1
35	40.6	42.7	33.3	35.9	32.5
34	40.0	42.2	32.5	35.3	31.8
33	39.4	41.6	31.7	34.7	31.2
32	38.8	41.1	31.0	34.1	30.5
31	38.3	40.6	30.2	33.5	29.9
30	37.7	40.0	29.4	32.9	29.2
29	37.1	39.5	28.7	32.3	28.6
28	36.5	39.0	27.9	31.7	27.9
27	35.9	38.4	27.1	31.1	27.3
26	35.4	37.9	26.3	30.5	26.6
25	34.8	37.3	25.6	29.9	26.0
24	34.2	36.8	24.8	29.3	25.3
23	33.6	36.3	24.0	28.7	24.7
22	33.0	35.7	23.2	28.1	24.0
21	32.5	35.2	22.5	27.5	23.4
20	31.9	34.7	21.7	26.8	22.7
19	31.3	34.1	20.9	26.2	22.1
18	30.7	33.6	20.2	25.6	21.4
17	30.2	33.1	19.4	25.0	20.8
16	29.6	32.5	18.6	24.4	20.1
15	29.0	32.0	17.8	23.8	19.5
14	28.4	31.4	17.1	23.2	18.8
13	27.8	30.9	16.3	22.6	18.2
12	27.3	30.4	15.5	22.0	17.5
11	26.7	29.8	14.7	21.4	16.9
10	26.1	29.3	14.0	20.8	16.2
9	25.5	28.8	13.2	20.2	15.6
8	24.9	28.2	12.4	19.6	14.9
7	24.4	27.7	11.7	19.0	14.3
6	23.8	27.1	10.9	18.4	13.6
5	23.2	26.6	10.1	17.8	13.0
4	22.6	26.1	9.3	17.2	12.3
3	22.0	25.5	8.6	16.6	11.7
2	21.5	25.0	7.8	16.0	11.0
1	20.9	24.5	7.0	15.4	10.4
0	20.3	23.9	6.2	14.8	9.7

志望校別偏差値表〈男子〉

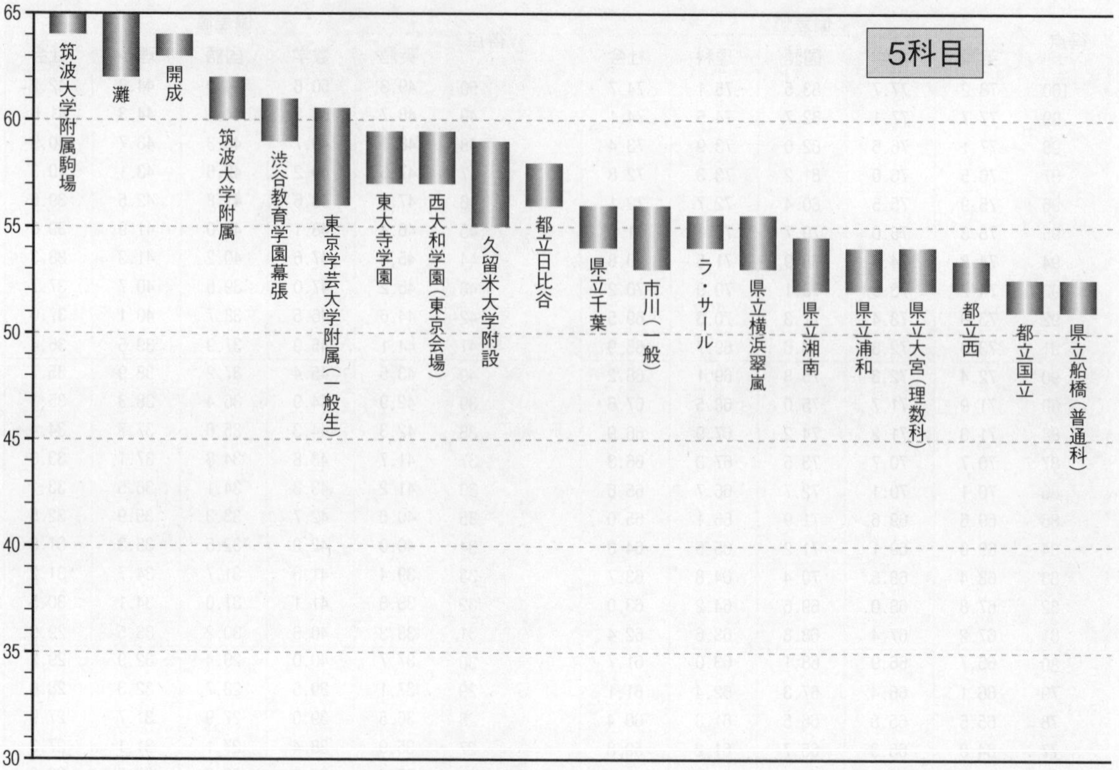
5科目
65
60
55
50
45
40
35
30
筑波大学附属駒場
灘
開成
筑波大学附属
渋谷教育学園幕張
東京学芸大学附属(一般生)
東大寺学園
西大和学園(東京会場)
久留米大学附設
都立日比谷
県立千葉
市川(一般)
ラ・サール
県立横浜翠嵐
県立湘南
県立浦和
県立大宮(理数科)
都立西
都立国立
県立船橋(普通科)

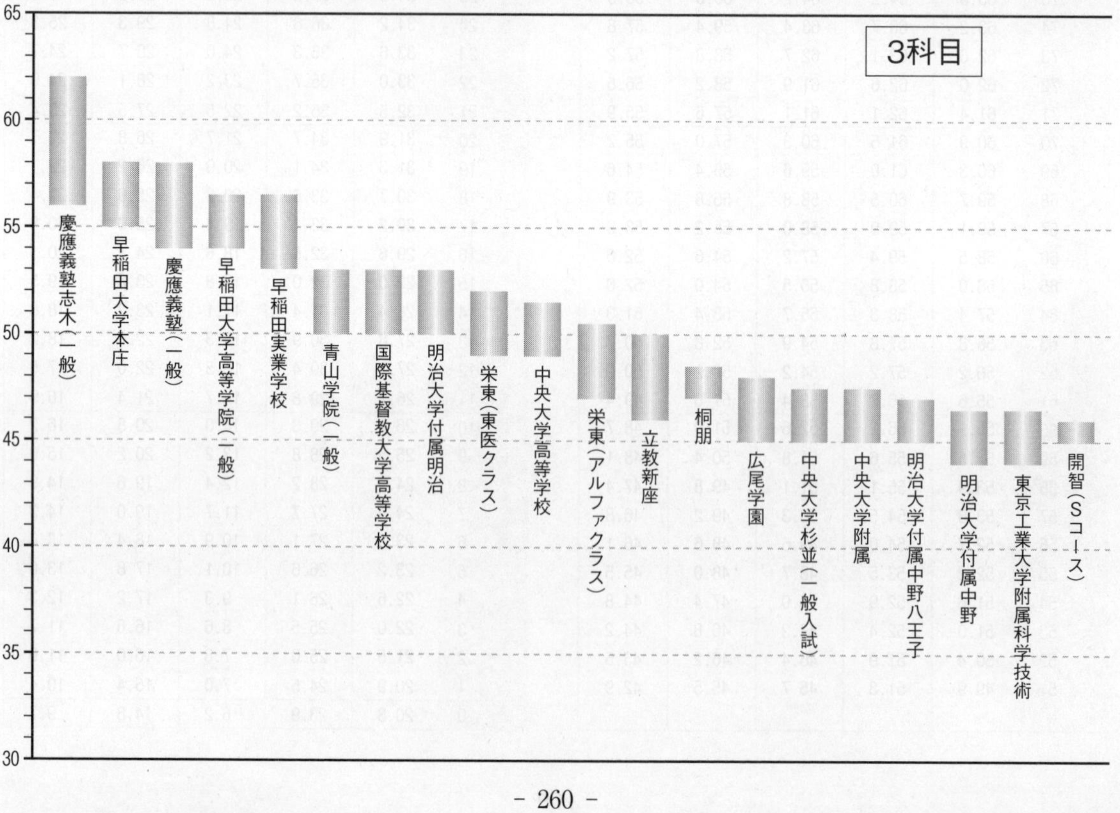
3科目
65
60
55
50
45
40
35
30
慶應義塾志木(一般)
早稲田大学本庄
慶應義塾(一般)
早稲田大学高等学院(一般)
早稲田実業学校
青山学院(一般)
国際基督教大学高等学校
明治大学付属明治
栄東(東医クラス)
中央大学高等学校
栄東(アルファクラス)
立教新座
桐朋
広尾学園
中央大学杉並(一般入試)
中央大学附属
明治大学付属中野八王子
明治大学付属中野
東京工業大学附属科学技術
開智(Sコース)

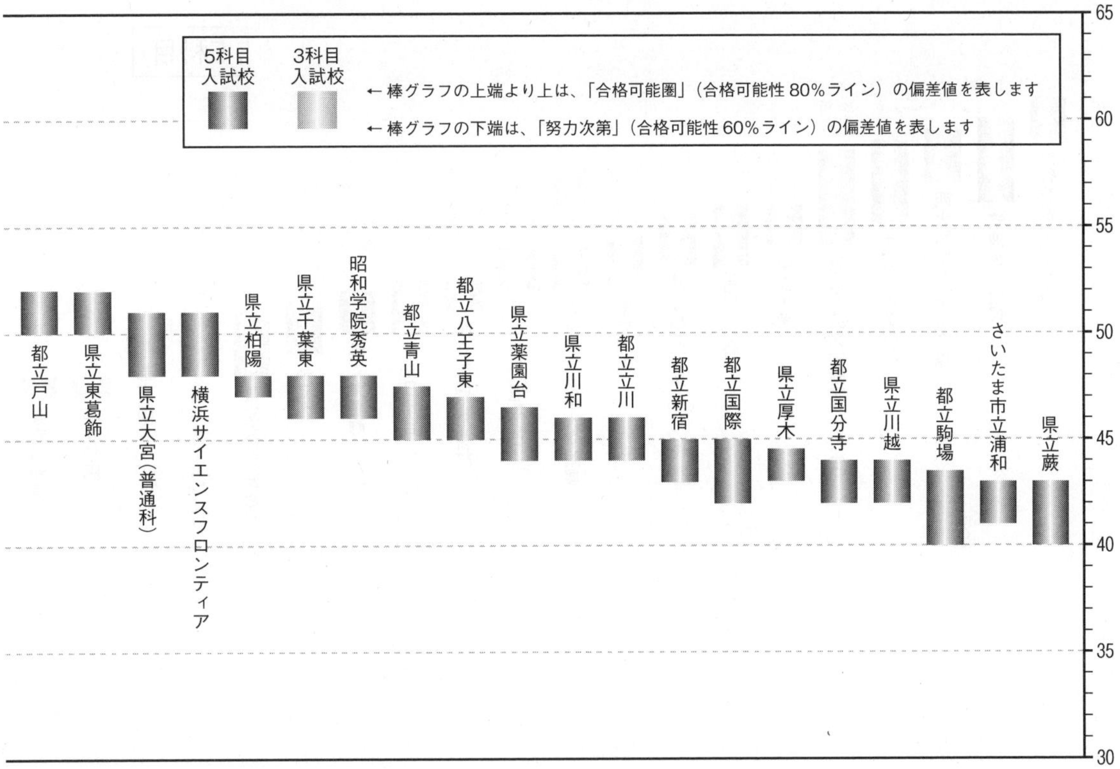
5科目
入試校
3科目
入試校
← 棒グラフの上端より上は、「合格可能圏」（合格可能性 80%ライン）の偏差値を表します
← 棒グラフの下端は、「努力次第」（合格可能性 60%ライン）の偏差値を表します
都立戸山
県立東葛飾
県立大宮（普通科）
横浜サイエンスフロンティア
県立柏陽
県立千葉東
昭和学院秀英
都立青山
都立八王子東
県立薬園台
県立川和
都立立川
都立新宿
都立国際
県立厚木
都立国分寺
県立川越
都立駒場
さいたま市立浦和
県立蕨
65
60
55
50
45
40
35
30

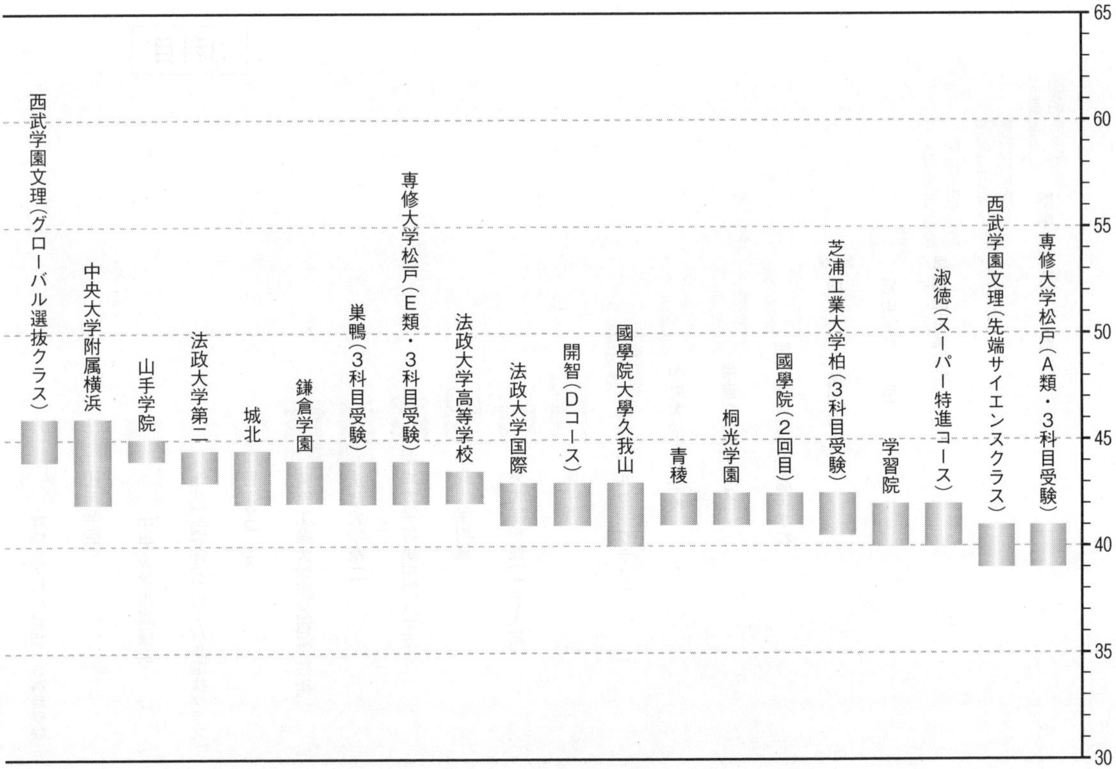
西武学園文理（グローバル選抜クラス）
中央大学附属横浜
山手学院
法政大学第二
城北
鎌倉学園
巣鴨（3科目受験）
専修大学松戸（E類・3科目受験）
法政大学高等学校
法政大学国際
開智（Dコース）
國學院大學久我山
青稜
桐光学園
國學院（2回目）
芝浦工業大学柏（3科目受験）
学習院
淑徳（スーパー特進コース）
西武学園文理（先端サイエンスクラス）
専修大学松戸（A類・3科目受験）
65
60
55
50
45
40
35
30

志望校別偏差値表〈女子〉

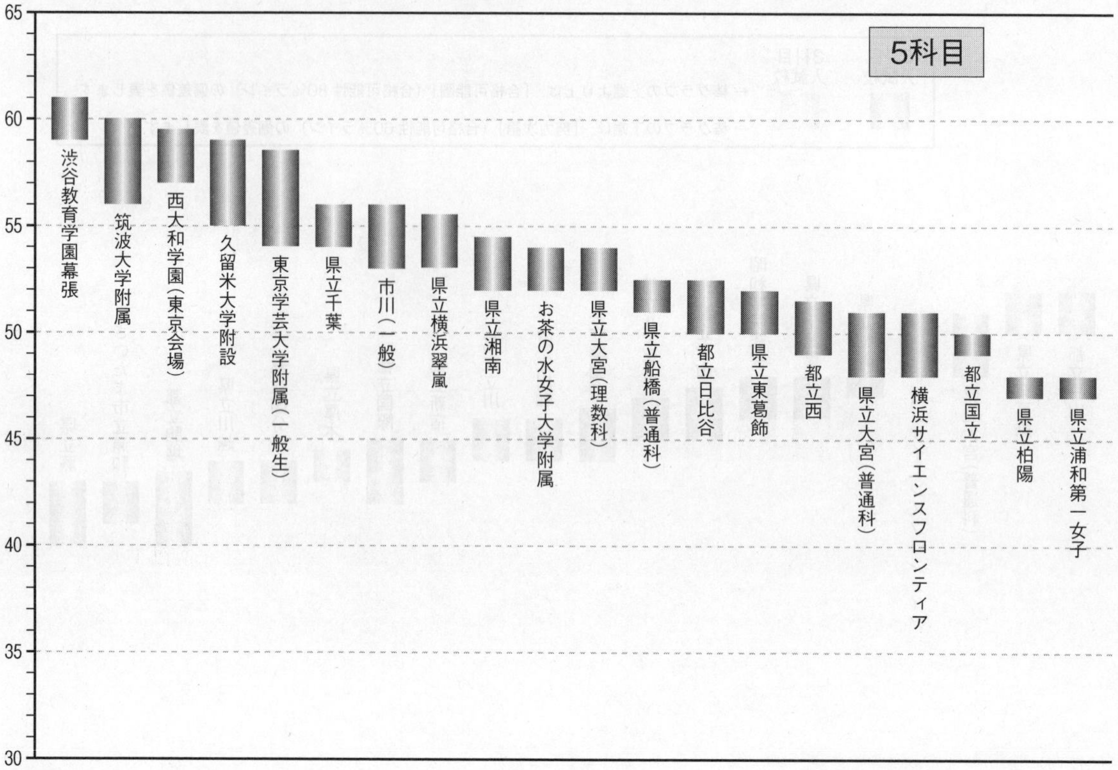

5科目
65
60
55
50
45
40
35
30
渋谷教育学園幕張
筑波大学附属
西大和学園(東京会場)
久留米大学附設
東京学芸大学附属(一般生)
県立千葉
市川(一般)
県立横浜翠嵐
県立湘南
お茶の水女子大学附属
県立大宮(理数科)
県立船橋(普通科)
都立日比谷
県立東葛飾
都立西
県立大宮(普通科)
横浜サイエンスフロンティア
都立国立
県立柏陽
県立浦和第一女子

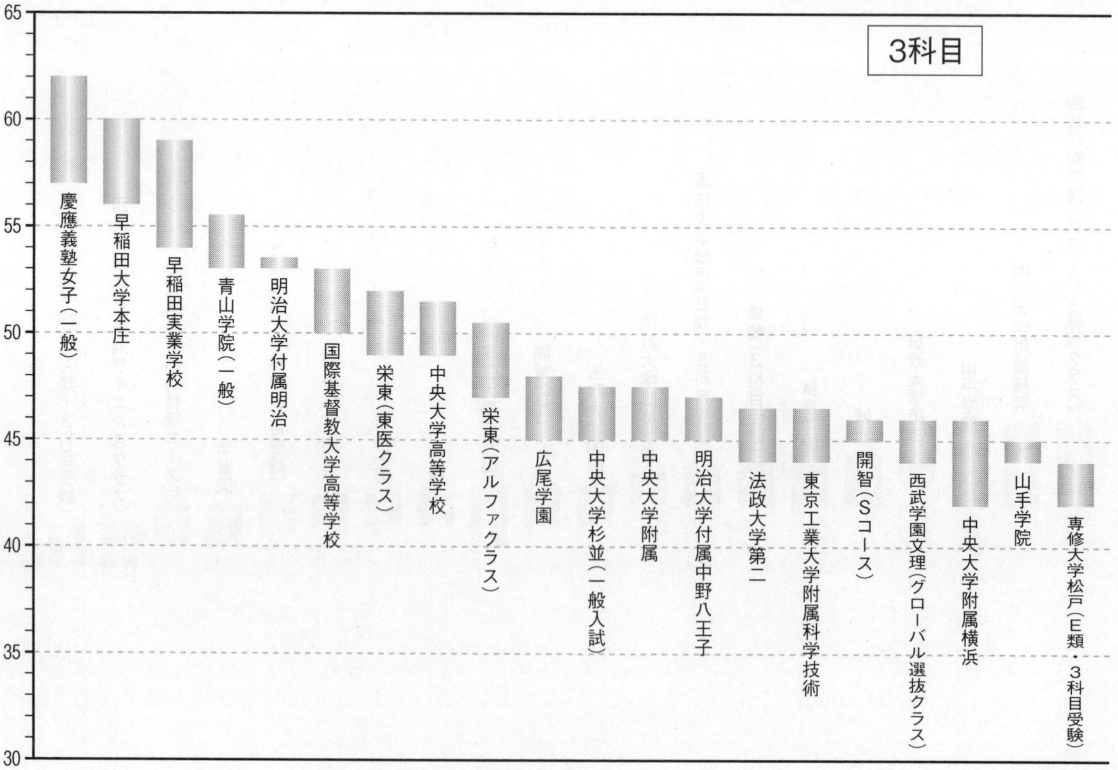

3科目
65
60
55
50
45
40
35
30
慶應義塾女子(一般)
早稲田大学本庄
早稲田実業学校
青山学院(一般)
明治大学付属明治
国際基督教大学高等学校
栄東(東医クラス)
中央大学高等学校
栄東(アルファクラス)
広尾学園
中央大学杉並(一般入試)
中央大学附属
明治大学付属中野八王子
法政大学第二
東京工業大学附属科学技術
開智(Sコース)
西武学園文理(グローバル選抜クラス)
中央大学附属横浜
山手学院
専修大学松戸(E類・3科目受験)

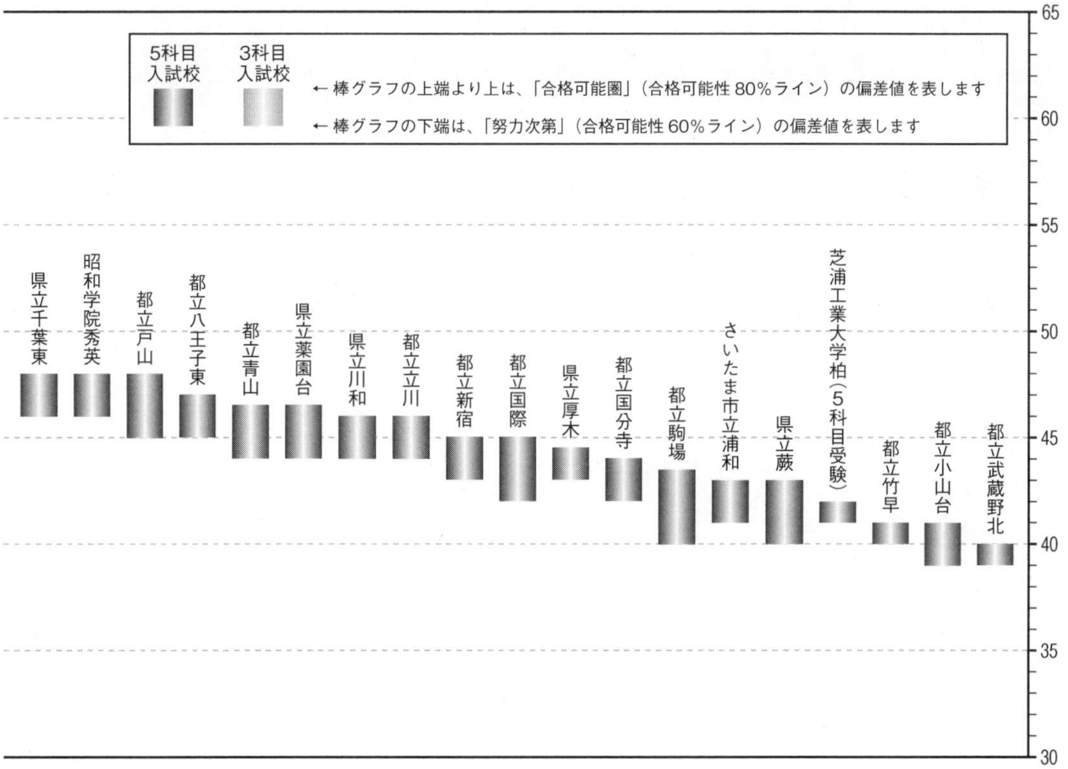
5科目
入試校
3科目
入試校
← 棒グラフの上端より上は、「合格可能圏」（合格可能性 80%ライン）の偏差値を表します
← 棒グラフの下端は、「努力次第」（合格可能性 60%ライン）の偏差値を表します
65
60
55
50
45
40
35
30
県立千葉東
昭和学院秀英
都立戸山
都立八王子東
都立青山
県立薬園台
県立川和
都立立川
都立新宿
都立国際
県立厚木
都立国分寺
都立駒場
さいたま市立浦和
県立蕨
芝浦工業大学柏（5科目受験）
都立竹早
都立小山台
都立武蔵野北

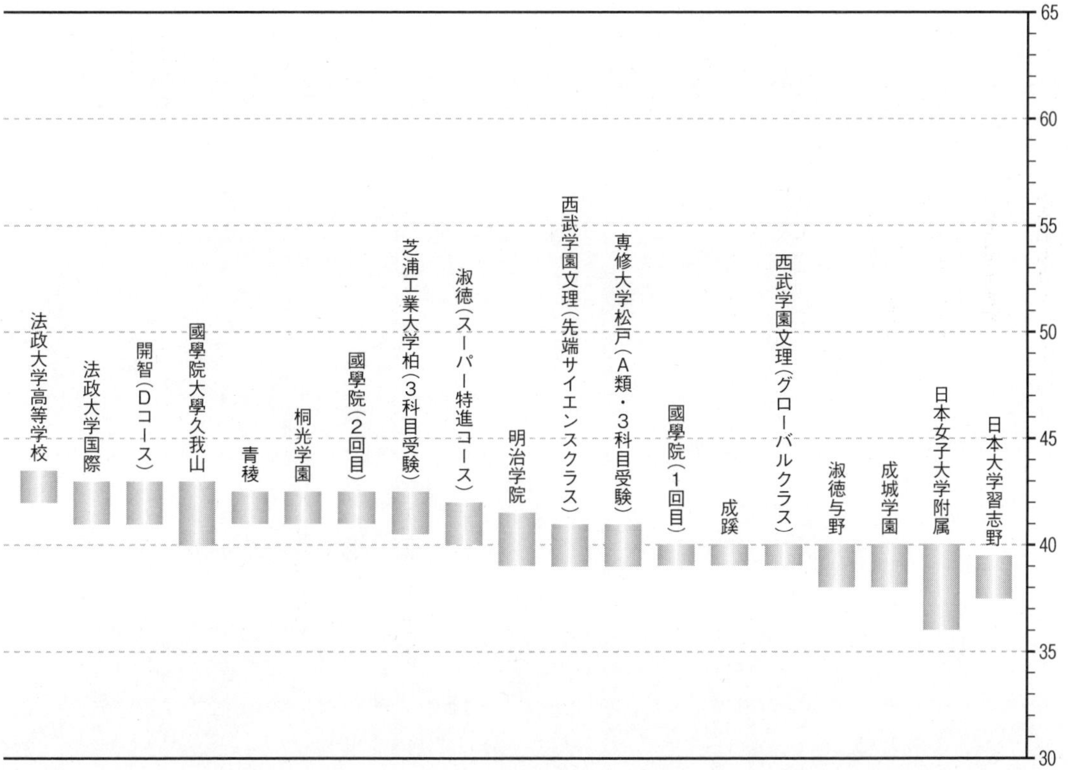
65
60
55
50
45
40
35
30
法政大学高等学校
法政大学国際
開智（Dコース）
國學院大學久我山
青稜
桐光学園
國學院（2回目）
芝浦工業大学柏（3科目受験）
淑徳（スーパー特進コース）
明治学院
西武学園文理（先端サイエンスクラス）
専修大学松戸（A類・3科目受験）
國學院（1回目）
成蹊
西武学園文理（グローバルクラス）
淑徳与野
成城学園
日本女子大学附属
日本大学習志野